V&R

Das Alte Testament Deutsch

Neues Göttinger Bibelwerk

In Verbindung mit Walter Beyerlin, Walther Eichrodt,
Karl Elliger, Erhard Gerstenberger, Siegfried Hermann,
H. W. Hertzberg, Jörg Jeremias, Christoph Levin, James A. Loader,
Diethelm Michel, Siegfried Mittmann, Hans-Peter Müller, Martin Noth,
Jürgen van Oorschot, Karl-Fr. Pohlmann, Norman W. Porteous, Gerhard von Rad,
Henning Graf Reventlow, Magne Saebø, Ludwig Schmidt,
Werner H. Schmidt, Hans-Christoph Schmitt, Hermann Spieckermann,
Timo Veijola, Artur Weiser, Peter Welten, Claus Westermann,
A. S. van der Woude, Ernst Würthwein, Walther Zimmerli

herausgegeben von Otto Kaiser und Lothar Perlitt

Teilband 6

Das dritte Buch Mose
Leviticus

Göttingen · Vandenhoeck & Ruprecht · 1993

Das dritte Buch Mose
Leviticus

Übersetzt und erklärt

von

Erhard S. Gerstenberger

Göttingen · Vandenhoeck & Ruprecht · 1993

Den Studierenden
am Fachbereich Evangelische Theologie
der Philipps-Universität Marburg

Die Deutsche Bibliothek – CIP-Einheitsaufnahme

Das *Alte Testament deutsch:* neues Göttinger Bibelwerk / in
Verbindung mit Walter Beyerlin ... hrsg. von Otto Kaiser und Lothar Perlitt. –
Göttingen: Vandenhoeck und Ruprecht.
Teilw. mit Nebent.: ATD. – Teilw. hrsg. von Artur Weiser
NE: Kaiser, Otto [Hrsg.]; Weiser, Artur [Hrsg.]; NT

Teilbd. 6. Gerstenberger, Erhard S.: Das dritte Buch Mose. –
6., völlig neubearb. Aufl., (1. Aufl. dieser Bearb.). – 1993

Gerstenberger, Erhard S.:
Das dritte Buch Mose: Leviticus / übers. und erkl. von Erhard S. Gerstenberger. –
6., völlig neubearb. Aufl., (1. Aufl. dieser Bearb.). –
Göttingen: Vandenhoeck und Ruprecht, 1993
(Das Alte Testament deutsch; Teilbd. 6)
Bis 5. Aufl. u. d. T.: Noth, Martin: Das dritte Buch Mose
ISBN 3-525-51122-1 kart.
ISBN 3-525-51123-X Gewebe

Inhalt

Abkürzungsverzeichnis

Biblische Bücher

Altes Testament

Gen	=	Genesis (1. Buch Mose)
Ex	=	Exodus (2. Buch Mose)
Lev	=	Leviticus (3. Buch Mose)
Num	=	Numeri (4. Buch Mose)
Dtn	=	Deuteronomium (5. Buch Mose)

Jos	=	Josua	Jes	=	Jesaja
Ri	=	Richter	Jer	=	Jeremia
Rut	=	Rut(h)	Klgl	=	Klagelieder
1 Sam	=	1. Samuel	Ez	=	Ezechiel/Hesekiel
2 Sam	=	2. Samuel	Dan	=	Daniel
1 Kön	=	1. Könige	Hos	=	Hosea
2 Kön	=	2. Könige	Joel	=	Joel
1 Chr	=	1. Chronik	Am	=	Amos
2 Chr	=	1. Chronik	Obd	=	Obadja
Esr	=	Esra	Jona	=	Jona
Neh	=	Nehemia	Mich	=	Micha
Est	=	Est(h)er	Nah	=	Nahum
Hiob	=	Hiob	Hab	=	Habakuk
Ps	=	Psalmen	Zef	=	Zefanja
Spr	=	Sprüche	Hag	=	Haggai
Koh	=	Kohelet/Prediger	Sach	=	Sacharja
Hld	=	Hohes Lied	Mal	=	Maleachi

Apokryphen des Alten Testaments

1 Makk	=	1. Makkabäerbuch
Weish	=	Die Weisheit Salomos
Sir	=	Jesus Sirach

Neues Testament

Mt	=	Matthäusevangelium	Gal	=	Galaterbrief
Mk	=	Markusevangelium	Eph	=	Epheserbrief
Lk	=	Lukasevangelium	1 Tim	=	1. Timotheusbrief
Joh	=	Johannesevangelium	1 Petr	=	1. Petrusbrief
Apg	=	Apostelgeschichte	1 Joh	=	1. Johannesbrief
Röm	=	Römerbrief	Hebr	=	Hebräerbrief
1 Kor	=	1. Korintherbrief	Apk	=	Offenbarung des Johannes

Weitere Abkürzungen

Abkürzungen nach S. Schwerdtner, TRE Abkürzungsverzeichnis, Berlin-New York 1976; ferner werden gebraucht (vgl. Literaturverzeichnis S. 18 f.):

ANET	Ancient Near Eastern Texts (vgl. J. Pritchard)
ATD Erg.	Das Alte Testament Deutsch, Ergänzungsreihe (vgl. W. Beyerlin, Bd. 1; A. H. J. Gunneweg, Bd 5; H. Ringgren, Sonderband; R. Albertz, Bd. 8)
EncRel	Encyclopedia of Religion (vgl. M. Eliade)
ThWAT	Theologisches Wörterbuch zum Alten Testament, hg. v. G.J. Botterweck, H. Ringgren, H.-J. Fabry, Stuttgart 1973 ff.
TUAT	Texte aus der Umwelt des Alten Testaments (vgl. O. Kaiser)

Niemand kann einen biblischen Kommentar ganz alleine schreiben. Über die Jahre hin haben viele Menschen meine Kommentierung des Buches Leviticus begleitet, vor allem Studierende am Marburger Fachbereich Evangelische Theologie. Darum widme ich ihnen diesen Band. Namentlich und stellvertretend möchte ich jene denkwürdige Gruppe nennen, die 1986/87 Teile meines Manuskripts durcharbeitete und kritisch mit mir besprach: Alexandra Kopf; Silke Schrom; Frank Schürer; Kerstin Ulrich; Manfred Werner. In der Endphase haben Ingeburg Radparvar und Julia Conrad intensiv an der Computerfassung des Textes mitgearbeitet. Herzlichen Dank!

E. S. Gerstenberger   Ostern 1993

1. Einleitung

1.1 Schwierigkeiten beim Bibellesen

Wer ein Schriftstück liest, sollte sich darüber klar werden, um welche Textsorte es sich handelt. Sonst sind Mißverständnisse unvermeidbar! Jeder Text kann nämlich nur solche Signale und Informationen weitergeben, die seinem Wesen und seiner Herkunft, seinem Gebrauch und seiner Absicht entsprechen. Telefonbuch, Roman, Geschäftsbrief, Zeitungsmeldung, Werbespot, Gebrauchsanweisung, Verkehrsschild, Kochrezept – wir gehen täglich mit einer Vielzahl sehr unterschiedlicher Textsorten um. Aus Erfahrung wissen wir, wie jede Gattung und jeder Einzeltext in die Lebenswirklichkeit einzuordnen sind, wie wir sie entschlüsseln können und was sie uns zu sagen haben. Wehe uns, wenn wir die Giftwarnung auf einer Flasche für einen Faschingsscherz halten oder eine Rechnung als Liebesbrief lesen!

Das 3. Buch Mose wird wegen der vorrangig behandelten priesterlichen Dienste (vgl. Lev 1–10; 16; 21) in der lateinischen (nach dem Vorbild der griechischen) Überlieferung „Liber Leviticus" – „Buch über levitische Angelegenheiten" – genannt. Der Name verwischt den Unterschied zwischen Priestern und Leviten, wie er etwa in Num 4; Dtn 18,1–8; 1 Chr 23–26; 2 Chr 35,1–19 deutlich hervortritt. Diese nachträgliche Benennung des 3. Buches Mose geht also schon auf eine irreführende Interpretation zurück und ist ein frühes Beispiel für eine voreingenommene, den Text neu einordnende Sichtweise – wieviel schwerer muß es uns fallen, jene uralten Zeugnisse aus der geschichtlichen Distanz richtig zu verstehen! Sie scheinen uns schon deshalb unzugänglich zu sein, weil wir weder die alten Textsorten (Gattungen) noch die in ihnen verhandelten Gebräuche und Riten aus eigener Erfahrung kennen. Wer unter uns hat es denn mit Opfern und Reinheitsvorschriften, mit Tempeldienst und Taburegeln zu tun? Selbst Juden und Jüdinnen, die unmittelbar im Wirkungsbereich der hebräischen Bibel leben, fühlen sich oft den priesterlichen Gesetzen entfremdet[1]. Vielstimmige Klagen bis in die wissenschaftlichen Kommentare hinein, es handele sich beim 3. Buch Mose um eine ungewöhnlich trockene, weil streng kultisch ausgerichtete Schrift, beweisen, wie fremd und fern dieser Teil der Bibel uns heutigen Menschen ist. Und sie zeigen gleichzeitig, wie wenig unsere Fähigkeiten ausgebildet sind, vergangene Lebenssituationen verstandes- und gefühlsmäßig zu erfassen. Wir setzen meist unbewußt voraus (und das ist ein allgemein-menschliches, sozialpsychologisch zu erklärendes Phänomen), daß

---

[1] Vgl. Athalya Brenner, The Israelite Woman, Sheffield 1985; Max Joseph, Zeremonialgesetz, in: Jüdisches Lexikon IV/2, Berlin 1930, 1564–1567.

unsere eigenen Lebensumstände und Denkgewohnheiten die „richtigen" sind und alle Zeiten und Kulturen sich daran messen lassen müssen. Eine solche kulturelle und religiöse Egozentrik führt gerade im geheiligten Bereich des Gottesdienstes zur Abgrenzung von andersartigen Kultpraktiken. Lesen wir im 3. Buch Mose von Tierschlachtungen, Blutriten, Sühnehandlungen, Speiseverboten usw., dann wird uns die Fremdheit der Bibel in diesem Bereich voll bewußt.

Diese Fremdartigkeit der „levitischen" gottesdienstlichen Gebräuche hatte zur Folge, daß in der christlichen Tradition das Buch Leviticus weitgehend aus der Reihe der Predigttexte, aus Konfirmandenunterricht und Bibelstudium ausgeschlossen wurde. Mehr noch: die unverstandenen Riten wie Speisegebote (Lev 11) oder Reinheitsregeln (Lev 12–15) nährten das Gefühl eigener Überlegenheit gegenüber „den Juden" und verstärkten damit antisemitische Vorurteile. Das Buch Leviticus wurde neben anderen alttestamentlichen Texten von den Christen dazu mißbraucht, den jüdischen Glauben verächtlich zu machen[2].

Rechnen wir aber mit den andersartigen gesellschaftlichen und kulturellen Verhältnissen der biblischen Zeit, also auch mit der Fremdheit alter priesterlicher Überlieferungen und sind wir bereit, nach vergleichbaren modernen Erfahrungen zu suchen, dann lassen wir uns nicht so leicht von der Lektüre des 3. Buches Mose abhalten. Im Gegenteil: eine gesunde Neugier könnte sich regen. Wie haben die Israeliten im innersten Kreis des gottesdienstlichen Lebens ihr Verhalten gegenüber Jahwe geordnet? Welche Verbindungen haben sie zwischen Gottesdienst und Alltagswirklichkeit hergestellt? Die Erwartung regt sich, daß „gerade in diesem Buch doch etwas von der lebendigen Mannigfaltigkeit und geschichtlichen Entfaltung des gottesdienstlichen Wesens im alten Israel"[3] und etwas von der explosiven Kraft des Jahweglaubens, die über das Zeremonialgesetz hinausdrängt, sichtbar und nachvollziehbar wird.

1.2 „Leviticus": ein Buch?

Nach heutigem literarischem Verständnis ist Leviticus überhaupt kein „Buch", sondern eher ein recht künstlicher Ausschnitt aus einem größeren erzählenden und gesetzgeberischen Werk, das zudem noch wie ein Flickenteppich aus vielen verschiedenen Einzelstücken zusammengenäht ist. In Ex 19,1–2 kommt das Volk Israel auf seinem Wüstenzug an den Gottesberg, dort empfängt es nach einer furchterregenden Gotteserscheinung eine Fülle von Anweisungen, Gesetzen, Ermahnungen und Plänen (vgl. Ex 20–23; 25–31; Lev 1–7, Num 1–2 usw.). Erst in Num 10,11–34 erfolgt der Aufbruch vom Berg Sinai und die Fortsetzung des Marsches. Die Bemerkungen über die Wanderung in Ex 40,36–38 und Num 9,17–23 sind allgemeiner Art („sie pflegten ... aufzubrechen ...") und schließen sich an Beschreibungen der Wolken- und Feuererscheinungen bei der

---

[2] Vgl. Antonius H. J. Gunneweg, ATD Erg. 5, 21 ff.; 100 ff.; 126 ff.

[3] Martin Noth, ATD 6, 1962; Vorwort.

Stiftshütte an. Unsere Schrift „Leviticus“ handelt von Ereignissen zwischen der Ankunft Israels am Gottesberg und seinem Aufbruch von dort. Sie setzt also durchweg das Verweilen Israels in der Nähe Jahwes voraus. Der Ausschnitt aus der Gesetzgebung am Sinai setzt die Traditionen von Ex 19–40 fort und findet in Num 1–10 einen lückenlosen Fortgang. Die Abgrenzung gerade dieses Teilstückes (warum hat man die Trennungslinie nicht nach Ex 35 oder Num 10 gezogen?) und seine Kennzeichnung als „Buch“ erscheinen willkürlich und dürften mit der Fünfereinteilung der Moseschriften (= Tora, Pentateuch) zusammenfallen. Praktische Rücksichten auf die Verlesung der Schrift im Gottesdienst haben wahrscheinlich den Anstoß dazu gegeben. Herausgebildet hat sich die Gliederung zum „Pentateuch“ (Fünfbuch) irgendwann zwischen dem 5. und 3. Jh. v. Chr., denn die griechische Übersetzung (Septuaginta) kennt sie genauso wie die noch ältere Heilige Schrift der vom Judentum abgespaltenen Samaritaner.

In der hebräischen wie in der griechischen Überlieferung ist das 3. Buch Mose je auf eigene Weise benannt worden. Die hebräischen Abschreiber gaben ihm nach altorientalischer Sitte das Anfangswort zum Namen: „er rief“ (*wajjiqra'*; Lev 1,1), während die griechischsprachigen durch ihre Bezeichnung „das levitische (Buch)“ auf den Inhalt verwiesen: Die hier gesammelten Überlieferungen gehören in den Verantwortungsbereich der „levitischen“ Priester. Oder sollten wirklich jene „Leviten“ gemeint sein, die in der Spätzeit des ATs niedere Tempeldienste versahen (vgl. 1 Chr 23,28–32)? Ob das zutrifft, bleibt eine offene Frage. Denn vom Hymnengesang, einer typisch levitischen Tätigkeit (vgl. 1 Chr 23,30), ist im 3. Buch Mose an keiner Stelle die Rede, um so mehr allerdings von den Opferverrichtungen (1 Chr 23,31 f.), von denen die einfachen Leviten jedoch nach anderen Textstellen gerade ausgeschlossen sind (1 Chr 23,28–29; vgl. Num 3,6–9). Wir sehen: Schon an den Namen des 3. Buches Mose kann man ein Stück seiner Überlieferungsgeschichte ablesen. Die Zuordnung des Pentateuch zu Mose ist übrigens erst aus der viel späteren jüdischen Tradition (Josephus: 1. Jh. n. Chr.) bekannt.

Mehr noch als die verschiedenen Benennungen des 3. Buches Mose verraten sein Stil und Inhalt den langen Wachstumsprozeß, den die gesamte Überlieferung des Pentateuch durchgemacht hat. Wir müssen uns entschieden von dem uns so selbstverständlichen Gedanken lösen, als seien biblische Bücher in einem Zuge von einem oder wenigen Autoren niedergeschrieben worden. Nein, die Entstehung eines derartigen „Buches“ ist im jahrhundertelangen liturgischen Gebrauch der heiligen Texte zu suchen. Die Buchwerdung vollzieht sich in immer neuen Kompositions–, Sammlungs- und Interpretationsetappen, in der mündlichen und schriftlichen Weitergabe, Umformung und Neubildung der Texte. Es entstehen Wachstumsschichten oder -ringe, die sich bei genauer Lektüre der biblischen Bücher einigermaßen sicher unterscheiden lassen.

Zwar ist die äußere Gestalt des 3. Buches Mose auf den ersten Blick von strenger Einförmigkeit. Gott redet zu Mose und evtl. zu Aaron und läßt durch die beiden (prophetisch -priesterlichen?) Sprecher dem Volk Israel seinen Willen mitteilen. Insgesamt kommt die Wendung „Er redete zu Mose …“ 35 mal vor. Wenn sie auch seltsam ungleichmäßig verteilt erscheint (vgl. die Abstände von Lev 1,1 zu 4,1 und 8,1 zu 10,8 mit der kürzeren Abfolge Lev 7,22; 7,28 oder 23,23; 23,26), so ist sie doch deutlich als gliederndes Element gedacht. Der gesamte, in unserem Buch zusammengefaßte Stoff ist Gottesrede und wird durch Mose (und Aaron) an die Gemeinde vermittelt. Gelegentliche Abschluß-notizen zu Haupt- oder Nebenabschnitten verstärken zunächst den Eindruck von Geschlossenheit und von kurz aufeinanderfolgenden Gesetzgebungsakten. Die Einzelanalyse der Texte aber führt zu einem entgegengesetzten Schluß. Nicht ein einziges Kap. des Buches ist aus einem Guß und von einer einzigen Hand verfaßt. Überall sind verschiedene Bearbeitungsstufen, Interessenlagen und theologische Vorstellungen wahrnehmbar. Die Einzelauslegung wird das in aller Deutlichkeit zeigen. Allgemein läßt sich sagen: die späteren Sammler, denen an der Mittlerrolle Moses (und Aarons) und an der Legitimation der Kultvorschriften als Jahweoffenbarung gelegen war, haben in der Regel viel – und sehr unterschiedliches – älteres Material zusammengefaßt (vgl. z.B. die Auslegung von Lev 16; 18; 19).

Natürlich wüßten wir brennend gern, in welcher oder für welche Lebenssi-tuation die vorhandenen Vorschriften gesammelt worden sind. Die Frage nach Gattung und gesellschaftlichem Entstehungsort des 3.Buches Mose läßt sich zunächst nur vermutungsweise beantworten. Verschiedene Anzeichen sprechen für seine Entstehung im Rahmen eines frühjüdischen (nachexilischen) Lese- oder Predigtgottesdienstes. Da ist die schon erwähnte Rahmenformel: „Jahwe redete zu Mose …" Sie betont die Wortkommunikation Gottes mit seinem Volk. Die Deuteformeln „dies ist das Gesetz …" (vgl. Lev 6,2.7.18; 7,1.11.37; 14,2.32.54.57 und noch fünfmal), die direkt eine Gemeinde anredenden und predigtartig ermahnenden Stücke (vgl. Lev 18,30; 19,19.37; 20,22; 22,31 usw.), das theologische Interesse an der Heiligung des Volkes (vgl. Lev 19,2), der kultischen Reinheit und Entsühnung jedes Gemeindegliedes (vgl. Lev 15), der Durchsetzung von Recht und Gerechtigkeit in Israel (vgl. Lev 24,22) – diese und andere Momente könnten weitere Indizien für die Herkunft der „priester-schriftlichen" Texte aus Gemeindesituationen sein (s. u. Nr. 3).

Was aber heißt „priesterschriftlich"? Seitdem Julius Wellhausen am Ende des 19. Jh.s seine Theorie über die Entstehung des Pentateuch vorgelegt hatte, wird seine „Drei- bzw. Vierquellenhypothese" in der Fachwissenschaft diskutiert[4]. Das mosaische Fünferbuch setzt sich danach aus den ehemals selbständigen Darstellungen der Anfangsgeschichte Israels, nämlich dem jahwistischen, elohi-stischen, deuteronomischen und priesterlichen Werk zusammen. Die sogenann-te Priesterschrift (P) ist die jüngste literarische Schicht; sie gehört in das 5.Jh. v.Chr. und ist in dem Konglomerat der Pentateuchtexte am leichtesten zu erkennen, weil sie sprachlich, sachlich und theologisch eine ganz ausgeprägte Gestalt hat[5].

Das 3.Buch Mose gehört nach dieser Sicht der Dinge vom ersten bis zum

---

[4] Gerhard von Rad, Genesis, ATD 2–4, Göttingen ⁹1972, 10–14.
[5] Vgl. Julius Wellhausen, Prolegomena zur Geschichte Israels, Berlin ⁶1905=1927.

letzten Wort zur priesterlichen Quellenschrift oder doch in ihren unmittelbaren Wirkungsbereich. Die für P verantwortlichen Verfasser haben den Faden von der Schöpfungserzählung Gen 1,1–2,4 a an über die Genealogien und die Flutgeschichte Gen 5–10 (der Text ist vermischt mit anderen Quellenbestandteilen und sekundären Weiterungen), die Erzväter- und Exodustraditionen (Schwerpunkte bilden: Gen 17; 23; Ex 6,2–12; 7,1–13) zur Sinaioffenbarung hin gesponnen[6]. Dort, am Gottesberg, steht Israel seinem Gott gegenüber und empfängt vor allem die Anleitung zum Bau des „Begegnungszeltes", seiner Einrichtung und Personalbesetzung (Ex 24,15 b–29,46). Diese Linie kommt mit der offiziellen Erstweihe des heiligen Zeltes, das als Prototyp des Jerusalemer Tempels gedacht ist, zu ihrem Höhepunkt (Lev 8–9; 16). Den Verfassern der Priesterschrift ist folglich nach der Begründung des Sabbats in der Schöpfung (Gen 2,2 f.), der Erlaubnis des Fleisch- und dem Verbot des Blutgenusses (Gen 9,3 f.), der Einsetzung von Beschneidung (Gen 17) und Passa (Ex 12,1–20) entscheidend daran gelegen, den Opferkult an dem von Jahwe gestifteten Heiligtum in der Frühgeschichte Israels zu verankern. Dabei geht es auch darum, die aaronitische Priesterschaft zu legitimieren[7].

In den letzten zwei Jahrzehnten ist die Hypothese von dem geschlossenen priesterlichen Erzählwerk zunehmend angezweifelt worden. Verschiedene Forscher erklären auch die Entstehung dieser späten Schicht im Pentateuch lieber aus Traditionsprozessen allgemeiner Art: Texte werden gesammelt, verändern sich, so wie sie von einer Gruppe von Menschen gebraucht werden[8]. Diese traditionsgeschichtliche und nicht literarische Sicht macht es wesentlich leichter, die bunte Zusammensetzung der Texte im 3. Buch Mose zu verstehen. Die literarische Analyse hatte versucht, einen erzählenden Strang des P-Herausgeberkreises zu isolieren. Die rein gesetzlichen Partien wie Lev 1–7; 11–15 wurden meist als sekundäre Einschübe betrachtet. Wächst aber ein Text wie ein Baum in Jahresringen, so kann man sich von der Vorstellung einer geordneten, fortschreitenden Erzählung freimachen und auf ein themenzentriertes Einzelwachstum von Textgruppen setzen.

Der Komplex Ex 25–31; 35–40; Lev 1–10 ist offensichtlich ein solcher Themenkreis. Ihm haben sich andere Textsammlungen wie die Unreinheitsbestimmungen Lev 11–15 oder Blöcke des sogenannten „Heiligkeitsgesetzes" Lev 17–26 angegliedert. Denn nach der Einweihung des Heiligtums mußte die Frage nach dem Gott wohlgefälligen und würdigen, kultisch tadellosen Verhalten die Gemüter bewegen. So wuchs der Text in mündlicher und schriftlicher Überlieferung heran und wurde dann in einem Spätstadium künstlich, nach der Menge des Lesestoffes in „Bücher" (Schriftrollen) und Leseabschnitte gegliedert. „Leviticus" ist dabei der kleinste und sachlich ungeschickteste Ausschnitt im Pentateuch. Das drückt sich auch in der Zahl der wöchentlichen Leseabschnitte aus, die wohl in den letzten vorchristlichen Jahrhunderten festgelegt worden sind.

---

[6] Nach Martin Noth, Überlieferungsgeschichte des Pentateuch, Stuttgart 1948, 7–19.

[7] Vgl. Ex 28 f.; Lev 8 f.; vgl. Helmut Utzschneider.

[8] Vgl. Rolf Rendtorff, Das überlieferungsgeschichtliche Problem des Pentateuch, BZAW 147, Berlin 1977; Erhard Blum, Studien zur Komposition des Pentateuch, BZAW 189, Berlin 1990.

Im dreijährigen palästinischen Sabbat – Lesezyklus stellte das 3. Buch Mose
23–25 Abschnitte[9].

1.3 Die Gemeinde: Kult und Leben

Der eigentliche Adressat des 3. Buches Mose ist ein farbloser „jemand", „einer
von euch", ein Angehöriger des Volkes Israel (Lev 1,2). Wen haben wir uns
darunter vorzustellen? Es ist das anonyme Mitglied, ein Jedermann der nachexilischen Glaubensgemeinschaft, genau wie in Ez 18 oder Ps 15 und Jes 33,14–16.
In allen Texten ist dieser „jemand" ein Entscheidungsträger, jedoch kein einsa-
mer. Er ist eingebettet in seine Glaubensgemeinschaft. Den Entschluß zum
Beitritt braucht er nicht zu vollziehen, im Gegensatz zu der Situation von Jos 24
oder Dtn 29,11 f.; Rut 1,16 f. Aber in seinem alltäglichen Leben ist er ständig vor
Entscheidungen gestellt, in denen er Treue zu seinem Gott erweisen muß.
Eigennamen, Personen von Fleisch und Blut, kommen im 3. Buch Mose kaum
vor. Mose, Aaron, Nadab, Abihu, Eleasar und Itamar bleiben schemenhaft
typische Priester- oder Mittlerfiguren. Selbst der Jahweverflucher, der dann
zum Tode verurteilt wird (Lev 24,10–23), bleibt namenlos, nur der Name seiner
Mutter wird aus unbekanntem Grund nachgetragen (V. 11). Man kann natürlich
argumentieren, das anonyme „man", „er", „jemand" gehöre zur Gesetzessprache, soweit sie nicht mit Präzedenzfällen operiert. Im Zusammenhang mit den
ermahnenden Anreden an die Gemeinschaft und auf die einzelnen Mitglieder in
ihr hin drängt sich doch die Vorstellung auf, daß im 3. Buch Mose der Einzelne
bewußt in seiner Glaubensgemeinschaft angeredet wird. Er soll zusammen mit
der Gemeinde auf dem richtigen Weg bleiben. Darum versuchen wir, uns die
Lebensumstände des jüdischen Gemeindegliedes im 5. Jh. v. Chr. vorzustellen.
Was bedeutete für ihn die Orientierung durch das göttliche, über Mose vermittelte Wort?
   Leider fließen die Quellen für die Erkenntnis des jüdischen Alltagslebens
dieses Zeitraums sehr spärlich. Die unter den Namen Esra und Nehemia erhaltenen Schriften und eventuell späte Nachträge zu den Prophetenbüchern gestatten
uns einige Rückschlüsse. Die auf der Nilinsel Elephantine gefundenen jüdischen
Rechtsurkunden und Briefe lassen einen Blick in das Leben jener jüdischen
Militärkolonie in persischen Diensten tun.
   Wir beschränken uns auf einige wenige Anmerkungen: Die Juden des persi-
schen Zeitalters erlebten eine relativ tolerante Weltmacht, die ihnen die Aus-
übung des nationalen Kultes überall gestattete, manchmal sogar die äußeren
Mittel und Verordnungen zur Einrichtung oder Festigung des Jahwekultes zur
Verfügung stellte (vgl. Esra 6 f.).
   König Kyros (559–530 v. Chr.) war im Jahre 539 v.Chr. in Babylon einmar-
schiert, kampflos hatte sich die Hauptstadt des alternden Weltreiches ergeben.
Mehr noch: Er wurde von der babylonischen Priesterschaft, die mit ihrem

---

[9] Hebräisch s\`darim; Gen = 43; Ex = 29; Num = 32; Dtn = 27; vgl. Ismar Elbogen, 159–170.

eigenen König Nabonid in einem unversöhnlichen Interessenkonflikt gelebt hatte, und von den deportierten Juden als Befreier begrüßt (vgl. Jes 45,1–4). Kambyses, der Sohn des Kyros, herrschte acht Jahre (530–522 v. Chr.) und setzte wohl im wesentlichen die tolerante Religionspolitik fort, die darauf abzielte, den unterworfenen Völkern in dem riesigen Reich Glaubensfreiheit zu gewähren und die nationalen Kulte und Heiligtümer wiederherzustellen und zu schützen. Darius I. sodann (522–486 v. Chr.) hatte sich einige Jahre mit Aufständischen herumzuschlagen und konnte danach das Perserreich einer tiefgreifenden Verwaltungs–, Wirtschafts- und Rechtsreform unterziehen. In diese Zeit fällt die Wiedereinweihung des Jerusalemer Jahwe-Tempels (515 v.Chr.; vgl. Esra 6,15–18). Unter dem Schutz der Weltmacht hatte das kleine Volk der Jahwegläubigen ein national-religiöses Symbol restauriert, und die Symbolkraft des zweiten Tempels, der bis 70 n. Chr., also 585 Jahre lang, Zentrum des kultischen Lebens war, hat bis heute ungeahnte Nachwirkungen.

Auf der anderen Seite hatten alle unterworfenen Völker ihren Beitrag zur Aufrechterhaltung der persischen Zentralgewalt zu zahlen. Das heißt, die unterworfenen Völker wurden von der Weltmacht Persien kräftig ausgebeutet (vgl. Jes 26,13). Die wirtschaftliche und politische Abhängigkeit der Juden verhinderte aber nicht, daß sich innerhalb des jüdischen Volkes die sozialen Spannungen verschärften und die Verstädterung sowie die Klassenbildung[10] fortschritten. Im Gegenteil: einige wenige Mitglieder der jüdischen Kultgemeinde brachten es durch ihre Kollaboration mit den Persern zu Reichtum und einflußreichen Ämtern, die Masse der Bevölkerung fristete ein mehr oder weniger ungesichertes Leben[11].

Vor diesem sozialen Hintergrund ist es verständlich, daß sich besonders die ärmeren Bevölkerungsschichten mit gesteigerter Kraft dem religiösen Leben zuwandten. In der alten Jahwereligion gab es nämlich zahlreiche Ansätze zu der Hoffnung, daß Gott eine neue Gerechtigkeit heraufführen und Korruption, Elend, Abgötterei, Lüge, Krieg aus der Welt schaffen würde. Die nachexilischen Texte des AT reden eine deutliche Sprache. Sie bauen auf das Eingreifen Jahwes zugunsten der Armen und Unterdrückten (vgl. Neh 5; Ps 9/10; 37; 49; 73; Jes 63,7–64,11) und verraten damit etwas über die Struktur der damaligen jüdischen Gemeinden. Sie bestanden zum großen Teil aus wirtschaftlich Schwachen, d. h. Familien, die unter dem enormen Abgabendruck bankrott gegangen waren oder in der Gefahr standen, ihre wirtschaftliche Eigenständigkeit zu verlieren.

Wie die wirtschaftliche Not also sehr häufig das äußere Bild der jüdischen Gemeinde des 5. Jh.s bestimmte, so war der Jahweglaube kennzeichnend für die innere Verfassung. Der Gott Israels hatte sein Volk durch das babylonische Exil gestraft und ihm dann neue Lebenschancen eröffnet (vgl. Jer 30–33; Jes 40–55). Diesem Gott galt nun aller Dank und alle Ehrerbietung, hatte er sich doch in der Ohnmacht des Volkes als treu erwiesen und am Ende die Weltmächte besiegt. Reduziert zu einer Glaubensgemeinschaft, konzentrierte sich das Leben vor

---

[10] Vgl. Hans G. Kippenberg.
[11] Vgl. Neh 5; Heinz Kreissig.

Gott auf die Familie, die Wohngemeinschaft in Dorf, Stadt, Militärlager, kurz, auf den mitmenschlichen Bereich. Nur hier konnten die Juden im persischen Reich ihre Identität als Volk bewahren. Darum war ihr Frömmigkeitshorizont in erster Linie eben die Familie und die Ortsgemeinde. Obschon Jahwe zum alleinigen und universalen Gott geworden war[12], blieben weltgeschichtliche Perspektiven für den glaubenden Einzelnen und seine Intimgruppe zunächst uninteressant. Das Gemeindeglied fragte nach dem unmittelbar für ihn geltenden Gotteswillen, und die Tora des Mose gab ihm, wenn nicht erschöpfende, dann doch umfassende Auskunft. Welche Speisen sind mir erlaubt? Wann mache ich mich unrein und kann nicht am Gottesdienst teilnehmen? Wie vollziehe ich gegebenenfalls die Opfer richtig? Welche Erwartungen hat Jahwe in Bezug auf mein Sozialverhalten in meiner Umgebung? Unter diesen und ähnlichen Fragen kamen auch die angeblich priesterlichen Vorschriftensammlungen des 3. Buches Mose zustande. Die Gewißheit, in diesen Anweisungen zum gedeihlichen Leben mit Gott die ungebrochene Stimme Jahwes selbst – durch die verordneten, in der Nachfolge des Mose stehenden Sprecher und Gemeindeleiter – zu hören, gab dem jüdischen Volk die Kraft und das Selbstbewußtsein, die Jahrhunderte in der Zerstreuung zu überstehen. Das Gesetz, gegeben durch Mose, war ihnen ihres „Fußes Leuchte" und „ein Licht" auf dem Weg (Ps 119,105; der ganze Psalm ist ein einziges Loblied auf das Gesetz). Im 3. Buch Mose sehen wir hinein in dieses Gesetz. Für unsere Begriffe besteht es aus einer merkwürdigen Mischung von primitivsten Taburegeln, ausgefeilten Reinheitsvorschriften und hochwertigsten ethischen Normen. Doch sind solche Wertungen ganz und gar aus unseren eigenen Lebensumständen gewonnen und darum zur Beurteilung antiker Lebensregeln ungeeignet. Im 3. Buch Mose liegen eben – entsprechend den damaligen Vorstellungen von Gott – die kultischen und ethischen Anweisungen ungeschieden ineinander, besser, sie sind von Anfang an integriert überliefert. Beide Arten von Lebensnormen bilden zusammen „das Gesetz"; die Mitglieder der jüdischen Gemeinde des 5. Jh.s hätten kein Verständnis für unsere Trennungsbedürfnisse gehabt. Die feste Reglementierung aller Lebensbereiche – oder derjenigen, die theologisch relevant waren – ist lebensnotwendig und beglückend. „Die Rechte des Herrn sind Wahrheit, allesamt gerecht. Sie sind köstlicher als Gold und viel feines Gold, sie sind süßer als Honig und Honigseim" (Ps 19,10b–11). Im traditionell vorgegebenen und in der Gemeinde ständig weiterentwickelten Gesetz des Mose, d. h. im Zeremonial-, bürgerlichen und Sittengesetz findet der nachexilische Jahwegläubige seinen Rückhalt. Das 3. Buch Mose bietet einen Ausschnitt aus diesem Gesetz.

Die Strukturen der frühjüdischen Gemeinde sind noch wenig erforscht. Wir müssen mit der jerusalemer Hauptstadtgemeinde rechnen, welche die Führungsrolle beanspruchte und sicherlich Familien von Rang und Namen umfaßte (vgl. 1 Chr 9,3–16; Neh 3). Die Priesterfamilien gehörten dazu und wichtige Levitensippen. Nehemia und Esra wirkten als persische Kommissare in Jerusalem, und es gelang ihnen im 5. Jh. v.Chr., die Stadt politisch und religiös gegen

---

12 Vgl. Erhard S. Gerstenberger.

die Rivalin Samaria weiter aufzuwerten und für das ganze Judentum im persischen Reich zum geistlichen Mekka zu machen. Um Jerusalem herum muß es
Landgemeinden gegeben haben, von denen im Zentrum Jerusalem oft veräcth-
lich geredet wurde (vgl. Esra 9,1f..11; 10,2.11; Neh 10,29.31f.). Und weit
draußen, im fremden Land, bildeten sich z. T. starke Gemeinden, die nicht nach
Palästina zurücksiedeln wollten, als sich 539 v.Chr. die Möglichkeit dazu eröff-
nete. Diese Diasporagruppen waren besonders stark und aktiv in Babylonien
und Ägypten. Beide Länder haben über tausend Jahre lang bis zur islamischen
Eroberung und darüber hinaus wesentliche Beiträge zur jüdischen Kultur,
Philosophie und Theologie geleistet.

Alle diese Gemeinden in Palästina und im Ausland waren offiziell „theokratisch" organisiert: Gott war ihr König, kein menschlicher Monarch. Aber
Gottes Herrschaft wird immer durch Menschen vermittelt. Also waren Priester,
Leviten und Schriftgelehrte die Leiter der Gemeinden. Wie sah das in der Praxis
aus? Die Priester waren strenggenommen nur für den reinen Tempeldienst in
Jerusalem zuständig. Doch beteiligten sie sich rege an der jüdischen Innenpolitik
(die Steuer- und Außenpolitik lag natürlich bei den Persern). Außerhalb Jerusalems müssen andere „Stände" die Leitungsfunktionen übernommen haben.
Vielleicht die „Schriftgelehrten", denn die Tora als Willenskundgabe Jahwes
stand im Mittelpunkt allen religiösen Interesses (vgl. Ps 119). Aber auch die
Sippen- und Stadtältesten haben eine wichtige Rolle gespielt. Für uns ist die
These besonders wichtig, daß in der nachexilischen Zeit die Gemeindeversammlung der Juden mit Gebet, Schriftlesung, Ansprachen, Segensworten angefangen
hat, wie sie in Neh 8 vorgestellt wird. Die Kommentatoren sprechen vom
Prototyp eines Synagogengottesdienstes[13]. Die Torauntweisung ist für das
ganze Volk, Männer, Frauen und Kinder vorgeschrieben. Der Tempel wird zum
„Bethaus", er ist nicht mehr Schlachthaus (vgl. Jes 56,7; 66,3). Obwohl der
Opferdienst fortbesteht, ist im toraorientierten Gebets- und Lehrgottesdienst
ein ganz eigenständiges neues geistliches Zentrum entstanden, und die Ortsgemeinde ist seine Trägerin[14].

1.4 Die Autoren: Priester, Leviten?

Selten enthalten alttestamentliche Schriften echte Verfassernamen. Es gab noch
kein urheberrechtlich geschütztes, geistiges Privateigentum. Und alle – sei es
mündlich, sei es schriftlich – weitergegebenen Texte waren für den Gebrauch
bestimmt, nicht für Bücherbord oder Archiv. Dennoch möchten wir, gemäß
unseren kulturellen Gewohnheiten, mehr über Urheber und Überlieferer wissen. Ein Text ohne geistigen Eigentümer ist wie ein streunender Hund: wenig
geachtet, mit Mißtrauen beäugt.

---

[13] Vgl. Antonius H.J. Gunneweg, Nehemia, KAT XIX,2, Gütersloh 1987, 110f.
[14] Vgl. Menahem Haran, Temple and Community in Ancient Israel, in: M.V. Fox (ed.), Temple
in Society, Winona Lake 1988, 17–25.

Wer stand also hinter dieser nachexilischen Sammlung von Kultgesetzen, die quer durch die ersten vier Bücher Mose auffallen (vgl. Gen 9,1–7; 17,1–22; Ex 2,3–20; 25–29; Num 3,40–10,10 usw.)?

Die Perser gestatteten den deportierten Judäern nach 539 v. Chr. die Rückkehr in die Heimat. Schon im Jahre 515 v.Chr. konnten die Zurückgekehrten den wiedererrichteten Tempel in Jerusalem neu weihen (Esra 6). Diese Wende ist der Anfangspunkt für die Geschichte des nachexilischen Judentums. Im Heimatland konnte jetzt an Stelle eines israelitischen Staates eine jüdische Konfessionsgemeinschaft mit einer relativ selbständigen inneren Verfassung und Gesetzgebung entstehen. Nehemia und Esra festigten in offizieller persischer Mission im Laufe des 5. Jh.s den Aufbau des jüdischen Gemeinwesens (vgl. Neh 2–6; Esra 7; Neh 8). Die Kolonien von Emigranten und Deportierten in Babylonien und Ägypten bestanden freilich weiter, ja, sie wuchsen an Zahl und Bedeutung. Aber im Stammland Palästina formierte sich unter der Herrschaft der Großmacht Persien eine theokratisch, nach göttlichem Gesetz strukturierte, von den Theologen der Zeit maßgeblich gelenkte jüdische Gesellschaft. Ihr Zentrum war die heilige Stadt Jerusalem. Ihr Einflußbereich erstreckte sich vor allem auf die unter Nehemia gegründete persische Provinz Juda, reichte aber weiter bis in die letzten Diasporagemeinden hinein, die die Verbindung mit dem „Muttertempel" aufrechterhalten wollten. Wir sehen also ein Kirchenmodell entstehen: Ein Volk konstituiert sich weltweit auf der Grundlage eines religiösen Bekenntnisses; es organisiert sich unter geistlicher Leitung (Leviten, Priester, Schreiber, Schriftgelehrte, Älteste unter persischer Oberaufsicht) und zwangsläufig unter Verzicht auf direkte politische und wirtschaftliche Machtentfaltung als Tempelgemeinde. Damit sind gleichzeitig der Zwang zur globalen Zusammengehörigkeit und Glaubenseinheit, aber auch die zentrifugalen Kräfte gegeben, die z.B. aus den Sonderinteressen der Diasporaregionen gegenüber dem geistlichen Zentrum enstehen.

Die eigentliche Lebensgemeinschaft für die Menschen jener Zeit war sicherlich die Familie oder Sippe; in ihr arbeiteten enge, in der Linie des Mannes Verwandte zusammen, um ihren Lebensunterhalt zu erwerben, sei es auf eigenem Grund und Boden, sei es als Tagelöhner bei Großgrundbesitzern, sei es in handwerklichen oder staatlichen Dienstleistungsberufen. Die Familien einer Ortschaft entsandten ihre Ältesten in die lokale Ratsversammlung. Sie befand über Angelegenheiten gemeinsamen Interesses, z.B. über Rechtsfragen. Neben der Rechtsgemeinde muß sich aber in dieser Zeit in Palästina und in der Diaspora die „Kirchengemeinde" gebildet haben (vgl. Neh 8), die Männer und Frauen einer Ortschaft umfaßte. Diese Versammlung der Jahwegläubigen spielte eine entscheidende Rolle in der Geschichte des Judentums. Sie war auf Toralesung und Gebet ausgerichtet und wurde anscheinend von Ältesten und Schriftgelehrten geleitet. Die Texte aus Elephantine und später aus Qumran sind außerbiblische Zeugnisse für die frühe jüdische Gemeindeorganisation.

Die Ausformung der priesterlichen Literaturschichten, insbesondere der sogenannten Priesterschrift und des Buches Ezechiel, bringt die Forschung meistens mit den herrschenden Priesterklassen in Jerusalem in Verbindung. Dort stand der Tempel, dort durften nach Dtn 12 allein die Opfer vollzogen werden. Das Kultmonopol lag bei der Hauptstadt, alle „Kirchen"regionen hatten sich auf den Opferdienst in Jerusalem einzustellen. Später geschah das tatsächlich durch die regelmäßige Abordnung von Gemeindegliedern nach Jerusalem (die sogenannten Standmannschaften)[15]. Was liegt näher, als die verantwortlichen Sammler und Überlieferer kultischer Texte ausschließlich in der Nähe des Tempels zu suchen?

So überzeugend diese Argumentation klingt, so läßt sie doch die erstaunliche Verschiedenartigkeit der im Buch Leviticus gesammelten Überlieferungen und ihre mögliche Verwurzelung in Gemeindegottesdiensten außer acht. Es bleiben auch viele praktische Fragen offen. Sollten sich die Opferpriester des Zentralheiligtums für den Ablauf des gesamten Alltagslebens der Gemeindeglieder auch in den entferntesten jüdischen Kolonien interessiert haben? Man lese einmal Lev 19 und versuche, die zentralistische Perspektive der jerusalemer Priesterschaft bei der Lektüre mitzudenken. Vermutlich war die kultische und theologische Aufmerksamkeit der Zentrale auf die Riten des Tempels und sein Funktionieren konzentriert. Andersherum läßt sich leicht ausmalen, daß unter den räumlich weit verstreuten Juden ein brennendes Interesse an der Heimat, vor allem an dem geistlichen Symbol, dem Tempel und seinen rituellen Ordnungen, bestand. Die Gegenwart Gottes im Tempel und in seiner erwählten Stadt war ein fundamentaler Glaubenssatz gerade auch für die Exilierten und in der Diaspora Lebenden (vgl. Ps 137). Als Glieder der jüdischen Glaubensgemeinschaft bezogen auch die fern von Jerusalem Wohnenden ihren Glauben symbolisch über die Hauptstadt und deren Tempel (vgl. Ps 84). Also müßte es nicht verwundern, wenn sogar in Diasporagemeinden Tempelerinnerungen und symbolische Tempelrituale (z. B. Segnungen, Reinigungen) gepflegt wurden.

Andere, oben z. T. schon angedeutete Beobachtungen kommen hinzu:

a) Wir befinden uns bei dem Versuch, die priesterlichen Texte des AT einzuordnen, in einer Zeit, in der mit großer Wahrscheinlichkeit schon Lesungen aus der Tora (vgl. Dtn 29–31; Neh 8) gehalten wurden. Sollten diese Lesungen wirklich am zentralen Opfertempel, neben den täglichen Darbringungen und ihrem Zeremoniell entstanden sein? Sind Opferdienst und Wortgottesdienst überhaupt nebeneinander denkbar (vgl. Ps 50)? Läßt sich die Schriftlesung nicht viel besser als ein gewisser Ersatz des Opferdienstes in den Außengemeinden verstehen?

b) Das 3. Buch Mose wendet sich überwiegend an das ganze Volk Israel, die Gemeinde Jahwes. Es enthält nicht das Berufs- oder Geheimwissen einer Priesterkaste. Selbst die Vorschriften für die Lebensführung des Priesters in Lev 21,1–15 sind nicht exklusiv zu verstehen. Sie sollen eher Anreiz für alle sein, sich dem höchsten Grad der Heiligung zu nähern (vgl. Ex 19,6; Lev 19,2: „Ihr sollt heilig sein, denn ich bin heilig"). In der Übernahme und Pflege priesterlichen Denkens zeigt sich zugleich die Abhängigkeit und die Eigenständigkeit der lokalen, von Jerusalem räumlich entfernten Gemeinden.

---

[15] Vgl. Ismar Elbogen, 237; Mischna *Taanit* IV,2.

c) Die alttestamentlichen Erzählwerke, das deuteronomistische aus dem
6. Jh., die Priesterschrift um 500 v.Chr., das chronistische Werk aus dem 4. Jh.,
legen sämtlich großen Wert auf das „Volk" Israel und seine Beteiligung am
Gottesdienst (vgl. nur Präsenz und Zeugenschaft des Volkes in Dtn 29,1; seine
Verpflichtung auf Jahwe Dtn 29,9–14; 30; seine Feste Lev 23; 2 Chr 30; sein
aktives Engagement Neh 8,6 usw.). Entscheidend ist: Der Gottesdienst der
exilisch-nachexilischen Gemeinde ist seinem Wesen nach auf das Dabeisein und
Mitwirken von Männern, Frauen und Kindern angewiesen[16], während die
vorexilischen Opferfeiern allein Sache der Priesterschaft waren und unter Ausschluß der Öffentlichkeit stattfanden.

d) Welche Rolle spielen eigentlich die Leviten, jener niedere Klerus, in Jerusalem und im Land, darüberhinaus eventuell auch in den Diasporagemeinden?
Wir müssen diese Fragen stellen, obwohl sie ausdrücklich im 3. Buch Mose nur
ganz am Rande vorkommen (Lev 25,32–34). Die Leviten sind für den niederen
Tempeldienst (vgl. 1 Chr 23,28 f.) und den Psalmengesang (vgl. 1 Chr 23,30;
15,15–22) zuständig. Gehörten sie vielleicht zu den geistlichen Führungskräften
in den Lokalgemeinden? Der Hymnengesang war ganz sicher kein Vorrecht der
jerusalemer Kultgemeinde oder der Opferpriester.

Von diesen Voraussetzungen her wird eine ausschließlich von den jerusalemer Priestern inszenierte Entstehung der kultischen Gesetzessammlungen unwahrscheinlich. Wir müssen in irgendeiner Weise die Beteiligung der vorwiegend angeredeten nachexilischen Konfessionsgemeinschaft mit in Rechnung
stellen. Vielleicht waren die Gemeinden – bis hin zu den Diasporagruppen –
durch Männer levitischer und priesterlicher Abstammung bei dem langen
Sammlungsprozeß der kultischen Überlieferungen vertreten, man denke an die
exilierten Theologen in Babylon (vgl. Esra 2,36–42.61–63; Neh 7,39–45.
63–65). Jedenfalls ist es außerordentlich wichtig, die Abzweckung auch priesterlicher Texte auf Gemeindestrukturen zu erkennen. Hinter dem 3. Buch
Mose steht nicht ausschließlich die Tempelorganisation oder die elitäre Priesterkaste Jerusalems. Die Texte reflektieren in unterschiedlichem Maße das Leben
nachexilischer Gemeindegruppen und nicht nur die Einrichtungen des jerusalemer Tempels. Das Heiligtum war ursprünglich nicht auf Gemeindebeteiligung
angelegt; der Opferdienst war wesentlich Priesterritual ohne Mitwirkung der
Gemeinde (vgl. Ez 46,1–10; 46,20). Wenn aber die für einen Text ursprünglich
gesetzte Bezugsgruppe eher die nachexilische Gemeinde gewesen ist, dann sollte
man auch die Verfasser der Texte in Personenkreisen suchen, die mit der
Gemeinde in Verbindung standen. Das waren nach unserer Kenntnis zur damaligen Zeit nicht unbedingt die Priester und der Hohepriester von Jerusalem.

Wer war dann federführend in Gemeindeleitung und Sammlung gottesdienstlicher Traditionen? Die Priester waren durch ihren Dienst auf Jerusalem beschränkt. „Ganz Israel" aber war in alle Welt zerstreut. Anscheinend hatten
Männer aus priesterlichen Familien immer und überall ein hohes Ansehen, auch
wenn sie nicht in ihrem Beruf arbeiten konnten. So wird Esra (wohl sekundär)

---

[16] Ismar Elbogen; Menahem Haran.

mit einer hohenpriesterlichen Herkunft versehen[17]. In Wirklichkeit war er „Schreiber des Gesetzes des Himmelsgottes" (Esra 7,12.21). Wie die ganze jüdische Tradition beweist, brauchte ein Schrift- und Gesetzeskundiger kein priesterliches Blut in den Adern zu haben. Die angebliche Priesterabstammung will Esras Ansehen und Autorität unterstreichen, aber nicht begründen. Als Gemeindeleiter, so lautet die Schlußfolgerung, konnte jeder Israelit dienen. Die tatsächlich in der Tora bewanderten Männer übernahmen also die Traditionspflege und wahrscheinlich auch die gottesdienstlich-liturgischen Aufgaben.

1.5 Nachwirkungen des Kultgesetzes

Wenn wir die Bibel lesen, stehen wir immer am Ende einer langen Auslegungskette. Was die früheren Leserinnen und Leser erkannt, gedacht, neu formuliert haben, ist für unsere theologische Meinungsbildung außerordentlich wichtig. Deshalb müssen wir uns mit der langen Wirkungsgeschichte des Buches Leviticus beschäftigen. Wir konzentrieren uns auf die Ausstrahlungen des jüdischen „Zeremonial"- oder „Ritual"gesetzes.

Kultische Ordnungen haben immer ein zähes Leben und wirken oft noch unter ganz veränderten Lebensbedingungen weiter. Als im 4. Jh. v.Chr. die „samaritanische" Gruppe (Errichtung eines Gegentempels auf dem Berg Garizim in der Provinz Samaria) und im 2. Jh. v.Chr. die Qumrangemeinschaft in ihrer Wüstensiedlung am Nordende des Toten Meeres von Jerusalem abfielen und sich kultisch unabhängig machten, nahmen beide „sektiererischen" Gemeinden mit dem Gesamtpentateuch auch das 3. Buch Mose in ihren Besitz. Wie konnten sie die auf die Stiftshütte = jerusalemer Tempel bezogenen kultischen Vorschriften für sich gebrauchen? Die Samaritaner haben sie einfach auf ihr Heiligtum auf dem Berg Garizim umgedeutet. Die Qumranleute scheinen prinzipiell am Heiligtum in Jerusalem festgehalten zu haben, auch wenn sie die dort amtierende Priesterschaft als Satansbrut diffamierten. Jedenfalls ist in den Höhlen bei Chirbet Qumran auch eine „Tempelrolle" ans Licht gekommen, welche die levitischen Ordnungen des ATs in neuer Zusammenstellung und beträchtlicher Erweiterung enthält, dabei den Wohnort Jahwes, Jerusalem, nicht antastet[18].

Und der Traditionsstrom, der durch die Kultgesetze im AT ausgelöst wurde, ging weiter. Das Bedürfnis nach ritueller Reinheit und voller Übereinstimmung mit dem Willen Gottes, wie der Drang, in der Gesetzesauslegung die jüdische Identität zu finden und zu bewähren, beherrschte die Gemeinden auch nach der Zerstörung des Tempels im Jahre 70 n.Chr. In Mischna und Talmud entstanden über die Jahrhunderte hin gewaltige Sammlungen interpretierender Literatur. Ihr Kern und Bezugspunkt sind eben die Gesetze des Pentateuch in ihrer

---

[17] Vgl. Esra 7,1–15; Esra, „der Schriftgelehrte und Gesetzeskundige, bekommt also einen priesterlichen Ausweis", Antonius H.J. Gunneweg, Esra, KAT XIX,1, Göttingen 1985, 123.

[18] Vgl. Johann Maier, 68: Es „fallen schroffste Kritik am bestehenden Tempel mit höchster Bejahung des Tempelkultes ineins."

Gesamtheit, nicht allein die ethischen Normen. Obwohl es nach dem Jahre 70 n.Chr. keine Opferpraxis mehr gab, blieben die kultischen Reinheitsgebote in Kraft. Bei der Schlachtung von Tieren zum häuslichen Verzehr und bei der Passafeier wurden natürlich die alten Regeln der Opferpraxis, soweit anwendbar, beachtet. Im übrigen hofften und hoffen orthodoxe Juden auf die Wiederherstellung des Tempels und eine Wiederaufnahme der regulären Tieropfer.

Die christliche Tradition hat sich oft hochmütig von der Opferpraxis des ATs distanziert und die Zeremonialgesetzgebung der Juden strikt abgelehnt. Sie hat die ganze Gottesdienstpraxis und Frömmigkeit der Juden verdächtigt und verächtlich gemacht und gerade durch solche religiöse Verleumdung den Boden für Diskriminierungen und Verfolgungen vorbereitet[19]. Vielleicht wären die Vernichtungslager der Nazi-Zeit ohne eine derartige, Jahrhunderte während Vergiftung des religiösen Klimas und die Zerstörung der religiösen Seele des jüdischen Volkes nicht so leicht möglich gewesen. Dieser niederschmetternde Gedanke muß uns noch betroffener machen, wenn wir die christliche Wirklichkeit neben die theoretische Ablehnung der jüdischen Riten halten. Denn gleichzeitig mit der feindlichen Distanzierung vom jüdischen Zeremonialgesetz sind zahllose Elemente derselben kultischen Gesetzgebung in Ritus und Kultus der christlichen Gemeinden und der Großkirche eingeflossen. Zusammenfassend beschreibt A.H.J. Gunneweg diese schizoide Entwicklung so:

> „Wie im alten Israel vor Christus Priester und Leviten im Kult amtierten, das Volk belehrten, Fürbitte leisteten, Opfer darbrachten, so soll es auch in der christlichen Kirche zugehen. ... So entsteht ein christlicher Klerus, dem gegenüber das allgemeine Priestertum aller Gläubigen nur noch eine theoretische Größe darstellt. Zum priesterlichen Klerus gehört nach alttestamentlichem Vorbild das Opfer. Als Opfer wird dementsprechend jetzt das Abendmahl verstanden. Und wenn das Gesetz des ATs das tägliche Opfer fordert, so bringt der christliche Priester nunmehr alltäglich das Meßopfer dar. Zum Opfer wiederum gehört ein Altar; entsprechend werden Kirchengebäude liturgisch eingerichtet und ausgerichtet. Und wie einst das Zelt der Begegnung die Stätte war, wo Jahwe gegenwärtig wird, so wohnt nunmehr Christus im Tabernakel, wo die verwandelten Hostien aufbewahrt werden. Hatte Israel den Sabbat gehalten und war die strenge Heiligung der Feiertage ein Bekenntnisakt gewesen, so gilt es jetzt, die christlichen Feiertage zu heiligen. Die privilegierte und exklusive Stellung der Priester und Leviten im AT wird auf Priester und Diakone übertragen und als Hoherpriester amtiert nunmehr der Bischof. Wie das Abendmahl nach Analogie des alttestamentlichen Opfers, so wird die Taufe nach Vorbild der Beschneidung als Initiationsritus interpretiert. Auch die finanziellen Aspekte dieser Analogien wurden nicht außer acht gelassen: den christlichen Priestern stehen die Zehnten zu wie einst den Priestern aus dem Hause Aaron."[20]

Wir Christen sind also grausam undankbare Söhne und Töchter unserer Glaubensvorfahren gewesen (wenn wir es nicht immer noch sind!). Wir haben die Eltern im Glauben – ohne es uns und der Welt auch nur einzugestehen –

---

[19] James Parker, The Conflict of the Church and the Synagogue, (1934), Cleveland/New York/Philadelphia 1961.
[20] Antonius H.J. Gunneweg, ATD Erg. 5, 93 f.

gerne beerbt, während wir sie den Schergen und Henkern übergaben. Es fehlte und fehlt uns der klare, ruhige Blick für die Kontinuität der jüdischen und christlichen Religion. Erst mit einer gelassenen und angstfreien Betrachtung auch unserer Abhängigkeit vom jüdischen Zeremonialgesetz kann die Erkenntnis reifen, daß jede Glaubensgemeinschaft zwangsläufig Riten und Bräuche entwickelt, die jenen priesterlich – gemeindlichen Vorschriften aus dem 6. und 5. Jh. v. Chr. in ihrer Funktion vergleichbar sind. Dabei erkennt man dann auch die Gefahren jeder Gesetzestreue, die mögliche Mechanisierung des Glaubens und die lauernde Selbstgerechtigkeit (vgl. Ps 40,7; 50,8−15; Am 5,21−24; Röm 2; Gal 2−5). „Hören ist besser als Opfer; Hinwendung besser als Widderfett" (1 Sam 15,22b).

Bei der Würdigung der kultischen und sittlichen Normen, wie sie im 3. Buch Mose aufgezeichnet sind, dürfen wir auch nicht vergessen, daß sich dieses Buch wahrscheinlich in der ermahnenden, unterweisenden Arbeit der frühjüdischen Gemeinde gebildet hat, also nur einen bestimmten Sektor der gesamten Lebensäußerungen jüdischen Glaubens darstellt. Andere biblische Texte, besonders aus den Psalmen, Propheten und Weisheitsschriften sind zur Vervollständigung des Glaubensbildes heranzuziehen. Bei der Suche nach analogen Lebensäußerungen des christlichen und jüdischen Glaubens unserer Tage werden wir auf das einander Entsprechende zugehen müssen: Dem jüdischen Zeremonialgesetz stehen unsere vielfältig konfessionell verzweigten Kirchenordnungen, liturgischen Bestimmungen und das Kirchenrecht gegenüber. Alle diese Ordnungen sind auf die eigene Identität und Abgrenzung von den anderen bedacht. Jede anerkannte Satzung dient der Erhaltung der Gruppe, welche sie hervorbringt. Ritualordnungen wie sittliche Normen haben in der Regel stabilisierende Funktionen, sie sind Instrumente kirchlicher und gesellschaftlicher Selbsterhaltung.

Nun ist die gesellschaftliche genau wie die persönliche Selbsterhaltung eine zweischneidige Angelegenheit. Sie wirkt auf andere Gruppen beengend, behindernd und gefährdend. Die brennende Frage ist also, ob die gottgegebenen Ordnungen jeder Epoche und jeder menschlichen Gruppe nicht stets durch eine prophetische oder evangeliumsgemäße Kritik begleitet werden müssen, wenn der Wille Gottes unter den Menschen auch nur einigermaßen zur Geltung kommen soll. Die Überprüfung der Tauglichkeit und der theologischen Legitimation einer gegebenen Ritualordnung dürfte also nicht von einem abstrakten geistlichen Standpunkt aus gesehen, sie müßte sozusagen in jedes Ordnungssystem mit eingebaut sein. Genauso, wie es anscheinend in Lev 25 praktiziert wird: Erlaß-, Sabbat- und Jobeljahr konterkarieren die tatsächliche gesellschaftliche und wirtschaftliche Ordnung. Die alttestamentliche Kultordnung ist in diesem Sinne genauso fragwürdig wie die urchristliche oder jede andere christliche Ordnung bis heute. Kann denn aber eine Kirche gleichzeitig ihre Ordnungen leben und prophetischen Stimmen Raum geben? Bei der Lektüre des 3. Buches Mose wird uns auch diese Grundfrage begleiten.

1.6 Der Aufbau des Buches Leviticus

Im ersten Teil des Buches ist eine planvolle Anordnung des Stoffes zu erkennen. Der Auftrag zur Errichtung der „Stiftshütte" (*'ohäl mo'ed;* „Begegnungszelt" = Modell des späteren jerusalemer Tempels) wird in Ex 25–31 in großer Ausführlichkeit gegeben. Nach dem Zwischenspiel um das goldene Kalb und die Erneuerung der Gesetzestafeln (Ex 32–34) erfolgt die Ausführung der Baupläne (Ex 35–40). Jetzt fehlt nur noch die genaue Opferinstruktion (Lev 1–7), und das Heiligtum kann seiner Bestimmung übergeben und mit einem großen Opferfest in Gebrauch genommen werden (Lev 8–9). Der Bericht über die fahrlässige Amtsführung der Aaronsöhne (Lev 10) ist zur Warnung an Priester und Volk angefügt (vgl. die „Bosheit der Elisöhne" 1 Sam 2,12–26). Mit dem Heiligen muß man sorgsam umgehen und genauestens alle Vorschriften beachten. Warum dann die Reinheitsgebote, die doch für die Opferpraxis direkte Bedeutung haben (Lev 11–15; vgl. auch Lev 21–22), nachgetragen und nicht dem Eröffnungsgottesdienst vorangestellt sind, ist im Text nicht zu ersehen. Ob hier Unterschiede zwischen Priestern und Laien eine Rolle spielen, dergestalt, daß man der Beachtung der Reinheitsregeln erst nach dem Beginn der Tempelgottesdienste Bedeutung beimißt? Die wichtigen Priestervorschriften in Lev 21f. kämen dann aber wirklich zu spät. Nein, wir müssen damit rechnen, daß die vielen aufeinanderfolgenden Sammler und Abschreiber der heiligen Texte Material verschiedener Herkunft zusammenbrachten und im Überlieferungsprozeß nicht mehr die Möglichkeit hatten, eine genaue chronologische oder logische Ordnung herzustellen. Die Pentateuchstoffe sind oft regellos aneinandergereiht worden. Alte Gebäude zeigen nach mehrfachen Umbauten eine ähnlich uneinheitliche Struktur.

Die Sammlung Lev 16–26 scheint also auf lange, nicht mehr im einzelnen durchschaubare Sammel- und Interpretationsvorgänge zurückzugehen, die wohl unabhängig von der Komposition der ersten fünfzehn Kap. abliefen. Thematisch begegnet hier eine größere Fülle von Motiven. Die Jahresfeste (Lev 16; 23; 25), das richtige Verhalten in Familie und sozialem Nahbereich (Lev 18; 19), ein Segens- und Fluchkapitel, wie es auch anderen Gesetzessammlungen angefügt ist (Lev 26; vgl. Dtn 28), die schon erwähnten Priesterregeln (Lev 21–22), das sind die hervorstechenden Inhalte. Das ganze, mindestens aber Lev 17–26, wird durch die bekannte Forderung „ihr sollt heilig sein …" (Lev 19,2; 20,7.26; vgl. 21,6f.) zusammengehalten und deswegen meistens als „Heiligkeitsgesetz" bezeichnet (die Heiligkeitsforderung begegnet aber auch schon in Lev 11,44f.!).

Exkurs: Heiligkeitsgesetz

Es gibt keinerlei direkte Hinweise auf ein ehemals selbständiges „Heiligkeitsgesetz", man vergleiche dagegen Ex 24,7, wo wenigstens ein „Bundesbuch" erwähnt wird, das man später mit Ex 21,1–23,19 identifizierte. Der „Verhaltenskodex"[21] ist aus sprachlichen und inhaltlichen Eigenheiten erschlossen und nach der „Heiligkeitsforderung" benannt worden. Die Zusammenstellung des Buches Leviticus wird scheinbar leichter erklärbar, wenn man annimmt, daß Lev 17–26 als ein geschlossener Block älteren Materials nachgetragen worden ist. – Weil aber die „Theologie der Heiligkeit" auch sonst das Volk Israel als „heilige" Gemeinschaft einbezieht (vgl. Ex 19,4–6; Dtn 7,6; Lev 11,44f.), steht und fällt die Hypothese vom ursprünglichen Heiligkeitsgesetz mit einer bestimmten Vorstellung vom literarischen Werdegang des Pentateuch. Wer bewußte, literarische Gestaltung sucht, muß eine planvolle Sammel- und Kompositionstätigkeit voraussetzen und braucht ein redaktionelles Gebilde wie das Heiligkeitsgesetz (das bei Karl Elliger noch in vier Hauptredaktionen zergliedert wird). Wer dagegen mit der mehr zufälligen Traditionsbildung im Rahmen gottesdienstlichen Textgebrauchs rechnet, wird das Heiligkeitsgesetz für ein Wunschgebilde wissenschaftlicher Literatur halten[22].

Eine recht bunte Vorschriftensammlung also, deren Vorleben die Einzelanalyse erhellen muß. Lev 27 ist dann offensichtlich ein Nachtrag oder aber vielleicht eine alte Überleitung zu den Materialien, die jetzt im 4. Buch Mose gruppiert sind.

Es ergibt sich mithin die folgende thematische Gliederung des 3. Buches Mose:

1–7	Opfervorschriften (Opferarten; Anweisungen zur Darbringung der Opfer)
8–10	Eröffnungsgottesdienst an und in dem Begegnungszelt (Weihung; Opfer; Ordination; Gotteserscheinung: Fahrlässigkeit und Machtstreben der Söhne Aarons)
11–15	Reinheitsgebote (Speisegesetze; Verunreinigungen; sexuelle Befleckung; Wiedergewinnung der kultischen Reinheit)
16–17	Hauptfest und Hauptregel beim Opfer (Sühnung von Jahresschuld; wider den Blutgenuß)
18–20	Lebensregeln für die Gemeinde (sexuelle Tabus; Sozialnormen; Gemeindezucht)
21–22	Priesterregeln (Reinheit; Unversehrtheit; Verzehr der Gaben und Opfer)
23–25	Der Feiertagskalender (Feste und allerheiligste Tage; Gotteslästerung; Schuldenerlasse)
26–27	Abschluß und Weiterführung (Segen; Fluch; Gelübderegeln; Abgaben)

Bei der Kommentierung sollen die Unterabschnitte dieser Themenblöcke und Sammlungen einzeln übersetzt, erklärt und abschließend in ihrer gesellschaftlich – theologischen Bedeutung besprochen werden.

---

[21] Die Bezeichnungen für die Sammlung variieren: vgl. „Vorschriften für die praktische Heiligkeit", Gorden J. Wenham, 239.

[22] Vgl. Volker Wagner, Zur Existenz des sogenannten „Heiligkeitsgesetzes", ZAW 86, 1974, 307–316; Rolf Rendtorff, Das Alte Testament, Neukirchen-Vluyn ³1988, 154.

1.7 Ausgewählte Literatur

a) Kommentare zum 3. Buch Mose und jüdische Quellen

Bunte, Wolfgang (Hg.), Die Mischna, Berlin 1958 ff. (zitiert nach Traktaten, Kapiteln und Paragraphen)
Elliger, Karl, Leviticus, HAT 4, Tübingen 1966
Kornfeld, Walter, Leviticus, Die Neue Echterbibel 6, Würzburg 1983
Maier, Johann, Die Tempelrolle vom Toten Meer, München 1978
Milgrom, Jacob, Leviticus 1–16, The Ancor Bible III, New York 1991
Neusner, Jacob, Sifra. The Leper, Atlanta 1985
Noth, Martin, Das dritte Buch Mose, Leviticus, ATD 6, Göttingen 1962
Rendtorff, Rolf, Leviticus, BKAT 3, Neukirchen-Vluyn 1985 ff.
Wenham, Gordon J. , The Book of Leviticus, Grand Rapids 1979, ²1988

b) Einzelstudien zum alttestamentlichen Kultwesen und Kultgesetz

Crüsemann, Frank, Die Tora, München 1992
Döller, Johannes, Die Reinheits- und Speisegesetze des Alten Testaments in religionsge-
schichtlicher Beleuchtung, Münster 1917
Fritz, Volkmar, Tempel und Zelt, WMANT 47, Neukirchen-Vluyn 1977
Gunneweg, Antonius H.J., Leviten und Priester, FRLANT 89, Göttingen 1965
Haran, Menahem, Temple and Temple-Service in Ancient Israel, Oxford 1978
Janowski, Bernd, Sühne als Heilsgeschehen, WMANT 55, Neukirchen-Vluyn 1982
Milgrom, Jacob, Cult and Conscience, Leiden 1976
Rendtorff, Rolf, Studien zur Geschichte des Opfers im Alten Israel, WMANT 24,
Neukirchen-Vluyn 1967
Rost, Leonhard, Studien zum Opfer im Alten Israel, BWANT 113, Stuttgart 1981
Seybold, Klaus / Müller, Ulrich, Krankheit und Heilung, Stuttgart 1978
Zimmerli, Walther, „Heiligkeit" nach dem sogenannten Heiligkeitsgesetz, in: VT 30,
1980, 493–512

c) Altorientalische Kulte

Beyerlin, Walter (Hg.), Religionsgeschichtliches Textbuch zum Alten Testament, ATD
Erg. 1, Göttingen 1975
Kaiser, Otto (Hg.), Texte aus der Umwelt des Alten Testaments, 3 Bde., Gütersloh 1982 ff.
Keel, Othmar, Kanaanäische Sühneriten auf ägyptischen Tempelreliefs, VT 25, 1975,
413–469
Klengel, Horst, Festritual für Telipinar von Kaslar, KBo 53, Berlin 1983
Kümmel, Hans Martin, Ersatzrituale für den hethitischen König, Wiesbaden 1967
Menzel, Brigitte, Assyrische Tempel, 2 Bde., Rom 1981
Pritchard, James (Hg.), Ancient Near Eastern Texts Relating to the Old Testament,
3. Aufl. Princeton 1969
Ringgren, Helmer, Die Religionen des Alten Orients, ATD Erg., Sonderband, Göttin-
gen 1979
Tarragon, Jean-Michel, Le culte à Ugarit, Paris 1980
Weippert, Helga, Palästina in vorhellenistischer Zeit, HdO München 1988

d) Anthropologische und soziologische Untersuchungen (außerhalb Israels)

Douglas, Mary, Reinheit und Gefährdung (1966), Berlin 1985
Durkheim, Emile, Die elementaren Formen des religiösen Lebens (1968), Frankfurt 1981

Eliade, Mircea (Hg.), The Encyclopedia of Religion, New York 1987
Evans-Pritchard, Edward E., Nuer Religion, Oxford 1956
Girard, René, Das Ende der Gewalt (1978), Freiburg 1983
Ders., Der Sündenbock, (1982), Zürich 1988
Mauss, Marcel, Die Gabe, in: ders., Soziologie und Anthropologie Bd.II, Frankfurt 1978,
S. 9-144
Simmons, Leo W. (Hg.), Sun Chief. The Autobiography of a Hopi Indian, New Haven
1942
Turner, Victor, The Ritual Process, Chicago 1969

e) Zur Geschichte und Theologie des Kultes

Albertz, Rainer, Religionsgeschichte Israels, 2 Bde., ATD Erg. 8, Göttingen 1992
Anderson, Gary A., Sacrifices and Offerings in Ancient Israel, Atlanta 1987
Bourdillon, M.F.C. und Fortes, M. (Hg.), Sacrifice, London 1980
Burkert, Walter, Homo Necans, Berlin 1972
Elbogen, Ismar, Der jüdische Gottesdienst, Frankfurt ³1931 [Nachdruck Hildesheim
1967]
Fohrer, Georg, Glaube und Leben im Judentum, Heidelberg 1979
Gammie, John G., Holiness in Israel, Minneapolis 1989
Gerstenberger, Erhard S., Jahwe – ein patriarchaler Gott? Traditionelles Gottesbild und
feministische Theologie, Stuttgart 1988
Gunneweg, Antonius H.J., Vom Verstehen des Alten Testaments, ATD Erg.5, Göttingen
1988
Haag, Herbert, Vom alten zum neuen Pascha, Stuttgart 1971
Henrix, H.H. (Hg.), Jüdische Liturgie, Freiburg 1979
Mowinckel, Sigmund, Religion und Kultus, Göttingen 1953
Otto, Eckart und Schramm, Tim, Fest und Freude, Stuttgart 1977
Otto, Rudolf, Das Heilige, Gotha 1917
Rad, Gerhard von, Theologie des Alten Testaments, 2 Bde., München 1957 und 1961
Rowley, Harald H., Worship in Ancient Israel, London 1967
Smith, William Robertson, Die Religion der Semiten (1889), Darmstadt 1967
Utzschneider, Helmut, Das Heiligtum und das Gesetz, OBO 77, Freiburg/Göttingen
1988
Vaux, Roland de, Das Alte Testament und seine Lebensordnungen, 2 Bde., Freiburg ²1964
und ²1966
Wilms, Franz-Elmar, Freude vor Gott, Regensburg 1981

f) Der geschichtliche und soziale Hintergrund

Ackroyd, Peter, Exile and Restoration, London 1968
Ders., Israel under Babylon and Persia, Oxford 1970
Dalman, Gustaf, Arbeit und Sitte in Palästina, 7 Bde., Gütersloh 1928 ff.
Kippenberg, Hans G., Religion und Klassenbildung im antiken Judäa, Göttingen 1978
Kreissig, Heinz, Die sozialökonomische Situation in Juda zur Achämenidenzeit, Berlin
1973
Weber, Max, Das antike Judentum, Tübingen (1921) ⁸1988
Weinberg, Joel P., Die Agrarverhältnisse in der Bürger-Tempel-Gemeinde der Achämeni-
denzeit, in: J. Harmatta (Hg.), Wirtschaft und Gesellschaft im alten Vorderasien, Buda-
pest 1976, 473–486

2 Opferbestimmungen (Lev 1–7)

2.1 Vom Sinn des Opferns

Opfergaben gehören seit grauer Vorzeit zum religiösen Ritualwesen der Völker. Steinzeitliche Knochenfunde belegen den Brauch, der Gottheit Tiere darzubringen. Vermutlich hat er sich aus Jagdriten entwickelt[1]. Das erbeutete Wild gehört rechtmäßig der Gottheit (vgl. Ps 50,10f.). Der Jäger empfängt es vom Herrn oder der Herrin der Tiere und gibt einen Teil oder ein Exemplar symbolisch bzw. als tatsächliche Gottesspeisung zurück. Das Empfangen und Zurückgeben setzt sich in den Ackerbaukulturen fort. Anteile der Ernte und des Viehbestandes, ja, gelegentlich des Familiennachwuchses, gehören Gott (vgl. Ex 22,28f.).

Andere Motive für die Opferdarbringung sind im Laufe der Zeit hinzugekommen. Das Sich-Aneignen der Lebenskraft des Opfertieres, die Rauschwirkung des Tötens, die Teilhabe an Gottes Segensmacht und die im Opfermahl zu schaffende Gemeinschaft in der Kultgruppe, die versöhnende und sühnende Wirkung von Gabe und Blutvergießen: Dies alles und andere Regungen lassen sich hinter der Opferpraxis vermuten. Es gibt aber leider keine alttestamentlichen und auch keine altorientalischen Texte, welche uns „Modernen" das zentrale Ereignis eines antiken Gottesdienstes, die Opferdarbringung, hinreichend erklären könnten. Darum sind unsere Versuche, Gabe – Gemeinschaft – Sühne: diese drei Vorstellungen als die umfassenden Motive herauszustellen, neuzeitliche Rationalisierungen. Sie haben für uns die begrenzte Funktion von Verstehenshilfen, die das Geheimnis des Opferns nicht ganz erhellen[2].

In Israel ist das Opfer sicherlich von Anfang an bekannt gewesen. Behauptungen, Israel habe in der Frühzeit keinerlei Opfer gebracht, schießen über das Ziel hinaus (vgl. Am 5,25; Jer 7,22f.). Allerdings wird die Opferpraxis halbnomadischer Schafzüchter anders aussehen als das Festtagszeremoniell von Bauern und Rinderhirten. Vor der Seßhaftwerdung haben israelitische Gruppen wahrscheinlich Blutriten durchgeführt, wie sie im Passaritual (vgl. Ex 12,21f.) noch durchschimmern. Sie dienten dem Schutz der Gruppe, besonders in Zeiten des Aufbruchs und der saisonalen Wanderungen. Ebensogut läßt sich denken, daß das Gemeinschaftsopfer geübt wurde. An ihm nahm die ganze Großfamilie teil (vgl. 1 Sam 1,4; 20,6.29). Man feierte schon in der vorjahwistischen Zeit im Opferfestmahl die Kommunion mit dem Sippengott. Und ähnliche Opferfeiern werden aus verschiedenen Anlässen gehalten worden sein: bei Krankheiten, Gelübden, Danksagungen (vgl. auch die jährliche Sippenfeier 1 Sam 20,6.29).

---

[1] Vgl. Walter Burkert.
[2] Vgl. auch Marcel Mauss; René Girard.

Authentische Dokumente aus der Zeit vor der Seßhaftwerdung protoisraeliti-
scher Gruppen sind uns jedoch nicht erhalten, und wir sind auf Rückschlüsse
aus den oben genannten Texten angewiesen, die in jedem Fall schon die agrarische Lebensweise voraussetzen.

Mit dem Übergang zum bäuerlichen Leben aber werden sich die Opferprakti-
ken in Israel tiefgreifend geändert haben. Zur edelsten Opfermaterie wurde nun
das Rind. Die Ausführung des Opfers verlagerte sich zunehmend an lokale und
regionale Heiligtümer mit ihren professionellen Priesterschaften. Anstelle der
sporadischen Opfer traten immer mehr die im Ablauf der Jahreszeiten festgelegten Rituale und Feiern um Aussaat und Ernte (vgl. Lev 23). Die Israeliten haben
die für das bäuerliche Jahr angezeigten Gebräuche, Zeremonien und Gottesdienste weithin von ihren kanaanäischen Nachbarn übernommen. Hos 2,7–10
läßt durchblicken, daß man sein Glück bei den kanaanäischen Fruchtbarkeits-
göttern suchte: Israel „will nicht erkennen, daß ich es bin, der ihr Korn, Wein
und Öl gegeben hat" (V. 10) – spricht Jahwe durch den Propheten. Man
vermutet mit Recht, daß das ganze, am Tempel in Jerusalem übliche Opferwesen
im Grunde auf kanaanäische Vorbilder zurückgeht.

Der vorliegende Themenblock behandelt nun die (oder einige wesentliche)
Opferarten, wie sie in der Tradition Israels gepflegt wurden. Der innere Zusammenhang und die Spannungen zwischen den Texteinheiten sind deutlich.
Brandopfer, Speisopfer und Schlachtopfer werden in den ersten drei Kapiteln
abgehandelt, wobei das zweite Kap. sich zumindest stilistisch vom ersten und
dritten abhebt. Die beiden folgenden Kap., Lev 4–5, handeln von sühnenden
Opfern. Dann werden alle Opferarten in Lev 6–7 noch einmal unter etwas
abgewandeltem Gesichtswinkel besprochen und das bis dahin unerwähnte
„Lob-" oder „Dankopfer" (todah) nebst einigen wesentlichen Vorschriften
angefügt. Wir sehen: Der Abschnitt über die Opferarten weist in seiner Gesamt-
komposition Spannungen auf. Sogar in manchen Einzeltexten dieses Abschnittes werden sich noch Wachstumsschichten erkennen lassen.

2.2 Das Brandopfer (Lev 1)

2.2.1 Übersetzung

1) [Jahwe] rief Mose und redete mit ihm vom Begegnungszelt her: 2) Sprich zu
den Israeliten, sage ihnen: Wenn einer von euch Jahwe ein Opfer bringen will,
dann sollt ihr ein Haustier, Rind oder Schaf [bzw. Ziege], als eure Gabe bringen.
3) Handelt es sich um ein Brandopfer, und zwar ein Rind, soll er ein fehlerloses,
männliches Tier darbringen. Zum Eingang des Begegnungszeltes bringt er es,
damit es ihm von Jahwe anerkannt wird. 4) Er stützt die Hand auf den Kopf des
Tieres: das verschafft ihm Wohlgefallen und bewirkt Sühne für ihn. 5) Dann
schlachtet er das Rind vor Jahwe. Die Aaronsöhne, die Priester, bringen das Blut
dar. Sie sprenkeln es ringsum an den Altar, der vor dem Eingang des Begeg-

nungszeltes steht. 6) Nun häutet er das Tier und zerlegt es in die vorgeschriebenen Teile. 7) Die Aaronsöhne, die Priester, machen Feuer auf dem Altar und schichten Holz auf das Feuer. 8) Dann ordnen sie die Fleischstücke, auch Kopf und Fett, auf dem Holzstoß über dem Altarfeuer an. 9) Eingeweide und Unterschenkel reinigt er [der Opferherr] mit Wasser, der Priester läßt alles auf dem Altar in Rauch aufgehen. Das ist ein Brandopfer, eine Gabe, ein Beruhigungsduft für Jahwe.

10) Bringt er ein Tier von der Ziegen- oder Schafherde als Brandopfer, dann soll es ein fehlerloses, männliches Stück sein. 11) Er schlachtet es vor Jahwe auf der Nordseite des Altars. Die Aaronsöhne, die Priester, sprenkeln das Blut ringsum an den Altar. 12) Er zerlegt es in die vorgeschriebenen Teile, einschließlich Kopf und Fett. Der Priester ordnet sie auf dem Holzstoß über dem Altarfeuer an. 13) Die Eingeweide und die Unterschenkel wäscht er mit Wasser. Der Priester bringt alles herzu und läßt es auf dem Altar in Rauch aufgehen. Das ist ein Brandopfer, eine Gabe, ein Beruhigungsduft für Jahwe.

14) Ist seine Brandopfergabe für Jahwe ein gefiedertes Tier, soll er eine Turteltaube oder eine einfache Taube darbringen. 15) Der Priester bringt sie zum Altar. Er reißt dem Tier den Kopf ab und läßt es auf dem Altar in Rauch aufgehen. Sein Blut wird an die Altarwand gespritzt. 16) Er nimmt den Kropf des Tieres und dessen Exkremente heraus und wirft sie an die östliche Seite des Altars, auf den Aschenplatz. 17) Er reißt die Flügel ein, aber zerteilt [den Körper] nicht. Der Priester läßt ihn auf dem Altar in Rauch aufgehen, oben auf dem Holzstoß über dem Feuer. Das ist ein Brandopfer, eine Gabe, ein Beruhigungsduft für Jahwe.

2.2.2 Warum Brandopfer?

Das erste Kap. behandelt in drei Abschnitten das feierlichste und vollkommenste Opfer jener Zeit; Israel hatte es möglicherweise bei den kanaanäischen Nachbarn kennengelernt, denn ursprünglicher Jäger- oder Hirtensitte entspricht es nicht[3]. Ein Tier wird – mit Ausnahme der Haut (vgl. Lev 7,8) – ganz und gar dem Opferbrand übergeben, damit es ganz aufsteigt zu Gott. Es wird zum Brandopfer ('olah) oder Ganzopfer (kalil, vgl. Ps 51,21; lateinisch: holocaustum = Völligverbranntes, Holocaust). Große Ereignisse wurden durch Brandopfer gefeiert (vgl. Gen 8,20; 1 Sam 6,14; 7,9; 2 Sam 6,17; 1 Kön 8,64 usw.). Die Ganzverbrennung war auch die angezeigte Form für eventuelle Menschenopfer (Gen 22,2; Ri 11,31; 2 Kön 3,27), vielleicht hat sie da ihren Ursprung.

Zuweilen wurde aber auch das Brandopfer heftig kritisiert (vgl. Am 5,22; Ps 50,8; Jes 1,11). Im Gegensatz zu dieser Kritik reflektiert Lev 1 in keiner Weise über Anlaß und Berechtigung des Brandopfers. Daß „man" zu gegebener Zeit solche Höchstopfer bringen muß, wird einfach vorausgesetzt. Und die Instanz,

---

[3] Vgl. Walter Burkert.

die unter anderen möglichen Opferarten für das Brandopfer entscheidet, wird nicht genannt. Vermutlich verordnet der Priester im gegebenen Fall, welches Opfer angemessen ist. Er steht dem Opfernden gegenüber. Es geht durchweg um „Privatopfer", nicht um das im Tempel regelmäßig (und nach gleichem Ritual?) stattfindende „offizielle" Opfer (vgl. Num 28f.). Die Umstände und Beweggründe des Israeliten, der mit seinem Tier zum Heiligtum kommt, bleiben völlig außer acht. Die einzigen Fragen, die den Textüberlieferer interessieren, sind: Wie verfährt man mit dem Opfertier, das als Brandopfer dargebracht wird? Wer hat die notwendigen Handlungen zu vollziehen? Wo geschieht das Opfer? Sein Grundbestreben ist, das Opfer rite, nach den gültigen Vorschriften, zu inszenieren, damit „es wohlgefällig mache vor Jahwe" (V. 3; vgl. Lev 19,5; 22,19–21). Der Rauch des Opfers ist ein „Beschwichtigungsgeruch" für Jahwe (V. 9.13.17; vgl. Gen 8,21; Luther: „lieblicher Geruch", unter Berücksichtigung der griechischen Übersetzung), und er bewirkt „Sühne" (V. 4; vgl. Lev 4,20.26.31.35). Das Brandopfer, sei es von einer Familie oder von staatswegen dargebracht, ist also neben oder vor anderen Opferarten ein besonderes Mittel, auch mit einer erzürnten Gottheit in Verbindung zu treten.

So sehr das Hauptinteresse des Textes Lev 1, die sorgfältige Regelung des zentralen Opfervorgangs, deutlich hervortritt, so seltsam ist doch andererseits, daß wesentliche Teilaspekte und alle Begleit- und Vorbereitungshandlungen zum Opfer ausgeblendet bleiben. Die Opferzeit spielt anscheinend keine Rolle, der Ort wird nicht direkt benannt, die erforderlichen Gerätschaften und Instrumente finden kaum Erwähnung, der Kreis der Teilnehmer bleibt unklar. Begleitende Worte oder Gesänge gehörten mit Sicherheit zur Opferhandlung hinzu – sie erscheinen in unseren Texten ebensowenig wie die pflichtgemäßen Reinigungen, Gebete, Bekenntnisse der Kultteilnehmer (vgl. 1 Sam 21,5f.) Manche altorientalischen Ritualanweisungen sind weitaus informativer[4]. Sogar das eine oder andere Ritual im AT verrät mehr Einzelheiten über den Ablauf der Zeremonie (vgl. z. B. Num 5,11–31; 19,1–9; Dtn 21,1–9; Lev 16). Warum also diese äußerste Beschränkung auf einige zentrale Vorgänge? Soll nur dem amtierenden Priester seine Rolle als Schirmherr für den Blutritus eingeprägt werden? Wo bleibt der Verantwortungsbereich des Laien, des Gemeindegliedes, das ja in allen Bestimmungen von Lev 1–7 der eigentliche Opferherr ist? Wir nehmen diese Fragen mit in die Einzelerklärung hinein und versuchen, Schritt für Schritt einer Antwort näherzukommen.

2.2.3 Einzelerklärung

V. 1–2: Die göttliche Anordnung zur richtigen Opferausführung ergeht über Mose an das ganze Volk Israel. Die beiden einleitenden Verse dienen gleichsam als Überschrift für alle folgenden Opferregeln, mindestens bis Lev 3, eher noch

---

[4] Vgl. TUAT II; Walter Beyerlin, ATD Erg. 1, 196–204; Erich Ebeling, Die akkadische Gebetsserie „Handerhebung", Berlin 1953.

bis einschließlich Lev 7. Denn in Kap. 7,37 f. findet sich eine abschließende Notiz, die einigermaßen dem Eingang 1,1–2 entspricht: Die Reihenfolge und die Bezeichnung der Opferarten stimmen zwar nicht ganz mit den Ausdrücken und der Abfolge der Bestimmungen überein, die wir in Lev 1–5 und dann erneut in Lev 6–7 vorfinden, trotzdem ist die Schlußbemerkung von Kap. 7,37 f. auf Lev 1,1–2 bezogen. Beide bilden anscheinend den abschließenden Rahmen um die Sammlung der Opfervorschriften insgesamt, auch wenn verschiedene Ansichten über Jahwes Offenbarungsweise – „vom Begegnungszelt aus“, 1,2; „vom Berge Sinai“, 7,38 – zum Ausdruck kommen. Auch der wiederholte Redeeinsatz (vgl. Lev 4,1–2; 5,14; 5,20; 6,1–2; 6,12; 6,17; 7,22–23; 7,28–29) und die Schlußformeln zu einzelnen Vorschriften (vgl. Lev 1,17; 2,15; 3,17; 5,19 usw.) ändern nichts daran, daß der gesamte Block der Opferbestimmungen in der Endgestalt zusammengehört. Er ist nur in sich wieder untergliedert – wobei einzelne Abschitte auf ehemals eigenständige Überlieferungen zurückgehen mögen – und als ganzer in den größeren Zusammenhang der Sinaigeschichte und des Pentateuch eingebaut.

Die sprachliche Form dieser Einleitung ist sehr aufschlußreich. Der Verfasser verändert nämlich seinen Standort, er vollzieht einen Positionswechsel. Zuerst berichtet er aus der Distanz: „Jahwe rief Mose … redete mit ihm“, (V. 1). Dann fällt er in die wörtliche Rede, um dem göttlichen Auftrag das gehörige Gewicht zu verleihen: „Sprich zu den Israeliten …“ (V. 2). Jetzt wäre eigentlich der Gesetzestext fällig: „Wenn jemand … dann soll er …“ – in objektiver Formulierung, wie durchweg in den originalen Textpartien von Lev 1–7. Nicht so in dieser Einleitung. Der Text folgt weiter der persönlichen Anredesituation: „Wenn jemand von euch …“ (V. 2), er behaftet also Mose als Vertreter seines Volkes, und rechnet nicht ausschließlich mit der Zweierszene „Gott redet mit Mose.“ Diese Ausweitung der Szenerie, die Einbeziehung der Gemeinde, geschieht nicht von ungefähr. Sie ist vom letzten Sammler der Opferbestimmungen gewollt. Denn der stilistische Umschlag von der objektiven Mitteilung göttlicher Opfergebote zur persönlichen „Du“- oder „Ihr“- Ermahnung durchzieht mehr oder weniger stark den ganzen Opferabschnitt (vgl. 2. Pers. Plur.: Lev 2,11 f.; 3,17; 7,23–26.32; 2. Pers. Sing.: Lev 2,4.5 f..7 f..13.14 f.; 6,14.18). Die direkte Ermahnung ist überall deutlich vom objektiven Stil der Ritualvorschriften abzuheben. In ähnlicher Weise tritt die Anrede des Volkes oder der Gemeinde auch im Bundesbuch Ex 20–23 in einer alten Gesetzessammlung hervor, und das Deuteronomium (Dtn) ist weithin im Anredestil gehalten. Diese stilistische Besonderheit muß etwas zu bedeuten haben. Da sie den ursprünglichen Gesetzestexten sowohl im rechtlichen wie im kultischen Bereich vollständig fremd ist – wo in der Welt werden Rechtsbücher in der direkten, mahnenden Anrede verfaßt? – und da sie überall als spätere Umformulierung und Rahmung älteren Vorschriftengutes erkennbar wird, muß sie auf die letzten Verfasser und Sammler der Texte zurückgeführt werden. Sie haben ihre eigene Situation der Gebotsmitteilung vor Augen; sie wollen der Gemeinde ihrer Zeit sagen: Diese Gebote sind für euch gegeben (vgl. auch Dtn 29,9–14; 30,11–14)! Für euch, die ihr heute und jetzt das Wort hört! Die 2. Pers. der Anrede ans Volk spiegelt also den

Versuch wider, die geltenden kultischen Vorschriften in der fernen Vergangenheit und in der Wüstenzeit Israels zu verankern, sie aber gleichzeitig ganz aktuell sein zu lassen. Andere Aussagen des AT verraten das Bewußtsein, daß das Opferwesen des Tempels zur Zeit des Mose noch gar nicht bekannt war (vgl. Jer 7,22; Am 5,25). Das ist ein weiterer Beweis für die Rückprojektion des levitischen Gesetzgebungsvorgangs in die Gründerzeit Israels.

Warum bezieht sich der letzte Verfasser so ausdrücklich auf Mose, warum läßt er nicht wenigstens die Opferbestimmungen durch Aaron vermitteln, der doch der späteren Tradition als der Ahnherr der Priesterschaft galt? Aaron und seine Nachkommen spielen in der Tat in den kultischen Partien des Pentateuch eine hervorragende Rolle (vgl. Ex 6,32; Lev 8f.), aber der Vorrang des Mose bleibt überall gewahrt. Er ist der Offenbarungsempfänger und -vermittler, das Priestertum ist zeitlich und sachlich nachgeordnet. Zuerst und vor allem hat Jahwe dem ganzen Volk geholfen und es seine Ordnungen wissen lassen – so im 2. Buch Mose –, dann entstand der Kultbetrieb mit einer fein organisierten Priesterschaft (Ex 25ff.). So kommt es, daß die Aaroniden in den Opfergesetzen als verantwortliche Priester vorkommen (Lev 1,5ff.; 2,3.10 usw.), aber in der Einleitungsformel nur zweimal in untergeordneter Position erscheinen (Lev 6,2.18).

Mit wem identifiziert sich, in wessen Fußstapfen tritt nun der Verfasser der Textsammlung? Hätte er nicht leicht, falls das seinem Bedürfnis entsprochen hätte, Aaron in eine prominentere Stellung rücken können? Müssen wir nicht aus der Tatsache, daß in den Opfergesetzen Mose dominiert, und daß er dann auch folgerichtig Aaron in sein Amt einführt (Lev 8f.), folgern: Der Verfasser und „Herausgeber" der Opferbestimmungen legt Wert auf die oberste Autorität des Offenbarungsmittlers Mose. Er läßt die Verordnungen Jahwes auch im innersten kultischen Bereich strikt durch Mose ergehen (V. 1). Der Mann Mose empfängt den feierlichen „Anruf" (V. 1; vgl. Ex 19,3; 24,16) Jahwes, wird beauftragt, die göttliche Botschaft vom Heiligtum (bzw. vom Berge Sinai) her weiterzugeben. Wer so stark den Nichtpriester Mose in den Mittelpunkt rückt, kann nicht ausschließlich priesterliche Interessen vertreten. Und noch eins: Wer als letzter Sammler und Herausgeber Vorschriften dieser Art zusammenstellt und auf ihrer wortgetreuen Übermittlung besteht, der hat mit hoher Wahrscheinlichkeit schon schriftliche Quellen vorliegen, und er übermittelt seinerseits die ihm aufgetragene zeitgenössische Botschaft in schriftlicher Form. Damit würde gut die vorhin beobachtete Tendenz des Verfassers übereinstimmen, die direkte Anrede an eine Gemeinschaft den älteren Texten nachträglich aufzuprägen. Wir vermuten also: Seine Opfervorschriften sollen der Gemeinde verlesen werden, und zwar als geheiligte Offenbarungen der Mosezeit. Wir befinden uns mit der Rahmung zu den Opfergesetzen in einem Zeitraum, in dem die nachexilische Gemeinde bereits Gottes Wort vorgelesen bekam, wahrscheinlich in gottesdienstlichen Feiern. Die häufige Wiederholung der Offenbarungs- und Beauftragungsformel (allein neunmal in den Opfervorschriften: s. o.) schärft der hörenden Gemeinde immer wieder ein: Diese Bestimmungen sind ursprünglich an Mose ergangen und gelten unverändert für „euch" alle, d. h. für die Gemeinde der nachexilischen Zeit.

V. 3–9 [5]: Die allgemeine Einleitung hatte für alle Opferarten gegolten; jetzt wird das erste spezielle Thema angeschlagen: das Brandopfer, und zwar zunächst vom Rind. Die anderen Opfertiere folgen in V. 10–17. Die folgenden Punkte werden erwähnt und deuten das Grundmuster eines Opferritus an, jedenfalls soweit es der Verfasser für wichtig hält:

Auswahl des Opfertieres (Kriterien: männlich, fehlerlos; V. 3 b)
Sündenübertragung durch Handaufstemmen (V. 4)
Schlachtung (V. 5 a)
Blutsprengung (V. 6)
Häutung und Zerlegung des Tieres (V. 6)
Altarbereitung (V. 7)
Verbrennung der Hauptteile des Tieres (V. 8)
Reinigung der Eingeweide etc. (V. 9 a)
Verbrennung „des ganzen" (Tieres) (V. 9 b)

Jeder einzelne Schritt dieser Zeremonie ist natürlich bedeutungsgeladen und geht auf jahrhunderte- wenn nicht jahrtausendealte Praxis zurück. Wir besprechen zunächst die einzelnen Opfer und kommen dann auf das Grundmuster der Brandopferzeremonie zurück. Hier soll zunächst nur auf einige Besonderheiten hingewiesen werden.

Das Rind war nicht nur in Israel, sondern im ganzen syrisch-kanaanäischen Raum das wertvollste Haus- und Opfertier. Rinderzucht ist nur dem seßhaften Bauern möglich; die Tiere ertragen die Belastungen des nomadischen Lebens nicht. Für den Bauern sind sie aber Garanten des Lebensunterhaltes, vor allem durch ihre Milchproduktion und gelegentliche Fleischlieferung. Außerdem sind Rinder aller Altersstufen begehrte Handelsware. Darum wird der Reichtum einer Familie am Herdenbestand abgelesen (vgl. Gen 32,15f.; Hiob 42,12), und in den meisten Besitzstandlisten steht das Rind an der Spitze der Sachwerte (vgl. Gen 32,6; Ex 20,17). Was dem Menschen das wertvollste Gut ist, muß aber auch die besondere (Festtags-)Gabe für Jahwe sein, vgl. Num 28,11–29,39. Das Rinderopfer findet sich deshalb in der Regel seit der Seßhaftwerdung Israels an der Spitze der Opferlisten und -ordnungen (vgl. Dtn 12,6; Lev 3,1–5; 22,19). Ein gesundes Rind im Brandopfer Gott zu übergeben, ohne auch nur im Mahl daran teilzuhaben (wie das bei den Opfern von Lev 3 vorauszusetzen ist), das bedeutete im Normalfall einen Aderlaß für den Opfernden, heute nur vergleichbar mit der Aufgabe eines Teils des Vermögens. Vermutlich waren nur wohlhabende Bauern in guten Zeiten dazu in der Lage.

Eine zweite Besonderheit der Vorschriften für das Rinderbrandopfer liegt darin, daß der Verfasser oder Sammler des Textes hier etwas ausführlicher redet. Es geht ihm um den Opferzweck, das „Gefallen finden", „Anerkanntwerden". Diese theologischen Leitworte werden durch das im ganzen 3. Buch Mose wichtige „Sühne schaffen" (*kipper*, V. 4b) ergänzt. Das Verb *kipper* ist in den Opferkapiteln 14 mal, im Buch Leviticus weitere 36 mal (starke Konzentration im Kap. 16) und im restlichen AT noch 43 mal vertreten. Das heißt: Den 50

---

[5] Vgl. Rolf Knierim, Text and Concept in Leviticus 1:1–9, Tübingen 1992.

Vorkommen im 3. Buch Mose stehen 43 Stellen im übrigen AT gegenüber. Das ist kein Zufall. Die Wortverteilung beweist die zentrale Bedeutung der Sühne-opferpraxis zumindest für bestimmte Bearbeiter der priesterlichen Überliefe-rung[6]. Es kommt ihnen auf die in den Kultriten zu erstrebende Auslöschung von Sünde und Schuld an. Dasselbe Anliegen wird dann noch einmal in der Schluß-notiz von V.9 aufgenommen: „Das ist eine beschwichtigende Opfergabe für Jahwe." So auch in V. 13 und V. 17. Das Brandopfer, gleich mit welchem Tier vollzogen, soll demnach – in erster Linie? nach der Meinung des letzten Bearbei-ters? – Schuld sühnen. Seltsam, daß bei dieser Zweckbestimmung nicht auch die Opferanlässe erwähnt sind, wie etwa in 1 Kön 8,31–51 oder in Lev 4–5.

V. 10–17: In den beiden folgenden Abschnitten (V. 10–13 und V. 14–17) kommen, nach Redeform und Aufbau parallel gestaltet, die kleineren Opfertiere Schaf bzw. Ziege und Taube zur Sprache. Ganz eindeutig sind damit die unterschiedlichen Lebensformen und wirtschaftlichen Möglichkeiten der Op-ferherren angedeutet. Nur der recht wohlhabende Bauer oder Großgrundbesit-zer kann ein Rind opfern. Weniger Begüterte müssen auf die Kuh des kleinen Mannes, Schaf oder Ziege, zurückgreifen, nach 2 Sam 12,1.4 kostbarster Besitz des Armen. In der halbnomadischen Frühzeit gab es keine anderen Opfertiere (vgl. Gen 22,13; Ez 12,3–5; Ri 13,19). Nach Lev 5,7; 12,8; 14,21 hängt die Wahl des Opfertieres von der Wirtschaftskraft des Opfernden ab. Die Opfer der Stammesfürsten in Num 7,10–88 beispielsweise sind standesgemäß; sie umfas-sen Speis-, Brand-, Sünd- und Dankopfer in großer Zahl, schließen aber nicht die Gaben der untersten sozialen Schicht ein. Die Armen können den Haus-tierbestand nicht dezimieren oder sie betreiben überhaupt keine Viehwirtschaft mehr und müssen darum auf Kleinsttiere, hier: Taube und Turteltaube, seien es gezüchtete oder wildlebende Arten, zurückgreifen. Das Geflügel war anschei-nend leichter zu beschaffen; nur Lev 5,11 geht auf den Fall ein, daß der Opferherr nicht einmal Tauben zur Verfügung hat.

Die Abstufung der Opfertiere – Rind, Schaf, Taube – spiegelt also eine soziale Stufenleiter wider, die wohl in etwa der damaligen Wirklichkeit entspricht. Unverkennbar ist das soziale Engagement der priesterlichen oder levitischen Kreise (vgl. Lev 25), und doch scheint dem Opfer des Geringen ein gewisser Makel anzuhaften. Mag sein, daß die Darbringung von Tauben als Zusatz- oder leichtes Gelegenheitsopfer durchaus üblich war (vgl. Lev 12,6; 14,22; 15,14.29; Num 6,10). Hier, im Brandopferkapitel, d.h. unter den feierlichsten und schwergewichtigsten Darbringungen, nimmt sich die Taubengabe einigermaßen verloren aus. Sie ist auch trotz des zugrundeliegenden gleichen Opferhergangs stilistisch und inhaltlich vom Rind- und Schafopfer deutlich abgesetzt. V. 14 beginnt zwar ähnlich wie V. 3 und 10, verhaspelt sich aber schon durch die unnötige Wiederholung des Ausdrucks „seine Darbringung" (in den Überset-zungen meist weggelassen). Dann übernimmt V. 15–17 der Priester abrupt und ausschließlich die gesamte Opferausführung, doch nicht nur, weil es schwierig wäre, die kleine Menge Taubenblut nach der Schlachtung aufzufangen. Sieht das

---

[6] Bernd Janowski.

nicht so aus, als ob dem Minderbemittelten alle kultischen Rechte aus der Hand genommen sind? Handelt es sich bei denen, die nur Tauben zum Höchstopfer herbeibringen, etwa um kultisch weniger geachtete Gemeindeglieder, um Sklaven, Frauen, Fremde vielleicht? Oder sind das unbegründete Spekulationen, und der Verfasser hat nur schematisch die Vollzahl aller möglichen Brandopfertiere nennen wollen, wie derjenige, der in Gen 8,28; 15,9 eine summarische Aufreihung von Opfertieren gibt? Die relative Sonderstellung von V. 14–17 gibt jedenfalls zu denken. Die zum Brandopfer zugelassenen Vögel werden anders behandelt als die Vierbeiner. Tötung mit der bloßen Hand (im Hebräischen wörtlich: „Abkneifen" des Kopfes) statt Schächtung; Ausdrücken des Blutes an der Altarwand; Entfernung und Wegwerfen des Kropfes – er kommt auf einen östlich des Altars gelegenen Kehrichthaufen, die „Aschenstätte"; Einreißen der Flügel statt Zerteilung des Körpers, das sind Verfahrensweisen, die nicht vollständig aus der Anatomie des Vogels zu verstehen sind. Eher könnte eine eigenständige Tradition zugrundeliegen, die vielleicht ganz entfernt mit einer besonderen Verehrung der Taube in Bezug zu setzen ist. Aus Syrien sind z. B. Taubenkulte bekannt, und Gen 8,8–12; 15,10 setzen eine spezielle Bedeutung dieser Vogelarten voraus.

2.2.4 Die Brandopferrituale

Die Standardprozedur eines Brandopfers, genauer: der innerste Kern einer solchen Darbringung, ist nach dem Gesagten in V. 3–13 zu suchen. Das ist in V. 2 schon deutlich ausgesprochen und durch gelegentliche Opfertexte in den Geschichtsbüchern und Psalmen belegbar (vgl. z. B. 2 Sam 6,13; 1 Kön 8,63; Ps 50,13): Rind und Schaf sind die eigentlichen Opfertiere, und davon ist sicherlich das letztere die ältere, ursprünglichere Gabe. Die Schaf oder Ziege betreffenden Anweisungen (V. 10–13) sind kürzer, einfacher, weniger reflektiert. Doch sind auch diese Regeln im Jetztzustand durch priesterliche Überlieferung geprägt, wahrscheinlich auch umgeprägt. Sie legen nämlich eine Abfolge von Laien- und Priesterhandlungen fest:

1. Laie: Auswahl, Heranführen des Tieres (V. 10)
2. Laie: Schlachtung an der Nordseite des Altars (V. 11 a)
3. Priester: Blutsprengung rings um den Altar (V. 11 b)
4. Laie: Zerlegung des Tieres (V. 12 a)
5. Priester: Verbrennung bestimmter Teile (V. 12 b)
6. Laie: Waschung von Eingeweiden und Schenkeln (V. 13 a)
7. Priester: Verbrennung von Eingeweiden und Schenkeln (V. 13 b)

Die Akte der Darbringung stimmen mit anderen alttestamentlichen und außerisraelitischen Opfervorgängen überein: Das Tier wird an den heiligen Ort gebracht, dort getötet und der Gottheit übereignet. Aus der Situation des Brandopfers und der Beteiligung von Laien und Priestern ergeben sich aber Besonderheiten. Die Heranführung des Schafes (bzw. der Ziege, V. 10) aus dem

profanen in den heiligen Bereich ist schon eine bedeutungsschwere Handlung.
Sie wird im ganzen Kap. (Lev 1,3.10.14) mit dem Wort bezeichnet, das auch „ein
Opfer darbringen" bedeuten kann. Das „Heranbringen" = „Darbringen" des
Tieres signalisiert die gesamte Zeremonie. Sicherlich waren vorbereitende oder
begleitende Weihehandlungen notwendig, damit Opferherr und -tier „Anerkennung finden" konnten (vgl. V. 3 b). Dafür spricht auch die geforderte erste
Güteklasse des Opfers (V. 10 b). Beim Schaf- und Ziegenopfer fehlt die Handaufstemmung des Rinderrituals (V. 4). Sie scheint aber für die Überlieferer
dermaßen wichtig und bei allen vierbeinigen Opfertieren üblich (vgl. Ex
29,10.15.19; Lev 3,2.8.13; 4,4.5.24.29.33; 8,14.18.22; 16,21), daß wir den Ritus
im Anschluß an V. 10 ergänzen dürfen. Nur bei Taubenopfern ist das Handauf-
legen nie bezeugt, vielleicht auch überflüssig, da der Opfernde das Tier ohnehin
in den Händen zum Altar bringt. Die Handauflegung symbolisiert die enge
Verbindung des Opferherrn mit seiner Gabe und die Übertragung seiner Sündenlast auf das Opfer. Die Schlachtung (V. 11 a) erfolgt durch Kehlschnitt und
Ausbluten des unbetäubten Tieres, das sogenannte Schächten (nach dem hier
verwendeten hebräischen Wort šaḥaṭ). Die Angst vor dem verbotenen Blutgenuß (Lev 17,10–14) macht diese Tötungsart notwendig. Sie setzt Fesselung oder
gewaltsames Festhalten des Tieres voraus, das sich in Todesangst zu wehren
versucht. Während beim Rinderopfer anfangs noch unbestimmt von der Darbringung „vor dem Begegnungszelt" und „vor Jahwe" die Rede war (V. 3.5; aber
V. 5–9 reden dann auch schon präzise vom „Altar", vgl. Ex 29,42), wird jetzt
genauer der Altar als Opferstätte angegeben (V. 11 a). Gemeint ist der im Freien,
vor dem Tempelgelände stehende Brandopferaltar, der in Ex 27,1–8; 38,9–20
unter den Bedingungen der Wüstenwanderung vorgestellt ist. In Wirklichkeit
könnte ein noch so gut mit Kupferplatten überzogener Holzrahmen die Hitze
eines Brandopfers nicht aushalten. Die Überlieferer kennen also wahrscheinlich
einen Stein-Erde-Altar im Hof des jerusalemer Tempels[7], wandeln ihn theoretisch für die Wüstenzeit in ein Holzgestell um, sprechen aber im konkreten Fall
nur von „dem Altar", nicht aber von dem „Altar aus Akazienholz" (Lev 1–7).
Warum in Lev 1,11 a ausdrücklich die „Nordseite" des Altars genannt wird, ist
unerfindlich. Ist die sonnenabgewandte Seite ein Ort des Dunkels und Grauens?
   Blutsprengung und etappenweise Verbrennung des Tieres (V. 11 b.12 b.13 b)
sind die dem Priester vorbehaltenen Riten. Beim Blut mag eine uralte Vorstellung zugrunde liegen: Das Lebenselement gehört Gott, es muß ihm zurückgegeben werden (Dtn 12,16.23–25; Lev 17). Gleichzeitig sind aber Sühnegedanken
mit im Spiel, die stark bis ins Christentum nachwirken. Blut eines Opfers
beschwichtigt Gott, so wie eine wertvolle Gabe den Zorn stillen kann (vgl. Lev
4,5–7). Das bei der Schlachtung aufgefangene Blut wird in unserem Kap.
vollständig und ringsum an den Altarsockel geschüttet. Das vom Opfernden
zerlegte Tier trägt der Priester zum Altar. Vom Feuer (vgl. V. 7) ist nicht mehr
die Rede. Doch versteht sich von selbst: Der Priester allein ist autorisiert, die

---

[7] Vgl. Helga Weippert, 473 f.; N.H. Gadegaard, PEQ 110, 1978, 35–45; Ez 43,13–17; 2 Kön 16,
10–13.

gesamte Verbrennung durchzuführen, zunächst der Rumpfteile und des Kopfes, sicherlich in strenger Ordnung, dann der gereinigten Eingeweide und der Beinteile. Die letzteren haben bei manchen Opfern eine besondere Bedeutung (vgl. Ex 12,9), aber auch die Eingeweide sind nicht einfach Abfall, sondern z. T. Delikatessen oder rituell wichtige Bestandteile des Opfers. Bei den sudanesischen Dinka und Nuer wird gelegentlich der Mageninhalt eines Rindes „sakramental" verwendet[8].

Jede einzelne Aktion wird ihren tiefen, durch lange Tradition geheiligten Sinn gehabt haben, und die ganze Zeremonie ist sicher nicht stumm abgelaufen. Der Vergleich mit Opferritualen in Stammesgesellschaften ist sehr instruktiv, auch wenn nie Deckungsgleichheit festgestellt werden kann. E. E. Evans-Pritchard beschreibt z. B. Nuer-Zeremonien, die folgende Elemente enthalten: Darbringung (presentation), Weihe (consecration), Anrufung (invocation), Schlachtung (immolation),. Die Anrufung Gottes über dem geweihten Opfertier kann einen starken Akzent bekommen, stundenlang andauern und sich während der Tötung des Tieres steigern. Auch Hymnengesang kann zur Opferung hinzutreten. Ganzopfer, bei denen kein Teil des Opfertieres von den Menschen genutzt wird, scheinen bei den Nuer äußerst selten gewesen zu sein[9].

2.2.5 Die Bedeutung des Ganzopfers

Welchen Wert hatte das Brandopfer für die Tempelgemeinde um 500 v. Chr.? In Lev 1–3 wird es betont vorangestellt. Auch sonst führt das Brandopfer gelegentlich eine Liste der Opferarten an (vgl. 1 Kön 8,64; 2 Kön 16,13; Am 5,22; Jer 33,18; 2 Chr 13,11). Das stimmt mit dem allgemeinen Eindruck zusammen: In verschiedenen Schichten des ATs ist das Brandopfer die typische Opferart am jerusalemer Heiligtum (vgl. 1 Kön 8,64; Esra 3,2–7). Diese Einschätzung steht in einer gewissen Spannung zu der nachdrücklichen Erklärung, der Tempel sei ein „Bethaus für alle Völker" (Jes 56,7; vgl. 1 Kön 8,22–53). Wie dem auch sei, das Brandopfer ist die meistgenannte Opferart im AT. An manchen Stellen meint man, das Vordringen dieser „Totalübergabe" eines Tieres an Jahwe noch in den Wachstumsschichten der Texte beobachten zu können. Gideon (Ri 6) und Manoach (Ri 13) haben nach der ältesten Erzählung ein Mahlopfer bringen wollen. Spätere Überlieferer haben daraus ein Brandopfer gemacht[10]. Das Brandopfer erscheint in der späten kultischen Literatur als eine täglich und an allen Festtagen offiziell notwendige Darbringung (Ex 29,38–42; Num 28–29), die Zahl der zu opfernden Tiere scheint dabei immer mehr zuzunehmen (vgl. 1 Kön 3,4) und das Brandopfer dringt in den privaten Bereich ein. Die Überlieferung will, daß manche Gelübde mit einem Brandopfer abgegolten (vgl. Ri 11, 31.39; Ps 66,13–15) oder daß dringende Bitten an Jahwe um Heilung oder

---

[8] E.E. Evans-Pritchard, 214.
[9] A.a.O. 208–220.
[10] Ri 6,26.28; 13,19–23; Leonhard Rost, 17ff.

Rettung mit einem solchen Totalopfer unterstrichen wurden (vgl. 1 Sam 7,9f.; Ps 20,4). Die Ganzverbrennung wird sogar als Dankopfer und Bekenntnisakt erwähnt (vgl. Ex 20,24; Ri 6,26.28).

An den speziell „priesterlichen" Überlieferungen scheint sich eine Sonderentwicklung abzuzeichnen, die auf den ersten Blick dem obigen Befund widerspricht. Das „Sündopfer" (vgl. Lev 4) verdrängt das Brandopfer an die zweite Stelle (vgl. Ex 29,10–18; Lev 9,15–17; Ez 43,18). Der Schein trügt jedoch: Bei Weihehandlungen ist eine Entsühnung angezeigt, bevor der reguläre Opferdienst beginnen kann, den Esra 3,3 und Ez 43,18 übereinstimmend prinzipiell als Darbringung von Brandopfern bestimmen. Es kommt hinzu: Das Sündopfer, das ausführlich in Lev 4,1–5,13 behandelt wird, scheint nur eine Variante des Brandopfers zu sein. Es ist ein Totalopfer, bei dem Blut und Fett am Altar Jahwes verbleiben, der Rest des Kadavers aber an eine Aschenstelle außerhalb des Tempelbezirkes geschafft und dort verbrannt wird (Lev 4,11f..21). Ist das richtig, dann können wir das „Sündopfer" als nachexilische Weiterentwicklung des älteren „Brandopfers" ansehen. Ein Einzelvergleich der Riten und Zweckbestimmungen in Lev 1 und 4, wobei ebenfalls die in Lev 3 erwähnte Fettverbrennung zu berücksichtigen ist, unterstützt diese Interpretation.

Die Analyse der Opferbestimmungen und allgemeine kultpraktische Überlegungen zwingen uns freilich dazu, die alttestamentlichen Nachrichten über die Bedeutung, Häufigkeit und Massivität von Brandopfern etwas skeptischer zu beurteilen. Mehrere Bedenken sollten erwogen werden:

a) Das Opferwesen hat im AT eine Entwicklung durchgemacht[11]. Mir scheint, das Brandopfer sei dabei immer mehr in den Vordergrund gerückt. Wenn sich beispielsweise in den literarischen Bearbeitungen von Ri 6 und Ri 13 eine Umwandlung des Speise-/Gabeopfers in ein Brandopfer feststellen läßt[12], dann wird das spätere (vielleicht exilische?) Interesse an der „höchsten" Opferart deutlich. An zahllosen Stellen wird stereotyp von den Brandopfern berichtet, die oft in großer Zahl bei Volksversammlungen gebracht werden. In den späteren Schichten wird ein tägliches Brandopfer am Tempel zur Regel gemacht (vgl. 2 Kön 16,10–18; Ex 29,38–42; Num 28,3–8; 2 Chr 13,10f.; Esra 3,3.5). So viel ist sicher: Die theologische Wertschätzung des Brandopfers war in der exilisch-nachexilischen Zeit sehr hoch.

b) Entsprach dem die Opferpraxis? Hatte das Brandopfer auch für die Privathaushalte eine hohe Bedeutung? Wir können nur Vermutungen äußern. Wirtschaftliche Überlegungen müssen aber mit berücksichtigt werden, im privaten wie im offiziellen Bereich (nicht immer ist die Entgegensetzung der beiden Kultsphären sinnvoll!). Das Brandopfer war, wie keine andere Opferart, ein wirtschaftlicher Totalverlust für die Opfernden. Es wurde einzig Gott zur Verfügung gestellt. Die anderen, wichtigen Opferfunktionen: Gemeinschaftsstiftung, Unterhalt des Kultapparates, konnte es nicht übernehmen. Sowohl die Interessen der Priester wie die der Gemeinschaft wurden an diesen

---

[11] Vgl. Rolf Rendtorff, Studien.
[12] Leonhard Rost, 17ff.

Punkten nicht gewahrt. Die bloße Vernichtung von Gütern hat wirtschaftlich nur „Sinn", wenn der Produktionsdruck zu groß wird. Davon kann in der heutigen, chemisch hochgezüchteten Landwirtschaft der Europäischen Gemeinschaft, nicht aber für das Alte Israel die Rede sein.

c) Privatopfer von einzelnen Familien, wie sie in Lev 1 vorausgesetzt sind, werden vermutlich selten oder nie als Ganzopferverbrennung durchgeführt worden sein. Eher sind Brandopfer für die Gesamtgemeinschaft an den Festtagen verständlich. Das tägliche Brandopfer von Ex 29,38–42; Num 28,3–8, gegenüber 2 Kön 16,15 („Brandopfer des Morgens und Speisopfer des Abends") verdoppelt, stellt in sich eine große Belastung dar. Woher sollten mehr als 700 fehlerlose Schafe bzw. Ziegen jährlich nur für diesen regulären Tempeldienst genommen werden? Wer schlug und lieferte die Holzmengen, die für die Verbrennung erforderlich waren? Wohin brachte man die vielen Kubikmeter Asche und Knochenreste der verbrannten Tiere? Wie viele Einwohner Jerusalems hätten die Geruchsbelästigung ertragen wollen, die fortwährend vom Altar ausging?

d) Gegenüber den Thesen vom kanaanäischen Ursprung des Brandopfers und der nomadischen Herkunft des Mahl-(oder Schlacht-)opfers ist Vorsicht geboten. Zu leicht fallen wir in das Schwarz-Weiß-Klischee von der reinen Jahwereligion, die im Kontakt mit den Kulturlandbewohnern von heidnischem Aberglauben infiziert wurde. Besser ist es, die Herkunftsfrage offenzulassen. Die altorientalische Opferliteratur (und sie ist tausendfach umfangreicher als die alttestamentliche) bietet kaum Belege für die Ganzverbrennung von Opfertieren[13]. 1 Kön 18, das Opfer Elias und der Baalspriester auf dem Karmel, ist eben kein Beweis für die „kanaanäische" Totalverbrennung: Die Opferweisen sind ganz parallel gedacht und in keiner Weise Stein des Anstoßes.

Fazit: Das gänzlich verbrannte Opfer ist wahrscheinlich eine israelitische Eigentümlichkeit. Seine vorrangige Bedeutung besonders in der Spätzeit des ATs, entspringt vor allem dem theologischen und literarischen Bedürfnis, die vollständige Hingabe an Jahwe zu betonen.

Vermutlich müssen wir die Brandopferbestimmungen vor allem auf ihre theologische Bedeutung befragen und nicht in erster Linie auf ihre Tatsachenbehauptungen. Eines dürfte doch klar sein: Die Überlieferer regeln in Lev 1 eine Opferart, welche die völlige Übergabe des Tieres (der „Gabe" – so V. 2.10.14) verlangt. Sie kennen den Brauch des „ganzheitlichen Brandopfers" in Extremsituationen. In der fernen, idealen Wüstenzeit soll Mose die Vorschriften für solche Ganzopfer bekommen und Aaron sie praktiziert haben. Jetzt aber ist Israel in alle Winde verstreut, und das Brandopfer in privater Notlage hat kaum noch reale Bedeutung. Doch als Anschauung für die Hingabe der Vorfahren an Jahwe, als Beispiel für das Zusammenwirken von Priestern und Laien, als Legitimation der heiligen Funktionen und Privilegien der amtierenden Priester, als Einstimmung auf die bald (Lev 5) folgenden Unterhaltsansprüche sind diese Bestimmungen hoch bedeutsam.

---

[13] Vgl. z.B. Manfred Dietrich und Oswald Loretz, Ugaritische Rituale und Beschwörungen, TUAT II 300–357; Jean-Michel Tarragon.

Wir können uns leicht eine Zeit vorstellen, in der der israelitische Hausvater oder Sippenälteste das gesamte Opfergeschehen bestimmte, wie Abraham (Gen 22), Noah (Gen 8,20) oder Manoach (Ri 13). Die Beteiligung des Priesters und seine ausschließliche Zuständigkeit für die Altarriten ist erst im Laufe der Jahrhunderte seit Einrichtung des Königtums und des Reichskultes langsam entstanden. Jetzt, nach dem Exil, und mit Neueinweihung des Tempels im Jahre 515 v. Chr. haben die Priester ein entscheidendes Mitwirkrecht. Das will der Verfasser wohl betonen und absichern, darum führt er von Lev 1,5 an ganz gezielt den oder die Priester als handelnde Subjekte ein. Ihnen bleibt der Blutritus und die Verbrennung des Tieres auf dem Altar vorbehalten. Nach Lev 17,10–14 ist das Blut der Sitz des Lebens und gehört darum Gott dem Schöpfer allein. Es darf auf keinen Fall zur menschlichen Nahrung dienen. Im Umgang mit dem Lebensblut ist allergrößte Vorsicht geboten. Nur der geweihte Priester kann es Gott am Altar übergeben. Der heilige Ort steht unter seiner alleinigen Aufsicht und Pflege; der Laie würde wegen seiner minderen „Heiligkeit" (vgl. Lev 21) die Altarsphäre empfindlich stören. Wir merken, wie heute noch gültige, christliche Anschauungen über die besondere Weihe und Beauftragung des Priesters hier ihren Ursprung haben. In der vorexilischen Zeit gab es diese qualitative, grundsätzliche Scheidung von Priestern und Laien nicht.

Es stellen sich zwei Fragen: Hat nicht allein die Kultzentralisation in Jerusalem (vgl. Dtn 12) zur Monopolisierung des Priesteramtes geführt? Und: Wie konnte der Israelit sein Brandopfer zum zentralen Kultort bringen, wenn die Gemeinden über die ganze bekannte Welt verstreut waren?

Zum ersten: In der Tat sind erst durch die strenge Zentralistation des Opferkultes in Jerusalem Provinzpriester und Familienchefs ihrer Opferfunktionen beraubt worden (vgl. 2 Kön 23,5.8f.). Wahrscheinlich ist diese Monopolisierung des Kultes in voller Schärfe nach dem Exil, nicht schon unter König Josia, durchgeführt worden[14]. Zum zweiten: Theorie und Praxis scheinen im 3. Buch Mose nicht ganz übereinzustimmen. Die Forderung, Opfer am Eingang des Begegnungszeltes darzubringen, d. h. an dem einen, geheiligten Ort und durch Vermittlung der einen, aaronidischen Priesterschaft, nimmt keine Rücksicht auf die Zerstreuung der nachexilischen Gemeinden. Erstaunlich ist es aber in jedem Fall, daß in Lev 1,3–13 dem Laien noch die Tötung des Opfertieres gestattet wird – in späterer Zeit wird auch sie von Priestern bzw. den Leviten vollzogen (vgl. Ez 44,1; 1 Chr 23,21; 2 Chr 29,34; 35,11). Die Opfergesetze im 3. Buch Mose liegen, was die Ausbildung und Privilegierung des Priesterstandes angeht, in der Mitte. Die kultische Entmündigung ist also noch nicht so weit gediehen, daß der früher einmal autonome Familienvater oder Sippenchef dem Opfervorgang am zentralen Altar völlig tatenlos zusehen mußte. Wir können daraus schließen, daß den Verfassern der Brandopfervor-

---

[14] Vgl. Ernst Würthwein, Die Bücher der Könige, ATD 11,2, Göttingen 1984, 455 ff., 463 f.

schriften an der Sicherung der Priesterrechte sehr viel gelegen war, auch und
gerade wenn die frühjüdische Gemeinde ständig als Adressatin der Vorschriften mitgesehen werden muß. In einer dem Opferkult relativ entfremdeten Zeit
war es sicherlich besonders schwierig, die Ansprüche der zentralen Priesterschaft geltend zu machen.

Das oben bereits erwähnte andere Anliegen, durch das Brandopfer Wohlgefallen und Sühne zu erlangen, muß nun auch im Lichte der priesterlichen
Organisation gesehen werden. Das Ritual der Sündenübertragung durch
„Handaufstemmen" (vgl. Lev 16,21) und die zweimalige Zweckbestimmung (V.
3.4) markieren ein ganz wesentliches theologisches Interesse. Fehlverhalten und
Unreinheit der Gemeindeglieder müssen kultisch neutralisiert, „bedeckt" werden, damit ein heilvolles Leben überhaupt möglich ist. Hinter dieser Sühnetheologie ist ein gesteigertes Sündenbewußtsein zu erkennen. Während in manchen
exilischen und nichtpriesterlichen Texten des AT (z. B. Ps 44; 89; Hiob) offen
auch die Frage nach der „Schuld" Jahwes am Elend seines Volkes und seiner
Gläubigen gestellt werden kann, hat sich in gewissen Kreisen gerade der Restau-
rationszeit nach dem Exil die ausschließliche Selbstbezichtigung durchgesetzt.
Israel allein hat vor Jahwe gesündigt, darum ist es durch Unterjochung und
Verbannung gestraft worden (vgl. Ps 78; 106; Esra 9; Neh 9). Die priesterlichen
Kreise am Zentralheiligtum wissen sich für das gesamte Volk in und um Jerusa-
lem und in der Diaspora verantwortlich. Sie haben idealerweise durch tägliche
Opferdarbringungen (vgl. Num 28,1–8) ununterbrochen Sühne zu vollziehen.
Sie sind gleichsam die geistlichen Reiniger vom Dienst, und sie führen ihn später
in strikter Korrespondenz auch mit den fernsten Gemeinden aus. Nach der
Mischna (Taanit IV,2) wohnten regelmäßig Abordnungen aus den verschiedenen „Kirchen"provinzen dem Opfer in Jerusalem bei. Und zur täglichen Opferzeit wurde in der Heimatregion der diensttuenden „Standmannschaft" ebenfalls ein Gebets- und Wortgottesdienst gehalten. Darüberhinaus feiert die jüdische Glaubensgemeinschaft bis heute einmal im Jahr einen höchsten Entsüh-
nungstag, der – solange der Tempel bestand – gleichsam die ständigen Opfer
nach dem Sündenbockritual von Lev 16 noch einmal zusammenfaßte. Heute ist
dieser „Jom Kippur" ein Buß- und Umkehrtag ohne blutige Opfer. Bei allen
Sühneritualen kann man allerdings fragen, wie weit sie nicht nur Ausdruck eines
kollektiven Schuldbewußtseins und Reinigungsbedürfnisses sind, sondern auch
zur Legitimation und Stützung der geistlichen Leitung dienen, die das Sühnege-
schehen verwaltet. Wir kommen an anderer Stelle darauf zurück (vgl. zu Lev
21).

Brandopfer sind besonders feierliche und vollkommene Darbringungen an
Gott. Wie erklärt sich diese Form von Gabe? Wieso kann der Opferrauch
„beschwichtigender Geruch" für Jahwe sein? Der Mensch ist von Anfang an auf
Empfangen und Geben angelegt. Er weiß, daß er von Geschenktem lebt, und er
gibt der Gottheit, welcher er sich verbunden weiß, aus Dankbarkeit und Hoch-
achtung einen Teil der empfangenen Lebensmittel zurück. In der Umgebung
Israels treffen wir auf eine Vielzahl von Opfergebräuchen, die Gabecharakter
haben: Speisungen der Götter; Übergabe von Erstlingsfrüchten; Trankopfer;

Brandopfer[15]. Im AT finden sich Spuren fast aller Darbringungen der vorderorientalischen Völker wieder. Auch Israel „vermenschlicht" Jahwe, selbst die Priester reden ganz menschlich-irdisch von der „Speise für Gott" (vgl. Lev 21,6.21 f.). Aber der Opferrauch, hat er etwas mit Speisung zu tun? Soll er die dem ätherischen Wesen Gottes entsprechende Nahrungszufuhr darstellen? Ist er Kompensierung für menschliche Schuld? Oder will die so stereotyp wiederkehrende Redewendung (vgl. Ex 29,18.25.41; Num 15,3.7.10.13.14.24; Ez 20,41) nur auf den Wohlgeruch verbrennenden Fleisches hinweisen – ein schrecklicher Gedanke für uns? Was muß das für ein Gott sein, der sich durch derlei Gaben beeinflussen läßt? Betrachtet man die Opfer- und Götzenpolemik im AT selbst (vgl. Ps 50,7–15; 51,18; 115,6; 1 Kön 18,22–29), dann erkennt man, daß unsere entsetzten Fragen nicht nur aus einer veränderten modernen Lebenseinstellung herrühren. Dennoch, die Frage nach dem Gott Israels, der wie die Götter der damaligen Welt insgesamt blutige Opfer forderte und annahm, ist zuerst auf dem Hintergrund der altorientalischen Welt zu stellen. Trotz aller Vergeistigung im theologischen Denken hat sich im AT auch in der Restaurationszeit nach dem Exil eine ganz und gar altorientalische (allgemein menschliche?) Gottesvorstellung entfaltet. Sie bezieht das Prinzip von „Gabe" und „Gegengabe"[16] in das theologische Denken ein. Jahwe wird der überlegene Herr, der alle Lebensmöglichkeiten eröffnet und dafür wie alle bekannten Machthaber seinen Tribut, völlige Hingabe, fordert. Kann daneben die Botschaft vom rettenden und sich erbarmenden Gott bestehen, die anderswo im AT so zentral erscheint (vgl. Ex 1–15; Ps 103)?

2.3 Das Speisopfer (Lev 2)

2.3.1 Übersetzung

1) Wenn jemand Jahwe ein Speisopfer darbringen will, so soll es aus Grieß bestehen; er soll Öl draufgießen und Weihrauch dazutun. 2) Er bringe es zu den Aaronsöhnen, den Priestern. Der Priester nehme eine Handvoll Grieß und Öl, den ganzen Weihrauch und lasse diesen Opferteil [wörtl. „Gedenkopfer"] auf dem Altar in Rauch aufgehen: eine Gabe, ein Beruhigungsduft für Jahwe. 3) Das übrige Speisopfer gehört Aaron und seinen Söhnen. Es ist hochheilig, weil es von Jahwes Opfergaben stammt. 4) Wenn du ein Speisopfer von Backwerk aus dem Ofen bringst, so sollen es ringförmige Grießkuchen aus ungesäuertem und mit Öl angerührtem (Teig) sein, oder ungesäuerte, mit Öl bestrichene Fladen. 5) Wenn deine Gabe auf der Röstplatte zubereitet wird, dann soll sie aus mit Öl verrührtem Grieß bestehen und ungesäuert sein. 6) Du sollst es zerbröseln und Öl darauf gießen: es ist ein Speisopfer. 7) Wenn deine Gabe aus dem Topf

---

[15] Vgl. Helmer Ringgren, ATD Erg.
[16] Vgl. Marcel Mauss.

kommt, soll sie aus Grieß und Öl bestehen. 8) Derartig zubereitete Speisopfer sollst du zu Jahwe bringen. Übergib sie dem Priester, der bringe sie zum Altar. 9) Der Priester nehme einen Teil des Speisopfers [„das Gedenkopfer"] heraus und lasse es auf dem Altar in Rauch aufgehen. Das ist eine Gabe, ein Beruhigungs-duft für Jahwe. 10) Das übrige Speisopfer gehört Aaron und seinen Söhnen. Es ist hochheilig, weil es von Jahwes Opfergaben stammt.

11) Kein Speisopfer, das ihr Jahwe darbringt, darf mit Sauerteig zubereitet werden. Denn Vergorenes oder Honig dürft ihr nicht als Gabe für Jahwe benutzen. 12) Als Erstlingsgabe könnt ihr es Jahwe überreichen, aber es darf nicht als Beruhigungsduft auf den Altar kommen. 13) Jede Speisopfergabe sollst du salzen; laß deinem Speisopfer nie das Salz des Bundes mit deinem Gott fehlen. Jede deiner Gaben sollst du mit Salz darbringen. 14) Wenn du Speisopfer von der ersten Ernte zu Jahwe bringst, sollst du Ähren am Feuer rösten, einen Teig aus gemahlenen Körnern machen und dies als Speisopfer der Erstlinge darbringen. 15) Gieße Öl darüber und lege Weihrauch darauf. Das ist ein Speisopfer. 16) Der Priester lasse einen Teil (wörtlich: „das Gedenkopfer") von Korn und Öl sowie den ganzen Weihrauch in Rauch aufgehen: eine Gabe für Jahwe.

2.3.2 Die Sprachformen

Die eigentümlich persönliche Redeweise in Lev 2 ist uns schon aufgefallen: Von V. 4 an ist kontinuierlich der Opfernde bzw. sind die Opfernden angeredet. Ein solcher Stil ist jeder Gesetzgebung fremd und nur aus der Vortragssituation vor einer hörenden Gemeinde oder einem zuhörenden Einzelmenschen zu verstehen. Dieses direkt angeredete Gegenüber soll anscheinend über die richtige Zubereitung des vegetabilischen Speisopfers informiert werden. Der Priester erscheint auch in diesem Kap. als derjenige, der den eigentlichen Altardienst, d.h. den Verbrennungsritus vollzieht, aber er tritt deutlich ins zweite Glied. Alle Aufmerksamkeit richtet sich auf den/die Opfernden.

In dem als direkte Ansprache formulierten Abschnitt V. 4–16 lassen sich noch einmal zwei Teile unterscheiden. V. 4–10 ist Anweisung an einen einzelnen, enthält aber recht wenig Handlungsverben, etwa in V. 6 und 8. Dafür dominie-ren die definierenden, beschreibenden, festsetzenden Zustandssätze: „es soll aus Grieß bestehen" (V. 7), „es ist eine Gabe …" (V. 9). Die drei Unterfälle werden in V. 4.5.7 mit konditionalen Sätzen eingeleitet. Die ganze Passage will die Zusammensetzung und Zubereitung des Speisopfers ordnen.

Beim zweiten Abschnitt (V. 11–16) geht es dagegen mehr um die Verhinde-rung (oft gemachter?) Fehler bei der Herstellung des Opfermaterials. Kein Gesäuertes darf in den Teig, aber das Salz darf nicht fehlen (V. 11–13). Dieses stärker ermahnende Stück ist anfangs (V. 11 f.) im Plur. gehalten. Ihm schließt sich, wieder im Sing., eine mehr konstatierende Regel über das Erstlingsopfer an (V. 14–16).

Von dem ganzen Abschnitt persönlicher Instruktion hebt sich V. 1–3 durch

seine objektive, die wesentlichen Umstände kurz fixierende Art ab. Der Zube-
reitung des Opfers gilt nur V. 1; er lehnt sich in der Formulierung an die
Konditionalsätze Lev 1,3.10.14 an. Die Besonderheit ist allerdings die grundsätzliche Einleitung: „Wenn jemand darbringt ..." (vgl. Lev 4,2; 5,1; ähnlich in
1,2 a). Die Grundsubstanzen Grieß (nach anderen Erklärern: Feinmehl), Öl und
Weihrauch werden benannt, vielleicht ist die abschließende Formel „das ist ein
Speiseopfer" am Schluß von V. 1 ausgefallen – damit ist schon alles über die
Zubereitung gesagt. Der Hauptnachdruck liegt auf der Priesteraktivität in V.
2–3. Dem Altardiener gelten die Anweisungen von V. 2, die von einer deklaratorischen Formel abgeschlossen werden. Ihm gilt auch die Übereignungsformel
von V. 3; ihr ist ein längeres, den Priesteranteil des Opfers qualifizierendes
Attribut hinzugesetzt. Das kurze Anfangsstück des Kapitels ist also wie wesentliche Teile von Kap. 1 und 3 an Priesterprivilegien und Priesterversorgung
interessiert (vgl. auch V. 8–10.16). Der persönlich gehaltene Teil in V. 4–15
dagegen dient der Laieninstruktion.

Damit wird bereits aus den Redeformen das Wachstum des Textes erkennbar.
Ursprünglich mag eine häusliche Unterweisung über die richtige Herstellung
von Backwaren für das einfache, familiäre Speiseopfer vorgelegen haben. Sie ist
in V. 4–8 und 13–15 enthalten (vgl. Jer 7,18). Dann wurde dieses populäre Opfer
unter priesterlicher Regie vorwiegend zur Beigabe tierischer Gaben. Die Redewendung „ein Brandopfer mit seinem Speiseopfer" ist dafür bezeichnend (vgl.
Lev 23,18; Num 7,87; 15,3; Ri 6,19; 1 Kön 8,64). Vor allem wird es zu einer
Haupteinnahmequelle für die Priesterschaft (V. 3.10; 24,9). V. 1–3 ist dem
Speiseopferkapitel als Grundsatzbestimmung vorangestellt: Art und Qualität der
Opfermaterie, ihre Aufteilung in zu verbrennende und zu genießende Darbrin-
gung werden generell festgelegt.

2.3.3 Grieß, Öl und Zutaten

Die Anrichtung des Opfers gehört in den Verantwortungsbereich des Opferherrn, selbst in der nachexilischen Zeit noch. Denn die Schlußredaktion des
Textes hat an diesem Punkt nichts geändert. Gleichzeitig können wir vermuten,
daß Grieß- und Ölopfer zu den ältesten bäuerlichen Darbringungen gehört
haben (vgl. Gen 4,3: Kain bringt Gaben von den Früchten des Feldes). Das
Edelste aus Getreideanbau und Olivenkultur ist eben Grieß und Öl, Grundnah-
rungsmittel der damaligen Bevölkerung. Grieß wurde durch sorgfältiges Sieben
der gemahlenen Weizenkörner gewonnen; er war wegen seiner Reinheit teurer
als Mehl[17]. Die Ölherstellung aus Oliven durch verschiedene Preßvorgänge ist
im Orient seit Jahrtausenden bekannt. Aus Mehl oder Grieß und Öl macht man
Brotfladen (1 Kön 17,12). Von der Alltagsspeise gibt man natürlich Gott einen
Teil, sei es zu Erntebeginn oder bei besonderen Anlässen, die nicht das wert-

---

[17] Vgl. 1 Kön 5,2; Ez 16,13; zur Herstellung in Palästina unserer Zeit vgl. Gustaf Dalman III,
276–299.

vollere Tieropfer verlangten. Solche Opfergaben aus alltäglichen Nahrungsmitteln sind bei vielen Völkern üblich gewesen.

Uns liegt in Lev 2 eine späte Fassung der Speisopfervorschriften vor. Sie läßt drei verschiedene Zubereitungsarten zu: Ringbrot, im Ofen gebacken (V. 4), Fladen, auf dem Backblech bereitet (V. 5; vgl. Ez 4,3; 1 Chr 23,29), Grießklöße, in der Pfanne frittiert (V. 7). Die verschiedenen Feuerstellen und Küchengeräte deuten auf unterschiedliche Lebensweise. Der Backofen steht in der Regel im Freien, er gehört zum Bauernhof. Backblech und Pfanne (oder Tiegel) benützt man auf der häuslichen Herdstelle, also eher in der Stadt (vgl. Ez 40,20). Ausgrabungen haben gezeigt, daß es in Stadthäusern seit der mittleren Bronzezeit (ab 2000 v.Chr.) regelmäßig eine runde, vertiefte Feuerstelle gibt, auf der Speisen angerichtet wurden. Der Rauch des offenen Feuers im Hause war natürlich nicht angenehm[18]. Aber das Kochen im Hause scheint bequemer gewesen zu sein als im (falls überhaupt noch vorhandenen) verengten Hof.

Warum nur der Brotkuchen zerbröselt und erneut mit Öl übergossen werden soll, ist für uns unerfindlich. Vermutlich steckt ein überlieferter Brauch dahinter: Das macht man so – und denkt nicht weiter darüber nach.

Als Zutaten zum Speisopfer kommen nach unserem Text Sauerteig und Salz in Frage. Die erstere ist aber völlig ausgeschlossen, wenn Teile des Speisopfers nach dem Höchstopferritus (vgl. Kap. 1) verbrannt werden sollen. In V. 4 und 5 war es eigentlich schon klar, daß nur ungesäuertes Material zum Backen und Braten verwendet werden durfte. Das entspricht uraltem Brauch (vgl. Ri 6,19). Ein späterer Schreiber fügt das Verbot noch einmal audrücklich hinzu (V. 11). Das Vergorene oder leicht Gärende (Honig!) ist kultisch mit dem Brandopferaltar unverträglich (vgl. Ex 23,18). Die peinlich genaue Einhaltung des Verbots im Passaritus (vgl. Ex 12,8.15; das „Ausfegen" des Gesäuerten gehört bis heute zum jüdischen Passafest) kann uns anschaulich machen, wie wichtig die saubere Trennung einander entgegengesetzter Sphären seit alters her ist[19]. Wir können dies vielleicht mit den Bemühungen vergleichen, einen Operationssaal steril zu halten. – Die andere Beimengung, die nun allerdings mit Entschiedenheit gefordert wird, ist das Salz (V. 13, vgl. Ez 43,24). Speisesalz ist kostbar, lebensnotwendig, wahrscheinlich ein Heilmittel und Symbol und darum der Gottesgabe beizumischen (auch die Priester verlangten nach gewürzter Nahrung; vgl. Hiob 6,6). Daß Salz mit dem Bund in Verbindung gebracht wird (V. 13; vgl. Num 18,19; 2 Chr 13,5), mag eine alte Tradition sein. Sie erklärt sich vielleicht aus der Verwendung des Salzes beim Willkommensgruß für einen Gast (vgl. Esra 4,14; Gen 14,18: im Orient wird statt Brot und Wein manchmal Brot und Salz gereicht). Das gemeinsam genossene Salz stiftet einen persönlichen Bund, ein Solidaritätsverhältnis.

Das Speisopfer aus Erstlingsfrüchten (V. 14–16) nimmt eine Sonderstellung ein. Es ist terminlich gebunden, wird vom eben geernteten Korn dargebracht,

---

[18] Vgl. Spr 10,26; Kurt Galling, Biblisches Reallexikon, Tübingen ²1977, Artikel: „Herd"; „Ofen".

[19] Mary Douglas.

also ohne veredelnde Bearbeitung, und gehört wohl erst sekundär in den Kreis der Halbbrandopfer (vgl. Lev 23,17–21). Immerhin ist es in Kap. 2 – vielleicht aufgrund der Ausnahmeregelung von V. 12 – angehängt. Der Sache nach ist die Erstlingsgabe, deren Zubereitung auf dem Erntefeld man fast noch spürt („am Feuer rösten“, V. 14), die urtümlichste bäuerliche Opferart. Dank für die Ernteerträge und Bitte um weitere Fruchtbarkeit für die Felder kommen in ihr zusammen (vgl. Ex 23,16; Num 18,12f.). Gustaf Dalman beobachtete, wie palästinische Bauern unter türkischer Verwaltung bei der Ernte und nach dem Dreschen Abgaben an Arme, Heiligtum und Staat entrichten[20].

Als drittes, eigenständiges Opferelement kommt im ganzen Kap. der Weihrauch zu Grieß und Öl hinzu (V. 1.2.15.16). Er ist wohl auch da vorausgesetzt, wo der Priester die Gabe lediglich „in Rauch aufgehen läßt“ und damit „einen beschwichtigenden Duft für Jahwe“ erzeugt (V. 9.11.12). Wahrscheinlich ist diese Hereinnahme des Speiseopfers in den vom Priester versehenen Altarritus eine spätere Entwicklung. Nach dem jetzigen Text aber sind alle Speiseopfergaben in die Tempelliturgie integriert. Der Weihrauch besteht aus dem kostbaren, von weither importierten (Jer 6,20; Jes 60,6) Harz des „Weihrauchbaumes“ (*boswellia thurifera* und andere Arten, in Arabien, Afrika und Indien zu Hause). Weihrauch war ein ausschließlich für sakrale Zwecke gehandelter Stoff (vgl. Ex 30,37f.; 1 Chr 9,29; Neh 13,4–9). Erst der Weihrauch macht das Speiseopfer zu einer richtigen Brandopfergabe, rückt das einfache vegetabilische Opfer in die Kategorie des „Hochheiligen“ (V. 3.10; vgl. Ex 30,36) und macht es zum „Beruhigungsduft für Jahwe“ (V. 2.9.12).

2.3.4 Bedeutung und Hintergrund des Speisopfers

Für uns ist die wichtigste Frage, in welchem gesellschaftlichen und kultischen Kontext die Bestimmungen von Kap. 2 gegolten haben. Darin eingeschlossen ist das Bemühen, den Sinn des Speiseopfers zu verstehen.

In der Frühzeit war das Speiseopfer die Gabe der Bauern an ihre Schutzgottheiten. Nahrung, wie sie auch für die Menschen da war, wurde an heiliger Stätte hingestellt. Die Gottheit nahm teil an der menschlichen Mahlzeit. Der Brauch hielt sich bis in die Tempel der Hochreligionen, in denen es umfangreiche Kleidungs- und Speisungsriten für die Gottesbilder gab[21]. Die Speisung Gottes aus Dank und Pflichtgefühl ist also die ursprünglichste Absicht dieses Opfers. Sie bleibt symbolisch bestehen, wird auf die Darbringung von Gebet und Lied übertragen (vgl. Ps 50,7–15) und damit spiritualisiert und individualisiert. Aber die Grundintention bleibt erhalten:

Lasset uns singen, dem Schöpfer bringen
Güter und Gaben; was wir nur haben,
alles sei Gotte zum Opfer gesetzt!

---

[20] Gustaf Dalman III, 60–66; 165–187.
[21] Vgl. Helmer Ringgren, ATD Erg., 37ff.; 143ff.; 229ff.

Die besten Güter sind unsre Gemüter,
dankbare Lieder sind Weihrauch und Widder,
an welchen er sich am meisten ergötzt[22]

Den Amtsträgern fiel ein großer Teil des Speisopfers als tägliche Lebensmit-
telration zu (vgl. V. 3.10). Zusammen mit Fleischanteilen von gewissen anderen
Opferarten (vgl. Lev 7,31–34) lebten oft starke Familienverbände von dieser
indirekten Besteuerung. Allein am Heiligtum von Nob arbeiteten einmal 85
Priester (1 Sam 22,18). Die Abgabe des Zehnten hat sich wohl erst allmählich
neben den Opferanteilen für die Priester durchgesetzt, vor allem auch in den
Gemeinden, die wegen der Entfernung vom jerusalemer Tempel keinen regel-
rechten Opferkult mehr vollziehen konnten (vgl. Dtn 14,22–29; Num 18,
20–24). Das Speisopfer ist also ursprünglich das tägliche Brot auch des Tempel-
personals und der zugehörigen Familien (vgl. zu 6,7–11).
    Nur der Weihrauch und ein kleiner, symbolischer Teil des Grieß/Ölge-
mischs, 'azkarah (Luther: „Gedenkopfer", V. 2.9.16) genannt, kommt auf den
Altar. Der hebräische Name verrät den Zweck des Opfers: Die Gottheit soll
namentlich an- und herbeigerufen werden, hizkir[23]. Die Überschriften von Ps
38 und 70 mögen auf dieses „Anrufopfer" hinweisen. In Num 7,10–83, der
Aufzählung von Opfern zur Altarweihe, steht das Speisopfer nicht von ungefähr jedesmal ganz betont voran. So unscheinbar die Getreidegabe auch ist – sie
wird in Lev 5,11–12 ihrem materiellen Wert nach unter dem Taubenopfer
eingestuft! –, so hat sie selbst in den späten Tempelgottesdiensten ihre wichtige
Funktion der Anrufung Gottes behalten.
    Außer der Versorgung der Priester steht in unserem Kap. natürlich der
richtige Vollzug des Opferritus zur Debatte. Nur sind die Anweisungen dazu
insgesamt recht dürftig. Der Opferherr soll wissen, wie sein Speisopfer zubereitet werden darf, damit es annehmbar wird. Ob V. 1 wirklich die Herstellung
einer rohen Teigmasse meint oder vielmehr eine Art Grundrezept für die drei
genannten Zubereitungsarten sein will, bleibe dahingestellt. V. 14f. gibt in
ähnlicher Weise die Zutaten des Erstlingsopfers an, während V. 4–7 auf die
Herstellungsweisen eingehen, die in jedem Fall eine haltbarere Opfermaterie
hervorbringen. Das eigentliche Brandopferritual wird dann wie in Kap. 1 von
den Priestern vollzogen. Aber auch jetzt erfahren wir nur summarisch, daß der
Amtsträger den symbolischen Opferteil entnimmt und auf dem Altar verbrennt
(V. 2.9.16). Die Vorsichtsmaßnahmen, die bei kultischen Handlungen ange-
bracht sind, betreffen in Kap. 2 weit mehr die Zubereitung des Opfers, also den
Laienanteil, als die Priesterzeremonien. Das rituelle Verbrennen der 'azkarah ist
auch weniger als in Kap. 1 und 3 in Einzelakten und unter genauer Ortsangabe
dargestellt.
    So drängt sich der Schluß auf, daß auch die Vorschriften zum vegetabilischen
Speisopfer nicht ausschließlich für Priester und Leviten niedergeschrieben wor-

---

[22] Paul Gerhardt, 1666.
[23] Vgl. Willy Schottroff, Gedenken im Alten Orient und im Alten Testament, WMANT 15,
Neukirchen-Vluyn ²1967, 337.

den sind. In der Meinung bestärkt uns selbstverständlich die massive direkte Anredeform von Lev 2. Wo und wie ist ein Text, der diese formalen und inhaltlichen Charakteristika aufweist, gebraucht worden? Wenn die „Du"- und „Ihr"-Anreden in V. 4 ff. nicht unversöhnlich auseinanderklaffen, sondern ein und dieselbe Situation der Belehrung spiegeln, dann können wir eigentlich nur vermuten, daß in diesem Kap. mit hoher Wahrscheinlichkeit eine frühjüdische Gemeindeinstruktion vorliegt. Als im Jahre 515 v. Chr. der wiederaufgebaute Tempel geweiht wurde, galt es, auch eine neue kultische Ordnung, die den veränderten Zuständen Rechnung trug (Eingliederung Israels ins persische Großreich; Zerstreuung der Israeliten), in Kraft zu setzen. Vor allem mußten die geistlichen Führungsstrukturen und die religiösen Verhaltensweisen für alle Israeliten verbindlich festgelegt werden, denn Israel war nur noch eine Religionsgemeinschaft. In diese Situation des Neuaufbaus gehört auch Lev 2. Das Speiseopfer ist aus der familiären Sphäre herausgenommen und dem priesterlichen Hochheiligkeitssystem eingegliedert worden. Ein Opferanteil mag in Israel schon immer verbrannt worden sein (vgl. Gen 4,3–5; Am 5,21 f.). Jetzt aber gehört das Speiseopfer zum Teil zu den sakrosankten Sühnemitteln, andererseits zum Priestereinkommen und ist dem Familiengebrauch ganz entzogen. Nur die Erstlingsgabe bei der Ernte scheint noch von diesem System ausgenommen zu sein. Das alles verrät den Ordnungswillen, der sich in einer Neubewertung des uralten Speiseopfers niederschlägt. Es verrät die neue priesterlich-gemeindliche Struktur Israels. Es verrät eine eindringliche Erziehungsabsicht, die altes Überlieferungsgut in die neue, nur noch religiös bestimmte Gesellschaft einfügt. Es verrät die gottesdienstliche Situation, in der die hörende Gemeinde direkt angesprochen und auf ihre Pflichten und Rechte aufmerksam gemacht wird.

Können wir annehmen, daß unser Text geradewegs aus der jerusalemer Tempelgemeinde stammt? Der Tempel wird nicht ausdrücklich erwähnt, jedoch ständig vorausgesetzt. Wo anders sollte ein Jude des 5. Jh.s denn opfern? Oder könnte man vermuten, daß Speiseopfer im Gegensatz zu Schlachtopfern auch außerhalb des Tempelbereichs, d. h. in der Diaspora, möglich waren? Das Räuchern auf dem Brandopferaltar war ebenso zentralisiert wie das Schlachten (vgl. Dtn 12,11–14, doch das Speiseopfer fehlt! Jer 41,5: Wollen die Männer in Jerusalem oder Mizpa opfern?). Nein, der Tempel in Jerusalem war wohl der exklusive Opferort für Israel; daneben bestanden vielleicht mehr oder weniger geduldete Kultanlagen wie die auf der Nilinsel Elephantine[24]. Dennoch, der ermahnende und gesetzlich informierende Text Lev 2 spricht nicht nur die Jerusalemer um 500 v. Chr. an, er richtet sich auch an die fernen Gemeinden, sei es, um ihnen die Opferregeln für den Fall eines Besuches in der geistlichen Hauptstadt klarzumachen, sei es, um überhaupt das Bewußtsein der Zusammengehörigkeit als Tempelgemeinde und die innere Ausrichtung aller Verstreuten auf Jerusalem (vgl. Ps 137) zu fördern und zu festigen. Vielleicht sind die Opferanweisungen im rituellen Teil deshalb so blaß, weil sie auch in jüdischen Gottesdiensten weit weg von Jerusalem gelesen wurden, wo es eher auf die

---

[24] Vgl. Albert Vincent, La religion des judéo-araméens d'Éléphantine, Paris 1937.

innere Ausrichtung der Gemeinde als auf die spezifische Instruktion über das Speisopfer ankam.

2.3.5 Heiliges Brot

Abgaben von der täglichen Nahrung an die Gottheit sind aus vielen Religionen bekannt. Das Brot, Hauptnahrung in den alten Getreideanbaugebieten des „fruchtbaren Halbmondes" nimmt dabei eine besondere Stellung ein (vgl. auch Lev 24,5–9). Die naive, sehr alte Vorstellung ist wohl gewesen: Götter brauchen Nahrung, geradeso wie Menschen auch. In den Mythen von Ugarit halten die Götter große Gelage[25]. Gerade einige späte alttestamentliche Überlieferungen reden unbefangen von der Götterspeise, die dann allerdings stellvertretend von den Priestern verzehrt wird (vgl. Lev 7,31–36). Die alten Israeliten hielten es nicht für einen Widerspruch, von der Gottesnahrung zu sprechen und ihre priesterliche Nutzung zuzulassen. Gott braucht Speise; er ist menschennah. Er hat teil an der menschlichen Realität.

So konnten auch Abgaben und Opfer, speziell von alltäglichster Art, als verbindendes Element angesehen werden. Die Jahwegläubigen stellten ihrem Gott von den Erntearbeiten auf dem Feld (Lev 2,14) aus Dankbarkeit und Verbundenheitsgefühl die Grundlebensmittel zur Verfügung. In den ständig neu aufgelegten heiligen Broten (vgl. Lev 24,5–9) war die kontinuierliche Versorgung Gottes und der Priester gesichert. Wie konnten Menschen die Gottheit nicht teilhaben lassen an dem jährlichen Erntesegen? Die Götter(boten) werden erst einmal bewirtet (Gen 18,1–8). Wie konnte Gott andererseits seine Anhänger in Zeiten der Not nicht an der ihm eigenen „Himmelsspeise" Anteil gewähren (vgl. Ex 16,11–36; Ps 78,24f.; 105,40). Das einfachste Mahl, das Brotessen, verbindet Menschen mit Gott.

Vor diesem Hintergrund gewinnt auch die christliche Abendmahlspraxis eine größere Dimension. Das „Brot, das wir brechen, ist es nicht die Gemeinschaft des Leibes Christi?" (1 Kor 10,16). Gerade das Brot (nicht das Opferfleisch!) liefert das Symbol für die Gemeinschaft mit Gott. Der Körper des für die Welt hingerichteten „Sohnes" wird mit dem Brot verglichen, an dem Gott und Mensch täglich Teil haben (1 Kor 11,23f.; Mk 14,22; Mt 26,26; Lk 22,19). Wir leben in einer langen Tradition des heiligen Brotes.

---

[25] Vgl. Wolfram Herrmann, Götterspeise und Göttertrank in Ugarit und Israel, ZAW 72, 1960, 205–216.

2.4 Das Mahlopfer (Lev 3)

2.4.1 Übersetzung

1) Wenn seine Gabe ein Mahlopfer sein soll und er ein männliches oder weibliches Rind nehmen will, dann soll er ein fehlerfreies Tier vor Jahwe bringen. 2) Er stütze seine Hand auf den Kopf seines Tieres und schlachte es an der Tür des Begegnungszeltes. Die Söhne Aarons, die Priester, sollen das Blut ringsum an den Altar sprengen. 3) Von dem Mahlopfer soll er eine Gabe für Jahwe bringen, nämlich das Fett, welches die Bauchhöhle überzieht, und alles Fett auf den Eingeweiden. 4) Und die beiden Nieren nebst dem Fett, das daran ist; das Fett an den Lenden und den Leberlappen. Bei den Nieren soll er ihn abtrennen. 5) Die Aaronsöhne sollen das alles auf dem Altar in Rauch aufgehen lassen, auf dem Brandopfer, das auf Holz und Feuer liegt. Es ist eine Gabe, ein Beruhigungsduft für Jahwe.

6) Wenn seine Gabe vom Kleinvieh kommt und als Mahlopfer für Jahwe vorgesehen ist, dann sei es ein männliches oder weibliches Tier. Er soll ein fehlerloses Exemplar darbringen. 7) Ist es ein junger Widder, den er als Gabe bringt, dann soll er ihn vor Jahwe stellen. 8) Er lege seine Hand auf den Kopf seines Tieres und schlachte es vor der Tür des Begegnungszeltes. Die Söhne Aarons sollen sein Blut ringsum an den Altar sprengen. 9) Er nehme vom Mahlopfer eine Gabe für Jahwe, nämlich das Fett, d. h. den ganzen Fettschwanz: dicht am Steißbein trenne er ihn ab. Dazu das Fett, das die Bauchhöhle auskleidet und alles Fett auf den Eingeweiden, 10) und die beiden Nieren mit dem Fett, das an ihnen ist, das Fett an den Lenden und den Leberlappen – bei den Nieren trenne er alles ab. 11) Der Priester lasse es auf dem Altar in Rauch aufgehen: Das ist eine Speisegabe für Jahwe.

12) Wenn seine Gabe aus einer Ziege besteht, so bringe er sie vor Jahwe, 13) lege seine Hand auf ihren Kopf und schlachte vor dem Begegnungszelt. Die Aaronssöhne sollen ihr Blut ringsum an den Altar sprengen. 14) Er bringe davon seine Gabe als Anteil für Jahwe, nämlich das Fett, das die Bauchhöhle auskleidet, und alles Fett auf den Eingeweiden, 15) die beiden Nieren mit dem Fett, das an ihnen ist, das Fett an den Lenden und den Leberlappen – bei den Nieren soll er es abtrennen. 16) Der Priester lasse die Stücke auf dem Altar in Rauch aufgehen: eine Speisegabe, sie dient als Beruhigungsduft! Alles Fett gehört Jahwe. 17) Ein immer gültiges Gesetz für eure Nachkommen in allen euren Siedlungen ist es: Fett und Blut dürft ihr nicht essen.

2.4.2 Das Mahlopfer

Aufbau, Wortwahl, Akzentsetzung des 3. Kap. verraten, daß hier die gleichen Überlieferungskreise am Werk waren wie in Kap. 1. Doch handelt es sich jetzt um eine andere Opferart. Der hebräische Doppelname *zäbaḥ šᵉlamim*, wörtlich

vielleicht „Schlachtung nach Art des Abschlußopfers" (andere Deutungen:
„Friedensopfer"; „Heilsopfer"; „Dankopfer") verhüllt und enthüllt zugleich
den Charakter dieses speziellen Opfers. Der Name verhüllt, weil der Text
überhaupt nicht auf Wesen und Sinn der Darbringung eingeht, sondern nur die
Priesterinteressen im Auge hat (s. u.). Wir müssen wissen, daß die „Schlachtung", neben dem „Speisopfer", ursprünglich das kultische Ausdrucksmittel für
den Glauben des einfachen Mannes und der nomadischen und bäuerlichen
Familien gewesen ist. Bei besonderen Anlässen im Familien- und Dorfverband
wurde ein Tier der Herde mit religiösem Zeremoniell geschlachtet und ein
festliches Mahl gefeiert. So kommen in 1 Sam 9 die Männer zu Ehren des
„Sehers" Samuel zu einem Gelage auf der heiligen Höhe oder im heiligen Hain
zusammen (vgl. bes. V. 12 f..23 f.). Opferfeiern in der oder für die ganze Familie
finden in regelmäßigen Abständen oder aus besonderem Anlaß, etwa bei einer
Gelübdeerfüllung oder einer Danksagung für Rettung aus Todesnot (vgl. 1 Sam
1,3 f.; 20,6; 2 Sam 15,7 f.) statt. Dann sind alle Familienmitglieder an der Mahlzeit beteiligt. Man sieht förmlich, wie sie um den Kochtopf herum sitzen und
sich an der seltenen Fleischmahlzeit gütlich tun (1 Sam 1,4; 2,13–15). Kurz, das
Mahlopfer war in der frühen Zeit Israels (wie bei fast allen Stammesgesellschaften, die noch ohne zentrale politische und religiöse Instanz leben) das wesent-
lichste gottesdienstliche Ereignis. In der sakramentalen Gemeinschaft mit dem
Schutzgott der Familie und untereinander festigten und erneuerten sich die
Beziehungen und die Lebenskräfte. Ausgelassene Freude, besonders am reichen
Essen und Trinken, Erfahrung der göttlichen Gegenwart und des Segens be-
herrschten solche Feiern, vgl. Ps 22,27; Ex 24,9–11.

Davon spricht die Opfervorschrift Lev 3 nicht. Sie setzt zwar das Festmahl
der Opfergemeinschaft voraus (vgl. Lev 7,15–21), aber es ist eine Feier, die unter
Aufsicht der Priester stattfinden soll (vgl. 1 Sam 2,12–16). Anscheinend ist –
etwa in der Zeit des Exils – das von den Priestern sehr geschätzte *š*ᵉ*lamim*-Opfer
(oder der *š*ᵉ*lamim*-Ritus) in das alte Familien-Gemeinschaftsopfer (*zäbaḥ*) ein-
gepflanzt worden. Und dieses Opfer, das nur vom geweihten Priester ordnungsgemäß vollzogen werden konnte, weil es Blut- und Altarriten enthielt,
bekommt dann den Doppelnamen *zäbaḥ š*ᵉ*lamim*[26].

Die typisch priesterlichen Züge des Rituals, die jetzt im Vordergrund stehen,
sind: Handauflegung zwecks Sündenübertragung auf das Opfertier (vgl. Lev
1,4; 16,21); Blutsprengung um den Altar (vgl. Lev 1,5; 4,5–7; 17,11); Fettverbrennung auf dem Altar (vgl. Lev 4,8–10; 7,3–5). Jeder Ritus einzeln hat seine
besondere Geschichte und Bedeutung und ist in der Religionsgeschichte vielfältig belegt. Die Handauflegung überträgt Kräfte durch Körperkontakt. Die
Blutsprengung hat abwehrende und sühnende Wirkung. Die Fettverbrennung
gehört zu den direkten Darbringungen an die Gottheit, sie ist unmittelbare
Gabe.

Die letzten beiden Riten sind am Altar auszuführen. Ihr „Vollzug ... durch

---

[26] So Rolf Rendtorff, Studien, 149–168.

den Priester macht einen *zäbaḥ* zum *zäbaḥ šᵉlamim*"[27]. In der Kombination und Systematisierung der Riten zeigt sich die priesterliche Theologie und Weltsicht. Das Opfer verschafft Zugang zu dem absolut heiligen und reinen Gott und damit zum wahren Leben. Die Priester sind die unerläßlichen Vermittler des Heils für die Gemeinde (vgl. Lev 8–10).

Das normale Opfertier für eine Familienfeier dürfte in Israel Ziege oder Schaf gewesen sein (vgl. 1 Sam 9,22–24: anscheinend reicht ein Tier für 30 Männer), es wird aber auch das Rind als Mahlopfertier der Familien erwähnt (1 Sam 1,24 f.). Ein Stück Kleinvieh ist der Kleingruppe angemessen. Das Rind setzt mehr als 30 Mahlteilnehmer voraus. In Lev 3 liegt der sachliche Schwerpunkt auf Schaf und Ziege (V. 6–16). Könnte das Rinderopfer (V. 1–5) vom priesterlichen Bearbeiter aus Paritätsgründen zu Kap. 1 hinzugefügt worden sein?

2.4.3 Der Anteil Jahwes

Lev 3 ordnet in der jetzigen Form die Vorschriften zum Mahlopfer in drei Paragraphen an, genau wie Kap. 1. Nur ist der dritte Abschnitt nicht dem Taubenopfer gewidmet, sondern der Ziege als Opfertier, im Unterschied zum männlichen, jungen Schaf (vgl. V. 12–16 mit V. 6–11). An erster Stelle steht wiederum das Opfertier des wohlhabenderen Mannes, das männliche oder weibliche Rind (V. 1–5). Daß ausdrücklich beiderlei Geschlechter zugelassen werden (V. 1, 6), deuten manche Ausleger als Zeichen für den privaten Charakter der Kulthandlung. Denn bei den hochoffiziellen, priesterlichen Brandopfern sind nur männliche Opfertiere vorgesehen (Lev 1,3.10). So ganz eindeutig ist die Toleranz weiblicher Opfertiere aber auch im dritten Kap. nicht. Lev 3,7 spricht trotz der Allgemeinformel „männlich oder weiblich" (V. 6) nur vom Widder.

Wie dem auch sei, die Opfervorschriften zum Mahlopfer beschränken sich auf einen sehr engen Rahmen. Ihr Hauptaugenmerk in den drei, sich stereotyp wiederholenden Paragraphen liegt zweifellos auf den Teilen des Opfertieres, die dem gemeinschaftlichen Verzehr entzogen und Jahwe als „Gabe" oder „Speisegabe" dargebracht werden. Dieses reduzierte Interesse und die sehr begrenzte Sichtweise sind auffällig und verraten die Autoren und Überlieferer des Textes. Am wichtigsten sind ihnen die wesentlichen Fettbestandteile des Opfertieres. Fett ist – auch heute noch für die Wüstenbewohner des Nahen und Mittleren Ostens – eine Delikatesse. Die Israeliten lebten vermutlich weitgehend vegetarisch. Fleischgenuß war eine Ausnahme für Festzeiten. Darum sehnten sich die Menschen auch nach Fleischnahrung und tierischem Fett – trotz oder gerade wegen der großen Temperaturunterschiede im Tages- und Jahreslauf. Und die fetten Teile des Bratens galten als die besten (vgl. 1 Sam 9,23 f.). Vom Besten aber brachte man Jahwe die Opfergabe dar.

Das Fett – es wird genau definiert, welche Teile darunter zu verstehen sind – muß sorgfältig dem geschlachteten Opfertier entnommen werden. Hinzu kom-

---

[27] Rolf Rendtorff, a.a.O. 163.

men Nieren und Leberteile, beide Organe spielen für den antiken Theologen eine besondere Rolle. Sie sind beim Menschen Kontaktpunkte für das Göttliche. Gott „prüft die Nieren", innerstes Seinszentrum, wie das Herz (vgl. Jer 11,20; 17,10; Ps 7,10). Leber und Leberlappen geopferter Tiere dienten bei den Babyloniern als Grundlage für die Zukunftserforschung. Die Götter hatten, so nahmen sie an, in ihren Windungen, Wölbungen und Verformungen Mitteilungen verschlüsselt, die der Kundige enträtseln konnte. Die beiden gottunmittelbaren Organe werden also dem Schöpfer zurückgegeben, wie das Blut, „in dem das Leben ist" (Lev 17,11.14). Eigenartig, daß im Zusammenhang der Opfervorschriften niemals vom Herzen die Rede ist. Wurde es mit dem Opfertier verspeist? Liegt darin vielleicht ein urtümlicher Jägerbrauch, mit dem sich der Mensch die Kraft des erlegten Wildes aneignen wollte[28]?

Ebenso seltsam ist das generelle Verbot des Blut- und Fettgenusses am Ende des Kap. 3 (vgl. Lev 7,22–25; 17,10–14). Erstens fällt es stilistisch aus dem Rahmen. Die 2. Pers. der Anrede war uns schon in Lev 2 ein Hinweis auf einen besonderen Bearbeiter, der von der ermahnenden Redeweise der Synagoge beeinflußt ist. Zweitens setzt V. 17 nicht die zentralisierte Tempelgemeinde, sondern die Zerstreuung in (autonome?) Siedlungen und Gemeinden voraus. Drittens scheint ein so absolut formuliertes Eßverbot für Blut und Fett gänzlich illusorisch. Wie kommt die Überlieferung überhaupt darauf, dem unbedingten Verbot des Blutgenusses ein ebenso totales Verbot, Fett zu essen, an die Seite zu stellen? In 1 Sam 9,24 ist der Fettschwanz noch hochgeschätzte Speise für den Ehrengast. Lev 3,9 soll er allein Jahwe gehören, zusammen mit dem Fett der Bauchhöhle und der Eingeweide. Das Schlußverbot V. 17 untersagt dem Menschen jeden Gebrauch tierischen Fettes. Das ist eine deutliche Steigerung der Anforderungen Jahwes und seiner Kultdiener. Am Blutritus hingegen ist der Laie in keiner Weise beteiligt (V. 2.8.13), deshalb bleibt er im Halbdunkel (vgl. Lev 4,5–7).

Die beiden erstgenannten Punkte bedürfen weiterer Erklärung. Zum einen: die 2. Pers. Plur. in V. 17 ist singulär für Lev 3. Sie bringt einen belehrenden und ermahnenden Ton in die trockenen Opferregelungen. Der entscheidende Satz lautet wörtlich: „Alles Fett und alles Blut dürft ihr nicht essen" (V. 17b). Er scheint in typisch priesterlicher Formulierung die unpersönliche Norm aus V. 16 aufzunehmen und zu erweitern: „Alles Fett gehört Jahwe." Eine ältere Form des Verbots könnte in Lev 19,26 vorliegen: „Ihr dürft nichts essen mit Blut." Liegt in diesen strikten Verboten des Blut- und Fettgenusses der Schlüssel zu unserem Kap.? Dann hätten die Überlieferer ein ursprüngliches Verbot von der hebräischen Satzform: „Du sollst nicht essen Blut" umgewandelt und ausgebaut zu: „Jegliches Fett und jegliches Blut dürft ihr nicht essen." Und das Mahlopfer, das immer der kleinen Gemeinschaft (Familie, Sippe, Nachbarschaft) als religiöser Kristallisationskern diente, wird nun zum Anschauungsobjekt: Blut und Fett werden vom Priester übernommen. Er konstituiert durch seine hochheilige Handlung Gemeinschaft mit Jahwe und die aaronitische Gemeinde Israel. Die

---

[28] Vgl. Walter Burkert.

alten Formulierungen der Sippennorm scheinen noch durch in Gen 3,1; Ex 12,9; Dtn 12,23; 14,3.21; Ri 13, 4.7; 1 Kön 13,9.17.22. Die priesterlichen Überlieferer, denen aus den bekannten Reinheits- und Heiligungsgründen (vgl. Lev 11–15) sehr viel an der richtigen Nahrung gelegen ist, betonen die verbotene Speise gern durch Voranstellung und Generalisierung (vgl. Gen 9,4; Ex 12,15.20; 22,30; Lev 7,23.26; 11,4.8.11; 17,14; 22,8.12; Num 6,4; ähnliche Formulierungen finden sich allerdings auch in den Kultgeboten des Deuteronomiums: Dtn 12,16; 14,7f..10.12; vgl. Ri 13,14; Ez 24,17).

Zum anderen: die Berücksichtigung der zersteuten Gemeinden in einem vom zentralen Opferort her konzipierten Text ist höchst bemerkenswert. „In allen euren Wohnorten" (V. 17) soll das Gemeinschaftsopfer, soll vor allem das Verbot des Blut- und Fettgenusses beachtet werden! Wie ist das möglich? Doch nur, wenn profane Schlachtung erlaubt ist (So schon Dtn 12. Aber was geschieht außerhalb Jerusalems mit dem Fett der Tiere?) und sich die Diaspora innerlich mit den Tempelgepflogenheiten identifiziert. Die feste Formel „in allen euren Wohnorten" kommt noch neunmal vor: Ex 12,20; 35,3; Lev 7,26; 23,3.14.21.31; Num 35,29; Ez 6,6. Es ist möglicherweise eine Diasporaformel, sie wird uns besonders im Festkalender Lev 23 weiter beschäftigen.

2.4.4 Die Rolle der Priester

Der „Priester" bzw. die „Söhne Aarons" sind durchweg die dominierenden Handlungsträger. Zwar ist der Opferherr im Grundgerüst der Bestimmungen noch sichtbar. Er bringt das Tier jeweils heran, schlachtet es, bereitet es zu, trennt auch die Jahwe gehörenden Teile aus dem Kadaver heraus. Aber er hat keinen Namen, nicht einmal eine eindeutige Bezeichnung wie „Besitzer des Tieres", „Opfernder", „Bittsteller", „Gemeindeglied" o.ä. Er erscheint nur beiläufig, versteckt als anonymer „er" in der Verbalform. Wahrscheinlich bezieht sich das ganze Kap. 3 zurück auf das formlose „jemand" von Kap. 1,2 (wörtl.: „ein Mensch", „irgendeiner"). Umso deutlicher und intensiver allerdings werden in Kap. 3 die Priester hervorgekehrt (V. 2.5.8.11.13.16). Beim ersten Mal klingt es volltönend, ehrgebietend, titelträchtig: „die Priester, Aarons Söhne." In der Folge dann etwas bescheidener und abwechselnd: „die Aaronssöhne" oder „der Priester". Wir merken, wer in unserem Abschnitt wichtig ist. Die Priester sprengen das Blut an den Altar, und sie „lassen auf dem Altar in Rauch aufgehen." Ihr Mittlerdienst für das Volk gegenüber dem heiligen Gott ist zentral wichtig. Um ihn dreht sich alles, wie in Kap. 1. Und was bezweckt dieser Altardienst genauer? Im letzten Satz jeder der drei Vorschriftenpakete ist es klar gesagt: Der dem Opfertier entnommene Anteil Jahwes am Mahlopfer ist eine „Opfergabe" für Gott, die anscheinend eine „beschwichtigende" Wirkung auf ihn haben soll (V. 5.11.16; vgl. Lev 1,9.13.17). Der Ausdruck „besänftigender Geruch" kommt mit mehr als 60 Stellen fast ausschließlich in priesterlichen Ordnungen vor. Kann man aus dieser Konzentration schließen, daß die priesterlichen Verfasser besessen von dem Gedanken waren,

Jahwe besänftigen zu müssen? Wegen aller Sünden und Vergehen seiner Anhänger[29]? Geht es um die Beschwichtigung eines wirklich erzürnten Gottes? Oder
um prophylaktische Einwirkung auf Jahwe, damit es erst gar nicht zur zornigen
Abkehr komme (vgl. Lev 15; Hiob 1,5)? Es mag altem Brauch entsprechen, auch
bei freudigen Opferanlässen bestimmte Teile des Opfertieres auf dem Altar
Gott zu übergeben. In unseren Leviticus-Texten ist dieser Brauch systematisiert
und sehr stark auf Kosten der Familien-Mahlfeier in das Zentrum gerückt. Was
bedeutet der erweiterte Ausdruck „Speisegabe" (V. 1.16)? Ein Hang zu künstlicher Begriffsbildung und zur Aufnahme archaischer Vorstellungen wird sichtbar. Der verbrannte Opferanteil dient Jahwe zur Speise. Gott muß sich symbolisch sattriechen können (vgl. den energischen Widerspruch von Ps 50). Es
beeindruckt in jedem Fall das priesterliche Bemühen, die Welt durch Opfergottesdienst in Ordnung zu halten.

Weil die Priester und ihre Tätigkeit am Altar so sehr im Mittelpunkt stehen,
ist die Überlieferung des Textes sicher z. T. in priesterlichen Kreisen zu suchen.
Professionelle, besonders ausgewiesene Fachleute waren auch vor dem Exil für
den Opferdienst an bekannten Heiligtümern verantwortlich, so die Eliden in
Silo (1 Sam 1–2), die zahlenmäßig starke Priesterfamilie von Nob (1 Sam 21,7;
22,11–19). In Ri 18 verschafft sich der Stamm Dan mit Gewalt einen anerkannten Priester für ein noch zu gründendes Stammesheiligtum im neuen
Wohngebiet. Die Zuständigkeit von Priestern für das Opferwesen einer größeren Gemeinschaft, die den Unterhalt dieser Spezialisten garantieren konnte,
ist also traditionell festgelegt. Aber die exklusive, monopolisierte Zuständigkeit
einer Priesterschaft an einem Zentralheiligtum hat es in Israel vor der Neugründung des Tempels nicht gegeben. Sie schafft neue Verhältnisse und beruht auf
einer neuen Theologie.

Alle religiösen und kultischen Fragen, die in Israel auftauchen können, werden nun – jedenfalls theoretisch – nur noch zentral, von Jerusalem aus, gelöst.
Zwar hat es wohl von Anfang der Kultzentralisation an als Ausnahmegenehmigung eine profane Schlachtung gegeben, die am Wohnort durchgeführt wurde
und rein der Ernährung diente (V. 17; vgl. Dtn 12,15 ff..20 ff.). Aber jedes
reguläre Opfer mußte am Zentralheiligtum gebracht werden. Die Zentralisa-
tionsvorschrift fordert ausdrücklich: Ihr sollt „an die Stätte, die der Herr, euer
Gott erwählt, daß er seinen Namen daselbst wohnen lasse, alles bringen, was ich
euch gebiete: eure Brandopfer und Schlachtopfer, eure Zehnten und Hebeopfer,
und alle eure auserlesenen Gaben, die ihr dem Herrn geloben werdet ..." (Dtn
12,11). Damit ist den Priestern am zentralen Heiligtum eine einzigartige Stellung zugewiesen.

In den Opfervorschriften von Lev 3 kommt das Priestervorrecht auf Blut-
und Verbrennungs-(bzw.Räucher-)riten stark zum Ausdruck. Darüber hinaus
aber bleibt der Text stumm. Er sagt nichts weiter über Priesterstatus oder
Priesterrechte; er erwähnt nicht einmal das Priestergehalt, d. h. den von ihm zu
beanspruchenden Anteil am Opfertier bzw. eine mögliche geldliche Entloh-

---

[29] Vgl. Lev 4–7; Bernd Janowski, 198–265.

nung (vgl. Lev 5,13.14). Vom Priesteranteil lebte aber doch der ganze Tempelapparat. Bekamen die Priester für ihren Dienst grundsätzlich die Haut des Opfertieres (vgl. Lev 7,8)? Gehören ihnen ganze Opferarten und Abgaben (vgl. Lev 2; 7,9; Ez 44,29ff.)? Ist ihr Anteil speziell für das Mahlopfer auf bestimmte Fleischstücke festgelegt (vgl. Lev 7,31ff.; 1 Sam 2,12–17)? Wie immer die Bezahlung der Priester geregelt war, sie war ein wesentliches Moment in der Tempelwirtschaft. Ebenso wichtig und mit den wirtschaftlichen Verhältnissen gekoppelt war die Theologie der Priesterschaft. Darüber mehr in den folgenden Kap.n (vgl. besonders Lev 7).

2.4.5 Priester und Laien

Es stellt sich erneut die Frage, welche Bedeutung die priesterlichen Arbeitsanweisungen für die Gemeinde hatten. Auf der Hand liegt die strenge Einteilung der Aufgaben beim Opfervollzug. Dem Priester werden gewisse Riten vorbehalten, und der Laie muß unabhängig von seinem Wohnort davon wissen, damit er sich entsprechend verhalten kann. Sollte damit die Bedeutung der Opfergesetze erschöpft sein? Haben die Kap. Lev 1–7 doch nicht als Schriftlesung für den frühjüdischen Gottesdienst gedient, wie wir oben (Nr. 1.2) angenommen haben, sondern als esoterische Priesteragende? Das ist kaum anzunehmen. Also müßte auch der hörenden Laiengemeinde die Opfergesetzgebung über den unmittelbaren Opferanlaß hinaus wichtig gewesen sein. Vielleicht war die Hauptbotschaft, die sich mit den priesterlichen Opferregeln vermitteln ließ, ganz einfach diese: Vor und für Jahwe wird sorgfältig zwischen Heiligem und Profanem unterschieden. Blut und Fett sind das Wichtigste am Schlachttier und gehören Jahwe (vgl. Ez 44,15). Und diese Unterscheidung hatte gesellschaftliche Konsequenzen. So wie die Opfermaterie peinlich genau zu unterscheiden war, so gab es auch ekklesiale, kirchliche Unterschiede zwischen Priestern und Laien, Juden und Nichtjuden, Männern und Frauen. Die Stände und Gruppen in Israel waren Gott auf verschiedene Weise zugeordnet (vgl. Lev 21).

2.5 Sünd- und Schuldopfer (Lev 4–5)

Die Leitfrage von Lev 1–3 war: Wie bringt man ein Brand–, Speis- oder Mahlopfer richtig dar? Jetzt tritt ein anderes Interesse in den Vordergrund: Welches Opfer muß einer bringen, der Schuld zu sühnen hat? Die Darbringung hat also erklärtermaßen therapeutische Funktion. Wenn wir aber eine genaue Diagnose des „Sündenbefundes" und einen jeweils kurzen Verweis auf die gebrauchten Opferarten erwarten – etwa: Bei Verunreinigung an einem toten Tier ein Taubenbrandopfer –, dann sehen wir uns getäuscht. Die „Verfehlungen" sind in Lev 4 ganz pauschal angedeutet und nehmen erst in Lev 5 Konturen an, und die bisher bekannten Opferbezeichnungen spielen keine Rolle. Statt dessen treten neue Namen auf: Sünd- und Schuldopfer.

2.5.1 Übersetzung

Lev 4: 1) Jahwe redete zu Mose: 2) Sprich zu den Israeliten: Gesetzt den Fall, jemand verstößt unbewußt gegen die Gebote Jahwes, hinsichtlich Dingen, die man nicht tun darf, und tut irgendetwas Verbotenes:

3) Ist es der gesalbte Priester, der sich vergeht und so Schuld auf das Volk lädt, so soll er Jahwe wegen der von ihm begangenen Sünde einen fehlerlosen Jungstier als Sündopfer bringen. 4) Er führe den Stier vor Jahwe zum Eingang des Begegnungszeltes, lege seine Hand auf den Kopf des Stieres und schlachte ihn vor Jahwe. 5) Dann nehme der gesalbte Priester etwas vom Blut des Stieres und bringe es ins Begegnungszelt. 6) Der Priester tauche seinen Finger in das Blut und spritze siebenmal etwas davon vor Jahwe hin, am Vorhang des Allerheiligsten. 7) Dann streiche der Priester ein wenig Blut an die Hörner des Weihrauchaltars vor Jahwe im Begegnungszelt. Das übrige Blut des Stieres schütte er an den Sockel des Brandopferaltars, der vor dem Begegnungszelt steht. 8) Das ganze Fett des Sündopferstieres hebe er ab, nämlich das Fett, das die Bauchhöhle überzieht, und alles Fett an den Eingeweiden, 9) die beiden Nieren mit ihrem Fett, das Fett an den Lenden und den Leberlappen, den er bei den Nieren abtrennen soll: 10) genau so, wie beim Rind für das Mahlopfer verfahren wird. Der Priester soll alles auf dem Brandopferaltar in Rauch aufgehen lassen. 11) Das Fell des Jungstieres aber sowie alles Fleisch samt Kopf und Beinen, Eingeweide und Darminhalt, 12) den ganzen Stierkadaver also, soll er aus dem Lager hinausschaffen lassen an einen reinen Ort, den Aschenplatz. Dort soll er ihn auf einem Holzstoß im Feuer verbrennen. Auf dem Aschenplatz soll er verbrannt werden.

13) Ist es die ganze Gemeinde Israel, die sich vergeht, und die Sache bleibt der Versammlung (zunächst) verborgen – man hat etwas getan, was man nach den Geboten Jahwes nicht tun darf, und ist so schuldig geworden – , 14) die Verfehlung, die man begangen hat, wird dann bekannt, so soll die Versammlung einen Jungstier zum Sündopfer geben. Sie sollen ihn vor das Begegnungszelt bringen. 15) Die Ältesten der Gemeinde sollen vor Jahwe ihre Hände auf den Kopf des Stieres legen und den Stier vor Jahwe schlachten. 16) Der gesalbte Priester bringe etwas Blut des Stieres ins Begegnungszelt. 17) Der Priester tauche seinen Finger in das Blut und spritze es siebenmal vor Jahwe hin, am Vorhang zum Allerheiligsten. 18) Er streiche ein wenig Blut an die Hörner des Altars, der vor Jahwe im Begegnungszelt steht. Alles übrige Blut schütte er an den Sockel des Brandopferaltars, der vor dem Begegnungszelt steht. 19) Das ganze Fett (des Stieres) hebe er ab und lasse es auf dem Altar in Rauch aufgehen. 20) Er behandle den Stier so, wie er den (ersten) Sündopferstier behandelt hat, genau so soll er mit ihm verfahren. So soll der Priester für sie Sühne bewirken, damit ihnen vergeben wird. 21) Den Stierkadaver soll er aus dem Lager hinausschaffen lassen. Er verbrenne ihn, wie er auch den ersten Stier verbrannt hat. Das ist ein Sündopfer für die Versammlung.

22) Ist es ein Gemeindeleiter, der sündigt, indem er versehentlich irgendetwas tut, das Jahwe, sein Gott, verboten hat, und so Schuld auf sich lädt, – 23) oder

aber seine Verfehlung, die er begangen hat, wird ihm bekannt – , dann bringe er als seine Gabe einen fehlerlosen Ziegenbock. 24) Er lege seine Hand auf den Kopf des Bockes und schlachte ihn an der Stelle, wo man die Brandopfertiere schlachtet, vor Jahwe. Das ist ein Sündopfer. 25) Dann nehme der Priester mit dem Finger vom Blut des Sündopfers und streiche es an die Hörner des Brandopferaltars. Das übrige Blut schütte er an den Sockel des Brandopferaltars. 26) Alles Fett aber lasse er auf dem Altar in Rauch aufgehen. (Er verfahre) wie beim Fett des Mahlopfers. So soll der Priester für ihn Sühne für seine Verfehlung bewirken, damit ihm vergeben wird.

27) Ist es irgendjemand aus dem Volk, der sich unwissentlich versündigt, indem er etwas tut, das Jahwe verboten hat, und so Schuld auf sich lädt – 28) oder es wird ihm eine Verfehlung, die er begangen hat, bekannt –, dann bringe er als seine Gabe eine fehlerlose weibliche Ziege, wegen des Vergehens, das er begangen hat. 29) Er lege seine Hand auf den Kopf des Sündopfers und schlachte es an der Stelle, wo man Brandopfer bringt. 30) Dann nehme der Priester mit dem Finger etwas vom Blut (des Tieres) und streiche es an die Hörner des Brandopferaltars. Alles übrige Blut schütte er an den Sockel des Altars. 31) Das ganze Fett aber löse er heraus, genau wie das Fett des Mahlopfertieres herausgelöst wird. Der Priester lasse es auf dem Altar in Rauch aufgehen, zum Beruhigungsduft für Jahwe. So bewirke der Priester Sühne für ihn, damit ihm vergeben wird. 32) Wenn seine Sündopfergabe ein Lamm sein soll, dann bringe er ein fehlerloses weibliches Tier herbei. 33) Er lege seine Hand auf den Kopf des Sündopfers und schlachte es als Sündopfer an der Stelle, wo man die Brandopfer schlachtet. 34) Der Priester nehme mit dem Finger etwas Blut vom Sündopfer und streiche es an die Hörner des Brandopferaltars. Alles übrige Blut schütte er an den Sockel des Brandopferaltars. 35) Das ganze Fett aber löse er ab, wie das Fett aus dem Mahlopferlamm herausgelöst wird. Der Priester lasse es auf dem Altar in Rauch aufgehen, als Gabe für Jahwe. So bewirke der Priester Sühne für ihn hinsichtlich der Verfehlung, die er begangen hat, damit ihm vergeben wird.

Lev 5: 1) Gesetzt den Fall, jemand versündigt sich (wie folgt): Er hört, daß jemand verflucht wird, und er war direkt oder indirekt Zeuge (der Straftat), zeigt aber (den Täter) nicht an und muß darum Schuld tragen. 2) Oder er berührt irgendetwas Unreines, den Kadaver eines unreinen Stückes Wild, eines unreinen Haustieres oder eines unreinen Kleinlebewesens; er merkt es nicht, aber er verunreinigt sich und lädt Schuld auf sich. 3) Oder er berührt einen unreinen Menschen, der sich irgendwie verunreinigt hat; er merkt es nicht, erfährt es dann aber und lädt Schuld auf sich. 4) Oder es kommt jemandem unüberlegt ein Eid über die Lippen, sei er schädlich oder nützlich, wie ja Menschen unüberlegt daherreden und schwören; er merkt es nicht, erfährt es dann aber und lädt in dieser Weise Schuld auf sich. 5) Wird jemand in irgendeiner solchen Situation schuldig, so soll er die Übertretung bekennen, die er begangen hat. 6) Er bringe wegen der Verfehlung, die er begangen hat, seine Bußgabe als Sündopfer zu Jahwe, nämlich ein weibliches Tier von der Herde, sei es Schaf oder Ziege. So bewirke der Priester für ihn Sühne für seine Verfehlung.

7) Wenn er nicht in der Lage ist, ein Herdentier zu geben, dann bringe er für

seine Schuld, die er auf sich geladen hat, zwei Turteltauben oder zwei einfache Tauben zu Jahwe. Die eine dient als Sündopfer, die andere als Brandopfer. 8) Er bringe sie zum Priester, der opfere zuerst das Sündopfer. Er drehe dem Tier den Kopf am Nacken ab, zerteile es aber nicht. 9) Von dem Blut des Sündopfers spritze er etwas an die Altarwand. Der Rest des Blutes werde am Sockel des Altars ausgepreßt. Das ist ein Sündopfer. 10) Die zweite Taube bereite er ordnungsgemäß als Brandopfer zu. So bewirke der Priester für ihn Sühne für seine Verfehlung, die er begangen hat, damit ihm vergeben wird.

11) Wenn er nicht in der Lage ist, zwei Turteltauben oder zwei einfache Tauben zu geben, dann bringe er als Gabe für seine Verfehlung ein Zehntel Epha Grieß als Sündopfer. Er soll weder Öl darübergeben noch Weihrauch hinzutun, denn es ist ein Sündopfer. 12) Er bringe es zum Priester. Der Priester nehme eine Handvoll davon, das „Gedenkopfer", und lasse es auf dem Altar in Rauch aufgehen, als Gabe für Jahwe. Es ist ein Sündopfer. 13) So bewirke der Priester Sühne für die Verfehlung, die er mit einer derartigen Sache auf sich geladen hat, damit ihm vergeben wird. Die Gabe gehört dem Priester, genau wie das Speisopfer.

14) Jahwe redete mit Mose: 15) Wenn jemand unvorsichtig handelt, sich (etwa) aus Versehen an Jahwes heiligen Gaben vergeht, dann soll er als seine Bußgabe für Jahwe einen fehlerlosen Widder von der Herde bringen. Der soll einige Silberstücke wert sein, nach dem Heiligtumsschekel gerechnet, und als Schuldopfer dienen. 16) Den Schaden, den er am Heiligen angerichtet hat, soll er ersetzen und ein Fünftel seines Wertes hinzufügen. Er übergebe alles dem Priester. Der Priester bewirke mit dem Schuldwidder Sühne für ihn, damit ihm vergeben wird.

17) Wenn jemand sich versündigt, indem er etwas tut, was nach den Geboten Jahwes nicht getan werden darf, und er merkt es nicht, lädt Schuld auf sich und trägt die Last seiner Schuld, 18) dann soll er einen fehlerlosen Widder der Herde im Normalwert als Schuldopfer zum Priester bringen. Der Priester soll ihm Sühne bewirken für sein Versehen, das er unwissentlich begangen hat, damit ihm vergeben wird. 19) Das ist ein Schuldopfer, denn er hat sich bei Jahwe schuldig gemacht.

20) Jahwe redete mit Mose: 21) Gesetzt den Fall, jemand handelt unvorsichtig gegenüber Jahwe. Er verleugnet seinem Nächsten gegenüber hinterlegtes, geliehenes oder geraubtes Gut, oder er beutet seinen Nächsten aus. 22) Oder man findet verschwundene Sachen bei ihm, und er streitet es ab und schwört Meineide. Im Fall eines solchen Vergehens, mit dem Menschen sich versündigen, 23) soll er, der sich vergangen und Schuld auf sich geladen hat, zurückerstatten, was er geraubt oder erpreßt hat, was bei ihm hinterlegt war oder was er gefunden hat 24) oder weswegen er sonst einen falschen Eid geleistet hat. Er soll es im vollen Umfang erstatten und ein Fünftel hinzutun, dem, der es ihm anvertraut hat, an dem Tage, da er das Schuldopfer bringt. 25) Als Bußgabe für Jahwe führe er einen fehlerlosen Widder von der Herde nach dem Normalwert als Schuldopfer zum Priester. 26) Der Priester bewirke Sühne für ihn vor Jahwe, damit ihm vergeben wird wegen irgend einer Tat, mit der er sich schuldig gemacht hat.

2.5.2 *Sühne*

Sühnehandlungen wie Blutriten und Fettverbrennung und die ausdrückliche Erklärung: „So bewirke der Priester Sühne für ihn" treten in den beiden Kapiteln Lev 4–5 massiert auf. Sporadisch kommen sie auch in den angrenzenden Texten vor, stark konzentriert dann wieder in Lev 16–17. Aber der jetzt zu besprechende Abschnitt ist doch ein Kernstück priesterlicher Bemühung um die Beseitigung von Sünde und Schuld. Daß er gleichwohl keinen vollständigen Katalog, sondern nur eine durch die zeitgenössische gesellschaftliche und „kirchliche" Situation bedingte Auswahl von Sühnefällen bringt, wird sich erweisen. Auch die sich wie Staub, unerklärlich und unvermeidbar, an heiligen Gegenständen absetzende Verunreinigung (vgl. Lev 8,15; Ez 43,18–26) bleibt hier aus dem Spiel. Es geht vor allem um die Sühnung der unbeabsichtigten Vergehen (Lev 4,2; 5,14.20 u. ö.). Sie werden aber mit einer Ausführlichkeit und Sorgfalt behandelt, daß ihre große Bedeutung für die damaligen Gemeinden deutlich wird.

Worauf kam es in der Sühnopferpraxis der Priester an? Wohin zielen die Anweisungen der beiden Kap.? Ein Blick auf die israelitische Tradition kann den Hintergrund klären.

Ausgangspunkt für das Sühnopfer ist in jedem Fall eine gestörte Gottesbeziehung. Wie unter Menschen Verstimmungen und Zerwürfnisse mannigfacher Art auftreten können, so ist auch das Gott-Mensch-Verhältnis manchmal blockiert oder vergiftet. Es kann sich eine Wolke des Mißtrauens und der Verärgerung bilden, die fast eigenmächtig „fortzeugend" Unheil gebiert. Das heißt, die Störung besteht nicht nur aus ethisch, rechtlich, rational nachprüfbaren Gebotsübertretungen, Gottesbeleidigungen, Machtbestrebungen, sie resultiert nicht nur in einfach zuzuordnenden Strafen, berechenbaren Vergeltungsschlägen, sondern sie hat oft tiefere, fast magische, jedenfalls dem wachen Bewußtsein verborgene Wurzeln. Das vom Menschen „unwissentlich" in Gang gesetzte Böse kann ebenso tödlich für Täter und Gemeinschaft sein, wie jedes geplante Verbrechen.

Was können die Gemeinschaft und ihre religiösen Fachleute tun, um das gestörte Gottesverhältnis wieder in Ordnung zu bringen, die „Luft zu reinigen"? Es ist schwer, die rituellen Bemühungen um „Sühne" rational zu erklären. Aber aus biblischen Berichten über Sühnesituationen können wir den Zusammenhang des Ritus mit der kränkelnden Wirklichkeit erschließen.

Eine Untat, groß oder klein, erregt den Zorn Gottes. „Das Blut deines Bruders schreit zu mir von der Erde" (Gen 4,10), sagt Jahwe zu Kain. Die Gottheit ist – nicht nur als richterliche Instanz, sondern als ganzheitliche Person – aufgestört, empört über die Bluttat, weil die von ihr garantierten Regeln des menschlichen Zusammenlebens durchbrochen sind. Die Tat ist nicht nur Rechtsbruch, sondern auch Beleidigung, Mißachtung der Solidarität, maßlose Überheblichkeit des Täters. Jahwe muß als Person reagieren. Das kann nur in Form von strafendem Unheil, das sich über die vom Bösen verseuchte Gegend ergießt, geschehen. Die Aburteilung geschieht also nicht in einer Gerichtsverhandlung mit Tatbestandsaufnahme und Schuldspruch. Sie vollzieht

sich in einer fast „automatischen" Gegenreaktion Gottes gegen die Zerstörung der
guten Lebensverhältnisse. Bei den Menschen muß jedes Fehlverhalten darum Unsicherheit und Angst hervorrufen. Das von Gott gewirkte Verhängnis kann jeden
Augenblick hereinbrechen. Wir erkennen die Stimmung wie vor dem Ausbruch einer
Katastrophe selbst in einem nüchternen Gesetzestext wie Dtn 21,1–9: Wird ein
Erschlagener in der Gemarkung eines Dorfes gefunden, sind die Einwohner direkt
betroffen, gleichgültig, ob sie die Tat rechtlich zu verantworten haben oder nicht. Der
Gotteszorn wird sich über dem besudelten Gebiet entladen, es sei denn, man ergreift
sofort Gegenmaßnahmen. Ähnlich verhält es sich in der Erzählung 2 Sam 21,1–14.
David schließt aus der länger andauernden Versorgungskrise, daß Jahwes strafende
Hand im Spiel ist. Er läßt die vermutete Schuldursache klären und ordnet einen
verspäteten Justizvollzug als Sühnung alter Schuld an. Selbst wenn hier nur eine
nachträgliche Legitimation eines politischen Mordes an den Nachkommen Sauls
vorliegen sollte, zeigt die Geschichte doch deutlich, wie der Sühnemechanismus
funktionierte. Auch alte, vernachlässigte und längere Zeit unerkannte Schuld muß,
gegebenenfalls sogar mit Menschenleben, getilgt werden. Als Kontrastparallele mag
die Jonaerzählung dienen. Für die Niniviten genügt die Buße in Sack und Asche, um
das bei Gott beschlossene Unheil abzuwenden (Jona 3,5–10). In einer anderen Davidgeschichte erkennt der König seine „schwere" Schuld, bittet um Vergebung, muß aber
unter drei möglichen Strafmaßnahmen Gottes eine auswählen (2 Sam 24,10–17). Der
Erzähler will sagen: Ein Vergehen kann manchmal nicht einfach vergeben werden, es
muß durch eine Gegenaktion gesühnt werden. In diesem Fall sind 70 000 Israeliten die
Opfer (V.15), und die Fassungslosigkeit angesichts eines solchen Massensterbens wird
sichtbar: Gott selbst stoppt das maßlose Töten (V. 16), und David protestiert gegen
die Haftbarmachung des Volkes für seine persönliche Verschuldung (V. 17). – Die
Sühneszenarien sind also sehr verschieden, die rituellen Maßnahmen äußerst differenziert. Übereinstimmend lassen alle Geschichten erkennen, daß es bei der notwendigen
Sühnung darum geht, die erzürnte Gottheit zu besänftigen, ihr Wohlwollen wiederherzustellen, aber auch und zutiefst darum, die giftige Schuldsubstanz abzubauen und
zu neutralisieren.

Bei Sühnehandlungen sind in der Regel materielle Gaben an die Gottheit
angezeigt. Das sühnende Geschenk spielt ja auch unter Menschen eine bedeutende Rolle (vgl. Gen 32,7–22; 33,8–11). Die Gabe macht Schaden gut, signalisiert eine Statusminderung des Gebers, festigt die Position des Empfängers,
schafft Genugtuung, Freude, neue Gemeinsamkeit. Darüberhinaus hat die in
der Sühnehandlung gebrauchte Materie in sich oft sühnende Bedeutung. Blut
und Fett der priesterlichen Sühnepraxis sind nicht nur Geschenke an Jahwe
(s. u.). Uralte Vorstellungen von sündentilgender Kraft stehen hinter manchen
Ritualen. Daß wohl in der Regel auch das Sündenbekenntnis, die verbale
Schuldübernahme, in den Sühneriten einen zentralen Platz einnimmt, erfahren
wir (weil selbstverständlich?) eher aus den Erzählungen (vgl. 2 Sam 12,13;
19,19–21; 24,10 u.ö.) als aus den Ritualtexten selbst. In unserem Abschnitt ist
das Schuldbekenntnis nur einmal erwähnt (Lev 5,5).
Wie wenig eindeutig aber die Notsituationen waren, und wie schwer es unter
Umständen fiel, die richtigen Sühnemaßnahmen zu bestimmen, das zeigt anschaulich die Geschichte von der Rückgabe der Bundeslade an die Israeliten (1
Sam 6,1–8). Die Philister erkennen, daß das mysteriöse Umfallen ihrer eigenen

Gottesstatue im Tempel von Asdod auf die Einwirkung des Ladegottes Jahwe zurückzuführen ist. Die erbeutete Gottheit erweist sich als mächtiger (1 Sam 5,1–7). Die Frage ist nun: Was ist in dieser Situation zu tun? Die Auslagerung der Lade in die Nachbarstädte Gath und Ekron (1 Sam 5,8–10) scheint die Plagen nur zu verschlimmern. Also muß sie an ihren angestammten Ort zurück. Die Rückgabe ist in sich schon ein Schuldeingeständnis. Aber es bleibt das Problem, wie man sich gegenüber der beleidigten Gottheit verhalten, wie man ihr Genugtuung verschaffen soll. Priester und Wahrsager, die religiösen Funktionäre also, müssen in diesen rituellen Lebensfragen eine Antwort finden (1 Sam 6,2–8), sind sie doch für Diagnose und Therapie aller mit Gott zusammengebrachten Leiden zuständig. Sie verordnen Sühnegaben – goldene Nachbildungen von Pestbeulen und Wühlmäusen –, welche kraft ihres Wertes Gabecharakter haben und als Symbole der Plagen gleichzeitig eine unheiltilgende Kraft entfalten sollen. Der homöopathische Grundsatz: Gleiches heilt Gleiches! ist in einer mystisch-magischen Form gegenwärtig. Die Priester der Philister hoffen auf guten Erfolg, sind allerdings nicht absolut sicher (V. 5.9), ob ihre Rezeptur helfen kann. Sie reden ihren Leuten auch ins Gewissen, die Aktion beherzt und freiwillig durchzuführen (V. 6). Ferner wird für sie die gesamte Diagnose erst durch den Erfolg der rituellen Maßnahmen als richtig erwiesen (V. 9). Wir sehen: Sühnehandlungen sind nicht von vornherein schematisch festgelegt; sie verlangen von Fall zu Fall intensive theologisch-liturgische Reflexion und neue, verantwortliche Entscheidung.

Aus dem Alten Orient sind uns in textlicher und bildhafter Darstellung zahlreiche Sühnehandlungen und Sühnegaben bekannt. Auch das tierische Blut spielt in manchen Riten (z. B. der hethitischen Religion) eine wichtige, wenn auch kaum die zentrale Rolle, die es in den levitischen Opfervorschriften und dann später in ganz anderer Weise in den hellenistischen Mysterienkulten hat. Jedenfalls stehen wir in Lev 4–5 vor Ritualtexten, in denen es bei der Sühnung von Schuld vorrangig auf die Verwendung des Blutes verschiedener Opfertiere ankommt[30]. Der Priester streicht es an die vier „Hörner", d. h. die hochgezogenen Ecken, des Hauptaltars (Lev 4,25.30), oder an die Altarwand (5,9), schüttet es an den Altarsockel (Lev 4,7.18.25.30.34 u. ö.) und vollführt in einigen besonderen Fällen einen außergewöhnlichen Ritus im Inneren des (Tempel-)Zeltes am kleineren Weihrauchaltar. Dabei scheint sich das Blutsprengen im Laufe der Zeit (und vielleicht nur in der priesterlich-theologischen Phantasie?) vom Brandopferaltar im Tempelhof in das Heiligtum und an den Vorhang zum Allerheiligsten verlagert zu haben (vgl Lev 16,14ff.). Der Weihrauchaltar im Tempel und vor allem der heilige Vorhang waren wohl an sich nicht für Blutriten gedacht. Wie dem auch sei, unsere Hauptfrage bleibt: Warum ist das Blut des geopferten Tieres so entscheidend wichtig? Was soll es bei Gott bewirken? Jahwe lehnt doch an anderen Stellen des ATs ganz entschieden das blutige Opfer ab. Er wolle weder Opferblut trinken, noch Opferfleisch essen

---

[30] Vgl. Paralleltexte: Lev 16,5; 17,6.11 ff.; Num 19,4; Sündopfer ohne Blutritus: z. B. Num 15,12–29; Othmar Keel.

(vgl. Ps 50,13; Jes 1,14). Tatsächlich ist die Blutgabe an Jahwe nicht logisch aufhellbar. Vorgeschichtliche Glaubensvorstellungen wirken in diesem Ritus nach. Blut ist – wie bei anderen Völkern – ein zaubermächtiger Stoff, der aus sich heraus wirksam ist[31]. Mit Blut kann man darum Todesmächte vertreiben, Sündenschmutz wegnehmen (vgl. Ex 4,25; 12,7ff..22f.). Gerade in der nachexilischen Zeit, in der die levitischen Opfergesetze neu formuliert wurden, kommen anscheinend diese alten Gedanken und Praktiken neu zur Geltung. Die gleichzeitige theologische Reflektion findet auch eine rationale Erklärung für den alten magischen Ritus:

> „Des Leibes Leben ist im Blut, und ich habe es euch für den Altar gegeben, daß ihr damit entsühnt werdet. Denn das Blut ist die Entsühnung, weil das Leben in ihm ist."
> (Lev 17,11)

Die Grundthese wird Lev 17,14 noch einmal wiederholt: „Das Leben allen Fleisches ist sein Blut." Blut ist also die Lebenssubstanz schlechthin – der Lebensatem, so Gen 2,7, ist ja nicht gut manipulierbar –, und diese Lebenskraft kann ein dem Tod verfallenes Leben auslösen, sie kann darum auch Verunreinigung beheben, zerbrochene Gemeinschaft wiederherstellen. Die Verfasser und Hörer der Opfergesetze scheinen von dem juristischen Grundsatz „Leben für Leben" (Ex 21,23; Lev 24,18–20) ausgegangen zu sein und die uralten magischen Vorstellungen von der Wirkmächtigkeit des Blutes ohne großes Nachdenken mit übernommen zu haben. Daraus hat sich in der nachfolgenden jüdischen und besonders in der christlichen Theologie ein breiter, mit der Blutsymbolik verbundener Sühneglaube entwickelt. Die Selbsthingabe eines menschlichen Lebens zur Sühnung von Vergehen findet sich schon in Jes 53,5–7 und dann in vielfacher Variation in den neutestamentlichen Schriften. „Das Blut Jesu Christi macht uns frei von allen Sünden", sagt der Verfasser des ersten Johannesbriefes (1 Joh 1, 7), und viele Stimmen aus neutestamentlicher Zeit gehen auf diesen Ton ein (vgl. Röm 3,25; 5,9; Eph 1,7; 1 Petr 1,19; Hebr 12,24; 13,12; Apk 5,9).

In der nachexilischen Zeit wurde die theologische Grundlage für die bis heute bedeutsame Sühnetheologie gelegt. Israel hatte sich vor Jahwe schwer verschuldet, hatte die Strafe von Niederlage und Verbannung ertragen und mußte sich nun in der Phase der religiösen Reorganisation vor neuen Sünden hüten. In einem in der vorexilischen Zeit wohl kaum vorstellbaren Maß betrieben darum die Priester am wiederhergestellten jerusalemer Tempel ihre Entsühnungspraxis. Die Texte des Buches Leviticus sind zum Teil in diesem Sinn überarbeitet, d. h. im Blick auf die damals notwendig erachtete besondere Sühneleistung hin ergänzt worden[32]. Die traditionellen Vorstellungen und Gebräuche wurden aufgenommen und z. T. neu interpretiert. Das Blut des Opfertieres bekam eine zentrale Bedeutung. Das Bestreichen des Altars, das siebenmalige Sprengen von Blut, die Übereignung des „ganzen" Blutrestes an Jahwe, der wohl im Altar gegenwärtig gedacht wird, das alles sind Überbleibsel einer viel früheren, voris-

---

[31] Vgl. Hans Wissmann, TRE VI, 727–729.
[32] Vgl. Lev 1,4f..11; 3,2.8.23; Rolf Rendtorff, Studien, 97–102.

raelitischen Zeit. Aber die im jetzigen Kontext angewendete Interpretation der Blutriten ist zeitgenössisch israelitisch.

Ähnliches läßt sich auch von den „Fettriten" sagen, die in unseren Texten eine zweitwichtige Position einnehmen. Vielleicht handelt es sich dabei um eine andere, konkurrierende Tradition, die im jetzigen Zusammenhang aufgenommen und umgedeutet wurde. Die Fettverbrennung ist ja beim Brand- und vor allem beim Gemeinschaftsopfer wichtig (vgl. Lev 1,6; 3,3–5). Ursprünglich war das Fett als ein besonders begehrter Teil des Opfertieres Gott zugedacht. Trotz aller gegenteiligen Beteuerungen späterer Theologen: Die Fettgabe stammt aus der Vorstellung, die Gottheit speisen zu müssen. Aus dem ganzen Alten Orient ist die Speisung der Götter bekannt. Es wurden ihnen meistens täglich komplette Gerichte gereicht, die gelegentlich stellvertretend von den Priestern verzehrt werden konnten[33]. In der israelitischen, priesterlichen Theologie gewinnt auch die Fettverbrennung „zum Beruhigungsduft für Jahwe" (vgl. Lev 3,16) eine sühnende Funktion. Der Gedanke ist auch nicht abwegig: Eine reichhaltige Mahlzeit stimmt friedfertig und bringt dem Geber und Zubereiter das Wohlwollen des Essenden ein.

Aus dem Vorhergehenden läßt sich unschwer ersehen, daß die Priester in Jerusalem den Sühnopferkult auch im ureigensten Interesse förderten. Zwar blieb ihnen nach den vorliegenden Regeln kein großer Anteil am geschlachteten Sündopfertier. In den Lev 4 vorausgesetzten Fällen muß das Opfer – außer Blut und Fett – buchstäblich mit „Haut und Haaren" verbrannt werden (Lev 4,11 f.). Das ist im Blick auf das Einkommen und den Lebensstandard dieser Kultbeamten sicherlich bedauerlich gewesen. Aber in Lev 5 hören wir, daß bei der Sühnung eines unbedachten Eides der Priesteranteil „wie beim Gemeinschaftsopfer" anfällt (Lev 5,13), und die Aufrechnung des Geldwertes für das Sündopfer (Lev 5,25) läßt ebenfalls auf ökonomische Interessen der Priester schließen. Die Festlegung des Priesteranteils am sühnenden Opfer ist aber nicht allein ausschlaggebend für seine Bedeutsamkeit aus priesterlicher Sicht. Entscheidend ist die gesellschaftliche und religiöse Stellung, die es dem Priester verschafft. Er wird de facto zum unverzichtbaren Mittler zwischen Gott und Mensch. Die ständig mit Nachdruck wiederholte Formel: „So soll der Priester Sühne bewirken, damit ihnen vergeben wird" (Lev 4,20.26.35; 5,6.13.16.18.26) verrät die zentrale Funktion der Priesterschaft. Die göttliche Vergebung wird durch priesterliches Tun vermittelt. Das soll in keiner Weise die Einsicht schmälern, daß letztlich Gott es ist, der im Priesterhandeln für sein Volk aktiv wird. Aber die nach den festgelegten Ritualen vollzogene Sühnung ist nicht ein einseitig durch Gott bewirktes „Heilsgeschehen", wie Protestanten von ihrer Rechtfertigungslehre her gerne glauben möchten[34]. Nein, im Priesterhandeln der levitischen Texte des ATs ist (wie in vielen anderen Religionen) auch die Vermittlung der Gnade durch menschliche Spezialisten angelegt. Das muß überhaupt nicht von vornherein „theologisch falsch" sein. Es ist zunächst eine

---

[33] Vgl. Helmer Ringgren, ATD Erg. 37–39 u. ö.
[34] Vgl. Bernd Janowski.

nachprüfbare historische Tatsache. Sie hat aber zur Folge gehabt, daß Kultfunktionäre sich je und dann in dieser Mittlerrolle festgesetzt haben, daß ihnen die Flexibilität und die Relativität der philistäischen Priester (2 Sam 6) abhanden gekommen ist, daß sie sich autokratisch an Gottes Stelle gesetzt und die letzten Entscheidungen über Tod und Leben, Seligkeit und Verdammnis angemaßt haben. Wo immer das geschehen ist (und es geschieht bis in unsere Tage), da ist in der Tat das viel ältere und in mancher Hinsicht menschlichere Modell des „Priestertums aller Gläubigen" verraten und verkehrt. Und an dieser Stelle muß dann auch immer wieder der entschiedene Widerstand gegen den Klerikalismus und die Amtsanmaßung von geistlichen Funktionären jeder Art praktiziert werden. Auch das Sühnehandeln von Priestern darf nicht Monopol und Privileg einer Kaste werden.

2.5.3 „Aus Versehen"

Vordergründig beschränkt sich unser Textabschnitt auf die Sühnung von unbeabsichtigten Gebotsüberschreitungen. So steht es in der Überschrift zum Ganzen (Lev 4,2), und diese Spezifizierung wird je und dann in verschiedener Formulierung wiederholt (Lev 4,13.22.27; 5,2.3.4.14.17.18). Eine solche Hervorhebung der versehentlichen Sünden weckt sofort die Frage: Was geschah bei vorsätzlichen Vergehen? War da jeder Sühneversuch von vornherein aussichtslos? Im Buch Leviticus finden wir keine direkte Antwort. Auch im übrigen AT wird kaum darüber theoretisiert. Nur eine Stelle bietet einen knappen Hinweis auf die Problematik: Nach der Erörterung von „versehentlichen Versündigungen" ganz im Stil unserer Leviticus-Kapitel (Num 15,22–29) stellt ein Schlußabsatz fest:

> Wenn aber jemand vorsätzlich frevelt, es sei ein Einheimischer oder ein Fremder, so beleidigt er Jahwe. Er soll aus seinem Volk ausgerottet werden: Er hat Jahwes Wort verachtet und sein Gebot gebrochen. Ja, er soll ausgerottet werden; er muß seine Strafe tragen (Num 15,30f.).

Die priesterliche Auffassung geht also eindeutig dahin, zwei Hauptkategorien von Versündigung zu etablieren. Die nicht vorsätzlichen Vergehen sind sühnbar, die vorsätzlichen dagegen nicht. „Vorsätzlich" wird in dem zitierten Abschnitt sehr anschaulich durch den Ausdruck „mit erhobener Hand" wiedergegeben. Ein Überblick über die nichtpriesterliche biblische Überlieferung zeigt aber schnell, daß weder der priesterliche Fachausdruck für die vorsätzliche Sünde noch die Unterscheidung von sühnbarer und nichtsühnbarer Verfehlung eine wesentliche Rolle spielen. Ja, man muß schon suchen, um ein Beispiel für die vorsätzliche Verletzung der Sakralsphäre zu finden. Achans Diebstahl von „Gebanntem" (Jos 7,1; vgl. 1 Sam 15) und die gewaltsame Unterdrückung des Tempelkultes durch Antiochus IV. (1 Makk 1,54–64; diese Ereignisse stehen auch hinter Dan 7,24f.) gehören hierher. In den Psalmen ist gelegentlich von zynischen Gottesleugnern die Rede, die sich bewußt über heilige Ordnungen hinwegsetzen (vgl. Ps 10,3–11; 14,1). Die Charakterisierung einiger Könige und Königinnen reicht nahe an das Modell einer antigöttlichen Figur heran (vgl. Ahab und Isebel: 1 Kön 21,25; Atalja: 2 Kön 11,15; Manasse: 2 Kön 21,2–15), scheint aber in den historischen Texten – anders etwa als in der mythischen Darstellung von Ez 28,1–10 – vor der eindeutigen Identifizierung eines Menschen mit dem Bösen zurückzuschrecken. Bei den Menschen wird zwar ein Hang zu Widerspruch, Anmaßung und Überheblichkeit gegenüber Gott festgestellt (vgl. Gen 6–9; 11,1–9), aber die Folge ist nicht die in Num 15,30 vorgesehene und in der priesterlichen Überlieferung mehrmals veranschaulichte gnadenlose Ausrottung der vorsätzlichen Täter (vgl. Lev 20,1–18; 24,10–23; Num 15,32–36; 16,1–35). Die scharfe Unterscheidung von sühnbarer und nichtsühnbarer Tat scheint also vor allem in Priesterkreisen gepflegt worden zu sein. Aber selbst dort wurde sie nicht mit aller Konsequenz durchgehalten (vgl. Num 12,1–15) und auch nicht immer mit den juristischen Begriffen von „vorsätzlich" und „nicht vorsätzlich" verquickt. Jedenfalls kommt z. B. Lev 24,10 ff. ohne diese Kategorien aus. Hier wird einfach festgesetzt: Wer sich am Heiligen vergeht, muß „seine Strafe tragen" und sterben (V. 15 f.; im folgenden, älteren Abschnitt V. 17–20 ist allein die Schwere der Tat, gemessen am Schaden für den Menschen, entscheidend).

Die Suche nach der „vorsätzlichen" Sünde im AT führt also zu der Vermutung, daß dieses Kriterium in der Praxis höchstens für die Priester eine Bedeutung hatte, sonst aber kaum gebraucht wurde. Und in der priesterlichen Amtsführung kann die Unterscheidung von „vorsätzlich" und „nicht-vorsätzlich" nur für die Sühnopferriten, nicht für die Aburteilung von Tätern wichtig sein. Weil aber das Begriffspaar die Tat nicht konkret qualifiziert, nur eine schwer nachprüfbare, psychische Komponente angibt, bleibt jeder Einzelfall von Gebotsübertretung im Grunde unklar. Er muß je für sich analysiert werden. Vielleicht hat die Einführung der „Vorsätzlichkeit" den Hauptzweck, die Priester als Entscheidungsinstanz zu etablieren. Die Untersuchung unseres Textes, in dem es einseitig um den „Nicht-Vorsatz" geht, mag uns weitere Erkenntnisse und Vermutungen in dieser Hinsicht bringen.

Wenn die Klassifizierung von „vorsätzlichen" Sünden so uneinheitlich gehandhabt wird, ist nichts anderes für das Gegenstück der „versehentlichen" Übertretungen zu erwarten. Auch sie bilden in unserem Text keine homogene, klar definierbare Größe. Der Schein trügt schon in dem relativ geschlossenen Kap. Lev 4. Die Überlieferer wollen exakt sein. Sie legen für jeden neuen Paragraphen fest, daß es sich um Übertretungen „aus Versehen" handeln muß (V. 2.13.22.27) und daß die Verfehlung in „einer Tat, die man nach den Geboten Jahwes nicht tun darf" (V. 2), besteht. Welcher Grad von Unwissenheit oder Absichtslosigkeit ist gemeint? Auf welche Gebote oder Gebotssammlungen bezieht sich der Text? Sind die Zehn Gebote gemeint, oder die später im Judentum geltenden 613 „Du sollst (nicht)"-Vorschriften[35], oder irgendeine Sammlung von speziellen Regeln, wie die sexuellen Tabus von Lev 18 oder die

---

[35] Vgl. Ismar Elbogen, 217 f.

Reinheitsgebote von Lev 11–15? Lev 24,10 ff. bringt als typisches Beispiel das Lästerungsverbot, allerdings nicht in der Wortwahl von Ex 20,7 und Dtn 5,11. Num 15,32 denkt exemplarisch an das Sabbatgebot. Beides sind aber Normen, die man schwer „aus Versehen" verletzen kann. Die unbestimmte Formulierung: „irgendetwas tun, was Jahwe verboten hat" ist mithin verräterisch. Sie verdeckt die Tatsache, daß viele Jahwegebote nur bewußt verletzt werden können, man lese einmal Lev 19 unter diesem Gesichtswinkel.

Die Fragwürdigkeit der Maxime, „versehentliche" Verstöße abhandeln zu wollen, kommt in Lev 5 noch deutlicher zum Vorschein. Während das vierte Kap. stereotyp von nicht näher definierten, unbewußten Verfehlungen sprach, versucht das fünfte Kap., die Übertretungen näher zu beschreiben. Es läßt sich auf Tatbestandsmerkmale ein. Die verbotenen Handlungen sind nun sehr unterschiedlicher Art. Es geht um Verletzung der Meldepflicht (5,1), kultische Verunreinigung (5,2 f.), unbedachten Eid (5,4); ferner um nur angedeutete Vergehen gegen „Jahwes heilige Gaben"[36] und in einem dritten Anlauf um die unrechtmäßige Aneignung von Gut durch Unterschlagung, Erpressung oder Meineid (5,21–24).

Man kann natürlich zu bedenken geben, daß Lev 5,14–26 wegen der inhaltlichen Unterschiede gar nicht mehr zum vorhergehenden Textabschnitt zu zählen ist. Dafür könnten auch die neuen Redeeinsätze in 5,14.20 und das Fehlen einer zusammenfassenden Schlußnotiz „Dies sind die Gesetze über die versehentlichen Übertretungen" nach 5,26 sprechen. Drei Beobachtungen scheinen eher darauf hinzudeuten, daß die Verfasser von Kap. 4 in dem folgenden Kap. andersartiges Material an die Vorschriften für unbeabsichtigte Vergehen angegliedert haben. Die durchgängige Hervorhebung der priesterlichen Sühnefunktion (5,6.10.13.18.26) ist schon erwähnt worden. Sie ist ein starkes Indiz für die Zusammengehörigkeit von Lev 4,1–5,26, auch wenn das in den letzten beiden Abschnitten (5,14 ff.) hinzutretende Motiv der Schadensregulierung (5,16.23 f.) mit der priesterlichen Sühne ursprünglich nichts zu tun hat. Zweitens hält sich – mit Modifikationen – auch die Fallbeschreibung „aus Versehen" durch beide Kap. durch. Der in Lev 4 durchweg gebrauchte Ausdruck taucht in 5,15.18 auf. Hinzu kommen sachlich naheliegende Umschreibungen: „Etwas zufällig berühren", „daranstoßen" (5,2 f.); „eine Tat bleibt verborgen – wird dann erkannt" (5,2.3.4.17); „er hat es nicht gemerkt" (5,17 f.). An der Vielfalt der Bezeichnungen erkennt man die Gedankenarbeit, die von den Tradenten geleistet wurde. Sollte man bei den sühnbaren Verfehlungen mehr das Wissen, den Willen oder das überraschend Zufällige hervorheben? Oder war es am Ende doch unwichtig, wie die Tatperson zur Tatzeit disponiert gewesen war? Zählte letztlich nur die Tat selbst und der Schaden, der dem Nächsten zugefügt wurde? Der letzte Abschnitt, Lev 5,20–26, enthält nämlich keinerlei Hinweise mehr auf das „Versehen". Er spricht klar von bewußten Untaten im sozialen Umfeld.

---

[36] Lev 5,15; die Geschichte von Usa, der an der als Hilfeleistung gedachten Berührung der Lade stirbt, läßt fragen, wie man sich am Heiligen versehentlich und gefahrlos vergehen konnte: 2 Sam 6,6 f.; vgl. Jes 6,5.

Aber, und das ist ein drittes Moment, der Hauptgesichtspunkt des sühnenden
Opfers erstreckt sich bis zum Schluß von Lev 5. Zwar haben wir auch an dieser
Stelle Veränderungen zu verzeichnen: Der hebräische Begriff „Sündopfer"
(ḥaṭṭaʾt: 4,3.14.24 u. ö.) wird allmählich durch den Ausdruck „Schuldopfer"
ersetzt (ʾašam: 5,15–19.25–26). Beide Bezeichnungen sind aber in ihrem Gehalt
kaum voneinander zu unterscheiden. Bei beiden geht es um die Befreiung von
der Sündenverseuchung, die der Täter durch sein Fehlverhalten erzeugt hat.
Folglich sind auch die Fälle von Lev 5,21–24, die sich der Definition als
„versehentliche" Übertretungen ganz entziehen, mit in den Sühnopferkatalog
aufgenommen worden. Diese Tatsache kann man als einen Sieg der theologischen Vernunft werten. Das enge und auf priesterliches Entscheidungsprivileg
ausgerichtete System von „vorsätzlichen" und „versehentlichen" Übertretungen ist künstlich und dogmatisch abstrakt. Es reicht für die Praxis der Entsühnung, d. h. der Wiederherstellung gestörter Lebensverhältnisse, keinesfalls aus.

2.5.4 Aufbau und Inhalt

Lev 5,20–26: Der Schlußabschnitt unseres Textes hebt sich durch Form und
Inhalt am stärksten von den priesterlichen Anordnungen in 4,1–5,19 ab. Er zeigt
uns wieder einmal, wie die priesterlichen Überlieferer mit dem Traditionsgut
umgegangen sind, das sie in ihre Konzeption einbauten. Er verrät aber auch,
worauf die hörende Gemeinde Wert legte, der die Opfervorschriften im Gottesdienst vorgelesen wurden.
Lev 5,21–24 ist umrahmt von rein priesterlichen Sätzen, die den schon
bekannten Offenbarungsvorstellungen (5,20: Rede Jahwes an Mose, vgl. o.
2.2.3) und der priesterlichen Sühne- und Mittlerfunktion (5,25f.) verpflichtet
sind. Der eingehüllte Textkern mag stilistisch von den priesterlichen Tradenten
geformt worden sein, zeigt aber inhaltlich sein altes, unsakrales Gesicht. Er
spricht – ein wenig verschachtelt, aber verständlich – von Unterschlagungsdelikten, die an sich in die Verantwortung der „profanen" Gerichtsbarkeit gehören. In der vorexilischen Zeit hatten die Ältesten im Tor über die Ahndung
dieser Vergehen zu befinden[37]. In der nachexilischen Gemeinde waren möglicherweise besondere Vertrauensleute (vgl. Ex 18; Dtn 17,8–13; 2 Chr 19,5–11)
mit solchen inneren Problemfällen befaßt. Welche Tatbestände werden erfaßt?
Der Text enthält zwei Listen. Die erste (5,21f.) reiht drei Hauptfälle auf: 1)
Ableugnen (von hinterlegtem, anvertrautem oder gestohlenem Gut); 2) Ausbeutung des Nächsten; 3) Ableugnen einer Fundsache. Alle drei Fälle können
erschwert sein durch einen Meineid, den der Schuldige zur Verschleierung der
Tatsachen geschworen hat. Der kleine Abschnitt ist formal uneinheitlich, er
wiederholt und steigert die zentrale Aussage („Ableugnen") in V. 22 a, so daß ein
diffuser Eindruck entsteht. Viel kompakter und ursprünglicher wirkt die zweite

---

[37] Vgl. Ludwig Köhler, Die hebräische Rechtsgemeinde, in: Ders., Der hebräische Mensch,
Tübingen 1953, 143–171.

Aufzählung von Rückerstattungen in V. 23: Aus ihr kann man eine Liste von
vier Verboten rekonstruieren:

Du sollst nicht rauben (vgl. Lev 19,13; Spr 22,22; Ez 18,7)
Du sollst nicht erpressen (vgl. Lev 19,13; Dtn 24,14; Jer 7,6; Sach 7,10)
Du sollst nicht Hinterlegtes ableugnen (vgl. Lev 19,11; Hos 4,2; Jos 7,11)
Du sollst nicht Fundsachen für dich behalten (vgl. Ex 22,8; Dtn 22,3)

Derartige Verbotskataloge spielten bei der Erziehung der Jugendlichen und
als Sittenkodex von städtischen Lebensgemeinschaften im Alten Orient eine
große Rolle. Sie garantierten das gesellschaftliche und wirtschaftliche Zusammenleben. Bei Verstößen gegen die Grundnormen mußten die zuständigen
Gerichte in Aktion treten. Die priesterlichen Tradenten des Leviticus-Textes
haben zahlreiche Normen des sozialen Lebens in ihre Sammlungen aufgenommen (vgl. Lev 18; 19; 25 u. ö.), waren also keineswegs rein geistlich orientiert. Sie
haben in unserem Fall sogar die Schadensersatzleistungen beibehalten (5,23 f.),
dann aber die ihnen im Zusammenhang der Sühneopfergesetze überragend
wichtige Schuldopferbestimmung hinzugefügt (5,25 f.), mit starker Betonung
der priesterlichen Sühneaufgabe. Was hat sie dazu bewogen? Die angeführten
Paralleltexte, besonders aus den Normensammlungen von Ex 22; Lev 19; Dtn
24 stammen zweifellos aus der profanen Rechtssphäre. Haben die priesterlichen
und levitischen Kreise sich in Lev 5 die Rechtsprechung einverleibt, womöglich
in dem Bestreben, eine Art Gottesstaat zu verwirklichen? Davon ist wenig zu
merken. Die Ersatzleistung bei den geschilderten Unterschlagungsdelikten
scheint eben nicht im Verantworungsbereich der Priester zu liegen. Ganz allgemein wird bestimmt: „... er soll erstatten ...“ (V. 23 f.). Wie volltönend klingt
dagegen das Leitmotiv: „Der Priester soll Sühne bewirken ...“! Nein, die
Einbeziehung der sozialethischen Normen muß nicht nur dem Machtgelüste
der Priesterklasse entspringen. Es könnte sein, daß auch Gemeindeinteressen
dahinterstehen: In der nachexilischen, auf die Tora gegründeten Religiosität
wurde das „profane“ Vergehen wie jeder Verstoß im Sakralbereich als verunreinigend und sühnebedürftig empfunden. Für die Sühnung waren die Priester
zuständig. Also behandelte man Straftaten wie immer üblich mit rechtlichen
Mitteln und brachte zusätzlich ein Schuldopfer dar. Allein dieses Opfer fiel in
den Verantwortungsbereich der Priesterschaft und erhöhte ihr Prestige. – Eine
weitere Interpretationsmöglichkeit drängt sich auf, wenn wir annehmen, daß
Leviticus-Texte nicht nur am jerusalemer Heiligtum (vielleicht dort am wenigsten!), sondern überall in jüdischen Gottesdiensten eine Rolle spielten. Als
gelesener, heiliger Text in einer Gemeindeversammlung fern vom Tempel waren
alle Opfervorschriften wie eine Trockenübung. Geopfert durfte nur an einer
einzigen Stelle werden, dort im Zentralheiligtum. Die meisten Juden lebten aber
nicht in Jerusalem, und die wenigsten Jerusalemer versammelten sich außerhalb
der hohen Festzeiten am erwählten Kultort. Lesung und Gebet fanden aller
Wahrscheinlichkeit nach eher außerhalb und fern vom jerusalemer Tempel statt.
Wenn das richtig ist, dann bedeutet Lev 5,20–26 nicht die Hereinnahme profaner Normen in den Zentralkult, sondern umgekehrt die in gewisser Weise

fiktive Sakralisierung des Lebens in der Diaspora. Die Opferbestimmungen und -rituale hätten dann „nur" einen religiösen Anschauungswert. Sie sagten in ihrer Sprache etwas von der geistlichen Dimension von Alltagsvergehen, doch diese Frage wird uns im „Heiligkeitsgesetz" (Lev 17–26) stärker beschäftigen.

In der Schlußpassage 5,20–26 herrscht der Gedanke an den Schadensersatz vor, wie oben beschrieben. Ausgewählte Eigentumsdelikte, die etwas mit Unterschlagung und Erpressung zu tun haben, gelten als sühnebedürftig. Warum gerade sie? Weshalb sind weder Körperverletzungen, Verstöße gegen Ehe- und Familienordnung, Rechtsverdrehungen genannt, die sonst im AT gegeißelt werden und die z. T. auch in Lev 18–19; 25 auftauchen? Dienen die Eigentumsverletzungen nur als Beispiele für viele andere Straftaten, mit denen man sich ebenfalls „versündigen" würde?

Lev 5,14–19: Auch dieser Abschnitt hat eine gewisse Eigenständigkeit, die sich in der Einleitungsformel V. 14 und der Schlußbemerkung V. 19 manifestiert. Er ist in sich noch einmal in zwei Bestimmungen gegliedert. Der erste Fall ist die Sühnung eines Vergehens gegen das „Heilige" bzw. die „Heiligen Gegenstände" Jahwes (5,15). Ob an so etwas wie die Profanierung heiliger Speise gedacht ist (vgl. 1 Sam 21,7)? Im Zusammenhang mit den Regeln für den Genuß von Opfergaben ist in Lev 22,14 eine Bestimmung erhalten, die eine solche Vermutung stützen könnte: „Wer aus Versehen von dem Heiligen ißt, der soll den fünften Teil dazutun und ihn dem Priester geben samt dem Heiligen." Vielleicht ist aber auch bloße Berührung von heiligen Gegenständen gemeint, die durch den Kontakt mit der profanen Welt unbrauchbar werden. Die Wertangabe in „Heiligtumsschekeln" zeigt, wie sehr der Tempel im Alten Orient auch das Zentrum der Wirtschaft war. Ein Schekel entsprach im Israel des 5. Jh.s etwa 12 g Silber, das wären heute 2,92 DM, aber die Edelmetalle waren im Altertum rarer, mithin auch kostbarer. – Lev 5,15f. hat die Profanierung des Heiligen im Blick, Lev 5,17–19 dagegen spricht allgemein von einem Verstoß gegen ein Gottesgebot, ganz wie 4,27f. Sollte eine zufällige, durch Schreiberirrtum entstandene Wiederholung vorliegen? Oder ist der Fortfall jeder Ritualbeschreibung der springende Punkt? Die priesterliche Entsühnung (5,16.18) stünde dann möglicherweise gar nicht mehr im Vordergrund des Interesses, sondern die Wiedergutmachung des Schadens und die gebührende Entlohnung des amtierenden Priesters. Das liefe auf eine Ablösung des Tieropfers durch die Erstattung des Geldwertes hinaus. Wie anders könnte man einen 20%igen Aufschlag auf einen Widderpreis entrichten? M. Noth hält es für möglich[38], daß die Widdergabe in unserem Abschnitt nur noch symbolisch gemeint ist und eventuell schon bedeuten kann: Geldabgabe in Höhe eines Widderwertes. Womit aber sollten in diesem Fall die Priester die Sühne vollziehen?

Lev 5,1–13: Mit Kap. 5 ändert sich, wie gesagt, der Gesichtswinkel. Der betroffene Personenkreis wird nicht mehr wie in Lev 4 spezifiziert. In allen behandelten Fällen gilt gleichmäßig „irgendeiner", der unbestimmte „Jemand" aus der Gemeinde, so möchte man annehmen, als Täter. Lev 5,1 schließt

---

[38] Martin Noth, ATD 6, 1962, 36f.

jedenfalls in der Formulierung an 4,27 an, und auch die Gabendarbringung von
4,23 ff. findet sachlich in 5,6 ff. ihre Fortsetzung. Anstatt auf den Personenkreis
wird jetzt der Blick auf die Tat gelenkt. Was kann Schuld einbringen, die der
Sühne bedarf? Womit kann man sich beflecken? Die Nichtanzeige einer von
einem Mitmenschen begangenen Straftat steht seltsamerweise an erster Stelle
(5,1). Mitwisserschaft ist also das Vergehen. Es muß freilich genau bestimmt
werden: Jemand hört, wie ein unbekannt gebliebener Täter öffentlich verflucht
wird; er weiß etwas von der Tat, kennt die Identität des Täters, weiß seinen
Aufenthaltsort und behält alles für sich. Das alte Fahndungs- und Strafverfahren
der öffentlichen Verfluchung mag uns kurios vorkommen. Es ist aber aus vielen
Gesellschaften bekannt und wurde in der Form des kirchlichen Bannes und der
staatlichen Ächtung auch in Europa geübt. Im AT dient die Verfluchung einerseits der selbstwirksamen Bestrafung des Schuldigen, hier andererseits wohl
seiner Überführung und Aburteilung.

Ri 17,2 ist ein anschauliches Beispiel für die erste Abzweckung. Der Mutter Michas
sind 1100 Silberstücke gestohlen worden. Sie verflucht den Täter, nicht ahnend, daß es
ihr eigener Sohn ist. Er stellt sich, und sie macht durch eine fromme Stiftung den
Schaden wieder gut (V. 3–5). Etwas anders liegen die Dinge in 1 Sam 14,24. Saul legt in
der Not für sich selbst und seine Truppe ein Gelübde ab, den ganzen Kampftag über
zu fasten. Einen potentiellen Übertreter dieser Auflage übergibt er dem Strafgericht
Gottes, nicht ahnend, daß sein Sohn Jonatan den Schwur nicht mitbekommen hat und
Wildhonig essen wird. Also ist Jonatan dem Tod verfallen, zumal er auch noch im
Nachhinein das Gelübde des Vaters für dumm hält (V. 27–30). Trotzdem stirbt er
nicht, weil das Volk ihn „auslöst" (V. 43–45). Leider wird nicht gesagt, wie und
wodurch der Loskauf geschieht. Beide Erzählungen sind aber für uns hochbedeutsam,
weil sie Praktiken der Schuldkompensation nennen, die über das Sündopfer hinausgehen. In Ps 109,18 schließlich erfahren wir etwas über die furchtbare Zerstörungskraft
des Fluches. Der Notleidende betet gegen seinen Peiniger: „Er hüllt sich in den Fluch
wie in sein Gewand. Der dringt in ihn ein wie Wasser, wie Öl in seine Gebeine." Der
ganze Abschnitt Ps 109,6–20 ist im übrigen eine einzige mächtige Verwünschung des
Übeltäters.

Wir sehen: Im AT wird wie in vielen anderen Gesellschaften – und wie
gelegentlich auch unter uns – mit der öffentlichen Verdammung eines Täters
gearbeitet. Im gleichen Atemzug kann Mitwisserschaft unter Strafe gestellt und
Denunziation des Täters gefordert werden, zum Wohle der Gemeinschaft,
versteht sich. Dieser Aufruf zur kollektiven Verantwortung ist weder damals
noch heute vor Mißbrauch gefeit, und das „Zivilrecht" Altisraels stellt deswegen
falsche Anschuldigungen unter harte Strafen (vgl. Dtn 19,15–21; 17,2–7; Ex
23,1–2). Die Falschanzeige interessiert den Leviticus-Text jedoch überhaupt
nicht. Er verlangt nur die religiöse Beseitigung der Schuld bei Mitwisserschaft.
Ob die Zeugenschaft sich auf alle Arten von Vergehen bezieht oder eventuell
nur auf Delikte von klarer religiöser Relevanz, bleibt ungesagt. Politische Denunziation begegnet uns etwa in 1 Sam 21,8 + 22,9 f.; vgl. 1 Sam 26,1.
Die Versündigung durch Berührung unreiner Gegenstände oder Personen ist
ein häufig erwähntes Problem (Lev 5,2–3; vgl. 11–15; 21,1–4 usw.). Unreinheit

ist übertragbar, ansteckend, Heiligkeit zumindest nicht in diesem Maße (Hag 2,12–14). Alles Tote ist mit Todesmacht geladen, darum macht es in besonderer Weise „unrein", d.h. für den Umgang mit dem Heiligen, der Lebenskraft schlechthin, unfähig. Jede Unreinheit muß so notwendig aus dem Umkreis der Gemeinde und des Jahwegläubigen entfernt werden, wie wir uns bemühen, Flecken aus unserer Kleidung zu entfernen[39].

Der dahergeplapperte, unbedachte Eid ist ein weiterer Anlaß für ein Schuldopfer. Warum? Das Spiel mit dem Feuer, d.h. der Schadensmacht bringt den Unvorsichtigen selbst und seine Umgebung in äußerste Gefahr. Jeder Eid ist ja eine bedingte Selbstverfluchung: „Ich will tot umfallen, wenn ich dies oder jenes tue/nicht tue" usw. Wer die eidlich ausgesprochene Bedingung nicht einhalten kann, setzt fahrlässig die Fluchmächte frei. Er selbst wird ihnen über kurz oder lang zum Opfer fallen, und das bedeutet gleichzeitig Gefährdung und Schädigung auch seiner Gemeinschaft. Insofern ist jeder private Eid eine öffentliche Angelegenheit. – Das Schuldbekenntnis tritt in unserem Sündopferabschnitt nur an dieser Stelle auf (5,5). Auch sonst ist es im Buch Leviticus selten erwähnt (vgl. Lev 16,21; 26,40). Für uns gehören Eingeständnis der Verfehlung, Anerkenntnis der Schuld, Aussprechen der Reue unverzichtbar zum Sühneakt hinzu. Und es gibt genügend alttestamentliche Zeugnisse, die ebenso reden (vgl. Ps 51; 1 Sam 15,22–31; Jes 61,1–3). Die Sühnopfervorschriften reden nur sehr selten von dem persönlichen Betroffensein der „Schuldigen". In den Paralleltexten Lev 6,17–7,10 und Num 15,22–29 ist nicht eine Spur von Sündenbekenntnis zu finden. Dafür tauchen in der Gebets- oder Psalmenliteratur Bekenntnisse auf (vgl. Ps 106; Esra 9; Neh 9). Nur handelt es sich hier um Eingeständnisse von bewußten Vergehen, meist um den Abfall von Jahwe.

Die soziale Stellung des Schuldigen, die auch in Lev 1 eine Rolle spielte, wird neben den Tatbestandsaufnahmen zum zweiten Leitmotiv der Opfervorschriften in Lev 5,1–13. Die Abstufung der möglichen Opfergaben wird über die Tauben, das Arme-Leute-Opfer, hinaus bis zur Mehlopfergabe geführt. Und ausgerechnet bei diesem allergeringsten Beitrag zur Sühne kommt heraus, daß der amtierende Priester auf seinen Lohn nicht verzichten kann (5,13). Nach Lev 6,17–7,10 sind die Sünd- und Schuldopfer außer den in 4,3–21 genannten der ersten Personengruppe genießbar. Wenn man nicht argumentieren will, darin zeige sich die Verlogenheit der Priesterkaste, die der Gemeinde weismacht, der Sündenstoff im Opferfleisch sei höchst gefährlich, dann bleibt als Erklärung nur die Vorstellung, der Priester könne dank seiner Nähe zum Heiligen und womöglich dank ständiger Entsühnung mit der Belastung leben. Wie dem auch sei, ein Zweifel bleibt. Die Herrschenden aller Zeiten und aller Kulturen und Religionen haben für sich selbst in der Regel Sondergenehmigungen im Umgang mit Gefahrenquellen ausgestellt.

Lev 4,1–35: Der umfangreiche Text legt in vier einander paarweise zugeordneten Paragraphen das Sündopferritual fest. Mannigfache Verweise auf die Opfervorschriften von Lev 1 und 3 zeigen die enge Beziehung zu jenen vorher-

---

[39] Vgl. Mary Douglas.

gehenden Kapn. Der „Ort, wo man das Brandopfer schlachtet" (V. 29.33) dient auch der Darbringung des Sündopfers. Die Rituale der Blutsprengung und Fettverbrennung halten sich an das Vorbild des beim Brand- und Mahlopfer üblichen (vgl. V. 10.26.31.35). Die Verteilung der priesterlichen Zeremonien auf Brandopferaltar und den kleinen Altar im Tempelinneren (vgl. V. 5–10) ist allerdings Lev 16 nachgestaltet (dort geschieht die Blutsprengung sogar im Allerheiligsten!)

Die Absicht der Verfasser wird deutlich: Sie sehen das überkommene Opferwesen hauptsächlich unter dem Gesichtspunkt der „Sündenbeseitigung". Der Opferanlaß in Lev 4 ist ständig die (unbeabsichtigte) „Verfehlung" oder „Versündigung" (šᵉgagah: V. 2.13.22.27). So unbestimmt das Fehlverhalten bleibt, so theologisch exakt wird es an den Geboten Jahwes gemessen. Dabei geht es nicht wie in Num 15 in erster Linie um direkte Verstöße gegen ein überliefertes Gebot, sondern um die Sache. Wer etwas tut, was nach Jahwes Willenserklärung nicht erlaubt ist, der muß dafür ein „Sündopfer" (ḥaṭṭa't) bringen. Der Name des Opfers ist also vom menschlichen Fehlverhalten (ḥaṭa') hergeleitet. Er mag damit zu erklären sein, daß die „Verfehlung" … „entfehlt" wird[40], oder daß das Opfertier stellvertretend für den Menschen die Sündensubstanz auf sich nimmt (Handauflegung!) und damit neutralisiert[41]. Eine vergleichbare Vorstellung von der Sühnekraft eines Opfertieres findet sich Num 19,9–13. Eine rote Kuh wird geschlachtet und nach einem bestimmten Ritus verbrannt. Ihre Asche kann Verunreinigungen am Menschen beseitigen.

Lev 4 interpretiert also das Opfer im Licht der menschlichen Sünde und der Sühnenotwendigkeit. An dieser Stelle schlägt das Herz der damaligen Theologen. Schlagender Beweis dafür ist die überaus hohe Konzentration des Sünden- und Sühnevokabulars in Lev 4–16.

Mit der Auflistung der Textblöcke ist die Frage nach der Entstehung des Textkomplexes „Sünd- und Schuldopfer" überhaupt gestellt. Daß er nicht in einem Zuge, als Komposition eines folgerichtig arbeitenden Autors entstanden ist, das haben wir auf Schritt und Tritt gemerkt. Von der Vorstellung, unsere Texte seien durch planmäßig schreibende Buchautoren im heutigen Sinn verfaßt worden, müssen wir Abschied nehmen. Die literarische Ordnung eines möglichen Bearbeiters verliert sich immer wieder im Gestrüpp der Neubearbeitungen seines Nachfolgers. Wie die Akzentsetzungen von Abschnitt zu Abschnitt wechseln, wie im Text Verklammerungen und Bezüge hergestellt werden, wie Spannungen auftreten und wieder überwunden werden, das ist in Einzelanalysen zu erheben. Die Kommentatoren, besonders M. Noth und K. Elliger, haben mit bewundernswertem Scharfsinn die einzelnen Bearbeitungen aus dem jetzigen Gesamttext herausseziert. Aber auch sie müssen immer wieder eingestehen, daß letzte Gewißheit über die Einzelschichten und einzelnen Autoren nicht zu gewinnen ist. Ja, es ist nur in Ausnahmefällen möglich, mit Sicherheit Späteres von Früherem zu trennen. Also tun wir gut daran, das andere, in der Einleitung

---

[40] Karl Elliger, 69.
[41] Klaus Koch, ThWAT II, 867.

skizzierte Modell der Textentstehung zu erwägen. Die Sündopferbestimmungen sind über längere Zeit im gottesdienstlichen Gebrauch gewachsen. Eine Keimzelle derartiger Instruktionen mag in der Tat die priesterliche Belehrung von Opferwilligen sein. Die Art des Vergehens muß bestimmt, die angemessene Sühne ermittelt werden. Das Ergebnis solcher Nachforschungen will dem Klienten mitgeteilt werden (vgl. andere Priesterbefragungen: 1 Sam 23,9–12; Hag 2,10–14). Aber unser Leviticus-Abschnitt ist schon weit von dem ursprünglichen Befragungsschema und der Priesterantwort entfernt. Die Priester sind ja schon eingebunden in eine umfassende, sehr komplexe Anweisung, die über Jahwe und Mose an das Volk Israel ergeht (Lev 4,1f.). Das bedeutet: Die nachexilische Gemeinde, die sich als Israel versteht, als das heilige Volk Jahwes (Ex 19,4–6; Lev 11,44; 19,2), steht als verantwortliches Gremium hinter den Texten. Sie hat nach ihren gottesdienstlichen Bedürfnissen auch diese Bestimmungen zu Sündopferfragen zusammengestellt bzw. zusammenstellen lassen. Dabei sind dann nicht nach einer individuellen Verfasserlogik, wohl aber nach einer geschichtlichen, liturgischen und gemeinschaftsbezogenen Logik für uns teils nachvollziehbar, teils aber auch undurchsichtig die Passagen zusammengewachsen, die wir jetzt vor uns sehen. Es sind gottesdienstliche Belehrungen, die in „Agenden" gesammelt wurden. Die verschiedenen Interessenfelder, die aufeinanderfolgen oder sich durchdringen, haben wir angedeutet. Übergreifend geht es um Sünde und Sühnung und um die Rolle des Priesters. Dann treten die Detailprobleme auf: die unterschiedlichen Personenkreise, verschiedene mögliche Verfehlungen, die wissentliche oder versehentliche Übertretung, das sakrale und das profane Vergehen, die Bedeutung der zwischenmenschlichen Normen, Schadensregulierung und Sühne usw. Der Textkomplex ist mit und aus diesen Fragestellungen der Gemeinde gewachsen, nicht aufgrund des schriftstellerischen Ehrgeizes einzelner Autoren. Damit ergibt sich eine andere Einschätzung seiner Aussagen und seiner Bedeutsamkeit.

2.5.5 Rangordnungen

Wie hängen die Teile von Lev 4–5 miteinander zusammen und welche Gesellschaftsstruktur lassen sie durchscheinen? Im vierten Kap. ist sehr präzise von verschiedenen Personengruppen die Rede, denen ein völlig undefinierter Verstoß gegen ein ebenfalls ungenannt bleibendes Gottesgebot unterläuft. Der „gesalbte Priester" (es dürfte doch der Hohepriester gemeint sein, vgl. Lev 21,10), die „ganze Gemeinde", ein „Gemeindeleiter" und „jemand aus dem Volk" werden hintereinander benannt (V. 3.13.22.27). Ihre versehentlichen Übertretungen ziehen ganz gleich strukturierte, nur wenig variierte Sühneriten nach sich. Die Einzelaktionen des Opferherrn und der Priester sind zumeist schon aus Lev 1–3 bekannt, bilden aber gerade bei den Sühnopferbestimmungen ein geschlossenes Ganzes, dem nur der Wort- und Gesangsteil fehlt. Die Handauflegung beim Opfertier (V. 4.15.24.29; vgl. Lev 3,2.7.12) ist eine Übertragungsgeste. Das Sündenfluidum fließt auf das Tier über, das nun stellvertretend für den Täter in den Tod geht, man vergleiche die Austreibung des Sündenbocks in Lev 16,20–22. Auf „Sündenböcke" überträgt auch der heutige Mensch noch seine Schuldkomplexe: Die will Mr. Saubermann dann dadurch aus der Welt schaffen, daß er den „Sündenbock" verfolgt, quält und vernichtet[42]. So stellen Psychologen und Psychoanalytiker das uralte Ritual in seinen heutigen Versionen dar. Das Schlachten des Opfertieres ist der Moment der Übereignung an die Gottheit (V. 4.15.24.29), die Vorstellung vom Geben, Schenken scheint in den Vordergrund zu treten. Dann vollzieht der Priester seine Sühneriten, das Blutsprengen und -schütten, die Fettverbrennung, und schließlich muß der Kadaver in einer Entsorgungsaktion außerhalb des heiligen Bezirkes verbrannt werden. Kostbares Fleisch wird vernichtet, weil es zu gefährlich ist, mit Sünde und Unreinheit beladene Speise zu sich zu nehmen[43]. Interessanterweise wird die Entsorgung des heiligen Bereiches nur in V. 11, im Rahmen der ersten Sündopfervorschrift, genau dargestellt. In den drei folgenden Paragraphen ist dieses Abschlußritual mehr oder weniger stillschweigend vorausgesetzt (V. 21.26.35).

Das Wichtigste ist jedoch: Die Sühnopferbestimmungen beziehen sich auf Personengruppen. „Hoherpriester" (Lev 4,3–21) und „Gemeinde Israel" (4,13–21), „Gemeindeleiter" (*nasi'*; 4,22–26) und „jemand vom Volk" (4,27–35) sind einander zugeordnet. Dabei hat die erste Gruppe vor der zweiten den Vorrang. Ein Vergehen von Priesterseite oder aus dem Volk Israel wiegt schwerer als Übertretungen einzelner aus der normalen Orts-Gemeinde. Im ersten Fall muß ein wertvoller Jungstier geopfert werden. Er wird am „Eingang zum Begegnungszelt", unmittelbar vor der Haustür Jahwes geschlachtet. Mit seinem Blut vollzieht der Priester die exklusiven Sühneriten im Inneren des Heiligtums, dort, wo Jahwes Heiligkeit am konzentriertesten anwesend ist. Die Wegschaffung des Tierkadavers ist nur in dieser Gruppe ausdrücklich erwähnt. Hoherpriester und Gemeinde Israel repräsentieren also die heilige Kultversammlung, wie in Lev 8–9; 16. Warum wird allein der „gesalbte Priester" genannt, nicht die ganze Priester- und Levitenschaft? Vermutlich ist der Hohepriester als Hauptverantwortlicher für das kultische Leben am Heiligtum erwähnt. Besonders beim großen Versöhnungsfest, das die jährliche Hauptentsühnung Israels bewirken soll (Lev 16), fungiert der Hohepriester stellvertretend für die ganze Priesterschaft (Lev 16,33). Die beiden ersten Sühnopferbestimmungen haben es also mit Israel als Kultgemeinschaft, wohl der zum Gottesdienst versammelten Gemeinde zu tun. Ihre Versehen müssen durch ein hervorragendes Opfer gesühnt werden.

Bei der zweiten Paarung „Gemeindeleiter" – „Gemeindeglied" soll anders verfahren werden. Doch zuvor ein Wort zu der Übersetzung, die natürlich eine ganze Interpretation mit umfaßt. Das hebräische Wort *„nasi'"* wird gewöhnlich mit „Fürst" oder „Stammesfürst" wiedergegeben. Diese Übersetzung stützt sich auf Texte, in denen der *nasi'* tatsächlich (militärische) Stammesfunktionen

---

[42] Vgl. René Girard, Gewalt.
[43] Wir würden genausowenig tabuisierte Dinge oder verstrahlte Nahrungsmittel essen, vgl Mary Douglas.

wahrnimmt (vgl. Num 2; 7). Da es sich aber um Texte aus einer Zeit handelt, in der die Stämmeorganisation keine politische Bedeutung mehr besaß, kann es sich bei dem Titel *nasi'* höchstens um eine Erinnerung aus der Frühzeit Israels handeln (vgl. Ex 22,27; 1 Kön 11,34). Die große Masse der Belegtexte stammt aber aus exilisch-nachexilischer Zeit, und das zwingt uns dazu, nach der zeitgenössischen Bedeutung dieser Führerbezeichnung zu fragen. Wen haben die Verfasser unserer Texte zu ihrer Zeit *nasi'* genannt? Daß Sippenfunktionen bei dem gemeinten „Amt" eine Rolle spielen können, ist aus 1 Kön 8,1 oder Num 3,24–35 klar. Am Rande ist in Zukunftsträumen auch von priesterlichen Aufgaben des *nasi'* die Rede (Ez 45,16f.). In der Leviticus-Stelle sind folgende Aufgaben und Strukturen ersichtlich: Der *nasi'* trägt Verantwortung unterhalb der Volksebene, er ist nicht mit sakralen Riten befaßt, er ist vom Hohenpriester betont unterschieden und dem einzelnen Israeliten zugeordnet. Ez 45,9–12 würde die Wahrung des Rechts zu seinen Pflichten machen. Aus alledem läßt sich schließen, daß der *nasi'* in den nachexilischen Ortsgemeinden leitende Funktionen hatte. Wie das Amt des Hohenpriesters (Lev 4,3) unbedenklich in die Mosezeit projiziert wird, so auch die Gestalt des „Gemeindeleiters".

Die Sühneriten für versehentliche Übertretungen des Gemeindeleiters und der Gemeindeglieder sind charakteristisch anders als die für Hohenpriester und Kultgemeinde. Das Opfertier ist der Kleinviehherde entnommen. Schlachten, Blutritus und Fettverbrennung geschehen am Hauptaltar vor dem Tempel. Der Blutritus besteht im Bestreichen der Altarhörner, die Formulierung: „seine Gabe bringen" (Lev 4,23.28.32) erinnert an die gängigen, von Lev 1,2 bis 3,14 gebrauchten Ausdrücke und unterscheidet sich deutlich von der Wendung „einen Jungstier heranführen" (4,3.14). Kurz: Die Entsühnung findet auf einer anderen Ebene statt. Ihr kommt eine geringere Bedeutung zu. Ziege und Schaf sind zwar traditionell die Hauptopfertiere von nomadisierenden und kleinbäuerlichen Bevölkerungen, aber im Zusammenhang unserer Texte ist ihr materieller und spiritueller Wert eben niedriger als der eines Stieres. Und daß weibliche Tiere vorgeschrieben sind, zeigt noch einmal den nach priesterlicher Anschauung bestehenden Qualitätsabfall. Bei sehr wichtigen Opfern sind nur männliche Tiere zugelassen (vgl. Lev 1,3.10). Die Gemeinde außerhalb des Gottesdienstes und der Tempelsphäre kann sich in der Person ihres Leiters oder eines beliebigen Mitgliedes durch eine Gebotsübertretung verunreinigen. Das Sühnopfer, vollzogen vom Priester und bestehend aus Ziege oder Schaf (weibliche Exemplare), beseitigt die Störung. Daß für beide Sphären, die sakrale und die profane, gleichmäßig Verstöße gegen „die Gebote Jahwes" angesprochen werden, bedeutet, daß die beiden Lebensbereiche durch das (geschriebene und verpflichtende) Gesetz zusammengebunden sind. Die Tora des Mose (vgl. Lev 26,46) ist gleichermaßen für die große Kultversammlung Israels und das Alltagsleben der Ortsgemeinde verbindlich.

2.5.6 Theologische Aussagen

Sühne bedeutet in der altorientalischen Antike und im AT die Beseitigung von Schadensursachen, die Wiederherstellung von korrumpierter Ordnung, die Versöhnung der Gottheit, die Wegnahme der Angst bei den in Schuld Geratenen, die Eröffnung neuer Lebensmöglichkeiten. Wenn wir diese und ähnliche Aussagen aus dem Text heraus richtig verstehen wollen, dann müssen wir a) die besonderen Standorte und Perspektiven erkennen, aus denen heraus er entstanden ist, und gleichzeitig b) die Sozialstruktur und die Lebenswirklichkeit genauer erfassen, in denen er überliefert und gebraucht und immer neu interpretiert wurde.

Die meisten Kommentare setzen fraglos voraus, daß zumindest die Opfergesetze im Buch Leviticus ganz aus dem priesterlichen Interesse heraus verfaßt worden sind. Die allenthalben stark priesterfreundliche Tendenz der Einzelbestimmungen spricht dafür, auch die Tatsache, daß die Priester die einzigen oder doch die Hauptakteure sind (das Wort „Priester" kommt in Lev 4–5 insgesamt 29 mal vor; „Jahwe" erscheint 27 mal). Ihre rituellen Handlungen und ihr Einkommen stehen im Mittelpunkt. Die Sprache erscheint umständlich sakral, theologisch abgegriffen, zuweilen selbstherrlich autoritär (man vergleiche die Imperative der Anweisungen und die Unbedingtheit der Zusagen).

Dennoch gibt es eine Reihe von Beobachtungen, die gegen eine ausschließlich priesterliche Perspektive der Sündopferbestimmungen sprechen. Wir können an die oben gemachten literarischen Bemerkungen anknüpfen. Die Priester werden zwar mit großer Aufmerksamkeit bedacht, aber sie sind nicht selbst Subjekte des belehrenden und ermahnenden Diskurses. Sie sind Mose untergeordnet, und Mose ist alles andere als der Prototyp eines Priesters. Die hierarchische Stufung heißt: Jahwe – Mose – Israel (vgl. Lev 4,1) und nur ausnahmsweise ist Aaron, der Urtyp der israelitischen Priesterschaft, dem Mose bei- oder nachgeordnet (vgl. Lev 6,12; 9,12; 16,12). In jedem Fall aber bleibt Mose die höchste Autorität. Er empfängt die Tora, er gibt sie an das ganze Volk weiter, die Tora ist die verbindliche Richtschnur, auch für die Priesterschaft. Obwohl die Priester in der Tradition zu Torasprechern avancieren (vgl. den „Priester" Esra: Neh 8,2) und sich auch in der Praxis sicherlich oft als „Meister der Schrift" aufgeführt haben, sind sie theoretisch der Tora untergeordnet und der Gemeinde zu Dienst verpflichtet – wie das seither in verschiedener Form auch von christlichen Geistlichen verstanden wird. – Wesentlich ist weiterhin, daß die Sündopfervorschriften in unseren beiden Kapiteln nicht ausschließlich aus der Sicht der amtierenden Priester formuliert sind. Als Handbuch für den internen Gebrauch der Priesterschaft ist auch dieser Textkomplex schwer denkbar. Er enthält nicht das notwendige insider-Wissen. Die Kenntnis der Blutriten und der Fettverbrennung reicht für die Ausübung des Priesteramtes nicht aus. Dagegen kommen – im Verlaufe einer Lesung ist das unüberhörbar – die Anliegen der Gemeinschaft mehr und mehr zum Durchbruch. Lev 4,1–21 bringt, besonders mit den Riten im Tempel selbst, ein Stück Geheimpraxis. Dann öffnet sich der Text, stellt den (von der Gemeinde einsehbaren) Brandopferaltar ins Zentrum und wandert immer mehr in den Alltag der Menschen hinein. Wenn, was wahrscheinlich ist, priesterliches Interesse hinter der Unterscheidung „wissentliche" und „versehentliche" Verfehlung steckt, so gilt es zu notieren: Dieses Interesse ist aufgesetzt, es hält sich nicht durch. Wir brauchen nicht alle Argumente zu wiederholen: Fest steht, daß in erheblichem Maße die Gemeinde der Opfernden Einfluß auf die Bestimmungen von Lev 4–5 genommen hat. Allerdings sind in dieses gemeindliche Interesse an den Sühnemöglichkeiten die priesterlichen Ansprüche weitgehend integriert. Wir erleben eine Gemeinde, die die priesterliche Mittlerfunktion im Sühneritual internalisiert hat.

Zweitens geht es um die gesamte soziale Wirklichkeit, in der Texte entstehen. Wir wissen einiges darüber aus den Büchern Esra und Nehemia. Hinzu kommen karge Informationen aus Jes 56–66, Haggai, Sacharja und evtl. aus bestimmten Psalmen. Das Volk Israel lebte unter persischer Fremdherrschaft, eingespannt in die militärische und wirtschaftliche Organisation des Riesenreiches, jedoch in einem mehr oder weniger großzügigen religiösen Freiraum. Die wirtschaftliche Belastung war hart[44]. Die Zerstreuung der Judäer in alle Himmelsrichtungen und die fehlende politische Selbstbestimmung machten denen, die sich einer Assimilation in fremde Kulturen und Religionen widersetzten, schwer zu schaffen. Es wuchs ein Identitätsgefühl der weit verstreuten Juden, ein Zusammengehörigkeitsbewußtsein untereinander und eine Sehnsucht nach Jerusalem (vgl. Ps 87; 137) und dem Tempel (vgl. Ps 84,11: „Ein Tag in deinen Vorhöfen ist besser als tausend daheim!"). Der Glaube an den einen Gott Jahwe, sichtbar und wirksam in Tora, Beschneidung und Sabbat, hielt auch die weit voneinander Entfernten zusammen. Der Tempel in Jerusalem wurde das geographische Zentrum, der magnetische Pol für die weit verstreute jüdische Glaubensgemeinschaft. Davon geben die Briefe aus der jüdischen Kolonie in Oberägypten beredt Zeugnis[45]. Ohne Zweifel hat man im 5. Jh. angefangen, sich gemeindlich zu organisieren, die Verbindung nach Jerusalem wiederzugewinnen oder zu bewahren. Und da nur in Jerusalem der „richtige" Opferkult gefeiert werden durfte (vgl. Dtn 12), mußte man sich in der Diaspora mit opferlosen Versammlungen, wahrscheinlich mit Toralesung, Gebet, Gesang, Ermahnung begnügen. Daß in solchen Versammlungen aber des Tempels und seiner Riten gedacht wurde, ist sicher anzunehmen. Auch die Gemeinde von Qumran beschäftigte sich intensiv mit dem Tempel, der Priesterschaft und den Tempelritualen[46]. Die Identifikation auch mit dem Tempelkult war so stark, daß die Diasporagemeinden dazu übergingen, die wichtigen Gottesdienste „aus der Ferne" mitzufeiern, ganz abgesehen natürlich von allen Bestrebungen, durch Wallfahrten zu den großen Jahresfesten den unmittelbaren Kontakt mit dem Heiligtum zu wahren. Die wirtschaftliche Lage der jüdischen Gemeinden ist wohl zutreffend in Neh 5 geschildert[47]. Einer dünnen Oberschicht standen relativ große Bevölkerungsteile aus verarmten Bauern gegenüber.

Die geschichtlichen Erfahrungen Israels im 6. und 5. Jh. v. Chr. hatten ein

---

[44] Steuern! vgl. Hans G. Kippenberg.
[45] Vgl. Walter Beyerlin, ATD Erg. 1, 270f.
[46] Vgl. Johannes Maier.
[47] Vgl. Hans G. Kippenberg.

gesteigertes Schuldbewußtsein zur Folge. Die großen Bußgebete Esra 9, Neh 9 und Dan 9 geben davon ebenso Zeugnis wie bilanzierende Geschichtsbetrachtungen in der Art von 2 Kön 17; 23,25–28; Jer 19; 25; Ez 20 oder von Ps 78; 89; 106. Sicher, es gibt auch andere Texte aus dieser Zeit, Texte voll Lebensmut und Hoffnung (vgl. Rut; Jes 40–55; 60–62; Jer 30 f.; Ez 36 f.). Aber die gedrückte Stimmung einer schuldbeladenen Gemeinde ist doch häufig zu spüren. Sie wird anscheinend auch von den geistlichen Führern verstärkt. Von Esra und Nehemia sind öffentliche Bußdemonstrationen überliefert (Esra 9,3; Neh 1,4). Die Bußgebete greifen weit zurück in die Zeit der Vorväter und beklagen pauschal Ungehorsam und Schuld Israels. Die Fremdherrschaft wird als Strafe Jahwes für die eigene Untreue angesehen.

> Von der Zeit unserer Väter an sind wir in großer Schuld gewesen bis auf diesen Tag, und um unserer Missetat willen sind wir und unsere Könige und Priester in die Hand der Könige der Länder gegeben worden, ins Schwert, ins Gefängnis, zum Raub und zur Schmach, so wie es heute ist (Esra 9,7).

Wo das Sündenbewußtsein derart bedrückend aus den politischen und wirtschaftlichen Entwicklungen der Zeit genährt wird, kann auch die Einbeziehung der verborgenen, unwissentlich begangenen Sünde nicht verwundern. In manchen altorientalischen Bußgebeten wird ebenfalls formelhaft die „wissentliche und unwissentliche Sünde" genannt[48].

Vor dem geschilderten Hintergrund versucht also die unter Druck und Spannungen stehende jüdische Gemeinde, sich mit Sühneritualen von den Ursachen und Folgen der eigenen Verfehlungen zu befreien. Nur diesem begrenzten Zweck dienen die zur Verhandlung stehenden Texte. Sie wollen kein theologisches Gesamtbild entwerfen. Sie zeigen den nach damaliger Ansicht notwendigen Einsatz von Opfertieren, das Gabeelement also, und die Rolle der Priester im Ritual. Sie lassen die innere Beteiligung weit entfernter Glaubensgenossen am Zentralkult in Jerusalem ahnen. Die theologische Kernfrage ist, wie denn solche Bemühungen um – wir sollten unsere Begriffe verwenden, um die Sache anschaulich zu machen – Entsorgung, Entseuchung, Entgiftung, Versöhnung, Wiederbelebung usw. zu beurteilen sind. Haben sie ihr theologisches Recht? Oder fallen sie in die Kategorie der utopischen Hoffnung?

Der Glaube Israels hat sich auf der Ebene der priesterlichen Theologie und Berufstätigkeit für den Versuch der ständig zu wiederholenden Sündenreinigung entschieden. Auf der Ebene der prophetischen Verkündigung sah derselbe Versuch anders aus, wenn nicht unbedingt „ethischer", dann doch sozialer, rechtlicher und persönlicher. Andere Versuche, verlorenes heilvolles, ausgewogenes Leben wiederzugewinnen, sind im Gebetskult zu finden, der sich mit und neben dem Opferkult entfaltete. Aber die priesterlich orientierte Gemeindegruppe entschied sich für den sühnenden Opferkult. Sie meinte, Jahwe auch mit Gaben, Rauch und Riten gnädig stimmen und die Verkehrtheit der Welt wie das Böse bekämpfen zu können. Trotz ihrer Anfälligkeit für hierarchische Machtge-

---

[48] Vgl. Adam Falkenstein, Wolfram von Soden, Sumerische und akkadische Hymnen und Gebete, Zürich 1953, 298–300: Bußgebet an Marduk.

lüste mag an dieser theologischen Einstellung etwas Richtiges sein. Sie scheint mir in unserer Zeit am ehesten der politischen und wirtschaftlichen Aktion zugunsten einer Säuberung der eigenen Gesellschaft von den freigesetzten, sich selbständig machenden Verderbensmächten zu entsprechen. Die mythisch-magisch-religiösen Riten mögen hier und da noch oder wieder brauchbar sein. Ein Kreuz in Bergen-Belsen, eine Gedenkmesse in Auschwitz haben sühnenden Charakter. Aber die Entsorgung von geistlichen „Altlasten" geschieht vor allem da, wo Zusammenarbeit mit sühnender Absicht und zum Neuaufbau gestörter Beziehungen geschieht[49].

2.6 Opferarten und Priesteranteile (Lev 6–7)

Nach Lev 1–3 und 4–5 ist eine dritte Sammlung von Opferregeln überliefert, die auf die früher behandelten Opferarten unter neuen Gesichtspunkten eingeht. Schwerpunktmäßig werden die Priesteranteile festgelegt. Doch geht es auch um die richtige Priesterbekleidung, den Unterhalt des Altarfeuers, die Heiligkeit des Opferfleisches und des Tempels. Wir sehen: Vielfältige kultische Interessen vermischen sich im lebendigen Traditionsprozeß. Die letzten Überlieferer, auf die der vorliegende Text zurückgeht, wählen das ihnen Wichtige aus und ordnen es vorzugsweise unter dem Aspekt der Priesterversorgung (7,35f.) zu einem Ganzen.

2.6.1 Übersetzung

Lev 6: 1) Jahwe redete zu Mose: 2) Gib Aaron und seinen Söhnen folgende Anweisung: Das ist die Vorschrift für das Brandopfer. Es soll die ganze Nacht, bis zum Morgen, auf der Feuerstelle, dem Altar, liegen. Das Altarfeuer soll in Gang bleiben. 3) Der Priester ziehe seinen Leinenrock und seine Leinenhose an, um den Körper zu bedecken. Er nehme die Asche, die nach der Verbrennung des Brandopfers auf dem Altar übriggeblieben ist, weg. Er schütte sie neben den Altar. 4) Dann ziehe er die Leinenbekleidung aus, ziehe andere Kleidung an und bringe die Asche aus dem Lager hinaus an einen reinen Ort. 5) Aber das Altarfeuer soll in Gang bleiben, es soll nicht ausgehen. Der Priester soll jeden Morgen Holz anlegen und die Brandopfer darauf anrichten sowie das Fett der Mahlopfer auf ihm in Rauch aufgehen lassen. 6) Ein ewiges Feuer soll auf dem Altar brennen, es soll nicht verlöschen. 7) Das ist die Vorschrift für das Speisopfer: Die Aaronssöhne sollen es vor Jahwe an den Altar bringen. 8) Der Priester nehme eine Handvoll von Grieß und Öl und den ganzen Weihrauch, der auf dem Speisopfer liegt, und lasse es auf dem Altar in Rauch aufgehen. Es ist ein Beruhigungsduft, ein „Gedenkopfer" für Jahwe. 9) Was von ihm übrigbleibt, sollen Aaron und seine Söhne essen. Es

---

[49] Über die psychosoziale Wirkung von Sündenbockritualen vgl. René Girard und zu Lev 16.

soll ungesäuert gegessen werden, an heiliger Stätte. Im Hof des Begegnungszeltes sollen sie es essen. 10) Es darf nicht mit Sauerteig zubereitet werden. Ich überlasse es ihnen als ihren Teil von der mir zustehenden Gabe. Es ist hochheilig, wie Sünd- und Schuldopfer. 11) Alle Männer, die von Aaron abstammen, dürfen davon essen. Das ist ein für alle eure Nachkommen geltendes Recht bezüglich der Gaben Jahwes. Jeder sonst, der sie anrührt, verfällt dem Heiligtum.

12) Jahwe redete zu Mose: 13) Das soll die Gabe Aarons und seiner Söhne sein, die sie Jahwe am Tage ihrer Salbung bringen sollen: ein Zehntel Epha Grieß des ständigen Speisopfers, die Hälfte morgens, die andere Hälfte abends. 14) Du sollst es auf der Röstplatte mit Öl anrichten, durchgerührt sollst du es herbeibringen. Du zerbröckelst das Speisopfer und bringst es Jahwe als Beruhigungsduft dar. 15) Der amtierende gesalbte Priester aus seiner Nachkommenschaft soll das Opfer ausführen. Das ist ein ewiges, von Jahwe (gewährtes) Recht. Es muß ganz in Rauch aufgehen. 16) Jedes Speisopfer eines Priesters soll ein solches Ganzopfer werden; man darf es nicht essen.

17) Jahwe redete zu Mose: 18) Sage zu Aaron und seinen Söhnen: Das ist die Vorschrift für das Sündopfer. An der Stelle, wo das Brandopfer geschlachtet wird, sollst du auch das Sündopfer vor Jahwe schlachten. Es ist hochheilig. 19) Der Priester, der es darbringt, soll es essen. Es soll an heiliger Stätte gegessen werden, im Hof des Begegnungszeltes. 20) Jeder sonst, der das Fleisch berührt, soll dem Heiligtum verfallen. Und wenn etwas Blut auf seine Kleidung spritzt, muß er das befleckte Stück an heiliger Stätte waschen. 21) Den Tontopf, in dem es gekocht worden ist, soll man zerbrechen. Wenn es in einem Kupferkessel gekocht wurde, soll der gescheuert und mit Wasser ausgespült werden. 22) Jedes männliche Mitglied einer Priesterfamilie darf davon essen. Es ist hochheilig. 23) Alle Sündopfer dagegen, von deren Blut etwas in das Begegnungszelt gebracht worden ist, zur Sühnung im Heiligtum, sind ungenießbar. Sie müssen mit Feuer verbrannt werden.

Lev 7: 1) Das ist die Vorschrift für das Schuldopfer, es ist hochheilig. 2) An der Stelle, wo man das Brandopfer schlachtet, soll man auch das Schuldopfertier schlachten. Sein Blut soll er ringsum auf den Altar sprengen. 3) Alles Fett des Tieres soll er darbringen, den Fettschwanz und das Fett, das die Bauchhöhle überzieht, 4) sowie die beiden Nieren und das Fett, das auf ihnen und an den Lenden sitzt, und die Leberlappen, die er an den Nieren ablösen soll. 5) Der Priester soll alles auf dem Altar in Rauch aufgehen lassen, eine Gabe für Jahwe, es ist ein Schuldopfer. 6) Jedes männliche Mitglied einer Priesterfamilie darf es essen. An heiligem Ort soll es gegessen werden, es ist hochheilig. 7) Für Sündopfer und Schuldopfer soll ein und dieselbe Vorschrift gelten. Dem Priester, welcher mit ihnen Sühnung bewirkt, sollen sie gehören. 8) Bringt ein Priester das Brandopfer eines Mannes dar, soll ihm das Fell des geopferten Tieres gehören. 9) Jedes Speisopfer, das im Ofen gebacken, und das, welches im Topf oder auf der Platte zubereitet wird, soll dem Priester gehören, der es darbringt. 10) Das mit Öl angerichtete und das trockene Speisopfer soll allen Aaronssöhnen gemeinsam zustehen.

11) Das ist die Vorschrift für das Mahlopfer, das man Jahwe bringt. 12) Will jemand es als Dankopfer darbringen, dann soll er außer dem Dankopfertier ungesäuerte, mit Öl angerührte Ringbrote und ungesäuerte, mit Öl bestrichene Brotfladen sowie mit Öl angerührten Grieß geben. 13) Außerdem soll er gesäuerte Ringbrote zu seiner Gabe hinzufügen, zusätzlich zum Mahl- oder Dankopfer. 14) Von jeder Opfergabe soll man einen Teil als Abgabe [wörtlich = Abhebung] für Jahwe darbringen. Ansonsten gehört sie dem Priester, der das Blut des Opfertieres versprengt. 15) Das Fleisch seines Mahl-Dankopfers soll am Tage der Darbringung gegessen werden. Es darf nichts davon bis zum nächsten Tag übrigbleiben. 16) Wenn es sich um ein Gelübdeopfer oder ein freiwilliges Opfer handelt, soll es am Tag der Darbringung gegessen werden. Aber man darf Reste auch noch am folgenden Tag essen. 17) Was dann noch vom Fleisch übrigbleibt, soll am dritten Tag mit Feuer verbrannt werden. 18) Wenn am dritten Tag vom Fleisch des Mahlopfertieres gegessen wird, dann wird der Opferherr kein Wohlgefallen finden, das Opfer wird ihm nicht angerechnet. Das Fleisch ist unrein, und wer davon ißt, muß seine Schuld tragen. 19) Auch das Fleisch, das mit etwas Unreinem in Berührung gekommen ist, darf nicht gegessen werden. Es muß mit Feuer verbrannt werden. (Unbedenkliches) Fleisch kann jeder essen, der rein ist. 20) Derjenige hingegen, der unrein ist und Fleisch eines Mahlopfers, das Jahwe gehört, ißt, wird aus seinem Volk ausgerottet. 21) Wer mit irgendetwas Unreinem in Berührung kommt, sei es mit einer unter Menschen oder großen und kleinen Tieren verbreiteten Unreinheit, und der dennoch vom dem Mahlopferfleisch ißt, das Jahwe zusteht, der soll aus seinem Volk ausgerottet werden.

22) Jahwe redete zu Mose: 23) Sprich zu den Israeliten: Das Fett von Rind, Schaf und Ziege dürft ihr nicht essen. 24) Das Fett von toten oder gerissenen Tieren könnt ihr zu allerlei Zwecken gebrauchen, aber essen dürft ihr es nicht. 25) Jeder, der das Fett einer Tierart ißt, von der man Opfer für Jahwe nimmt, wird aus seinem Volk ausgerottet. 26) Ihr dürft in allen euren Siedlungen kein Blut essen, sei es vom Geflügel oder vom Herdenvieh. 27) Jeder, der auch nur etwas Blut zu sich nimmt, wird aus seinem Volk ausgerottet.

28) Jahwe redete zu Mose: 29) Sprich zu den Israeliten: Wer ein Mahlopfer für Jahwe bringt, der soll Jahwe seinen Teil von seinem Mahlopfer geben. 30) Mit eigener Hand soll er Jahwe die Gabe bringen, nämlich das Fett der Brust und das ganze Bruststück, und er soll es vor Jahwe hin- und herschwingen. 31) Der Priester soll dann das Fett auf dem Altar in Rauch aufgehen lassen, und die Brust gehört Aaron bzw. seinen Nachkommen. 32) Den rechten Schenkel von euren Mahlopfertieren sollt ihr dem Priester als Abgabe überlassen. 33) Wer von den Aaronssöhnen das Blut und Fett des Mahlopfers darbringt, dem soll der rechte Schenkel als Anteil gehören. 34) Denn die Schwingbrust und den Gabeschenkel nehme ich den Israeliten weg, wenn sie Mahlopfer halten, und gebe sie dem Priester Aaron und seinen Nachkommen. Das ist ewiges Gesetz unter den Israeliten.

35) Das ist der Anteil Aarons und seiner Nachkommen an den Opfern für Jahwe, von dem Tag an, da er sie zum Jahwe-Priesterdienst zuließ. 36) Jahwe

ordnete an jenem Tage an, ihnen diesen Anteil zu geben, als nur sie unter den Israeliten gesalbt wurden. Das ist ein ewiges Gesetz für ihre Nachkommen. 37) Das sind die Vorschriften für Brandopfer, Speisopfer, Sündopfer, Schuldopfer, Einsetzungsopfer und Mahlopfer, 38) die Jahwe dem Mose auf dem Berg Sinai gegeben hat. Er tat es am selben Tag, als er den Israeliten befahl, ihre Gaben zu Jahwe zu bringen. Das war in der Wüste Sinai.

2.6.2 Aufbau

Der Abschnitt ist – wie die vorhergehenden – in langer Überlieferung entstanden. Doch erkennt man leicht einige Grundstrukturen. Der monotone Satz „Das ist die Vorschrift (*torah*) für …" kommt allein fünfmal vor (Lev 6,2.7.18; 7,1.11). Die Reihenfolge der so eingeleiteten Abschnitte ist mit einer Ausnahme, der Umstellung des Mahlopfers, dieselbe wie in Lev 1–5, nämlich Brand-, Speis-, Sünd-, Schuld- und Mahlopfer. Also liegt es nahe, die beiden jetzt zu besprechenden Kap. als Nachtrag zu der Sammlung Kap. 1–5 anzusehen. Die Sammler oder Verfasser wollten wohl zu kurz gekommene oder neu wichtig gewordene Themen im Umkreis der Opfergesetzgebung zur Geltung bringen. Lev 1–5 wirkt sehr komplex, weil von unterschiedlichen Standorten aus formuliert; das Grundgerüst von Lev 6–7 dagegen scheint recht geschlossen zu sein. Darum ist die umgekehrte Reihenfolge in der Entstehung beider Textgruppen kaum denkbar: Kap. 1–5 kann nicht aus Lev 7,37 heraus entwickelt worden sein.

Das Schema der fünf Einführungen mit „Das ist …" wird einmal unterbrochen und ist spätestens nach Lev 7,20 nicht mehr wirksam. Die Unterbrechung (Lev 6,13–16) ist zwar der *torah*-Formel ähnlich: „Das ist die Gabe Aarons …" (V. 13), hat aber eine ganz andere Abzweckung und einen anderen Inhalt als die *torah*-Abschnitte. Außerdem tritt hier unvermittelt die persönliche Anrede in der 2. Pers. Sing. auf (V. 14). Die Weiterführung der fünf Vorschriften in Lev 7,22–34 erfolgt z.T. unter allgemeineren Gesichtspunkten. Es geht schon in 7,21 um generelle Verunreinigung, in 7,22–27 um das Verbot des Fett- und Blutgenusses (vgl. Lev 17) und in 7,28–34 um den Priesteranteil beim Mahlopfer, so, als wenn dieses wichtige Anliegen in 7,11–20 nicht genug zur Sprache gebracht worden wäre. Bedeutsam sind auch die Anredeformen der 2. Pers. Plur. (V. 23–26.32), die nur in der Weiterführung auftauchen.

Der ganze Textkomplex schließt mit einer ausdrücklichen Zusammenfassung aller vorgetragenen Fälle (vgl. Lev 14,54–56), in der richtigen Reihenfolge und bereits unter Einschluß des andersartigen „Aaronopfers" von Lev 6,12–16: „Das sind die Vorschriften …" (7,37). Interessanterweise steht im Hebräischen der Sing. *torah*, die Einzelregeln sind also unter dem Oberbegriff „Gesetz" (Jahwes) gebündelt, als Einheit gesehen. Weiter fällt auf, daß in 7,35f. eine andere Bündelung erfolgt als in 7,37f. Beide Schlußbemerkungen sind weitgehend parallel gebaut, aber die erste ist ausschließlich auf die Priesterversorgung konzentriert, die zweite will die dem Volk gegebenen Opferarten vorstellen. Ist das ein Zeichen dafür, daß wiederum zwei Verfasser oder Bearbeiter am Werk waren? Der in 7,35 f. zu Wort kommende Autor hätte dann wohl die *torah*-Sammlung zugunsten der Gehaltsansprüche der Priester novelliert.

Ein anderes Gliederungsschema ist die häufig gebrauchte (vgl. Lev 1,1) Einführungsformel „Jahwe sprach zu Mose ...“ Sie kommt ebenfalls fünfmal, aber in unterschiedlicher Verteilung vor (Lev 6,1.12.17; 7,22.28). Die Brand- und Speisopfertora (6,1–11) besitzt eine solche Redeeinführung, ebenso die Sünd-, Schuld- und Mahlopferbestimmungen (6,17–7,21). Wie eingeschoben erscheint das Aaronopfer 6,12–16 mit seiner Anfangsformel, und die beiden Weiterführungen 7,22–26.28–34 haben auch eine eigene Redeeinleitung. Wenn das Einsetzungsopfer für Aaron wirklich an dieser Stelle sekundär ist, dann kann man sich leicht vorstellen, daß die ursprünglichen fünf Torabestimmungen einmal unter nur einer einzigen Redeeinführung standen: Lev 6,1 f. Sie wäre dann nach dem Einschub von 6,12 (die veränderte Situation führt zur Verkürzung der Formel) in 6,17 f. voll wiederholt worden: „Jahwe sprach ... : Sage Aaron ...“ Die ursprünglichen Opferregeln wären dann für die Aaroniden bestimmt gewesen. Die Redeeinleitungen von 7,22 f. und 7,28 ff. richten sich dagegen an ganz Israel.

2.6.3 Priesteranteile

In den meisten religiösen Körperschaften war und ist die Versorgung des geistlichen Personals ein wichtiges Anliegen. In unserem Textkomplex ist es eine Hauptsorge (vgl. Lev 7,36 f.). Es ist darum sinnvoll, den ganzen Abschnitt auf diese Frage hin durchzusehen.

Die Brandopferbestimmung (Lev 6,1–6) spricht nur vom Altarfeuer und der Priesterkleidung während der Verbrennungsriten. Eine „Entlohnung“ des Priesters findet danach nicht statt, weil ja das ganze Tier dem Feuer übergeben wird (vgl. Lev 1,1–9). Ganz anders kurz darauf: Im Schuldopferabschnitt Lev 7,1–10 steht plötzlich die Bestimmung, daß der Priester beim regulären Brandopfer Anspruch auf die Tierhaut hat (7,8). Fehlt in der Brandopferbestimmung ein entsprechender Passus?

Die zweite Vorschrift über das Speisopfer (6,7–11) ist eine verkürzte Version von Lev 2, sie deckt sich anfangs fast wörtlich mit Lev 2,2–3, legt dann aber den Nachdruck auf die dem Priester vorbehaltenen Opferteile (6,9–11). Der Passus fällt entsprechend wortreich aus. Die konstatierenden, keine Einzelforderungen stellenden Sätze von Lev 2,3.10: „Das Übrige gehört dem Priester. Es ist hochheilig, vom Opfer Jahwes“ sind in Lev 6,9a.10b.11a mit kleinen Abwandlungen voll erhalten. Aber sie sind mit beschränkenden Anweisungen aufgefüllt und unter eine neue Perspektive gestellt. Der Opferanteil „gehört“ nicht einfach dem Priester, steht nicht zu seiner freien Verfügung, sondern dieser darf ihn „verzehren“ (V. 9a). Die Frage, wer und unter welchen Umständen jemand vom Opfer essen darf, spielt auch in den parallelen Sätzen unseres Textkomplexes eine Rolle (vgl. Lev 6,11 b.16.23; 7,15–20.22–26). Sie greift über den Priesterstand hinaus. Religionsgeschichtlich gesehen ist der Umgang mit Dingen, die der Gottheit geweiht sind, immer eine höchst problematische Angelegenheit. Und die spezielle Frage nach dem Genuß von Teilen des Jahwe übergebenen Opfers setzt sich bis in die christliche Abendmahlsdiskussion fort: „Wer darf das Mahl zu sich nehmen?" In unserem Abschnitt wird folglich die Einkommenssicherung des Kultpersonals („… ihren Anteil, den ich von meinen Feueropfern abgebe", V. 10a) mit der Freigabe zum Verzehr verquickt. Das liegt vielleicht daran, daß das letztere Anliegen in der ursprünglichen Textfassung das einzige war und daß die Einkommensregelung erst später hinzugekommen ist. In diesem Fall bekommt der Text leicht einen neuen Sinn: Der Priester darf vom Opfer essen, weil er ein Gott geweihter Amtsträger ist (vgl. die Rolle, die der katholische Priester bei der Kommunion spielt). Schon im jetzigen Wortlaut von Lev 6,7–11 könnte das Amtsverständnis den „Gehalts"anspruch untermauern.

Die Auffüllung der älteren Fassung des Priesterprärogativs bestimmt nun die Einzelheiten. Der Teig darf nur ungesäuert zubereitet werden (V. 10), d. h. nach der „Abhebung" des Jahweopfers dürfen die Priester nicht etwa – weil es doch besser schmeckt! – Sauerteig hinzufügen. Daß die Jahwegabe ungesäuert sein sollte, geht nicht aus Lev 6,8, wohl aber aus Lev 2,4f..11 hervor. Der Priester soll seinen Anteil nicht verändern, das wird positiv („ungesäuert essen", V. 9b) und negativ („nicht mit Sauerteig backen", V. 10a) eingeschärft, so wichtig ist die Sache! Aus dem Passa-Ritual ist eine ähnlich strenge Ausgrenzung des gesäuerten Teigs bekannt (vgl. Ex 12,15). Wahrscheinlich handelt es sich um ein altes Vermischungstabu, das rational nicht mehr zu erklären ist[50]. Weiter ist dem/den Verfasser(n) an der genauen Ortsbestimmung gelegen: Eine Mahlzeit aus Opferanteilen darf nur im engeren Bereich des Heiligtums und nicht etwa zu Hause eingenommen werden (Lev 6,9b). Das schließt folgerichtig (im Gegensatz zu Lev 22,12f.!) alle weiblichen Mitglieder der Priesterfamilie aus (V. 11a), weil Frauen keinen Zutritt zum inneren Vorhof des Tempels hatten (vgl. Ez 40,46; 42,13f.). Weil aber Lev 22,12f. die zum Haushalt gehörigen Frauen (und V. 11 ebenso die Sklaven) ausdrücklich zur Mahlzeit zuläßt, muß es sich bei Lev 6,11a um eine Verschärfung der offeneren Praxis handeln. Die Priester, jedenfalls die diensttuenden, werden zu der (täglichen?) Opfermahlzeit im Tempel festgehalten, eine sehr familienfeindliche Einschränkung.

Die so erteilten Anweisungen finden eine doppelte Begründung. Einmal gibt das schon zitierte Jahwewort den Beleg für die Richtigkeit der Priesterprivilegien. Gott gibt seinen Dienern vom eigenen Einkommen („meine Gaben") einen angemessenen Teil ab (V. 10a). Dem entspricht die nachdrückliche Übereignung der „Schwingbrust" an die Priester (Lev 7,34). In beiden Fällen springt der Text aus dem sonst in Leviticus üblichen Schema der Kommunikation heraus: Jahwe redet plötzlich in der Ich-Form. In Lev 6–7 sind das die einzigen Vorkommen des göttlichen Ichs. Diese Besonderheit soll doch wohl die Bedeutung der Priesterversorgung nachdrücklich unterstreichen. Der oberste Dienstherr

---

[50] Vgl. Mary Douglas.

regelt die Bezüge der Kultbeamten höchstpersönlich. Die zweite Begründung
für die Festlegung der priesterlichen Opferanteile steckt in der Bezeichnung
„hochheilig". Diese Steigerungsform „Heiliges alles Heiligen" (V. 10b) wird
nur in bezug auf Priesteranteile gebraucht (vgl. Lev 2,3; 6,18; 7,1.6; 10,12; 21,22;
24,8), hebt also die vom Opfer abgezweigte Nahrung der Priester in einer
grandiosen Weise aus dem Kultgeschehen heraus. Vergleichbar ist wohl nur die
Bezeichnung des innersten Tempelgemaches, der eigentlichen Wohnstätte Jahwes, als „Allerheiligstes" (Ex 26,33; 1 Kön 6,16; Ez 41,4) oder des „großen"
Ruhetages als „Sabbat aller Sabbate" (Lev 23,3). Beide Male handelt es sich aber
um Bezeichnungen für Gott direkt und ausschließlich zugeschriebene Dinge. In
Lev 6 aber wird das Gehalt der Priester mit einem solchen überdimensionalen
Ausdruck bezeichnet: ein Zeichen für die außergewöhnliche Position und Auf-
gabenstellung der aaronitischen Priesterschaft und die hohe Einschätzung ihrer
Besoldung! Die „Ewigkeitsformel" in V. 11a untermauert noch einmal die
zukünftige Geltung und Bedeutung der Anweisungen, auch hier wieder in
direkter Anrede an die Gemeinde formuliert (vgl. Lev 3,17; 23,14.21.31.41;
24,3). Die formelhafte Wendung könnte direkt aus einer gottesdienstlichen
Ansprache oder Lesung stammen. Sie wird auch gegenüber den Priestern gebraucht (Lev 10,9;22,3): Hinweis auf deren Unterordnung unter die Mosegeset-
ze. Der Zusatz „von den Gaben Jahwes" (V. 11a) wirkt in jeder Hinsicht wie ein
verspäteter Nachklang. Die entsprechenden zwei Wörter im Hebräischen gehören ja auch im ursprünglichen Satz (vgl. Lev 2,3) unmittelbar zu dem Ausdruck
„Hochheiliges", und wir könnten eine kausale Verbindung beider Sätze vermuten: „Es ist hochheilig, weil es von den Gaben für Jahwe stammt." In Lev
6,10–11 dagegen sind beide durch die „Auffüllung" getrennt und durch die
vorweggenommene Feststellung „Ich habe ihn von meinen Opfern zur Verfügung gestellt" (V. 10a) auch inhaltlich entleert. Der Schlußsatz der Priesterversorgung (V. 11b) redet generell von den Risiken, die das Berühren von Opfermaterie mit sich bringt.
    Eine kleine Redewendung in V. 10 haben wir bisher noch nicht beachtet:
„Wie beim Sünd- und Schuldopfer" (soll verfahren werden). Woher kommt und
was bedeutet dieser Verweis? In Lev 4–5, den Sünd- und Schuldopferbestim-
mungen, ist ja von Priesteranteilen nicht die Rede. Der Hinweis in Lev 5,13b auf
die Priesterbezahlung beim Speisopfer (Lev 2,3.10) ist ganz isoliert, im Textgan-
zen nicht verankert. Interessanterweise bezieht er sich auf vorher Gesagtes,
während in Lev 6,10 – aus der Speisopferbestimmung heraus! – auf den nachfolgenden Sünd- und Schuldopferabschnitt verwiesen wird. Diese drei Opferbestimmungen (Lev 6,7–11.17–23; 7,1–10) bilden darum nach der Meinung des
Bearbeiters, der sich um die Priesterversorgung kümmert, eine sachliche Einheit. In der Tat erweist sich das Mahlopfer Lev 7,11–21, die älteste und am
tiefsten in der Familien- und Sippenstruktur verwurzelte Opferart, als besonders sperrig, wenn es um die Entlohnung des Priesters geht. Lev 7,14 sichert dem
Kultdiener nur ein Anrecht auf Teile des begleitenden vegetabilischen Opfers
zu. Die Forderung nach einem guten Stück Fleisch wird umständlich in einem
Sonderabschnitt nachgetragen, allerdings dann auch mit einer gewissen Scham-

losigkeit, die an manche Debatten um Diätenerhöhung im Bundestag erinnert (Lev 7,33 f.). Eine sehr drastische Erzählung aus viel älterer Zeit (1 Sam 2,12–17) zeigt, daß der rechtmäßige Priesteranteil am Opfer umstritten war. Die „ruchlosen" Söhne Elis fordern nur die besten Stücke des Mahlopfers, das ja zum Verzehr für die opfernde Familie gedacht war (vgl. Lev 3), und setzen sich rigoros sogar über die eigenen Opfervorschriften hinweg (1 Sam 2,15 f.). Vielleicht will unsere Mahlopferbestimmung (Lev 7,31–34) solche maßlosen Ansprüche eindämmen. Die feierliche Zusage Jahwes, Brust und rechte Keule des Mahlopfertieres für die Priester reserviert zu haben, bedeutet aber, daß die Priester für den Vollzug des Blut- und Fettritus eine erstaunlich hohe Entlohnung kassieren. Vergleichsweise bescheiden wirken andere „versorgungsrechtliche" Bestimmungen wie etwa Dtn 18,3–5; Num 18,8–19; Ez 44,29 f. Sie stammen aus anderen Situationen oder Überlieferungskreisen, während Lev 10,12–20 eine Wiederholung und Erweiterung der in Kap. 6–7 vorgetragenen Anforderungen ist; dort auch weitere Erörterungen zum Thema.

Die Priesteransprüche scheinen sich – jedenfalls in einer bestimmten literarischen Schicht – auf Speis-, Sünd- und Schuldopfer zu konzentrieren. Nur in diesen drei Abschnitten wird der Priesteranteil betont als „hochheilig" qualifiziert (Lev 6,10.22; 7,6). Die ausführlichste und geschlossenste Abhandlung zur Sache fanden wir in 6,9–11. Die diesbezüglichen Aussagen in den Sünd- und Schuldopferpassagen sind knapper, muten teilweise wie Exzerpte aus 6,9–11 an, sind auch weniger kohärent. Lev 6,19.22; 7,6 reden etwa gleichlautend vom „Essen" des Opferfleisches, das dem Priester möglich, für die „Laien" aber verderblich ist. Es fällt auf, daß im ersten Fall sich Bestimmungen über gewisse Verunreinigungen (6,20 f.) zwischen die unterschiedlich gefaßten „Entlohnungs"klauseln schieben. Im zweiten Abschnitt folgt auf die „Eßerlaubnis" (7,6) der Zuspruch von Priesteranteilen in der aus Lev 2 bekannten uneingeschränkten Form: „Ihm/ihnen … gehört …" (7,7–10). Dabei werden zunächst Sünd- und Schuldopfer als die Einkommensquellen der Kultbeamten genannt (7,7). Die Umstände, unter denen das Opfer genossen werden kann, spielen überhaupt keine Rolle. Im Anschluß an diesen Zuspruch werden dann, scheinbar ganz außer der Reihe, die Priesteranteile bei Brand- und Speisopfer erwähnt (7,8–10). Man kann vermuten, daß in Lev 7,7–10 ein anderer, vielleicht älterer Versorgungskatalog vorliegt. Die äußerst knappe Formulierung „es gehört dem/den Priestern" bedeutet wohl, daß im Fall eines Tieropfers nur das Blut und Fett, im Fall des Speisopfers nur der Weihrauch von Jahwe selbst beansprucht wird. Alle übrige Opfermaterie ist der Priesterschaft zur Nutznießung überlassen. Die Kultbeamten verzehren sie stellvertretend für die Gottheit. Solche Vorstellungen sind aus dem ägyptischen und mesopotamischen Kultbetrieb und aus der Religionsgeschichte überhaupt[51] genugsam bekannt. Die Götterspeisung in babylonisch-assyrischen Tempeln beschreibt H. Ringgren so:

---

[51] Vgl. Helmer Ringgren, ATD Erg., 37 ff.; 143 f.; 192; 230 ff.; EncRel, z. B. unter den Stichwörtern „Food" (James E. Lathan) und „Sacrifice" (Joseph Henninger).

In der Regel wurden den Göttern zwei Mahlzeiten am Tage „serviert" … Dabei
wurden alle Arten von Speisen und Getränken aufgetragen … Wie der Gott die Speise
zu sich nahm, wird nicht gefragt, aber wir wissen, daß ein Vorhang vor den Götter-
tisch gezogen wurde, während er „aß" … Es gibt Belege dafür, daß die Gerichte vom
Tisch des Gottes weiter an den König gesandt wurden, um von ihm gegessen zu
werden … Die Priester hatten ihren Anteil an den Opfer-Lieferungen, aber es gibt
keine Belege dafür, ob sie von dem, was vom Tisch der Götter übrig blieb, auch selbst
aßen[52]. [Für Ägypten konstatiert er:] Die Opferspeisen werden auf den Altar gelegt,
und nachdem der Gott sie in „geistiger" Weise gegessen hat, dienen sie den Priestern
zur Nahrung[53].

Das Bestreben, den Unterhalt der Priester sicherzustellen, kommt dann – wie
oben schon angedeutet – im Mahlopferabschnitt (7,28–34) und der ersten,
zusammenfassenden Unterschrift (7,35f.) zu seinem Höhepunkt. Allein in den
Versen 7,32–36 werden mehrere auch juristisch bedeutende und in der späteren
rabbinischen Literatur nachwirkende Fachausdrücke für die Priesteranrechte
gebraucht: „Abhebe" (7,32), „Anteil" (7,32), „Schwinggabe" (7,34), „ewiges
Recht" (7,34.36), „Opferanteil" (7,35). Sie zeigen ein fortgeschrittenes Stadium
theologischer und ökonomischer Reflektion.

Die Vorschriften für die Versorgung des Kultpersonals in Lev 6–7 sind also
vielschichtig und in sich nicht spannungsfrei. Das ist auch nicht anders zu
erwarten. Denn die Geschichte des israelitischen Priestertums verläuft durch die
Jh.e in mehreren Strängen und erlebt manche Brüche[54]. Wesentlich ist: Priester
lebten auch am Anfang des 5. Jh.s v. Chr. in der sich konstituierenden Konfessionsgemeinschaft Israel, also ohne den schützenden Dachverband einer einheimischen Staatsgewalt, von den Abgaben der Gemeinde. Es fehlte ein monar-
chisch sanktionierter Eintreiber oder Überwacher der Priestereinkünfte. Die
persische Verwaltung tat wohl ihr Bestes, auch für den Tempel Jahwes zu
sorgen, war aber anscheinend nicht immer erfolgreich. Die Kultgemeinde verpflichtet sich selbst zur regelmäßigen Zahlung der Abgaben (Neh 10,32–39:
„Wir wollen das Haus unseres Gottes nicht im Stich lassen!" V. 39). Von daher
sind möglicherweise die nachdrücklichen Forderungen in unserem Textkomplex zu verstehen. Auch heute müssen Freiwilligkeitskirchen bis in die Gottesdienste hinein die Pflicht der Gemeinde zur Unterhaltung der Angestellten
einschärfen.

Eine sachliche Parallele zu den alttestamentlichen Versorgungsrichtlinien für
Priester bieten die punischen „Opfertarife" aus Marseille und Karthago. Es
handelt sich um Inschriften auf Steintafeln aus dem 4. Jh. v. Chr., in denen eine
städtische Behörde, das 30-Männer-Kollegium, nach Tierart und Opferzweck
gestaffelt, die Priesterentlohnung festlegt. Dem Kultfunktionär fallen Fell,
Brust, Keule und evtl. gewichtmäßig bestimmte Mengen an Fleisch zu; außer-

---

[52] Helmer Ringgren, ATD Erg. 143.
[53] Aao 38.
[54] Vgl. Aelred Cody, A History of Old Testament Priesthood, AnBi 35, Rom 1969; Antonius
H.J. Gunneweg, Leviten.

dem bekommt er in manchen Fällen Bargeld. Bemerkenswert ist der durchweg
objektive Stil der Lohnlisten; eine persönliche Anrede irgendwelcher Art findet
sich nicht[55].

2.6.4 Die Gemeinde

Selbst wenn der vorliegende Textkomplex ausschließlich von priesterlichen
Kreisen verfaßt sein sollte, nimmt er notwendig auf die die Priesterschaft
tragende Gemeinde Bezug, und sei es aus priesterlichem Blickwinkel. Wer von
Abgaben redet, muß schließlich potentielle Geber ansprechen. Und das sind im
Buch Leviticus die in der Jahwe-Glaubensgemeinschaft zusammengeschlosse-
nen israelitischen Gemeinden. Wenn also in unserem Text Opfer, Riten, Priesteransprüche thematisiert werden, muß auch irgendwo die Gemeinde vorkommen. Wir werden darum in einem Indizienverfahren nach den Spuren der
Glaubensgemeinschaft fahnden müssen.
    Die zweite abschließende Unterschrift (Lev 7,37 f.) erwähnt weder Priester
noch Priesteranteile. Sie zählt zunächst die behandelten Opferarten auf, gruppiert Brand–, Speis–, Sünd- und Schuldopfer zu einem Block, dem das aaroni-
sche Einsetzungsopfer und das Mahlopfer des Volkes angefügt erscheinen. Liegt
in dieser Reihenfolge eine Wertung? Oder ist sie eine lockere, zufällige Inhalts-
angabe des vorhergehenden Abschnitts? Oder ist diese Reihung aus lautlichen
Gründen zustandegekommen: Der hebräische Text ist klangvoll, gut ausgewo-
gen (*hattorah la‘olah lamminḥah wᵉlaḥaṭṭa’t wᵉla’ašam*). Wie immer, ein besonderes Priesterinteresse ist in 7,37 nicht zu erkennen. Das gilt auch für die
folgende, wortreiche Situationsschilderung. Die „Opfertora" (Sing.!) mit den
angegebenen Opferarten ist Mose auf dem Sinai übermittelt worden (7,38 a).
Mose ist nicht der Prototyp des Priesters, sondern Aaron, und Aaron fehlt in
diesem Hinweis. Mehr noch: Das gesamte Volk, die „Israeliten" sind die Empfänger der Sinaigesetze (7,38 b). Während im ersten Versteil noch Mose als der
Adressat der Jahwetora genannt wird, wiederholt die zweite Vershälfte in einem
schwergewichtigen Nachsatz: „An dem Tage, als er den Israeliten Anweisung
gab, Jahwe ihre Opfergaben in der Wüste Sinai darzubringen." Gegen den
Augenschein dürfte das Subjekt „er" nicht Mose, sondern Jahwe sein, so daß
sich in diesem Satz sogar ein sehr unmittelbares Verhältnis Gottes zu seinem
Volk spiegelt. Allenfalls der Gesetzgeber Mose, aber kein Opferpriester steht
zwischen Israel und Jahwe.
    Darüberhinaus gibt es mehr oder weniger deutliche Spuren der Gemeinde im
Text selbst, und zwar – je weiter man in das Kap. 7 hineinliest – mit ansteigender
Tendenz. Die direkte Anrede der Israeliten in der 2. Pers. Plur. in Lev
7,23–26.32 ist ein starkes Indiz für eine tatsächliche Gemeindesituation, die aus
der fiktiven Mose – Sinai – Offenbarung herausfällt (vgl. Lev 1,2; 2,11 f.; 3,17).

---

[55] Vgl. Otto Kaiser, TUAT I, 264–267.

In der Tat ist der ganze Abschnitt 7,23–27 eine Predigt an die Gemeinde. Fett- und Blutgenuß werden – über den Opferort Jerusalem hinaus „an allen euren Wohnorten" (7,26) – absolut untersagt (vgl. Lev 17,10–16). Dem Übertreter droht die Todesstrafe (7,27; vgl. 7,20.21). Die Verwendung der pluralischen Anrede in 7,32 ist dagegen weniger aussagekräftig, weil der umliegende Text nicht im Predigt-, sondern im Gesetzeston gehalten ist.

Bei der Formulierung der einzelnen Vorschriften läßt sich allerdings von Lev 6,17 an eine zunehmende Orientierung auf die Gemeinde hin beobachten. Die Abschnitte 6,1–6.7–11.12–16 kennen nur Aaron und seine Nachkommenschaft als Handelnde. Dann wird immer deutlicher, daß nicht die Priester die Opferherren sind. Zunächst werden Passivformen gebraucht: „da, wo geschlachtet wird …" (6,18), „es wird gegessen" (6,15.16; 7,18), und der Eingeweihte weiß, daß Laien die Schlachtung vornehmen (Lev 1,5.11 usw.) und das Opfermahl essen. Die erscheinen dann auch, wenngleich nur in plur.en Verbformen, die nicht auf Priester gedeutet werden können: „Sie schlachten …" (7,2), oder in unmißverständlichen Sing.en (7,11–21): Hier ist überall der normale Israelit das handelnde Subjekt. Es geht allemal um „sein Opfer", „seine Gabe" an Jahwe. Er wird gelegentlich als „der Opfernde" (7,18.29), „der Esser" (7,18) oder schlicht als „die Person" (7,19.21, wörtlich: „das Fleisch" und „die Seele") apostrophiert. Kurz: Die frühjüdische Gemeinde vom Beginn der Perserzeit ist in den Texten massiv, wenngleich ohne Namensnennung, gegenwärtig. Die priesterlichen Verfasser des Textes rechnen mit ihr und beziehen sich auf sie.

Wie es wirtschaftlich, sozial, kulturell um die Gemeinde stand, erfahren wir aus unserem Text nicht. Da müssen wir, wie oben in der Einleitung ausgeführt, aufgrund anderer Quellen zu rekonstruieren versuchen. Die persische Zentralregierung beteiligte sich an den Wiederaufbaukosten für den jerusalemer Tempel, der so zu einer Art Staatsheiligtum wurde, und trieb mit zunehmender Schärfe die fälligen Steuern ein. Abgesehen von einer dünnen Oberschicht, die mit der persischen Verwaltung kollaborierte, ging es den Juden wirtschaftlich mindestens zeitweise schlecht[56]. Ob die Priesterversorgung in solchen Zeiten als Problem empfunden wurde?

Wir wissen es nicht sicher. Fest steht, daß die Kritik am Priestertum in jener Aufbauphase nicht bei den Bezügen der Kultdiener einsetzte, sondern eher bei ihrer Amtsführung. Der Prophet Maleachi gibt uns – wenn die Schrift in jene Zeit (5. Jh.) einzuordnen ist – dafür einige Beispiele: Die Priester haben „den Bund mit Levi gebrochen", also wohl uralte Traditionen verletzt (Mal 2,1–9), sie haben, anscheinend um sich selbst zu bereichern, minderwertige Opfertiere zugelassen (Mal 1,6–10) und sind überhaupt an der Korruption des Kultwesens mit schuld (Mal 1,11–14; vgl. 3,3–5; 3,6–12). Der (oder die) Verfasser der kleinen Schrift nimmt (nehmen) also konsequent Stellung für einen reinen, unverfälschten, mit den guten alten Traditionen in Einklang stehenden Kult. Nur wissen wir nicht, ob er dabei das priesterlich-levitische Gesetz voraussetzt.

---

[56] Vgl. Einleitung Nr. 1.3 und Hag 1,2.11; Neh 5; Hans G. Kippenberg.

Die scharfe Ablehnung minderwertiger Opfertiere könnte darauf hindeuten. Jedenfalls setzt er sich energisch auch für die geforderte Zehntabgabe an das Heiligtum ein (Mal 3,8–10; vgl. Num 18,20–32) und unterstützt damit wiederum die Priesterschaft (oder speziell die Leviten?). Einen ähnlichen Eindruck bekommen wir durch die Prophetenschrift Haggai. Die Bevölkerung zögert mit dem Wiederaufbau des Tempels, wahrscheinlich mit dem Hinweis auf die wirtschaftliche Not (Hag 1,2.6.10f.; 2,16f.). Aus priesterlicher Sicht aber liegen die Dinge umgekehrt: Weil die Bevölkerung Tempel und Kult vernachlässigt, deshalb sind die Ernten schlecht, grassiert das Elend. Sowohl die Schriften Maleachi und Haggai als auch die dürftigen geschichtlichen Nachrichten jener Zeit (vgl. Esra 1,4.6; 2,68f.; Neh 1,3; 5) machen plausibel, daß es Spannungen zwischen Priesterschaft und Gemeinden gab, nicht zuletzt um Fragen der Finanzierung der kultischen Einrichtungen. Dazu gehören auch die Ansprüche der Priester auf angemessene Entlohnung.

Die Gemeinde kommt aber nicht nur unter dem Gesichtswinkel der Abgabepflicht in Blick. Sie ist vielmehr, besonders in den vorpriesterlichen Schichten, in ihren einzelnen Mitgliedern und als Gesamtheit durchaus aktive Kultteilnehmerin. Nur als solche betreffen sie die kultischen Reinheitsregeln. Was in Lev 6–7 über die Reinheit beim Opferritual gesagt wird, ist nur ein kleiner Vorgeschmack auf die weiterreichenden Normen von Lev 11–15. Aber der Umgang mit dem Opfer scheint die Wurzel des Reinheitsdenkens zu sein. Im Opferzeremoniell näherte man sich Gott. Der heilige Ort, an dem geopfert wird, strahlt die göttlichen Kräfte aus, die den Unreinen wegraffen können (vgl. Lev 10). Die Vorsichtsmaßnahmen beim Transport des Wüstenheiligtums und im Umgang mit ihm (vgl. Num 4,15; 18,3.7) sprechen eine deutliche Sprache: Sie zeigen, daß im priesterlichen Denken uralte Vorstellungen von der Gefährlichkeit des Heiligen (vgl. Gen 28,17; Ex 3,5) aufgegriffen und perfektioniert worden sind. So ist es kein Wunder, wenn in unseren Opfergesetzen die Gemeinde als profane, dem Heiligen entgegengesetzte Größe in den Blick kommt und traditionelle, allbekannte Regeln aufgegriffen werden. „Jeder, der rein ist, darf das Fleisch essen" (Lev 7,19b). So wird die immer schon befolgte und aus vielen Völkern bekannte Grundregel gelautet haben. Priesterliche Vorsicht und Perfektionierung muß diese Regel natürlich genauer erklären. „Derjenige, der ißt ... während er unrein ist, wird ... ausgerottet" (7,20). Nicht genug damit: Es könnte ja jemand argumentieren, er selbst sei nicht unrein, sondern habe nur Unreines berührt – auch diese Möglichkeit, aufgeteilt in drei Unterfälle, führt zur Ausrottung (7,21; vgl. die Debatte über diese Frage in Hag 2,11–13!). Anscheinend sind schon früh in der Kultgeschichte Israels beim Einlaß der Gläubigen in den Tempelhof Befragungen üblich gewesen, die verhindern sollten, daß ein Pilger seine Unreinheit mit in den heiligen Bezirk brachte (vgl. Ps 15; 24; Jes 33,14–16). Ähnliche Warnungen sind aus ägyptischen Tempeln bekannt, und die Sitte, sich vor dem Eintritt in den Tempel zu reinigen oder zu weihen, ist weltweit verbreitet. In heutigen Stammesgesellschaften ist das Bewußtsein verbreitet, daß Unreinheit eines einzelnen den Gottesdienst der Gemeinschaft unwirksam machen, ja, in Unheil verkehren kann. Ein Hopi-Indianer erzählt, daß sexuelle

Unreinheit eines Stammesmitgliedes die Wirkung der heiligen Tänze und Zeremonien zunichte machen kann[57].

Das Gebot der Reinheit für Kultteilnehmer wird aber offensichtlich an einigen Stellen gesteigert. Wie Mary Douglas gezeigt hat, kann allein die Mischung von andersgearteten Sphären, die nach antiker Ansicht jeweils von eigenen Mächten besetzt sind, zu Katastrophen führen. Die Vorstellung von „sauber" und „schmutzig" wäre dann schon eine sekundäre Rationalisierung. Menschen, die aus dem Alltagsleben kommen, bringen eine andere Kräftewelt mit, die sich mit der Gottes und seines Heiligtums nicht verträgt. Durch Unvorsichtigkeit könnte bei der Berührung des Profanen und Heiligen Schaden entstehen. Die Priester haben auch dieses uralte, fast magische Wissen für ihre Zwecke aufgenommen. Der Laie muß sich beim Opferritual hüten, Heiliges auch nur zu berühren, ganz gleich, ob er nun rein oder unrein ist (Lev 6,11 b.20 a). Wer Opferblut abbekommt, muß eine rituelle Waschung vollziehen, und die für das Opfermahl verwendeten Gefäße müssen entweder vernichtet oder – falls zu kostbar – gründlich von ihrer Heiligkeit befreit werden (6,20f.), damit bei erneutem profanen Gebrauch zu Hause nicht noch eine schädliche Vermischung des Heiligen und Profanen erfolgt.

Auf einer ähnlichen Linie liegen die Eßvorschriften für die Gemeinde. Auch sie sind in der Wurzel wohl schon uralt und vorpriesterlich. Ihr Ursprung liegt für uns (und sicher auch für die Israeliten des 6./5. Jh.s) im Dunkeln. Zunächst geht es um den Zeitraum, in dem Opferfleisch gegessen werden darf (Lev 7,15–18). Äußerstenfalls stehen zwei oder drei Tage zur Debatte. Für das reguläre Opfer aber ist – wie beim Passamahl und beim Mannaessen in der Wüste – der Verzehr nur am Opfertage selbst erlaubt (7,15; vgl. Ex 12,7–10; 16,19). Bei freiwilligen Sonderopfern kann auch noch am zweiten Tage vom Opferfleisch gegessen werden (7,16). Also ist nicht die Verderblichkeit des Fleisches Grund für die Eintagesfrist. Am dritten Tag soll alles, was vom Opfer übriggeblieben ist, vernichtet werden. Andernfalls stiftet es Schaden (7,17f.). Die Vorschriften sind sicherlich von der „Ökonomie" des Heiligen her zu verstehen. Wird seine Kraft durch das „Bleiben bis zum Morgen" = Übernachten (7,15) geschwächt oder verkehrt? Ist Gottes Gegenwart nur bei der Übergabe des Opfertieres und im Zusammenhang mit dem Vollzug der Blutriten gewährleistet?

Wenn es ums Blut geht, werden die priesterlichen Tradenten ganz besonders emphatisch. Hier schlägt ihr Herz (vgl. zu Lev 4,5ff. und 17,10–16). Jedes tierische Opfer wird erst durch die Übereignung des Blutes an Jahwe wirksam. Denn ihm gehört das Lebenselement, es ist jeglicher menschlichen Verfügung entzogen. Darum darf Blut auch nicht gegessen werden (obwohl doch gerade der „Hochheilige", Jahwe gehörige Anteil am Opfer dem Priester zum Verzehr übergeben wird! Die Erklärung geht also nicht auf). Und darum erhält das Verbot des Fett- und Blutgenusses einen eigenen, predigtartigen Abschnitt (7,22–27). Wir wissen nicht, ob erst die priesterlichen Kreise des zweiten

---

[57] Leo W. Simmons, 148, 152, 184f.

Tempels dieses Verbot so stark betont haben. Tatsache ist, daß alle Texte des ATs, die darauf zu sprechen kommen, einer relativ späten Zeit angehören, das gilt auch für Dtn 12,23 und 1 Sam 14,32–34. Der letztere Text ist ein Paradebeispiel für ein spätes Problem in einem frühen Erzählzusammenhang. Daß in unserem Abschnitt das Verbot des Fettgenusses zum Verbot des Blutessens hinzukommt, liegt wohl an der priesterlichen Tradition: In den vorliegenden Opfergesetzen war ja an vielen Stellen vom Anspruch Jahwes auf das Fett des Tieres die Rede (vgl. Lev 3,3 f. usw.). Religionsgeschichtliches Vergleichsmaterial ist reichlich vorhanden im Blick auf die besondere Macht des Blutes. Das absolute Verbot des Blutgenusses dagegen ist in anderen Glaubensgemeinschaften kaum bezeugt.

In der priesterlichen Sicht begegnet die Gemeinde typischerweise als die zahlende, fürsorgepflichtige, alle Heiligkeitsregeln zu beachten gehaltene Gruppe. Ihre Rechte und Mitwirkungsmöglichkeiten werden nicht thematisiert, zum Teil nach herkömmlichen Mustern anerkannt, besonders in der Wendung „mit eigener Hand" (7,30), wahrscheinlich aber gegenüber der vorexilischen Tradition eingeschränkt. Dennoch bleibt die Gemeinde die eigentliche Ansprechpartnerin Jahwes (vgl. 7,38).

2.6.5 Einzelheiten

Nachzutragen und zu erklären sind noch einige Dinge, die uns fremdartig erscheinen mögen. Sie betreffen fast ausschließlich den Priesterdienst und das Priesterverhalten und können zum Teil durch Verweise auf andere Passagen des Buches Leviticus geklärt werden.

Priesterkleidung (V. 3–4): „Kleider machen Leute!" Das gilt in besonderer Weise für Personen, die von Amts wegen Umgang mit Gott haben. Die „priesterschriftlichen" Texte des ATs sind in höchstem Maße an der Amtstracht für die Kultdiener und für den Hohenpriester interessiert. Ihre Anfertigung ist bis in die Einzelheiten festgelegt (Ex 28,4–43; 39,1–31).

Die vorgeschriebene Kleidung muß gerade bei den ersten Amtshandlungen ordnungsgemäß angelegt werden (Ex 29,5 f.; Lev 8,7–9). In unserem Abschnitt ist nur ein Aspekt hervorgehoben: Der diensttuende Priester mußte leinenes Zeug tragen (Ex 28,39–43). Das wird die älteste Tradition sein, und sie scheint bewußt Wolle (= Material der nomadisierenden Schafzüchter; Ez 44,17) zugunsten des Kulturlandproduktes Leinen auszuschließen. Die Amtstracht muß am heiligen Ort aufbewahrt werden; sie darf nicht mit dem profanen Bereich in Berührung kommen (V. 4; Ez 44,19). Eine spezielle Funktion der leinenen Unterhose klingt an: Sie schützt die Geschlechtsteile vor der Gotteskraft, die in den Altarstufen anwesend ist (V. 3; Ex 28,42; Ez 44,18). Im ältesten Ritualgesetz Ex 20,26 bahnt sich die Vorsichtsmaßnahme an: Dort wird der Bau eines Stufenaltars untersagt. Die Schutzfunktion der Priesterkleidung gegenüber den Heiligen erinnert uns an die Strahlenschutzanzüge der Atomindustrie, obwohl natürlich die Vorstellungswelten weit voneinander entfernt sind. Insgesamt ist

die Bekleidung der einfachen Priester in Lev 6,3 f. auf Schlichtheit und Reinheit
abgestimmt, im Gegensatz zum recht pompösen, herrschaftlichen hohenpriesterlichen Ornat.

Altarfeuer und Asche (V. 2–6): Brandopferaltäre (selbst in der Priesterschrift
fehlt ein eigener Name: *mizbeªḥ* = Ort des Schlachtopfers!) sind archäologisch
nur schwach bezeugt[58]. In Israel gibt es Spuren von Opferverbrennungen in
Beerscheba und Arad. Unser Text setzt für den Tempel in Jerusalem das tägliche
Brandopfer (Num 28,3–8) voraus und fordert darum ein ständig unterhaltenes
Altarfeuer (V. 5), für das die Gemeinde erhebliche Mengen an Holz zur Verfügung stellen mußte (Neh 10,35). Das Aufsetzen des Brandstoßes folgte bestimmten Regeln (Gen 22,9; Lev 1,7 f.); der Unterhalt des Feuers erforderte
besonders des Nachts eine Brandwache (vgl. V. 2). Die Asche mußte ständig
fortgeschafft werden. Das war nur in zwei Etappen möglich, denn nur der
amtierende Priester selbst durfte mit der heiligen Substanz in Berührung kommen. Also wirft er – solange er noch die Amtstracht trägt – die Asche neben den
Altar (V. 3; Lev 1,16; 4,12), um sie dann, nachdem er sich umgezogen hat,
hinauszubringen auf den endgültigen Ablageplatz (Lev 4,12; vgl. Jer 31,40).
Nach dem Verständnis der Überlieferer war die richtige „Entsorgung" des
Heiligen eine außerordentlich wichtige Angelegenheit.

Der Vorhof des Tempels (V. 9): In Palästina hat es seit der Bronzezeit
Freilufheiligtümer gegeben, die aus Altar, eventuell Mazzebe (= aufgerichteter
Stein), Ascherenpfahl, heiligem Hain bestanden (vgl. Gen 18,1; 28,18; Ri 6,25 f.;
13,19). Der Bau von „Gotteshäusern" ist eine sekundäre Entwicklung. War aber
einmal eine Wohnung für Gott gebaut (vgl. 1 Kön 8,12 f..27), dann bekam der
Platz vor dem Tempelgelände – er war in der Regel durch eine Mauer eingefriedet – eine besondere Bedeutung. Dort wurden die Opfer geschlachtet, dort
versammelten sich die Gläubigen zu Mahl und Gebet (vgl. 1 Sam 1,9 f.; 2,13 f.).
In den Leviticustexten heißt es häufig, die Opfer hätten „vor der Tür des
Begegnungszeltes" und „vor Jahwe" zu geschehen (z.B. Lev 1,3; 3,1 f.). Nur
ausnahmsweise taucht die Bezeichnung „Hof", „Vorhof" auf (V. 9.19; vgl. Ex
27,9–18). Dieser Ausdruck stammt schon aus der Tempelarchitektur der späteren Zeit, während der erstere die Fiktion eines Zeltes ohne ummauerten Hofraum aufrecht erhält. Die Vorhöfe des jerusalemer Tempels waren nach Ez
40–42 von einer abgestuften Heiligkeit erfüllt und darum nur unter gewissen
Bedingungen und nicht für jedermann zugänglich. Im innersten Vorhof, also
dort, wo der Brandopferaltar stand, durften nur die Priester wirken (1 Kön 7,12;
Ez 40,28–47). Später unterschied man genauer zwischen Priester-, Israeliten-
und Frauenvorhof[59].

---

[58] Manfred Görg, Neues Bibellexikon I, Zürich 1989, 323 f.
[59] Zum Stichwort „Tempel" vgl. Volkmar Fritz; Helmut Utzschneider.

3 Die Anfänge des Gottesdienstes (Lev 8–10)

3.1 Ordination und Einweihung (Lev 8–9)

Die Opfervorschriften – eine in sich sehr komplexe Sammlung – sind mit Lev 7 abgeschlossen. Als nächster Materialblock folgen drei Kap., die mit der Eröffnung des Opferkultes am Berg Sinai (geschichtliche Rückschau), am wiederaufgebauten Tempel von Jerusalem (zeitgenössische Wirklichkeit) zu tun haben. Die beiden ersten Kap. sind durch ein Zeitschema miteinander verbunden (Lev 8,33–35: „sieben Tage lang"; 9,1: „am achten Tag") und auch sachlich stark ineinander verwoben. Darum sollen sie zusammen besprochen werden. Lev 10 ist wie eine Negativfolie zum legitimen Kultus.

3.1.1 Übersetzung

Lev 8 1) Jahwe redete zu Mose: 2) Nimm Aaron mitsamt seinen Söhnen, die Kleidungsstücke, das Salböl, den Sündopferstier, die beiden Widder und den Korb mit ungesäuertem Brot. 3) Rufe die ganze Gemeinde vor dem Begegnungszelt zusammen. 4) Mose tat, was Jahwe ihm auftrug, und die Gemeinde versammelte sich vor dem Begegnungszelt. 5) Mose sagte zur Gemeindeversammlung: So hat es (uns) Jahwe aufgetragen. 6) Mose brachte Aaron und seine Söhne heran und wusch sie mit Wasser. 7) Dann zog er ihm den Rock an, schnallte ihm den Gürtel um, warf ihm das Obergewand über und legte ihm den Ephod um, den er mit dem Ephodriemen an ihm befestigte. 8) Dann hängte er ihm die Brusttasche um und gab in die Brusttasche die Orakelsteine „Licht" und „Wahrheit". 9) Auf den Kopf setzte er ihm den Turban, an dessen Vorderseite er die Goldblüte, das heilige Diadem, befestigte, so wie Jahwe dem Mose geboten hatte.

10) Dann nahm Mose das Salböl und rieb die Wohnung Jahwes und alles Mobiliar damit ein. So machte er sie heilig. 11) Siebenmal sprengte er Öl auf den Altar. Er salbte den Altar und alle seine Geräte, auch das Becken mit seinem Gestell, um sie heilig zu machen. 12) Darauf goß er Salböl auf das Haupt Aarons, salbte ihn, um ihn heilig zu machen. 13) Nun brachte Mose die Söhne Aarons heran, bekleidete sie mit den Röcken, schnallte ihnen die Gürtel um und band ihnen die Mützen fest, so, wie Jahwe es Mose geboten hatte.

14) Mose führt den Sündopferstier heran. Aaron und seine Söhne legten die Hände auf den Kopf des Stieres. 15) Mose schlachtete ihn, nahm das Blut und bestrich damit ringsum die Hörner des Altars; er tat es mit dem Finger. So

entsündigte er den Altar. Das Blut schüttete er an dem Sockel des Altars aus. So machte er ihn heilig, indem er Sühne für ihn erwirkte. 16) Mose nahm alles Fett, das in der Bauchhöhle war, die Leberlappen und die beiden Nieren mit ihrem Fett und ließ es auf dem Altar in Rauch aufgehen. 17) Den Stier aber, sein Fell, sein Fleisch und den Darminhalt verbrannte er vor dem Lager mit Feuer, so wie Jahwe es dem Mose geboten hatte.

18) Mose brachte nun den Brandopferwidder heran. Aaron und seine Söhne legten ihre Hände auf den Kopf des Widders. 19) Mose schlachtete ihn und sprengte das Blut ringsum an den Altar. 20) Den Widder zerlegte er und ließ Kopf, Körperteile und Nierenfett in Rauch aufgehen. 21) Eingeweide und Keulen wusch er mit Wasser und ließ den ganzen Widder auf dem Altar in Rauch aufgehen. Das ist ein Brandopfer zum Beruhigungsduft, eine Gabe ist es für Jahwe, so wie Jahwe es Mose geboten hatte.

22) Mose brachte den zweiten Widder, den Einsetzungswidder, herbei. Aaron und seine Söhne legten ihre Hände auf den Kopf des Widders. 23) Mose schlachtete ihn, nahm etwas von seinem Blut und strich es an das rechte Ohrläppchen, den rechten Daumen und die rechte große Zehe Aarons. 24) Dann brachte er die Söhne Aarons heran und strich ihnen Blut an das rechte Ohrläppchen, den rechten Daumen und die rechte große Zehe. Das übrige Blut sprengte er ringsum an den Altar. 25) Sodann nahm er das Fett und den Fettschwanz, alles Fett, das die Bauchhöhle auskleidet, die Leberlappen und die beiden Nieren mit ihrem Fett, dazu den rechten Hinterschenkel. 26) Aus dem Korb der ungesäuerten Brote, der vor Jahwe steht, nahm er ein ungesäuertes Ringbrot, ein Ölbrot und einen Fladen und legte alles auf die Fetteile und den rechten Hinterschenkel. 27) Alles zusammen gab er Aaron und seinen Söhnen in die Hand und schwang es vor Jahwe hin und her. 28) Dann nahm Mose es wieder an sich und ließ es auf dem Altar über dem Brandopfer in Rauch aufgehen. Das ist ein Einsetzungsopfer zum Beruhigungsduft, eine Gabe ist es für Jahwe.

29) Mose nahm die Brust und schwang sie vor Jahwe hin und her. Sie stammte von dem Einsetzungswidder und war der Anteil Moses, so wie Jahwe es Mose geboten hatte. 30) Mose nahm vom Salböl und dem Blut auf dem Altar und sprengte es Aaron und seinen Söhnen an die Kleidung. So machte er Aarons und seiner Söhne Kleidung heilig. 31) Mose sprach zu Aaron und seinen Söhnen: Kocht das Fleisch vor dem Begegnungszelt und eßt es dort zusammen mit dem Brot aus dem Korb der Einsetzungsgaben. Denn mir ist geboten worden: Aaron und seine Söhne sollen es essen! 32) Was von Fleisch und Brot übrigbleibt, sollt ihr mit Feuer verbrennen. 33) Vom Eingang des Begegnungszeltes sollt ihr sieben Tage nicht weggehen, bis die Zeit der Einsetzung abgelaufen ist. Denn sieben Tage lang soll die „Füllung eurer Hände" dauern. 34) Wie heute so soll nach dem Gebot Jahwes auch zukünftig verfahren werden, damit Sühne für euch geschieht. 35) Vor dem Eingang des Begegnungszeltes sollt ihr Tag und Nacht bleiben, sieben Tage lang, und die Anordnungen Jahwes befolgen, damit ihr nicht sterbt. So ist es mir geboten worden. 36) Aaron und seine Söhne taten alles, was Jahwe durch Mose angeordnet hatte.

Lev 9 1) Am achten Tag rief Mose Aaron, dessen Söhne und die Ältesten

Israels 2) und sagte zu Aaron: Nimm dir ein Kalb zum Sündopfer und einen Widder zum Brandopfer, fehlerlose Tiere, und bringe sie vor Jahwe. 3) Sage den Israeliten: Nehmt einen Ziegenbock zum Sündopfer, ein Kalb und ein Lamm, einjährig und fehlerlos, zum Brandopfer. 4) Weiter, ein Rind und einen Widder zum Mahlopfer, das ihr vor Jahwe schlachtet, und Speisopfer, mit Öl angerührt. Denn heute wird euch Jahwe erscheinen. 5) Sie brachten alles, was Mose anordnete, vor das Begegnungszelt. Die ganze Gemeinde kam herzu und stand vor Jahwe. 6) Mose sagte: Das hat Jahwe euch zu tun befohlen, damit euch die Herrlichkeit Jahwes erscheinen kann.

7) Mose sprach zu Aaron: Tritt an den Altar und bringe dein Sünd- und dein Brandopfer und bewirke für dich und das Volk Sühne. Vollziehe auch das Opfer des Volkes und bewirke Sühne für das Volk, so wie Jahwe es angeordnet hat. 8) Aaron trat an den Altar und schlachtete das für ihn bestimmte Sündopferkalb. 9) Die Söhne Aarons brachten ihm das Blut, er tauchte den Finger hinein und strich es an die Hörner des Altars. Das übrige Blut goß er an den Sockel des Altars. 10) Fett, Nieren und Leberlappen des Sündopfertieres ließ er auf dem Altar in Rauch aufgehen, so wie Jahwe dem Mose geboten hatte. 11) Fleisch und Haut des Tieres verbrannte er vor dem Lager mit Feuer. 12) Aaron schlachtete auch das Brandopfertier, und seine Söhne brachten ihm das Blut. Er sprengte es ringsum an den Altar. 13) Sie brachten ihm das Brandopfertier, in Stücke zerlegt, nebst Kopf, und er ließ es auf dem Altar in Rauch aufgehen. 14) Er wusch Eingeweide und Schenkel und ließ sie über dem Brandopfer auf dem Altar in Rauch aufgehen.

15) Aaron brachte die Gabe des Volkes heran. Er nahm den Sündopferbock, der für das Volk bestimmt war, schlachtete ihn und bereitete ihn wie vorher als Sündopfer zu. 16) Er brachte das Brandopfer dar, indem er es nach Vorschrift zurechtmachte. 17) Er brachte das Speisopfer, nahm eine Handvoll davon und ließ sie – außer dem Morgenbrandopfer(?) – auf dem Altar in Rauch aufgehen. 18) Er schlachtete das Rind und den Widder, die dem Volk gehörten, zum Mahlopfer. Seine Söhne brachten ihm das Blut, er sprengte es rings an den Altar. 19) Das Fett des Rindes, den Fettschwanz des Widders, das Deckfett der Eingeweide, die Nieren und Leberlappen – 20) sie legten das ganze Fett auf die Brust, und er ließ es auf dem Altar in Rauch aufgehen. 21) Die Bruststücke und den rechten Hinterschenkel schwang Aaron vor Jahwe hin und her, so wie [Jahwe] es Mose geboten hatte.

22) Dann erhob Aaron seine Hände zum Volk hin und segnete es. Er stieg herunter, denn er hatte Sünd-, Brand- und Mahlopfer beendet. 23) Mose und Aaron gingen nun ins Begegnungszelt. Sie kamen wieder heraus und segneten das Volk. Da erschien die Herrlichkeit Jahwes dem ganzen Volk. 24) Ein Feuer ging von Jahwe aus und verzehrte auf dem Altar das Brandopfer und die Fetteile. Das ganze Volk sah es. Alle jubelten und warfen sich zu Boden.

3.1.2 Die literarische Eigenart

Wir sind gewohnt, außerordentliche Weihehandlungen in farbenprächtiger Breite vorgeführt zu bekommen. Wir kennen auch mancherlei Berichte über solche fundamentalen Ereignisse, die sich analytisch – sei es psychologisch, soziologisch oder religionswissenschaftlich – mit ihnen auseinandersetzen. Wie stellen die Autoren von Lev 8–9 den Anfang des Tempelkultes dar? Mit welchen Textgattungen haben wir es zu tun? Wie und wo ist diese Darstellung von Aarons „Ordination" und seiner ersten Amtshandlung gelesen, gehört und bedacht worden?

Daß es sich nach Meinung der Überlieferer um eine ganz entscheidend wichtige Episode in der Geschichte der israelitisch-jüdischen Gemeinde handelt, ist auf den ersten Blick klar. Der Gottesdienst ist in allen antiken Religionen das lebenserhaltende, ja, lebenschaffende, also grundlegend wichtige Tun. Und wenn es damals schon Zweifler und Spötter gegeben hat (vgl. Hag 1,2–11; Ps 14), so wurden sie jedenfalls von der priesterlichen Seite vehement abgewehrt. Am richtigen, von Gott selbst verordneten Vollzug der heiligen Opferriten hängt das Überleben des einzelnen und des Volkes. Darum ist die Einrichtung des regulären, ununterbrochenen Tempelkultes für die Verfasser des Buches Leviticus so bedeutsam. Auf Schritt und Tritt betonen sie, daß Mose alles genauso ausführt, „wie ihm Jahwe geboten hatte" (vgl. 8,4.5.9.13.17.21.29.31. 34.35.36; 9,6.7.10.21). Die angeführten Stellen variieren z. T. die Formel, benutzen aber sämtlich das Hauptstichwort „gebieten, befehlen" und sind sämtlich als Rückverweise auf schon ergangenes Gotteswort gedacht. Eine derartig hohe Konzentration an legitimierenden Hinweisen findet sich selten im AT. Als Parallele kann Ex 39f. genannt werden, ein Text, der uns noch beschäftigen wird.

Die Rückverweise qualifizieren unseren Textblock als Bericht über die Ausführung vorher erlassener Gesetze. Auf welche Erlasse beziehen sie sich? Ganz eindeutig auf Ex 29 und eventuell auf 40,12–15. Nur wird in Ex 40,16 und 40,34–38 schon die Realisierung des gesamten Tempelkultes – wenn auch sehr pauschal – konstatiert. Insofern stehen die beiden Kap. Ex 39f. in einer gewissen Konkurrenz zu Lev 8–9, und wir müssen uns mehr auf Ex 28–29 zurückbesinnen. Dort wird mit der allergrößten Sorgfalt die Anfertigung der Priesterkleidung (Kap. 28) und die gesamte Weihehandlung für die Priesterordination (Kap. 29) vorgezeichnet. Und die Verfasser zumindest von Lev 8 sind sichtlich bemüht, die peinlich genaue Einhaltung der Bestimmungen von Ex 29 hervorzukehren. Sie orientieren sich also überhaupt nicht an einem möglichen Geschehensablauf, weder in der Sinaizeit noch am Ausgang des 6. Jh.s, als der Tempel neu geweiht wurde. Sie sind ganz auf die schriftlich vorliegende (oder von ihnen selbst aufgeschriebene) Willenskundgabe Jahwes fixiert. Die in Ex 29 vorkommenden Gegenstände und Personen, die rituellen Handlungen, die Wertungen und Akzente werden in Lev 8 getreulich nachbuchstabiert, oft in wörtlicher Anlehnung an die Vorlage. Wir können die beiden Kap. synoptisch nebeneinanderschreiben und den Grad der Übereinstimmung überprüfen. Dann ist Lev 8 also nicht eine Erzählung über ein geschichtliches Ereignis. Bei unserem Text handelt es sich vielmehr um eine literarische Komposition, die vielleicht von vornherein zur Verlesung im Gottesdienst bestimmt war. Sie soll demonstrieren, daß der den Zeitgenossen bekannte Opfergottesdienst im Tempel von Jerusalem am Sinai begründet wurde und noch immer nach demselben Muster abläuft.

Für Lev 9 läßt sich keine derartig eindeutige, literarische Vorlage entdecken. Das ist natürlich: Die Bestimmungen von Ex 25–31 haben nur die materiellen und personellen Vorbedingungen für den Tempelkult im Blick. Sie reden nicht von der Premiere des regelmäßigen Gottesdienstes. Nach den sieben Weihetagen für die Priester gibt es nicht den achten Tag, an dem zum erstenmal der Opferkult für das Volk beginnt (vgl. Ex 29,37). Stattdessen folgt an dieser Stelle nur die allgemeine Vorschrift über die in der Zukunft zu haltenden täglichen Brandopfer (Ex 29,38–46). Die Ausführungsberichte von Ex 35–40 malen dementsprechend die Fertigung des Begegnungszeltes und des ganzen Zubehörs, einschließlich der Priestergewänder (Ex 39) aus, aber die Inauguration des Tempels kommt in der großen Abschlußnotiz Ex 39,32–42 nicht vor. Sie wird in Ex 40 offensichtlich nachgetragen, aber in einer anderen Weise als aus den vorhergehenden Kap.n und aus Lev 8–9 zu erwarten. Die Salbung der Priester ist erwähnt (Ex 40,12–16), auch die Installation von Altären, Schaubrottisch, Becken usw., d. h. des für die Priesterschaft wichtigen Inventars (Ex 40,22–33). Aber der Hauptton dieser Ausführungsgeschichte liegt auf den Gesetzestafeln, die in die Lade kommen (Ex 40,2–3.20–21), und die Erscheinung der Herrlichkeit Jahwes im Tempel (40,33–38). Damit wird das Signal zum Anfang des ordentlichen Opferkultes für Jahwe gesetzt und gleichzeitig das (im jetzigen Zusammenhang gänzlich verfrühte) Zeichen zur Weiterwanderung vom Sinai gegeben. Der erste Opfergottesdienst für die Volksgemeinde wird also nicht eigens dargestellt.

Lev 9 dagegen legt großen Wert auf den ordnungsgemäßen Anfang des Tempelgottesdienstes der Aaroniden, nachdem sie in Kap. 8 die Weihe durch Mose empfangen haben. Jetzt müssen die Priester in eigener Verantwortung den Kult zelebrieren!

Die in Lev 9 dargestellte Handlung ist komplex, aber trotz der vielen Wiederholungen durchsichtig. Auf den Befehl Jahwes, zuerst die eigene Entsündigung zu bewirken, dann die Opfer des Volkes darzubringen (9,2–7), erfolgt die Ausführung in genau dieser Reihenfolge: a) das Sünd- und Brandopfer für die Priester (9,8–14); b) die ganze Reihe der vom Volk und für das Volk gebrachten Opfer (9,15–21). Diese Doppelung der Opfervorgänge ist auch in Lev 17 angelegt und in Lev 4,1–21 andeutungsweise zu erkennen. Die Priesterentsühnung hat in der Weihehandlung (8,14–21) ihren guten Sinn. Ob sie von da aus in den Eröffnungsgottesdienst Kap. 9 hineingekommen ist? Jedenfalls lag den Überlieferern an der korrekten Erstzelebration des Opfers, die sie in enger Anlehnung an die Opfergesetze nachzeichneten.

Wie sollen wir die Eigenart beider Kap. beschreiben? Ein Vergleich mit anderen großen Weihehandlungen im AT (und auch darüber hinaus) mag uns Maßstäbe liefern.

Die Einweihung des ersten, d.h. des salomonischen, Tempels wird uns in 1 Kön 8 geschildert. Auch diese Darstellung ist mehrschichtig und stammt in ihrer Letztfassung aus der exilischen Zeit (6. Jh.; deuteronomistisches Geschichtswerk). Es ist die Rede von einer großen Volksversammlung im wichtigsten Festmonat des Jahres (8,2), von der Einbringung des Ladeheiligtums in den Tempel (8,3f.) und von massenhaften Opfern zur Feier des bedeutsamen Tages (8,5.62–65). Aber der Schwerpunkt der Festlichkeiten liegt nach dieser Darstellung nicht beim Opfer oder bei der Ladeprozession. Im Zentrum des literarischen Werks und der dargestellten liturgischen Handlungen stehen Reden und Gebete, Segenssprüche und Mahnungen des Tempelbauers und -eigentümers, des Königs Salomo. Der spielt in den Opferpassagen die Rolle des Priesters, in den Redeabschnitten aber die Rolle eines Gemeindeleiters, wir würden sagen: des Gemeindepfarrers. Da ist eine Art „Spruch zum Richtfest" (8,12f.), ein umfangreicher Eingangs- und Ausgangssegen (8,14–21.55–61); beide sind bereits – wahrscheinlich im Zuge der schriftlichen und gottesdienstlichen Überlieferung – mit anderen Redegattungen durchmischt, entsprechen also nicht mehr der bekannten Standardform des aaronitischen Segens in Num 6,23–26, der noch heute in jüdischen und christlichen Gottesdiensten Verwendung findet. Der gewaltige Hauptteil der ganzen Zeremonie ist jedoch nach dem Einweihungsbericht 1 Kön 8 das Lob und Fürbittgebet Salomos (V. 23–53), das ganz stark die Lage und Interessen der nachexilischen Gemeinde spiegelt und vielleicht nicht einmal vom Tempel, sondern von jedem „Bethaus" spricht[1]. Das Lob des fürsorglichen und treuen Gottes Jahwe steht am Anfang (V. 23f.). Dann folgen die allgemeine Bitte um weiteren Beistand und Offenheit für das Gebet Israels (V. 25–30) und eine erstaunliche Sammlung von konkreten Bittfällen, die am Heiligtum vorgetragen werden sollen und Erhörung finden möchten (V. 31–51). Das Grundschema ist durchgehend: „Wenn jemand in Not ist und sich an dich, Jahwe, wendet, dann erhöre ihn und steh ihm bei." Die Not- und Schuldsituationen betreffen einzelne Beter und das Volk bzw. die Gemeinde als ganze. Abgesehen von der in V. 33.44 vorausgesetzten Kriegslage, die eher in die Königszeit paßt, sind alle angesprochenen Fälle charakteristisch für die frühjüdische Gemeinde. Der einzelne kommt mit seiner Krankheit (V. 38), seinem Vergehen (V. 31), der Fremde (Proselyt?) sucht Hilfe bei Jahwe (V. 41f.), die Gemeinde beklagt Regenmangel (V. 35), Epidemien (V. 37). In V. 46–51 ist gar die leidvolle Exilsgeschichte vorgezeichnet und die Bitte um eine Schicksalswende ermöglicht. Alle erwähnten Bittsituationen rechnen sehr stark mit der Notwendigkeit der Sühne, aber keine einzige Bitte schließt die sühnenden Opfer ein, die im 3. Buch Mose so eindrucksvoll im Vordergrund stehen.

Anders stellen sich die Weihefeste in den Chronikbüchern dar, die ja die Gemeindesituation des 5. und 4. Jh.s v. Chr. spiegeln. Interessant ist schon der Bericht über die Einführung der Lade zur Zeit Davids (1 Chr 15–16). Der Paralleltext im deuteronomistischen Geschichtswerk (2 Sam 6) schildert lediglich das Zeremoniell der Ladeprozession, Tanz und Opfer vor der Lade (2 Sam 6,5.13–15). Am Zielpunkt, dem Zeltheiligtum in Jerusalem, angekommen, heißt es mit wenigen Worten, daß David dort „Brandopfer und Mahlopfer" dargebracht und das Volk mit dem Segen und den heiligen Opferanteilen, nämlich Brot, Fleisch und Rosinenkuchen, entlassen habe (V. 17–19). Ein großer Premierengottesdienst findet danach nicht statt. Da ist der spätere Chronikreport

---

[1] Vgl. Timo Veijola, Verheißung in der Krise, Helsinki 1982, 179–183.

anderer Meinung. Priester und Leviten treten schon bei der „Heimholung" der Lade groß in Aktion (1 Chr 15,2–27) und feiern nach ihrer Installation im Zelt (und auch gemäß der aus dem Samuelbericht übernommenen Notiz von der kultischen Aktivität des David, 1 Chr 16,1–3) einen großen, neuen, „ersten" (V. 7!) Gottesdienst, der überwiegend aus Psalmengesang zu bestehen scheint (1 Chr 16,4–38). Den obersten Priester Zadok und dessen Familie beordert David dagegen zur Wahrnehmung des Opferdienstes nach Gibeon, an das 8 km entfernte königliche Heiligtum. Die Überlieferung nimmt wohl an, das Zelt in Jerusalem sei noch keine würdige (oder mögliche?) Opferstätte gewesen (1 Chr 16,39f.). Der Psalmengesang bestimmter levitischer Familien nimmt aber eindeutig den ersten Rang in dieser „Bericht"erstattung ein (vgl. 1 Chr 15,19–24; 16,4–6.7–36.41f.). Für die Psalmenforschung ist wichtig, daß in diesem Zusammenhang sogar Texte aus dem uns bekannten alttestamentlichen Psalter zitiert werden.

Sängerfamilien und Psalmengesang drängen sich auch in den übrigen chronistischen Darstellungen von großen, epochemachenden Gottesdiensten so stark in den Vordergrund, daß ihnen gegenüber die Priester mit ihrem Opferdienst nur eine zweitrangige Rolle zu spielen scheinen. Zwar folgt der Chronist bei der Einweihung des salomonischen Tempels fast ganz der deuteronomistischen Sicht der Dinge (2 Chr 5,2–7,11 im Vergleich mit 1 Kön 8,1–66), betont also ebenfalls den Redeteil der Kulthandlung. Aber er schiebt doch an wichtigen Stellen Musik und Gesang mit den zugehörigen Fachleuten ein, ja, macht auch die Priester zu Trompetenbläsern (2 Chr 5,11–13; 7,6). Die „Herrlichkeit" Jahwes erscheint nach dem wunderbaren Singen und Musizieren des Tempelchores (5,13). Daß Opfer und Gebet durch diese Bevorzugung des Tempelgesangs nicht völlig ausgeschlossen sind, beweist die eigenwillige Aufnahme der Vorlage in 7,1: Im Rückgriff auf Lev 9,4b.6.23b.24 und Ex 40,34 wird die recht nüchterne Feststellung von 1 Kön 8,54, daß Salomo sein Gebet beendete, dramatisch weitergeführt mit dem Gottesfeuer, das die Opfergaben verzehrt, und der Jahweerscheinung in „Herrlichkeit".

Dort allerdings, wo der Chronist die Weihehandlung selbst gestaltet und sich nicht so stark an die deuteronomistische Vorlage anlehnt, kommt seine Vorliebe für Musik und Gesang noch ungehinderter zum Ausdruck. Das ist nur kurz an den Gottesdienstberichten zu zeigen, die auf einschneidende Reformmaßnahmen folgen (vgl. 2 Chr 29 und 35). Im ersten Fall sind dem Chronisten die äußerst knappen Annalennotizen von 2 Kön 18,1–7 vorgegeben, die Hiskias Reformmaßnahmen erwähnen, sodann die in andere Richtung weisenden Geschichten vom frommen und treulosen, leidenden und erretteten König (2 Kön 18–20). Der Chronist macht daraus eine liturgisch-geistliche Erneuerung: Hiskia öffnet den entweihten und verfallenen Tempel (2 Chr 29,3), hält eine Ansprache an Priester und Leviten und gibt ihnen den Auftrag, den Tempel zu reinigen (29,5–11). Die Ausführung des königlichen Befehls wird umständlich angezeigt (29,12–19; Vollzugsmeldung: „Wir haben gereinigt ..." V. 18), und nun kann der große Gottesdienst den Neubeginn gebührend feiern (29,20–36). Ein Sündopfer findet statt (29,21–24), und weil die Hinweise auf diese spezielle

Opferart außerhalb der Priesterschrift rar sind, kann man vermuten, daß 2 Chr 29 in irgendeiner Weise von der priesterlichen Quelle abhängig ist. Die Blutzeremonien sind an Lev 4; 16; 17 usw. orientiert, aber es erfolgt keine spezielle Entsühnung der Priester. Wirklich ins Auge fällt dem Leser dann die starke Hervorhebung des levitischen Psalmengesanges (2 Chr 29,25–27). Er ist weder bloße Zugabe noch belanglose Parallelveranstaltung. Das Psalmlied macht Opfer und Gottesdienst erst zu dem, was sie sein sollen:

> Da gebot Hiskia, das Brandopfer auf den Altar zu bringen; und sobald das Brandopfer begann, begannen (auch) die Jahwe-Lieder und die Trompeten, und zwar nach Anleitung der Instrumente Davids, des Königs von Israel. Die ganze Volksgemeinde aber warf sich nieder; der Gesang ertönte und die Trompeten schmetterten, – das alles, bis das Brandopfer vollendet war. Sobald man aber mit der Darbringung (des Opfers) zu Ende war, beugten der König und alle, die mit ihm zugegen waren, die Knie und warfen sich nieder. Sodann geboten der König Hiskia und die Oberen den Leviten, Jahwe den Lobgesang anzustimmen mit den Worten Davids und des Sehers Asaph. Da sangen sie den Lobpreis mit Freuden und verneigten sich und warfen sich nieder[2].

Der zweite große Gottesdienst hängt mit der Reform des Königs Josia zusammen; er wird als Wiederbegründung des Passafestes gefeiert (2 Chr 35,1–19). Das zentrale kultische Ereignis ist die Schlachtung des Passalammes und das anschließende Familienmahl (35,7–14). Die Leviten müssen den Priestern bei der Zubereitung der Opfertiere helfen, ein solcher Andrang herrscht am Tempel. Nur die Sängerfamilie des Asaph verrichtet ihren normalen Gesangsdienst. Musiker und Sänger werden von den anderen mitversorgt, so wichtig ist ihr gottesdienstlicher Beitrag zur Feier (35,15).

Der Vergleich der verschiedenen Berichte über Weihefeste läßt erkennen:

1) Alle Texte haben wenig Erzählerisches an sich. Ihrer Hauptintention nach sind sie eher Modellbeispiele für ein bestimmtes Gottesdienstverständnis. Jede Darstellung streicht ihre eigenen Interessen heraus. So kommen sehr einseitige Bilder vom gottesdienstlichen Geschehen zustande. Aber der Nachdruck liegt eben nicht auf einer erzählerischen oder berichtenden, schon gar nicht auf einer protokollarischen oder dokumentarischen Nachzeichnung von Anfangszeremonien kultischer Art. Vielmehr ist das erkennbare Grundmotiv für die Darbietung eines Weihefestes das Bestreben, bestimmte Ansprüche oder Anliegen einer zeitgenössischen Gruppe zu formulieren. Hinter der Wertschätzung des Gebetes in der deuteronomistischen Darstellung von 1 Kön 8 stehen vermutlich die Kreise, denen die Gebetsgottesdienste der exilischen Zeit anvertraut waren. Die chronistische Glorifizierung des Psalmengesanges geht mit ziemlicher Sicherheit auf die levitischen Sängerfamilien zurück. Jede Interessengruppe projiziert ihre Erwartungen in die ferne, gegenwärtige Gottesdienstformen begründende Vergangenheit.

2) Unser Leviticus-Text (Lev 8–9) zeigt seine Besonderheit darin, daß er sich stark auf die Priesterweihe und das erste, legitime Priesteropfer konzentriert.

---

[2] 2 Chr 29,27–30 nach Johann W. Rothstein bei Emil Kautzsch, Hg., Die Heilige Schrift Alten Testaments Bd. 2, Tübingen ⁴1923, 662.

Die Einseitigkeit dieser Perspektive wird gerade im Nebeneinander zu den auf liturgisches Wort und Lied gerichteten Texten deutlich. Wie konnten sich Verfasser und Überlieferer auf einen so engen Ausschnitt des gottesdienstlichen Lebens beschränken? Doch nur, wenn jedermann klar war, daß die Texte nur einen Ausschnitt aus dem wirklichen kultischen Leben bieten, und wenn der zur Debatte stehende Text einen Anspruch begründen wollte. Wer Ansprüche erhebt, schreibt keine Gesamtdarstellungen, sondern beschränkt sich auf das für ihn Wesentliche. Folglich werden wir es in Lev 8–9 mit dem Anspruch von Priestern auf ihr spezifisches Arbeitsgebiet und ihre besondere Berufswürde zu tun haben. Möglicherweise unterstützt die Tempelgemeinde die Autorität der Priesterschaft und verschafft sich selbst eine Vorrangstellung vor anderen Gemeinden. Wo könnten solche Ansprüche wohl geltend gemacht worden sein? Wem galten die Vorschriften für die priesterliche Arbeit und die Darstellung ihres Amtsantritts? Doch sicherlich auch der Gemeinde, welche die Priesterschaft in Dienst gestellt hatte.

3) Inwieweit lassen die Leviticus-Texte vom ersten Tempeldienst in der Wüste noch zeitgenössisches liturgisches Gut aus der frühnachexilischen Gemeinde erkennen? Wir können sicherlich nur kleine Ausschnitte aus dem Gesamtbild erwarten und brauchen deshalb den Vergleich und die Ergänzung anderer relevanter Zeugnisse der Epoche. Wir müssen auch damit rechnen, daß die Verfasser unserer Texte manchmal in ihren archaisierenden Darstellungen bewußt alte, längst vergangene Gebräuche erwähnen oder die Eigenarten ihrer eigenen Zeit verschwiegen oder vernachlässigt haben. Dennoch dürfte die Frage von hohem Interesse sein, und wir sollten auch damit rechnen, daß sie teilweise beantwortbar ist: Die Leviticus-Texte sagen direkt oder indirekt manches über den Gottesdienst und die innere Struktur der frühjüdischen Gemeinde aus.

3.1.3 Elemente des Gottesdienstes

Wiewohl die Leviticus-Texte theoretische Kompositionen sein mögen, die der gottesdienstlichen Lesung dienten: Irgendwie ist auch die Theorie immer Abbild der Wirklichkeit. Für das Verständnis von Lev 8–9 dürfte allein die Frage entscheidend sein, wie weit die Verfasser sich an die ihnen geläufigen gottesdienstlichen Formen angelehnt haben. Das kann nur die Untersuchung der Texte zeigen. Wir betrachten zunächst die immer wiederkehrenden Handlungen und dann die besonderen Weiheriten.

A. Kultische Standardhandlungen

Jeder Gottesdienst muß gewissenhaft vorbereitet werden. Im Altertum war man an diesem Punkt besonders sensibel: Der „Erfolg" einer Kultveranstaltung hing von der präzisen Durchführung aller Reinigungs- und Vorbereitungszeremonien ab (vgl. 2 Chr 29,34; 1 Sam 15,13–23). So soll es auch beim Ordinationsgottesdienst für Aaron und seine Söhne gewesen sein. Sehr gewissenhaft wird immer wieder betont, daß die Opfertiere herzugebracht, die zu Ordinierenden herangeführt werden und – das ist eine Besonderheit der frühjüdischen Gemeinde – daß alles Volk zusammenkommt. Gemäß der Vorstellung der priesterschriftlichen Tradenten ist die Vorbereitungsphase oft noch unterteilt in eine entsprechende Anweisung von Jahwe an Mose und die Weitergabe und Ausführung des göttlichen Befehls durch Mose und Aaron. Diese Stufen sind zu beobachten in Lev 8,2–6a und 9,1–7. Kürzere Notizen über das „Herzubringen" und „Herantreten lassen" sind über beide Kap. verstreut und leiten jeden neuen kultischen Akt ein. Den Verantwortlichen scheint es allerdings durchweg mehr um die strikte Befolgung des Willens Jahwes zu gehen als um die Betonung der sicherlich ständig vorausgesetzten Forderung nach makelloser Heiligkeit der Zelebranten. Das mag uns ein Indiz dafür sein, daß die Überlieferung auch dieses Textes für die versammelte Gemeinde geschieht (Lev 8,3f.; 9,3.15.18. 22–24). Die Priesterschaft und das „Volk" sind trotz aller besonderen Qualitäten der Ordinanden von Anfang an und untrennbar aufeinander bezogen.

Ein zweites festes Element besteht im kombinierten Sünd- und Brandopfer. Beide Opferarten werden – wohl erst in der nachexilischen Zeit – stereotyp miteinander verbunden und bei Reinigung und Weihe wie auch im kultischen Festgeschehen vollzogen[3]. Hier dominiert diese Opferkombination (Lev 8,14–21; 9,8–14). Sie gehört so selbstverständlich auch zum Ordinationsgeschehen „wie das Amen in der Kirche", oder wie die Wandlung zur Messe und die Predigt zum evangelischen Gottesdienst. Unseren Gewährsleuten kommt es darauf an, die rituelle Übereinstimmung des Opfergeschehens mit den Vorschriften in Lev 4,4–12 (Sündopfer für Vergehen eines Priesters) und Lev 1,10–13 (Brandopfer eines Schafes) sowie mit Ex 29,10–18 zu konstatieren: Die Blut- und Fettriten sind in allen drei Textreihen im großen und ganzen identisch. Nur in Lev 4 und 1 erscheinen gewisse Variationen, welche auf eine Sonderüberlieferung schließen lassen. Die auffälligste ist die Vorrangstellung der 'olah (Brandopfer) im jetzigen Textzusammenhang oder – gleichbedeutend – das Fehlen der ḥaṭṭa't (Sündopfer) in der Sammlung von Lev 1–3. In jedem Fall wollen die Tradenten von Lev 8f. dokumentieren: In eine Ordinationsfeier gehört das übliche Sünd- und Brandopfer. Dieses Opferpaar soll gleich doppelt (8,14–21 und 9,8–14; vgl. 9,7) Entsühnung bewirken, auch wenn die Kandidaten für das hohe geistliche Amt noch einmal einem ganz speziellen Blutritus (8,23f.) unterzogen werden.

Die von den bereits ordinierten Priestern dargebrachte Reihe von Sünd-, Brand-, Speis- und Mahlopfer (9,15–20) schließt bewußt an die für die Priester dargebrachten Gaben an (9,15). Die Abfolge entspricht bedingt der Aufzählung der Opferarten in Lev 4,13ff.; 6,2ff..7ff.; 7,11ff.: Hier ist der Zusammenhang nicht geschlossen. In der Sache orientiert sich der Passus 9,15–20 eher an den Vorschriften über das Brand-, Speise- und Mahlopfer (Lev 1–3), sowie über das

---

[3] Vgl. Lev 14,13.19.22.31; 15,15.30; 16,3.5; Num 6,11.16; 8,12; 28,15; 29,5f.; Rolf Rendtorff, Studien 206; 249.

wiederum vorangestellte Sündopfer für die Gemeinde (Lev 4,13–21). Das bedeutet: Die Gemeinde ist mit den für sie typischen Opfergaben und in den vorgegebenen rituellen Bahnen am Ordinationsgottesdienst beteiligt. Aus der priesterlichen Perspektive darf das für das Volk so wichtige Essen des Opferfleisches (vgl. 1 Sam 2,13 ff.; 2 Chr 30,22–26; Neh 8,12) fehlen, wenn nur die dem Priester als festes Gehalt zustehenden Anteile gebührend festgeschrieben sind: So geschieht es ausdrücklich in Lev 9,21 mit Verweis auf 7,31–34! Aber das Opferritual zur Entsühnung des Volkes gehört in das Ordinationsgeschehen hinein und ist für die Einweihung des Tempels bedeutungsvoll. Diese Tatsache wird unterstützt durch die Segenshandlungen am Schluß der Feierlichkeiten (Lev 9,22–23 a). Solche Kraftmitteilung von Jahwe her über den Liturgen an die Gemeinde ist ein fester, bis heute geübter Abschlußritus für Gottesdienste mit versammelter, aktiv am Geschehen beteiligter Glaubensgemeinschaft. Wir finden die Segensspende fast überall im AT, wo von Gemeindegottesdiensten die Rede ist: Num 6,22–27; 2 Sam 6,17–19; 1 Kön 8,55–61; 2 Chr 30,27. Sie scheint mit dem Opfermahl verbunden, insofern sie als Segen eben auch volles Genügen und Sättigung der menschlichen Bedürfnisse bringt.

Wie weit die Erscheinung Jahwes im Feuer (9,24), das die Brandopfer aufzehrt (vgl. Ex 40,34; 1 Kön 18,38; 2 Chr 5,13; 7,1), zum normalen jüdischen Gottesdienst hinzugehörte[4] – die Weihrauchwolken der Messe wären die letzten Überbleibsel einer solchen Vorstellung –, bleibe dahingestellt. Ganz sicher ist das Wolken- und Feuerphänomen Zeichen für die Inbesitznahme des Hauses Gottes durch den, für den es errichtet wurde. – Damit wenden wir uns den speziellen Weihehandlungen am Beginn des israelitischen Kultus zu, wie die priesterschriftlichen Überlieferer sie sich ausgemalt haben.

B. Die Weihehandlungen

Der Text will den Beginn des Tempelkultes in Form eines Ordinationsgottesdienstes am provisorischen Wüstenheiligtum der legendären Urzeit Israels darstellen. Nicht als Protokoll der Ereignisse – dazu fehlen viel zu viele Details –, überhaupt nicht in erzählender Weise, sondern belehrend, ganz bestimmte Einzelheiten der in der Tempelgemeinde des 5. Jh.s gepflegten liturgischen Normen herausstreichend. Darum kommen die oben besprochenen allgemeinen Riten trotz der einmaligen Anfangssituation zum Zuge. Das Schwergewicht liegt jedoch auf den Inaugurationen von Lev 8,6–13 und 8,22–36.

Ein ganz glatter Ablauf der gedachten Ereignisse läßt sich nicht rekonstruieren. Das verhindert auch der schichtenweise Niederschlag langer Wachstumsperioden im gegenwärtigen Text[5]. Die handelnden Personen (Mose, Aaron, dessen Söhne, die Gemeinde, das Volk), die rituellen Abläufe (Waschung,

---

[4] So Artur Weiser, Zur Frage nach den Beziehungen der Psalmen zum Kult: Die Darstellung der Theophanie in den Psalmen und im Festkult. (1950), in: Glaube und Geschichte im Alten Testament, Göttingen 1961, 303–321.
[5] Karl Elliger.

Bekleidung, Salbung, Blutriten, Schwingopfer, Mahlzeiten, Siebentagefrist) und
vor allem ihre Absichten und Zwecke (Entsühnung, Heiligung, Autorisation
der Priesterschaft) erscheinen nicht restlos aufeinander abgestimmt. Doch sind
die durch langen Textgebrauch vermutlich in gottesdienstlichen Versammlungen herauskristallisierten Hauptpunkte einer Gründungsfeier sehr wohl zu
erkennen. Wir müssen sie nicht unbedingt in einer strengen zeitlichen Abfolge
sehen, aber der große Bogen von der Eingangswaschung (V. 6) bis zur „Handfüllung" und Schlußermahnung (V. 33–35) entspricht sicher liturgischen Gepflogenheiten der exilisch-nachexilischen Zeit.

Wie ihm in Ex 29,4f. aufgetragen, reinigt Mose die Priesterkandidaten Aaron
und seine Söhne durch ein Wasserbad und bekleidet sie mit den heiligen Gewändern (8,6–9). Die Waschung hat bis heute symbolische und hygienische Bedeutung (vgl. Ex 40,12; 2 Kön 5,10). Sie ist Vorbedingung für die aktive Teilnahme
am kultischen Leben (vgl. Lev 15,5ff.; 16,4.24.26.28; 17,15f. usw.). Die Ex 28 in
Auftrag gegebene und Ex 39 angefertigte Amtskleidung kann jetzt angelegt
werden. Der Kultbegründer Mose (im chronistischen Werk übernimmt David
diese Rolle! vgl. 1 Chr 15–16; 23–26) nimmt also die mitgebrachten notwendigen Utensilien (Lev 8,1–5) und schreitet (vor der versammelten Gemeinde?) zur
feierlichen Einkleidung (8,6–9). Die richtige Kleidung für ein heiliges Amt war
und ist außerordentlich wichtig (vgl. auch oben Nr. 2.6.5). Sie wird wohl in allen
Religionen aufgrund tiefverwurzelter Bräuche und Glaubenseinsichten hergestellt. In Ex 28 und 39 ist der aaronitischen Priesterkleidung außerordentlich viel
Aufmerksamkeit gewidmet. So kann der Verfasser von Lev 8,6–9 nun die
Prachtstücke ohne weitere Erklärung „an den Mann" bringen, und zwar in der
richtigen Reihenfolge, von der Unterwäsche bis zum Turban mit seinen Juwe-
len. Die meisten Worte verwendet er auf die Orakeltasche mit den „Licht" und
„Wahrheit" genannten Steinen (V. 8). Sie wurde lange vor dem zweiten Tempel
als Befragungsgerät zur Einholung göttlicher Orakel gebraucht (vgl. 1 Sam
23,6–12), hat aber für den aaronitischen Hohenpriester wahrscheinlich nur
noch symbolische Bedeutung. Weiter ist dem Verfasser die Kopfbedeckung
wichtig (V. 9). Das „Haupt" des Menschen ist eben ein machtbewußter Körperteil und bedarf besonderer heiliger Ausstaffierung. Im übrigen zählt unser Text
nach der ebenso einsilbig erwähnten rituellen Waschung (V. 6) die angelegten
Kleidungsstücke nur eben auf. Kein Wort über begleitende Riten oder zu
sprechende Worte. Das Erscheinungsbild des Hohenpriesters (vgl. Lev
21,10–15) ist vorrangig, nicht die Ankleidezeremonie, die bei den meisten
liturgischen Feiern unter Ausschluß der Öffentlichkeit vor sich geht. Der Verfasser ist also der Gemeinde zugewendet, er präsentiert ihr das bekannte Bild des
Hohenpriesters, das übrigens in erheblichem Maße auf die Amtstracht der
christlichen Geistlichkeit eingewirkt hat (bis Martin Luther den düsteren Juris-
tentalar in die Sakralsphäre aufnahm). Die Bekleidung der Söhne Aarons wird
dann in V. 13 nachgetragen. Warum? Gilt die Einsetzung des Vaters Aaron als
erster und Hoherpriester per Erbfolge automatisch für die Nachkommen? Oder
sollen sie absichtlich eine Stufe unter dem amtierenden obersten Amtsträger
angesiedelt werden (vgl. Lev 10)? Jedenfalls empfangen sie von Mose eine

deutlich einfachere Amtstracht, die sich außerdem im Kopfputz, einem hochge-
wickelten Turban ohne Diadem, von der des Hohenpriesters unterscheidet.

Ein zweiter Schritt ist die Salbung des obersten Priesters – hier bleiben die
Aaronsöhne wohl gegen die klare Bezeugung einer anderen Traditionslinie (Ex
40,12–15) absichtlich ausgeklammert. Nur der Hohepriester empfängt das heilige Salböl und wird dadurch „geheiligt", von der profanen Wirklichkeit abgeho-
ben und in die Lage versetzt, mit Gott durch den Opferdienst zu kommunizie-
ren (V. 12). Die Salbung war ursprünglich Königen vorbehalten (vgl. 1 Sam 10,1;
2 Kön 11,12). Sie wurde anscheinend mit der Wiedereinrichtung des Tempelkultes 515 v.Chr. auf den Hohenpriester übertragen. Jedenfalls bringt Sacharja auch
den geistlichen Oberhirten mit königlichen Insignien in Verbindung (Sach
4,1–5.11–14; 6,9–15; vgl. 3,1–5). Damit gewinnt der amtierende Oberpriester
in Jerusalem eine überragende Autorität. Daß in unserem Text die Salbung des
Hohenpriesters im selben Atemzug und als Höhepunkt der Einweihung des
Tempels genannt wird (V. 10–11), muß etwas befremden. Denn einmal wird
dasselbe Salböl für beide Heiligungsriten gebraucht, und zweitens erwartet man
nach den umfangreichen Schilderungen der Tempelplanung und der Bauausfüh-
rung (Ex 25–27; 30–31; 35–38; 40) eine breitere Berücksichtigung der Tempel-
weihe. Ob diese Erwartung schon mit Ex 40,9f. erfüllt sein kann? Oder sah sich
andererseits der Tradent von Lev 8,10f. nur aus Rücksicht auf die Salbungsvor-
schrift in Ex 40 genötigt, den Vollzug der Tempelheiligung vor der Salbung
Aarons mitzuteilen? Gebäude- oder Steinsalbungen sind uns nur spärlich überliefert, vor allem denken wir an Gen 28,18. Bei der Salbung wird wohlriechen-
des, „heiliges" Öl, d.h. in Palästina: Olivenöl mit aromatischen Zusätzen (Ex
30,22–33: das Exklusivrezept) aus einem speziellen und ebenso heiligen Salben-
gefäß (vgl. 1 Sam 10,1; 16,1.13; 1 Kön 1,39; 2 Kön 9,3.6; 11,12) auf das Haupt
des Ordinanden gegossen. Das Öl fließt über Bart und Gewand (Ps 133,2), nur
ist schwer vorstellbar, daß der „Gesalbte" bei der Zeremonie schon seinen
Turban trägt, wie scheinbar in Lev 8,9 vorausgesetzt ist. Von einer rechtlichen
Bedeutung der Salbung – bei Königskrönungen mag sie mitschwingen – ist in
unserem Text nichts zu spüren. Hier dominiert die heiligende Funktion. Das
wird gegenüber der rechtlichen Bestimmung auch der ursprüngliche Sinn eines
solchen fast magischen Aktes gewesen sein. Das heilige Öl hat eine göttliche,
verwandelnde Kraft. Es sondert Heiligtum, Altar und den obersten Priester für
Jahwes Dienst aus und gibt ihnen Anteil an der göttlichen Unnahbarkeit (Lev
8,10–12). Unbefugte, die sich auch nur an das Salböl heranmachen, begehen ein
Sakrileg: „Wer solche Salbe macht oder einem Unberufenen davon gibt, der soll
aus seinem Volk ausgerottet werden." (Ex 30,33). Kein Wunder, daß die heilige
Handlung zum Symbol für göttlich sanktionierten Frieden und äußerstes Wohl-
befinden (Ps 133,2) sowie zum Vorbild für mancherlei Weihehandlungen bis hin
zu Taufe und letzter Ölung wird.

Die wichtigste Weihehandlung scheint ein besonderes, nur im Zusammenhang mit der Priestereinführung vorkommendes Opfer (Lev 8,22–30; vgl. 7,37;
Ex 29,22–34) zu sein: Die gängige Verdeutschung „Einsetzungsopfer" trifft
zwar den Sinn des Ritus, läßt aber nicht erkennen, daß es sich um eine Amtsein-

führung mit Festlegung der Gehaltsklasse handelt. In diese quasi „beamten-
rechtliche" Zeremonie ist noch ein urtümlicher Blutritus hineingewoben, der
offensichtlich Reinigungs- und Schutzfunktionen hat (Lev 8,23 f.). Wir betrachten die beiden Rituale nacheinander.

Der Blutritus, bei dem auf der rechten Körperseite Ohrläppchen, Daumen
und große Zehe bestrichen werden, spielt bei der Reinigung Aussätziger (Lev
14,10–32) eine Rolle und ist sonst weder im AT noch in altorientalischen Texten
bezeugt. In jenem Kap. über die Behandlung des „Aussatzes" scheint der Ritus
fester verankert als in der Priestereinführung: Er verbindet sich harmonisch mit
einer weihevollen Ölzeremonie (vgl. Lev 14,14–18), bei der übrigens auch
Restöl über den Kopf des zu Reinigenden ausgegossen wird. Von diesem
Befund aus mag man argumentieren, daß die Blutbestreichung an ausgewählten
Körperteilen aus der Reinigungszeremonie in die Priesterweihe eingedrungen
ist. Dafür spricht auch der gekünstelte Versuch, in unserem Kap. Blut- und
Ölritus nachträglich an die Amtseinführung anzuhängen[6]. Die Anweisung zur
Priesterweihe in Ex 29,19–37 hat dagegen einen fortlaufenden Zusammenhang
hergestellt: Bestreichung der rechten Körperteile mit Blut, Besprengung der
Kleider Aarons und seiner Söhne mit einem Blut – Ölgemisch (Ex 29,20 f.). Was
die zweiteilige Zeremonie bewirken soll, bleibt unausgesprochen. Nach Analogie von anderen Blutbestreichungen (vgl. Ex 4,25; 12,22) und nach Ausweis
vergleichbarer Riten anderer Völker hat das Blut eine Schutzfunktion. Im
Rahmen der Priesterweihe mag der Sinn der Riten darin liegen, einmal die
besonders handlungsorientierte rechte Körperseite (Rechtshändigkeit wird als
das Normale angesehen, vgl. Ri 3,15) zum Jahwedienst tauglich zu machen, zum
anderen, die Heiligkeit der Priesterbekleidung hervorzuheben. „Uralte Vorstellungen schleppen sich in diesem Brauch fort. Der rechte Daumen usw. muß es
sein, weil die rechte Seite die Glücksseite ist. Daß gerade die doppelt vorhandenen Extremitäten oben, unten und an der Seite (oder in der Mitte?) der Prozedur
unterzogen werden, hat vermutlich darin seinen Grund, daß auf diese Weise die
Ganzheit der Person betroffen wird."[7]

Breiter ausgeführt ist die mit dem Spezialopfer verbundene Amtseinführung
(Lev 8,25–29). Die Bezeichnung des Opfertieres als „Widder der Handfüllung"
(V. 22) deutet das zentrale Motiv an. „Handfüllung" ist die ordentliche Bestallung eines Priesters durch einen kapitalkräftigen Auftraggeber (vgl. Ri 17,5.12).
Es geht primär um die Festlegung der Einkünfte. Die rechte Keule und die Brust
eines Opfertieres gehören im Normalfall dem Priester (Lev 7,32–34). Hinzu
kommen gewisse vegetabilische Gaben (Lev 7,12–14). Diese Bestimmungen
spiegeln sich eigentümlich in unserem Text. Die Keule wird hier mitsamt den
Backwaren und dem Jahwe ganz allein gehörenden Fett des Opfertieres zunächst den Priestern in die Hand gegeben, als „Schwingopfer" vor Jahwe hin-
und herbewegt (vgl. Num 6,19 f.) und dann als Holocaust verbrannt (Lev
8,25–28). Auch das Bruststück des Opfertieres wird „geschwungen", d.h.

---

[6] Lev 8,30; vgl. Karl Elliger, 110.
[7] Karl Elliger, 119.

feierlich Jahwe übereignet, dann aber dem amtierenden Opferpriester, das ist in dieser Situation noch Mose, als legitimer Anteil übereignet (Lev 8,29). Warum die unterschiedliche Behandlung der verschiedenen, dem Priester zufallenden Stücke? Möglicherweise zeigt sich hier ein wenig die wechselhafte Geschichte der Priesterbesoldung in Israel. In der jetzigen Zusammenstellung soll das Sonderritual um die rechte Keule wohl zum Ausdruck bringen, daß auch der Priesteranteil eigentlich Jahwe selbst gehört, daß also andersherum der Priester kraft seines herausgehobenen Amtes an Gottes eigener Speise teilhat. Der Priester ißt nicht das Brot der Gemeinde, sondern seines göttlichen Herrn, auch wenn die Gaben tausendmal durch die Gläubigen zusammengetragen werden. Das verrät kein geringes Selbstbewußtsein!

Die Einsetzungszeremonie soll sieben Tage lang durchgehalten werden (Lev 8,31–35). Wichtige Feste wurden im Alten Orient und werden heute noch in vielen Kulturen auf mehrere Tage ausgedehnt. Der Siebenerrhythmus ist in Israel sehr beliebt gewesen (vgl. Ex 20,8–11; 23,15; Lev 23,34–36.39–43). Eine ganze Woche lang sollen die zu weihenden Priester vor dem Begegnungszelt, in der unmittelbaren Nähe Jahwes, ausharren, ihre priesterlichen Pflichten erfüllen (durch täglich neue Opfer?) und von den heiligen Gaben essen. Dann sind sie wirklich zum Dienst am Tempel und vor der Gemeinde (Lev 9) gerüstet.

Die Weihehandlungen insgesamt (Lev 8,6–13.22–36) machen den Eindruck, als seien sie aus unterschiedlichen Quellen ausgewählt und zusammengestellt worden. Eine echte, regelrecht fortschreitende Ordinationsliturgie läßt sich schwerlich rekonstruieren. Die Auswahl an Weiheriten will demonstrieren, daß den Priestern – und vor allem ihrem Ahnvater Aaron, dem Urbild des Hohenpriesters – eine besondere Heiligkeit zukommt. Bekleidung, Salbung, Bestallung und Kommunion mit Jahwe bewirken diese priesterliche Qualität. In den Ordinationsriten der römisch-katholischen Kirche leben die Vorschriften von Ex 29 und Lev 8 teilweise fort. In der jüdischen Tradition gibt es seit der endgültigen Zerstörung des Tempels im Jahre 70 n.Chr.keine voll amtierenden Priester mehr. Die Nachkommen Aarons genießen jedoch Sonderrechte[8].

3.1.4 Mose, Aaron und die Gemeinde

Die Einsetzung einer Priesterschaft geschieht zu Nutzen einer religiösen Gemeinschaft: Die „ganze Gemeinde" ist angeblich vor dem Begegnungszelt versammelt und erlebt die Weihehandlung an Aaron und seinen Söhnen mit (Lev 8,3). Der erste Gottesdienst Aarons (Lev 9) ereignet sich in Gegenwart und für das ganze Volk. Außerdem ist die Zuhörerschaft der Jahwegläubigen bei der Verlesung des Textes ständig vorausgesetzt. Wer anders als die Israeliten des zweiten Tempels soll denn hören, welche besondere Qalifikation der amtierende Priester hat, welche Unterhaltsleistungen er beanspruchen kann, welche Mittlerfunktionen er ausübt? Die Gemeinde ist also die eigentlich entscheidende

---

[8] Vgl. S. Ph. de Vries, Jüdische Riten und Symbole (1968), Wiesbaden 1981, 34–40.

Bezugsgröße hinter diesen gottesdienstlichen Texten. Doch im Vordergrund agieren allein Mose und die Priester.

Da ist es nun bemerkenswert, daß der erste Ansprechpartner für Jahwe nicht Aaron, sondern Mose ist. Obwohl er in Lev 8 die Opferriten ausführt, kommt Mose ganz sicher nicht die Rolle des priesterlichen Ahnvaters zu. Betrachten wir seine Gestalt und Handlungen. Das Szenarium von Kap. 8 ist in Ex 29 vorgebildet. Mose ist der amtierende Priester – eine Seltenheit in allen Mosegeschichten. Hier muß es so sein, weil nur er die Anweisungen Jahwes zur Einsetzung der Priesterschaft bekommen hat. Es gibt noch keine geweihte Priesterschaft – so die Voraussetzung der Verfasser. Und Mose ist so nahe bei Jahwe, so sehr durchdrungen von Jahwes Geist und Kraft, daß er eine besondere Weihe nicht braucht. Mose ist eine überragende Gestalt (vgl. Ex 33,7–11; Num 11,16f.; 12,3.7f.). Die Kommunikation der Israeliten mit Jahwe geht nach den „priesterlichen" Texten ausschließlich über ihn. Mose ist der Begründer nicht des Priester-, sondern des Tora- (und nach Dtn 18,15–19 auch des Propheten-)amtes. Die erste und hauptsächliche Lebensquelle für die Gemeinde ist die Vermittlung des Gotteswillens durch die Tora. Dem Sühneamt der Priesterschaft kommt auch hohe Bedeutung zu, aber es ist von dem Wortvermittler Mose abhängig. Er steht über den Priestern. Das bedeutet aber auch, daß das Priesteramt selbst nach der Priesterschrift nicht die allerhöchste Autorität im damaligen Israel/Juda innehatte, sondern sich von Mose, sprich: vom Toraamt, abgeleitet wußte. Potentiell war damit die Möglichkeit gegeben, sich gegen die Priesterschaft auf Mose zu berufen!

Mose und seine Toravermittlung stiften und konstituieren die Gemeinde der Jahwegläubigen. Ohne die Anrede Jahwes an sein Volk, die an Mose ergeht und von ihm weitergeleitet wird, gibt es keine Glaubensgemeinschaft. Die Nachricht vom einzig mächtigen, überweltlichen, universalen Gott, der Israel erwählt hat, kann nur über die Verkündigung (Lesung) des Gotteswillens, nicht aber über Opferriten vermittelt werden. Der Tempel- und Opferdienst soll die konstituierte Gemeinde in der richtigen Verfassung erhalten. Er ist eine Stütze der Glaubensgemeinschaft, aber als solche deutlich sekundär. Primär hat sich die frühjüdische Gemeinde des 5. Jh.s. um die Tora des Mose herum gesammelt (Neh 8). Sie liest die (fünf ?) Buchrollen, singt und betet. Das hat gesellschaftliche und theologische Konsequenzen.

Die um die Schriftrollen und die Lesung des Gotteswillens herum aufgebaute Gemeinde wird als die entscheidenden Repräsentanten der Gottheit eben die Schreiber, Tradenten und Ausleger der Schriften anerkennen. Esra ist der Prototyp des „Schreibers" und „Schriftgelehrten", auch wenn er zusätzlich als „Priester" bezeichnet wird (vgl. Esr 8,2). Die Schriftrollen empfangen die höchste Verehrung, und auf diejenigen, die mit ihnen umgehen, färbt die Autorität des geschriebenen Gotteswortes ab. Die Gemeinden sind ihrem Selbstverständnis nach Hörerinnen des göttlichen Wortes und folgsame Dienerinnen des Gottes Jahwe. Das tägliche Verhalten der Menschen, die sich zu Jahwe bekennen, wird zum Kriterium der Zugehörigkeit zur Toragemeinde. Das Gebet und das Halten der Gebote sind Ausdruck des Bekenntnisses zu Jahwe. Die Opferpraxis

konnte ein solches sichtbares Zeichen überhaupt nicht sein. Vielen Juden des
5. Jh.s war der zentrale Opferort Jerusalem nicht erreichbar, und der Charakter
der Opfer – Sühnung von Schuld – war in sich auf die Wiederherstellung des
Gottesverhältnisses, nicht aber auf seine Grundlegung ausgerichtet. In ihrem
Wesen war also die frühjüdische Gemeinde eine durch vielerlei, in schriftlicher
Form überlieferte Verhaltensregeln, welche sich aus der Anerkennung des einen
Gottes Jahwe ergaben, zusammengeschweißte religiöse Gruppierung. Eine Be-
kenntnisgemeinschaft, eine Bürger-Bibel-Gemeinde eher als eine „Bürger-
Tempel-Gemeinde", wie sie heute häufig bezeichnet wird.

Dennoch spielten die Priester – wie unsere Texte deutlich zeigen – in dieser
auf den durch Mose vermittelten Gotteswillen begründeten Gemeinschaft eine
bedeutende Rolle. Aaron und seine Söhne verwalten das „Entsühnungsamt",
das der ständigen Reinigung und Reparatur des theokratischen Systems dient.
Sie werden auch für ihre Dienste angemessen entlohnt und genießen in der
Gemeinde hohe Achtung. Ohne Frage war die Priesterschaft auch bestrebt, ihre
eigene Position als zentral wichtig hinzustellen und möglichst auszubauen. Die
Amtsinhaber der christlichen Kirchen verfahren noch heute ebenso, trotz wun-
derschöner Lippenbekenntnisse zum „Volk Gottes" und dem „Priestertum aller
Gläubigen". Was geschieht, wenn die Autorität der priesterlichen Mittler ange-
fochten wird? Davon handelt das nächste Kapitel.

3.2 Rebellion und Regulative (Lev 10)

Lev 10 gehört eng zu den beiden vorhergehenden Kap.n hinzu, ist aber deutlich
als Nachtrag zu erkennen. Mindestens vier Texteinheiten sind dem Inaugura-
tionsgeschehen angefügt, wohl in dem Bestreben, gewisse Akzente zu setzen,
Widersprüche aufzuklären, Vergessenes oder neu wichtig Gewordenes in den
Bericht vom Anfang des Opfergottesdienstes hineinzubringen.

3.2.1 Übersetzung

1) Die Aaronsöhne Nadab und Abihu nahmen ihre Kohlepfannen, legten Glut
hinein und gaben Räucherwerk darauf. So brachten sie unerlaubtes Feuer vor
Jahwe; er hatte es ihnen nicht geboten. 2) Da brach von Jahwe aus Feuer hervor,
das sie verschlang. Sie starben auf der Stelle vor Jahwe. 3) Mose sagte daraufhin
zu Aaron: Ja, so hat Jahwe es angekündigt: „An denen, die mir nahe sind,
erweise ich mich als heilig. Vor dem ganzen Volk verherrliche ich mich." Aaron
blieb stumm. 4) Mose aber rief Mischael und Elzaphan, die Söhne Usiels,
Aarons Onkel, herbei und sagte zu ihnen: Geht hin und schafft eure Brüder vom
Heiligtum weg und aus dem Lager hinaus. 5) Die traten heran und brachten die
Leichen in ihren Gewändern aus dem Lager hinaus, wie Mose angeordnet hatte.
6) Mose sagte zu Aaron und dessen Söhnen Eleasar und Itamar: Laßt ja nicht
eure Haare frei hängen und zerreißt eure Kleider nicht! Sonst müßt ihr sterben

und sein Zorn kommt über die ganze Gemeinde. Eure Brüder, das ganze übrige Israel, mögen über den Brand, den Jahwe geschickt hat, trauern. 7) Ihr selbst dürft vom Eingang des Begegnungszeltes nicht weggehen, sonst sterbt ihr. Denn auf euch ist das Salböl Jahwes ausgegossen. Sie handelten nach der Anweisung Moses.

8) Jahwe redete zu Aaron: 9) Wein und Bier darfst weder du noch dürfen es deine Söhne trinken, wenn ihr zum Begegnungszelt geht, sonst müßt ihr sterben. Das ist bleibendes Gesetz für alle eure Nachkommen. 10) Ihr sollt Heiliges und Profanes, Unreines und Reines auseinanderhalten. 11) Ihr sollt die Israeliten alle diese Vorschriften lehren, die Jahwe ihnen durch Mose übermittelt hat.

12) Mose sprach zu Aaron und dessen übriggebliebenen Söhnen Eleasar und Itamar: Nehmt das restliche Speiseopfer von den Jahwegaben und eßt es ungesäuert neben dem Altar, denn es ist allerheiligste Speise. 13) Ihr sollt es am heiligen Ort essen, denn es ist dein und deiner Söhne Anteil an den Jahwegaben. So ist es mir aufgetragen worden. 14) Die Schwingbrust und den Gabeschenkel sollt ihr am reinen Ort essen, du mit deinen Söhnen und Töchtern. Sie sind dir und deinen Söhnen als Anteil von den Gemeinschaftsopfern der Israeliten bestimmt. 15) Den Gabeschenkel und die Schwingbrust sollen sie mit den Fettstücken zusammen heranbringen und sie vor Jahwe hin- und herschwingen. Sie gehören auf alle Zeit dir und deinen Söhnen, wie Jahwe geboten hat.

16) Mose suchte den Sühnewidder, aber der war verbrannt worden. Da wurde er auf Eleasar und Itamar, die übriggebliebenen Aaronsöhne, zornig. Er sagte: 17) Warum habt ihr das Sündopfer nicht an heiliger Stätte gegessen? Das ist doch allerheiligste Speise! Er hat sie euch gegeben, damit ihr die Schuld der Gemeinde tilgt, indem ihr für sie vor Jahwe Sühne wirkt. 18) Nun ist aber sein Blut nicht ins Heiligtum vor das Angesicht (Jahwes) gebracht worden. Ihr hättet (das Fleisch) im Heiligtum essen müssen, wie er befohlen hat (Variante: wie mir aufgetragen worden ist). 19) Aaron sagte zu Mose: Sie haben ja heute vor Jahwe ihr Sündopfer und ihr Brandopfer dargebracht. Dennoch ist mir das alles zugestoßen. Wenn ich jetzt Fleisch vom Sündopfer äße, wäre das gut in den Augen Jahwes? 20) Mose hörte sich das an, und es war nach seiner Meinung in Ordnung.

3.2.2 Die Nachträge

Schon eine flüchtige Lektüre lehrt, daß Lev 10 von verschiedenen Überlieferern und Gruppen zusammengetragen worden ist. Dem Kap. fehlt thematisch wie stilistisch jede Einheitlichkeit. Überall fallen Brüche, Lücken, Doppelungen ins Auge. Nadab und Abihu begehen ein todeswürdiges Verbrechen – aber welches? Sie bringen unautorisiert (?), zur unrechten Zeit (?), unter Benutzung falscher Substanzen (?) eine Räucherung dar (V. 1). Es ist, als wollte der Schreiber eine Begebenheit wie die von Num 16 der Gemeinde nur eben andeuten. Die Tragweite eines priesterlichen Fehltritts scheint er vorauszusetzen. Und am Ende des Kap.s (V. 16–20) taucht dasselbe Thema in anderer Besetzung nur mit versöhnlichem Ausgang, also wohl aus einer anderen Überlieferung, noch einmal auf. Auch hier ist die Einführung abrupt und wenig auf den Zusammenhang abgestimmt: Mose „sucht" den Sündopferbock (V. 16), nachdem er die Eröffnungsfeierlichkeiten von Lev 8–9 hauptamtlich geleitet hat!

Aus der makabren Szene V. 5 entwickelt sich unerwarteterweise nicht eine strenge Warnung vor falscher Räucherpraxis („fremdes Feuer" vermeiden! vgl. Ex 30,9), sondern das verschärfte Verbot, um tote Angehörige zu trauern. Es spielt Lev 21,10–12 für den Hohenpriester eine Rolle und gilt nach Lev 21,1–3 und Ez 44,25 nicht für die niedrigeren Ränge. Es schließt sich ein Alkoholverbot für amtierende Priester an (V. 8–9; vgl. Ez 44,21). Die allgemeine Dienstbeschreibung („Unterweisung Israels über rein und unrein": V. 10–11) hat ebenfalls in Ez 44,23 eine Parallele. Sie ist in unserem Text syntaktisch nur ganz locker mit dem Vorhergehenden verknüpft (wörtlich: „... Unreines und Reines auseinanderhalten, um die Israeliten zu unterweisen ..."). Der Abschnitt V. 12–15 schließlich redet von den Priesteranteilen, die „an heiliger Stätte" verzehrt werden müssen: im Tempelvorhof, neben dem Altar (V. 12; vgl. zu Lev 6,9.19), zu dem aber die Familienangehörigen keinen Zutritt hatten, zumindest die weiblichen nicht. Sie werden aber in V. 14 mit berücksichtigt!

Insgesamt macht Lev 10 den Eindruck, als hätten Generationen von eifrigen Gesetzeswächtern die priesterliche Amtstätigkeit kommentiert und auf mögliche und gefährliche Abweichungen hingewiesen. Als Norm für das richtige Priesterverhalten schwebten ihnen Geschichten von der Bestrafung und Erziehung unorthodoxer Priestergruppen und Kataloge von Verboten vor, die speziell das Verhalten der kultischen Amtsträger regulierten. Solche Kataloge sind auch in Lev 21,1–22,16 und Ez 44,20–31 zu erkennen. Ob die Verfasser unserer kommentierenden Anmerkungen in strenggläubigen Priestergruppen oder eher auf Seiten der Laiengemeinde zu suchen sind, ist eine offene Frage.

3.2.3 Auch Priester machen Fehler (V. 1–5.16–20)

Seltsam widersprüchliche Erfahrungen im Umgang mit dem Heiligen sind in den beiden Rahmenabschnitten von Lev 10 verarbeitet. Einmal genügt ein nach unserem Ermessen winziger Verstoß, um die kultischen Amtsträger dem vernichtenden Feuer Jahwes auszuliefern (V. 1f.), dann wieder ist eine (ebenso gravierende?) Abweichung von den Opfervorschriften ein läßliches Vergehen, das keinerlei weitere Konsequenzen hat (V. 16–20). Entscheidet Gott so willkürlich über den Dienst seiner Priester? Oder handelt es sich um verschiedene Priestergruppierungen, die mit unterschiedlichen Motivationen und wechselndem Erfolg nach Vorrechten der Hierarchie griffen? Wir können vorläufig nur die Vermutung äußern, daß in der Tat Gruppenkämpfe in der Priesterschaft den Hintergrund abgeben, so wie es in Num 16f. klarer zum Ausdruck kommt.

Ausgerechnet die beiden erstgeborenen Söhne Aarons, Nadab und Abihu (vgl. Ex 6,23), machen sich schuldig. Nun ist der Bruch zwischen Vätern und Söhnen, die aus der Art fallen und nach der höchsten Macht greifen, in der Menschheitsgeschichte vorprogrammiert und nicht erst seit Sigmund Freud bekannt. Auch im AT finden sich Spuren des Generationenkampfes: Elis Söhne verspielen das Ansehen ihres Vaters (1 Sam 2,12–25); Samuels Söhne folgen nicht seinem Beispiel (1 Sam 8,5); Davids Söhne proben immer wieder den Aufstand (vgl. 2 Sam 15–19; 1 Kön 1). Das Thema „Sohn gegen Vater" kommt auch in den Götter- und Heldengeschichten des Alten Orients und Griechenlands vor. Es geht in keinem Fall um historische, sondern um typische Vorgänge. In Ex 24,1.9 sind Nadab und Abihu an sehr prominenter Stelle neben Mose und Aaron (und 70 namenlosen „Ältesten") als Anführer Israels genannt. Da fällt noch kein Schatten eines Verdachts auf sie. In Lev 10,1 ff. sind sie Repräsentanten einer Abweichlergruppe. Daß sie hier wie in Ex 6,23 als die ältesten Söhne Aarons gelten, verschärft nur die Problematik.

Worin besteht ihre Schuld? Sie füllen ihre Kohlepfannen – flache, zum Räucherdienst bestimmte, mit einem Griff versehene Gefäße, in der Form unseren Bratpfannen ähnlich – mit „fremdem", d.h. illegitimem Feuer. Nach Lev 16,12 mußte die Holzkohlenglut, mit der die Räucherung im Inneren des Begegnungszeltes/Tempels vollzogen werden sollte, vom großen Brandopferaltar vor dem Heiligtum genommen werden. Ob unser Überlieferer meint, daß Nadab und Abihu „eigene", also nicht schon „geheiligte" Kohlenstücke in ihre Pfannen legten? Oder ist seiner Meinung nach das „Räucherwerk" nicht vorschriftsmäßig hergestellt oder gelagert gewesen (vgl. Ex 30,34–38)? Der Verstoß gegen eine von den strengen Ritualvorschriften kann aber nicht der eigentliche Grund für den geschilderten Konflikt sein. Denn die Überlieferer bereiten in ihren Texten Erfahrungen auf. Im Fall Nadabs und Abihus hat es ein göttliches Todesurteil durch Verbrennung der Schuldigen gegeben. Das heißt im Klartext: Eine ehemals einflußreiche, rivalisierende Priestergruppe ist ausgeschaltet worden. Der angebliche Anlaß für ihre Eliminierung ist an sich uninteressant. Er braucht nur angedeutet, nicht benannt zu werden: Übertretung eines göttlichen Gebots. So kann eine siegreiche Gruppe nach gewonnenem Machtkampf die unterlegenen Gegner abqualifizieren. Sie haben gegen Gottes eigenstes Gebot verstoßen und sind von ihm persönlich vernichtet worden.

Zum Glück haben wir eine ausführliche Parallelerzählung, die uns den innerhierarchischen Machtkampf recht deutlich erkennen läßt: Num 16,1–17,15. Die Räucherpfannen der Priester spielen in der mehrschichtigen Erzählung eine wichtige Rolle (vgl. Num 16,6f..17f.; 17,2–5.11f.). Sie dienen einer Sühnezeremonie, der sündentilgenden Räucherung vor Jahwe. Mose ruft die im Streit liegenden Parteien zu diesem Ritus auf, damit sich im Vollzug der Anspruch der Rechtmäßigkeit erweise. Er kündigt ein Gottesurteil an (16,6f.). Die Darbringung des Rauchopfers wird also nicht kultisch auf ihre Korrektheit geprüft. Sie wird selbst Mittel, welches den Status der Rivalen vor Jahwe an den Tag bringen soll. Denn die Ansprüche der beiden Gruppen – Aaron auf der einen, die Sippen des Jizhar, Eliab und Pelet mit ihren vier Vertretern Korach, Datam, Abiram und On auf der anderen Seite – stehen unversöhnlich gegeneinander. Jede Seite wirft der anderen vor, die Linie des Machtmißbrauchs überschritten zu haben. „Ihr geht zu weit!" attestiert man jeweils den anderen (16,3.7), und die später Unterlegenen fügen eine theologische Begründung hinzu: „Die ganze Gemeinde, sie alle sind heilig, und Jahwe ist bei ihnen. Warum erhebt ihr euch über die Gemeinde Jahwes?" (16,3b). Die Herausforderer werden nach der einen Version prompt von der Erde verschluckt (16,31–33), so daß sie nach der Vorstellung der Zeit „lebendig zu den Toten hinunterfuhren" (16,33), nach einer anderen Überlieferung vom „Feuer Jahwes verschlungen" (16,35). Dieser Satz ist im Kern identisch mit Lev 10,2. Wichtig für uns ist also: Die Geschichte von den vier opponierenden Tempelbediensteten, die sich alle aus dem Stamm Levi herleiten (16,1), und ihrer auf 250 angesehene Familienchefs bezifferten Anhängerschaft (16,2) erinnert an Bestrebungen untergeordneter Kultfunktionäre, an den höchsten Privilegien des damaligen „geistlichen Standes" teilzuhaben. Der aus dem chronistischen Geschichtswerk und den Psalmen nur positiv bekannte Korach ist der Anführer dieser Rebellengruppe. Mir scheint, der oder die Überlieferer von Lev 10,1–2 haben das Grundmotiv der rebellierenden, höchste Autorität beanspruchenden Priestergruppe in einer Kürzestform auf die sinaitischen Einweihungsfeiern angewendet. Man wollte zeigen: a) Schon am allerersten Anfang des israelitischen Gottesdienstes gibt es kollidierende Interessen unter den Priestern. (Man vergleiche auch den Abfall der Gemeinde unter Leitung oder Duldung Aarons in Ex 32!). b) Die Abweichler können sogar ganz oben in der Hierarchie angesiedelt sein, schließlich stehen Nadab und Abihu in der (hohen)priesterlichen Erbfolge an zweiter Stelle! c) Jahwe entscheidet sich – wie in Num 16f. – für den amtierenden (Hohen)Priester, im Ernstfall auch gegen dessen eigenen Söhne, eine starke Bildrede für den eng verwandten Anspruch der Opposition. Der Abschlußsatz: „Aaron schwieg dazu" (Lev 10,3b) will darauf hinweisen, daß der Ahnherr der Priesterschaft in diesem Falle keine plausible Erklärung für das Fehlverhalten der Söhne hat (vgl. dagegen V. 19!) und somit ebenfalls kompromittiert ist, auch wenn er der Strafe entgeht.

Die theologische Begründung des Feuertodes für die Sünder ist zumindest für unser Verständnis doppelsinnig. Jahwe kann sich seinem Volk durch Feuer- oder Machterweise als „heilig" bezeugen, d. h. seine imponierende Kraft, die er zugunsten Israels einsetzt oder einsetzen will, sichtbar demonstrieren. Man vergleiche nur den Schlußsatz und Höhepunkt des Weihefestes (Lev 9,24)! Da löst das Feuer Jahwes helle Freude aus. Die Kehrseite der majestätischen Heiligkeit ist aber ihre zerstörerische Wucht, die sich gegen alles Unreine, Unerlaubte, Regelwidrige richtet. Der in Lev 10,3 zitierte Spruch hatte ursprünglich vielleicht mehr den heilvollen Selbsterweis Jahwes gegenüber ganz Israel zum Inhalt. Im hiesigen Zusammenhang wird er folgerichtig auf die Priesterschaft und gegen die Abweichler angewendet. Eine verwandte Sentenz ist Ps 18,26f., die von der Solidarität Jahwes mit den „Heiligen", „Treuen" und „Reinen" redet und in einem vierten Satz festhält, daß er gegenüber den „Verkehrten" auch seine zerstörende Qualität einsetzt.

Das „falsche" Räucheropfer der Aaronsöhne Nadab und Abihu erscheint wie ein ferner Nachhall der Rebellion des Korach (Num 16), die durch ein Gottesurteil entschieden wird (Num 16,17–33). In einer Überlieferungsschicht spielen auch hier die Räucherpfannen eine Rolle (V. 17f.). Wie ist die Tradition derartiger Aufstandsbewegungen gegen die geistliche Autorität Moses und Aarons zu

bewerten (vgl. auch Num 12)? Ernst Bloch, der die Bibel „gegen den Strich"
liest, entdeckt die „ökonomisch-soziale Unruhe" und „das politische Murren"
hinter vielen Texten[9]. Das ist sicher richtig. Nach der Rückkehr aus dem Exil hat
es in Juda erhebliche Machtkämpfe auch unter Priesterklassen und in der Gemeindeleitung gegeben. Das ist eine religiöse Variante der „ökonomisch-sozia-
len Unruhe". In Lev 10,1f. werden anscheinend Ansprüche einer Gruppe
zurückgewiesen, die sich auf ihre Abstammung von Aaron beruft[10].

Als Nachtrag zu der ersten Episode von Lev 10 bleibt festzustellen: Die
Räucherpfannen scheinen auf eine Überlieferungsschicht hinzuweisen, welche
den Räucheraltar im Inneren des Zeltes/Tempels (vgl. Ex 30,1–10) nicht kennt.
Dieser spezielle Altar ist streng vom Brandopferaltar draußen vor dem Tempel
(Ex 27,1–8) zu unterscheiden. Die Weihrauchdarbringungen mittels einzelner
Kohlepfannen oder auf dem Altar scheinen einander auszuschließen. Aber auch
die Räucherung auf dem Altar unterliegt strengen Warnungen vor dem „fremden", unerlaubten oder regelwidrigen „Feuer" (Ex 30,9). Der König Usia wird
wegen seines Versuchs, am inneren Altar zu räuchern, mit dem Aussatz bestraft
(2 Chr 26,16–21). Ob diese Tatsache dann doch wieder eine Gemeinsamkeit
zwischen der Altar- und der Pfannentradition andeutet? Die Kohlepfannen
könnten lediglich eine individualisierte Räucherpraxis signalisieren wollen, in
der man einzelne Figuren für ihre Untaten verantwortlich machen kann. Die
archäologischen Befunde aus Kanaan zeigen allerdings, daß Räucherpfannen
nur zeitweise in Gebrauch waren. Leider wissen wir nichts Genaues über ihre
Verwendung im zweiten jerusalemer Tempel.

Die Beseitigung der Leichen (Lev 10,4f.) gehört nicht notwendig zu der
Schilderung einer göttlichen Strafaktion gegen Opponenten. Samuel führt die
unterlegenen Baalspriester an den Bach Kison und tötet sie (1 Kön 18,40). Über
die Kadaver der Hingerichteten wird nichts gesagt. Die ausführliche Begräbnis-
notiz 2 Sam 21,10–14, die Nachkommen Sauls betreffend, will die außerordentliche Großmut Davids rühmen. Schließlich gehörte die ordentliche Bestattung
eines Toten zu den heiligen Pflichten der Hinterbliebenen: Die Existenz des
Verstorbenen im Totenreich, bei den „Vätern", hing vom ehrenhaften Begräbnis ab. Alle diese Überlegungen sind aber in den beiden Berichten über die
Vernichtung der priesterlichen Opposition von vornherein ausgeschaltet. Die
„Rotte des Korach" fährt entweder mit Mann und Maus, Hab und Gut in die
Unterwelt, oder sie wird vom Feuer Jahwes „aufgefressen" (Num 16,32.35). Das
bedeutet doch in beiden Versionen: Es bleibt nichts übrig, was zu bestatten
wäre. Dasselbe gilt auch für Nadab und Abihu. Jahwes Feuer „verschlingt sie"
(Lev 10,2a). Schon die Fortsetzung: „Sie starben vor Jahwe" (V. 2b) klingt
unpassend. Wie sollen vom Feuer Aufgefressene noch „sterben"? Die Vorstellung erst, die noch vorhandenen Leichen seien in ihren eigenen Gewändern aus
dem Lager geschafft worden (V. 5), paßt vollends nicht zum Verbrennungstod

---

[9] Atheismus im Christentum, Frankfurt 1968, 108.
[10] Vgl. den Rückbezug islamischer „Konfessionen" auf Familienangehörige Mohammeds: Werner Ende, Der schiitische Islam, in W. Ende und U. Steinbach, Der Islam der Gegenwart, München,
[3]1991, 70–90.

der Übeltäter. Der Schluß läßt sich nicht umgehen: Die Überlieferer haben –
recht sorglos, was die logische Kohärenz angeht – die Hinrichtung der beiden
ersten Aaronsöhne ausgemalt, um eine weitere Gruppe einzuführen: Mischael,
Elzaphan, die Söhne des Usiel. Diese Männer waren ihrer Meinung nach nahe
genug mit den Hingerichteten verwandt und hatten mit dem Priesterdienst an
sich nichts zu tun (vgl. Ex 6,18.22; Num 4,15.17–20: Die levitischen Kehatiter
sind lediglich Tempelarbeiter), so daß sie den verunreinigenden Totendienst
gefahrlos übernehmen konnten. Der angegebene Stammbaum zeigt darüberhinaus, daß Mischael und Elzaphan als Vettern des Korach galten (Ex 6,21). Das
läßt die Vermutung aufkommen, in Lev 10,1 f. sei das Korach-Motiv auf Nadab
und Abihu übertragen worden. Wie dem auch sei: Die Überlieferer wollen im
Anschluß an die Vernichtung der ersten priesterlichen Oppositionsgruppe das
Problem der Verunreinigung durch Tote ansprechen. Das Lager muß von allen
schwer verunreinigenden Stoffen peinlich genau freigehalten werden (vgl.
Num 5,1–4). Hieran schließt die Frage nach der möglichen Verunreinigung der
Priester an ihnen nahestehenden Verstorbenen (Lev 10,6 f.).

Doch wenden wir uns zuerst dem anderen Beispiel priesterlichen Fehlverhaltens zu. Die zweite Garnitur von Aaronsöhnen (vgl. auch Num 3,3 f.) hält das
Gebot von Lev 6,19.22 nicht ein, nach dem bestimmte Sühneopfer zum Teil von
den Priestern verspeist werden müssen. Es handelt sich um jene Opfer, bei
denen kein Blut ins Innere des Heiligtums getragen und dort gegen die Vorhän-
ge vor dem Allerheiligsten gesprengt wird (vgl. Lev 4,5 f.; 6,23; 10,18). Da jede
Abweichung vom vorgeschriebenen Ritual gravierend ist, sollten wir wiederum
eine strenge Bestrafung der Schuldigen erwarten. Weit gefehlt! So klar der
Verstoß gegen die heilige Ordnung in diesem Abschnitt zu erkennen ist, so
nachsichtig sind Mose und Jahwe. Die Entschuldigung Aarons wird angenommen. Allerdings ist sie für uns nicht leicht zu verstehen (V. 19): Die Priester
haben die Opfer zur eigenen Entsühnung vorschriftsmäßig erbracht. Trotzdem
ist die Katastrophe über Nadab und Abihu hereingebrochen. Konnte Aaron
angesichts dieses Ereignisses unbeschwert vom Sündopfertier des Volkes essen?
Jahwe selbst hatte mit der Bestrafung Nadabs und Abihus doch die Entsüh-
nungsprozeduren unterbrochen und den übrigen Priestern, die mitschuldig
geworden waren, untersagt! So verstehen die meisten Kommentatoren den
Einwand Aarons. Sie verhehlen aber nicht, daß diese Interpretation nur sehr
bedingt mit den in Lev 8–9 geschilderten Ereignissen zusammenstimmt.

Wir kommen ein Stückchen weiter, wenn wir mit Martin Noth die Episode
um Eleasar und Itamar als kritische Ergänzung des Berichts vom „Eröffnungsgottesdienst" im Licht der vorhergehenden Gesetzgebung (besonders Lev 4 und
6) sehen. Spätere Leser und Hörer haben dem Gesetz voll Genüge tun wollen.
Danach müßte ein Opfergottesdienst folgendermaßen ablaufen: 1. Die Priester
entsühnen sich selbst; das Ritual schließt notwendig die Blutsprengung vor dem
inneren Vorhang ein (vgl. Lev 4,1–12; 8,14–21; 9,8–14: eine Kombination
dieser Texte enthält alle erforderlichen rituellen Momente). 2. Bei manchen
Opfergaben des Volkes unterbleibt die Blutsprengung im Heiligtum; in diesen
Fällen haben die Priester ihre Opferanteile auf geweihtem Grund zu verzehren

(vgl. Lev 4,27–35; 6,17–23. Das Sühnopfer Lev 4,13–21 erfolgt dagegen mit Blutsprengung am Vorhang). Die übergenauen Kommentatoren stellten fest, daß in Lev 9,9 nur von Blutriten am Brandopferaltar, nicht aber von der Blutsprengung im Heiligtum die Rede war. Das ist schon ein Fehler, weil beim Sündopferstier für die Entsühnung des Priesters Blut ins Innere getragen werden muß (Lev 4,5f.). Schlimmer noch, daß mit dem Sündopfer des Volkes genauso verfahren wird (Lev 9,15). In dem Fall mußten nach Lev 6,17–23 die priesterlichen Anteile verzehrt werden! Sie durften keinesfalls – wie in Lev 9,11 in Anlehnung an 4,11f. berichtet und dann auch in 9,15 vorausgesetzt – verbrannt werden. Eine Priesterschelte war am Platze (Lev 10,16–20).

Daß bei dieser Korrektur der Darstellung in Lev 9 manche Ungereimtheiten entstehen, hat die strengen Kritiker nicht interessiert. Wer waren die verantwortlichen Akteure beim ersten Opfer der Aaroniden? Wie ist der zeitliche Ablauf der Ereignisse zu denken? Entscheidend wichtig war ihnen, eine wesentliche Priestervorschrift einzuschärfen. Wer aber hat Interesse daran, die Priester an Normen zu erinnern? Diese Frage führt uns weiter. Waren in Lev 10,1–5 rivalisierende Priestergruppen sichtbar geworden, so müssen wir bei der zweiten Episode eher Gemeindeinteressen konstatieren. Eleasar und Itamar waren in der Exilszeit bekannte Ahnherren von amtierenden Priestersippen (vgl. Num 3,1–4; 1 Chr 5,29–40: Von Eleasar leiten sich in lückenloser Folge die leitenden Priester bis zum Exil ab). Also konnten sie nicht wegen einer Verfehlung umgekommen sein. Sie hatten auch nie gegen mächtigere Konkurrenten den kürzeren gezogen. Der überragende Oberpriester von Jerusalem zur Zeit Davids und Salomos, Zadok, war in ihre Ahnenreihe aufgenommen worden (1 Chr 5,34.38). Aber die Gemeinde hatte das Bedürfnis, auch die strahlendsten Größen ihrer geistlichen Geschichte auf Menschenmaß zu halten. Selbst die Hohenpriester hatten sich dem Gebot Jahwes unterzuordnen. Sie waren Befehlsempfänger Moses und von dessen Gutdünken abhängig. Beim Eröffnungsgottesdienst hätten die Priester (wie auch in allen späteren Opferfeiern) ihre allerhöchste Aufgabe wahrnehmen sollen, nämlich „die Schuld der Gemeinde wegzunehmen und sie vor Jahwe zu entsühnen" (Lev 10,17b). Die Vernachlässigung dieser Amtspflicht ist geradezu der Hauptpunkt der Anklage, die Mose den säumigen Priestern vorhält (V. 17–18 ist eine Anklagerede!). Die Entschuldigung Aarons wird zwar angenommen, aber sie enthält auch das Eingeständnis des Fehlverhaltens und soll sicherlich dazu dienen, die Korrektur der Sühneliturgie zugunsten der Gemeinde festzuschreiben.

3.2.4 *Verhaltensregeln für Priester (V. 6–7.8–11.12–15)*

Eingerahmt von Texten, die priesterliches Fehlverhalten kritisieren, finden wir drei Abschnitte, die mehr oder weniger direkt Verhaltensnormen für Priester festhalten. „Ihr sollt nicht …", bzw. „Ihr sollt …" ist die Grundform dieser Regeln. Die plur.e Anrede zeigt, daß sie auf die ganze Priesterschaft gemünzt sind. Lev 10,6–15 ist allerdings eine recht lockere Sammlung von Priestergeboten. Denn die einzelnen Vorschriften sind meist wortreich ausgemalt, außerdem ist die Themenauswahl recht zufällig und begrenzt: Es geht um das Trauerverbot (V. 6–7), das Alkoholverbot (V. 8–11) und das Gebot, die Opferanteile nur an zulässigem Ort zu verzehren (V. 12–15). Weit umfangreichere und zum Teil auch kompaktere Gebotskataloge für die Priesterschaft finden wir in Lev 21,1–22,16 und Ez 44,20–31. Die verwandten Gattungen der kultischen und ethischen Gebotslisten für jedermann, sprich: die Glieder der Jahwegemeinde, werden wir z. B. in Lev 19 und 23 kennenlernen.

A) Die zeremonielle Totenklage war in Israel wie im ganzen alten Orient bekannt (vgl. 2 Sam 1,17–27)[11]. War jemand verstorben, so mußten die Angehörigen vor dem Begräbnis eine Klagefeier halten (vgl. Gen 50,3f..10). Zu den gängigen Riten gehörten Weinen, Heulen, Sich-an-die-Brust-Schlagen, Rasur von Augenbrauen oder Haupthaar, Sack-Anlegen, Asche-auf-den-Kopf-Streuen (vgl. Jes 22,12; Joel 1,13; Ez 27,29–32). Erwähnt wird auch das Zerreißen der Kleider als Zeichen der Totentrauer (2 Sam 3,31; Joel 2,12f.). Das freie Hängenlassen des Haares kommt als Trauerbrauch nur im Buch Leviticus vor. Die priesterliche Überlieferung hebt hier und in Lev 21,10 lediglich zwei Gebräuche hervor, die signalisieren: Der Trauernde ist aus der normalen Ordnung herausgetreten. Er befindet sich in einem Zustand der gefährlichen Verwahrlosung und ist darum unrein. Lev 13,45 zeigt das sehr deutlich. Der mit einer bestimmten, von Jahwe selbst verhängten Hautkrankheit Behaftete mußte seine Kleider zerreißen, sein Haupthaar lose hängen lassen und den Bart verhüllen. Andere Menschen hatte er mit dem Ruf „Unrein!, Unrein!" zu warnen. Die Überlieferer verboten also dem Priester rundweg jede Berührung eines Toten aus der eigenen Familie, wie sie bei der Ausrichtung der Bestattung unvermeidbar ist (vgl. Lev 10,4f.; 21,1.10f.). Sie gestatteten auch nicht die Teilnahme an den Klageriten vor der Bestattung: Auch dabei konnte der Trauernde mit der Leiche in Berührung kommen und sich verunreinigen (V. 5f.). Bestattung und Trauerriten sollen von anderen Israeliten ausgeführt werden. Die Priester haben am Dienstort zu bleiben (V. 7). Sie würden durch das Verlassen des heiligen Bezirkes nicht nur den Ablauf des Kultes gefährden, sondern sich „draußen" auf jeden Fall verunreinigen und erst nach den erforderlichen Waschungen zum Altardienst zurückkommen können.

Der übergeordnete Gesichtspunkt beim Verbot der Totentrauer für alle amtierenden Priester ist die Angst vor Verunreinigung. Es geht also nicht, wie z. B. in Dtn 14,1, um die Abwehr von fremden Kultbräuchen oder um einen Treuetest nach dem Motto: Laßt die Toten ihre Toten begraben (Mt 8,22). Nein, unser Text will allen Priestern (oder doch nur Aaron und seinen hohenpriesterlichen Nachkommen?) jeden möglichen Kontakt mit dem unreinen und widergöttlichen Bereich des Todes unmöglich machen. Gegenüber den analogen Bestimmungen von Num 19,10b–22; Ez 44,25–27 und Lev 21,1–4.10–12 (vgl. die Auslegung unten Nr. 7.1.3) bedeutet das Verbot der Trauer in Lev 10,6f. eine Ausweitung der schärfsten Vorsichtsmaßregeln auf die ganze Priester-

---

[11] Vgl. Hedwig Jahnow, Das hebräische Leichenlied, BZAW 36, Gießen 1923.

schaft. Der genaue Vergleich unserer beiden Verse mit Lev 21,10–12 läßt erkennen, wie die Überlieferung den hohenpriesterlichen Text auswahlweise kopiert und in den Zusammenhang von Lev 10 eingepaßt hat. Das Verbot der Totenberührung (Lev 21,11 a) blieb ausgespart, weil schon in Lev 10,4 f. impliziert. Ein Vergleich mit Ez 24,15–24, dem von Jahwe befohlenen Verzicht auf Totenklage für die eigene Frau, lehrt, wie außergewöhnlich und menschlich im Grunde unzumutbar die Abstinenz der Priester war.

B) Es gibt und gab Religionen, die Narkotika und Stimulantien zur Erreichung einer Gottesbegegnung einsetzen. In der altisraelitischen Gesellschaft war zwar die religiöse Ekstase nicht unbekannt (vgl. 1 Sam 10,10), doch der Alkohol als Mittel zum Zweck verpönt. Die gottgeweihten Nasiräer mußten sich jedes berauschenden Getränks enthalten, solange ihr Gelübde bestand (Num 6,2–4). Auch die werdenden Mütter, die einem zukünftigen Nasiräer das Leben geben sollten, unterlagen schon dem Alkoholverbot (Ri 13,4 f.). Die halbnomadischen Rekabiter, eine Familie besonderer Jahweeiferer, verschmäht den Wein (Jer 35,2–6). Berauschendes Getränk war für den Umgang mit Gott nicht förderlich. Darum wird es allen Priestern für die Dienstzeit strikt und auf Dauer verboten (V. 9). Außerhalb des Dienstes ist das Gläschen Wein demnach erlaubt. Es geht eben nicht um eine völlige Ächtung eines unter Umständen schädlichen Genußmittels, sondern um das Verhalten der Priester. Der schon zitierte Gebotskatalog in Ez 44 hat ein vereinfachtes Weinverbot für die Dienstzeit (V. 21). Betrunkene Priester und Propheten sind Zielscheibe prophetischen Spottes (Jes 28,7–13). Im Alten Israel hat es ein tiefsitzendes Mißtrauen gegen die alkoholische Begeisterung im Umgang mit dem Göttlichen gegeben, so sehr auch die Geistgabe Jahwes gesucht wurde (Num 11; Joel 4).

Die Weiterführung des Alkoholverbotes von V. 9 durch eine umfassende Lehrverpflichtung der Priesterschaft sollte nicht in erster Linie rational in dem Sinn eines Appells: Bleibt nüchtern, damit ihr vernünftig unterrichten könnt! verstanden werden. Vielmehr wollen die Überlieferer dem in V. 9 genannten Altardienst ein weiteres, vielleicht wichtigeres Aufgabenfeld hinzufügen. Die „Unterscheidung" von rein und unrein und die „Lehre" aller Gottesgebote (V. 10 f.) stellen die Öffentlichkeitsarbeit der Priesterschaft dar. Der Opferdienst ist völlig „nach innen", auf Heiligtum und Jahwe hin gewandt. Jetzt geht es um das Volk, die Gemeinde. Welche Funktionen hatten die Priester des zweiten Tempels? Waren sie bereits Gemeindepfarrer oder Leutepriester im Sinne der späteren christlichen Tradition? Weil die unter uns verbreitete Meinung, altisraelitische Priester hätten „von alters her" Lehrfunktionen ausgeübt und „das Mosegesetz" im Volk verkündigt, wahrscheinlich falsch ist, beschränken wir uns auf die exilisch-nachexilische Zeit. Da gibt es in der Tat eine breite Überlieferung, welche die Priester und Leviten als eine Art Katecheten zeigt. Priester sind für alle kultischen Reinheitsprobleme zuständig (vgl. Lev 14,57; Dtn 24,8; Hag 2,11–14). Sie haben in manchen Rechtsfragen zu entscheiden (vgl. Dtn 17,8 f.; 2 Chr 19,8–11). Und sie sind für die Vermittlung der ganzen Tora des Mose verantwortlich (vgl. Dtn 31,9; 2 Chr 17,7–9). Diese letzte, umfassendste Verantwortlichkeit wird auch in unserem Text angedeutet. Jedenfalls spricht Lev 10,11 von „allen Geboten, welche Jahwe ihnen durch Mose gegeben hat." V. 10 dagegen hat lediglich die Reinheitsvorschriften im Auge und ist damit ein Hinweis auf die bald folgende Sammlung solcher Regeln (Lev 11–15).

Was sollen wir von der angeblichen Lehrtätigkeit und Gesetzespredigt der Priester im Alten Israel halten? Wir müssen uns vor allem hüten, unser Berufsbild eines christlichen Gemeindepfarrers in die alten Texte einzutragen. Im Alten Orient war sicherlich eine Vielzahl von priesterlichen Funktionen bekannt. Es gab z.B. besondere Orakel- und Beschwörungspriester. Aus ihren Berufsbildern und aus der ganzen, uns bekannten vorexilischen Geschichte des Priestertums in Israel läßt sich aber nicht die Verantwortung für ein umfassendes, schriftlich niedergelegtes Gemeindegesetz herleiten. Das Priestertum in Israel war im wesentlichen auf den Tempel- und Opferdienst beschränkt. Außerdem gab es in der Königszeit weder die nachexilischen Gemeindestrukturen noch auch das erst von diesen hervorgebrachte Gesetzbuch des Mose. Also ist die umfassende katechetische Aufgabe der Priester allerhöchstens eine späte, frühjüdische Erscheinung. Vermutlich haben vor und nach der Neugründung des Tempels in Jerusalem viele Priestersippen, die nicht mehr in der jerusalemer Tempelhierarchie unterkommen konnten, andere geistliche Führungsrollen in den Gemeinden übernommen. Daß tatsächlich Männer aus Priestergeschlechtern bei der Sammlung und Auslegung der alten Überlieferungen eine Rolle spielten, mag hier und da zu der pauschalen Vorstellung geführt haben, „die Priester" seien für das Gesetz des Mose zuständig. Die Wirklichkeit sah anders aus. In 2 Chr 17,7–9 werden königliche Beamte mit der Lehraufgabe betraut. Einige Leviten und Priester sind nachgeordnete Begleiter. Esra, der große Prototyp des Schriftgelehrten, ist in erster Linie – darüber kann auch eine priesterliche Übermalung nicht hinwegtäuschen – „Schreiber des Himmelsgottes" und dann auch Abkömmling einer Priesterfamilie (vgl. Esra 7,1–6.11f.; Neh 8,2.4). Anstatt zu folgern, die Gesetzesverkündigung sei von jeher Aufgabe von Priestern gewesen, ist es sachgemäßer, zu sagen: Wo von dem Tora-Amt „der Priester" die Rede ist, meldet sich die frühjüdische Gemeinde zu Wort. Nirgends wird ein priesterliches Privileg der Toraverwaltung formuliert, wie es ein deutliches, ausschließliches Vorrecht für den Altardienst gibt! Die Zuweisung der Toraunterweisung an die Priester ist vielmehr ein Mittel, den Priesterstand der Moseaufsicht unterzuordnen. So jedenfalls ist Lev 10,11 zu verstehen. Damit wird auch die einzigartige Anrede Aarons durch Jahwe in der Einleitung des Abschnittes relativiert (V. 8). Die Anweisung Jahwes bezieht sich am Ende klar auf die durch Mose gegebenen Gebote und unterstellt damit die Priesterschaft der Aufsicht des gemeindenäheren Schreiberamtes.

Anders verhält es sich sicherlich mit der zuerst genannten Aufgabe, das Heilige und Profane auseinanderzuhalten (V. 10). Die Tempelpriester Israels wie der Nachbarvölker hatten für den heiligen Bezirk eine Aufsichtspflicht. Eli stellt z.B. Hanna zur Rede, weil er meint, sie sei betrunken (1 Sam 1,9–14). Ahimelech, der Oberpriester von Nob, ist dafür verantwortlich, daß die heiligen Brote seines Tempels nicht profaniert werden (1 Sam 21,5–7). Die Zuständigkeit von Priestern in Rechtsfragen, welche den Kultbereich berühren, wird mehrfach erwähnt (vgl. Num 5,11–28; 25,6–13; Hag 2,11–14). Kurz, der amtierende Tempelpriester muß nicht nur selbst genauestens die kultischen Regeln seines Heiligtums kennen und den heiligen Bezirk von aller Verunreinigung frei halten, er hat auch auf Anfragen der Tempelbesucher Rede und Antwort zu stehen und das richtige Verhalten vor dem Gott, der im Tempelbereich wohnt, zu nennen. Unser Text faßt das alles in dem einfachen und doch hintergründigen Satz zusammen: „Ihr sollt zwischen dem Heiligen und Profanen, dem Unreinen und Reinen trennen" (V. 10; ein ganz ähnlich konstruierter Satz findet sich in Lev 11,47!). Das Wort „trennen" (*hibdil*) ist in einigen Texten des ATs ein Leitmotiv. So in der priesterlichen Schöpfungsgeschichte, in der die Lebenszonen voneinander geschieden werden müssen, und zwar so, daß die Unheilsmächte (Chaoswasser; Dunkelheit; Nacht) klar auf eine Seite gehören (vgl. Gen 1,4 ff.). Programmatisch wird die Gemeinde zur Absonderung von den Völkern und das ist gleichbedeutend mit: zur Heiligung für und Vereinigung mit Jahwe aufgefordert in Lev 20,22–26 (vgl. unten Nr. 7.1.5). Die in Ez 22,26, 42,20 und 44,23 fast wörtlich wie in unserem V. 10 vorkommende oder aus dem Text zu erschließende Beauftragung der Priester mit der „Scheideaufgabe" ist durchaus in Parallele zur göttlichen Schöpfungspraxis und der Grundbestimmung des heiligen Volkes Israel zu sehen. Priester sind kraft ihres Amtes direkt in die Heiligungsbemühungen Jahwes eingebunden. Ihr Auftrag besteht darin, den heiligen Ort zu versorgen und Jahwe im Allerheiligsten zu dienen. Nach außen sollen sie hauptamtlich mithelfen, Israel zum „heiligen" Volk zu machen. Zwar deuten die synonymen Gegensatzpaare „heilig" – „profan" und „unrein" – „rein" eine scharfe Trennung der Welt in nur zwei entgegengesetzte Bereiche an, doch ist in Israel eine Abstufung der Heiligkeit zu erkennen. Vom Allerheiligsten im Tempel ausgehend verliert die göttliche Substanz an Einfluß, je weiter man sich vom Zentrum entfernt (vgl. Lev 16,20–22). Das Prinzip des Sichabtrennens, das Bemühen, definitive Linien zu ziehen, ist in der priesterlichen Überlieferung des ATs tief verankert und bis heute in der Menschheit nicht ausgestorben. Es scheint eine anthropologische Konstante zu sein, die Menschen zwingt, zwischen sich und den anderen Gräben zu ziehen und den so eingegrenzten eigenen Bereich für „heilig" oder „den besten" zu erklären[12].

C) Der dritte Gebotsabschnitt ist der längste: Lev 10,12–15. Wortreichtum verdeckt aber wie so oft die präzisen Aussagen. Wollen die Überlieferer einmal mehr festlegen, welche Anteile die Priester von den Opfern der Israeliten bekommen? Die Verse 13.14.15 weisen sehr betont auf die Ansprüche der Aaroniden hin (vgl. Lev 7,32–34). Es geht um Teile des Speisopfers (V. 12; vgl. Lev 2,3.10) und die bekannten Stücke „Schwingbrust" und „Hebekeule" von den Gemeinschaftsopfern der Gemeinde (V. 14 f.; vgl. Lev 7,31–34). Das Vokabular, das in unserem Abschnitt verwendet wird, unterscheidet sich leicht etwa von der Sprache, die vorher (Lev 2,3.10; 5,13; 6,18 f.; 7,14) verwendet worden ist. Es mag sich also um eine Parallelüberlieferung handeln, die zusätzlich

---

[12] Vgl. zu Lev 19,2; 20,22–26; Mary Douglas; Peter Hofstätter, Gruppendynamik, Hamburg 1957.

aufgezeichnet wurde. Die Anteilsfrage wird aber ganz im Sinne der früheren, zur Sache notierten Passagen entschieden.

Oder liegt der Nachdruck des Abschnittes V. 12–15 gar nicht auf der neuerlichen Fixierung der Priestertarife? Das „Essen an heiliger" – einmal an „reiner" – Stätte steht stark betont im Mittelpunkt des Interesses. Auch dieses Thema wurde schon angesprochen (vgl. Lev 6,9–11.19.22; 7,6; 8,31). Im Zusammenhang des Kap. 10 ist es wahrscheinlicher, daß bei V. 12–15 das Eßgebot im Vordergrund steht; so fügt sich der Text gut an die vorhergehenden normativen Aussagen an. Außerdem liegt das Thema „Essen an heiliger Stelle" in der Luft. Es wird auch in V. 16–20 aufgegriffen.

Was ist aber nun das Besondere der jetzigen Eßbestimmungen nach den Anweisungen z. B. von Lev 6,9f. und 7,6? „Neben dem Altar" soll der zugewiesene Opferanteil verzehrt werden. Dort, wo man in Lev 1,16; 6,3 den Unrat hinkippen läßt? Die anderen Belegstellen sprechen gern vom „Tempelvorhof" (6,9) oder allgemein von der „heiligen Stätte" (7,6; so auch 10,13!). Die zweite ungewöhnliche Beschreibung ist „am reinen Ort" (V. 14). Der muß nach Lev 4,12 und 6,4 außerhalb des Heiligtums (und des Lagers?) gesucht werden. Der Grund für den Szenenwechsel bei der Verspeisung des Opferfleisches könnte darin liegen, daß die Töchter zum Mahl zugelassen sind (V. 14). Sie dürfen aber nicht einmal den Vorhof des Heiligtums betreten. Nur den männlichen Familienmitgliedern ist in den Paralleltexten der Genuß des Opferfleisches „an heiliger Stätte" erlaubt (Lev 6,11.22; 7,6). Also müssen die Priesterväter das ihnen zukommende und auch für die Ernährung der Familie bestimmte Opferfleisch aus dem Heiligtum hinausbringen, aber, bitte, nur an einen „reinen Ort". Das kann sicher auch die eigene Behausung sein.

Die Speiseanordnung fügt sich als Gebotstext in die Reihe der vorigen Ver- und Gebote ein. In den umfangreicheren Listen von Lev 21,1–22,16 und Ez 44,9–31 ist eine genaue Entsprechung nicht vorhanden. Statt der Vorschrift, nur am heiligen/reinen Ort zu essen, bringt Lev 22,10–13 eine Bestimmung über die zum Mahl (doch wohl im Hause des Priesters) zugelassenen und nichtzugelassenen Personen. Ez 44,29–31 hingegen setzt die Priesteranteile an den Opfergaben fest. Wir können vermuten, daß die Überlieferer von Lev 10 eine größere Zahl von berufsgebundenen Vorschriften für Priester vor Augen hatten, aber für diese Stelle, als eine spätere Ergänzung zu dem Bericht über den Eröffnungsgottesdienst, nur eine ganz beschränkte Auswahl getroffen haben.

4. Reinheit und Reinigung (Lev 11–15)

4.1 Ein Überblick

Wie Lev 1–7 bilden die Kap. 11–15 unseres Buches eine relativ geschlossene Einheit. Die Sammlung wird von manchen als eine eigenständige Komposition angesehen, welche vielleicht einmal als ganze in den Kontext eingefügt worden ist. Diese Schlußfolgerung ergibt sich einmal aus der einheitlichen Thematik, zum anderen aus der ähnlichen Grundstruktur der Einzelabschnitte.

Die polare Wortgruppe „rein" – „unrein" mit ihren Synonymen und Derivaten wird in dem jetzt zur Debatte stehenden Abschnitt zum thematischen Mittelpunkt. Vorher und nachher kommt das entsprechende Vokabular nur vereinzelt und am Rande vor. Gemeint ist eine kultische Reinheit, nicht – und es fällt uns schwer, diese Unterscheidungen zu vollziehen – oder zumindest nicht in erster Linie irgendeine moralische oder hygienische Sauberkeit. Kultisch rein sein bedeutete für den antiken Menschen, sich in der physischen und geistlichen Verfassung zu befinden, die ihm den Zugang zum Heiligen ermöglichte. Im AT gibt es eindrucksvolle Zeugnisse dafür, daß die ethische Qualifikation beim Besuch der heiligen Stätten mit bedacht wurde (vgl. Ps 15; 24; Jes 33,14–16). Das ist aber nicht entscheidend. Es geht nicht in erster Linie um die Einhaltung kodifizierter Normen. Die Frage ist, ob der Jahweanhänger materiell und darum auch geistlich mit der Heiligkeit seines Gottes „synchronisiert" ist. Derjenige Mensch, welcher mit Jahwe zusammenleben oder zusammentreffen will, muß durch und durch mit ihm „kompatibel" sein. Die Forderung wird gelegentlich (von einem anderen Überlieferungskreis?) so ausgedrückt: Ihr sollt heilig sein, denn ich bin heilig! (vgl. Lev 11,44; 19,2). „Heilig" und „rein" sind synonyme Begriffe. Nur der reine Mensch kann sich dem Heiligen ungestraft nähern. Beide Qualifikationen schließen die moralische „Lauterkeit" ein. Bei den Reinheitsvorschriften unserer Sammlung geht es aber vordergründig nur um die äußerlich feststellbare, den Einzelmenschen und die ihn umgebende Sachwelt betreffende Reinheit. Es geht um die Frage: Welche äußeren Umstände stören die Übereinstimmung mit Gott, führen zu gefährlichen Konfrontationen und Explosionen, wie in der Episode von Nadab und Abihu exemplarisch vorgeführt (vgl. Lev 10,1 f.)? Daß uralte Vorstellungen von der Vereinbarkeit oder Unvereinbarkeit gewisser Substanzen mit eine Rolle spielen, haben auch Anthropologinnen bestätigt[1].

Erstaunlich ist, daß in Lev 11–15 der heilige Ort so stark zurücktritt. Er ist kaum noch zu entdecken. Die Priester, die gelegentlich auftauchen, sind Dia-

---

[1] Vgl. Mary Douglas.

gnostiker und Therapeuten, aber kaum Altardiener. Ja, der Altar des Tempels
wird außerordentlich selten direkt genannt (14,20). Wenn vom Opfern die Rede
ist, dann geschieht es „vor Jahwe" (vgl. 14,24.31) oder „vor dem Eingang zum
Begegnungszelt" (12,6; 14,23). Das Hauptgeschehen in den Reinheitsgesetzen
aber hat seinen Platz im und am Hause des „Patienten" oder der „Patientin".
Der Priester ist oft zu ihr oder ihm hin unterwegs, um Befunde zu ermitteln oder
Bescheide auszustellen. Vielfach laufen die Handlungen auch gänzlich ohne
Priesterbeteiligung ab. Mehr noch: In ihrer Grundtendenz scheinen die Reinheitsgesetze auf das private Leben ausgerichtet zu sein. Sie verraten an keiner
Stelle die Absicht, die Laienmitglieder der Gemeinde (um sie geht es ausschließlich!) für den Gottesdienst- oder Tempelbesuch fit zu machen, d. h. zu „reinigen". Die Reinheit ist vielmehr im Blick auf den Alltag und das häusliche Leben
konzipiert. Also ist kultische Reinheit nicht nur eine Erfordernis für den Besuch
der heiligen Stätten; sie ist wichtig für den ganzen Lebensvollzug.

Das zweite Moment – formale und kompositorische Geschlossenheit –
kommt am auffälligsten durch die Eingangs- und Schlußformeln zum Ausdruck. Sechs thematische Abschnitte beginnen stereotyp mit der typischen,
mehr oder weniger erweiterten Einführung: Jahwe redete zu Mose ... (Lev
11,1f.; 12,1f.; 13,1; 14,1; 14,33; 15,1f.; vgl. oben Nr. 2.2.3, zu Lev 1,1–2).
Ebenso konstant ist jeweils die Abschlußformel: Dies ist das Gesetz ... (Lev
11,46; 12,7b; 13,59; 14,32; 14,57b; 15,32f.; einmal wird dieser Ausdruck auch
für die Einleitung benutzt: 14,2). Der formelhafte Abschluß kommt in dieser
Regelmäßigkeit sonst nicht vor. Bei den Opfergesetzen bleiben die Unterabschnitte ohne einen solchen Endvermerk, erst am Schluß der ganzen Sammlung
heißt es: Das ist die Tora des ... (Lev 7,37f.). Ganz anders formulierte Schlußnotizen zu einzelnen Paragraphen finden sich in Lev 16,34; 26,46; 27,34. Die
Einführungsformeln für thematische Abschnitte sind über das ganze priester-
schriftliche Material verbreitet und sehr charakteristisch für das Buch Leviticus
insgesamt. Die Abschlußformeln dagegen sind eine Besonderheit der Reinheitsvorschriften. Daraus läßt sich möglicherweise schließen, daß diese Gesetzessammlung einmal eigenständig existiert hat.

Sprache und Stil der sechs Unterabschnitte sind nicht einheitlich. Wir treffen
auf die verschiedenen Formen rechtlicher, kultisch-rechtlicher und belehrender
Rede. Aber gerade diese Mischung von Redeformen ist typisch für die Gattung
des alttestamentlichen Rechtsbuches, wie sie im Bundesbuch, im Deuteronomium und in großen Teilen des dritten und vierten Buches Mose vorliegt.

4.2 Speisevorschriften (Lev 11)

4.2.1 Übersetzung

1) Jahwe redete zu Mose und Aaron. Er sagte zu ihnen: 2) Sprecht zu den
Israeliten: Das folgende Getier dürft ihr essen: Vom großen, landlebenden Vieh

3) alles, was völlig gespaltene Hufe hat und wiederkäut. Das dürft ihr essen. 4) Jedoch dürft ihr von den Wiederkäuern und Spalthufern nicht essen: das Kamel, denn es ist Wiederkäuer, hat aber den Huf nicht gespalten, es ist für euch unrein; 5) den Klippdachs, denn er ist Wiederkäuer, hat aber den Huf nicht gespalten, er ist für euch unrein; 6) den Hasen, denn er ist Wiederkäuer, hat aber den Huf nicht gespalten, er ist für euch unrein; 7) das Wildschwein, denn es hat den Huf zwar völlig gespalten, aber es kaut nicht wieder, es ist für euch unrein. 8) Von dem Fleisch dieser Tiere dürft ihr nicht essen, ihren Kadaver dürft ihr nicht berühren, sie sind für euch unrein.

9) Von allem, was im Wasser lebt, dürft ihr folgendes essen: Alles, was Flossen und Schuppen hat im Wasser, nämlich in Meeren und Flüssen, das dürft ihr essen. 10) Alles, was in den Meeren und Flüssen keine Flossen und Schuppen hat, seien es kleine oder große Wassertiere, ist für euch ungenießbar. 11) Ihr sollt sie nicht anrühren, von ihrem Fleisch dürft ihr nicht essen, und ihre Kadaver sollt ihr meiden. 12) Alles, was keine Flossen und Schuppen hat im Wasser, das ist für euch gefährlich.

13) Von den Flugtieren sollt ihr meiden, und sie dürfen nicht gegessen werden, sie sind gefährlich: Adler, Lämmergeier, Bartgeier, Gabelweihe, Königsweihe in allen Arten; 15) alle Rabenvögel; 16) Strauß, Schwalbe, Möwe, Falke in allen Arten; 17) Käuzchen, Fischeule, Ibis, 18) Ohreneule, Pelikan, Aasgeier, 19) Storch und Kormoran in allen Arten, Wiedehopf, Fledermaus, 20) alles fliegende Kleingetier, das vier Beine hat, ist euch gefährlich. 21) Ausgenommen sind, und ihr dürft vom vierbeinigen, geflügelten Kleingetier essen: was Schenkel oberhalb seiner Füße hat und mit ihnen auf der Erde springen kann. 22) Die folgenden Tiere dürft ihr essen: alle Arten von Wanderheuschrecken, Felsenheuschrecken, Galoppheuschrecken und Springheuschrecken. 23) Alles fliegende Kleingetier, das nicht vier Beine hat, ist euch gefährlich.

24) Mit den folgenden Tieren verunreinigt ihr euch. Wer ihren Kadaver anrührt, ist bis zum Abend unrein. 25) Wer etwas davon wegträgt, muß seine Kleider waschen; er bleibt unrein bis zum Abend. 26) Alle landlebenden Großtiere, die einen gespaltenen, aber nicht durchgehend gespaltenen Huf haben, oder die nicht Wiederkäuer sind, sie sind für euch unrein. Jeder, der sie berührt, wird unrein. 27) Alle vierfüßigen Tiere, die auf Tatzen gehen, sind für euch unrein. Jeder, der ein totes Tier berührt, bleibt bis zum Abend unrein. 28) Wer den Kadaver wegträgt, muß seine Kleider waschen und bleibt bis zum Abend unrein. Diese Tiere sind unrein für euch.

29) Das folgende Landgetier ist für euch unrein: Maulwurf, Maus, Dornschwanzeidechse in allen Arten, 30) „Anaka"gecko, „Koach"eidechse, „Letaa" gecko, „Homät"eidechse, Chamäleon. 31) Sie sind für euch unrein unter dem ganzen Kleingetier. Jeder, der ein totes Stück berührt, bleibt unrein bis zum Abend. 32) Alles, worauf ein totes Stück fällt, ist unrein: Holz, Kleidung, Leder, Sackzeug, jeder Gebrauchsgegenstand. Er muß ins Wasser gebracht werden und bleibt unrein bis zum Abend. Dann ist er wieder rein. 33) Fällt ein Tier in ein Tongeschirr, dann wird alles, was darin ist, unrein. Das Gefäß sollt ihr zerbrechen. 34) Zum Essen bestimmte Nahrung, die mit Wasser in Berührung kommt,

wird [in ihm] unrein, zum Verbrauch bestimmte Getränke werden in einem solchen Gefäß unrein. 35) Alles, worauf ein Aas fällt, wird unrein: Backofen und Herde müssen abgerissen werden, sie sind unrein. Unrein sind sie für euch. 36) Eine Quelle oder ein Wasserspeicher (dagegen) bleiben rein. Nur derjenige, der das Aas anrührt, wird unrein. 37) Wenn ein Stück Aas auf Saatgut fällt, das ausgesät werden soll, bleibt das rein. 38) Doch wenn Wasser an dem Saatgut ist, und es fällt Aas darauf, dann ist das Saatgut für euch unrein.

39) Wenn ein Haustier verendet, das euch zur Nahrung dient, wird derjenige, der den Kadaver berührt, unrein bis zum Abend. 40) Wer von dem toten Tier ißt, soll seine Kleider waschen. Er bleibt unrein bis zum Abend. Wer den Kadaver fortträgt, soll seine Kleider waschen. Er bleibt unrein bis zum Abend. 41) Das viele Kleingetier auf der Erde: Es ist gefährlich, es darf nicht gegessen werden. 42) Alles, was auf dem Bauch kriecht, alle Vierfüßler und alles, was noch mehr Füße hat unter dem vielen Kleinzeug auf der Erde, sollt ihr nicht essen. Sie sind gefährlich. 43) Ihr sollt euch nicht mit dem vielen Getier besudeln. Ihr sollt euch weder an ihm verunreinigen noch durch es verunreinigen lassen. 44) Denn ich, Jahwe, bin euer Gott. Darum heiligt euch und haltet euch heilig, denn ich bin heilig. Ihr sollt euch nicht an dem Kleingetier, das auf der Erde kriecht, verunreinigen. 45) Denn ich, Jahwe, habe euch aus Ägypten herausgeführt, um euch Gott zu sein. Seid heilig, denn ich bin heilig.

46) Das ist das Gesetz über das Vieh, die Flugtiere, die Wassertiere und das Kleingetier der Erde, 47) damit unterschieden wird zwischen dem Unreinen und Reinen, zwischen den eßbaren und nichteßbaren Tieren.

4.2.2 Aufbau

Die tierische Nahrung des Menschen steht zur Diskussion: Welche Lebewesen darf der Jahwegläubige essen? Welche sind ihm aus kultischen Gründen verboten? Der Vergleich mit einer ganz ähnlichen Liste von eßbaren Tieren (Dtn 14,4–20) schärft den Blick für die Eigenheiten unseres Textes.

Die Überlieferung ordnet die in Frage kommenden Tiere in drei großen Gruppen an: Landtiere (V. 2b–8: hauptsächlich aus Viehwirtschaft und Jagd); Wassertiere (V. 9–12); fliegende Tiere (V. 13–23: Vögel und Insekten); nachgetragen sind als vierte Gruppe die Kriechtiere (V. 41–43). Diese Einteilung ist traditionell vorgegeben; sie findet sich in der Schöpfungsgeschichte (Gen 1,20–25: nur ist hier die Reihenfolge und Einzelzuordnung anders) ebenso wie in Dtn 14,4–20 und Ps 8,8 f. Erdoberfläche, Wasser und Luft sind die drei großen Lebensräume. Sie entsprechen dem dreistöckigen Aufbau der damaligen Welt: „... im Himmel, auf dem Erdboden und im Wasser unter der Erde" sind die Wesen und Kräfte angesiedelt (Ex 20,4). Folglich sind in diesen Sphären auch Tiere heimisch, die potentiell als Nahrung für den Menschen dienen können (vgl. Gen 9,2–3). Erlaubte und verbotene Arten sind aber – entgegen der generellen Zuweisung von Gen 9,2 f. – zu unterscheiden.

Die zweite Hälfte des Kapitels ist weniger straff organisiert. Die Gesichtspunkte gehen durcheinander: Es geht um weitere Listen von ungenießbaren Tieren, um Korrekturen an der Aufstellung von V. 2–23, vor allem aber um die verästelten Fragen nach möglichen Verunreinigungen und ihrer Behebung (V. 24–45). Dabei geht der Text immer mehr in feierlich ermahnende und predigtartige Redeweise über, die in V. 44–45 ihren Höhe- und Schlußpunkt findet. „Ihr sollt euch heiligen …" (V. 44), das ist eine hochtheologische Zusammenfassung der Speisevorschriften, die aber auch zur Bündelung von ethischen Normen verwendet werden kann (vgl. Lev 19,2). Wie es scheint, haben Generationen von nachexilischen Theologen und Gemeinden auch an den Katalogen der eßbaren Tiere und ihrer Interpretation gearbeitet, so daß die zweite Hälfte von Lev 11 weitgehend als Kommentar zur ersten gelesen werden kann. Aber auch die ältere Liste der eßbaren und nichteßbaren Tiere (V. 2–23) ist, wie ein genauerer Vergleich mit Dtn 14,4–20 zeigt, im Zusammenhang der „priesterlichen" Überlieferung überarbeitet worden. Der Gesamteindruck ist auch hier wieder: Die kultisch-religiöse Tradition, die wir im Buch Leviticus vorfinden, ist im lebendigen Prozeß der israelitisch-frühjüdischen Glaubensgemeinschaft ·gewachsen. Sie reflektiert die wechselnden Lebenssituationen der Zeit, d. h. des 6. und 5. Jh.s v. Chr.

4.2.3 Woher kommen Speisegebote?

Bevor wir die einzelnen Bestimmungen und Ermahnungen betrachten, lohnen sich ein paar Gedanken zu den Ursprüngen dieser Anordnungen. Zunächst könnte man vermuten, Speisevorschriften stammten aus der elementaren Notwendigkeit, die mindestens den Naturvölkern gebietet, zwischen eßbaren und nichteßbaren, den Körper schädigenden oder ihn aufbauenden Substanzen zu unterscheiden. Für Kinder, Pilzsammler und Wildkräuteresser ist es auch in hochtechnisierten Weltgegenden oft noch lebenswichtig, giftige Pflanzen und Tiere zu erkennen und zu meiden. Das entwicklungsgeschichtlich ursprüngliche und bis heute je und dann noch aktuelle Verbot wäre gewesen: Dies und jenes darfst du nicht essen!

Nun ist sonnenklar, daß die Speiseverordnungen in Lev 11 keine derartigen Gesundheits- oder Überlebensnormen mehr sind. Wollten sie es sein, dann fehlte der entscheidend wichtige pflanzliche Bereich. Es gibt wohl weitaus mehr Giftpflanzen als unbekömmliche Tiere. Und der vorliegende Text geht mit keiner Silbe auf etwaige Gesundheitsschäden durch „unreine" oder „gefährliche" Tiere ein. Nein, die Beschränkung der Speisegebote auf das Tierreich zeigt eindeutig, daß der Genuß von Tieren, die getötet werden müssen (und deren Tod etwas mit dem menschlichen Sterben gemein hat!) in sich problematisch war. In vielen Kulturen ist eine Beunruhigung darüber zu spüren, daß der Mensch Fleisch von anderen Lebewesen ißt[2]. Im AT tragen die priesterlichen

---

[2] Walter Burkert hat das Problem für die griechische Antike untersucht. Die hinduistisch-buddhistischen Kulturen bieten sehr viel Anschaungsmaterial zu diesem Thema.

Tradenten die These vor, die Menschheit sei am Anfang vegetarisch veranlagt gewesen und erst nach dem großen Bruch in der Menschheitsgeschichte, der Flut, zur Fleischnahrung übergegangen (vgl. Gen 1,29 f.; 9,1–4).

Hinzu kommt aber die kultische Frage. Wem gehört eigentlich das Wild in der freien Natur? Darf es ohne weiteres gejagt werden? Wer ist Herr oder Herrin über die Herden, die der Mensch heranzog? Wenn das Fleisch von Tieren eine Delikatesse für Jäger und Viehzüchter war, dann mochten auch die Gottheiten ihre Freude an einem guten Braten haben und mußten bei der Auswahl und Zusammenstellung der täglichen Mahlzeiten gebührend berücksichtigt werden. Der Mensch teilte also das Tier mit der Gottheit. Opfer und Fleischmahlzeit gehörten in der Antike eng zusammen. Diese Verbindung besteht in Stammeskulturen noch heute. Dann aber ist es kein Wunder, daß die Frage nach dem eßbaren Tier ein so eminent religiöses Gewicht bekam. Sie schließt ja das Problem ein, ob der Gottheit die Speise angenehm ist oder nicht.

Beide Momente, die Furcht vor schädlichen Nahrungsmitteln und die Sorge um die angemessene und wohlgefällige Ernährung der Gottheit haben mitgewirkt, Kataloge von „ungenießbaren" Tieren zusammenzustellen. Aber völlig erklären können sie die Existenz solcher Listen, wie sie in Lev 11 und Dtn 14 vorliegen, keinesfalls. Es müssen andere Beweggründe hinzugekommen sein, die derartige Aufstellungen veranlaßten. In den beiden zur Diskussion stehenden Listen läuft alles auf die Schlußermahnung hinaus, ein Jahwe „heiliges Volk" zu sein (Lev 11,44 f.; Dtn 14,21). Die Speisegebote gehören also zu den Normen, welche die Gemeinschaft konstituieren. Sie grenzen gleichzeitig die Jahwekonfession gegen andere Religionen ab. In diesem Bestreben, Gemeinschaft zu begründen und abzusichern, liegt der Hauptantrieb zur Zusammenstellung der vorliegenden Speiseregeln. Die früheren Motive und Zwecke sind darin aufgehoben.

Ein zweites Motiv für die Sammlung der Speiseregeln ist die Stabilisierung der inneren Ordnung in der frühjüdischen Gemeinde gewesen. Mary Douglas hat das in ihrer Studie „Reinheit und Gefährdung" eindrucksvoll dargestellt. Jede kulturelle oder religiöse Gruppe konstruiert sich eine geordnete Lebenswelt (in Sitten, Gebräuchen, Wertvorstellungen usw.), aus der Störendes ausgesondert wird. Das kultisch „Unreine" („Schmutzige") – dieser Begriff ist nicht physisch oder ethisch, sondern spirituell zu verstehen: kultische Störfaktoren jeder Art – bedroht die erprobte Ordnung. Alle Völker verfahren nach diesem Schema der Aussonderung von Störfaktoren und der Absicherung bestehender Strukturen. „Man tut das nicht!" Wo immer allein der Gedanke an das Unsagbare, Nichterlaubte, Schändliche auftaucht, da ist der Reinheitsmechanismus am Werk. Speisegebote und -verbote gehören überall mit zur Erhaltung der eigenen, geordneten Welt. Israel und das Judentum haben sie stark betont, doch sind derartige Regeln in allen Völkern und Schichten zu finden. Pferdefleisch ist in der christlichen Tradition (aus der Abscheu gegen germanische Kulte?) verboten worden[3]. Bis heute gibt es in Deutschland starke Vorbehalte gegen den Genuß von

---

[3] Johannes Döller, 172.

Pferdefleisch. Und wen schaudert es nicht, wenn Überlebenskünstler vor der
Fernsehkamera Regenwürmer verspeisen? Das bedeutet: Die jüdischen Speisevorschriften sind uns relativ fremd, weil sie offiziell seit neutestamentlicher Zeit
außer Kraft gesetzt und verpönt waren (vgl. Mk 7,15–19; Apg 10,9–16). Insge-
heim aber haben sich Christen ihre eigenen Reinheitsnormen geschaffen, und
oft genug waren es genau die im AT vorgegebenen[4].

4.2.4 Eßbar – nicht eßbar (V. 2b–23)

Der übergreifende Gesichtspunkt der kultisch motivierten Genießbarkeit von
Tieren aus den drei großen Lebensbereichen beherrscht den Abschnitt. Die
Nennung von einzelnen Tierarten ist sehr unterschiedlich. Bei den Wassertieren
(V. 9–12) fällt nicht ein einziger Name. Bei den Geflügelten (V. 13–23) gibt es
eine große Zahl von konkreten Bezeichnungen. Die doch so wichtigen Landtiere sind seltsam unterrepräsentiert (V. 2b–8).
Formal gesehen ist eine gewisse Gleichförmigkeit der Aufzählung nicht zu
verkennen. Jede Gruppe von Tieren wird mit einem hinweisenden Satz eingeführt: „Das ist/sind …(Tier/e), die ihr (nicht) essen könnt“ (vgl. V.
2b.4a.9a.13a.21a). Leichte Variationen in der Formulierung lassen auf Sonder-
entwicklungen schließen. Das gilt speziell für V. 13a („Das sollt ihr meiden
…“). Die jeweils abschließenden Sätze konstatieren Unreinheit oder Gefahr
und wiederholen eventuell das Verbot (V. 8.11f..23). Insgesamt ist also die Liste
recht sorgfältig gegliedert.
Gehen wir davon aus, daß die Umrahmungen zu den Listen aus der späteren
Überlieferung zugewachsen sind – und ein Blick auf die sehr kompakten Aufzählungen in Dtn 14,3–20 bestätigt diese Vermutung –, dann geht es zunächst
einmal um die Einzelverbote. Bei den großen Landtieren werden nur vier
nichtgenießbare Tiere aufgezählt: Kamel, Klippdachs, Hase und Schwein (V.
4–7). Das Verbot deckt sich sachlich mit den Vorschriften in Dtn 14,7f.
Aber warum fehlt die Aufstellung der eßbaren Tiere wie in Dtn 14,4f. (Rind,
Schaf, Ziege, Damhirsch, Antilope, Reh, Gemse, Wisent, Auerochs, Gazelle)?
Wahrscheinlich ist diese Reihe allerseits bekannt und durch die in V. 3 gegebene
Charakteristik (Paarhufer; Wiederkäuer) so eindeutig fixiert, daß sich die na-
mentliche Nennung erübrigt. Jedenfalls bleibt es bei der ausdrücklichen Nennung von vier verbotenen Tierfamilien, welche die anatomischen Vorbedingungen für ihre Verwendbarkeit nur teilweise erfüllen. Alle anderen sonst noch in
Frage kommenden Opfertiere sind schon durch die Beschränkung auf Paarhufer
und Wiederkäuer ausgeschlossen (vgl. Jes 66,3, wo ein Hundeopfer erwähnt
wird).
Deutlich ist: Die Liste der eßbaren Tiere ist von der damals üblichen Viehzucht her bestimmt. Rind, Schaf und Ziege sind die den Menschen vertrauten
und Gott angenehmen Opfertiere. Sie gelten vor allen anderen als mögliche

---

[4] Johannes Döller, passim.

Fleischquellen. Einige jagdbare, den Haustieren verwandte Arten kommen hinzu. Ausgeschlossen sind Kamel, Klippdachs, Hase und Wildschwein. Warum gerade sie, wo doch bei den Nachbarn Israels das Fleisch dieser Tiere gegessen wurde? Das Kamel war wie das Rind ein wichtiges Haustier! Eine überzeugende Antwort auf die Frage ist nicht zu finden. Die vier gemiedenen Arten sind nicht als Totemtiere zu verstehen; sie werden auch – entgegen dem durch Jes 65,4; 66,17 nahegelegten Augenschein: verbotener Schweinekult! – kaum generell als Symbole heidnischer Abgötterei geächtet. Vielmehr hat sich in Israel anscheinend nur eine uralte Tradition zu einer konfessionellen Fixierung verfestigt. Die genannten vier Arten waren den frühen Israeliten fremd geblieben, das Kamel war erst spät domestiziert worden, als die Opfergewohnheiten schon eingeschliffen waren. Am Ende einer langen Kultentwicklung stellte man fest: Die normalen Opfertiere und Fleischlieferanten sind die in Dtn 14,4f. aufgelisteten. Alle übrigen Großtiere sind ausgeschlossen. Die Abgrenzung von Nachbarkulten mag im Falle des Wildschweins, das bei den Babyloniern und Syrern gelegentlich Opfertier war, eine Rolle gespielt haben. Im Vordergrund stand dieser Gesichtspunkt bei der Zusammenstellung der Liste nicht. Eher macht sich eine schriftgelehrte Genauigkeit bemerkbar. Wenn nur Paarhufer und Wiederkäuer den Israeliten als Nahrung dienen können, wie steht es um Tierarten, die nur eine Bestimmung erfüllen? Die vier Begründungssätze in V. 4–7 weisen mit schöner Regelmäßigkeit nach, daß beide Merkmale zutreffen müssen: Nur ein Paarhufer, der auch Wiederkäuer ist, darf gegessen werden. Die Darbietung der Verbotsliste ist also ein einziger Kommentar zu dem in V. 3 festgelegten Grundsatz. Es ist ein gewisser Stolz zu spüren: Wir haben die Formel gefunden, die zulässige und verbotene Tiere exakt unterscheidet. Scheinbare Ausnahmen sind leicht auf die Hauptregel zurückzuführen, wenn man diese nur richtig versteht: Paarhufige Wiederkäuer oder wiederkäuende Paarhufer müssen es sein. Hinter dieser Generalformel steckt eine intensive Beschäftigung mit der Anatomie des tierischen Fußes und des Verdauungsprozesses. Die unterlaufenen Fehler – Klippdachs und Hase sind z.B. keine Wiederkäuer! – sind auf falsche Deutung des tierischen Verhaltens zurückzuführen und schmälern nicht unsere Anerkennung. Die frühjüdischen Überlieferer des Textes haben eine erstaunliche Arbeit geleistet, ehe sie zu der in Lev 11,3 und Dtn 14,6 fast gleichlautenden, in einem Wortungeheuer niedergelegten Formel kamen: „Ihr dürft essen alles ganz-und-gar-gespalten-hufige-Wiederkäuer-Vieh." Mehr will der Abschnitt V. 2b–8 nicht sagen. Er fügt nur elegant eine vielleicht aus alter Tradition bekannte Verbotsliste an, welche die Genauigkeit der Definition beweist. Jede einzelne verbotene Art wird noch einmal als „unrein" erklärt, und der zusammenfassende Abschlußsatz V. 8 ist feierliche, theologische Rhetorik: Er wiederholt das Eßverbot, fügt ein Berührungsverbot hinzu, das eigentlich erst im zweiten Teil des Kapitels zur Debatte steht, und erklärt zur Sicherheit noch einmal alle vier Arten als „unrein".

Sehr wortreich und allgemein wird im folgenden Abschnitt (V. 9–12) eine ähnlich normative Grundregel für die Wassertiere aufgestellt. Die Überlieferer hatten es wahrscheinlich leicht. Die Altisraeliten waren Viehzüchter und Bauern und lebten nie in einem besonders engen Verhältnis zum Meer oder zu fischreichen Gewässern. (Vielleicht ist der See Genezareth in unserem Text nicht im Blick). Die Beschränkung auf gelegentlichen Verzehr von Flossen- und Schuppenträgern mag darum ganz natürlich vorgegeben sein. Welcher Reichtum an „Meeresfrüchten" ihnen entging, wußten wohl nicht einmal die Schreiber unseres Textes, so wenig wie Binneneuropäer vor der Erfindung von Kühlsystemen das wußten. Erlaubte und unerlaubte Fische tragen keinen Namen, sogar die Gattungsbezeichnung „Fisch" fehlt, weil die gefundene Formel von „Flosse und Schuppe" viel wissenschaftlicher ist und eine bessere Identifikation ermöglicht. Im Gegenzug wird auch nicht ein einziges nicht-eßbares Lebewesen mit Namen genannt. Den Überlieferern gefällt die pauschale Bezeichnung *šäqäṣ* besser, die in unserem Abschnitt dominiert und sich in den folgenden Paragraphen hineinzieht (vgl. V. 13.20.23; dann wieder V. 41 f.). Meistens wird der Ausdruck mit „Abscheu", „Abscheuliches" wiedergegeben, und er kommt gewiß an diese Bedeutung heran. Ich habe diese Übersetzung deshalb vermieden, weil unser Ekelempfinden vor außergewöhnlichen Tieren nur individuelle, skurrile Stimmung ist und bewußt gar nichts mehr mit Lebensgefahr zu tun hat[5]. Die hebräischen Ausdrücke, die über die bloße Bezeichnung des „Unreinen" hinausgehen, zielen auf das Grauenvolle und Bedrohliche. Dinge, welche Jahwe widerwärtig sind, muß der Mensch meiden. Der Umgang mit ihnen zerstört die Gottesbeziehung. Darum sind *šäqäṣ* (außer in Lev 11 nur noch in Lev 7,21; Ez 8,10; Jes 66,17), *šiqquṣ* (z.B. Ez 5,11; 7,20; 11,18.21; 20,7f..30; 37,23; Jer 4,1; 7,30; 13,27; 16,18) und *toʿebah* (Dtn 14,3; häufig im Dtn, aber auch Lev 18,22ff. und in Ez 5, 9.11; 7,20 u.ö.) grauenerregende, tödliche Objekte oder Handlungen, vor denen man sich entsetzt abwendet. Folglich würden wir die überwiegend religiöse Motivation der damaligen Zeugen mißverstehen und rein ins Emotionale ziehen. Alles Unreine (so in V. 2b–8) weckt Aversion und Ekel (so in V. 9–23), weil es den Menschen kult- und gesellschaftsunfähig macht. Die Abscheu ist Abwehrreaktion gegen eine objektive Schadensmacht. Berührung und Genuß bestimmter, nicht zugelassener Tiere sind schädlich. Die Vermischung von Wesenheiten, die unstatthafte Übertragung von Kräften führt zu derartiger Ausgrenzung. Auch die abwehrenden und eventuell herabmindernden Ausdrücke beziehen sich lediglich auf die unerwünschten Folgen eines Kontaktes, nicht aber auf das Wesen sonst manchmal hochgeachteter Tiere. Die sehr allgemein gehaltene Vorschrift über die Wassertiere ist in Dtn 14,9f. nur kürzer, aber nicht detaillierter aufbewahrt. Vermutlich lagen den Überlieferern keinerlei ältere, spezifischere Anweisungen vor.

Die größte Mühe verwenden die Tradenten jeweils auf die fliegenden Tiere. In Dtn 14,11–20 und noch stärker in Lev 11,13–23 sind ungewöhnlich viele Arten aufgezählt. Acht von den 24 in Lev 11 genannten Tiernamen sind alttestamentlich nur hier und in Dtn 14 verwendet. Zwei tauchen nur in Lev 11 auf; fünf weitere Namen sind nur dreimal im AT vertreten. Diese Statistik zeigt sofort auch, wie schwer im Einzelfall für uns die zoologisch korrekte Identifizierung

---

[5] Das ist höchstens noch unterschwellig der Fall, vgl. Mary Douglas.

der betreffenden Tiere ist. Die Wörterbücher und Kommentare kommen oft
über annähernde Vermutungen nicht hinaus.

Der ganze Abschnitt scheint zweigeteilt: Nach der eigenartigen Einleitung V.
13 a und der Schlußdeklaration *šäqäṣ hu'*, „das ist (kultisch) gefährlich" in V.
20 b setzt V. 21 mit der Ausnahmegenehmigung „Nur dies dürft ihr essen" neu
ein, die übrigens spiegelbildlich dem Ausnahmeverbot von V. 4 a entspricht. Die
hebräische Textüberlieferung macht auch zwischen V. 20 und V. 21 eine Zäsur.
Dennoch sind nach Ausweis von Dtn 14,11–20 die Bestimmungen über Vögel
und geflügelte Insekten als eine Einheit zu sehen. Hier nämlich besteht ein fester
Rahmen: „Alle reinen Vögel dürft ihr essen" (Dtn 14,11). „Alles reine Fluggetier
dürft ihr essen" (Dtn 14,20). Zwischen diesen beiden Leitsätzen findet sich
einmal – weitgehend mit der Aufstellung in Leviticus identisch – die Liste der
verbotenen Vögel, zum anderen das allgemeine, sehr knapp gehaltene Verbot
bezüglich der Insekten: „Alles, was Flügel hat und kriecht, soll euch unrein sein,
und ihr sollt es nicht essen" (Dtn 14,19). Sicher, eine Analyse dieses Textes zeigt,
daß zwei Traditionen zusammengeflossen sind. Doch ist der kombinierte Vö-
gel-Insekten-Text ein Indiz, daß schon vor der Leviticus-Überlieferung ein
Vorschriftenkatalog über die Flügeltiere, d. h. die Bewohner des Luftraumes,
existiert hat. Die Überlieferer von Lev 11,13–23 haben daran weitergearbeitet,
sie haben ganz bewußt in ihrer Einleitung V. 13 a und ebenfalls in V. 21 a (der
Ausdruck ist hier: Flugtier-Gewimmel) von „Flugtieren" und nicht von „Vögeln" gesprochen, sie haben die Bestimmungen über die geflügelten Insekten
erweitert und korrigiert. Nachfolgende Schreiber haben versucht, beide Gruppen von Tieren wieder stärker auseinanderzuziehen, aber der vorhandene Text
verrät noch deutlich die einheitliche Anlage der Flugtiervorschriften[6].

Eigenartigerweise ist in Lev 11 von eßbaren Vögeln überhaupt nicht die Rede.
Dabei gibt es doch z. B. Taubenopfer (vgl. Lev 1,14–17), die sicherlich in
manchen Fällen verzehrt wurden (vgl. Lev 5,7–13). Wir sahen, daß Dtn
14,11–20 ausdrücklich von der Freigabe „reiner" Vögel ausgeht. Das wird
unausgesprochen auch Lev 11,13ff. tun. Denn die Einleitung redet gezielt nur
von Flugtieren, „die man nicht ißt, die (kultisch) gefährlich sind" (V. 13 a). Und
dann folgt sofort die Namensliste von 20 Vogelarten, die dem Verzehr entzogen
sind. Darunter befinden sich so außerordentlich respektable Tiere wie der Rabe
(V. 15), der anderswo als Gottesbote auftritt (vgl. Gen 8,7; 1 Kön 17,6), oder der
Storch (V. 19), welcher im AT zwar keine Kinder bringt, doch wegen seiner
Weisheit und Treue geachtet wird (vgl. Jer 8,7). Nicht zu vergessen der Respekt,
den man dem mächtigen Adler zollt (vgl. Hiob 39,27–30; Jes 40,31). Eine
Übersetzung von V. 13 a mit „ekelt euch vor dem Geflügelten …" wäre darum
nicht zu verantworten.

---

[6] Zugegebenermaßen fehlt als i-Tüpfelchen für diese Sicht der Dinge die Ergänzung [Flugtiere]
„des Himmels" in V. 13, nachdem V. 2b und 9a so schön systematisch mit „Erde" und „Wasser"
begonnen hatten.

Eine Zwischenbemerkung ist am Platze: „Ekel" wird dem Kind durch die Gesellschaft, in der es heranwächst, anerzogen. Bevor ein Mensch sprechen kann, versuchen die Erwachsenen (alter Schule?) dem Kleinen klarzumachen, was „ba-ba!" ist und auf keinen Fall in den Mund gehört. Kultische Regeln der Heiligen Schrift, die gewisse Tiere mit dem Etikett „abscheulich" belegten, wurden in die individuelle, emotionale und profane Sphäre internalisiert und leben heute noch fort. So kommt es, daß (christliche) Westeuropäer manche Tiere zu Un-Wesen erklären konnten. Beim Anblick von kleinen Nagern, Spinnen und den so harmlosen Kakerlaken brechen manche in Hysterie aus. Die Bereitschaft, die „ekelhaften Un-Wesen" mit Stumpf und Stil auszurotten, auch mit chemischen Mitteln, ist nur durch eine jahrtausendealte Gewöhnung an die Ausgrenzung des „Ekelhaften" zu erklären. Die radikale Unterscheidung zwischen „reinen" und „unreinen" Tieren macht die Ehrfurcht vor allem Lebendigen und der gesamten Schöpfung (vgl. Gen 1; Ps 104) letztlich unmöglich[7].

Die Liste der nichteßbaren Vögel, denen am Ende auch die Fledermaus zugerechnet wird (V. 19b), bleibt völlig kommentarlos, wenn wir von dem Einleitungssatz V. 13 mit seiner kurzen Feststellung *šäqäṣ hem*, „sie sind (kultisch) gefährlich" absehen. Wer konnte und sollte mit einer so umfangreichen Liste etwas anfangen? Mußten alle Jäger wissen, welche Vogelarten zu meiden waren? Dtn 22,6 f. zeigt, daß ein unverhoffter Vogelbraten sehr wohl geschätzt wurde. Da wird kein Unterschied zwischen reinen und unreinen Vögeln gemacht. Ist das die nüchterne Alltagswirklichkeit, und stellt Lev 11,13 ff. nur das kluge, theologische Gespinst von Schriftgelehrten oder Priestern dar? Wie immer wir den Text bewerten, er zeigt das Bemühen, eine große Gruppe von Vögeln dem hungrigen oder lüsternen Menschen zu entziehen. Warum? Sollten alle diese Tiere als Fleisch- und Aasfresser bekannt gewesen sein, so daß sich ein reinheitsbewußter Israelit an ihnen mittelbar mit dem Leichengeruch unreiner Tiere hätte infizieren können? Die These hat eine gewisse Plausibilität (erst recht, wenn man an die viel späteren Reinheitsdiskussionen in der Mischna denkt), würde aber de facto das Eßverbot von vielen anderen Vogelarten erfordern.

Die Liste der verbotenen Vögel bricht nach V. 19 unvermittelt ab. Es schließt sich der Satz an, der auch in Dtn 14,19 die geflügelten Insekten zum Inhalt hat. Er ist in Lev 11,20 nur sprachlich und sachlich typisch abgewandelt: „Die vielen Flügeltiere (wörtl.: das Gewimmel an Geflügeltem), die auf vier Beinen gehen, sind (kultisch) gefährlich." Das Verbot von Dtn 14,19: „Es darf nicht gegessen werden", ist weggelassen. Dafür kommt dann der schon erwähnte Neuansatz mit den Ausnahme-Erlaubnissen. Getreu ihrer Denk- und Schreibweise bieten die Überlieferer zuerst wieder eine Definition der ausnahmsweise für eßbar erklärten Insekten. Es sind alles Vierbeiner, welche nicht nur fliegen, sondern sich auch dank ihrer Sprungbeine hüpfend fortbewegen können, also wohl Heuschrecken und Grillen (V. 21). Vier Arten werden dann namentlich genannt (V. 22). Stehen sie wieder in einem gewissen spiegelbildlichen Verhältnis zu den vier verbotenen Großtieren in V. 4–7? Was mag die Änderung gegenüber Dtn

---

[7] Das Verhältnis zur Tierwelt im AT untersuchen Bernd Janowski, Ute Neumann-Gorsolke, Uwe Gleßner (Hg.), Gefährten und Feinde des Menschen, Neukirchen-Vluyn 1992.

14,19 veranlaßt haben? Die Gewöhnung an eine im Umfeld Israels gängige
Eßsitte? Das Erlebnis von Hungersnöten, die dazu zwangen, „auch" Heuschrecken nicht zu verachten? In neutestamentlicher Zeit ernähren sich Eremi-
ten wie Johannes der Täufer (auf der Linie der geweihten Nasiräer, die scharfen
Beschränkungen unterworfen waren: Num 6,2–12) teilweise oder überwiegend
von „Heuschrecken und wildem Honig" (Mt 3,4). Der Asket lebt von dem, was
die anderen geringschätzen!
    Der Schlußsatz schärft noch einmal ein, daß die freigegebenen Insekten eine
Ausnahme darstellen (V. 23). Sonstige Vierfüßer (die Masse der Insekten hat
sechs und acht Beine) sind nicht genießbar. Der wieder gebrauchte Ausdruck:
„Gewimmel von Geflügeltem" hat für unsere Ohren einen Ton, der ihn unserem „Ungeziefer" nahebringt. Möglich ist eine solche Bedeutung, aber nicht
beweisbar.

4.2.5 Verunreinigungen (V. 24–47)

Die zweite, nach Meinung der meisten Kommentatoren nachgetragene Hälfte
des Kap.s stellt sich in Form und Inhalt anders dar als die vorhergehenden
Speisegebote. Mit Ausnahme eines kleinen, gleich zu besprechenden Abschnittes (V. 41–43) redet er fast ausschließlich von den Verunreinigungen, die durch
Berührung mit unreinen Tieren oder Gegenständen hervorgerufen werden, und
bringt häufig Reinigungsvorschriften. Typisch sind die Einleitungen der Unterabschnitte: „An Folgendem macht ihr euch unrein" (V. 24a); „Dies soll euch als
unrein gelten" (V. 29a). Vom Essen ist nicht die Rede. Das ganze Interesse
richtet sich auf den Zustand der Unreinheit. Er wird in den betreffenden
Abschnitten immer wieder beschworen. Es gibt Anleitungen zu seiner Aufhe-
bung. Auch der Abschnitt V. 39–40, der nicht mit einer Warnung vor Unreinheit anfängt, zeigt sonst dieses Muster. Nur die dann folgenden Unterteile, V.
41–43; V. 44–45; 46–47, weichen in ihrer Struktur ab.
    Da ist zunächst der Passus über das, „was auf der Erde herumwimmelt" (V.
41), also das Kleingetier, das im Unterschied zu den in V. 20 genannten Insekten
nicht fliegen kann, sondern kriecht. Es wird pauschal als „gefährlich" oder
eventuell „ekelhaft" abgestempelt; es „darf nicht gegessen werden". Die Formulierung geht der von V. 13 und 20 parallel; der Einleitungssatz ist ein echtes
Speiseverbot, keine Warnung vor Unreinheit. V. 42 wiederholt mit etwas anderen Worten, nur etwas genauer (Bauchkriecher; Vier- und Mehrfüßige), das
Eßverbot. In beiden Versen spielt außerdem das aus V. 10–23 bekannte Wort
šäqäṣ zur Klassifizierung des Verbotenen eine Rolle. Erst V. 43 geht in den Stil
und die Vorstellungswelt der Warnungen vor Unreinheit über.
    Die beiden restlichen Abschnitte (V. 44f.; 46f.) sind zusammenfassende
Aussagen zum ganzen Kap. Sie tragen das Gewicht von feierlichen Abschlußer-
klärungen und verraten die theologische Grundlinie. Zunächst erscheinen zwei
lange Begründungssätze, beide mit der Selbstvorstellungsformel Jahwes eingeführt (V. 44f.). An die Zuhörer direkt gewandt folgt eine positiv und negativ

formulierte Mahnung, heilig zu sein (V. 44), ein Hinweis auf die Herausführung aus Ägypten (eine Rarität im Buche Leviticus, zumindest in seinem Vorschriftenteil Lev 1–15) und die erneute Ermahnung zur Heiligkeit (V. 45). Dieser Aufruf zur Heiligkeit ist Resultat einer langen geistigen und geistlichen Entwicklung und eine außerordentlich folgenschwere Forderung, die bis heute in manchen Gesellschaften und Kirchen nachwirkt. Wir werden sie später, im Zusammenhang mit Lev 19,2, näher besprechen.

Den Abschluß bildet die schon erwähnte, den ganzen Text überblickende Formel: „Das ist das Gesetz …‟ (V. 46). Sie ist insofern neutral, als sie noch nichts von Eßverboten oder Unreinheitswarnungen verlauten läßt. Ihre vier Tierkategorien „Großtiere‟, „Vögel‟, „Wassergetier‟, „Landgetier‟ ist in Reihenfolge und Abgrenzungen nicht mit dem jetzigen Text V. 2 b–43 zur Deckung zu bringen. Der Abschnitt über die geflügelten Kleintiere (V. 21–23) kommt in der Unterschrift nicht vor, und der übrige Text müßte nach ihr so angeordnet sein: V. 2 b–8 (Großtiere); V. 13–20 (Vögel); V. 9–12 (Wassertiere); V. 41–43 (Kleingetier auf dem Land). Dennoch wird man das Kap. nicht aufgrund der viergliederigen Unterschrift auf die angegebenen Abschnitte reduzieren dürfen. Denn einmal hat der Überlieferer, welcher die Schlußnotiz hinzusetzte, nicht sklavisch genau die Abfolge der Textpassagen wiedergeben wollen. Er hatte anscheinend ein gängiges Schema der Tierarten im Sinn, das sich ja auch grob gesehen durchaus zur Charakterisierung von Lev 11 verwenden läßt. Zweitens setzt er unerwartet eine in dieser Präzision und Ausführlichkeit einzigartige Zweckbestimmung hinzu (V. 47). Sie enthält nun genau den Doppelaspekt, der uns schon aufgefallen war. Das Gesetz soll (und man beachte die am Text gemessen umgekehrte Reihenfolge!) der Unterscheidung erstens von unreinen und reinen Dingen und Zuständen, zweitens von eßbaren und nichteßbaren Tieren dienen. Damit sind tatsächlich die beiden Hauptanliegen getroffen, die den letzten Überlieferern am Herzen lagen und bei ihnen eigentlich in eins zusammenfallen: Das heilige Volk Jahwes muß sich in jeder Weise, in seinen Ernährungsgewohnheiten wie in seinem täglichen Umgang mit Tieren und Tierkadavern so rein halten, wie es sein Gott von ihm verlangt.

Der Schwerpunkt liegt in der zweiten Kapitelhälfte also auf der Verunreinigung und ihrer Beseitigung (V. 24–40). Die leitenden Gesichtspunkte gehen ineinander und durcheinander, ein Zeichen für das allmähliche Wachstum des Textes und die Gemengelage der Interessen. Das Thema „Unreinheit‟ ist schon bei den Speisegeboten in V. 2 b–23 angeklungen (vgl. die Charakterisierung als „unrein‟ in V. 4–8), doch stand dort das Eßverbot mit den „Abscheu‟-Erklärungen im Vordergrund. Jetzt beherrscht die Etikettierung „unrein‟ das Feld, und die Übertragung von Unreinheit geschieht durch äußeren Kontakt. Der Abschnitt V. 24–28 scheint wieder die Großtiere im Blick zu haben, obwohl die Einleitung „An Folgendem verunreinigt ihr euch‟ (V. 24 a) seltsam in der Schwebe bleibt. Eindeutig aber ist von Kadavern die Rede, die man nicht berühren sollte. Alles Tote hat verunreinigende Wirkung, denn es trägt die Mächtigkeit des Todes an sich, und die wirkt tödlich auf Lebendes. Eine flüchtige Berührung des Kadavers hinterläßt eine geringe verunreinigende Wir-

kung, die bis zum Abend wieder verfliegt (V. 24). Nimmt man aber Teile eines
toten Tieres auf – sie könnten ja willkommene, zusätzliche Nahrung sein –,
wickelt sie womöglich in sein Gewand, dann ist die Berührung intensiver und
verlangt nach gründlicher Waschung (V. 25). Großtiere, die nicht unter die
Eßbarkeitsregel von V. 3 fallen, sind nicht erst als Kadaver „unrein" (V. 26). Im
Rückschluß könnte man für V. 24 f. vermuten, daß dort nur die Unreinheit
toter, aber eßbarer paarhufiger Wiederkäuer gemeint ist. Die Vermutung verdichtet sich bei der Lektüre von V. 27 f. Ganz nach dem Schema von V. 24 f. wird
eine neue, bisher noch nicht erwähnte Großtierart behandelt: Vierbeiner, die auf
„den Fußsohlen gehen", d. h. keinerlei Hufe oder Hufschalen haben. Offensichtlich paßt die Beschreibung auf Hunde ebenso wie auf Löwen und Bären.
Wiederum ist nur von toten Exemplaren die Rede, wo man doch nach dem
Beispiel von V. 27 allgemeine Unreinheit erwarten sollte. Und daß die flüchtige
wie die intensive Berührung einfach „bis zum Abend" dauernde Unreinheit zur
Folge hat, also keinerlei Waschungen vorgeschrieben sind, ist zumindest merkwürdig. Gründe für die unterschiedliche Behandlung der drei Gruppen sind
schwer auszumachen. Wir müssen daher auch mit der Möglichkeit rechnen, daß
die Vorschriften rein zufällig, aufgrund eines nicht ganz gleichmäßigen Überlie-
ferungsprozesses nicht hundertprozentig auf Ebenmaß gebracht worden sind.
Dann wäre es ganz unsachgemäß, aus jeder kleinen Verschiedenheit bewußte
Bedeutungsunterschiede herauslesen zu wollen.

Auch Großtiere, von denen manche zu Opfer und Nahrung gut sind, können
Unreinheit übertragen. Das gilt besonders, wenn sie tot gefunden werden. In V.
39 f. erscheint ein Nachtrag, der unmittelbar zum Thema gehört. Diesmal ist
ausdrücklich von dem (nicht durch Schlachtung!) zu Tode gekommenen eßbaren Tier die Rede. Einfache Berührung verunreinigt bis zum Abend (V. 39). Neu
ist, daß derjenige, der Fleisch von „gefallenen" oder „verstorbenen" Tieren
verzehrt – nicht nur Löwen freuen sich nach Brehm, Grzimek, Sielmann über
gefundene, frische Kadaver! –, auch nur einen Tag unrein bleibt und dieselben
Waschriten zu vollziehen hat wie der, welcher einen intensiven Kontakt mit
dem Aas hatte (V. 40). Die Speisegebote V. 2 b–23 enthielten sich jeder Anweisung für eine Reinigung nach verbotenem Fleischgenuß. Sie vermitteln fast den
Eindruck, daß Verstöße nicht heilbar seien. In V. 40 belehrt uns ein Überlieferungsstrang, daß der Verzehr von verendeten, eßbaren Tieren mit einer außerordentlich leichten Buße belegt wurde. Die Alltagswirklichkeit ist stärker als
priesterlicher Reinheitswahn. Wer würde in einer Steppenregion, in der Nahrungsmittel wahrlich nicht im Überfluß vorhanden sind, das Geschenk eines
verendeten oder gerissenen Tieres ablehnen? Es muß doch verwertet werden,
und die Waschung läßt sich nach einem Festschmaus auch ertragen (vgl. Lev
17,15).

Die größte Gefahr der kultischen Verunreinigung geht indessen nicht von den
Großtieren – ganz zu schweigen von Vögeln und Wassertieren, die in unserer
Aufstellung überhaupt nicht erwähnt werden – aus, sondern von dem Kleingetier, dem auch der heutige Mensch oft mit gemischten Gefühlen gegenübersteht.
Die Liste der acht Mäuse- und Eidechsenartigen (V. 29 f.) mag nur repräsentati-

ven Wert haben. Es fällt nämlich auf, daß nirgends die doch durch V. 21–23 ausgegrenzte Mehrzahl der unreinen Insekten erwähnt wird. Wer wissentlich und willentlich das Kleingetier berührt, ist bis zum Abend unrein (V. 31). Diese Bestimmung hält sich an das bekannte Muster. Die Überlieferer plagt aber die viel wichtigere Frage: Was geschieht, wenn die Berührung mit einem solchen Tier unwillkürlich stattfindet? Als eine Art Modellfall – es ließen sich andere denken – wird herausgegriffen und nach mehreren Seiten hin entfaltet: Ein totes Kleintier fällt auf einen Gebrauchsgegenstand. Wird der nun für den Menschen unbrauchbar oder sogar ansteckend (V. 32–40)? Die Inbrunst, mit der derartige Fälle durchdacht und reglementiert werden, läßt auf gelehrte Tradenten schließen. Im Mischnatraktat „Tehorot" sind die Möglichkeiten noch unendlich weiter aufgeschlüsselt. Die ganze Überlieferung der schwierigen Materie zeugt von keinem großen Realitätssinn. Wie oft mag es vorgekommen sein, daß tote Mäuse und Geckos auf menschliches Kulturgut gefallen sind? Und warum wird kein Wort über die Berührung mit lebenden Kleintieren verloren?

Die erste Regel ist recht umfassend und wenig spezifiziert: Ein totes Tier verunreinigt durch Kontakt jedweden Gebrauchsgegenstand aus Holz, Textil, Leder oder Sackleinwand. Infizierte Gegenstände sind ganz ins Wasser zu stecken und werden am Abend wieder brauchbar (V. 32). Tongeschirr dagegen wird nach einer solchen Verunreinigung zerschlagen (V. 33). Vermutlich wird heute noch mancher einen Kochtopf, in dem eine Maus ertrunken ist, aussondern und nur noch als Gartengefäß verwenden. Den Speiseinhalt des Topfes gaben auch schon die Israelitinnen verloren (V. 33 b). Nach einer anderen, sparsameren Überlieferung, die vielleicht aus Notzeiten stammt, wird nur der wässrige Topfinhalt von einem toten Kleintier verunreinigt (V. 34). Wasser hat eine gewisse Leitfähigkeit für die Unreinheit. Trockene Nahrungsmittel, sagen wir Weizen oder Linsen, blieben demnach völlig unberührt. Man nahm das tote Tier heraus, und nichts war geschehen! Also wurde auch der Topf nicht affiziert, er braucht nicht zerschlagen zu werden. Dazu in Widerspruch scheint die Regelung für Backöfen und Kochherde zu stehen: Sie müssen stillgelegt und abgerissen werden, wenn nur ein kleines Aas mit ihnen in Berührung kommt (V. 35). Quellen und Zisternen wiederum bleiben völlig unberührt von der Unreinheit (V. 36). Das Wasser hat plötzlich nicht mehr die übertragende Kraft, die es noch im Kochtopf besaß. Bei Vorräten an Saatgut (die gemeinhin auch in großen Vorratskrügen aufgehoben wurden), gelten wieder die Trockenbestimmungen: Nur feuchtes Saatgut wird verunreinigt (V. 37 f.). Da nirgendwo Erklärungen und Begründungen für die Einschätzung der Unreinheit und die Leitfähigkeit gewisser Substanzen gegeben werden, läßt sich das System sehr schwer beurteilen. Uns erscheint es willkürlich, und wir müssen schriftgelehrte, ein wenig wirklichkeitsfremde Männerhirne am Werk sehen, die sich kaum durch Gegebenheiten und Erfordernisse des täglichen Lebens in ihren dogmatischen Reinheitsansprüchen einengen ließen. Aber so viel haben auch sie eingesehen: Die Wasserversorgung durfte nicht für unrein erklärt werden. Das lebensnotwendige Naß brauchten sie selbst auch, während es ihnen wenig ausmachte, den Abbruch der Kochstellen zu verordnen. Die Frauen würden sie schon wieder herrichten lassen.

Die geistige Arbeit, Unreinheiten durch Berührung zu definieren und wenn möglich zu unterbinden, ist jahrhundertelang weitergegangen und hat die seltsamsten Blüten hervorgebracht. Die rabbinischen Gelehrten verwenden einen erheblichen Teil ihrer Energie und Zeit auf Reinheitsfragen. Mischna und Talmud enthalten umfangreiche Sammlungen der betreffenden Schuldiskussionen, deren Feinheiten und Beweggründe uns oft entgehen. Hauptpunkte sind die Fragen nach der Empfänglichkeit von Gegenständen und Personen für Unreinheit, nach dem jeweiligen Grad der Verunreinigung und nach der Rolle des Bewußtseins und Willens beim Kontakt mit Unreinem. So kommt es zu der Erörterung von außerordentlich spitzfindigen Problemen: Ob der Schatten eines unreinen Gegenstandes andere Dinge verunreinigt; wie weit Speisen im Mund eines, der sich verunreinigt hat, ihrerseits einen Ofen infizieren können; in welchem Maß ein Gefäß zerbrochen sein muß, um nicht mehr als Gefäß zu gelten usw. Die Anzahl und Genauigkeit der Falldiskussionen wecken Bewunderung und Beklemmung[8]. Die rabbinische Art „Unreinheit" zu analysieren und über sie zu argumentieren ist bereits in Lev 11,29–38 angelegt.

Ironischerweise – und das sei noch einmal ausdrücklich gegen jede überhebliche, christliche Attitüde gesagt – haben Christen bis ins späte Mittelalter Angst vor den genannten Verunreinigungen gehabt. „Man trug auch Bedenken, Nahrungsmittel zu genießen oder aus einem Gefäße zu essen oder zu trinken, die mit ekelhaften Tieren oder Gegenständen in Berührung gekommen waren." Erst Thomas von Aquin machte den kirchenamtlichen Warnungen vor solchen Verunreinigungen ein Ende[9].

4.2.6 Soziale Hintergründe

Speise- und Ernährungsvorschriften gibt es bei allen Völkern. Nirgends essen Menschen wahllos alles, was sich ihnen anbietet. Die einfachste Erfahrung lehrt, daß buchstäblich wahllose „Allesfresser" wenig Überlebenschancen haben. Generationenlange Erfahrungen verdichten sich zu ungeschriebenen Regeln: Das ißt man nicht. Dies und jenes berührt man nicht. Im AT spielen diese Grundnormen äußerlich keine allzugroße Rolle. Die älteren Sagen und Erzählwerke machen Eßverbote und Reinheitsvorschriften nicht zum Thema. Wenn die Sintflutgeschichte von reinen und unreinen Tieren spricht (Gen 7,2.8; 8,20), so dürfte es sich um recht späte, exilische Einschübe handeln. David ißt ungestraft die heiligen Brote am Tempel von Nob, weil er sexuell rein ist (1 Sam 21,5–7). In einer Elisalegende bringt eine Giftpflanze den „Tod in den Topf", nicht aber ein unreines Tier (2 Kön 4,38–41). Bei einer Belagerung Samarias soll „ein Eselskopf achtzig Silberstücke" gekostet haben, und die hungernden Menschen sollen in den Kannibalismus gefallen sein (2 Kön 6,24–31). Der Eselskopf wird offensichtlich als minderwertiges Nahrungsmittel erwähnt; aber Esel gehören nach der Definition von Lev 11,3 mit Sicherheit nicht zu den eßbaren Tieren. Kurz: Die Reinheits- und Speisegebote werden erst im späten Buch Daniel zum erzählerischen Thema gemacht. Die vier jungen Judäer, die zu Hofbediensteten ausgebildet werden sollen, weigern sich, babylonische Nahrung zu sich zu

---

[8] Vgl. Mischna, Abteilung *Tehorot*, „Reinheiten", z.B. Traktat *Kelim*, „Behälter".
[9] Johannes Döller, 172.

nehmen aus Furcht, unrein zu werden (Dan 1,8–16). Leider werden die Fleischsorten nicht direkt benannt, die man ihnen zumutet. Nur der Wein taucht als ein zu meidendes Getränk auf (vgl. Num 6,3f.). Daß die vier dann aber rein vegetarisch essen, deutet auf ihre Ablehnung jeder babylonischen Fleischnahrung. Möglicherweise sind also die fremden Opfer- und Schlachtmethoden abgelehnt (vgl. die israelitischen Bestimmungen Lev 17,10–16). Auch die kurzen Andeutungen eines Fremdkultes, bei dem Schweinefleisch gegessen wird, stammen aus der Spätzeit (Jes 65,3f.; 66,3.17). Wir müssen also damit rechnen, daß in Israel erst im Laufe der Zeit, vor allem nach dem Zusammenbruch von 587 v. Chr., die Speisegebote und Reinheitsregeln den Stellenwert bekommen haben, den wir im Buch Leviticus vorfinden. Dtn 14 ist ein früheres Stadium als Lev 11. In beiden Texten aber ist die hervorragende Bedeutung der Speiseregeln zu erkennen: Sie dienen der Identifikation der eigenen Gruppe (Konfession) und zur Abgrenzung nach außen hin. Das kommt unmißverständlich in den beiden Schlußerklärungen Lev 11,44–47 zum Ausdruck.

Um welche Art von religiöser Gemeinschaft handelt es sich, wenn rituelle Praktiken zum Hauptunterscheidungsmerkmal werden? Wir sind gewohnt, Glaubensbekenntnisse als das Fundament unserer kirchlichen Existenz anzusehen. Die Konfessionskämpfe der Reformationszeit entzündeten sich an der Formulierung von Glaubenswahrheiten. Nun hatte auch Israel sein Glaubensbekenntnis (vgl. Dtn 6,4). Aber das Bekenntnis zu dem einzigen Gott Jahwe mündet sogleich in die Forderung, seine Anweisungen einzuhalten (Dtn 6,5–9). Und unter diesen Geboten Jahwes finden sich im vollendeten Pentateuch neben dem stark gebündelten Dekalog auch die Opfer- und Reinheitsvorschriften des Buches Leviticus. Sie haben in der Geschichte des Judentums seit dem Exil keine geringe Rolle gespielt.

Die Gemeinschaft, die sich so als ein heiliges, Jahwe gehöriges Volk versteht und die im Alltagsleben, also beim Essen und Trinken, Arbeiten und Feiern, Lieben und Hassen, Beten und Singen religiöse Standards zu verwirklichen sucht, braucht in der Tat viele „Theologen". Eine spezialisierte Leitungsgruppe muß die Reflexions- und Orientierungsarbeit übernehmen, die zur religiösen Durchdringung des Lebens aufgewendet werden muß. Laien, die sich mit dem elementaren Broterwerb abgeben müssen, sind dazu kaum imstande. Die Beschäftigung mit den Traditionen und Schriften, die Kodifizierung der geltenden Normen, die Koordinierung der Gemeinden und Bevölkerungsteile kam vermutlich Hauptamtlichen zu. Wir werden weiter über diese geistliche Professionalisierung, die sich in die christlichen Kirchen hinein fortgesetzt hat, nachdenken müssen.

Trotz aller „Klerikalisierung" im frühen Judentum sollten wir uns bewußt bleiben, daß das theokratische Modell, das bis in die Ernährung hineinwirkt, zunächst nur theologische Theorie ist. Wir meinten, hier und da die andere Wirklichkeit hindurchschimmern zu sehen, die der Alltag mit sich bringt. Wie weit ideale, von einigen Spezialisten ersonnene Speise- und Reinheitsregeln in den frühjüdischen Gemeinden auch wirklich eingehalten wurden, steht auf einem anderen, uns leider nicht erhalten gebliebenen Blatt. Im Reformjudentum der Neuzeit und in den christlichen Traditionen seit dem Ausgang des Mittelalters sind die alttestamentlichen Speisegebote als zeitgebundene Regeln relativiert und weitgehend außer Kraft gesetzt worden[10].

Warum stehen die Speisegebote noch in der Bibel? Könnten wir Lev 11 als Predigttext gebrauchen? Die Bemühungen christlicher Ausleger, den Speisevorschriften einen aktuellen Sinn zu geben[11], sind vergeblich. Auch die Auskunft, das „sittliche Element" in den mosaischen Ritualgesetzen hebe diese über die Ordnungen anderer Religionen hinaus[12], sticht nicht. Wir können nur auf die gemeinschaftsbildende Funktion der Speisegesetze in der Antike verweisen und Analogien in unserer Zeit suchen und diskutieren. Und wir müssen vor den verheerenden Folgen einer Unterscheidung von „brauchbaren" und „ekelhaften" Lebewesen warnen. Damit sind allerdings zwei wichtige Anliegen der Evangeliumsverkündigung in unserer Zeit genannt. Sie sollen auch im Dialog mit und gegen Lev 11 gepredigt werden.

4.3 Die Wöchnerin (Lev 12)

4.3.1 Übersetzung

1) Jahwe redete zu Mose: 2) Sprich zu den Israeliten: Wenn eine Frau ein Kind austrägt und einen Jungen gebiert, dann soll sie sieben Tage unrein sein. Sie ist unrein, wie wenn sie ihre Monatsregel hat. 3) Am achten Tag wird der Junge beschnitten. 4) Sie bleibt noch 33 Tage „im Reinigungsblut", (d.h.) sie darf nichts Heiliges berühren und das Heiligtum nicht betreten, bis die Tage ihrer Reinigung vorbei sind. 5) Gebiert sie ein Mädchen, dann ist sie zweimal sieben Tage unrein wie bei ihrer Menstruation, und sie bleibt 66 Tage „im Reinigungsblut". 6) Wenn ihre Reinigungszeit vorbei ist, bringt sie für Sohn oder Tochter einen einjährigen Widder als Brandopfer und eine Taube oder Turteltaube als Sündopfer zum Priester am Eingang des Begegnungszeltes. 7) Der opfert sie vor Jahwe und bewirkt Sühne für sie. So wird sie rein von ihrer Blutung. Das ist das Gesetz für Frauen, die einen Jungen oder ein Mädchen gebären. 8) Wenn sie sich kein Schaf leisten kann, dann soll sie zwei Turteltauben oder einfache Tauben nehmen, eine als Brandopfer, die andere als Sündopfer. Der Priester bewirkt Sühnung für sie, und sie wird rein.

---

[10] Vgl. die „moderne Darstellung der Gesetze und Bräuche für die allgemeine Öffentlichkeit und den Schulgebrauch" durch Rabbi Jacob Berman, Popular Halacha. A Guide to Jewish Living, Jerusalem, 3 Bde., 1982–1987.
[11] Vgl. Johannes Döller, 231–259.
[12] Johannes Döller, 280.

4.3.2 Die Entbindung

Im Vergleich zu den ausführlichen „Aussatz"bestimmungen Lev 13 f. ist die Geburt außerordentlich knapp abgehandelt. Das mag vor allem daran liegen, daß Männer mit der Entbindung nichts zu tun hatten, ja wahrscheinlich unter keinen Umständen zugegen sein durften. Viele Stammeskulturen praktizieren gerade an dieser Stelle eine absolute Trennung der männlichen und weiblichen Sphären. In fast allen Indianerkulturen Nord- und Südamerikas ist z. B. die Jagd das Aufgabengebiet des Mannes[13]. Die Gegenwart der Frau, ihre Berührung der Jagdwaffen, würde die Mächte der Jagd heillos verstören. Die Geburt ist ausschließlich Sache der Frau. Der Mann würde durch seine Gegenwart nur Unheil stiften. (Das behaupten heute noch manche Gynäkologen, allerdings aufgrund ihrer Erfahrungen mit begleitenden Ehemännern im Kreißsaal!). Das Verhalten im Blick auf die Entbindung zeigt einmal mehr, wie in der Antike die Welt in sexuell polare Machtbereiche aufgeteilt war[14].

Das gilt, soweit wir erkennen können, auch für das Alte Israel. Den gebärenden Frauen standen nur Hebammen bei (vgl. Ex 1,13−21). Vermutlich durften Männer überhaupt nicht Frauenheilkunde praktizieren, ein Tabu, das erst in der neuzeitlichen Gynäkologie überwunden wurde[15]. Demnach mußte auch der israelitische Ehemann außerhalb des Geburtsraumes oder fern vom Ort der Entbindung warten, bis ihm die Geburt des Kindes gemeldet wurde (vgl. Jer 20,15). Die Hilfestellung für die werdende Mutter, die Versorgung des neugeborenen Kindes (vgl. Ez 16,4: Abnabelung, Waschung, Einreibung mit Salz, Wickeln), eventuelle medizinische und sicher auch religiöse Maßnahmen lagen allein bei den kundigen Hebammen. Kein Wunder also, daß Männer keine Beziehung zum Geburtsvorgang hatten. Sie waren ausgeschlossen. Die Geburt gehörte nicht zu ihrem Erfahrungs- oder Denkbereich, und das ist bis heute trotz mancher Enttabuisierung weitgehend so geblieben. Ein Blick auf von Männern geschriebene theologische Abhandlungen über das Themenfeld „Geburt" liefert überzeugende Beweise für die große Distanz zwischen „Mann" und „Entbindung"[16].

4.3.3 Die Reinigung

Von der männlichen Distanz her ist es verständlich, daß die „Verunreinigung" durch die Geburt als ein rituelles Problem erscheint und in einer derartigen

---

[13] Vgl. Ruth Underhill, Red man's Religion. Beliefs and Practices of the Indians North of Mexico. Chicago 1965.

[14] Die heute notwendige Homogenisierung der sexuellen Sphären bringt schwere Probleme mit sich, vgl. Elisabeth Badinter, Ich bin Du, München, 1987.

[15] Es gibt Beschwörungsformulare für den Fall einer schweren Geburt aus dem Zweistromland, die möglicherweise von Hebammen angewendet wurden, vgl. Rainer Albertz, Persönliche Frömmigkeit und offizielle Religion. Religionsinterner Pluralismus in Israel und Babylon. Stuttgart 1978, 51−55.

[16] Vgl. die bei Josef Schreiner, ThWAT III, 633−639, zitierte Literatur.

Verkürzung – 11 hebräische Druckzeilen gegen 84 Zeilen bei der Behandlung des „Aussatzes" – dargeboten wird. Nur die Standardfälle einer normal verlaufenden Geburt eines Jungen oder Mädchens interessieren die Überlieferer. Komplikationen finden keine Berücksichtigung. Über die Hebammen und ihre „Verunreinigung" wird nichts gesagt. Eventuelle kultische Vorsichtsmaßnahmen während der Schwangerschaft werden nicht erwähnt (vgl. Ri 13,4). Das Hauptinteresse unseres Textes richtet sich auf die Beschneidung des achttägigen Knaben – ein Thema, welches durchaus nicht an diese Stelle gehört (V. 3) – und die erforderlichen Reinigungsopfer der Frau (V. 6–8). Außerdem ist natürlich die Dauer der Unreinheit wichtig (V. 2.4 f.). Das alles verrät die männlich-priesterliche oder männlich-gemeindliche Perspektive.

Im einzelnen gehen die Bestimmungen über die Wöchnerin kurz und bündig zur Sache. Die Schwangerschaft der Frau ist trotz ihrer unzweifelhaften rituellen Bedeutung nur ein Wort wert: „austragen", „Frucht bringen" (V. 2 a). Dann sind wir bei der Hauptsache: „Sie gebiert einen Sohn" – Traum jeder antiken und nicht so antiken Familie bis in die industrielle Zeit hinein. Um die Geburt des Stammhalters (auch im Blick auf das Volk Israel) geht es in vielen Erzvätergeschichten des 1. Buches Mose. Bei einer patrilinearen Gesellschaftsstruktur ist das nicht anders zu erwarten. Die Familie wird nur in der männlichen Linie weitergeführt (vgl. das Buch Rut). Männliche Nachkommen sind darum überlebenswichtig.

Welche rituellen Folgen hat die Geburt für die Mutter des Kindes? Sie wird „unrein", als hätte sie ihre normale Monatsblutung (vgl. Lev 15,19–24). Der Geburtsvorgang mit Fruchtwasserabgang, Wehen, Ausstoßen des Fötus, Blutungen, Nachgeburt zählt also rituell so viel wie eine Regelblutung (V. 2 b). Männer, die so wenig differenzieren, sind nicht Augenzeugen gewesen. Sie verwalten ihre kultischen Riten männerzentriert. Erst im zweiten Anlauf wird die Besonderheit der Geburt berücksichtigt: Die Wartezeit zwischen Beendigung der „Verunreinigung", sprich der Blutungen, und der völligen Wiederherstellung der „Reinheit" ist länger als nach irregulären Monatsblutungen (V. 4; vgl. Lev 15,28). Diese Karenzzeit für die Wöchnerin entspringt einerseits der Angst des Mannes, sich durch den Geschlechtsverkehr mit einer „Unreinen" zu „infizieren". Die Blutausscheidungen der Frau sind den Männern immer unheimlich und gefahrdrohend gewesen, und die priesterlichen Überlieferer haben diese Urangst nur systematisiert und kanonisiert. Andererseits ist die Schonzeit nach der Geburt aber auch ein Schutz für die Frau. Ihr Organismus kann sich regenerieren, auf den Säugling einstellen; sie kann sich psychisch auf ihre neue Rolle als Mutter konzentrieren und bleibt dem sexuellen Verlangen des Mannes und den damit verbundenen Infektionsgefahren entzogen.

Wenn wir die Sachlage so sehen, bleiben allerdings zwei Fragen übrig: Warum wird die Schonzeit mit dem eigenartigen Ausdruck „im Blut der Reinigung bleiben" beschrieben (V. 4.5)? Vermutlich ist der „Reinigungsvorgang" als ein allmähliches Ausscheiden auch der letzten Blutreste verstanden. Und der dauert nach einer irregulären Monatsregel sieben Tage (Lev 15,28), nach einer Geburt entsprechend länger. – Warum ist denn der Geschlechtsverkehr, der Unreinheit auf den Mann überträgt (vgl. Lev 15,24), nicht als Begründung für die Karenz genannt? Warum fehlt jeder Hinweis auf die Erholungsbedürftigkeit der Frau, der uns heute allein einleuchtend wäre? In der Tat sind in V. 4 nur zwei objektive Motive berücksichtigt: Die Frau darf während der „Reinigungszeit" nichts Heiliges berühren und nicht das Heiligtum (d. h. den für Frauen zugelassenen äußeren Tempelhof, vgl. die Zonen der Heiligkeit in Ez 40 f.) betreten. Damit ist eine gewisse Beteiligung der Frauen am nachexilischen Kult angedeutet, die sich konkret aber sehr schwer beschreiben läßt. Vielleicht ist die Geschichte der Hanna (1 Sam 1 f.) ein stückweit Beispiel für die spätere direkte Teilnahme der Frauen am Gebetskult. Mit der Berührung von heiligen Dingen (Lev 12,4) müssen Vorgänge außerhalb des Tempels gemeint sein. Als heilige Gegenstände in einem israelitischen Normalhaushalt jener Zeit kommen wohl nur Teile von Opfergaben in Frage, die zum Verzehr mit nach Hause genommen worden sind. Oder sind schon Torateile, wie in Dtn 6,9; 11,20 vorgeschrieben, in jeder Wohnung zu finden? Wie dem auch sei: Ein oder der Hauptbeweggrund, Wöchnerinnen unrein zu erklären, nämlich die „Ansteckungsfurcht" des Mannes, bleibt hier unausgesprochen. Die Überlieferer sind derart fixiert auf ihr „objektives" Sicherungssystem für die göttliche Heiligkeit, daß sie mechanisch nur die beiden für sie wichtigen Fälle der Verunreinigung erwähnen.

Großes Gewicht fällt sodann auf die Reinigungsbestimmungen (V. 6–8), wobei die „Armenregel" (V. 8; vgl. Lev 5,7.11; 14,21 f.) deutlich nachgetragen ist, denn sie folgt der Abschlußformel V. 7 b. Ein Reinigungsopfer ist nach der Ordnung dieser Gemeinschaft fällig. In thematisch vergleichbaren Erzählungen hören wir nichts von derartigen Opfern am Ende der Reinigungsperiode. Hanna bringt nach der Entwöhnung des Kindes, also drei Jahre später, ein Dankopfer (1 Sam 1,21–24). Manoa und seine Frau opfern nach der Ankündigung der Geburt Simsons (Ri 13,15–24). In manchen Geburtsgeschichten wird nur die Namensgebung für erwähnenswert gehalten (vgl. Gen 21,1–7; 25,21–26; 30,22 f.; 35,16–18; Rut 4,13–17). Möglicherweise ist demnach das Reinigungsopfer der Wöchnerin die Erfindung der frühjüdischen Zeit. Allenfalls hat es nach der Geburt eines (männlichen) Kindes in älterer Zeit ein Dankfest gegeben, wie Gen 21,8 es für die Zeit der Entwöhnung erwähnt. Das im 6. und 5. Jh. gestiegene Interesse an Entsühnung bezieht auch die Wöchnerin in das rituelle System ein. Das erscheint sehr logisch, wo doch schon die unregelmäßige Monatsblutung mit einem Taubenopfer abgeschlossen werden muß (Lev 15,29 f.). Nach der Geburt soll das Sühnopfer in der Hauptsache aus einem einjährigen Widder bestehen; hinzu kommt eine Taube, damit die jetzt gängige Kombination von Brand- und Sündopfer – beide als Sühnemittel gedacht (vgl. Lev 1; 5,1–13; 9,8–11) – zustandekommt. Die Opferprozedur, am gehörigen Ort und durch die Priester vollzogen, wird nicht im einzelnen beschrieben (V. 6 f.). Sie soll sich zweifellos nach den in den Opfergesetzen niedergelegten Normen vollziehen. Interessant ist, daß auch in so späten Texten wie Lev 12 die Frau als Opferherrin fungiert. Sie bringt selbst die Tiere herbei (V. 6.8), und der Priester vollzieht die Opferriten. Vom Schlachten der Tiere ist nicht ausdrücklich die Rede. So bleibt unklar, wer diesen Ritus ausführt. Aber selbst dann muß es nach den zeitgenössischen Praktiken unerhört sein, daß Frauen bis zum „Eingang des Begegnungszeltes" (V. 6) vordringen. Auch Mirjam geht frei bis zu dieser Stelle (Num 12,4f.), die doch identisch ist mit dem Lokal des Brandopferaltars. Spätere Diskriminierung hat die Frauen aus dieser Zone der Heiligkeit abgedrängt.

4.3.4 Feministische Anfragen

Wie selten sonst wird in Lev 12 und 15,19–30 die Kultfähigkeit der Frau thematisiert. Es geht um Gesetze, die eigens für Wöchnerinnen (Lev 12,7b) und Menstruierende (Lev 15,32f.) gemacht sind (vgl. noch das „Eifersuchtsgesetz" Num 5,29). Wie alle anderen relevanten Texte und Vorstellungen des ATs zu Frauenrollen müssen wir auch diese Gesetze sorgfältig neu untersuchen. Sie sind in einer patriarchalen Gesellschaft von Männern erlassen[17]. Und alttestamentliche Konzepte haben bis heute die Stellung der Frau in Gesellschaft und Kirche festgeschrieben. Die veränderten Lebensumstände verlangen jedoch tiefgreifende Neudefinitionen des Geschlechterverhältnisses und der öffentlichen Verantwortlichkeiten.

Die speziell auf Frauen gemünzten „Reinheitsgesetze" (siehe auch Lev 15,19–30), werden von Feministinnen oft – mit Recht – als potentiell diskriminierend empfunden. So kommt Monika Fander nach dem Hinweis auf die heilige Macht, die sich in Fruchtbarkeit und Tod manifestiert und in allen Religionen auch im Sexuellen erfahren wird, zu der eher negativen Bewertung der Sexualität in Lev 15, 18 und 20. „Mit dieser frauenfeindlichen, negativen Besetzung des Reinheitsbegriffes zeichnet sich eine Tendenz ab, Unreinheit und Weiblichkeit zusammenzudenken. Erste Ansätze dazu finden sich schon in Lev 12,1–8." „Im heutigen Feminismus wird intensiv darüber diskutiert, wie mit den nach wie vor virulenten Vorstellungen von Reinheit und Unreinheit umzugehen ist."[18] Manche Feministinnen urteilen schärfer: „Sind die natürlichen lebensspendenden Körperfunktionen der Frau (Menstruation, Schwangerschaft, Geburt und Wochenbett) ‚unrein', d.h. eine ansteckende Krankheit, wie das Judentum jahrtausendelang lehrte (die orthodoxen Juden sogar bis auf den heutigen Tag)? Ist Frausein an sich eine Krankheit?"[19]. Solche Fragen kommen aus der Betroffenheit der Frauen, die ihre Weiblichkeit im Gefolge der biblischen Unreinheitsvorstellungen als anrüchig behandelt erfahren.

„Ein besonders markantes Beispiel für die fortbestehende Diskriminierungshaltung unserer Gesellschaft ... ist der heutige gesellschaftliche Umgang mit der Menstruation. Anstatt das Einsetzen der Blutungen als weiblichen Triumph zu feiern – als Triumph, eine erwachsene Frau geworden zu sein ... oder als Ausdruck vitaler Körperlichkeit und Sinnlichkeit oder als Freude darüber, selbst Leben hervorbringen zu können (also wirklich schöpferisch zu sein) – werden Mädchen die ‚Tage' als etwas Ekliges und Schmutziges nahegebracht, das sorgsam versteckt werden muß, das

---

[17] Vgl. Erhard S. Gerstenberger.

[18] Monika Fander, Reinheit/Unreinheit, in: Wörterbuch der Feministischen Theologie, hg. von E. Gössmann u.a., Gütersloh 1991, 349f.

[19] Elga Sorge, Religion und Frau, Stuttgart, ⁴1987, 14.

Schmerzen bereitet und das sie die (Hetero-) Sexualität primär als Gefahrenquelle begreifen läßt.... ‚Camelia' (und andere Marken) versprechen in ihrer Reklame, daß Schmutz und Geruch perfekt kaschiert werden können, entsprechende Medikamente empfehlen sich gegen die wie eine Krankheit behandelte Menstruation, gegen Schmerzen und Gefühlsaufwallungen und gegen ein Versagen bei der Arbeit in Beruf und Familie. Statt eines möglichen Triumphes über den Beginn eines erstrebenswerten Frauenlebens wird beim Einsetzen der Menstruation häufig eine beschämende und demütigende Niederlage in Szene gesetzt"[20].

Manche jüdischen Autorinnen betonen demgegenüber die Ehrfurcht und Mystik, welche die alttestamentlichen Reinheitsgesetze inspiriert, und sie verweisen auf ihre Schutzfunktionen gegenüber männlicher Willkür[21]. Unstrittig bleibt aber auch bei wohlwollendster Betrachtung, daß die „weibliche Unreinheit" im Verlauf der christlichen Auslegungsgeschichte der Leviticus-Tradition zum gewichtigen Argument gegen die kultische Gleichberechtigung der Frauen geworden ist[22].

Warum werden Menstruation und Geburt überhaupt als „Unreinheit" angesehen und mit den entsprechenden rituellen Vorsichtsmaßnahmen umgeben? Bei der Liste der „nichteßbaren" und „unreinen" Tiere (Lev 11) können wir die gemeinschaftsbildende Funktion erschließen und noch halbwegs die irrationale Abscheu nachempfinden, die antike Menschen anscheinend beseelte, wenn sie an bestimmte Tiere oder Kadaver dachten. Wir kennen in der Regel ähnliche Reaktionen gegenüber Mäusen, Hundefleisch, Eidechsen oder Spinnen. Aber das Menstruationsblut, die Ausscheidungen bei der Geburt? Warum sollten sie kultisch riskant sein?

Wir tun gut, uns auf den Ursprung der Tabuisierung weiblicher Ausflüsse zu besinnen. Der Gedanke des Schmutzes und der Verachtung liegt sicher nicht am Anfang der Ritenbildung, sondern eindeutig die Vorstellung der Mächtigkeit. Die Welt war in polare Geschlechtssphären aufgespalten. Wir kennen eine ähnliche Unterschiedlichkeit auf dem Gebiet der Elektrizität: Es gibt positive und negative Ladungen. Ein geregelter Stromfluß ist nützlich, aber jeder Kurzschluß bringt eine gefährliche Entladung. Die ungeschützte Berührung von weiblicher und männlicher ‚Ladung' hat nach Ansicht der Alten katastrophale Folgen. Darum ist besonders das weibliche Menstruationsblut – ein außerordentlich unheimlicher, mit der lebengebenden Gebärmutter verbundener Fluß – als Träger der femininen Mächtigkeit gefährlich. Es darf nicht mit „Heiligem" in Berührung kommen. Vielleicht spielt dabei auch die Vorstellung eine Rolle, daß Jahwe doch eher Träger der entgegengesetzten männlichen Mächtigkeit ist. Ez 16,6f. setzt sich freilich souverän über derartige Bedenken hinweg: Gott selbst nimmt sich – im Bild gesprochen! – des Findlings an, wäscht sogar das Blut der jungen Frau ab (V. 9). Aus Stammeskulturen verschiedener Kontinente wissen

---

[20] Lising Pagenstecher, Sexualität, in: Wörterbuch der Feministischen Theologie, hg. von E. Gössmann u. a., Gütersloh 1991, 373 [mit Literatur!].

[21] Vgl. Rachel Biale, Women and Jewish Law, New York 1984; Vera Lúcia Chahon, A mulher impura. Menstruacao e Judaismo, Rio de Janeiro 1982.

[22] Vgl. Dorothea Wendebourg, Die alttestamentlichen Reinheitsgesetze in der frühen Kirche, ZKG 95, 1984, 149–174; Ida Raming, Der Ausschluß der Frau vom priesterlichen Amt, Köln 1973.

wir, daß Menstruationsblut einmal für die männliche Sphäre vernichtend sein konnte, zum anderen, daß es an sich eine ungeheure Zauberpotenz darstellte. Manche Medizinmänner Nordamerikas wagten es, dieses Blut als magisches Mittel zu benutzen. Wir können für unseren Text zumindest annehmen, daß das Bewußtsein der Mächtigkeit weiblichen Blutes noch voll im Bewußtsein der (männlichen) Autoren war und daß mit der Deklarierung als „unrein" keinerlei Schmutz- oder Minderwertigkeitsvorstellungen in unserem Sinne verbunden waren. Übrigens sind andere Körperausscheidungen, auch die des Mannes, ebenfalls machtgeladen[23].

Die zweite Frage muß ebenfalls im Licht der „Mächtigkeit" der Ausscheidungen gesehen werden: Warum wird der Wöchnerin eine doppelte Reinigungszeit nach der Geburt eines Mädchens verordnet (V. 5)? Die Antwort lautet: Weil das weibliche Neugeborene eine doppelte Antikraft zum (männlichen?) Heiligen darstellt. Angst und Vorsicht vor dieser weiblichen Mächtigkeit regieren die Bestimmungen, nicht Verachtung und Diskriminierung! Die Summen der Reinigungstage bei Geburt eines Jungen (7 + 33) und eines Mädchens (14 + 66) ergeben übrigens die heiligen Zahlen 40 und 2 mal 40 und haben somit auch einen gewissen Symbolwert[24].

Im Ursprung ist die „Unreinheit" der Frau nicht sexistisch zu interpretieren. Sie entspringt vielmehr dem magischen Verständnis des Heiligen und der Tabuisierung des Menstruations- und Geburtsblutes. Aber de facto führte die häufige, durch Männer (Priester) dekretierte, kontrollierte und bewertete „Verhinderung" der Frau zu ihrem völligen Ausschluß von jeder kultischen Aktivität. Hatten die Frauen in der vorexilischen Zeit ungehinderten Zugang zum Heiligtum (1 Sam 1 f.) und nahmen evtl. an den priesterlichen Verrichtungen teil (Ex 38,8; 1 Sam 2,22) – nicht zu reden vom Hauskult, der von Frauen versorgt wurde (Jer 44,15–19) –, so bewirkte die Konzentration auf den einen und ausschließlichen Gott Jahwe seit dem Exil eine völlige kultische Entmündigung der israelitisch-jüdischen Frau[25].

4.4 Gefährliche Hautkrankheiten (Lev 13,1–46)

4.4.1 Übersetzung

1) Jahwe redete zu Mose und Aaron: 2) Wenn ein Mensch auf seiner Haut Pickel, Schuppen oder Flecken bekommt, die zu einem bösartigen Ausschlag werden, dann soll er zum Priester Aaron oder zu einem seiner Priestersöhne gebracht werden. 3) Der Priester untersucht den Hautausschlag. Ist das Haar an den befallenen Stellen weiß geworden und erscheinen diese Stellen gegenüber

---

[23] Vgl. Lev 15,1–18; Johannes Döller, 10–43; Speichel, Schweiß, Ohrenschmalz, Urin, Kot sind bei manchen Völkern mit Riten umgeben.

[24] Karl Elliger, 158.

[25] Vgl. Erhard S. Gerstenberger.

der übrigen Haut vertieft, dann ist der Ausschlag bösartig. Der Priester sieht ihn
an und erklärt ihn für unrein. 4) Wenn die Flecken auf seiner Haut weiß sind,
nicht vertieft erscheinen und die Behaarung nicht weiß geworden ist, dann soll
der Priester den Erkrankten sieben Tage absondern. 5) Am siebten Tag untersucht ihn der Priester (erneut). Ist der Ausschlag erkennbar stehengeblieben und
hat sich nicht über die Haut ausgebreitet, soll der Priester ihn noch einmal sieben
Tage lang absondern. 6) Am siebten Tag untersucht er ihn wiederum. Ist der
Ausschlag nun fahl geworden und hat sich nicht über die Haut ausgedehnt, dann
soll der Priester ihn für rein erklären. Es handelt sich um einen gutartigen
Ausschlag. Der Erkrankte wäscht seine Kleider und ist rein. 7) Falls der Ausschlag sich doch noch auf der Haut ausbreitet, nachdem der Priester ihn für rein
erklärt hat, soll der Erkrankte wieder den Priester aufsuchen. 8) Der Priester
untersucht ihn. Der Ausschlag hat sich wirklich auf der Haut ausgebreitet. Nun
erklärt ihn der Priester für unrein. Es handelt sich um einen bösartigen Ausschlag.

9) Wenn ein bösartiger Ausschlag an einem Menschen erscheint, dann muß
der zum Priester gebracht werden. 10) Der Priester untersucht ihn. Sind nun
weiße Pickel auf der Haut, ist die Behaarung weiß geworden und hat sich wildes
Fleisch in den Pickeln gebildet, 11) dann ist das eine chronische Hauterkran-
kung an seinem Körper. Der Priester erklärt den Patienten für unrein. Er
braucht ihn nicht abzusondern, denn er ist unrein. 12) Wenn der Ausschlag auf
der Haut voll ausbricht und – nach dem Augenschein des Priesters – den ganzen
Körper von Kopf bis Fuß bedeckt, 13) dann soll der Priester ihn (genau)
untersuchen. Bedeckt der Ausschlag wirklich den ganzen Körper, dann soll er
ihn für rein erklären. Weil alles an ihm weiß geworden ist, gilt er als rein. 14)
Sobald sich aber wildes Fleisch an ihm zeigt, ist er unrein. 15) Der Priester
untersucht das wilde Fleisch und erklärt ihn für unrein. Das wilde Fleisch ist
unrein, es ist bösartig. 16) Wenn aber das wilde Fleisch zurückgeht und weiß
wird, kommt er wieder zum Priester. 17) Der Priester untersucht ihn. Ist nun
der Ausschlag weiß geworden, dann erklärt ihn der Priester für rein; er ist rein.

18) Wenn jemand auf seiner Haut Geschwüre hat und sie heilen wieder ab, 19)
an der Stelle eines Geschwürs bildet sich aber ein weißer Pickel oder ein weißer
bis rötlicher Fleck, dann soll er sich dem Priester zeigen. 20) Der Priester
untersucht ihn. Erscheint der Ausschlag gegenüber der Haut vertieft und ist die
Behaarung weiß geworden, erklärt ihn der Priester für unrein. Es handelt sich
um einen bösartigen Ausschlag in aufgebrochenen Geschwüren. 21) Sieht jedoch der Priester, daß die Behaarung nicht weiß geworden ist und der Ausschlag
nicht tiefer liegt als die Haut und farblos ist, soll er den Erkrankten sieben Tage
absondern. 22) Breitet sich der Ausschlag über die Haut aus, erklärt ihn der
Priester für unrein. Es handelt sich um bösartigen Ausschlag. 23) Falls die
Flecken so bleiben und sich nicht ausdehnen, handelt es sich um vernarbte
Geschwüre. Der Priester erklärt ihn für rein.

24) Zieht sich jemand eine Brandwunde zu und bei der Verheilung entsteht
ein rötlich-weißer oder weißer Fleck, 25) soll der Priester das untersuchen. Ist
die Behaarung in dem Ausschlag weiß geworden und erscheint er gegenüber der

Haut vertieft, dann ist er bösartig, aufgebrochen in einer Brandwunde. Der
Priester erklärt ihn für unrein; es ist ein bösartiger Ausschlag. 26) Wenn der
Priester feststellt, daß die Behaarung in den Flecken nicht weiß geworden ist,
daß diese gegenüber der Haut nicht vertieft und farblos geblieben sind, dann soll
der Priester ihn für sieben Tage absondern. 27) Am siebten Tag untersucht ihn
der Priester. Hat sich der Ausschlag auf der Haut ausgebreitet, dann erklärt ihn
der Priester für unrein. Es handelt sich um einen bösartigen Ausschlag. 28) Sind
aber die Flecken an ihrem Platz stehengeblieben, haben sich nicht über die Haut
ausgebreitet und sind farblos geblieben, dann handelt es sich um Wülste von
Brandwunden. Der Priester erklärt ihn für rein, denn es handelt sich um
Brandnarben.

29) Wenn bei einem Mann oder einer Frau ein Ausschlag im Haupthaar oder
Barthaar auftritt, 30) dann soll der Priester den Ausschlag untersuchen. Erscheint er gegenüber der Haut vertieft und ist die Behaarung darauf dünn und
rotglänzend, erklärt ihn der Priester für unrein. Es handelt sich um eine Flechte,
um einen bösartigen Haar- und Bartausschlag. 31) Wenn der Priester feststellt,
daß die Flechte gegenüber der Haut nicht vertieft erscheint, aber kein schwarzes
Haar darauf ist, dann sondert er den Erkrankten sieben Tage lang ab. 32) Am
siebten Tag untersucht der Priester den Ausschlag. Hat sich die Flechte nicht
ausgebreitet, ist in ihr keine rötliche Behaarung vorhanden und erscheint die
Flechte nicht gegenüber der Haut vertieft, 33) soll sich der Erkrankte scheren
lassen, nur die Flechte soll er nicht abscheren. Der Priester sondert ihn erneut
für sieben Tage ab. 34) Am siebten Tag untersucht der Priester die Flechte. Hat
sie sich nun nicht auf der Haut ausgebreitet und erscheint auch nicht gegenüber
der Haut vertieft, so soll der Priester ihn für rein erklären. Er wäscht seine
Kleider und ist rein. 35) Breitet sich jedoch die Flechte auf der Haut aus,
nachdem er reingeworden ist, 36) dann soll der Priester ihn untersuchen. Hat
sich die Flechte wirklich auf der Haut vergrößert, braucht er nicht nach dem
rötlichen Haar zu suchen: Der Patient ist unrein. 37) Wenn nach seinem
Augenschein die Flechte zum Stillstand gekommen ist und schwarzes Haar in
ihr nachwächst, dann ist sie abgeheilt; er ist rein und der Priester erklärt ihn für
rein.

38) Wenn bei Mann oder Frau auf der Haut Flecken erscheinen, weiße
Flecken, 39) dann soll der Priester sie untersuchen. Sind nun auf der Haut ihrer
Körper fahlweiße Flecken, dann ist ein leichter Ausschlag ausgebrochen. Sie
sind rein.

40) Wenn ein Mensch auf dem Kopf kahl wird, dann ist er ein Glatzkopf, aber
er ist rein. 41) Wenn der Kopf auf der Vorderseite kahl wird, dann hat er eine
Stirnglatze, aber er ist rein. 42) Tritt aber auf der Vollglatze oder Stirnglatze eine
weiß-rötliche Färbung auf, dann ist der bösartige Ausschlag auf seiner Voll-
oder Stirnglatze ausgebrochen. 43) Der Priester untersucht ihn. Ist dieser Ausschlag auf der Voll- oder Stirnglatze nun weiß-rötlich, wie der bösartige Ausschlag der Körperhaut anzusehen, 44) dann ist er ein (mit bösartigem Ausschlag)
geschlagener Mann. Er ist unrein; unrein muß ihn der Priester erklären. Sein
bösartiger Ausschlag ist auf dem Kopf. 45) Der mit bösartigem Ausschlag

Behaftete, der den Ausschlag an sich hat: Seine Kleidung soll zerrissen hängen, sein Haupthaar aufgelöst flattern, seinen Mund soll er verhüllen. „Unrein! Unrein!" soll er schreien. 46) Solange der bösartige Ausschlag an ihm bleibt, ist er unrein. Ein Unreiner ist er. Alleine soll er leben, draußen vor dem Lager soll seine Bleibe sein.

4.4.2 Der medizinische Befund

Bis heute werden häufig die in Lev 13 beschriebenen Hautkrankheiten pauschal für „Aussatz" gehalten und mit der in tropischen Gebieten verbreiteten Hansen-Krankheit, der gefährlichen Lepra, identifiziert. Dieses Mißverständnis hatte schlimme Folgen für die Erkrankten. Sie siechten dahin, verloren nach und nach ihre Gliedmaßen, wurden aus der Gesellschaft ausgeschlossen (vgl. V. 45 f.) und konnten nur in gesonderten Leprakolonien unter der Fürsorge von Menschen, die sich bewußt um die Ausgestoßenen, „Unberührbaren" kümmerten, weiterleben oder als besonders gekleidete Bettler ihr Leben fristen[26]. Albert Schweitzer hat sich in Lambarene auch für die Leprösen eingesetzt[27]. Nun entsprechen die Krankheitsbilder, die in Lev 13 zu erkennen sind, überhaupt nicht der Lepra. Die besonders von Christen vollzogene Gleichsetzung der Lepra mit den in unserem Kap. beschriebenen, von Gott bewirkten und darum aus der Gemeinschaft mit ihm und mit den Menschen ausgrenzenden Hauterscheinungen war also ein fürchterlicher Irrtum, ganz abgesehen davon, daß Jesus selbst sicherlich keine Angst vor Leprakranken gehabt hätte (vgl. Mk 1,40 f.; Mt 10,7 f.). Die in Lev 13 als verunreinigend eingestuften Erkrankungen sind ja sämtlich heilbar (vgl. Lev 13,37; 14,2 f.). Lepra aber war unter den damaligen medizinischen Verhältnissen absolut unheilbar.

Die Gründe, weswegen es fast unmöglich ist, alttestamentlich bezeugte sicher mit heute bekannten Krankheiten zu identifizieren, liegen aber noch tiefer. Einmal bieten uns die Texte niemals einen vollständigen Krankheitsverlauf mit allen Symptomen, zum anderen haben wir ganz andere Anschauungen über die Ursachen von Erkrankungen und ihre Abgrenzungen gegeneinander. Für uns ist eine Krankheit erst dann eindeutig bestimmt (und möglicherweise behandelbar), wenn der oder die Erreger gefunden sind. (Im Fall der Lepra ist die Entdeckung des Erregers 1870 dem norwegischen Arzt G.H.A. Hansen gelungen). Die psychosomatische Medizin weist zwar eindringlich auf seelische und soziale Krankheitsursachen hin, kann aber nicht verhindern, daß wir uns in aller Regel mit einem ganz mechanisch-kausalen Verständnis von Krankheit begnügen: Ein Bakterium oder Virus befällt den Menschen, verursacht eine Reihe von Symptomen, die nach einem bekannten Schema ablaufen. Die Behandlung greift in die Kette von Ursachen und Wirkungen ein, unterbricht sie und der Körper überwindet die Infektion. Nicht so der antike Mensch. Auch er suchte nach Krankheitsursachen, fand sie aber in bösen Mächten, Dämonen, Gottes Zorn oder Willkür, eigener Schuld des Patienten. Kurz: Die Krankheit entstand aufgrund der Willensent-

---

26 Vgl. Peter Richards, The Medieval Leper and his Northern Heirs, Cambridge 1977.
27 Vgl. A. Schweitzer, Zwischen Wasser und Urwald, München 1925, 80 f.

scheidung eines personhaften Wesens, nicht eines mikroskopisch kleinen, mit phar-
mazeutischen Mitteln besiegbaren Erregers. Die Krankenbehandlung bestand darum
in erster Linie aus Versuchen, die Macht oder Kraft zu bestimmen, welche den
Menschen mit Krankheit „geschlagen" hat, um sie dann dazu zu bewegen, den
Kranken wieder freizugeben.

Vor diesem Hintergrund sind auch die Bestimmungen über schlimme und
weniger schlimme Hauterkrankungen zu lesen. Zwar kommt das personhafte
Verständnis der Krankheitsursachen nur indirekt zum Ausdruck, z. B. in der
Bezeichnung der schlimmen Symptome als „Schlag". Doch müssen wir ständig
das antike Verständnis von Krankheit vor Augen haben.
   Worauf gründeten die alten Israeliten ihre Diagnose? Ein Blutbild konnten sie
nicht machen, auch keine Stuhl- und Urinuntersuchungen usw. Sie mußten sich
auf die sorgfältige Beobachtung des äußeren Krankheitsbildes beschränken, in
diesem Fall auf die Veränderungen der Haut. Der Text zeigt, daß ausgefeilte
Beobachtungstechniken und Nomenklaturen zur Verfügung standen, die wir
gar nicht mehr in allen Einzelheiten verstehen können. Es fehlen uns einfach die
für den Außenseiter nötigen Informationen. Soviel ist jedoch sicher: Der unter-
suchende Priester betrachtete die auf der Haut eines Erkrankten sichtbaren
Flecken, stellte ihre Farbe, Größe und Ausdehnungstendenz fest. Er mußte auf
die Art der Male achten: Waren sie erhaben, vertieft, schuppig, nässend? Wichtig war, ob die relevante Hautveränderung mit einem Geschwür (V. 18) oder
einer Brandwunde (V. 24) zusammenhing, ob wildes Fleisch in der Umgebung
des Ausschlags auftauchte (V. 10) oder ob der Befall nur im Kopf- und Barthaar
bzw. auf der Glatze erschien (V. 29.40–42). Ferner war die Körperbehaarung
wichtig. Die Verfärbung der Haare vom originalen Schwarz zu fahlen, rötlich-
gelben oder gar weißen Tönen war ein Alarmsignal. Kurz, die Untersuchung der
Symptome, die in unsicheren Fällen nach einer oder gar nach einer zweiten
Woche wiederholt werden mußte (V. 4–6 u. ö.), war die einzige bekannte
Diagnose-Methode. Der Text spricht immer wieder vom „In-Augenschein-
Nehmen", nicht von anderen Untersuchungen des Kranken. Die im AT überlieferten Geschichten von „Aussätzigen" (Num 12,9–15; 2 Kön 5; 7,3–11;
2 Chron 26,16–21) setzen die Diagnose voraus und erwähnen sie nicht direkt.
Oder soll das „Hinsehen" Aarons in Num 12,10b eine Untersuchung andeuten?
Sie zeigen nur überaus deutlich, wie die in Betracht kommenden Hautausschläge als Strafe Gottes gelten (Num 12,9ff.; 2 Chron 26,16ff.). Und die Heilung
kann nur dadurch erfolgen, daß der Verursacher, also Jahwe selbst, die Strafe
zurücknimmt (vgl. Num 12,13f.). Die Diagnose des Priesters zielt also eigentlich darauf ab, festzustellen, ob ein gegebener Hautausschlag als direkte Einwirkung Gottes zu gelten hat. Die Kriterien, die er anwendet, müßten in der Praxis
gefundene und formalisierte Erfahrungswerte sein.
   Vergleichen wir die Beschreibungen der Symptome in Lev 13 mit den heute
vor allem in tropischen und subtropischen Ländern bekannten Krankheitsbil-
dern, so können wir feststellen: Die Hautkrankheiten im 3. Buch Mose haben
mit der Lepra nichts zu tun. Doch muß es nach altorientalischen Quellen auch

die echte „Hansen"-Krankheit in der Region gegeben haben. Sie wird in Fluchtexten des Zweistromlandes bezeugt und durch Skelettfunde, an denen typische Deformationen festzustellen sind, bestätigt[28]. Auch im Zweistromland wurden die Erkrankten isoliert[29]; die Verschiedenartigkeit der Symptome und der unberechenbare Verlauf der Seuche machten sie gefürchtet. Eine religiöse Wertung konnte ihre ausgrenzende Wirkung nur verstärken. Erst heute löst man sich allmählich von Angst und Vorurteilen. „Die Ansteckungsgefahr ist wesentlich geringer als in früheren Zeiten vermutet, weswegen die strenge Isolierung der Erkrankten nicht mehr üblich ist."[30] Wirksame Medikamente gegen das *bacterium [leprae]* sind seit etwa 1940 bekannt. Die christlichen Leprosen-Hilfswerke und -Missionen haben gleichwohl noch eine große Aufgabe vor sich, auch im Abbau von religiösen Vorurteilen. Die Zahl der Erkrankten liegt weltweit bei 10 Millionen.

Die verschiedenen Krankheitsbilder von Lev 13 hingegen werden „von der heutigen Medizin als Psoriasis (Schuppenflechte) und gelegentlich, neben weniger eindeutigen, in einigen Symptomen verwandten Hautkrankheiten (Ekzemen, Rosen, Wucherungen, Ausschlägen), vor allem auch als Favus oder Vitiligo bestimmt... Psoriasis ist eine chronische, nicht ansteckende Hautkrankheit, die sich durch gut markierte, leicht erhöhte rötliche Flecken unterschiedlicher Größe auszeichnet, die mit trockenen gräulich-weißen oder silbrigen Schuppen bedeckt sind. Die entzündeten Stellen jukken, und wenn sie abgekratzt werden, gehen die Schuppen in Flocken ab und lassen eine feuchte, rötlich scheinende Fläche mit winzigen blutenden Punkten – wie Insektenstiche – zum Vorschein kommen. Vitiligo oder Favus ist eine, medizinisch gesehen weit gefährlichere, Erkrankung der Kopfhaut und des Haares mit gelber Verkrustung rund um einzelne Haare, die die tiefer liegenden Gewebe der Haut erfaßt, Haarausfall bewirkt und einen glatten, glänzenden, weißen Fleck hinterläßt."[31]

4.4.3 Die Deklaration des Priesters

In heiligen Angelegenheiten haben Priester oder andere religiöse Funktionäre immer ein gewichtiges, wenn nicht das letzte Wort zu sprechen. Sie werden als die zuständigen Fachleute angesehen. Die Bestimmungen über gefährliche Ausschläge (Lev 13–14) nehmen einen derartig großen Raum ein, daß wir ihre Bedeutung in der damaligen Zeit unschwer ermessen können. Und gerade in dieser Frage sind die Priester die allein Verantwortlichen. Sie haben das Urteil „rein" oder „unrein" zu sprechen. Eine Berufungsinstanz gibt es nicht. Der Kranke wird ihnen – vielleicht sogar gegen seinen Willen- vorgeführt (V. 2.9: passive Verbformen). Der Priester untersucht ihn wie ein Arzt seinen Patienten. Fragen gibt es nicht, Proteste müßten verhallen. Der Priester ist der einzige, der handelt und entscheidet. Er verhängt eine sieben- oder vierzehntägige Quaran-

---

[28] Vgl. Erich Ebeling, Aussatz, Reallexikon der Assyriologie I, 1928, 321; René Labat, Geschwulst, ebenda III, 1957–1971, 231–233.

[29] E. Ebeling, a.a.O.

[30] Brockhaus Enzyklopädie XIII, Mannheim 1990, 292.

[31] Klaus Seybold und Ulrich Müller, 56.

täne (V. 4ff..31ff.). Dann kommt das unwiderrufliche Urteil: Der Priester „erklärt ihn unrein" (10 mal in unserem Abschnitt) oder er „spricht ihn rein" (7 mal). Wir wüßten gerne, wie das genau vonstatten gegangen ist. Möglicherweise hat der Priester nach der Untersuchung lediglich gesagt: ṣaraʻat hiʼ, „das ist die ṣaraʻat", d.h. eine gefährliche, von Jahwe verhängte Hautkrankheit, vgl. die Variationen dieser Deklaration in V. 3.8.11.15.20.25.27.30.42. Dem würde auf der anderen Seite entsprechen etwa: mispaḥat hiʼ, „das ist die mispaḥat", d.h. ein harmloser, nicht mehr identifizierbarer Ausschlag (V. 6). Eine solche, die Krankheit bestimmende Deklaration käme unseren medizinischen Diagnosen gleich, die nach einer Gewebeprobe eine Geschwulst als „bösartig" oder „gutartig" klassifizieren. Nun redet unser Abschnitt aber sehr eindringlich von der Reinheits- bzw. Unreinheitserklärung des Patienten. Sie kann eigentlich nur in einer persönlichen Form abgegeben werden: „Du bist unrein" oder „Du bist rein". Beide Formeln sind so im AT nicht zu finden. Wir können sie höchstens aus den entsprechenden Sätzen in der 3. Pers. (V. 11.36.44.46: „Er ist unrein"; V. 13.17.37.39.40.41: „Er ist rein") erschließen. In einem unverfälschten Ritualtext müßten die Worte, welche gesprochen werden sollen, auch wörtlich zitiert sein (vgl. etwa Num 5,19–22: Der Priester redet die des Ehebruchs verdächtige Frau an). So ist es z.B. in babylonisch-assyrischen Beschwörungsritualen. Aber in den Bestimmungen des Buches Leviticus kommt das rituelle, an einen Betroffenen gerichtete Wort kaum jemals zum Vorschein (vgl. zu Lev 6,5). Alle Vorgänge sind seltsam verobjektiviert. In den Einleitungsformeln Lev 13,1; 14,1.33 ergeht die Jahwerede auch nur an Mose und Aaron, nie weiter an das Volk wie in Lev 11,2; 12,2; 15,2. Handelt es sich bei den Bestimmungen über die Hautausschläge um eine ganz und gar priesterinterne Instruktion? Oder ist gerade das Fehlen der wörtlichen Deklarationsformeln, die für den Priester doch von großer Bedeutung wären, ein Zeichen dafür, daß der Text doch keine echte rituelle Anweisung darstellt, sondern eher Anschauungsmaterial für die gottesdienstliche Lesung?

Daß Priester oder Kultfunktionäre in gewissen Fällen als Entscheidungsinstanz angerufen werden, ist aus der Religionsgeschichte der Völker bekannt und auch im AT sonst bezeugt. Unlösbare Kriminal- oder Rechtsfälle erfordern z.B. eine Gottesentscheidung, welche eben durch Priester (oder sonstige anerkannte religiöse Amtsinhaber) herbeigeführt wird (vgl. Dtn 17,8–13; Num 5,12–28). Sehr interessant ist der unaufklärbare Mordfall (in dem heute über die Massenmedien die Mitfahndung der Bevölkerung erbeten wird): Die Ältesten einer Stadt oder Siedlung haben einen Sühneritus zu vollziehen (Dtn 21,1–9). Erst sekundär scheint die Priesterschaft einbezogen worden zu sein, denn V. 5 wirkt arg blaß und generalisierend. Die eigentlichen Akteure sind durchweg die Ältesten. Dieser Text bestärkt die Vermutung, daß die priesterliche Vermittlung erst spät, seit dem Exil, eingeführt oder beträchtlich erweitert worden ist.

Priester als juristische Instanz und Priester als Autorität in Fragen der „Heiligkeit" oder „Reinheit", das sind – trotz mancher Berührungspunkte zwischen Rechtsbruch und Verunreinigung – noch einmal zu unterscheidende Funktionen. Eine Priesterbefragung in der zweiten Situation spiegelt sich in Mal

2,10–14. Ist die Heiligkeit des Opferfleisches mittelbar durch das Verpackungs-
material übertragbar (V. 12)? Ist im Unterschied dazu die Unreinheit eines Toten
mittelbar durch den, der den Toten berührt hat, weiter übertragbar (V. 13)? Diese
Art der Fragestellung, nur bezogen auf den Erstbetroffenen, finden wir in Lev
13 f. Ihr hatten sich die Priester des zweiten Tempels in Jerusalem zu stellen. Sie
mußten verfügbar sein, Sprechstunden und Warteräume, Befragungsrituale und
Gutachterformeln, Atteste und Reinigungsvorschriften einrichten bzw. aufstellen. Ablauf und Wirkung einer Untersuchung mußten mindestens den Verantwortlichen durchsichtig sein. Doch wiederum: Erwecken unsere Texte den
Eindruck, daß sie die notwendigsten Verfahrensweisen klären? Oder wird doch
mehr abstrakt, verkürzt und aus einer gewissen Entfernung über „Rein"- und
„Unrein"-Deklarationen geredet? Eine priesterliche Instanz wird es gegeben
haben. Die Anweisung Jesu: „Zeigt euch dem Priester!" (Mt 8,4; Lk 17,14)
rechnet selbstverständlich mit Untersuchung und Diagnose am heiligen Ort. Ob
unser Text allerdings schon zur Gemeindebelehrung weiterentwickelt ist, müßte
untersucht werden.

4.4.4 Aufbau und Einzelbestimmungen

Der große Abschnitt über „Ausschläge am Menschen" (V. 1–46) ist in sieben
Unterfälle gegliedert, die unterschiedliches Gewicht haben und in Nuancen
verschieden konstruiert sind. Gewisse Spannungen und Wiederholungen, Analogien und Verknüpfungen zeigen, daß der Gesamtabschnitt nicht aus einem
Guß, sondern allmählich gewachsen ist. Die Notwendigkeit, immer neue Symptome zu berücksichtigen, führt in der Medizin wie in der profanen oder
kultischen Rechtspflege zu einer Zusammenstellung solcher Bestimmungen. Sie
folgen – bei allen Unterschieden im einzelnen – dem Grundmuster: Symptombe-
schreibung – Diagnose durch den Priester. Eventuell sind noch Reinigungsmaß-
nahmen erwähnt. Die Einführungsformel V. 1 reicht formal gesehen über
unseren Abschnitt hinaus bis V. 59. Aber die dort abschließende Unterschrift
bezieht sich nur auf den „Kleiderausschlag" von V. 47–58. Also können wir
vermuten, daß die Abschlußnotiz zu V. 2–44 verlorengegangen oder durch die
Generalklausel über die Behandlung von „Unreinen" (V. 45 f.) ersetzt worden ist.
    Der erste Abschnitt (V. 2–8) handelt von „Pickeln, Schuppen und Flecken" auf
der Körperhaut eines Menschen (V. 2). Die so übersetzten hebräischen Ausdrük-
ke sind innerhalb des ATs nur in Lev 13 f. überliefert und darum kaum mehr genau
identifizierbar. Das erstgenannte Symptom wird eigentlich nur als „Erhöhung"
einer Hautstelle bezeichnet und kann kleine Schwellungen, Knoten, Beulen
einschließen. Der zweite Terminus bezieht sich auf schorfige, grindige Hautstellen, der dritte auf Verfärbungen. Bei so allgemeinen Beschreibungen ist es uns
schlechterdings unmöglich zu sagen, um welche Hauterkrankungen es sich genau
gehandelt hat. Wahrscheinlich sind die Namen auch schon für den antiken
Menschen inklusiv gewesen: Sie konnten jeweils mehrere Erkrankungen einschließen.

Die Kriterien, nach denen der Hautausschlag beurteilt wird, scheinen einfach und überzeugend: Verfärbung der Körperbehaarung an der befallenen Stelle und Vertiefung der Hautmale. Trifft beides zu, ist der Ausschlag bösartig und führt zur Unrein-Erklärung (V. 3). Es bleibt aber ein ziemlich weiter Irrtums- und Ermessensspielraum. Darum ist schon im Gesetz die zweimalige Isolierung des Kranken für die Dauer je einer Woche vorgesehen (V. 4–6). Nicht genug damit, auch nach einer endgültigen Rein-Sprechung kann der Ausschlag aktiv werden und zur Ausgrenzung des Patienten führen (V. 7f.).

So durchsichtig die ganze Prozedur scheint, so sehr ist sie doch mindestens für uns uneingeweihte Leser mit Unklarheiten behaftet. Für wen sind die Bestimmungen überhaupt aufgezeichnet? Wer soll die Krankheitszustände kennen- und beurteilen lernen? Die drei Symptome waren allgemein genug bekannt. Von V. 4 ab ist nur noch von den „(weißlichen, glänzenden) Flecken", nicht mehr von Schuppen und Pickeln die Rede. Das Urteil über Stillstand und Fortschreiten der Krankheit, über „Rein" und „Unrein" des Patienten, wird zwar fast naturwissenschaftlich anhand von wenigen Symptomen und deren Veränderungen erklärt, aber letztlich doch allein vom Priester vollzogen und verantwortet. Warum dann die recht ausführliche Einweihung der Zuhörerschaft in die Diagnosegeheimnisse? Soll die Gemeinde etwa mitdenken bei der Beurteilung dieser schlimmen Hautkrankheiten, die zum Ausschluß aus der Gemeinschaft (V. 45f.) führen?

Welche Rolle spielt überhaupt der Patient? Er wird von anderen – und das können nur engste Familienangehörige oder Nachbarn sein – zum Priester gebracht (V. 2.9). Diese Mitmenschen sind also bei der Untersuchung und Diagnose anwesend[32]. Repräsentieren sie die Gemeinde? Im Zweifelsfall wird der Patient vierzehn Tage in Quarantäne genommen. Wo kann das geschehen: im Tempel (vgl. 1 Sam 21,8, wo Doeg im Tempel von Nob „eingeschlossen vor Jahwe" ist, aber doch wohl kaum mit einer von der Gottesgemeinschaft ausschließenden Hautkrankheit!?), im eigenen Haus oder außerhalb der Ortschaft (vgl. Num 12,15)? Die Waschung der Kleider schließt den günstigen Fall der Rein-Erklärung ab (V. 6b). Ja, soll das denn alles sein nach dem tödlichen Verdacht auf „Unreinheit" (vgl. 14,1–32)? Wie kann nur eine so äußerliche Maßnahme die eben noch mögliche körperliche Unreinheit vergessen machen? Und immer wieder müssen wir fragen: Um welchen Zustand des Menschen geht es überhaupt, und zu welchem Zweck soll ein Befund gemacht und ein Status erklärt werden?

Der zweite Abschnitt (V. 9–17) beginnt sachlich (nicht stilistisch) gesehen, als sei er eine Dublette zum ersten: „Wenn jemand einen bösartigen Ausschlag bekommt …" (V. 9a). Der Fall scheint seltsamerweise – wie in V. 2 a – bereits festzustehen, ehe die Symptome genannt werden. Beidemale müssen wir wohl deuten: bei Verdacht auf schlimmen Ausschlag. Die Überlieferer setzen den positiven Befund voraus, der in den Ausführungsbestimmungen nicht der einzige ist (vgl. V. 4–8; 12–17). Weiter scheint erst die jetzt zu verhandelnde Passage

---

[32] Vgl. Erhard S. Gerstenberger und Wolfgang Schrage, Leiden, Stuttgart 1977.

die „Pickel" (Erhöhung; Schwellung etc.) zu berücksichtigen, die in V. 2 f. so arg mit dem „tiefer liegenden Mal" kollidieren. Jedenfalls hat in V. 10 der Priester nur die „weiße Hauterhöhung" zu begutachten, die auch „weißes Körperhaar" aufweist. Vorher war es die entsprechende Hautvertiefung gewesen (V. 3). So weit entsprechen sich die Bestimmungen ganz genau. Jetzt kommt ein Sondermerkmal (ob sekundär oder original zum Text gehörig, bleibe dahingestellt) hinzu: „Auf der Hauterhöhung ist wildes Fleisch entstanden" (V. 10 b). Wildfleisch (hebr.: *miḥjat basar ḥaj*, „Bildung von lebendigem Fleisch") bildet sich meistens bei Vernarbungen von Wunden. Es muß also älter sein als der frische Hautausschlag, der sich somit unter abgeheilten Ausschlägen bildet. Warum ist der Text dieser Sachlage entsprechend nicht gradliniger formuliert wie etwa in V. 7 oder 19? Es mag sein, daß zwei Teile, eine ganz und gar dem Erstfall (V. 2–8) parallele Bestimmung (V. 9–10 a) und eine Anleitung zur Begutachtung neu aufbrechenden Ausschlags (V. 10 b–17) miteinander verschweißt worden sind. Diese letztere tritt im jetzigen Text ganz in den Vordergrund. Wildes Fleisch ist ein zureichendes Symptom für die sofortige Unrein-Erklärung. Nicht mehr und nicht weniger ist wortreich in V. 10 b–17 gesagt. Was uns dagegen ungemein erstaunen muß, ist die Freisprechung derjenigen Patienten, die vollständig von weißem Ausschlag bedeckt sind. Mirjam wird anscheinend von Kopf bis Fuß „weiß wie Schnee" (vgl. Num 12,10). Und das gilt als sicheres Zeichen für Jahwes Zorn (Num 12,9). Und hier soll ganz im Gegenteil der Totalausschlag zur Rein-Sprechung führen (V. 12 f.)? Sogar das völlige „Erweißen" einer alten Narbenhaut relativiert den so sicheren Unrein-Befund wieder (V. 16 f.). Wie sollen wir das verstehen? Es kann sein, daß die Mirjam-Perikope einer anderen Überlieferungsschicht entstammt. Dann wäre nur für Lev 13,12–17 zu fragen: Warum ist ein Totalbefall mit Ausschlag ungefährlich, während Teilerkrankungen zum Ausstoß aus der Gemeinschaft führen? Medizinisch ergibt das keinen Sinn. Sozial gesehen könnte eine letzte Fürsorge für den schon vom Tod Gezeichneten hinter der Rein-Erklärung stehen. Kultisch mag man einen Umschlag in die positive Einschätzung für den seltenen Fall vermuten, daß ein Ganzbefall auftritt. Alles ist jedoch nur Spekulation. Wir wissen nicht, warum das Urteil so ausfällt, denn wir haben keine Urteilsbegründungen der antiken Priester zur Hand.

Die beiden folgenden Abschnitte (V. 18–28) bieten nach Karl Elliger die konkretesten und kohärentesten Vorschriften und sind als der Kern der ganzen Sammlung Lev 13–15 anzusehen. Sie sind auch ziemlich parallel zueinander aufgebaut und eng aufeinander bezogen. Eine Wunde (Geschwür oder Verbrennung) ist der Ausgangspunkt. Die hygienischen Verhältnisse werden oft zu Infektionen offener Hautstellen geführt haben. Ist eine Verfärbung der betroffenen Hautpartie ins Weißliche oder Rötliche sichtbar (V. 19 a.24 b), dann ist die Untersuchung durch den Priester angezeigt. Wieder ist dem Erkrankten selbst und seiner Umgebung die Prüfung der Symptome und der Gang zum Geistlichen auferlegt. Die beiden bekannten Kriterien – Vertiefung der verfärbten Stelle und Weißfärbung der Behaarung, V. 3 – bewirken die Diagnose: Unrein (V. 20.25)! Weil sich nur in V. 19 f. eine Spannung zwischen „Hauterhöhung"

und „Hautvertiefung" zeigt und weil im ganzen Abschnitt sonst von den
„Flecken", nicht von der „Erhöhung" die Rede ist, kann die Doppelung der
Ausdrücke in V. 19a auf einen sekundären Einschub eines Abschreibers zurückzuführen sein. Sonst sind die beiden Fälle klar: Vertiefte und verfärbte Stellen
auf alten, bereits verheilten Wunden – ähnlich die Problematik des wilden
Fleisches in V. 10–17 – signalisieren einen bösartigen Ausschlag. Der Priester
spricht den Befallenen unrein. Die Diagnoseformel „(bösartiger) Ausschlag ist
es" enthält noch den Zusatz: „im Geschwür/Brandmal ausgebrochen" (V.
20.25), und V. 25 ist wohl durch redaktionelle Bearbeitung zur zweimaligen
Unrein-Erklärung erweitert worden.

Im Zweifelsfall steckt der Priester den Patienten wieder für sieben Tage in
Quarantäne (V. 21.26) und wiederholt die Untersuchung. Gleichlautend, nur im
Fall der Brandwunde etwas ausführlicher, ist bei fortschreitender Krankheit die
Unrein-Erklärung fällig (V. 22.27), bei Stillstand und Nachlassen der Verfärbung Reinheitsdiagnose (V. 23.28). Der Brandwundenfall wird auch hier etwas
ausführlicher aber sachgleich mit dem Geschwürbefund dargelegt. Daß lediglich eine einwöchige Isolierung des Patienten vorgeschrieben ist, mutet solide
und vernünftig an und läßt die zweimalige Quarantäne von V. 4–6 als eine
spätere, noch vorsichtigere Handhabung der Regel erscheinen. Wichtig ist, daß
nach dem eindeutigen Hauptfall jeweils der Zweifelsfall ganz gleichmäßig positiv und negativ abgehandelt wird. Ist der Befund unbedenklich, dann bekommt
der Patient auch seine Reinheitserklärung mit der entsprechenden medizinischen Formel: „harmloser Geschwür- bzw. Brandwundenausschlag ist es" (V.
23.28). Insgesamt ist aus den beiden Textabschnitten der rituelle Hergang besser
ablesbar als in den übrigen, mehr abstrakten, theoretisierenden Vorschriften
dieser Sammlung.

Die übrigen Texteinheiten haben es mit Ausschlägen am Kopf, nicht am
Körper zu tun, besonders in den dicht behaarten Zonen des Schädels. V. 38f. ist
allerdings ein allgemeines Einsprengsel, das ganz undifferenziert und weiträumig noch einmal von „Hautausschlag" spricht.

Was mag die Überlieferer bewogen haben, ausgerechnet an dieser Stelle
„Mann oder Frau" gegen das übliche „ein Mann, welcher ..." zum Subjekt zu
machen (V. 29; wiederholt in V. 38)? Soll gerade dort, wo es um Haupt- und
Barthaar geht, Gleichberechtigung demonstriert werden? Kommt männliches
Minderwertigkeitsbewußtsein zum Durchbruch, wenn es um das schöne, lange
Haar der Frau geht, das beim Mann oft der Glatze weicht (V. 40–44), eine
Schmach, die auch durch einen Rauschebart nicht ganz wettgemacht werden
kann (vgl. 2 Kön 2,23 f., die Verspottung und Rache Elisas). In den Gesetzestexten des ATs und des Alten Orients sind die Geschlechter selten so gekünstelt
in einem Atemzug genannt wie hier („Ausschlag am Kopf oder Bart", V. 29). Zu
vergleichen sind einige wenige Stellen im deuteronomistischen Werk (z. B. Dtn
17,2; 29,17), die eine aus Männern und Frauen bestehende Gemeinde voraussetzen. Sonst sind in der Gesetzesliteratur des ganzen Alten Orients Paragraphen,
die sich ausnahmsweise speziell mit Frauen beschäftigen, auch für Frauen
reserviert. Die eigentlichen Rechtsträger sind in patriarchalen Gesellschaften

immer die Männer. Die priesterliche Unterscheidung und Zusammenführung beider Geschlechter in einer religiösen Gemeinschaft, der frühjüdischen „Kirche", birgt potentielle Elemente der Emanzipation in sich (vgl. Gen 1,27; Ex 35,29; Lev 20,27; Num 5,6; 6,2). Mann und Frau – bisher wurde die Frau anscheinend immer „mitgemeint", jetzt wird sie ausdrücklich benannt – haben bei schorfigen Erscheinungen am Kopf den Priester zu konsultieren. Die gängigen Symptome, Vertiefung der Hautstelle und Verfärbung des schwarzen Haares ins Strohfahle, helfen ihm, sofort die Entscheidung zu fällen. Sie tragen hier den speziellen Namen „Haar- oder Bartflechte", und erst an zweiter Stelle kommt die Deklaration: „Es ist der bösartige Haar- oder Bartausschlag!" (V. 30b). Möglicherweise ist dieses Stichwort ein Zeichen für die Verbindung des Textes mit den vorhergehenden Bestimmungen der Sammlung. Im Zweifelsfall erfolgt wie in V. 4–6 eine zweimalige Quarantäne von je sieben Tagen (V. 31–34). Das Abscheren des Haupthaares erst nach der siebentägigen Isolierung ist ein Spezifikum dieser Prozedur; es wird nicht erklärt. Einige Geschichten im AT wie die des Nasiräers Simson (Ri 16,16–30; vgl. Num 6,5–9) geben uns eine Ahnung davon, wie heilig oder kraftgeladen das Haupthaar war und wie sorgfältig damit verfahren werden mußte. Vielleicht ist die besondere Bedeutung des Haares auch der Grund, weswegen die Frau einmal ausdrücklich benannt wird. Eigentlich könnte der Textabschnitt nach Haupt- und Zweifelsfall abgeschlossen sein. Übervorsichtige Theologen haben jedoch weitergedacht und wie in V. 7 den Fall angeschlossen, daß nach der Diagnose neue Symptome am Patienten auftauchen. Die weitere Ausbreitung des Schorfes zieht neue Einbestellung zum Priester, eine Schnelluntersuchung nur der Fleckenverbreitung und die umgehende Unreinheitserklärung nach sich. Die Haarverfärbung spielt keine Rolle mehr, weil der Fall mehr als eindeutig ist (V. 35f.). Daß aber auch noch die andere Möglichkeit angeführt wird: Ein Ausschlag, der nach V. 35 neu aufgebrochen ist, ist bei der Untersuchung durch den Priester schon zum Stillstand gekommen und darum harmlos (V. 37), beweist eher den Perfektionismus der Schreiber, die alle Varianten abhandeln wollen, als Vertrautheit mit der Realität. Im übrigen ist den Überlieferern entgangen, daß der lang und breit ausgeführte Zweifelsfall nur eine Rein-Erklärung enthält (V. 31–34). Außerdem fehlen im ganzen Abschnitt V. 31–37 die ausdrücklichen Befundangaben, sie sind nur in V. 30 zu finden. So stehen der Drang zur Vollständigkeit und das Vertrauen auf implizite Hinweise dicht nebeneinander.

Die knappe und außerordentliche Fallbeschreibung in V. 38–39 könnte ein Extrakt aus den vorhergehenden Bestimmungen oder ein ergänzender Nachtrag dazu sein. Jener Tradent, der schon in V. 29 ausdrücklich Männer und Frauen als Gemeindeglieder genannt hatte, möchte noch einmal darauf hinweisen, daß auch beim normalen Körperausschlag beide Geschlechter gemeint sind. Er erwähnt darum den Befall mit weißen Flecken als den Normalfall eines verdächtigen Hautausschlags (V. 38). Die Untersuchungskriterien sind gegenüber den früheren Passagen sehr vage. Weder Hautvertiefung noch Haarverfärbung kommen vor. Nur die gelblich-blasse Farbe soll beachtet werden. Vielleicht bedienen sich die Überlieferer – angesichts der schon so oft wiederholten

Anweisungen zur Erhebung des Befundes – mit einer äußerst verkürzten Rede-weise. Jedenfalls liegt ihnen sicher auch die schnelle Reinheitserklärung bei harmlosem Hautausschlag am Herzen. Er hat einen eigenen Namen: *bohaq*, den wir jedoch weder etymologisch noch medizinisch deuten können. Es ist das einzige Mal, daß er im AT erscheint. In Aufbau, Wortwahl, Stil bildet die Reinheitserklärung (ohne jede Zweifelsfälle!) ein gewisses Gegenstück zu der Unreinheitserklärung von V. 29 f.

Ein letzter Fallabschnitt bleibt zu besprechen: V. 40–44, der Ausschlag bei Kahlköpfigen. Er ist ganz ausdrücklich mit den vorhergehenden Abschnitten über Hautausschläge verbunden (V. 43 b), so daß von vornherein keine volle und eigenständige Behandlung des Themas zu erwarten ist. Immerhin hat der Kopf als der edelste Körperteil eine so große Bedeutung, daß nach der Haar-flechte nun auch der Hautausschlag an kahl gewordenen Stellen des männlichen Schädels eigens erwähnt wird, und sei es als Nachtrag. Der Hörer wird erst einmal beruhigt: Der schimpfliche Haarausfall allein, weder hinten noch vorn am Haupt, ist noch kein Gottesgericht (V. 40 f.). Er trägt Spott ein (2 Kön 2,23), wirkt unter Umständen auch kultisch verunreinigend (Lev 21,5), schließt aber nicht grundsätzlich von der Gemeinschaft aus. Ein weiß-rötlicher Ausschlag auf der Glatze wird wie der Hautausschlag sonst behandelt (V. 42–44). Dabei taucht erstmals die persönliche Bezeichnung: „von bösartigem Ausschlag Befallener", früher immer mit „der Aussätzige" übersetzt, auf (V. 44 a, sonst nur noch V. 45; Lev 14,3; 22,4; Num 5,2), der im folgenden Schlußabschnitt eine wichtige Rolle spielt. Diese sprachliche Verknüpfung beider Textpassagen beweist schon ihre Zusammengehörigkeit und damit den Nachtragscharakter von V. 40–44. Die beiden abschließenden Verse (V. 45 f.) sind von besonderer Bedeutung; sie geben Aufschluß über den Sinn der Vorschriftensammlung, die Ausschläge betreffend.

4.4.5 Der Ausschluß aus der Gemeinschaft

Erst vom Ende her wird die Abzweckung der Sammlung von Diagnosebefun-den deutlich. Die entscheidende Frage, welche allein der Priester beantworten konnte, war bei jeder Hautverformung oder -verfärbung gewesen: Ist es eine bösartige oder eine gutartige Erkrankung? Trennt sie von Gott und den Men-schen? War der Befund negativ, konnte der Priester die Unbedenklichkeitser-klärung abgeben „Er ist rein!", dann kehrte der Verdächtigte – eventuell nach einer oder zwei Wochen der Isolation – in das normale Leben zurück. Lautete der Befund aber auf „bösartig", d.h. von Jahwe selbst (als Strafe?) verhängter Ausschlag, dann war der Patient „unrein", d.h. für die Gemeinschaft nicht mehr tragbar. Wir dürfen diese Entscheidung sicher nicht medizinisch oder seuchen-hygienisch mißverstehen (obwohl unsere Ausgrenzungsmechanismen grund-sätzlich ähnlich funktionieren), es war primär eine religiöse Entscheidung. Aber sie führte zum Ausschluß des Kranken aus der Gemeinschaft. Das wird in V. 45 f. in aller Schärfe verordnet.

Der an einem bösartigen Ausschlag Leidende wird – die Befunde aus V. 2–44 aufnehmend – beschrieben als einer, „an dem der Schlag (Gottes)" sichtbar ist (oben: „der den Ausschlag an sich hat"). Er muß seine Identität verändern. Zerfetzte Kleider, wirres Haupthaar kennzeichnen ihn als außerhalb der normalen, gesitteten Gemeinschaft lebend (V. 45). In Lev 10,6 und 21,10 sind dieselben Merkmale als Zeichen der Totentrauer genannt. Auch der Trauernde befindet sich in einem ungesitteten Bereich, gleichsam in der Vorhalle des Todes, und da gelten andere Verhaltensmuster. Lebensfeindliche Mächte beherrschen die Szene. Vielleicht soll die äußere Zerstörung der Tracht den Leidenden auch für die Dämonen unkenntlich oder uninteressant machen. Eine dritte Anweisung kommt hinzu und deutet in dieselbe Richtung: Der Kranke soll seinen Mund verhüllen (V. 45a). Der Mund ist, wie andere Körperöffnungen auch, ein potentielles Einfallstor für böse Geister. Außerdem muß der für unrein Erklärte aber schon von weitem auf seinen Zustand aufmerksam machen (V. 45b), damit ein Gesunder gar nicht mit ihm in Berührung kommen und sich mit der Unreinheit infizieren kann. Das alles setzt voraus: Der Kranke muß, auf sich allein gestellt, außerhalb der Siedlung eine notwendig dürftige, meist nicht menschenwürdige Behausung finden (V. 46). Wie der besessene Gerasener werden die Ausgestoßenen oft in Gräbern und Höhlen dahinvegetiert haben (vgl. Mk 5,2f.). Num 5,2–3 schärft die Ausstoßung der Hautkranken noch einmal ein und erweitert sie auf Männer und Frauen, die an Ausflüssen leiden oder sich durch die Berührung von Toten verunreinigt haben. Ist die „Reinheit" des „Wohnlagers in der Wüste" nun eine bloße Wunschvorstellung oder hat sie reale Hintergründe?

Die alttestamentlichen Hinweise auf „gemeingefährliche" Hauterkrankungen bestätigen die Vermutung, daß die zeitweise oder dauerhafte Verstoßung von Hautkranken tatsächlich in Israel praktiziert wurde. Der Bericht in 2 Kön 7,3–10 ist relativ unverfänglich: Er erwähnt nebenbei, daß vier „Aussätzige" zuerst den Abzug des Aramäerheeres bemerken, weil sie vor den Stadttoren hausen. Der König Usia ist nach 2 Kön 15,5 „aussätzig" und wohnt isoliert in einem „losgelösten" Haus. Die chronistische Darstellung hat diese Notiz dramatisch ausgebaut. In lästerlicher Überheblichkeit maßt sich der König Priesterfunktionen an (2 Chr 26,16–18). Die Antwort Gottes: Er schickt im Handumdrehen den „Aussatz" als Strafe, und Usia wird aus dem Tempel als gebrandmarkter Feind Jahwes hinausgestoßen (2 Chr 26,19f.: „sie jagten ihn hinaus und er flüchtete auch selbst, denn sein Ausschlag war von Jahwe"). Der aramäische Feldherr Naeman dagegen scheint seinen Amtsgeschäften trotz des Hautausschlags normal nachzugehen und auch in seinem Privathaus keinerlei Einschränkungen zu unterliegen (2 Kön 5,1–3). Die Mirjamlegende (Num 12,9–15) ist ihrerseits keine gute Zeugin, da sie anscheinend ganz nach den Vorschriften von Lev 13 aufgebaut ist und die zeitweise Quarantäne begründet. Allerdings steht am Ende der sieben Tage die garantierte Heilung, nicht eine neuerliche Untersuchung mit ungewissem Ausgang.

Außerbiblische Zeugnisse können die Annahme erhärten, daß es in Israel eine Absonderung von bestimmten Hautkranken gegeben hat. Herodot berichtet von einer
ähnlichen Sitte bei den Persern, im Zweistromland scheinen Hauterkrankungen, die
den bösartigen Ausschlägen von Lev 13 ähneln, in großer Zahl aufgetreten zu sein[33].
Noch wichtiger ist die religionsgeschichtliche Tatsache, daß in vielen Kulturen eine
religiös motivierte Absonderung bestimmter „abnormer" Menschen praktiziert
wird[34].

Derartige Ausgrenzungsmechanismen dienen dem Schutz und der „Reinheit" der
eigenen Gemeinschaft. Sie bilden sich heraus als Reaktion auf unheimlich anmutende
Erscheinungs- oder Verhaltensweisen von Gruppenmitgliedern. Eine Untersuchung
der Wirkungen, die durch das (mißverstandene) Kap. Lev 13 ausgelöst worden sind,
wäre dringend erforderlich. Ebenso wichtig wäre es, über die eventuell religiösen
Wurzeln neuzeitlicher Ausgrenzung von Gruppen (z.B. Behinderte, Homosexuelle),
die nicht dem Normalbild des „gesunden" Menschen entsprechen, nachzudenken.
Mit ziemlicher Sicherheit ließen sich Parallelen zu oder gar Verbindungen mit Lev 13
erkennen. Die Versorgung von Kranken in Hospitälern und Pflegeheimen, die Sterbe-
zimmer in Krankenhäusern, Isoliermaßnahmen nach dem Bundesseuchengesetz, der
Widerstand gegen die Integration von Behinderten in öffentlichen Schulen, die z.T.
hysterische Angst vor Aids-Ansteckung und ähnliche Phänomene haben gewiß eine
Wurzel in den Krankheiten selbst und (soweit Fürsorge erkennbar wird) dem
Wunsch, medizinisch zu helfen. Eine andere Wurzel aber ist die irrationale, auch in
säkularisierter Umgebung noch spürbare Furcht vor Gottes Strafe, Unheil und Tod.

Die Sammlung von Diagnosen, Hautausschläge betreffend, hat im Zusammenhang des Buches Leviticus also eine eminent gemeindebezogene Bedeutung.
Es geht nicht in erster Linie darum, von einer „Gotteskrankheit" Befallene aus
dem Tempel fernzuhalten und den Kultvollzug vor Unheiligem zu schützen.
Nein, die Zugehörigkeit zur Wohngemeinschaft steht auf dem Spiel. Uralte
Ängste gegenüber Menschen, die durch Hautausschläge verunstaltet sind und so
eventuell den Zorn der Gottheit signalisieren, haben sich in den Vorschriften
unseres Kapitels niedergeschlagen und sind zeitgenössisch ausgestaltet worden.
Die Diagnose der Priester ist nur Mittel zum Zweck. Ziel der Fallsammlung ist
die Reinerhaltung der Wohn- und Glaubensgemeinschaft. Darum sind die
Symptombeschreibungen relativ allgemeinverständlich. Hier ist absolut nichts,
was nur „Berufswissen" der Priester wäre. Jeder soll mithören und mitwirken,
die Gemeinde von den durch Jahwe Gezeichneten rein zu halten.

Natürlich ist zu fragen, wie sich einzelne Menschen ausgrenzende Maßnahmen zur Selbsterhaltung einer Gruppe oder Gemeinde zur neutestamentlichen
Solidarität gerade gegenüber Schwachen und Kranken verhalten. Jesus selbst hat
sich in einer auffälligen Weise um die von der Gesellschaft Ausgestoßenen
gekümmert. Von ihm werden auch Aussatz-Heilungen berichtet (vgl. Mk
1,40–45; Lk 17,11–19). Von einer Re-Integration der Kranken in die Gemeinschaft ist nicht die Rede, nur von der Wiederaufnahme der Geheilten. Aber

---

[33] Vgl. Johannes Döller, 77–92; Bruno Meissner, Babylonien und Assyrien II, Heidelberg 1925,
289f.

[34] Vgl. James J. Preston, Expulsion, EncRel V, 233–236.

ebensowenig hören wir im NT von aktiver Ausgrenzung der Erkrankten. Sicher ist jedoch, daß die frühe christliche Kirche von Anfang an eine starke Verantwortung für die Kranken (auch die auffälligen Hautkranken) gespürt und den Auftrag Jesu, die Krankheit zu überwinden, sehr ernst genommen hat[35].

4.5 Schimmel an Kleidungsstücken (Lev 13,47–59)

4.5.1 Übersetzung

47) Wenn an einem Kleidungsstück, sei es aus Wolle oder Leinen, ein schlimmer Ausschlag auftritt, 48) er mag an leinenem oder wollenem Gewebe oder Gespinst erscheinen, ebenso an Leder oder Ledersachen, 49) und wenn der Ausschlag an Kleidung, Leder, Leinen- oder Wollstoff oder Ledersachen grünlich oder rötlich ist, dann handelt es sich um schlimmen Ausschlag. Er soll dem Priester gezeigt werden. 50) Der Priester untersucht den Ausschlag und sondert das Stück sieben Tage ab. 51) Am siebten Tag untersucht er den Ausschlag (erneut). Falls er sich auf dem Kleidungsstück, dem Leinen- oder Wollstoff, Leder oder der Ledersache ausgebreitet hat, dann ist es bösartiger Ausschlag, das Stück ist unrein. 52) Er soll das Kleidungsstück, den wollenen oder leinenen Stoff oder irgendwelche Ledersachen, an denen der Ausschlag auftritt, verbrennen, denn es ist ein bösartiger Befall. Im Feuer soll es verbrannt werden. 53) Wenn der Priester feststellt, daß sich der Ausschlag auf Kleidungsstück, Leinen- oder Wollstoff oder irgendeine Ledersache nicht ausgebreitet hat, 54) soll er anordnen, daß das Stück, an dem sich der Ausschlag befindet, gewaschen wird. Dann sondert er es noch einmal für sieben Tage ab. 55) Wenn der Priester den Ausschlag nach der Waschung (erneut) untersucht, und wenn der sich nach seiner Meinung nicht verändert, auch nicht ausgebreitet hat, dann ist das Stück unrein. Es soll im Feuer verbrannt werden. Es handelt sich um „Kleiderausschlag" auf der Rück- und Vorderseite. 56) Wenn der Priester feststellt, daß der Ausschlag nach der Wäsche blaß geworden ist, dann soll er die Stelle aus dem Kleidungsstück oder Leder beziehungsweise aus dem Leinen- oder Wollstoff herausreißen. 57) Kommt der Ausschlag am Kleid, Leinen- oder Wollstoff oder an irgendeiner Ledersache wieder, dann ist er bösartig. Das betreffende Stück soll im Feuer verbrannt werden. 58) Jedoch das Kleidungsstück, der Leinen- oder Wollstoff oder irgendeine Ledersache, die du gewaschen hast und von denen der Ausschlag weggegangen ist, kannst du ein zweites Mal waschen, und sie sind rein.

59) Das ist das Gesetz über den Ausschlag an wollenen oder leinenen Kleidern, Leinen- oder Wollstoff oder irgendwelchen Ledersachen, daß sie für rein oder unrein erklärt werden können.

---

[35] Vgl. Klaus Seybold und Ulrich Müller, 163–169.

4.5.2 Was ist „Kleideraussatz"?

Die Bestimmungen über „bösartigen Ausschlag an Kleidern" bereiten uns wie die parallelen Vorschriften über „Aussatz an Gebäuden" (Lev 14,33–56) erhebliche Verstehensschwierigkeiten. Gleichzeitig aber können uns diese beiden Teile des Reinheitsgesetzes sehr viel über die antike Denkweise und Vorstellungswelt verraten.

Wir notieren zunächst noch einmal, daß die Kleiderbestimmungen V. 47–59 eine geschlossene thematische Einheit bilden, die durch die Schlußbemerkung V. 59 vom Kontext getrennt ist. Die Unterschrift zählt noch einmal sorgfältig auf, worum es geht: a) bösartiger Ausschlag (dieselbe diagnostische Generalbezeichnung – ṣaraʿat – wie beim Hautausschlag in V. 1 a.9 a u. ö.); b) Kleidung aus Wolle oder Leinen; unverarbeitete Stoffe (der ständig wiederkehrende Doppelausdruck „Gewebtes und Gewirktes" – in der Übersetzung oben wiedergegeben mit „Leinen- oder Wollstoff" – ist nicht eindeutig erklärt); Lederzeug jeder Art; c) Zweckbestimmung des Gesetzes (die beiden Infinitive am Schluß „um es rein oder unrein zu erklären" wirken angepappt, gehören aber auch in Lev 11,47; 14,47 zur formelhaften Abschlußbemerkung). Der Sachverhalt ist also recht eindeutig: Wie beim Menschen Hautausschläge auftreten können, die als Strafe Gottes gelten müssen, darum gefährlich für die Gemeinschaft sind und zur Absonderung des Betroffenen führen, so können auch an menschennahen Gegenständen bösartige, d. h. von Jahwe geschickte Symptome auftauchen. Sie müssen nach den Vorstellungen der außerordentlich peniblen Überlieferer buchstäblich wie menschliche Erkrankungen behandelt werden. Nur scheint die Identifizierung sehr viel leichter zu sein als beim Menschen. Also: Wenn ein „bösartiger", grünlicher oder rötlicher Pilzbelag auf Textil oder Leder erscheint, dann ist er „bösartig" und muß dem Priester vorgeführt werden. So tautologisch und vorurteilsvoll drücken sich die Überlieferer in V. 47–49 aus. Seltsamerweise erfolgt jetzt nicht die Unreinheitserklärung wie nach den menschlichen Hauptfällen (V. 3.11.20.25.30), sondern der befallene Gegenstand wird wie bei menschlichen Zweifelsfällen isoliert (V. 50). Bei der zweiten Untersuchung am siebten Tag kommt nur ein Kriterium in Betracht: Hat sich der Belag ausgeweitet oder nicht? Färbung, Tiefe, Geruch der Schimmelschicht spielen keine Rolle. Ihr Weiterwachsen allein genügt dem Priester, die Unreinheit zu konstatieren (V. 51). Völlige Verbrennung des befallenen Stückes – ohne Rücksicht oder Rückwirkung auf seinen Besitzer, Träger oder Benutzer – ist die angezeigte Entsorgung (V. 52). Nun aber muß der Zweifelsfall behandelt werden: Was geschieht, wenn der „Ausschlag" zum Stillstand gekommen ist (V. 53–56)? Textil oder Leder müssen gewaschen und weitere sieben Tage isoliert werden (V. 54). Danach genügt der Befund „unverändert" zur Unreinheitsdiagnose und zum Verbrennungsurteil (V. 55). Nur die Feststellung eines Rückganges („blaß werden") des Befalls kann das Kleidungsstück etc. noch retten. Allerdings muß auch in diesem günstigen Fall die Befallsstelle „herausgerissen" und vernichtet werden (V. 56). Bei dem hohen Wert jedes Stoffetzens oder Lederstückes ist dem antiken Menschen ein zerrissenes und eventuell wieder geflicktes Gewand sehr viel lieber als gar keines. V. 57 f. sind schwer mit V. 56 zu verbinden. Sollte, dem Schema entsprechend, nach dem Herausreißen der Stockflecken das Kleidungsstück nicht „rein" erklärt werden? Es folgt jedoch unmittelbar das Wiederkommen des Ausschlags (V. 57). Dazu wäre aber eine gewisse Zeitspanne erforderlich (vgl. die Bestimmungen über Wiederkehr des Hautausschlags nach Abheilung: V. 7 f..16 f..35–37). V. 58 hingegen paßt besser zum Hergang, nur setzt er das völlige Verschwinden des Schimmels voraus. Erneutes Waschen des Stückes und Reinerklärung sind aber im Sinne der Reinheitsvorschriften durchaus logische Folgen der Diagnose.

Die beschriebenen Phänomene sind eindeutig genug. Es handelt sich um allerlei an Geweben, Lederwaren und am Mauerwerk (Lev 14,33–57; warum werden Holzgegenstände nicht genannt?) auftretende, durch Pilze und Bakterien verursachte Veränderungen[36]. Wir können uns einer naturwissenschaftlichen Erklärung solcher Erscheinungen nicht entziehen: „Stockflecken oder Schimmel" entstehen nur dann, wenn eine bestimmte Luftfeuchtigkeit und Außentemperaturen erreicht werden, besonders aber „wenn (solche) Gegenstände an einem feuchten, keinem Luftzug ausgesetzten Orte aufbewahrt werden."[37]

4.5.3 Schimmel als theologisches Problem

Die innere, antike Logik gilt es zunächst zu verstehen. Daß Erscheinungen an belebten Wesen und Gegenständen einfach in ein und dieselbe Kategorie gesteckt werden, muß uns zwar erstaunen, ist dem Menschen der „vorwissenschaftlichen" Zeit (in dem Ausdruck liegt viel moderne Überheblichkeit; er soll hier nur die andere Denkart und Vorstellungswelt unserer Vorfahren signalisieren) ganz selbstverständlich. Alle Dinge haben eine Seele. Jede Erscheinung ist personhaft und willentlich begründet, warum nicht auch die Schimmelbildung an Textilien und Ledersachen? Mit dieser Anschauung stehen die Israeliten nicht allein da. Sie ist im ganzen Alten Orient zu Hause. In den umfangreichen Sammlungen von Omina des Zweistromlandes zum Beispiel kommen zukunftsbedeutsame Zeichen aller Art, auch solche an „toten" Gegenständen (s. u. Hausomina), vor. Sie müssen also von personhaften Mächten verursacht sein. Menschliche Kleidung hat in allen Kulturen etwas Geheimnisvolles, Sakrales, Kraftgeladenes an sich. Von daher kann es nicht wundernehmen, daß auch in Israel die Schimmelbildung argwöhnisch als möglicherweise ominöses Zeichen beobachtet wurde. Wer einmal in einem feuchteren subtropischen Klima gewohnt hat, der weiß, wie unangenehm Pilzbefall jeder Art auch bei Textilien, Leder, Papier und in Gebäuden sein kann. Palästina zwischen 31° und 33° nördlicher Breite (Jerusalem: 31°45' gelegen), gehört in die subtropische Zone. „Die Winterzeit ist angesichts der geringen Heizmöglichkeiten unangenehm

---

[36] Johannes Döller, 102–108.
[37] Johannes Döller, 104.

kalt und feucht…"[38]. Auch im Sommer macht die „hohe Luftfeuchtigkeit in den Niederungen … die Hitze selbst für Einheimische schwer erträglich."[39]

Auf der anderen Seite können und müssen wir auch die Verfasser unserer Reinheitsbestimmungen kritisch auf ihren Wirklichkeitssinn und Sachverstand unter den damaligen Bedingungen befragen. Es scheint so, als ob die „Ausschläge an Textilien und Leder" mit einer weltfremden, männlichen Lust an spitzfindiger Systematik ausgearbeitet worden sind. Vermutlich hat es uralte Regeln gegeben, nach denen bestimmte modrige, stockfleckige Sachen, die nicht mehr durch Waschen und Bleichen zu retten waren, als dämonisch verseucht galten und vernichtet wurden. Das in unserem Text zu Tage tretende Verfahren der Untersuchung und Begutachtung spottet jeder Erfahrung, wie sie eine Hausfrau ganz von selbst macht. Schimmelpilz ist nicht durch siebentägige Quarantäne in irgendeiner dunklen Kammer, sondern durch Waschen, Lüften und Sonnenbestrahlung zu bekämpfen. Die Zusammenhänge zwischen Luftfeuchtigkeit und Pilzbildung sind jeder Frau intuitiv aus der täglichen Erfahrung klar.

Wir malen uns die Situation aus. Die gelehrten, ja: schriftgelehrten Männer – ganz dem Überweltlichen und Geistlichen hingegeben – messen auch dem Schimmelpilz eine theologische Qualität zu. Zumindest beharren sie bei den wohl selteneren grünlichen und rötlichen Varianten (die vielleicht nur in extremen Regenzeiten auftreten, wenn gar nichts mehr trocknen will) auf göttlicher Verursachung (zumindest auf Unheilsomen) und verordnen, sehr zum Ärger der sparsamen Hausfrauen, Quarantäne, Waschungen, Verbrennungen, Zerreißung wichtiger Kleidungsstücke und Stoffe. Ihre Motivation ist ausschließlich religiös: Sie wollen das Verunreinigende, das nicht mit der Heiligkeit Jahwes Zusammenstimmende, aufspüren, entlarven, zur Strecke bringen. Und indem sie zur Jagd auf das Unreine blasen, machen sie sich selbst zu absoluten Schiedsrichtern über rein und unrein (s. u. 4.7.3).

Wir dürfen den alten Überlieferern sicher nicht den Mangel an heutigen naturwissenschaftlichen Kenntnissen vorwerfen. Aber die erkennbare, auch der damaligen Alltagserfahrung zuwiderlaufende Künstlichkeit und Abstraktheit der hier vorliegenden Reinheitsvorschriften sollte gesehen werden. Auch die Alten waren gegen vorurteilsvolle Wirklichkeitsdeutung nicht gefeit. Zählebige Sitten und Gebräuche bewahren oft Einstellungen, die nüchterner Wirklichkeitserkenntnis zuwiderlaufen.

4.6 Reinigungsopfer (Lev 14,1–32)

4.6.1 Übersetzung

1) Jahwe redete zu Mose: 2) Diese Vorschrift gilt für den Hautkranken am Tag seiner Reinigung. Er soll dem Priester vorgeführt werden. 3) Der Priester gehe

---

[38] Othmar Keel, Max Küchler, Christoph Uehlinger, Orte und Landschaften der Bibel, Bd. I, Göttingen/Zürich 1984, 41.
[39] Herbert Donner, Einführung in die biblische Landes- und Altertumskunde, Darmstadt 1976, 37.

nach draußen vor das Lager. Der Priester untersucht den Kranken und stellt fest, daß er vom Hautausschlag frei geworden ist. 4) Dann ordnet der Priester an, für den zu Reinigenden zwei Vögel – reine Tiere –, dazu Zedernholz, Karmesinfarbe und Ysop bereitzustellen. 5) Der Priester ordnet weiter an, einen Vogel über einem Tongefäß neben fließendem Wasser zu schlachten. 6) Er nehme den lebenden Vogel, das Zedernholz, die Karmesinfarbe und den Ysop: Alles das, auch den lebenden Vogel, soll er in das Blut des am fließenden Wasser geschlachteten Vogels eintauchen. 7) Er sprenge [das Blut] siebenmal auf den vom Ausschlag zu Reinigenden und reinige ihn. Den lebenden Vogel soll er aufs freie Feld fliegen lassen. 8) Der zu Reinigende wasche seine Kleidung, schneide seine Haare ganz ab und bade im Wasser. Dann ist er rein. Jetzt darf er ins Lager zurück, soll aber sieben Tage draußen vor seinem Zelt wohnen. 9) Am siebten Tag soll er sein ganzes Haupt- und Barthaar, die Augenbrauen und die ganze [Körper?]behaarung entfernen. Dann soll er seine Kleider waschen und sich in Wasser baden. Er ist rein.

10) Am achten Tag nehme er zwei fehlerlose Böcke und ein fehlerloses einjähriges weibliches Lamm, dazu drei Zehntel mit Öl angerührten Grieß und ein Maß Öl. 11) Der Priester, welcher die Reinigung vornimmt, stelle den zu Reinigenden mitsamt den Gaben am Eingang des Begegnungszeltes vor Jahwe auf. 12) Dann nehme der Priester einen Bock und bringe ihn als Schuldopfer herbei. Ebenso das Maß Öl. Er soll beides vor Jahwe schwingen. 13) Dann soll er den Bock an der Stelle schlachten, wo er auch das Sündopfer und das Brandopfer schlachtet, am heiligen Ort. Wie das Sündopfer so gehört auch das Schuldopfer dem Priester; es ist hochheilig. 14) Dann nehme der Priester vom Blut des Schuldopfers und streiche es an das rechte Ohrläppchen des zu Reinigenden sowie an den rechten Daumen und die rechte große Zehe. 15) Darauf nehme der Priester von dem Maß Öl: Er gieße es sich in die linke Hand. 16) Nun tauche der Priester seinen rechten Zeigefinger in das Öl der linken Hand und sprenge siebenmal etwas Öl von seinem Finger vor Jahwe. 17) Von dem übrigen Öl in seiner Hand streiche der Priester etwas an das rechte Ohrläppchen des zu Reinigenden sowie an seinen rechten Daumen und seine rechte große Zehe, über das Blut des Schuldopfers. 18) Den Rest des Öls, das in der Hand des Priesters ist, gieße er dem zu Reinigenden aufs Haupt. So bewirke der Priester Sühne für ihn vor Jahwe. 19) Dann vollziehe der Priester das Sündopfer und bewirke Sühne für den zu Reinigenden von seiner Unreinheit. Danach schlachte er das Brandopfer. 20) Der Priester lasse das Brandopfer und das Speisopfer auf dem Altar [im Rauch] aufsteigen. So bewirke er Sühne für ihn; er ist rein.

21) Falls [der Kranke] zu arm ist und das alles nicht aufbringen kann, dann nehme er nur einen Bock als Schuldopfer und schwinge ihn, um für ihn zu sühnen, dazu ein Zehntel mit Öl angerührten Grieß als Speisopfer und ein Maß Öl. 22) Ferner [nehme er] zwei Turteltauben oder zwei einfache Tauben, die er aufbringen kann, die eine zum Sündopfer, die andere zum Brandopfer. 23) Er soll sie am achten Tag seiner Reinigung[szeremonie] zum Priester an den Eingang des Begegnungszeltes vor Jahwe bringen. 24) Der Priester nehme den Schuldopferbock und das Maß Öl; der Priester schwinge sie (zur Weihe) vor

Jahwe. 25) Dann soll er den Sündopferbock schlachten. Der Priester nehme vom Blut des Sündopfers und streiche es auf das rechte Ohrläppchen des zu Reinigenden und auf den rechten Daumen und die rechte große Zehe. 26) Von dem Öl soll der Priester etwas in seine linke Hand gießen. 27) Dann sprenge der Priester mit seinem rechten Zeigefinger vom Öl aus seiner linken Hand siebenmal vor Jahwe. 28) Der Priester streiche etwas von dem Öl in seiner Hand an das rechte Ohrläppchen des zu Reinigenden sowie an seinen rechten Daumen und die rechte große Zehe, dort wo sich das Blut des Schuldopfers befindet. 29) Den Rest des Blutes, das in der Hand des Priesters ist, gieße er auf das Haupt des zu Reinigenden, um ihm Sühne vor Jahwe zu schaffen. 30) Er bereite die eine von den Turteltauben oder von den beiden einfachen Tauben, die er sich leisten kann, zu. 31). [Von dem, was] er sich leisten kann, [nimmt er] die eine zum Sündopfer, die andere zum Brandopfer mit Speisopfer. So soll der Priester für den zu Reinigenden vor Jahwe Sühne schaffen. 32) Das ist das Gesetz für denjenigen, an dem ein böser Hautausschlag war und der nicht genug für seine Reinigung aufbringen kann.

4.6.2 Die Riten

Die kultische Reinigung eines vom Hautausschlag Genesenen ist erstaunlich aufwendig: Von V. 2 bis V. 20 entfaltet sich ein vielgliedriges, mindestens acht Tage umfassendes Programm, die umfangreichste, auf einen einzigen Fall bezogene Reinigungsanweisung im AT (vgl. Num 5,12–28; 19,2–10a. 10b–13.14–22). Der Genesene muß alle Stadien des Rituals durchmachen, wenn er wieder voll in die Gemeinschaft aufgenommen werden will. Es überrascht aber nicht nur die Vielfalt und Intensität der anzuwendenden Riten, sondern auch die Tatsache, daß der erstrebte Endzustand: „Er ist rein!" dreimal angekündigt wird (V. 8.9.20; vgl. Lev 13,6.34.58; 15,13). Ist da nicht mit Händen zu greifen, daß unterschiedliche Zeremonien im Laufe der Zeit aneinandergefügt worden sind? Weil die Reinigung von den in Lev 13 besprochenen Hautkrankheiten so wichtig (und auch häufig?) war, darum ist das Ritual immer weiter ausgebaut worden. Einzelne Stadien sind noch ungefähr zu erkennen; darum betrachten wir zuerst die Einzelelemente und danach den Gesamtzusammenhang.

Der erste Reinigungsakt (V. 2–9) findet nach dem jetzigen Text vor dem Wüstenlager der Israeliten statt. Die widersprüchliche Formulierung in V. 2b und 3a (der Patient „wird gebracht"; der Priester „geht hinaus") verrät aber, daß die Zeremonie ursprünglich vom Lagerplatz des Volkes und vom Wohnort Gottes unabhängig war. Oder bestand ehedem nicht die übergroße Angst vor einer Verunreinigung des Tempels, und der Genesene wurde dem Priester einfach an seinem Amtssitz vorgeführt (vgl. Lev 13,2.9)? Wie immer, der Text enthält allein in V. 4–7 zwei in sich bedeutsame kultische Handlungen: den Vogelritus und eine Blutbesprengung. Beide sind jetzt miteinander verbunden, können aber – wie Paralleltexte ausweisen – selbständige Riten gewesen sein.

Die beiden nicht spezifizierten Vögel (V. 4) erinnern einerseits an das paarweise Taubenopfer (vgl. Lev 1,14–17; 12,6 f.; Num 6,11 f.), andererseits an den berühmten Sündenbockritus Lev 16,7–10. Auch dort wird ein Tier geschlachtet, das andere „in die Wüste geschickt", wohl zur Besänftigung von Dämonen, die in der Wildnis hausen. Bei der Reinigung des Hautkranken mag der freigelassene Vogel in ähnlicher Weise die Unreinheit des Genesenen mit „aufs freie Feld" (V. 7 bß) nehmen, wo die bedrohlichen Mächte hingehören. Die Besprengungszeremonie, welche nicht so recht zum Wegtragen der Unreinheit durch den Vogel passen will, ist ursprünglich vielleicht mit einem besonders präparierten, magischen Wasser vollzogen worden. Karmesin, ein aus einer bestimmten Schildlaus gewonnener leuchtender Farbstoff, und Zedernholz sind je auf ihre Weise Symbole für Leben, Gesundheit und Kraft. Das Wasser – universal in allen Religionen verwendetes Symbolelement der Geburt und Wiedergeburt[40]– ist in unserem Text noch scheinbar unmotiviert in der Opferanweisung enthalten: Der eine Vogel soll „in ein Tongefäß am fließenden Wasser" geschlachtet werden (V. 5 b, vgl. V. 6 b). Das Tongefäß nimmt das Blut auf. Das Wasser wäre eine Quelle oder ein Bach, in deren Nähe die Zeremonie stattfinden müßte. Oder befindet sich das „fließende" bzw. „Quellwasser", wie die meisten Fachleute verstehen, doch in dem Krug? Das ist nicht einmal aus dem unmittelbaren Paralleltext V. 49–52 ersichtlich. Dort taucht der Priester den Vogel „in das Blut und in das Wasser", und er besprengt das zu reinigende Haus „mit Blut und Wasser" (V. 51 a.52 a). Die Formulierungen setzen keine Vermischung der Flüssigkeiten voraus, sondern deuten eher auf ein Nacheinander der rituellen Handlung. Mir scheint, dieser etwas abgewandelte Text will die undurchsichtigen Ausdrücke von V. 5–7 klären. Der Überlieferer denkt an zwei getrennte Flüssigkeiten. Der hebräische Ausdruck „lebendiges Wasser" bedeutet jedoch in der Regel „fließendes Gewässer" (vgl. Gen 26,19; Num 19,17).

Die Herstellung und Verwendung eines speziellen „Reinigungswassers" (wörtl.: „Wasser der [d.h. gegen] Unreinheit", nur Num 19,9.13.20.21; 31,23) beweist die Bedeutung eines solchen rituellen Mittels. Das Blutsprengen wird in Num 19 lediglich als völlig getrennter, eigenständiger Ritus erwähnt (V. 4). Wichtig aber ist, daß das „Reinigungswasser" aus zwei Komponenten besteht: einer besonderen Asche, die durch Verbrennung einer roten Kuh und der uns bekannten drei Stoffe Zedernholz, Ysop und Karmesin gewonnen ist (V. 5 f.), und aufgeschüttetem „Quellwasser" (V. 17). Die Mischung wird in einem Gefäß hergestellt (V. 17 b). Auch in Num 8,7 kommt ein „Entsündigungswasser" (neben der Rasur und der Kleiderwaschung) vor, zu vergleichen sind auch Ez 36,25 und zahllose vergleichbare Riten in vielen Religionen und Kulten. Aus allen diesen Belegen geht hervor, daß bestimmte Wasserpräparate zur kultischen Reinigung verwendet wurde. Einen solchen Brauch können wir auch hinter Lev 14,4 b.7 a vermuten. Er ist jetzt durch den Blutritus überdeckt.

Bis V. 7 sind also bereits zwei Reinigungszeremonien ineinander verquickt. V. 8 a bringt – als Abschluß des Vogel- und Besprengungsrituals – drei weitere

---

[40] Vgl. Mircea Eliade, Die Religionen und das Heilige (1958), Frankfurt [2]1989, § 64.

Handlungen hinzu. Kleiderwaschen, Vollrasur und Reinigungsbad sind möglicherweise einmal ebenso eigenständig gewesen wie die vorher genannten, ausführlich dargestellten Riten. Im jetzigen Kontext gelten Waschungen und Rasur
als so bekannt, daß sie nur eben aufgezählt werden müssen. Aus unserer Perspektive trifft das für die Waschungen ebenfalls zu (vgl. Lev 13,6; 2 Sam 12,20).
Die Entfernung aller Haare wird weniger oft erwähnt (vgl. Num 8,7). Sie ist uns
eher als verbotene Handlung geläufig (vgl. Lev 21,5; Ez 44,20; auch
Num 6,9.18). Bei beiden Arten der physischen Säuberung ist jedoch das Bestreben spürbar, sich von einem früheren Zustand, eben der Unreinheit, radikal zu
trennen. Ganz folgerichtig kommt dann auch am Ende von V. 8a die erste
deklaratorische Formel: „Er ist rein."
    Der späteren Überlieferung waren die in V. 2–8 vorgeschriebenen, sehr
gründlichen und effektiven Reinigungsriten nur ein Vorspiel für die Wiederzu-
lassung zum (heiligen!) Wüstenlager. Entsprechend der priesterlichen Vorstellung von der Abstufung der Heiligkeitszonen und der damit gegebenen graduell
unterschiedenen Unreinheit konnte der Genesene nach der ersten Behandlung
draußen vor dem Lager jetzt in den Wohnbereich der Gemeinschaft zurückkehren, durfte aber nicht gleich sein Zelt betreten (V. 8b). Nach einwöchiger
Wartezeit muß er noch einmal Waschungen vollziehen und erneut alle Haare
entfernen. Bei der vermutlich geringen Schärfe der damaligen Rasiermesser
dürfte die Prozedur zumindest mühsam gewesen sein. Überlieferungsgeschicht-
lich gesehen ist V. 9 ein etwas gekünstelter, schwer mit V. 2–8a zu vereinbaren-
der, aber wohl die Opfer von V. 10–32 vorbereitender Nachtrag. Nicht umsonst
schaffen gerade die Zeitangaben in V. 9 und 10 den äußeren Rahmen, in dem das
ganze spätere Ritual abläuft. Die Reinheitserklärung am Schluß von V. 9 soll in
dem jetzigen Zusammenhang noch einmal ausdrücklich festhalten, daß der
Patient zur Darbringung der fälligen Opfer berechtigt ist: Nihil obstat!
    Auf die Reinigung des Patienten folgt die Opferdarbringung, die wiederum in
mehreren unterscheidbaren, an sich eigenständigen Handlungen verläuft. Die
Abfolge: Reinigung – Opfer ist in vielen alttestamentlichen Texten bezeugt. Sie
hat ihre Wurzel in der uralten kultischen Regel, vor der Darbringung der Gabe
durch geeignetes Verhalten und angemessene Zeremonien vor Gott „salonfä-
hig" zu werden. Man kann nicht einfach „so wie man ist" an den heiligen Ort
treten (vgl. Ps 15; 24; Jes 33,14–17). Ganz besonders hält sich die priesterliche
Überlieferung an diese religiöse Etikette. Lev 8 ist ein Beispiel für die sorgfältige
Vorbereitung auf den Priesterdienst, ohne den das erste Opfer der Aaroniden
(Lev 9) nicht denkbar ist. Die den Priestern etwa anhaftende Schuld muß
gesühnt werden (Lev 8,14–21). Und dann folgt im Weiheritual für die Priester
die gleiche (sühnende, reinigende?) Blutbestreichungszeremonie, die wir auch
in unserem Kap. vorfinden (Lev 8,22–24; 14,14–18.25–29). Ist das ein Zufall?
Liegt bei dem einen oder dem anderen Text eine Nachahmung des Ritus, eine
Kopie vor?
    Einige Unterschiede zwischen Lev 8 und 14 sind augenfällig: Einmal finden
die Reinigungsriten von Lev 14,2–9 keine Entsprechung in der Priesterweihe.
Zweitens tragen die Opfer in beiden Texten verschiedene Namen: „Einset-

zungswidder" bzw. „Schuldopfer". Drittens ist der seltsame Ritus, der das
rechte Ohrläppchen, den Daumen und die große Zehe des Klienten betrifft, in
unserem Abschnitt breiter ausgeführt und anscheinend fester verankert als im
Ordinationsritual der Priester. Weil die Reinigungsopfer von Lev 14,10–20 in
der Blut- und Ölbestreichung der genannten Körperteile ihren Schwerpunkt
haben – die sicherlich aufwendigeren Sünd-, Brand- und Speisopfer werden nur
routinemäßig kurz erwähnt: V. 19f.; vgl. Lev 4; 1; 2, in dieser Reihenfolge –,
wenden wir uns zuerst diesem seltsamen Ritus zu. Die Anbindung einmal an das
Einsetzungsopfer, dann an das Reinigungsopfer läßt vermuten, daß es sich auch
hierbei um einen recht selbständigen Brauch handelt. Vielleicht handelte es sich
ursprünglich um eine Ölung des Patienten. Die doppelte Bestreichung der
besagten Körperteile mit Blut und mit Öl ist in sich unwahrscheinlich. Wie die
Tradenten des Deuteronomiums fürchten auch die priesterlichen Überlieferer
die Vermischung verschiedener Substanzen (vgl. Dtn 22,5.9–11). Wirkungs-
kräftige Substanzen müssen aus ihrer eigenen Kraft heraus agieren. Sie dürfen
nicht durch andere Wirkungen gestört werden. Außerdem scheint der Ölritus in
Lev 14,15–18 sehr viel konkreter, zielbewußter und sachdienlicher beschrieben
zu sein als der Blutritus (V. 14). Die Rechts-Links-Symbolik spielt dabei eine
große Rolle. Anscheinend gilt die rechte als starke, bevorzugte Seite: Nur sie
empfängt das Salböl. Warum gerade Ohrläppchen, Daumen und große Zehe mit
Öl bestrichen werden, läßt sich nur erraten. Das Öl soll vielleicht die wichtigsten Körperzonen, Kopf, Rumpf, Beine mit seiner wohltuenden, segnenden
Kraft durchdringen (vgl. Ps 133,2). Erstaunlicherweise fügt V. 18 als Höhepunkt hinzu: Der Rest des Öls wird dem Patienten auf den Kopf geschüttet. Wir
kennen diesen Ritus nur von der Salbung hoher Würdenträger, des Königs oder
Hohenpriesters (vgl. 1 Sam 10,1; 2 Kön 9,3.6; Lev 8,12). Das muß aber private
„Salbungen" ohne Ämterübertragung nicht ausschließen. Im Gegenteil läßt sich
vermuten, daß die hochzeremonielle Königs- und Priestersalbung einmal aus
alltäglichen Gebräuchen heraus entwickelt worden ist. Wir hätten es in unserem
Text also zunächst mit einer allgemeinen, Segen vermittelnden Kulthandlung zu
tun. Das Öl versinnbildlicht Leben, Wohlergehen, Gesundheit (vgl. Ps 23,5; Spr
27,9). Es gehört besonders zur weiblichen Körperpflege (vgl. Ez 16,9; Rut 3,3),
wird aber auch von Männern benutzt: Nach Beendigung der Fastenriten gelten
Bad, Salbung, Kleiderwechsel als Zeichen für die Rückkehr ins normale Leben
(2 Sam 12,20). Der in unserem Text dargestellte Öl-Ritus mag verschiedenen
Zwecken gedient haben. Im jetzigen Zusammenhang ist ihm durch V. 18b eine
sühnende Wirkung zugeschrieben. Das stimmt mit der in der priesterlichen
Überlieferung mehrfach zu beobachtenden Tendenz, die Sündentilgung ganz in
den Vordergrund zu schieben, überein (vgl. schon Lev 1,4).

Dem Entsühnungsgedanken entspricht auch die Verkoppelung des Öl-Ritus
mit dem analogen Blutbestreichungszeremoniell V. 14. Die Ölweihe mag das
Vorbild für den Blutritus gegeben haben und dann in priesterlichen Kreisen
außer Gebrauch gekommen sein. So wäre auch die ganz parallele Handlung bei
der Priesterweihe (Lev 8,23f.) zu erklären. Aaron und seine Söhne bekommen
nach der Darbringung von Sünd- und Brandopfer (Lev 8,14–21) ihr rechtes

Ohrläppchen, rechte Daumen und Zehen mit Blut bestrichen. Die Ölbestreichung fehlt, weil sie den Sühnegedanken doch nicht so klar zum Ausdruck bringt wie der Blutritus. Salböl und Blut werden erst in einem Nachtrag (Lev 8,30) auf Aaron und seine Söhne gesprengt. Wer aber einen Blutritus durchführen will, braucht dazu ein Opfertier. Bei der Priesterweihe ist es der „Einsetzungswidder", der als Sonderopfer geschlachtet wird (Lev 8,22–28). Im Reinigungsritual Lev 14 liefert das Schuldopferlamm das notwendige Blut (V. 14.25). Über diese Opferart handeln Lev 5,14–26 und 7,1–7 unter dem Gesichtspunkt der Verfehlungen, für die das Opfer sühnen soll, und der Anteile, die der amtierende Priester bekommt. Dieser letzte Gesichtspunkt, der sonst in Lev 14,1–32 keine Rolle spielt und gerade auch in der genauen Parallelstelle V. 25 fehlt, scheint in V. 13 wie aus Lev 7,1–7 auszugsweise abgeschrieben. Solche Textergänzungen aus anderen Zusammenhängen kommen im Prozeß der Überlieferung immer wieder vor, weil Schreiber bewußt oder unbewußt einen bekannten Text zur Vervollständigung aufnahmen. Daß ein Schuldopfer vor Jahwe „geschwungen" werden müsse (V. 12), ist allerdings in den oben genannten grundlegenden Bestimmungen nicht erwähnt. Dieser Zug könnte aus Bestimmungen wie Lev 7,30; 8,27–29 übernommen sein. Der Gedanke ist: Wenn dem Priester ein Anteil an dem Reinigungsopfer gehört, dann muß es auch ordnungsgemäß vor Jahwe „geschwungen" bzw. „gewebt" worden sein. Es findet „ein Scheinopfer statt … Die ‚Webe' hat man sich vorzustellen als ein Hinundherschwingen der Opferstücke in Richtung auf den Altar so, als wolle man die Gaben ins Feuer werfen. … Die durch die Webe zum Schein Jahwe direkt geopferte Gabe fällt in Wirklichkeit seinen Vertretern, der Priesterschaft, zu …"[41]. Der Schwingritus könnte also in Lev 14,12.21.24 nachgetragen sein. Er hat mit der Reinigung des Genesenen nichts zu tun. Was bleibt, ist folglich das „Schuldopfer" mit dem Blutritus.

Warum muß nach einer Krankenheilung und zur kultischen Rehabilitation des Genesenen ein „Schuldopfer" gebracht werden? Wäre ein Lob- und Dankopfer wie Ps 107,17–22; Hiob 33,23–28; Lev 7,11–21 nicht weitaus angemessener? Einmal müssen wir die priesterliche Neigung zur Sühnetheologie berücksichtigen. Der Dank ist im Buche Leviticus nicht vergessen (vgl. Lev 7,11 ff.), aber er ist an den Rand gedrängt zugunsten der zahlreichen Sühneriten. Zum anderen bestand für den antiken Menschen eine enge Verbindung zwischen „bekannten und unbekannten Verfehlungen" (das ist eine Formulierung, die häufig in babylonischen Gebeten vorkommt) und einer Erkrankung. Sowohl die Freunde Hiobs wie die Zeitgenossen Jesu sehen Krankheiten als Strafen Gottes an. Ganz besonders sind bestimmte Hautausschläge ein „Schlag" Gottes, mit dem Schuldige für ihre Sünden gezeichnet werden. Nach dem chronistischen Bericht, der typisch ist für die Meinung des 4. oder 3. Jh.s v. Chr., bricht am Körper des Königs Usia der „Aussatz" in demselben Moment aus, als der in seiner Vermessenheit die Opferhandlungen durchführen will (2 Chr 26,16–21). Von einer Heilung hören wir nichts. Der König war „aussätzig bis an seinen Tod und wohnte als Aussätziger in einem besonderen Hause" (V. 21).

---

[41] Karl Elliger, 102.

Ohne jegliche nähere Ausführungsbestimmungen werden sodann Sünd-, Brand- und Speisopfer zur (endgültigen?) Entsühnung des Genesenen angeordnet (V. 19f..30f.). Die beiden ersten Opferarten gehören für die Überlieferer zu jedem vollgültigen Gottesdienst hinzu, das Speisopfer wird als fast selbstverständlicher Zusatz zum Brandopfer oft gar nicht mit erwähnt (vgl. Lev 8,14–21; 9,15–17; 15,15.30). Nach Lev 4,32 muß das weibliche Tier zum Sündopfer verwendet werden, weil für das Brandopfer nur ein männliches in Frage kommt (Lev 1,10). Von dem Patienten selbst erfahren wir nichts mehr. Augenscheinlich hat er keine weiteren Riten der persönlichen Reinigung zu vollziehen. Es heißt nach den Zweckbestimmungen: „Der Priester soll für ihn Sühne bewirken" (V. 19.20) schlicht: Er ist rein (V. 20b). Das sollte er nach einem so ausgedehnten Ritual auch sein.

Wichtige Opferbestimmungen des Buches Leviticus enthalten eine Armenregel: Aus sozialen Gründen sind nämlich die erforderlichen Opfertiere, meist Schaf oder Ziege, für einen Teil der Bevölkerung nicht erschwinglich (vgl. Lev 1,14–17; 5,7–12). Der Widder als Schuldopfer bleibt allerdings eine unumgängliche Auflage. Nur das Sünd- und Brandopfertier kann durch Tauben ersetzt werden. Mit dieser Veränderung und einer Ermäßigung der Speisopfergabe vollzieht der Priester die gleiche Zeremonie wie vorher. Der „Armen"text Lev 14,21–32 ist nur -wie oben angedeutet- glatter, sachbezogener. Er vermeidet Abschweifungen vom Thema: In V. 21–22 werden die erforderlichen Gaben zusammengestellt, V. 23 bestellt den Patienten zum Begegnungszelt (anders der Paralleltext V. 11!), und in V. 24–31 folgen die Amtshandlungen des Priesters: Schwingen des Schuldopfers – Blutritus – Ölritus – die drei Schlußopfer. Die Vorschriften sind so gut wie wortwörtlich dieselben wie in V. 12–20. Eigentümlich, daß die Schlußbemerkung V. 32 nur auf das Armengesetz Bezug nimmt.

4.6.3 Das Ritual und seine Bedeutung

Wir können nicht bei der Betrachtung einzelner Reinigungsriten stehenbleiben, sondern müssen den ganzen großen Textkomplex ins Auge fassen. Schließlich ist er von späten Überlieferern bzw. von der frühjüdischen Gemeinde aus vielen unterschiedlichen Bräuchen, Traditionen und Bedürfnissen als Einheit konzipiert. Wie andere biblische Texte bietet er ein Mosaik der zur Sache gehörigen Traditionen. Das bedeutet andererseits nicht, daß alles Wichtige der Reinigungszeremonie für einen von schlimmer Hautkrankheit Geheilten auch aufgezeichnet wäre. Bei weitem nicht! Wir haben auf Auslassungen und Kurzfassungen von Vorschriften hingewiesen. Und es dürfte gerade von dem Strukturrahmen her, der die Einheit des Textes begründet, völlig klar sein, daß nur das für die Tradenten erhebliche Minimum an Regeln schriftlich niedergelegt worden ist. In den vorgesehenen acht Tagen des Rituals (vgl. V. 9.10) müßte viel mehr passiert sein als das, was im Text vorgeschrieben ist, man vergleiche anthropolo-

gische Darstellungen von Riten und Festen[42]. Vor allem fehlt auch in diesem
großen Reinigungsritual völlig der Wortteil. Die Riten können doch nicht ohne
begleitenden Text, ohne Gebet und Lied, Beschwörungsformel und Reinheitserklärung vor sich gegangen sein.

Dennoch: Der Text ist als ein Ganzes konzipiert. Er sieht einen Gesamtablauf
von acht Tagen vor. Diese Zeitspanne ist für zeremonielles Geschehen beliebt,
sie stellt wohl eine kultische Zeiteinheit dar (eine Woche und einen Tag). Die
Priesterweihe Lev 8–9 dauert acht Tage (vgl. Lev 8,33; 9,1), ebenso die Tempel-
weihe (1 Kön 8,66; 2 Chr 7,8f.), das Laubhüttenfest ist auf diese Frist angelegt
(Lev 23,33–36). Am achten Tag finden seit alters auch in der Privatsphäre
wichtige kultische Ereignisse statt (vgl. Ex 22,29; Gen 17,12). Kurz, die Einzelriten sind in den zeitlichen Rahmen eingeordnet. Eine kompositorische Klammer umschließt den ganzen Text (V. 1.32). Die Ortsbestimmungen sind klar:
Der erste Akt spielt vor dem Lager, der zweite im Lager, der dritte vor dem
Begegnungszelt, das ist in der Wüstenzeit der für Normalmenschen noch zu-
gängliche, heiligste Platz (V. 3.8.11). Der Patient, der nach Lev 13,45f. außerhalb der menschlichen Gemeinschaft leben muß, bewegt sich etappenweise von
draußen nach drinnen, bis er an der heiligen Stelle „vor Jahwe" angekommen ist.
Dort wird er endgültig rehabilitiert. Auf dem Wege hat „der zu Reinigende"
mitzugehen und zunehmend auch einige Handreichungen auszuführen. So
obliegen ihm die Waschungen und die Rasuren. Er „nimmt" auch die Opferma-
terialien, d.h. er stellt sie aus seinem Besitz zusammen (V. 8f..10). Aber der
eigentlich Handelnde ist gleichmäßig durch alle Einzelriten hindurch „der
Priester". Vierundzwanzigmal wird er ausdrücklich als agierendes Subjekt genannt, viermal kommt er in anderen Positionen vor. Der Patient, meistens
Objekt der priesterlichen Behandlung, wird zehnmal gezielt als der „zu Reinigende" bezeichnet. Die massive Nennung des Priesters ist auch sprachlich
auffällig. Der Text wirkt überladen, bis hin zu der gestelzten Aussage: „Der
Priester nimmt vom Ölkrug und gießt davon in die linke Hand des Priesters" (V.
15.26). Damit nur ja nicht die Formulierung „seine linke Hand" zu dem Mißverständnis führe, das geweihte Öl werde dem Klienten in die Hand gegeben! Der
Priester ist außerordentlich stark als der allein Verantwortliche in den Vordergrund gerückt. Zweimal gibt er Anordnungen an irgendjemanden weiter (V.
4f.), der letzte Zweck des Rituals ist die vom Priester zu bewirkende „Entsühnung", sie wird zum Abschluß der Hauptbestimmungen (V. 19a.20b) und der
Armenordnung (V. 29b.31b) doppelt kräftig eingeprägt.

Wie sollen wir das vorliegende Ritual einschätzen? Ist es wirklich in dieser
Form in der nachexilischen Zeit praktiziert worden? Wir wissen fast nichts über
die Rehabilitationspraxis für Hautkranke. Der syrische General Naeman badet
auf Anweisung Elisas im Jordan und wird rein (2 Kön 5,10.14). Die hautkranke
Mirjam – ihr Ausschlag wird klar als Strafe Gottes verstanden! – muß eine
zeitlang „draußen vor dem Lager" zubringen, ehe sie durch die Fürbitte Moses

---

[42] Victor Turner; Edward E. Evans-Pritchard; Leland C. Wyman, Blessingway, Tucson 1970
usw.; zusammenfassend: Evan M. Zuesse, Ritual, EncRel XII, 405–422.

geheilt und rehabilitiert wird (Num 12,9–15). In beiden Erzählungen gibt es keine Anzeichen für ausgefeilte und aufwendige Zeremonien, die zur Wiederaufnahme der Genesenen in die Gesellschaft führen. Nur die Zahl „sieben" kommt auch in den Krankengeschichten vor. Naeman taucht siebenmal ins Wasser, Mirjam bleibt sieben Tage draußen vor dem Lager. Der in Num 12,14 zitierte Brauch einer siebentägigen „Schamzeit" (= Ausschluß aus der Gemeinschaft?) liegt vielleicht auch dem Reinigungsritual zugrunde. Man könnte versuchen, über die Psalmen einen Zugang zur Krankenbehandlung zu gewinnen, denn viele Gebete sind für den Fall der äußersten Verlassenheit im Krankheitsfall gedacht (vgl. Ps 22; 38). Erstaunlich aber ist für uns die Tatsache, daß auch für den Verstoßenen noch Bittgottesdienste gehalten werden – von wem eigentlich und wo? Ferner fällt in den Psalmen auf, daß ein ganz großer Nachdruck auf das Dankopfer des Geheilten gelegt wird (vgl. Ps 22,23 ff.; Hiob 33,27 f.). Waschungen und andere Reinigungsriten, Entsühnungszeremonien und Sühneopfer sind in der Psalmenliteratur kaum zu finden[43].

In der späteren jüdischen Tradition sind gerade die Reinigungsriten noch außerordentlich verfeinert worden, sowohl in der „orthodoxen" rabbinischen wie in der „sektiererischen" Qumran-Überlieferung. Die Mischna enthält ein Hauptkapitel, das mit „Reinheiten", Tehorot, überschrieben ist. Eine wichtige Schrift der Qumran-Gemeinde wird als „Gemeinderegel" bezeichnet. Sie predigt eine spiritualisierte Heiligkeit. Auch die schon angeführte „Tempelrolle" enthält Vorschriften zur Behandlung von „schlimmen Hautkrankheiten"[44]. So umfangreich die Tradition der Verhaltens- und Behandlungsregeln für Hautkranke auch ist, so wenig erfahren wir doch über die tatsächliche Rehabilitationspraxis[45].

Wir tappen also ziemlich im Dunkeln, wenn wir nach der Rehabilitationspraxis fragen. Aufgrund der umfangreichen Reinigungsvorschriften im Buche Leviticus und weiteren „priesterschriftlichen" Zeugnissen (z.B. Num 19) müssen wir annehmen, daß mindestens zu bestimmten Zeiten und in bestimmten Kreisen die vorgeschriebenen Riten tatsächlich durchgeführt wurden. Gewisse Merkmale unseres Textes lassen aber die Frage zu, ob derart umfangreiche Kompositionen nicht teilweise auch für die „Theorie" der Reinigung verfaßt worden sind. Es wäre ja denkbar, daß – ähnlich wie in der späteren jüdischen Tradition – trotz der Unerreichbarkeit des Tempels weiter über Blutriten und Entsühnung durch Tieropfer nachgedacht worden ist. Für das babylonische Exil ist das zu vermuten. Nach dem Wiederaufbau des Tempels und bis zu seiner endgültigen Zerstörung im Jahre 70 n.Chr. galt dieselbe Situation für die Diasporagemeinden. Ist diese Kultferne vorauszusetzen, dann könnten Rituale wie das vorliegende einen erbaulichen Symbolwert für die Jahwegläubigen gehabt haben. Sie wären Meditations- und Lesetexte gewesen, die einer Interpretation auf die opferlose Situation der Gemeinschaft hin bedurften. Der Auslegungs-

---

[43] Vgl. Ps 51; Erhard S. Gerstenberger, Wolfgang Schrage, Leiden.
[44] Johann Maier.
[45] Vgl. Jacob Neusner, The Idea of Purity in Ancient Judaism, Leiden 1973; derselbe, A History of the Mishnaic Law of Purities, Leiden 1975.

prozeß für heilige Schriften im Kontext gottesdienstlicher Lesungen muß für die
fragliche Zeit vorausgesetzt werden (vgl. Neh 8).

4.6.4 Der soziale Hintergrund

Wir möchten gerne wissen, wie das Reinigungsritual von Lev 14 im gesellschaftlichen Kontext seiner Zeit funktionierte. Für uns hängt viel von dieser sozialen
Analyse ab: Texte können nur dann ihre Bedeutung offenbaren und zu Ge-
sprächspartnern für uns werden, wenn sie in ihr geschichtliches und soziales
Umfeld eingebettet sind.

Nun stehen wir aber immer wieder vor der schwierigen Aufgabe, die Wirklichkeit, in der die Texte entstanden und gebraucht worden sind, erst mühsam
rekonstruieren zu müssen. Den alten Überlieferern und Schreibern war sie
entweder unbekannt oder unwichtig. Sie haben an keiner Stelle Erklärungen für
uns Nichteingeweihte hinterlassen. Aber es finden sich doch genügend Indizien: bewußte und unbewußte Hinweise auf die damalige Situation.

Die Absicht des Reinigungsrituals, geheilte Menschen in die religiöse Gemeinschaft zurückzuführen, aus der sie ausgestoßen waren, ist ein gesellschaftlich bedeutsames Faktum. Wir kommen darauf zurück. Denn die andere, indirekt erschließbare und fast nie in Kommentaren diskutierte Tatsache ist noch
wichtiger: Der Rehabilitationsprozeß lag völlig in der Hand der Priesterschaft.
Von der Diagnose der gottverhängten Hautkrankheit (Lev 13) bis zur möglichen Reinheitserklärung hatte nur eine Berufsgruppe die Entscheidungsbefug-
nis. Gegen ihre Entscheidungen gab es keine Einspruchsmöglichkeit. Bedenklicher noch: Die Priester verdienten mit der rituellen Behandlung der Patienten
ihren Lebensunterhalt, wie uns die Überlieferer eher beiläufig mitteilen (Lev
14,13 b).

Um mit der letzten Feststellung zu beginnen: Umsonst gibt es geistliche und
medizinische Beratung und Behandlung weder damals noch heute. Propheten
und Wahrsager bekamen seit jeher einen Obolus, der anscheinend nach Besitz-
stand und Gutdünken gezahlt wurde (vgl. 1 Sam 9,7f.). Die Priesterklasse war
wohl immer besser dran. Sie war bodenständig, konnte auf die Unterhaltskosten
eines festen Heiligtums verweisen und ein standesgemäßes Leben erwarten. Die
recht alte Geschichte von Micha, seinem Privatheiligtum und dem festbesolde-
ten Leviten als Hauskaplan ist dafür ein beredtes Zeugnis (Ri 17). Je mehr sich
das Priestertum in Israel entwickelte, je stärker der nationale Jahwekult in
Jerusalem wurde, desto mehr etablierte sich die Priesterschaft und wurde zur –
sicher nicht in Armut verkommenen – Stütze des Staates (vgl. 2 Kön 11,9–12).
Gewisse Hof- und Gesellschaftspropheten hatten ebenfalls geachtete Positionen inne. In den nachexilischen Kultordnungen schließlich sicherte sich die
Priesterschaft von Jerusalem, wie wir gesehen haben, beträchtliche Einkünfte
aus den Amtshandlungen und den allgemeinen Tempelabgaben (vgl. z. B. Lev 7;
Num 18). Zu diesen Einnahmen gehörten auch die Anteile aus der Reinigungszeremonie für genesene Hautkranke. Sie werden in unserem Abschnitt mehr

oder weniger direkt für den Priester eingefordert. Von allen Opfern soll der amtierende Diener Gottes etwas abbekommen (vgl. Lev 5,14–7,38). Sein Teil heißt das „Geschwungene", „Abgehobene" oder „Hochheilige". Am „Schuldopfer" ('ašam) scheint es ein besonderes Interesse gegeben zu haben. Es konnte schon früh gegen eine Geldzahlung aufgerechnet werden (Lev 5,14–19). Und wenn die sozialen Verhältnisse der frühen Perserzeit (vgl. auch oben Nr. 1.3), von denen wir in Neh 5 einen guten Eindruck bekommen, manchen Menschen den Aufwand eines vollen Reinigungsopfers verboten, dann bestanden die Priester doch auf dem „Schuldopferwidder" (Lev 14,21). Die beiden anderen Herdentiere konnten in Gottes Namen durch billigere Tauben ersetzt werden. Und wer auch diese Bedingungen nicht erfüllen konnte – wie sollte er rein werden (vgl. Lev 5,7–13)? Wer so mit einer verarmten Schicht rechnet und eine gewisse Vorsorge trifft, beweist sein soziales Gewissen. Dieser Zug wird in Lev 25 noch deutlicher. Zugleich aber zeigt die Festsetzung starrer Gebühren eine bürokratische Mentalität. In zahllosen Religionsgemeinschaften werden bis heute die Entgelte für Amtshandlungen nach der Finanzkraft der Behandelten und im Einvernehmen des Amtsträgers mit seiner Klientel bestimmt.Einseitig festgelegte Tarife sind Anzeichen von der Macht der Verantwortlichen. In der Tat übten die Priester in Israel an dieser Stelle ein Monopol aus. Der von einer ungeklärten Hautkrankheit Befallene mußte sich ihrem Spruch fügen. Die Angst, ein Ausschlag „weiß wie Schnee" (Num 12,10) könne eine Strafe Gottes sein, saß in der Bevölkerung. Diese Angst konnte durch die allein zuständigen geistlichen Herren mißbraucht werden. Welche sozialen Kontrollen waren möglich? Einmal spricht die ins einzelne gehende Darstellung der Diagnosekriterien (Lev 13) für eine gewisse Informiertheit der Gemeinde. Weiter: In der frühjüdischen Gemeinde waren die Priester nie die unumschränkten Herren der Gemeinde. Neben ihnen und oftmals gegen sie fungierten Leviten, Schreiber, Älteste, Propheten und später Schriftgelehrte als Leitungsfiguren. Die damit gegebenen sozialen Spannungen wirken im Traditionsstoff nach (vgl. Num 16). Auch der Psalter und die Prophetenschriften weisen Spuren einer Opposition gegen die priesterliche Theokratie auf (vgl. Ps 40; 51; Jes 1,10–17). Wir müssen darum auch einen Text, der wie kaum einer sonst die priesterliche Vollmacht betont, im größeren Zusammenhang der frühjüdischen Gemeinde und ihrer vielschichtigen Struktur sehen. Den Priestern kam dabei überwiegend oder ausschließlich die Sorge um Opfer und Reinheit zu – entgegen der gängigen Theorie, sie seien für die gesamte Toraverkündigung zuständig gewesen (vgl. Jer 18,18; Mal 2,7). Wir lernen im Buch Leviticus: Mose vermittelt die Tora (und seine Nachfolger sind die Laienführer der Gemeinde); Aaron ist für den Opferkult ausersehen (und seine Nachfolger sind die Priester in Jerusalem). Eine klare Gewaltenteilung auf dieser Basis ist in vielen Texten bezeugt (vgl. Dtn 18,15; 24,8; Hag 2,10–14).

Die Ortsangaben geben Anlaß, über die wahre Lokalisierung der Reinigungszeremonie nachzudenken. „Lager" und „Wüste" sind fiktive Angaben, sie haben im Text Symbolwert. Das Lager ist in der Wirklichkeit des Überlieferers der heilige Bezirk von Jerusalem oder die Stadt Jerusalem. Das Begegnungszelt ist der Tempel. Das „Draußen" bedeutet in jedem Fall das Ausgeschlossensein vom Kultort und/oder von der Wohngemeinschaft. In der Diaspora wäre nur die letztere Übertragung möglich. Der Priester hat in der Regel seinen Ort im oder am Tempel. Besonders nach dem priesterlichen Verständnis muß er sich in höchstem Maß davor hüten, unrein zu werden und so den heiligen Ort, seine Arbeitsstelle, selbst zu „beschmutzen", d.h. zu entweihen und unwirksam zu machen. Darum ist es so eigenartig, daß der Priester in den unreinen Bereich vor das „Lager" geht, um dort die erste Reinigungshandlung zu vollziehen. So schreibt es aber V. 3 vor, gegen jedes Amtsreglement. Denn der Priester ist an Tempel und Altar gebunden; er hat wahrscheinlich sogar Residenzpflicht im heiligen Bezirk (vgl. Ez 40,44–46; 42,13f.; 44,15–31; 46,19–24; 48,8–12; Lev 21,10–12). Weil der Altar Gottes nicht mit dem profanen Leben in Berührung kommen darf, sind die Kontakte mit der Außenwelt für den Altardiener möglichst begrenzt und durch Vorsichtsmaßnahmen aller Art abgesichert (vgl. Lev 21,1–15).

4.6.5 Theorie und Theologie

Es fällt uns schwer, aus unserer geschichtlichen Distanz die alten Reinigungszeremonien richtig zu verstehen. Vor allem müssen wir uns davor hüten, sie als materiell, oberflächlich und mechanistisch abzutun. Anthropologische Untersuchungen, besonders von Mary Douglas und Victor Turner, haben das rituelle Verhalten von Stammesvölkern besser einzuschätzen gelehrt.

Der eigentliche Ausgangspunkt mag in dem tiefen menschlichen Bedürfnis liegen, die Welt in Sphären und Zonen aufzuteilen und so eine Orientierungsmöglichkeit zu schaffen. Das Nützliche und Schädliche, Hilfreiche und Bedrohliche, Anziehende und Abstoßende werden fast instinktiv gegeneinandergestellt. Der Mensch denkt und fühlt „von Natur aus" in binären oder polaren Strukturen. Dieses „entweder" – „oder" – Schema überträgt er ganz selbstverständlich auch in seine religiöse Erfahrungswelt. Gott, das Göttliche, ist von einer bestimmten Qualität, welche die priesterliche Überlieferung am ehesten mit den Begriffen „Heiligkeit", „Herrlichkeit", „Leben" umschreiben würde. Also dürfen entgegengesetzte Qualitäten nicht in die Nähe des Göttlichen kommen. Die priesterlichen Überlieferer sind – nicht ohne Zutun ihres Berufsinteresses – an der strengen und von ihnen selbst zu überwachenden Unterscheidung der Seinsbereiche interessiert. Sie hüten das Heiligtum und alle Zugänge zu ihm wie ihren eigenen Augapfel. Sie verwalten das Heilige mit ihren Opfern und Riten. Heiligkeit ist eine physische und spirituelle Befindlichkeit. In der physischen Handhabung des Heiligen entscheidet sich das ganze Leben der Menschen. Die Rehabilitation des Genesenen soll das Dasein in der Gemeinschaft ermöglichen.

Die exilisch-nachexilische Überlieferung scheint nur begrenzt neue Rituale – jeweils mit spezifischer Sühnebedeutung – geschaffen, im wesentlichen vielmehr auf alte Gebräuche zurückgegriffen zu haben. Die Reinigungsriten nutzen alte

Wasser- und Ölbeschwörungen, die rituelle Rasur, einen Vogelritus und einen
Blutzauber. Hinzu kommen die typisch priesterlichen Opfer, die aber im Ursprung auch aus einer älteren, wohl vorisraelitischen Tradition stammen. Eigentümlich Jahwistisches ist nicht zu entdecken, abgesehen davon, daß die Zeremonien des achten Tages eben vor Jahwes Begegnungszelt stattfinden. In einem
ungewohnten Maß nimmt die Überlieferung also allgemeine Volksbräuche und
religiöses Ritualgut auf. Die häufig geäußerte Vermutung, dies geschehe gerade
in der Absicht, „heidnische" Übungen abzuwehren, legt sich durch nichts nahe.
Wer so unbefangen Wasser und Öl sprengt und Blut streicht, muß damit
rechnen, daß bei den Beteiligten magische Vorstellungen aufkommen oder
beibehalten werden. Vom Kampf gegen kanaanäisches Glaubensgut kann keine
Rede sein.

Dann aber ist die Frage, wie sich das Reinigungszeremoniell überhaupt im
priesterlichen Überlieferungsstrom zum Glauben an Jahwe verhält. Von der
Weltschöpfung her ist der Gott Israels der Allmächtige, der sich weniger als der
Eifernde und gegen andere Götter Abgrenzende, als der um die richtige Kultausübung Besorgte qualifiziert. Von Anfang an stehen Sabbat (Gen 2,3), Verbot
des Blutgenusses (Gen 9,4), Beschneidung und Bund (Gen 17,1–14), Passafest
(Ex 12,1–20) und ganz besonders der Tempel mit seinem Opferdienst (Ex
25–31, 35–40) im Vordergrund. Jahwe erweist sich in der Frühzeit Israels als der
alleinige, übermächtige Gott gegen Ägypter (Ex 7,1–13; 14, passim), und der
Satz: „Sie sollen erkennen, daß ich Jahwe bin" (Ex 7,5) ist eine programmatische
Aussage priesterlicher Überlieferung im Blick auf die Völkerwelt. Dennoch
bleibt der Blick überwiegend nach innen gewendet, und im Zentrum stehen die
Organisation des Gottesdienstes, der Feste und die Regeln des täglichen religiö-
sen Lebens. Bei dieser Blickrichtung ist die Abgrenzung gegen Fremdkulte kein
Thema, wohl aber die Rechtmäßigkeit der Amtsführung, die genaue Abgren-
zung der levitischen und priesterlichen Verantwortlichkeiten, die Pflichten der
Gläubigen, das Aufbegehren des Volkes. Hinzu kommt das priesterliche Sühne-
anliegen: Offenbar wurden die „schlimmen" Hautkrankheiten als Folge von
Verschuldung angesehen[46]. Schuld aber muß bei der Reinigung gesühnt werden
(V. 12.19).

Ergeben sich hier nicht ganz andere theologische Akzente als etwa in der
deuteronomisch/deuteronomistischen Überlieferung? Dort wird mit allem
Nachdruck die Verehrung des einzigen Gottes Jahwe gefordert und vor dem
Abfall zu anderen Göttern gewarnt (vgl. Dtn 6,4–19). Das erste und zweite
Gebot des Dekalogs sind typisch für diese Theologie der Ausschließlichkeit und
Abgrenzung. Demgegenüber vertreten die priesterlichen Theologen eine Theologie der Heiligkeit und kultischen Ordnung, wie wir sie im christlichen Traditionsstrom nur aus Hochkirchen mit starkem liturgischen Bewußtsein kennen.
Der Gott des Deuteronomiums ist der Gehorsam fordernde, eifernde, ja eifer-
süchtige Jahwe, der Gott des Buches Leviticus dagegen der Heilige, im Op-
ferfeuer sich Offenbarende und im Innersten des Tempels bei seinem Volk

---

[46] Vgl. Num 12,9ff.; 2 Kön 5,27; 2 Chr 26,17ff.; Jacob Milgrom, Cult, 80ff.

Wohnende. Es fällt uns schwer, beide Gottesbilder miteinander in Einklang zu bringen. Wir sollten es nicht versuchen, sondern lieber die Menschengruppen zu erkennen versuchen, die so unterschiedliche theologische Vorstellungen entwickelten. Für die Reinigungsriten stoßen wir auf priesterliche Kreise, die wahrscheinlich von bestimmten Gruppen innerhalb der jüdischen Konfessionsgemeinschaft, vor allem, aber nicht ausschließlich, der jerusalemer Kultgemeinde, getragen wurden. Priesterliche Theologie und Theokratie, das ist ein an bestimmte Personen mit bestimmten Interessen und einer spezifischen Ausbildung gebundener Strang theologischen Denkens innerhalb der frühjüdischen Jahwegemeinschaft.

Wenn wir uns auf mögliche Analogien zum Reinigungsgesetz besinnen, dann sind die zahlreichen Rehabilitationsbemühungen in unserer scheinbar so profanen Gesellschaft sehr schnell zur Hand. Das Bild einer „normalen" Gesellschaft mit ihren „gesunden" Werten und Verhaltensregeln bestimmt in der einen oder anderen Form unser Denken. Alle Menschen, die aus diesem „reinen" und anerkannten Lebensbereich „herausgefallen" sind, die ausgegrenzt oder ausgeschlossen wurden (Kranke, Obdachlose, Kriminelle, Minderheiten), sollen – theoretisch – wiedereingegliedert werden. Dafür gibt es zahllose Mechanismen und Institutionen, von den Anonymen Alkoholikern bis zu zentralen Maßnahmen der Arbeitsbeschaffung. Es lohnt die Untersuchung, wie weit das urmenschliche „rein"-„unrein"-Verständnis auch in den modernen Ausgrenzungen und Rehabilitierungen wirksam ist.

Auf dieser Ebene weitersuchend, können wir vielleicht auch Ordnungs- und Gottesvorstellungen aufspüren, die den priesterlichen des ATs nicht ferne stehen. Zwar müssen wir mit der grundsätzlichen Trennung von Kirche und Gesellschaft rechnen. Wir dürfen auch die rationale Revolution nicht übersehen, die das Industriezeitalter ermöglicht hat. Aber unterschwellig sind in der scheinbar technisch orientierten Gesellschaft und gleichermaßen in der verbürokratisierten Volkskirche hierarchische Strukturen sichtbar, die mit ihren abgestuften Nahbarkeiten bis hin zum Allerheiligsten der Macht eine gewisse Wesensverwandtschaft mit dem theokratischen Modell unseres Textes aufweisen. Auch hier lohnt ein intensiverer Vergleich und der entscheidende Dialog: Ist der Gott der Heiligkeit und der durch Priester verwalteten Reinheit unser Gott? In den biblischen Schriften, vor allem den Propheten und Evangelien, wird das gelegentlich energisch bestritten.

4.7 Ausblühendes und schwammiges Mauerwerk (Lev 14,33–57)

Die Sammlung von Reinheitsregeln lenkt noch einmal zu diagnostischen Bestimmungen zurück, die sich in etwa an Lev 13,47–58 anschließen. Auch hier begegnet uns verstärkt antike Naturerkenntnis, die nicht mit unseren Kategorien von gut und böse übereinstimmt. Das Anstößige und Fremde an den Reinheitsregeln für Häuser soll uns aber nicht hindern, den biblischen Zusammenhang zu untersuchen.

Auffällige Erscheinungen an Wohnhäusern wurden aber auch im Zweistromland als „Vorzeichen" (böses Omen) gewertet. Gegebenenfalls muß man dem drohenden

Unheil mit Beschwörungen begegnen, so in einem umfangreichen Text, der sich in der Serie „*namburbi*" (sumerisch: „Lösung") findet. Diese Sammlung enthält eine ganze Reihe von Omina, welche auf das Wohnhaus bezogen sind: Das Eindringen von Hund, Katze, wilden Vögeln, Schlange in den Wohnbereich konnte Unheil bedeuten und Gegenmaßnahmen erforderlich machen. So auch beim Erscheinen einer bestimmten Pilzart (*katarru*) am Mauerwerk:

„Wenn ein *katarru* an der äußeren Nordwand erscheint, dann muß der Hausbesitzer sterben und sein Haus wird verstreut. Um das Übel abzuwenden, mache dir sechs Schaber aus Tamariskenholz und kratze damit den *katarru* ab. Du sollst [den Staub] auffegen mit einem Dattelwedel von der Nordseite (des Baumes); du sollst ihn in einen Rohrkorb tun. Mit einer Fackel sollst du [die Wand] beräuchern, Schlamm und Gips darüberlegen, und das Übel wird aufgelöst"[47].

Erscheint der Schwamm an der Ostmauer, ist das Leben der Hausfrau bedroht. Beim Befall der Westwand bedeutet es Böses für den Sohn des Hauses; ist die Südwand betroffen, ist anscheinend das ganze Anwesen gewarnt. Die erforderlichen Beschwörungsriten schließen Opfer und Gebete ein. Selbstverständlich sind altbabylonische Beschwörung und alttestamentliche Diagnose und Reinigung von schwammbefallenen Mauern nicht einfach identische Vorgänge. Aber sie stammen aus vergleichbaren Anschauungen und Einstellungen. Gott macht bevorstehende Strafe oder kommendes Unheil durch die unheimlichen Zeichen kund. Der Mensch muß auf die Warnung reagieren. Er kann es nur unter Hinzuziehung geschulter Diagnose- und Ritualtechniker.

4.7.1 Übersetzung

33) Jahwe redete zu Mose und Aaron: 34) Wenn ihr in das Land Kanaan kommt, das ich euch zum Besitz geben will, und ich lege einen schlimmen Ausschlag auf ein Haus in eurem Lande, 35) dann soll der Hausbesitzer zum Priester gehen und ihn informieren: „Wie [schwerer] Befall am Hause sieht es mir aus." 36) Der Priester ordnet an, daß man das Haus ausräume, bevor der Priester kommt, um den Befall anzusehen. So soll nicht alles verunreinigt werden, was im Hause ist. Dann soll der Priester kommen und das Haus untersuchen. 37) Er soll den Befall ansehen, und wenn er an den Wänden des Hauses aus gelblich-grünen oder rötlichen Vertiefungen besteht, wenn sie vertieft gegenüber der Wand erscheinen, 38) dann soll der Priester aus dem Hausinneren in den Eingang des Hauses treten und das Haus sieben Tage lang verschließen. 39) Am siebten Tag soll der Priester wiederkommen. Wenn er feststellt, daß sich der Befall an den Hauswänden ausgebreitet hat, 40) soll der Priester Anweisung geben, die Steine, an denen sich der Befall befindet, herauszubrechen. Man soll sie nach draußen vor die Stadt an einen unreinen Ort schaffen. 41) Man kratze das Haus rundherum ab und schütte den Mörtel, den man abgekratzt hat, draußen vor die Stadt an einen unreinen Ort. 42) Dann nehme man andere Steine und setze sie an die Stelle der

---

[47] Nach R. J. Caplice, Namburbi Texts in the British Museum V, Orientalia 40, 1971, Nr. 48, S. 144 f.

[herausgenommenen] Steine, und man nehme neuen Mörtel und verputze das Haus. 43) Wenn der Befall an dem Haus erneut ausbricht, nachdem man die Steine entfernt, das Haus abgekratzt und neu verputzt hatte, 44) soll der Priester kommen und nachsehen. Wenn der Befall sich an dem Haus ausgebreitet hat, dann ist es ein bösartiger „Ausschlag" an diesem Hause; es ist unrein. 45) Man soll das Haus abreißen, die Steine, das Holz und allen Mörtel des Hauses aus der Stadt hinausschaffen an einen unreinen Ort. 46) Wer während der Zeit, in der das Haus verschlossen war, hineingegangen ist, der soll bis zum Abend unrein sein. 47) Wer in dem Haus gewohnt hat, soll seine Kleider waschen. Wer in dem Haus gegessen hat, soll seine Kleider waschen. 48) Wenn nun aber der Priester kommt und feststellt, daß sich der Befall an dem Haus nicht verbreitet hat, nachdem es verputzt worden war, dann soll der Priester das Haus für rein erklären, denn der Befall ist abgeklungen. 49) Er soll zur Entsühnung des Hauses zwei Vögel, Zedernholz, Karmesin und Ysop nehmen. 50) Den einen Vogel schlachte er in ein Tongefäß hinein bei fließendem Wasser. 51) Dann nehme er Zedernholz, Ysop, Karmesin und den lebenden Vogel und tauche alles in das Blut des Vogels, der am fließenden Wasser geschlachtet worden ist, und sprenge [das Blut] siebenmal gegen das Haus. 52) So entsündige er das Haus durch das Blut des Vogels und das Quellwasser, durch den lebenden Vogel, das Zedernholz, den Ysop und das Karmesin. 53) Den lebenden Vogel soll er nach draußen vor die Stadt aufs freie Feld fliegen lassen. So soll er für das Haus Sühne erwirken. Dann ist es rein.

54) Dies ist das Gesetz über alle schlimmen Ausschläge und die Bartflechte, 55) über Ausschläge an Mensch und Haus, 56) über Male, Schuppen, Hautflekken, 56) zur Unterweisung darüber, wann etwas unrein und wann etwas rein sei. Dies ist das Ausschläge-Gesetz.

4.7.2 Aufbau und Abzweckung

Obwohl die kultische Verunreinigung von Wohnhäusern uns recht seltsam anmutet und der Abschnitt mit allerlei Fragwürdigkeiten belastet ist, scheint dieser letzte Teil der „Ausschlagbestimmungen" in sich kohärenter zu sein als die vorhergehenden Reinigungsvorschriften. Der Text ist ganz fest durch formelhafte Wendungen gerahmt und doch eng an das Vorhergehende angeschlossen. Die neue Redeeinleitung V. 33 hebt die Eigenständigkeit des Themas hervor. Die Situationsangabe V. 34 a deutet zum erstenmal im Buche Leviticus an, daß die angeblich in der Wüstenzeit erlassenen Gesetze erst sehr viel später, nach der Einwanderung in Kanaan, in Kraft treten sollen (vgl. ähnliche fiktive Verweise auf die Zukunft: Lev 18,3; 19,23; 23,10; 25,2; sie sind häufig im 5. Buche Mose). Die priesterlichen Überlieferungen halten sonst die These aufrecht, die von Mose empfangenen Verhaltensregeln für das wandernde Volk seien schon auf dem Marsch hin zum „Eigentumsland" Kanaan notwendig gewesen und befolgt worden (vgl. Lev 24,10–23). Aber die Auszugserzählung setzt überall das Leben im Zeltlager voraus, und an Zelten läßt sich der Pilz- und

Schwammbefall von Mauern nicht simulieren. Also wird die entsprechende Gesetzesvorschrift formal „auf Zukunft hin" gegeben. Dadurch entsteht im Kontext eine eigentümlich schwebende, irreale Stimmung (vgl. die andersartige Zukunftsperspektive etwa in Lev 3,17).

Die Schlußnotizen V. 54–56 sind in sich so komplex, daß ihre Entstehungsgeschichte nicht klar zu rekonstruieren ist. Das Bemühen, eine umfassende Unterschrift zu Lev 13–14 zustandezubekommen, ist gleichwohl deutlich sichtbar. Bemerkenswert auch die unpersönliche Zweckangabe der Vorschriftensammlung: „um Weisung zu geben …" (V. 57). Wer soll das tun? Warum werden die Verantwortlichen nicht benannt? Ähnliche undefinierte Infinitive finden sich in Lev 11,47; 13,59. Hätten die Priester sich den Hinweis auf das Lehrprivileg entgehen lassen, wenn es in ihrer Hand gelegen hätte? Die Frage läßt sich natürlich auch an andere Leitungsfiguren richten: Warum bekennen sie sich nicht zu dieser Aufgabe der Tora-Vermittlung? Oder war dem antiken Hörer völlig klar, daß nur Mose und die ins Moseamt Berufenen Gesetzeshüter sein durften?

Die Riten, welche der Priester zu vollziehen hat, sind übersichtlich angeordnet. Sie folgen aus der Prämisse V. 34b: Jahwe hat einen „Befall gegeben". Nirgends sonst in Kulttexten wird so deutlich von dem Verursacher der schlimmen Ausschläge gesprochen (vgl. Lev 13,2.47). Nur Fluchbestimmungen nennen Krankheiten, die Jahwe verhängen möge (vgl. Dtn 28,21 f..27.35). Der direkte Hinweis auf Jahwe – in göttlicher Ich-Rede –, der den Ausschlag verhängt, ist eine theologische Vorentscheidung. Nur mit solchen Fällen hat sich eigentlich der Priester abzugeben. Das erklärt auch, warum nach der Erstuntersuchung eines Hauses (V. 36–38) ein negativer Befund gar nicht erwähnt wird. Der Text verfolgt nur die positiven Fälle, also: Es besteht Meldepflicht von auffälligen Veränderungen des braunen Lehmputzes in einem Haus (V. 35). Der Priester macht eine erste Untersuchung, vor der er allerdings die bewegliche Habe aus dem Haus schaffen läßt, damit sie nicht beeinträchtigt wird (V. 36; muß sie nicht schon ‚infiziert' sein?). Es werden verfärbte Vertiefungen nach Art des Befalls an Textilien und Leder und der menschlichen Haut festgestellt (V. 37; vgl. Lev 13,3.20.25.30.49). Die auch sonst angeordnete siebentägige Quarantäne soll Klarheit über Gutartigkeit oder Bösartigkeit des Befalls bringen (V. 38).

Der bösartige Befall wird weiterverhandelt, und zwar in zwei Anläufen. Der Priester versucht, das Haus zu sanieren. Die krankhaften Stellen und der gesamte Innenputz müssen entfernt und an ungefährlicher, weil „unreiner" Stelle außerhalb der Stadt entsorgt werden. Herausgebrochene Steine und Putz sind zu erneuern. Diese Maßnahmen sind natürlich zu kontrollieren, nur sagt die Vorschrift nicht, nach welchem Zeitabstand. Es kommt also zu einer dritten Untersuchung, anscheinend nach neuer Schadensmeldung des Besitzers (V. 43f.). Sie endet mit dem schlimmsten Fall, der im Vorspann V. 34b schon vorgesehen war: Das Haus muß als von Gott verfluchtes abgerissen werden (V. 45). Bis dahin läuft die ununterbrochene Kette der Diagnosen und Sanierungsversuche in vorgezeichneter Bahn. Was jetzt kommt, sind Anhänge zu der „priesterlichen Verordnung bei Hausbefall."

Da sind zunächst drei Bestimmungen, Menschen betreffend, die Kontakt mit

dem befallenen Haus hatten (V. 46f.). Die Sätze sind kurz, priesterliche Hilfestellung wird nicht verordnet, man fragt sich, ob die Regeln vollständig aufgezeichnet sind. Wer zufällig das versiegelte Haus (?) betreten hat, ist einfach
„unrein bis zum Abend" (V. 46). Ohne jede rituelle Reinigung? Personen mit
intensiverem Kontakt zu dem inkriminierten Haus, Bewohner nämlich und
Gäste, müssen ihre Kleider waschen (V. 47). Wie lange gilt ihre Unreinheit? Das
Interesse der Hausverordnung liegt also nicht bei den Betroffenen. Das ist
eigenartig, denn man sollte doch annehmen, daß Gott ein Haus um der Bewohner willen mit einem bösartigen Ausschlag belegt.

Noch merkwürdiger ist die Fortsetzung: Stellt der Priester bei der dritten
Inspektion des Hauses fest, daß der „Befall geheilt ist" (V. 48b), dann hat er
Reinigungsriten zu vollziehen. Ist dieser Fall überhaupt denkbar, da doch Jahwe
selbst der Urheber der „Erkrankung" (V. 34b) ist? Und warum muß ein Haus,
das erwiesenermaßen nicht von dem bösartigen Ausschlag heimgesucht wurde,
welcher den Abriß nötig machen würde, durch priesterliche Zeremonien gereinigt werden? Das alles sieht sehr nach einer Arbeitsbeschaffungsmaßnahme für
Priester aus. Die zu vollziehenden Riten selbst (V. 49–53) gleichen bis ins Detail
der Reinigungszeremonie für den Genesenen vor dem Lager (Lev 14,4–7). Ein
vergleichbarer Ritus fehlte bei den Anweisungen im Blick auf den Kleideraus-
satz (Lev 13,58). Woher die Parallelität mit den für Menschen vorgeschriebenen
Reinigungsriten? Soll damit der größere Wert eines Hauses dokumentiert werden? Oder handelt es sich um eine gedankenlose Übernahme von einer Zeremonie zur anderen?

Damit ist die grundlegende Frage nach der praktischen Verwendbarkeit
dieses Gesetzes gestellt. Juristen wissen sehr gut, daß Rechtsvorschriften und
Rechtspraxis verschiedene Dinge sind. Auch für alttestamentliches „kultisches"
wie „ziviles" Recht gilt: In der Regel können wir die Befolgung oder Anwendung der im Pentateuch versammelten Vorschriften nicht überprüfen. Bei unserem Text kommt erschwerend hinzu, daß wir kaum abschätzen können, ob die
Anweisung, bestimmte Erscheinungen im Innenputz eines Wohnhauses bis
zum Abriß des Gebäudes zu verfolgen, jemals geltendes Gesetz oder aber
lediglich theologische Spekulation gewesen ist. Manche Beobachtungen sprechen für die letztere Annahme. Der Text schien uns allzu glatt, logisch und
problemlos, er war uns allzu abhängig von anderen Vorschriften, im Blick auf
die Wüstenzeit anachronistisch und zu deutlich interessengebunden. Wenn das
zutrifft, dann ist die Anweisung zur Kontrolle der Häuser ein Beispiel für eine
immer weiter vervollkommnete Suche nach dem „Gottesausschlag", der als
gefährlich für die ganze Gemeinschaft galt. In ihrem Eifer für das Wohl der
Gemeinde und für ihre eigene Position als Sachverständige Gottes hätten Priester den „bösartigen Ausschlag" bis an die Schlafzimmerwände verfolgt, vielleicht nur theoretisch vom „Schreibtisch" her (Gesetzgeber und Verwaltungs-
beamte aller Zeiten und Couleurs haben die Neigung, Tatbestände zu erfinden
und Tatbestandslücken theoretisch auszumerzen).

4.7.3 Die soziale Wirklichkeit

Wie schon bei der Vorschrift über den Ausschlag an Textilien und Ledersachen (Lev 13,47–58) können wir unsere naturwissenschaftliche Sicht der Dinge nicht einfach beiseiteschieben. Für unser Verständnis hat das Ausblühen oder der Pilzbefall von Mauern sehr wenig mit Gott, dafür entscheidend mit der Luft- und Bodenfeuchtigkeit zu tun. Wer schon einmal eine feuchte Wohnung hatte, weiß ein Lied davon zu singen. Unter palästinischen Verhältnissen (oder stammt unser Text aus dem wasserreicheren Zweistromland, d.h. aus der jüdischen Diaspora?) kann man nur für die Regenzeit einen hohen Feuchtigkeitsgehalt der Luft annehmen, der entweder Pilzwachstum oder ein Ausblühen von Kalk oder anderen Chemikalien ermöglicht. Wir würden also vom heutigen Wissensstand her raten, ausschlagsbefallene Häuser besser zu lüften, in Flußnähe besser zu drainieren. Aber das sind vergebliche Ratschläge für unsere Altvordern. Sie nahmen nun einmal im Fall bestimmter Oberflächenveränderungen eine Einwirkung Gottes an, oder bekamen sie von den geistlichen Herren der Zeit suggeriert. Von diesem Stand der Dinge aus müssen wir die sozialen Konsequenzen der Bestimmungen über den „Hausaussatz" beurteilen.

Klar ist, daß die Vorschrift eine seßhafte Lebensweise voraussetzt. Die Israeliten wohnen in Steinhäusern, wobei überwiegend kalkhaltige Steine vermauert sind. Sie liegen im palästinischen Bergland zu Tage[48] und werden in unserem Text vorausgesetzt. Ziegel bleiben unerwähnt. Die Wände sind von innen mit einer Lehmmasse verputzt: Das deutet auch auf Naturstein als Baumaterial (Verschließen der unregelmäßigen, sehr undichten Fugen). Steine und Putz sind witterungsanfällig. Archäologische Befunde bestätigen die Vermutung. Mindestens seit dem Beginn des 2. Jt.s v. Chr. wurden in den gebirgigen Teilen Palästinas Wohnhäuser aus Bruchsteinen mit Lehmverputz und Balkendecke erstellt. Quadersteine, d.h. auf Maß behauene und fast fugenlos zu verarbeitende Steinblöcke, wurden lediglich für Palast-, Sakral- und Verteidigungsbauten verwendet (vgl. Am 5,11). Die konnten dann unverputzt bleiben, standen vielleicht nicht so sehr in der Gefahr, vom Gottesbefall heimgesucht zu werden.

Es geht also vor allem um Bürgerhäuser; die spätere Mischna (Traktat Negaim, [Gottes]schläge) schließt Häuser von Heiden und alle Bauten der Stadt Jerusalem aus. Die normalen Wohnhäuser der Israeliten unterliegen der Kontrolle durch die Priesterschaft. Zwar werden auch in der Häuservorschrift die Kriterien für die Urteilsfindung genannt, doch die Entscheidung fällen die allein sachverständigen Priester. Für sie ist mit dem Inspektionsmonopol Prestige und – obwohl diesmal nicht ausdrücklich erwähnt und nur für den Fall, daß die Vorschriften auch praktiziert wurden – Einkommen verbunden. Eine theokratische Struktur der Gesellschaft verschafft also den ausführenden Organen der Gottesherrschaft eine Sonderstellung. Wie vorher schon bei den Reinigungsgesetzen (vgl. oben Nr. 4.4.3 und 4.5.3) müssen wir fragen, ob und wie derartige Monopolpositionen ausbalanciert wurden. Interessanterweise geben die späteren Auslegungen der Mischna allen Israeliten das Recht, die Diagnose auf „bösartigen Ausschlag" zu machen; auf (besonders erfahrene?) Laien hat dann

---

[48] Vgl. Othmar Keel u. a., Orte I, 32.

auch der Priester zu hören[49]. Anscheinend sind diese und andere Präzisierungen der
Prozeduren bei Befallsverdacht in der Mischna aus der Erfahrung gewonnene Vor-
kehrungen gegen den Mißbrauch der priesterlichen Macht.

Das Buch Leviticus ist, weil es für die Lebensführung der Juden eine außerordentliche
Bedeutung besaß, auch neben der mischnaischen Tradition in rabbinischen Lehrhäu-
sern eifrig diskutiert und kommentiert worden. Die Sammlung der frühen Auslegungen (2.-4. Jh. n. Chr.) zum Buch Leviticus heißt Sifra (= das Buch: es wurde als erstes
im Torunterricht benutzt). In Frage und Antwort werden Einzelheiten auch für
unseren Abschnitt über die „Häuserplage" erörtert und festgelegt. Warum kommt der
Befall in ein Haus? Er ist eine Strafe für das Klatschen (Verweis auf Mirjam, Num 12)
oder für Arroganz (Verweis auf Usia, 2 Chr. 26,16). Was genau wird unrein, wenn der
Befall ausbricht? Welche Steine müssen ersetzt werden? Wie groß muß der erste
auffällige Fleck an der Wand sein? Was bedeutet: Verbreiterung, Weitergehen des
Befalls? Die Schriftgelehrten kommen manchmal zu überraschenden Einsichten. Nur
Häuser von Juden können befallen werden, Heiden werden so nicht von Gott bestraft.
Ein rundes Haus kann nicht betroffen werden, weil die Texte gewinkelte Mauern
voraussetzen[50].

Die Frage ist, welche sozialen und geistlichen Funktionen eine derartig penible, theologische Beschäftigung mit den Hauswänden hatte. Die Reinheit der
Menschen garantiert die Heiligkeit der Gemeinde, und die Notwendigkeit
ständiger Kontrolle sichert die Stellung der Priesterschaft. Die kultische Unversehrtheit des Wohnraumes (und der Kleidung) verlagert das Reinheitsproblem
einen Schritt weiter ins Vorfeld der Gegenstände, mit denen Menschen umgehen. Tiere waren schon in Lev 11 als mögliche Quellen der Verunreinigung
benannt. Jetzt wird auch die vom Menschen selbst gestaltete Umgebung in
Augenschein genommen. Sie kann nicht aus sich heraus (etwa durch Schadstof-
fe, vgl. die Asbest- und Glaswollwarnungen heute) gefährlich werden. Aber die
vom Menschen bearbeiteten Stoffe können Gottes Zorn anzeigen, und der ist
dann seltsamerweise über die Beseitigung der Ausschlags-Symptome – wahrscheinlich in Verbindung mit Sühneriten, wie in Lev 14,1–32 – zu besänftigen.
Vielleicht stehen hinter den Regeln für den Gebäudebefall auch allgemeine
Vorstellungen von der Heiligkeit des Ortes, den die Jahwegläubigen, um den
Tempel geschart, bewohnen (vgl. Ez 40–48).

4.8 Körperliche Ausflüsse (Lev 15)

Nach Lev 12 kommt in der Sammlung der Reinheitsvorschriften noch einmal
ein überwiegend geschlechtsbezogenes Thema zur Sprache. Vielleicht ist die
Anordnung von Lev 11–15 einmal so gedacht gewesen, daß zuerst die von außen
kommende, dann die an der Körperoberfläche entstehende und zuletzt die aus
dem Körper hervortretende Unreinheit zu besprechen wäre. Auch nach diesem
Modell gehörten Lev 15 und 12 eng zusammen. In jedem Fall ist das Kap. 15 ein

---

[49] Traktat *Negaim* 2.5; 3,1.
[50] Vgl. Jacob Neusner, 119–140.

wichtiger Teil des Reinheitsgesetzes. Die Mischnatraktate Nidda und Zabim behandeln die Menstruation und andere „körperliche Ausflüsse" in großer Ausführlichkeit und mit der zu erwartenden weiteren Verfeinerung und Nachinterpretation. Der erste Teil unseres Kap.s behandelt Ausflüsse am männlichen Glied, der zweite an der Scheide der Frau. Daß andere mögliche Körpersekretionen überhaupt nicht beachtet werden, beweist mindestens die besondere Bedeutung des Geschlechtlichen in Fragen kultischer Reinheit und Unreinheit.

4.8.1 Übersetzung

1) Jahwe redete zu Mose und Aaron: 2) Sprecht zu den Israeliten, sagt ihnen: Wenn ein Mann am Glied Schleim absondert, so ist dieser Schleimfluß unrein. 3) Seine Unreinheit besteht während des Schleimflusses, ob sein Glied nun den Schleim freiläßt oder ob es durch den Schleim verstopft ist. Er ist [im Zustand] der Unreinheit. 4) Jedes Lager, auf das sich der Schleimende legt, wird unrein. Jeder Platz, auf den er sich setzt, wird unrein. 5) Wenn jemand sein Lager berührt, dann muß der Betreffende seine Kleidung waschen und sich selbst mit Wasser abspülen. Er bleibt unrein bis zum Abend. 6) Wer sich auf den Platz setzt, wo der Schleimende gesessen hat, der muß seine Kleidung waschen und sich selbst mit Wasser abspülen. Er bleibt unrein bis zum Abend. 7) Wer den Schleimenden körperlich [evtl.: „am Glied"] berührt, der muß seine Kleidung waschen und sich selbst mit Wasser abspülen. Er bleibt unrein bis zum Abend. 8) Wenn der Schleimende einen Reinen anspuckt, dann muß der seine Kleidung waschen und sich selbst mit Wasser abspülen. Er bleibt unrein bis zum Abend. 9) Der Sattel, den der Schleimende benutzt hat, ist unrein. 10) Jeder, der etwas berührt, was unter ihm [d. h. dem Kranken] gelegen hat, ist bis zum Abend unrein. Auch wer den Gegenstand aufnimmt, muß seine Kleidung waschen und sich selbst mit Wasser abspülen. Er bleibt unrein bis zum Abend. 11) Jeder, den der Schleimende anrührt, ohne sich vorher die Hände gewaschen zu haben, muß seine Kleider waschen und sich selbst mit Wasser abspülen. Er bleibt unrein bis zum Abend. 12) Ein Tongefäß, das der Schleimende anfaßt, muß zerbrochen werden. Alle Holzgeräte müssen mit Wasser gewaschen werden.

13) Wenn der Schleimende von seinem Schleimfluß geheilt ist, soll er sieben Tage für seine Reinigung abzählen. Dann soll er seine Kleidung waschen und seinen Körper mit fließendem Wasser abspülen. Er ist rein. 14) Am achten Tag soll er sich zwei Turteltauben oder gewöhnliche Tauben nehmen. Er bringe sie zu Jahwe vor das Begegnungszelt und gebe sie dem Priester. 15) Der Priester bringe eine davon zum Sündopfer, die andere zum Brandopfer dar. So bewirke der Priester vor Jahwe Sühne für ihn wegen seines Schleimflusses.

16) Ein Mann, der einen Samenerguß hat, muß seinen ganzen Körper mit Wasser abspülen. Er bleibt unrein bis zum Abend. 17) Jedes Kleidungs- oder Lederstück, das mit Samen in Berührung kommt, muß mit Wasser gewaschen

werden. Es bleibt unrein bis zum Abend. 18) [Da ist] eine Frau, bei der ein Mann liegt, der einen Samenerguß hat: Sie [beide] müssen sich mit Wasser abspülen. Sie bleiben unrein bis zum Abend.

19) Wenn eine Frau ausfließt, wenn ihr Blutfluß in der Scheide anfängt, dann ist sie sieben Tage in ihrer Unreinheit. Jeder, der sie berührt, ist bis zum Abend unrein. 20) Alles, worauf sie sich während ihrer Unreinheit legt, wird unrein. Alles, worauf sie sich setzt, wird unrein. 21) Jeder, der ihr Lager berührt, muß seine Kleidung waschen und sich selbst mit Wasser abspülen. Er bleibt bis zum Abend unrein. 22) Jeder, der den Platz berührt, auf dem sie gesessen hat, muß seine Kleidung waschen und sich selbst mit Wasser abspülen. Er bleibt unrein bis zum Abend. 23) Wenn auf dem Lager oder Platz, auf dem sie gesessen hat, etwas liegt, so wird derjenige, der diese Gegenstände berührt, unrein bis zum Abend. 24) Schläft ein Mann mit ihr, überträgt sich ihre Unreinheit auf ihn, er bleibt sieben Tage unrein. Jedes Lager, auf das er sich legt, wird unrein.

25) Wenn eine Frau ihren Blutfluß viele Tage hat, außer der Regel oder über die Regel hinaus, dann gelten alle Tage ihres Unreinheitsflusses wie die Tage ihrer [normalen] Unreinheit. Sie bleibt unrein. 26) Jedes Lager, auf das sie sich während der Tage ihres Flusses legt, gilt ihr wie das Lager ihrer [normalen] Unreinheit. Jeder Platz, auf den sie sich setzt, wird unrein wie bei der Unreinheit ihrer Regel. 27) Jeder, der diese Stellen berührt, wird unrein. Er muß seine Kleidung waschen und sich selbst mit Wasser abspülen. Er bleibt unrein bis zum Abend.

28) Wenn sie von ihrem Fluß geheilt ist, soll sie sieben Tage abzählen, dann wird sie rein. 29) Am achten Tag soll sie sich zwei Turteltauben oder zwei gewöhnliche Tauben nehmen und sie zum Priester vor das Begegnungszelt bringen. 30) Der Priester bringe die eine zum Sündopfer, die andere zum Brandopfer dar. So bewirke der Priester vor Jahwe Sühne wegen des Flusses ihrer Unreinheit.

31) Ihr sollt die Israeliten vor ihrer Unreinheit warnen[51], damit sie nicht wegen ihrer Unreinheit sterben müssen. Sie könnten nämlich meine Wohnung, die in ihrer Mitte ist, verunreinigen.

32) Das ist das Gesetz über den Schleimenden und den, der einen Samenerguß hat, welcher ihn verunreinigt. 33) Und über die Menstruierende in ihrer Unreinheit; den mit seinem Schleimfluß [Behafteten], also über Männer und Frauen. Und über den Mann, der mit einer Unreinen schläft.

4.8.2 Sexuelle Sprache und Tabus

Wir mißverstehen von unseren Denkgewohnheiten und Wertvorstellungen her nur zu leicht das priesterliche Mißtrauen gegenüber allem Geschlechtlichen: Es

---

[51] Der Verbform „haltet zurück" (*hizzartäm*) liegt – nach geringfügiger Änderung der Konsonanten erkennbar – wohl der Ausdruck *hizhartäm* „warnt [sie]" zugrunde (vgl. Ez 3,17–21; 33,2–9; 2 Chr 19,10), eine typische Wendung gemeindlicher Paränese.

hat sicher nichts mit Körperfeindlichkeit oder moralistischer Prüderie zu tun.
Dazu sind die alttestamentlichen Schriften viel zu lebensbejahend und den
Freuden der Geschlechterbegegnung geöffnet (vgl. das „Hohelied"). Was aber
bewegt die Überlieferer unseres Kap.s dazu, den nach ihrer Meinung als auffällig
oder abnorm einzustufenden „Ausflüssen" aus den Geschlechtsorganen eine so
hohe kultische Bedeutung einzuräumen? Wie kommen sie darauf, die Menstruation der Frau zusammen mit der Gonorrhoe und dem Samenerguß des
Mannes als verunreinigend zu klassifizieren?

Die Sphäre des Geschlechtlichen ist bei allen Völkern mit besonderen Hoffnungen und Ängsten besetzt. Die Menschen sehen in den Geschlechtskräften, in
Verlangen, Liebe, Zeugung, Schwangerschaft, Geburt, besondere göttliche
Schöpfermächte am Werk. Die dürfen nicht gestört, beleidigt, konterkariert
werden, sonst schlagen Glück und Lebenserwartung in Entsetzen und Tod um.
Das Schicksal mancher Mutter, die bei der Geburt starb (vgl. Gen 35,17f.), und
die mögliche disruptive Gewalt der Sexualität in der Sippe (vgl. Lev 18; 2 Sam
13) lehrten, wie unheimlich stark die Kräfte der Geschlechtlichkeit sind. Also
durfte man nicht mit ihnen spaßen. Man mußte vorsichtig und klug mit ihnen
umgehen, gerade dann, wenn man sie genießen wollte. Die Sexualität hat also in
der Antike etwas Unheimlich-Faszinierendes, etwas Göttlich-Menschliches,
das sie für Frömmigkeit und Theologie der Zeit zu einem außerordentlich
wichtigen Bereich menschlichen Lebens machte.

Hinzu kommt, daß die Welt für die Menschen der vorindustriellen Zeit nur in
bipolaren Sphären funktionieren konnte. Zur Erzeugung und Erhaltung des
Lebens gehörten zwei geschlechtliche Wesen, ebenso wie sexuell bestimmte
Lebensbereiche und Rollen, die sich komplementär ergänzten. Das gilt heute
fast nur noch biologisch; ideologisch sind die getrennten Bereiche vereinheit-
licht. Es existiert jedes Individuum für sich allein[52]. Weil aber die polar und
komplementär einander zugeordneten Geschlechtswesen sehr unterschiedliche
Mächte repräsentierten, durfte man die beiden Sphären früher nicht willkürlich
vermischen. Besonders auf dem Boden des Kultus mußte die Eigenständigkeit
der Geschlechtsmächte gewahrt werden. Darum gilt es in vielen Religionen als
höchst gefährlich, zur heiligen Zeit oder am heiligen Ort den Beischlaf zu
vollziehen. Ein Hopi-Indianer beispielsweise, sonst dem Sex sehr zugetan,
weiß, daß er nur „rein" an den Tänzen seiner Sippe teilnehmen darf, denn sonst
würde er die Zeremonie unwirksam machen[53].

Die antiken Israeliten hatten in vollem Umfang Anteil an der Scheu vor der
Macht des Geschlechtlichen, ganz besonders in kultischen Belangen. Anschei-
nend enthielten sie sich vor Opferfeiern oder anderen heiligen Handlungen des
Geschlechtsverkehrs (vgl. Ex 19,15; 1 Sam 21,5–7). Priester mußten sich in
sexueller Hinsicht ganz besonderer Vorsicht befleißigen, damit sie nicht ihren
Mittlerdienst in sein Gegenteil verkehrten (vgl. 1 Sam 2,22; Lev 21,7ff.). Diese

---

[52] Vgl. Elisabeth Badinter, Ich bin Du. Die neue Beziehung zwischen Mann und Frau oder Die
androgyne Revolution, (1986) München ²1988; Ivan Illich, Genus, Reinbeck 1982.
[53] Vgl. Leo W. Simmons, 180f. u. ö.

Scheu vor der Macht der Sexualität, die sich in der kultischen Distanzierung vom anderen Geschlecht ausdrückt, trennt Israel also nicht von der Völkerwelt. Alle Theorien – und mehr sind sie nicht –, die in alttestamentlichen sexuellen Vorsichtsregeln eine Abgrenzungsstrategie gegen die angeblich so libertinösen kanaanäischen Kulte sehen wollen, dürften an der antiken Wirklichkeit vorbeigehen. Das Geschlechtsleben unterliegt im kultischen Bereich überall Beschränkungen[54].

An unserem Text wird indessen noch etwas anderes deutlich. Flüssigkeiten, die aus den Geschlechtsorganen austreten, gleichgültig, ob in krankem oder gesundem Zustand, können ihre Umgebung (kultisch!) vergiften, d. h. „unrein" machen. Wie die Altisraeliten es mit dem Harn hielten, wissen wir nicht. Er müßte ihnen auch nicht geheuer gewesen sein. Aber das Urinieren ist willentlich steuerbar, Ausflüsse sind das nicht. Wie steht es dann mit dem Sohn eines Priesters, der Bettnässer bleibt?

Eine weitere, grundlegende Beobachtung am Text muß sich anschließen. Die Vorschriften über „Ausflüsse" reden von den menschlichen Genitalien – aber sie haben keine spezifischen Bezeichnungen für „Penis" oder „Vagina" (im Deutschen medizinische Fremdwörter). Stattdessen wird in beiden Fällen euphemistisch der Allgemeinbegriff „Fleisch" (basar) verwendet[55]. Die sexuelle Sprachlosigkeit durchzieht das ganze AT. An Stelle einer Eigenbezeichnung des männlichen Gliedes finden wir gelegentlich die Ausdrücke „unterhalb der Hüfte" (Gen 24,2) oder „die Füße" (Jes 6,2). Urinieren wird darum umschrieben als „die Füße bedecken" (1 Sam 24,4). Für den Geschlechtsakt gibt es im biblischen Hebräisch ebensowenig eine spezifische Vokabel wie für die weibliche Scheide. Ein Mann „legt sich zu einer Frau", oder er „schläft bei ihr", oder er „geht zu ihr ein", oder er „erkennt sie". Die Schwierigkeiten gerade an dieser Stelle haben sich bis in unsere westlichen Sprachen fortgesetzt: Unsere Benennungen der körperlichen Vereinigung sind z. T. Übersetzungen aus der biblischen Ursprache. Dies alles beweist für die antike biblische Welt: nicht Ablehnung oder Verachtung der Geschlechtlichkeit, sondern allergrößte Vorsicht gegenüber ihrer geheimnisvollen, manchmal gefährlichen Mächtigkeit. Wie man Tod und Unheil möglichst nicht in den Mund nimmt, um sie nicht herbeizureden, so vermeidet man auch die direkte Erwähnung der Geschlechtsorgane und geschlechtlicher Vorgänge. Man könnte sonst Schaden nehmen. Übrigens ist die sprachliche Scheu z. B. in vielen afrikanischen Kulturen unbekannt[56]. Dennoch bestehen auch dort sexuelle Tabus.

---

[54] Vgl. Johannes Döller, 18–44.

[55] Es fließt „aus seinem Fleisch", *mibbᵉsaro*, V.2b; es fließt „in ihrem Fleisch", *bibᵉsarah*, V.19a.

[56] Vgl. Victor Turner; Marjorie Shostak, Nisa erzählt. Das Leben einer Nomadenfrau in Afrika, (1981) Reinbeck 1982.

4.8.3 Ausflüsse beim Mann (V. 1–18)

Das ganze Kap. ist zwar als Einheit konzipiert – es hat wieder eine gemeinsame Redeeinleitung (V. 1: Mose und Aaron zusammen als Ansprechpartner Jahwes!) und eine abschließende Gesetzesunterschrift (V. 32f.) –, aber innerhalb dieser Einheit erfolgt die Bearbeitung in nach Geschlechtern getrennten Paragraphen. Der Schlußredaktor betont zwar die Gemeinsamkeiten der Ausflüsse, aber er tut es in V. 33a mit der aus den priesterlichen Schriften bekannten bipolaren Formel „männlich oder weiblich" (vgl. Gen 1,27; 5,2; 6,19). Was ist über den Mann und seine unwillkürlichen Ausscheidungen zu erfahren? Den größten Raum nimmt der in V. 2b angesprochene Fall ein, den heutige Diagnostiker als eine Art von Tripperinfektion erkennen wollen. Gab es in der Antike nur diese Geschlechtskrankheit? War sie in Altisrael die am weitesten verbreitete und darum exemplarisch zu besprechende? Was passierte eigentlich mit dem Kranken: Wurde er isoliert wie der von Gott geschlagene Hautkranke (vgl. Lev 13) oder eher im Hause behandelt? Fragen über Fragen. Die Überlieferer geben sich wortkarg, und andere Texte zum Thema haben wir im AT nicht.[57] Die alten Tradenten konstatierten im Blick auf den Kranken lediglich: Er ist unrein, solange sein Schleim- und Eiterfluß andauert (V. 2b.13a). Das heißt: Sie nehmen ihn, situationsbedingt, überhaupt nicht als Patienten, sondern eben als Kultteilnehmer wahr. Solange sein Zustand dauert, bleibt er ausgeschlossen von heiligen Handlungen und Zonen. Die wichtige Frage für die Überlieferer ist allein: Was richtet der Unreine in seiner Umgebung an? Ähnliche Probleme hatten sich schon bei den unreinen Tieren (Lev 11,24–38) gestellt. Im Fall des amtlich bestätigten, bösen Hautausschlags hatte man sie durch Isolierung des Kranken gelöst (Lev 13,45f.). Daß die Frage der Kontamination durch einen Unreinen jetzt so intensiv und breit aufgerollt wird (V. 4–12), spricht für das Verbleiben des Kranken in seiner Familie.

Erstaunlich ist der Drang der Tradenten, gewisse Sachverhalte peinlich genau festzuschreiben. Lagerstatt und Sitzunterlagen des Kranken werden wegen ihres engen Kontaktes mit seinem Körper unrein. Auch durch die Bekleidung hindurch: Man kann doch nicht ausschließen, daß winzige Tropfen seines „Schleims" die Gegenstände berühren (V. 4)! Aber nicht genug damit. Der Eifer um Genauigkeit und Vollständigkeit in der Gesetzesbeachtung definiert nun von der Seite der Mitmenschen her, wer und wie und mit welchem Effekt sich jemand an den verunreinigten Gegenständen „ansteckt" (V. 5–7). Drei eigentlich selbstverständliche Situationen sind genannt: Berührung des verunreinigten Lagers, der Sitzgelegenheit und Berührung des Kranken selbst. Dabei ist nicht ganz deutlich, ob der Ausdruck „das Fleisch des Schleimenden" berühren (V. 7a) das Geschlechtsteil oder den Körper meint. Allgemeine Erwägungen und die Ausnahmeregelung V. 11 sprechen eher für Körperberührung schlechthin. In allen drei Fällen ist einheitlich eine Reinigung zu vollziehen, die der mittel-

---

[57] Zum Alten Orient vgl. Bruno Meissner, Babylonien und Assyrien Bd. 2, Heidelberg 1925, 283–323.

schweren Verseuchung entspricht: Die Vollreinigung der Kleider und das Voll-
bad sind – durch das ganze Kap. 15 hindurch, auch bei der Reinigung der Frau! –
verlangt (vgl. Lev 14,8 f.; 17,15). In etwas leichteren Fällen kommt der Verunrei-
nigte mit der Säuberung der Kleider aus (Lev 11,25–40; 13,6.34; 14,47). Noch
unbedeutender sind die Kontaminationen, die von selbst wieder vergehen (vgl.
Lev 11,24; 14,46). Die mittelbare Verunreinigung durch „infizierte" Gegenstände macht aber keine besonderen Reinigungsopfer erforderlich. Das Waschen
der Kleidung und des Körpers liegt anscheinend ganz in der Verantwortung des
Laien. Die drei Verhaltensanweisungen V. 5–7 gelten also ihm allein, und es sind
keine Kontrollmechanismen vorgesehen. Vielleicht war dieser Textausschnitt
einmal ein von der priesterlichen Tradition unabhängiger Katalog von allgemeinen Verhaltensnormen. Wie immer, die Fortsetzung in V. 8–12 zeigt die Nach-
arbeit von Sammlern und Überlieferern, die mit dem schriftlich Fixierten noch
nicht zufrieden waren.

Die Perspektive wechselt nun wieder: Einmal konstatiert man aus der Sicht
des Kranken die Auswirkungen seiner Unreinheit auf die Umgebung. Dann
wieder gibt man Anweisungen für diejenigen, die sich mittelbar verunreinigt
haben. V. 8 f. gehören zur ersten Gruppe von Sätzen. Der Speichel des Unreinen
überträgt seine Unreinheit. Wen könnte das verwundern? Speichel selbst ist eine
Art „Ausfluß", in manchen Religionen tabuisiert und als Zaubermittel gebraucht[58]. Im AT schimmert gelegentlich die Fluchkraft des Spuckens durch
(vgl. Num 12,14; Dtn 25,9; 1 Sam 21,14). Dann meint jemand im Prozeß der
Überlieferung, die Erwähnung der Sitzgelegenheiten in V. 4 b sei zu allgemein.
Es fehle doch der Sattel, und der werde sicher durch einen Unreinen unbrauchbar (V. 9). Nur um jetzt alle Sitzgegenstände zusammen als kontaminierfähig zu
erklären, setzt der Überlieferer noch einmal umständlich aus der Sicht der
Mitmenschen die entsprechende Erklärung V. 10 a hinzu. Zufällig vergißt er, die
schon V. 6 vorgeschriebenen Waschungen zu wiederholen. Oder verursacht
plötzlich die Berührung von Gegenständen, die unter einem Unreinen gelegen
haben, nur die allerleichteste der Verseuchungen, die bis zum Abend von selbst
wieder vergangen ist (V. 10 a)? Tatsächlich ist in V. 10 b der bloßen „Berührung"
von V. 10 a das „Hochheben" und im Gewandbausch oder im Arm „Wegtragen" entgegengesetzt. Und dieser intensivere und länger andauernde Kontakt
mit dem unreinen Gegenstand macht wie in Lev 11,24 f. eine gründlichere
Reinigung notwendig. Trotz allem, wir stoßen in V. 9 f. auf eine anders gewich-
tende Tradition, die sich nicht einfach mit der von V. 5–7 harmonisieren läßt.

Noch einmal kommt der Text auf die Ausstrahlung der Unreinheit eines
Schleimflüssigen zurück: In V. 7 war ja nur gesagt, daß ein Reiner sich durch
Berührung des Kranken die Unreinheit zuzieht. Gilt das auch umgekehrt, wenn
der Kranke einen Reinen berührt? Wenn der Kranke den Reinen anspuckt, dann
ist der Fall seit V. 8 klar. Aber Speichel ist ein besonderer Saft; ist die Übertragung auch bei einer Berührung mit der Hand gegeben? V. 11 kommt zu dem
Schluß, daß die normale Berührung mit der Hand verunreinigt. Sind aber die

---

[58] Vgl. Handwörterbuch des deutschen Aberglaubens VIII, Berlin 1987, 149–155; 325–344.

Hände des Kranken frisch gewaschen, findet keine Übertragung statt. Der Waschvorgang hat also kultisch reinigende (nicht antibakterielle!) Wirkung. Die Debatte um Übetragungswege und -möglichkeiten der Unreinheit ist in unserem Text schon in vollem Gange.

> Sie hat bis heute im Judentum zu endlosen und immmer mehr verfeinerten Debatten geführt, die z. T. in Mischna, Sifra und Talmud aufgezeichnet sind. Unser Abschnitt ist davon erst der Anfang. Es fehlen ihm z. b. die später so wichtigen Erörterungen, ob der Schatten des Unreinen die Unreinheit überträgt, welche Körperteile zu welchem Prozentsatz von Unreinheit befallen sind und wie weit die Unreinheit nach oben und unten, auch durch verschiedene Materialien hindurch, ausstrahlt.

> „Liegt ein mit Samenfluß Behafteter auf fünf Sesselbänken oder auf fünf Gürteln der Länge nach, so sind sie unrein; wenn er der Breite nach (auf ihnen liegt), so sind (sie) rein. Hat er geschlafen und es ist zweifelhaft, ob sich auf ihnen herumgedreht hat, so sind sie unrein. Liegt er auf sechs Stühlen (und liegen dabei) auf zwei (Stühlen) seine beiden Hände auf zweien seine beiden Füße, sein Kopf auf einem und sein Rumpf auf einem (Stuhl), so ist nur der (Stuhl) unrein, der unter seinem Rumpf steht. Steht er auf zwei Stühlen, so sind sie nach den Worten Rabbi Schimeons rein, wenn sie voneinander entfernt (stehen). (Liegen) zehn Obergewänder aufeinander und er hat auf dem obersten gelegen, so sind sie alle unrein."[59]

Die letzte Anweisung in unserem Zusammenhang greift nach Analogie von Lev 11,32f. das Problem der im Hause vorhandenen Gefäße – wichtigste Gebrauchsgegenstände damals, Möbel waren außer Betten und Sitzen kaum vorhanden – auf (V. 12). Alles in allem ist der Abschnitt V. 4–12 ein eindrucksvoller Beleg für die in den frühjüdischen Gemeinden relativ unabhängig von Tempel und Priesterschaft geführte Reinheitsdiskussion.

Mit V. 13 aber kehrt die Darstellung zu dem Kranken selbst zurück. Die Opfervorschriften V. 13–15 für den am achten Tag zu haltenden Sühneritus sind offenbar im Zuge der letzten Textgestaltung hereingekommen. Die Achttagesfrist wirkt wie eine pro forma Regel: Wer prüft denn, ob wirklich die Heilung erfolgt ist? Auch bei Ausbruch der Krankheit war der Priester nicht konsultiert worden. Ob bei dieser Sachlage nicht auch die Reinigungsopfer entbehrlich gewesen sein mögen? Schließlich bleiben die noch angefügten Fälle von Ausfluß (V. 16–18) ebenfalls ohne Sünd- und Brandopfer. Nein, das doppelte Taubenopfer ohne den Freilassungsritus von Lev 14,7.53 ist eine Standardzeremonie. Sie entspricht den Gepflogenheiten, die der (priesterliche) Redaktor kennt und propagiert. Zum Abschluß einer gültigen Reinigung (Weihung; Gelübdeleistung usw.) gehört ein Sünd- und Brandopfer, das je nach Einkommenslage oder Schwere des Falles eben aus einem Taubenpaar bestehen kann (vgl. Lev 5,7–10; 12,6–8; 14,22f.; Num 6,10f.). Zur Einführung des Taubenopfers hat der Sammler in unserem Fall eine erneute, nicht weiter begründete Vollreinigung der Kleider und des Körpers nach sieben Karenztagen angeordnet (V. 13).

In dem heute vorhandenen Text bilden Lev 15,1–15 sicher eine erste Einheit; an sie ist das Problem des Samenergusses angefügt (V. 16–18). Wie kann man

---

[59] Mischna, Traktat *Zabim* IV,4 nach Wolfgang Bunte, 61–65.

eine derart natürliche Erscheinung mit der Tripperinfektion in einen Topf
werfen? Wie oben gesagt: Auch die Samenflüssigkeit hat ihre eigene, geheimnis-
volle, im vorgeschichtlichen Ursprung dämonistische Mächtigkeit. Mit dem
Samen muß man vorsichtig umgehen, er stört die kultischen Kreise. Darum wird
Reinigung mit Wasser befohlen, die alles einschließt, was vom Samen befeuchtet
worden ist. Auch die Frau, die zufällig betroffen wurde, unterliegt denselben
Reinigungsanforderungen. Mann und Frau verlieren einen Tag lang ihre Kultfähigkeit, sie sind unrein.

4.8.4 Ausflüsse bei der Frau (V. 19–20)

Die Überlieferer sind offensichtlich bemüht, die Menstruation der Frau nach
demselben Schema abzuhandeln wie die Ausflüsse des Mannes. Nur gelingt
ihnen das nicht vollständig, und wir müssen uns nach den Gründen für die
Inkongruenzen der beiden Vorschriftenblöcke fragen. Gleichmäßigkeit wird
erreicht in der Grobstruktur: Wie bei den Vorschriften für Männer konstatiert
der Text den Fall des weiblichen Blutflusses, wendet sich dann den Mitmenschen zu, die der Menstruierenden zu nahe gekommen sind, und verordnet zum
Schluß das Reinigungsopfer (Lev 15,19–24.28–30). Zwischenhinein kompo-
niert ist der Unterfall der verlängerten oder unzeitigen Blutung (V. 25–27).
Die Schwierigkeiten einer völligen Parallelisierung der Symptome sind aber
offensichtlich. Der Ausdruck „Schleimfluß" (zob) wird in mehreren Varianten
auch auf die Menstruation angewendet, obwohl ein spezifischer Terminus zur
Verfügung steht (V. 33: dawah; vgl. Lev 20,18. Sonst wird auch die Menstruation euphemistisch umschrieben: Es geht ihr „nach der Frauen Weise", Gen
31,35). Am Anfang des Abschnitts entsteht darum ein außerordentlich gedrech-
selter Satz: „Wenn eine Frau zur Ausfließenden wird – Blut wird ihr Ausfluß in
ihrer Scheide –" (V. 19a, gebildet nach V. 2b). Dabei wird unter dem Zwang der
Parallelisierung auch noch dasselbe Wort „Fleisch" wie für das männliche, so für
das weibliche Geschlechtsorgan benutzt. Die natürlichere Formulierung, die
vielleicht in einer älteren Fassung des Textes einmal verwendet worden ist, hätte
geheißen: „Wenn eine Frau menstruiert (dawah), dann ist sie sieben Tage
unrein." Weiter: Der Mann wird wegen seines Ausflusses kurz und bündig als
„unrein" erklärt (V. 2b). Bei der Frau tritt ein eigentümliches Wort auf (niddah),
das in seiner Bedeutung zwischen „Abscheuliches" und „Menstruation"
schwankt und das in der jüdischen Tradition in starkem Maße das männliche
Unbehagen gegenüber dem weiblichen Zyklus aufgefangen hat[60]. Die Bezeichnung ist in unserem Abschnitt auffällig konzentriert: Neun von insgesamt 30
alttestamentlichen Belegen stecken in Lev 15,19–33. Der Terminus ist ein
Schlüsselwort für das Verständnis der Menstruationsvorschriften, gerade auch,
weil er auf der männlichen Seite keine Entsprechung hat.
Bei den Verhaltensanweisungen V. 19b–24 ist genau wie im ersten Teil des

---

[60] Vgl. Lev 18,19; Ez 7,19; 22,10 und den Mischnatraktat Niddah.

Kap.s die doppelte Blickrichtung zu erkennen: Wie wirkt sich die Unreinheit auf die Umgebung aus? Und: Was muß derjenige tun, der sich an der Unreinen „angesteckt" hat? Vielleicht ist es für die (männliche) Haltung gegenüber einer Menstruierenden typisch, daß zuallererst die Kontamination dessen thematisiert wird, der sie berührt (V. 19 bß). Ein ähnlich gebauter und inhaltlich entsprechender Satz ist beim Mann erst an vierter Stelle zu lesen (V. 7). Im Frauenkatalog folgt dann die beim Mann wichtigste Bemerkung, daß Lager und Sitzgelegenheiten unrein werden (V. 20; vgl. V. 4), sowie die zugehörigen Verhaltensregeln für „Kontaminierte" (V. 21 f.; vgl. V. 5 f.). In einer etwas undeutlich formulierten Regel wird derjenige als unrein erklärt, der durch lose Gegenstände mittelbar Kontakt zur Menstruierenden hatte (V. 23). Dieser Satz entspricht in etwa dem V. 10 im Männerkatalog. Alles, was sonst dort noch verordnet ist, besonders die Bestimmungen V. 8–9.11–12, fehlt auf der Frauenseite. Warum? Generell mag der Grund darin liegen, daß auch die hier zu besprechenden Reinheitsregeln aus der Sicht der Männer konzipiert sind. Die Unreinheit der Frau interessiert darum vor allem im Blick auf die Beeinträchtigungen, die Männer durch sie erfahren. Also braucht man sich wohl um den Sattel (V. 9) keine Sorgen zu machen, denn die Frau reitet nicht (oder nur, wenn sie Großgrundbesitzerin ist, 2 Kön 4,24). Auch die Berührung, die durch Handschlag entsteht (V. 11), fällt weg, denn die Frau hat keinem Mann die Hand zu geben. Sie darf wohl auch unter keinen Umständen einen Mann anspucken (V. 8: außer in dem gesetzlich verordneten Fall Dtn 25,9). Wie aber steht es um die dem kranken Mann untersagte Berührung der Töpfe durch die Frau? Man sollte meinen, daß hier eine empfindliche Gesetzeslücke vorhanden ist. Das Geschirr gehört doch zu ihrem unmittelbaren Lebens- und Arbeitsbereich! Und wie steht es überhaupt mit der Essenszubereitung während der Menstruation? Da muß eine Gefahrenquelle erster Ordnung für die „reine" Männerwelt sein. (Und eine regelmäßige Gelegenheit für die Frau, sich womöglich von der Hausarbeit und den sexuellen Beanspruchungen durch den Mann auszuruhen!). Der antike Text schweigt an dieser Stelle, und auch die späteren Auslegungen gehen, wohl dem männlichen Selbsterhaltungstrieb folgend, nicht auf die Folgen der Menstruation für die Haushaltsführung ein.

Die Vorkehrung für einen Mann, der beim Beischlaf von der einsetzenden Blutung der Frau überrascht wird (V. 24), hat in etwa ihr Gegenstück in V. 18: Dort wird die Frau vom Samenerguß des Mannes in Mitleidenschaft gezogen. Bei der in V. 2–12 verhandelten Gonorrhoe ist ja auch mit einem plötzlichen Beginn des Schleimflusses nicht zu rechnen. Der Samenerguß dagegen bietet eine Parallele. Nur ist die Verunreinigung des Mannes durch die Menstruierende erheblich schwerer. Sie hält sieben Tage an und kann durch die Mittelsperson auch noch an Gegenstände weitergegeben werden (V. 24). – Eigentlich sind damit die Auswirkungen der weiblichen Unreinheit abgehandelt. Es müßten sich die nach einer Karenzzeit zu bringenden Opfer anschließen. Aber die Überlieferung hat es für nötig befunden, noch die außergewöhnlichen Blutungen der Frau zu bedenken. Das geschieht umständlich und ohne jedes sachlich neue Moment (V. 25–27). Blutungen außerhalb der Regel sind genauso zu behandeln wie die Regelblutungen. Warum Männer so viele Worte um den klaren Tatbestand machen, ist unerfindlich. Möglicherweise schrieben sie sich ihren Frust von der Seele, denn jede Verlängerung der Tabuzeit – sie beträgt ja schon im Normalfall monatlich zwölf Tage – entzog die Frau nur weiter der Verfügungsgewalt ihres Eheherrn.

Dann aber kommt die Vorschrift analog zu den Bestimmungen für den geschlechtskranken Mann (V. 13–15) zum Reinigungsopfer. Es soll stattfinden sieben Tage nach Beendigung der Blutung, bzw. vierzehn Tage nach ihrem Beginn (V. 19.28). Die Formulierung des Überleitungssatzes V. 28 ist ebenso verräterisch wie die der entsprechenden Bemerkung im Männerabschnitt (V. 13 a). Beidemale erscheint dasselbe Wort „schleimiger Ausfluß", beidemale ist das Ende des Symptoms doppelt als „rein werden" bezeichnet, so als sei der Fall erledigt. Nach dem Textzusammenhang bedeutet der erreichte Zustand aber nur, daß die bislang unreine Person jetzt wieder Zugang zum Heiligtum hat. Ihre Reinheit muß nun dort durch das ordnungsgemäße Taubenopfer vollendet werden. Erstaunlich ist, daß bei Frau und Mann das Opfer so sehr identisch ist, daß kaum ein Unterschied wahrnehmbar wird. Das paßt nicht in das Bild der „Minderwertigkeit" der Frau, das die Texte oft genug vermitteln (vgl. Lev 27,1–8). Opfermaterie, Prozedur und Zweckangabe stimmen in V. 14f. und 29f. exakt überein, bis auf eine winzige Divergenz: Der Mann bringt sein Opfer „vor Jahwe an den Eingang des Begegnungszeltes" (V. 14b), die Frau dagegen ihre Tiere „zum Priester am Eingang des Begegnungszeltes" (V. 29b). Sie darf anscheinend nach der Auffassung der Überlieferer nicht mehr unmittelbar „vor Jahwe" hintreten, wie noch von Hanna bezeugt (1 Sam 1,10–16). Immerhin ist aber der Opferort am Eingang des Begegnungszeltes, der in der Tempelanlage dem inneren Hof mit dem Brandopferaltar entspricht, in späteren Texten für die ganze Gemeinde verboten (vgl. Ez 44,17–19), und die Frauen haben jedenfalls in der Anlage des Herodes nur Zugang bis zum „Frauenvorhof"[61].

Die Schlußrahmung des Kap.s ist deutlich geschichtet. Ein mahnender Satz bezieht sich schon auf beide Hauptabschnitte (V. 31). Er schärft der Gemeinde („Ihr"-Anrede an Mose und Aaron) die Notwendigkeit ein, alle Unreinheit vom Tempel („meine Wohnung") fernzuhalten. Übertritte haben den Tod zur Folge! Das ist keine Drohung mit irgendeiner Strafjustiz, sondern eher eine psychologische Abschreckung. Auch ein Muslim oder Sikh wird sich hüten, die heiligste Stätte seiner Religion in einem unwürdigen Zustand zu betreten. Die Form der direkten Ermahnung ist bemerkenswert. Sie nähert sich der Redeweise, die ein Gemeindeleiter in der Versammlung anwendet (vgl. Neh 8,9ff.). – Die Unterschrift V. 32f. schließlich läßt, wie gesagt, mehrere Wachstumsstufen des Textes erkennen.

---

[61] Vgl. H.P. Rüger, Tempel, in: Biblisch-Historisches Handwörterbuch III, Göttingen 1966, 1940–1947.

4.8.5 Die Alltagswirklichkeit

Religiöse Vorschriften sind ein Ding, die Lebenspraxis ist ein anderes. Wie können wir uns die sexuellen Reinheitsvorschriften im Vollzug vorstellen? Ist in den Gesetzen eine Diskriminierung der Frau erkennbar? Da wir keine antiken Erfahrungsberichte haben, müssen wir uns auf das Zeugnis orthodoxer Jüdinnen stützen.

Gonorrhoe und Samenerguß machen den jüdischen Mann kultisch unrein. Der orthodoxe Jude wird sich an die im Traktat Zabim breit ausgeführten Verhaltensregeln halten und im Zustand der Unreinheit weder den Synagogengottesdienst besuchen noch im eigenen Hause irgendwelche Riten vollziehen. Num 9,6–14 sieht für Israeliten, die wegen Unreinheit oder Abwesenheit den Passatermin nicht einhalten können, einen anderen Zeitpunkt vor.

Auch orthodoxe Frauen fühlen sich an die Reinheitsbestimmungen in Lev 15, wie sie in Mischna und Talmud ausgeführt sind, gebunden. Vera Lúcia Chahon beschreibt z.B., welche Pflichten der Jüdin allein bei der Beobachtung ihrer Monatsregel entstehen[62]. Aber, so meint sie, diese Auflagen sind ganz in ihre eigene Verantwortung gestellt. Dem Mann, der sich anmaßen würde, die Menstruation seiner Frau zu kontrollieren, gehören die Hände abgehackt[63]. Die Beachtung der Reinheitsregeln gibt der Frau also die Selbstbestimmung über ihren Körper! Da jeder Geschlechtsverkehr während der Blutung und sieben Tage danach ausgeschlossen ist, bleibt die Frau ein gutes Stück weit autonom. „Der jüdische Glaube hindert den Ehemann daran, seine sexuellen Gelüste unkontrolliert auszuleben. So will man ihm zu verstehen geben, daß die Frau nicht sein Lustobjekt ist. Er soll einsehen, daß sie eine Person ist, daß sie Charakter und Rechte hat wie er selbst. Darum lernt der Mann durch die Einhaltung der Karenzzeiten, seine Gefährtin als ein Wesen anzuerkennen, das seinen vollen Respekt verdient."[64] Eine ähnliche befreiende Wirkung der Tabuvorschriften bezeugt Lori Altmann, eine brasilianische Pfarrerin, die mit ihrem Mann sieben Jahre bei den Surui- und Kulina-Indianern lebte, dort ihre Kinder gebar, aber auch mit den Frauen des Stammes tagelang in der Menstruationshütte saß:

„Beim Volk der Surui habe ich vielerlei Erfahrungen gesammelt, die wichtigste aber war meine Teilnahme am ‚panemikoiʻ. Die Surui hegen mit der Menstruation verbundene Unreinheitsvorstellungen, die ich – unter dem Vorbehalt genauerer Untersuchungen der Angelegenheit – mit den Unreinheitsgesetzen des ATs in Beziehung setzen würde.

Die menstruierende Frau bleibt während der Tage in einer speziell für diesen Zweck errichteten Hütte isoliert. Sie darf nicht durch das Dorf gehen, denn jede Person, die ihr begegnete, würde unrein. … Die Menstruierende zieht sich vollständig aus. Diejenigen, die einen Schlüpfer benutzen, legen ihn ab. Aber sie nehmen auch alle Halsketten, die sie normalerweise tragen, ab. Die Menstruierende darf kleine Handarbeiten verrichten… Sie bekommt alles, was sie braucht, Wasser, Brennholz, Nahrung zur Hütte gebracht. Unter keinen Umständen darf sie hinausgehen. Am letzten Tag, wenn die Menstruation aufgehört hat, muß sie vor Sonnenaufgang aufstehen, ihre

---

[62] A mulher impura, Rio de Janeiro 1982.
[63] Mischnatraktat *Niddah*, 2,1.
[64] Vera L. Chahon, a. a. O. 39 f.

Sachen packen, ein Bad nehmen, ihre Halsketten anlegen, gegebenenfalls den Schlüpfer anziehen, sich schmücken: erst dann darf sie in das Dorf zurückkehren. Dort verbindet sie sich wieder mit der Sippe und nimmt am Alltagsleben teil. Die aufgehende Sonne findet sie im Gemeinschaftshaus, als wäre in jenen Tagen nichts geschehen oder geändert worden…

Das Erlebnis, mit zwei Indianerinnen, eine von ihnen hatte ebenfalls ein Kleinkind bei sich, im ‚panemikoi' zusammenzusein, war mir außerordentlich bedeutsam. Die fünf Tage des Zusammenlebens waren Gelegenheit für viele Gespräche. Es wuchs das Vertrauen… In der weißen Gesellschaft ist die menstruierende Frau Anlaß für Getuschel, Scham oder auch Mitleid. Sie ist in dieser Situation gefangen. In der Surui-Gemeinschaft dagegen wird die Menstruierende den Alltagspflichten und dem normalen Leben der Gruppe entzogen und an einen Ort gebracht, der eigens für sie eingerichtet ist. Dort wird sie – besonders vom Ehemann – mit viel Liebe und Aufmerksamkeit versorgt. Er bringt ihr Honig und andere Geschenke. Aber auch andere Personen ihres Clans kümmern sich um sie.

Obwohl die Surui die Menstruation als einen Zustand der Unreinheit werten, ist sie doch andererseits ein Zeichen der Fruchtbarkeit, und die ist für das Fortbestehen des Volkes sehr wichtig. Es herrscht eine regelrechte Dialektik: Die Gemeinschaft isoliert die Frau von ihrer Umwelt, behandelt sie aber zum Ausgleich sehr fürsorglich und aufmerksam."[65]

Repressive Sexualtabus erweisen sich am Ende als Mittel zur Selbstfindung der Frau? Wir können wohl im Blick auf Lev 15 sagen, daß die Reinheitsvorschriften für Frau und Mann nicht als Instrumente der Unterdrückung erfunden worden sind. Vielmehr zeugen die von priesterlichen Tradenten aufgearbeiteten, uralten Vorsichtsregeln von einer Heidenangst gegenüber möglichen kultischen Verschmutzungen, die aus Körperflüssigkeiten herrühren[66]. Das Menstruationsblut ist besonders mächtig. Es zählt neben der von Leichen ausgehenden Unreinheit zu den potentesten Störfaktoren für eine geordnete Gottesbeziehung.

Daß mittelbar die Frau, weil sie regelmäßige Trägerin einer aus Männersicht unheimlichen, antigöttlichen Kraft ist, im orthodoxen jüdischen Kult (und weit darüber hinaus, unbewußt oder scheinheilig verschwiegen auch in christlichen Kirchen) an den Rand gedrängt wird, liegt auf der Hand. Gonorrhoe und Samenerguß sind bei weitem nicht so hinderlich für den priesterlichen Dienst bzw. für die Teilnahme an einer Opfermahlzeit oder sonstigen heiligen Geschäften wie die Monatsblutung der Frau. Die Menstruation erscheint als der eigentliche Grund für den Ausschluß der Frauen vom Priesterdienst[67].

---

[65] Vgl. Lori Altmann und Roberto Zwetsch, Paiter, Chapecó 1980, 65ff.

[66] Ein mißverstandenes Beispiel für die Angst des orthodoxen Juden heute vor der möglicherweise unreinen, weil menstruierenden Frau – er flieht vor ihrer ausgestreckten Hand – gibt Elga Sorge, Religion und Frau, 22–25.

[67] Vgl. Johannes Döller, 64–76; Ida Raming, Der Ausschluß der Frau vom priesterlichen Amt, Köln/Wien 1973.

4.8.6 Theologie der Reinigungen

Ausgehend von einer im Alten Orient weitverbreiteten Vorstellung vom heiligen Ort, an dem Gott wohnt, und von der makellosen, homogenen Heiligkeit
der göttlichen Person, der sich Menschen nur im allergrößten Ausnahmefall
nähern dürfen, haben die frühjüdischen Theologen eine „Lehre" vom Gottesdienst hervorgebracht, die in Lev 8f.; 16f. teilweise entfaltet wird. Der Gottesdienst bedarf eines Systems von Reinheit und Reinigungen, dem sich Priester
und Laien unterordnen müssen. Wer den heiligen Ort wissentlich oder unwissentlich befleckt, oder wer den vorgeschrieben Ablauf der Zeremonien, besonders der Blut- und Verbrennungsriten beim Opfer stört, der riskiert den Zorn
des Gottes, der in außerordentlicher Empfindlichkeit über Ort, Zeit und Ritus
wacht. Dieser Gott des kultischen Geschehens hat sich – so sagen seine Tempeldiener – eine Hausordnung gegeben, die bis ins kleinste eingehalten werden
muß. Sie ist strenger als die Hofetiquetten der orientalischen Könige, obwohl
das kultische Zeremoniell durchaus am Hofstil ausgerichtet ist (und umgekehrt)[68].

Die priesterlichen Überlieferer der levitischen Reinheitsregeln haben in Lev
11–15 einen Katalog von Bestimmungen zusammengestellt (seltsamerweise
fehlt darin nur die Verunreinigung an Toten, vgl. Num 19; Lev 21,1–6), welcher
die göttliche Hausordnung zu sein beansprucht. Alles ist nach dem Verständnis
der Priester auf die Kultfähigkeit der Mitglieder in der jüdischen Glaubensgemeinschaft bezogen. Alles dient dem Schutz und dem Wohlgefallen Gottes. Daß
aber die eigenen Interessen der amtierenden Sachwalter Gottes mitspielen,
haben wir gelegentlich gesehen. Die Art und Weise, wie Bestimmungen akzen-
tuiert, wie Unreinheiten gewichtet und Konsequenzen verordnet werden, entspricht auch der Sichtweise und Interessenlage der beamteten Tempeldiener.
Das ist in unserer heutigen Kirchengesetzgebung nicht anders, man vergleiche
z.B. das Pfarrerdienstrecht.

Das ist aber nicht alles. Betrachten wir Lev 11–15 insgesamt, dann müssen wir
auch feststellen, wie schlecht es den Priestern gelungen ist, die ganze Menge der
vorgegebenen, uralten Tabuvorschriften für ihre Zwecke umzufunktionieren.
Denn Gottesdienst und Tempel spielen eigentlich auch in der jetzigen Fassung
der Gesetze eine Nebenrolle. Die Sachverhalte, die verhandelt werden – Speisevorschriften, „eklige" Tiere, Ausschläge verschiedenster Art, Sexualtabus – sind
primär für den häuslichen Alltag wichtig. Sie beeinflussen nicht in erster Linie
die Gottesdienstgewohnheiten (wie oft hat man denn in der alten Zeit ein
Opfermahl gefeiert? Frühe Texte sagen: einmal oder dreimal im Jahr! 1 Sam
1,3.21; Ex 23,14), sondern das tägliche Zusammenleben in einem Haushalt.
Dort, im Alltag, soll „Reinheit" praktiziert werden, nicht, weil Priester das so
dekretieren, sondern weil die Menschen es so wollen. Mary Douglas hat Recht,
wenn sie die Sehnsucht nach „Reinheit", d.h. Ordnung, Übersichtlichkeit,

---

[68] Vgl. Armas Salonen, Die Gruß- und Höflichkeitsformeln in babylonisch-assyrischen Briefen,
Helsinki 1967.

Trennung von Machtsphären tief im Menschen verwurzelt sieht. Marmelade gehört nicht ins Schlafzimmer oder in die Toilette. Die Juden haben – angefangen mit der Sammlung von Reinheitsvorschriften im Exil und Nachexil – auf ihre Weise Regeln der mitmenschlichen Ordnung fixiert und mit unerschöpflicher Kreativität immer mehr verfeinert. Zuerst die priesterlichen, dann die schriftgelehrten Spezialisten haben in der genauen Definition des Unerlaubten und Erlaubten ihren eigenen Lebenszweck und ein Mittel zur Stabilisierung der Glaubensgemeinschaft gesehen. Schließlich will man wissen, was Gott von uns fordert (Mi 6,6–8)! Man will es immer präziser wissen, für alle Lebenslagen und auf Schritt und Tritt. Die Leidenschaft, mit der die jüdischen Gemeinden nach Jahwes Willen fragen, die begeisterte Hingabe, mit der man sich den schwarz auf weiß vorhandenen Geboten anvertraut (vgl. Ps 119), sind erstaunlich.

4.9 Reinheit und Hygiene

Die alttestamentlichen Reinheitsregeln mögen uns sehr fremdartig und überholt erscheinen; sie werden nur in streng orthodoxen jüdischen Haushalten direkt befolgt[69]. Anthropologische Vergleiche haben aber erwiesen, daß in vielen (oder allen?) Kulturen ähnliche Verhaltensmuster vorhanden sind, wie sie die Reinheitsgesetze des ATs nahelegen[70]. Menschen unterscheiden in der Regel – wenn auch an sehr unterschiedlichen Stellen – Substanzen, die zusammenkommen dürfen, von solchen, die man unter keinen Umständen vermischen darf (Mischungstabus). Daraus resultieren sehr tief eingeschliffene Vorstellungen über „rein" und „unrein", wir kontrastieren meist „Schmutz" und „Sauberkeit". Stoffe und Gegenstände, Tiere und Menschen haben bestimmte Sphären, zu denen sie gehören. Wenn irgendetwas in eine ihm nicht gebührende oder homogene Sphäre gerät, dann wirkt es deplaziert und kann leicht als „störend" oder „schmutzig" eingestuft werden. In einer Wohnung sind bestimmte Bereiche wie Küche, Schlafzimmer, Toilette voneinander getrennt, nicht nur aus praktischen Gründen. Krankheit und Sterben geschehen in besonderen Räumen, nicht nur wegen der Infektionsgefahren. Abfallhalden wünscht man sich weit weg und unsichtbar, nicht nur wegen möglicher Geruchs- und Giftbelästigung. Alle fremdartigen Wesen betrachten wir mit Mißtrauen, nicht nur aus rationalen Gründen. Es lohnt also, die strukturellen Gemeinsamkeiten aufzudecken, die antike und moderne Verhaltensweisen gegenüber dem „Verunreinigenden" durchwalten.

Die Reinheitstexte im 3. Buch Mose berühren hauptsächlich Tabuzonen: Eklige und nicht eßbare Tiere, Deformationen der Haut und anderer Oberflächen und sexuelle Ausflüsse und Verhaltensweisen. Viele andere Phänomene werden nicht bedacht. In den drei genannten Bereichen sind trotz mancher Verlagerungen starke Nachwirkungen alttestamentlicher Vorstellungen zu spü-

---

[69] Vgl. Georg Fohrer, Glaube.
[70] Vgl. vor allem Mary Douglas.

ren (s. o.). Als eine gewisse Fortbildung unter dem Einfluß naturwissenschaftlichen Denkens sind insbesondere die in westlichen Kulturen verbreiteten Hygieneanschauungen zu betrachten. Rational gesehen ist Hygienik die Lehre vom gesunden Leben unter Berücksichtigung der mikrobiologischen Krankheitserreger. Sauberkeit und Desinfektion in allen Lebenslagen, heißt das Motto der reinen Lehre. Aber die praktizierte Hygiene geht manchmal weit über den medizinisch-rationalen Rahmen hinaus. Wenn die Waschmittelreklame das Superweiß anpreist und damit Gehör findet, wenn in Haushalten exzessiv gereinigt wird, wenn in Krankenhäusern über der Hygieneideologie die banale Reinlichkeit übersehen wird, dann sind das alles Zeichen eines irrationalen Reinheitsideals.

5 Versöhnungsfest und Opferblut (Lev 16–17)

Im Reinheitsgesetz von Lev 11–15 stand die kultische Qualifikation der einzelnen Person zur Debatte. Mit Lev 16f. richtet sich der Blick mehr auf die Gemeinschaft. Das erste große Jahresfest, das bis heute im Judentum eine überragende Bedeutung hat, wird vorgestellt, der *Jom Kippur*. Thematisch ist damit die Verbindung zu Lev 23 und 25 gegeben.

5.1 Der große Versöhnungstag (Lev 16)

5.1.1 Übersetzung

1) Jahwe redete zu Mose, nachdem die beiden Söhne Aarons gestorben waren (wegen ihrer Gaben vor Jahwe waren sie gestorben), 2) da sagte Jahwe zu Mose: Sprich zu Aaron, deinem Bruder. Er soll nicht beliebig oft in das Innere des Heiligtums, durch den Vorhang und zur Deckplatte über der Lade gehen, damit er nicht sterben muß. Denn ich erscheine in einer Wolke über der Deckplatte. 3) Mit folgenden Dingen soll Aaron ins Heiligtum hineingehen: mit einem Stierkalb als Sündopfer und einem Widder als Brandopfer. 4) Er muß einen heiligen Leinenrock anziehen; leinene Unterwäsche soll an seinem Körper sein. Er trage einen leinenen Gürtel und lege einen leinenen Turban an. Das sind heilige Kleidungsstücke. Er wasche sich mit Wasser und lege sie an. 5) Von der Gemeinde der Israeliten nehme er zwei Ziegenböcke zum Sündopfer und einen Widder zum Brandopfer. 6) Aaron bringe seinen Sündopferstier dar und bewirke für sich selbst und seine Familie Sühne. 7) Dann nehme er die beiden Ziegenböcke und stelle sie vor Jahwe am Eingang des Begegnungszeltes hin. 8) Aaron werfe das Los über den beiden Ziegenböcken, ein Los für Jahwe, das andere für [den Dämon] Asasel. 9) Dann führe Aaron den Bock, auf den das Los für Jahwe gefallen ist, heran und bringe ihn zum Sündopfer dar. 10) Der Bock, auf welchen das Los für Asasel gefallen ist, wird lebendig vor Jahwe gestellt, damit man über ihm Sühne bewirke. Er schicke ihn zu Asasel in die Wüste.

11) Aaron soll seinen Sündopferstier heranführen und für sich selbst und seine Familie Sühne bewirken. Er schlachte seinen Sündopferstier. 12) Dann nehme er eine Pfanne voll glühender Kohlen vom Altar vor Jahwe und zwei Hände voll feinen, wohlriechenden Weihrauchs und bringe alles hinter den Vorhang. 13) Den Weihrauch lege er vor Jahwe auf das Feuer. Die Weihrauchwolke wird dann die Deckplatte über den Gesetzestafeln verhüllen, und er braucht nicht zu sterben. 14) Er nimmt etwas von dem Blut des Stiers und sprenkelt es mit seinem

Finger vorn an die Deckplatte. Vor der Deckplatte soll er mit seinem Finger siebenmal etwas vom Blut versprenkeln.

15) Dann soll er den Sündopferbock des Volkes schlachten und etwas von seinem Blut hinter den Vorhang bringen. Mit dessen Blut soll er genauso verfahren wie mit dem Blut des Stiers: Er soll es an die Deckplatte sprenkeln und vor ihr versprenkeln. 16) So entsühnt er das Heiligtum von den Verunreinigungen der Israeliten, ihren Übertretungen und Verfehlungen. In gleicher Weise soll er mit dem Begegnungszelt verfahren, das bei ihnen, und zwar mitten in ihren Unreinheiten steht. 17) Kein Mensch darf in dem Begegnungszelt sein, wenn er hineingeht, um im Heiligsten Sühne zu bewirken, bis er wieder hinausgeht. Er soll Sühne für sich, seine Familie und die ganze Gemeinde Israel schaffen. 18) Dann soll er hinausgehen an den Altar, der vor Jahwe steht, und für ihn Sühne bewirken. Er nehme von dem Blut des Stiers und vom Blut des Bockes und streiche es ringsherum an die Hörner des Altars. 19) Er sprenkele mit seinem Finger siebenmal etwas von dem Blut auf ihn. So reinige und heilige er ihn von den Verunreinigungen durch die Israeliten.

20) Wenn er die Entsühnung des Heiligtums, des Begegnungszeltes und des Altars beendet hat, bringe er den lebenden Bock heran. 21) Aaron lege seine beiden Hände auf den Kopf des lebenden Bockes und bekenne über ihm die ganze Schuld der Israeliten, alle ihre Übertretungen und Verfehlungen. Er lege sie auf den Kopf des Bockes und lasse ihn durch einen dazu abgeordneten Mann in die Wüste bringen. 22) Der Bock trage ihre ganze Schuld in eine wüste Gegend. Man schicke den Bock in die Wüste.

23) Aaron gehe in das Begegnungszelt, ziehe die Leinenkleider aus, die er angelegt hatte, als er ins Heiligtum eingetreten war und lege sie dort hin. 24) Er wasche seinen Körper am heiligen Ort mit Wasser, ziehe seine Kleidung an, komme heraus und richte sein eigenes Brandopfer und das des Volkes aus. So bewirke er für sich selbst und für das Volk Sühnung. 25) Das Fett des Sündopfers lasse er auf dem Altar verbrennen. 26) Derjenige aber, der den Bock zu Asasel hinausgebracht hat, wasche seine Kleidung und spüle sich selbst mit Wasser ab. Danach komme er ins Lager zurück. 27) Den Sündopferstier und den Sündopferbock, deren Blut verwendet wurde, um das Heiligtum zu entsühnen, bringe man draußen vor das Lager. Man soll ihr Fell, Fleisch und Gedärm verbrennen. 28) Derjenige, der es verbrannt hat, soll seine Kleidung waschen und sich selbst mit Wasser abspülen. Danach darf er wieder ins Lager kommen.

29) Es soll für euch bindende Ordnung sein: Am zehnten Tag des siebten Monats sollt ihr euch in Zucht nehmen. Arbeiten dürft ihr gar nicht, weder Einheimischer noch Ausländer, der bei euch wohnt. 30) Denn an diesem Tag bewirkt er für euch Sühnung und macht euch rein. Von allen euren Verfehlungen werdet ihr vor Jahwe rein. 31) Es soll ein großer Sabbat für euch sein; ihr müßt euch in Zucht nehmen, das ist bindendes Gesetz. 32) Der Priester, den man gesalbt und eingesetzt hat, damit er an seines Vaters Stelle den Priesterdienst versehe, soll Sühne bewirken, er soll die leinenen Kleider, die heiligen Kleider, tragen. 33) Er soll das Allerheiligste entsühnen, und das Begegnungszelt wie den Altar soll er entsühnen. Und die Priesterschaft und das ganze

Gemeindevolk soll er entsühnen. 34) Das soll für euch immer gültiges Gesetz sein; einmal im Jahr sollen die Israeliten von allen ihren Verfehlungen entsühnt werden. Er führte alles so aus, wie Jahwe es Mose geboten hatte.

5.1.2 Die wichtigsten Sühneriten

Im Buch Leviticus ist die Sühnefeier des 10. Tischri (= siebter Monat des religiösen Kalenders, vgl. Lev 23,26; Num 29,7) der erste große, jährlich wiederkehrende Feiertag. Zwar ist schon im Buche Exodus das Passafest ausführlich dargestellt (Ex 12 f.), das in der Regel die Reihe der jüdischen Feste anführt, aber im Buche Leviticus kommt das Festkapitel mit seiner Ordnung des liturgischen Jahres erst später (Lev 23). Warum ist der Versöhnungstag in Kap. 16 vorweggenommen und damit so stark herausgehoben? Warum wird er dann innerhalb des Festkalenders noch einmal, doch mit ganz anderer Akzentsetzung behandelt (Lev 23,26–32)? Warum ist sein bis heute gebrauchter Name: Jom Kippur (nach Lev 23,27f.: *jom hakkippurim*, „Tag der Entsühnungen") in unserem Text Lev 16 noch nicht enthalten (vgl. noch Lev 25,9; sonst wird der Versöhnungstag im AT nicht mehr direkt benannt)? Fragen über Fragen. Wir können sie nicht beantworten. Vermutlich sind die unterschiedlichen Gepflogenheiten, einen Bußtag zu begehen (vgl. auch Jona 3,5–10; Joel 1,2–2,17), im Laufe langer Zeiträume zusammengeflossen und in mehr oder weniger zufälliger Auswahl und Anordnung schriftlich festgehalten worden. Die drei genannten Abschnitte Lev 16; 23,26–32; Num 29,7–11 sind untereinander kaum vergleichbar. Der eine (Lev 23,26–32) legt den ganzen Nachdruck auf die Fastenriten der Gemeinde, die beiden anderen sind bemüht, die Opferregeln festzuhalten. Doch gibt Num 29,7–11 nur die stereotypen Brand-, Speis- und Sündopfer an (in dieser Reihenfolge) und läßt überhaupt nichts von dem reicheren und anders geordneten Ritual in Lev 16 ahnen.

Der erste Blick auf das Versöhnungsfest zeigt also schon in aller Deutlichkeit, wie vielschichtig und lückenhaft die Überlieferung dieses Bußtages ist. Eine Analyse des Kap. 16 kann den Eindruck nur verstärken. Das normale Opfergeschehen – Sündopfer (V. 6–11) und Brandopfer (V. 24f.; danach erst Beseitigung der Sündopfertiere, V. 27) – umrahmt in dieser wohl Lev 8,14–21 und 9,8–14 nachempfundenen Reihenfolge ein sehr eigenartiges, in sich spannungsvolles Ritualgeschehen (V. 12–22). Was ist in diesem Mittelstück des Kap.s dem Priester nicht alles aufgetragen! Martin Noth spricht mit Recht von den „ungewöhnliche(n) Schwierigkeiten", die der Text dem Verständnis bietet. Sie sind nicht nur sprachlicher und grammatikalischer Art. „Inhaltlich laufen verschiedene Themen nebeneinander her und durcheinander".[1] Versuchen wir, zunächst die einzigartigen Vorgänge im mittleren Abschnitt besser zu verstehen.

V. 11 knüpft an die Darbringung des Sündopferstieres in V. 6 an. Die erste Satzhälfte (V. 11a) wiederholt einfach die Aussage von V. 6, nicht, um das

---

[1] Leviticus, 1962, 101.

regelrechte Ritual einer Entsühnung der Priesterschaft nach Lev 4,3–12 vorzu-
führen, sondern weil Aaron – er ist der allein Handelnde – etwas vom Blut des
Stieres braucht. Der zu vollziehende, besondere Ritus verlangt auch das Blut des
anderen Sündopfertieres, das vom Volk dargebracht wird. Dieser eine Ziegenbock, der für das Volk sterben soll, wird in V. 5 bereitgestellt und in V. 9 und 15
geschlachtet. Er ist einer von zwei Böcken, aber das wird erst in der übernäch-
sten Szene wichtig. Vorläufig dreht sich alles um den Blutritus im innersten
Heiligtum, dem sogenannten „Allerheiligsten" (vgl. Ex 25,17–22; 26,31–33; Ez
41,4.23). Welche Aufgabe hat Aaron (der Name des Chefs der Priester steht
auch für die ihm nachfolgenden Hohenpriester) an diesem wichtigen Fest im
innersten Heiligtum? Er soll den Vorhang durchschreiten, der den Tempelraum
vom Allerheiligsten trennt (Ex 26,31–33) und dort, hinter dem Vorhang, im
Angesicht des Gottes Israels, das Opferblut versprengen, einmal gegen die
„Deckplatte" und siebenmal vor ihr. Damit dies überhaupt gelingen kann – kein
Mensch darf ungestraft in die unmittelbare Nähe Gottes kommen (Ex 33,20) –,
muß Aaron eine Weihrauchwolke erzeugen, die Jahwe dem Blick des Menschen,
der zu ihm eingedrungen ist, entzieht (V. 12f.; vgl. die ein wenig andere
Darstellung des Zusammentreffens mit Gott im „Begegnungszelt", Ex
33,7–11). Es findet keine Kommunikation mit Gott statt! Das Entscheidende ist
allein der Blutritus, der doch offensichtlich entsühnende Funktion hat.

Exkurs: Das Tempelgebäude

Wer die Entsühnungsriten am Versöhnungstag verstehen will, muß eine Vorstellung von
der jerusalemer Tempelanlage haben, die in der Konstruktion des „Begegnungszeltes" Ex
25–30; 35–40 ihr „Vorbild" oder „Abbild" hat. Das Hauptgebäude war ein Langhaus,
etwa 30 mal 10 m im Grundriß und 15 m hoch. Man betrat es – aber das war nur Priestern
gestattet – durch die von zwei Säulen flankierte, östliche (Ez 47,1) Eingangshalle. Im
Hauptraum stand ein Weihrauchaltar. Der hinterste Raum, etwa 10 mal 10 m groß, war
der eigentliche Wohnraum Jahwes, das Allerheiligste. Er war fensterlos, denn Jahwe
wollte „im Dunkel wohnen" (1 Kön 8,12). Ein von „Cheruben", das sind göttliche
Flügelwesen, bewachter Thronsessel und/oder ein von einer Deckplatte überhöhter
Kasten, in dem die Gesetzestafeln lagerten, machten das Mobiliar der Gotteswohnung
aus. Vermutlich waren die Vorstellungen von der Architektur des Tempels nie einheitlich. Ebensowenig bestand eine homogene Idee von der Weise, wie Gott im Allerheiligsten anwesend war. Manche mögen den hintersten, dunklen Raum des Tempels im
massiven Sinn als die Wohnung Jahwes betrachtet haben. Andere sprachen von der
gelegentlichen *Erscheinung* Gottes über der Deckplatte im Allerheiligsten. In Rauch und
Feuererscheinungen komme er je und dann aus seiner himmlischen Wohnung herunter,
um direkt anwesend zu sein bei seinem Volk und in der Heiligen Stadt. Wieder andere
mögen immer schon den Tempel nur für die symbolische Wohnstätte Jahwes gehalten
haben. Sein eigentlicher Sitz liege über der „Himmelsfeste" (Ps 104,2f.). Alles, was wir
über den Tempelbau der Königszeit („salomonischer Tempel", etwa 1000–587 v.Chr.)
und den persischen Wiederaufbau (Einweihung 515 v.Chr.; dieser „zweite Tempel"
wurde von Herodes umgebaut und dann im ersten Krieg gegen die Römer 70 n.Chr.
endgültig zerstört) wissen, steht in 1 Kön 6; Ez 40,48–41,26; 2 Chron 3,1–14 und bei

Autoren wie Flavius Josephus, Antquitates Judaicas, VIII, 3 und XV,11. Die alttestamentlichen Zeugnisse sind aber nicht exakt zeitlich einzuordnen. Vermutlich haben wir
überwiegend Aussagen über den „zweiten Tempel" sowie Erinnerungen und Idealvorstellungen vom „salomonischen" Bau oder aber eine Mischung aus allen diesen Ideen vor uns.
Archäologische Untersuchungen haben nur in sehr begrenztem Umfang stattfinden
können[2]. Darum bleiben alle Rekonstruktionsversuche der beiden Tempelanlagen bis zu
einem gewissen Grade hypothetisch.

Zurück zu unserem Text (V. 12–15): Aaron soll ausnahmsweise „hinter" den
Vorhang, sozusagen in den Thronsaal Gottes, gehen. V. 2 gehört mit hierher: Es
ist äußerst gefährlich, in das innerste Gemach Jahwes einzudringen. Der Anlaß
muß ein besonderer sein. Hier ist es das jährlich einmal zu haltende Versöhnungsfest. In Lev 4,6 ist vielleicht einmal von einer anderen, außerordentlichen
Blutsprengung unmittelbar „vor Jahwe" die Rede gewesen. Nach dem jetzigen
Wortlaut findet sie aber „vor dem Vorhang", also außen vor der eigentlichen
Gotteswohnung statt. Spätere Tradition hat dann aus dem „einmal pro Jahr"
stattfindenden Entsühnungsritus (V. 34) die strikte Anweisung herausgespon-
nen, daß der Hohepriester *nur einmal pro Jahr* in das Allerheiligste habe eintreten
dürfen (vgl. Hebr 9,7: „In die andere Hütte aber ging nur einmal im Jahr allein der
Hohepriester, nicht ohne Blut, das er opferte für sich selbst und des Volkes
unwissentliche Sünden"; vgl. Ex 30,10, wo aber nur im Sinne von Lev 16,34 die
einmalige Entsühnung des Volkes am Brandopferaltar erwähnt wird). Die Beauftragung des Aaron höchstpersönlich mit der wichtigen Entsühnung am Versöhnungstag hat aber wohl von Anfang an den Sinn gehabt, diese gefährliche und
überaus folgenschwere Aufgabe nur dem geistlichen Spitzenmann zu überlassen.
Richtiger noch wäre die Auskunft: Die späten Überlieferer der Opfer- und
Festgesetze benutzten den Namen Aaron als Symbol für die zu ihrer Zeit (6. und
5. Jh. v.Chr.) amtierenden Hohenpriester. Das ist ganz deutlich in dem Bericht
über die Weihe der Aaroniden (Lev 8).

Blutritus im Allerheiligsten und Weihrauchwolke gehören also eng zusammen
(V. 12–15). Das Blut der Sündopfertiere, eines Stieres (für die schwerwiegenderen
Verfehlungen des Klerus!) und eines Ziegenbockes (für die etwas leichteren
Verschuldungen des Volkes) soll doch eben diese Sünden „bedecken", „löschen",
„neutralisieren". Darüber mehr unten in Abschnitt 5.1.3. Der Weihrauch hat –
wie vermutet – eine Schutzfunktion: Der Nebel bedeckt die Platte, „damit er
nicht stirbt" (V. 13b). Man kann natürlich spekulieren, ob der Weihrauch
ursprünglich nicht Nachahmung des Gottesnebels war, mit dem Jahwes Erscheinen sichtbar (und verhüllt, vgl. Ex 14,19f..24; 19,9.16.18) wurde. Als solche
Nachahmung wäre die vom Hohenpriester hervorgerufene Wolke dann vielleicht ein Stimulans für die Gotteserscheinung. Wie der Hohepriester allerdings
die Räucherpfanne mit der Glut und zwei Handvoll feinen Weihrauchs durch den
Vorhang hindurch trägt und dann erst „vor Jahwe" zu räuchern anfängt, bleibt ein
Rätsel. Auch Hohepriester haben nur zwei Hände, und sie durften sich bei dieser
heiklen Mission ins Allerheiligste von keinem Menschen assistieren lassen (V. 17).

---

[2] Vgl. Helga Weippert, 449–476; Eckart Otto, Jerusalem, 51–54; 94–100; 129–137.

Die wichtigen Handlungen im Allerheiligsten finden „vor der Deckplatte"
statt. Was können wir uns darunter vorstellen? Unsere Überlieferer wußten
wohl nichts von dem Cherubenthron, auf dem eventuell Jahwe selbst wie ein
Großkönig saß und den Weltlauf lenkte (vgl. 1 Kön 6,23–28; Ez 1,5–28. In Ex
25,18–22 ist allerdings die „Deckplatte" mit den Cheruben besetzt; sie dient
dort als Treffpunkt und Gesprächsort für Mose und Jahwe). Sie dachten eventuell an den Kasten, der die Gebotstafeln enthielt und mit einer „Deckplatte"
abgeschlossen wurde – in welcher Weise, bleibt ungesagt. Nun ist der Name der
„Deckplatte" verräterisch: Sie heißt nämlich hebräisch *kapporät*, und diese
Bezeichnung leitet sich eindeutig von dem Verbum her, das nach späten priesterschriftlichen Kreisen die Haupttätigkeit der Priester ausdrückt: „Entsühnung bewirken". Das Wort kommt überhaupt nur in priesterlichen Texten vor:
Ex 25; 26,34; 30,6; 31,7; 35,12; 37,6–9; 39,35; 40,20; Lev 16; Num 7,89;
1 Chron 28,11, das ist alles. Es ist konzentriert vorhanden in Ex 25,17–22;
37,6–9 und Lev 16. Von diesem Befund her kann man leicht zu der Vermutung
kommen, daß es sich um einen künstlich geprägten Begriff handelt, der mehr die
theologische Bedeutung des Allerheiligsten („Entsühnungsort") als die reale
Innenausstattung dieses dunklen Raumes meint[3].

Wir halten zunächst fest: Am Versöhnungstag vollzieht der Hohepriester
einen ganz besonderen Sühneritus im Allerheiligsten. Diese kultische „Nutzung" des Wohnraumes Jahwes im Tempel ist nicht in Einklang zu bringen mit
der Ex 25,22; Num 7,89 u. ö. bezeugten Funktion des Allerheiligsten als Offen-
barungs- und Kommunikationsstätte. Es sind ja auch zwei verschiedene Ahnvä-
ter (und damit: Symbolgestalten), die die eine und die andere Funktion wahrnehmen. Hinter beiden, Mose und Aaron, stehen verschiedene Berufs- oder
Gesellschaftsgruppen. Mose vertritt, wie schon an den Redeeinleitungen der
Leviticus-Abschnitte feststellbar, die Gruppe der Wortvermittler, bzw. der
Leiter der frühjüdischen Wortgottesdienste. Sie empfängt idealerweise stets
neue Orientierung durch Jahwe im Inneren des Begegnungszeltes. In der frühjüdischen Gemeindepraxis stützt sie sich auf das überlieferte Mosegesetz, denn
Mose hat in der Frühzeit stellvertretend für sie schon die ganze Willenskundgabe Gottes empfangen. Sie liegt in der Tora vor. Der Toraschrein, in dem die fünf
Rollen aufbewahrt werden, ist so etwas wie das Allerheiligste des Zeltes und des
Tempels, solange es um die Wortverkündigung geht. Aaron aber hat im Vollzug
seines (hohen)priesterlichen Amtes auch Zutritt zum innersten Heiligtum,
wenn auch nicht ständig und nach Belieben wie Mose (vgl. Ex 33,7–11). Priester
gehen mit dem Heiligen doch vorsichtiger um als Wortverkündiger! Kann man
den priesterlichen Dienst mit dem des Wortvermittlers vergleichen?

Der folgende Abschnitt (V. 16–19) enthält kaum rituelle Vorschriften, aber
einige divergierende Interpretationen der vorher beschriebenen Zeremonien.
Ritualgesetz ist nur in V. 18f. zu finden: Der Hohepriester soll aus dem
Heiligtum hinausgehen und am Brandopferaltar vor dem Tempel einen doppelten Blutritus durchführen. Erst sollen die hochgezogenen Seitenkanten des

---

[3] Viele Einzelheiten und Literaturverweise bei Bernd Janowski, 271–276; 277–354.

Altars („Hörner", vgl. Ex 27,2; 38,2; 1 Kön 1,50 f.) mit Blut bestrichen werden.
Dieser Ritus ist unter anderem aus dem Sündopferkapitel Lev 4 bekannt. Dort
bestreicht der Priester die Hörner des Altars und schüttet das übrige Blut an den
Altarsockel (Lev 4,7.18.25.30.34). Als Zweck der Handlung wird die Entsühnung der Menschen angegeben, für die das Sündopfer gebracht wird; sie schließt
die Vergebung der Schuld durch Jahwe ein (Lev 4,20 b.26 b.31 b.35 b). Ganz
ähnlich sind Blutritus und Zweckbestimmung beim ersten, selbständigen Gottesdienst der Aaroniden gezeichnet (Lev 9,7–9). Am Versöhnungstag soll das
anders sein, und die Parallele zu dem von Mose gehaltenen Einweihungsgottes-
dienst ist begrenzt. Hier werden Heiligtum und Altar erstmalig benutzt. Darum
müssen sie „geweiht" und „entsühnt" werden (Lev 8,10 f..15), ganz wie die
Personen, die den Altardienst versehen sollen. Das ist verständlich; in zahllosen
Einweihungshandlungen klingt die antike Vorstellung noch heute nach: Etwas
Neues muß feierlich seiner „Bestimmung übergeben", d. h. mit dem Kräftefeld
des normalen Alltagslebens und der zu erfüllenden Funktionen in Beziehung
gesetzt werden. Der Übergang vom Neuzustand in den Gebrauchszustand ist
nach antiker Vorstellung mit Risiken verbunden, weil jeder Bereich eben seine
eigene Mächtigkeit besitzt. Darum sind Abwehr- und Weihehandlungen an dem
Objekt, das in Dienst genommen werden soll, unabdingbar. Ebenso gut nachvollziehbar sind Neu-Einweihungen eines Gebäudes nach Bauarbeiten oder
dem völligen Wiederaufbau, beim Tempel auch nach Schändung und Verunreinigung durch Fremde (vgl. Esra 6,13–18; Ps 74,4–7). Aber im Zusammenhang
des jährlichen Bußtages – wie ist die „Reinigung" oder „Entsühnung" des
ganzen Tempels da zu verstehen (V. 16.18 f.)? Anscheinend haben sehr feinner-
vige Theologen der damaligen Zeit aus den regulären Weihehandlungen gefol-
gert, daß eine Entsühnung des heiligen Ortes jährlich dringend erforderlich sei.
Die Glaubensgemeinde lud immerfort durch Gebotsübertretungen Schuld auf
sich. Und weil Gott in seinem Hause mitten unter dem fehlsamen und schuldbeladenen Volk wohnte, mußte trotz aller Vorsichtsmaßnahmen (vgl. die Reinheitsgesetze Lev 11–15) etwas von dem Sündenstoff auch das Heiligtum berühren und beflecken. Zelt und Tempel stehen „mitten in ihrer Unreinheit" (V.
16 bß), sie können ihr nicht ausweichen. Gott will vor dieser Ansteckungsgefahr
auch nicht flüchten, aber er verlangt von seinen Dienern – so die priesterlichen
Theologen damals – jährlich ein großes Reinemachen für sein Haus. Es liegt
nach den Ausführungen oben über die Notwendigkeit von Einweihungen auf
der Hand, daß diese gesteigerte Sorge um das Heiligtum sich nach und nach
herausgebildet hat. Unser Abschnitt V. 16–19 zeigt die Entwicklung sehr deutlich. Er enthält in seiner Mitte noch die ältere Vorstellung, nach der nur die
Menschen einer Entsühnung bedurften: Der Hohepriester vollzieht ganz auf
sich gestellt die Reinigungsriten im Tempelinneren „für sich, seine Familie und
die ganze Gemeinde Israel" (V. 17). Dieser Vers gehört wohl ursprünglich zu
der Beschreibung der Sühneriten in V. 12–15. Er ist jetzt eingezwängt (und
praktisch neutralisiert) in die Neuinterpretation der Bußtagszeremonie V.
16.18 f., welche die Entsühnung des Heiligtums als vordringlicher hinstellt.
       Das zeigt sich in der Fortsetzung. Das rituelle Geschehen von V. 12–19 wird

nur unter dem Titel „Entsühnung des Heiligtums" betrachtet (V. 20 a). Aber
jetzt folgt ein anderer Sühneakt, der überhaupt nicht an den heiligen Ort
gebunden ist und der uns in seiner Altertümlichkeit noch immer Schauder
einflößen kann: Der Sündenbockritus (V. 20b–22). Er ist im Text längst vorbereitet (wie auch die Entsühnung im Allerheiligsten durch V.2 vorbereitet war).
Der Abschnitt V. 2–10 hat auf eine bestimmte Art Einführungscharakter: Er
erwähnt alle im Mittelteil des Kap.s zu vollziehenden Handlungen, stellt sie zum
Teil jedoch schon als ausgeführt hin (so V. 6) – eine sehr undurchsichtige
Darstellung. Was den Sündenbock angeht, sind die Verse 5.7–9 wichtig. Da
werden dem Hohenpriester zunächst insgesamt drei Tiere übergeben. Zwei
Ziegenböcke sollen als Sündopfer, ein Widder als Brandopfer für die Gemeinde
dienen (V. 5). Die klare Unterscheidung der Opfer zugunsten der amtierenden
Priester und der Gemeinde ist nicht auffällig; sie wird seit Lev 4 und 9 ständig
vorausgesetzt. Doch ist die lapidare Bestimmung: „zwei Ziegenböcke zum
Sündopfer" erstaunlich. Ist der Sündenbockritus noch gar nicht ins Auge gefaßt? Oder zählen die Überlieferer beide Riten, die Schlachtung des einen
Bockes wie die Verjagung des anderen in die Wüste als „Sündopfer"? Das
erscheint kaum möglich, denn derart verschiedene Vorgänge wird die sonst
peinlich genaue priesterliche Überlieferung nicht mit dem seit Lev 4,3.14.21
usw. präzise festgelegten Begriff bezeichnen. Also bleibt nur die andere Möglichkeit: V. 5 hat den Sündenbockritus noch gar nicht im Blick, sondern spricht
von einem Sühneopfer für die Gemeinde, das nach dem gängigen Schema aus
Sünd- und Brandopfer besteht. Erst in V. 7–9 (nach dem Vollzug des Sühneop-
fers für die Priesterschaft, V. 6) spleißt die Überlieferung das Ritual für das Volk
in drei Stränge auf. Die beiden Ziegenböcke werden verschieden behandelt, und
der Brandopferwidder erleidet sein vorbestimmtes Geschick erst in V. 24.
     Nicht nur unser eigenes Interesse, sondern auch das der Überlieferer richtet
sich also auf die beiden Sündopferböcke. Was geschieht mit ihnen? Man wirft
das Los über sie. Das Losen war in der Antike ein beliebtes Mittel, den Willen
der Gottheit zu erkunden (vgl. Jos 15,1; 1 Sam 14,41 f.). Normalerweise schüt-
telte man einen Ja-Stein und einen Nein-Stein in einem Behälter. Der Stein, der
zuerst heraussprang, gab die Antwort auf eine gestellte Alternativfrage. Im Fall
der beiden Böcke konnte man natürlich die Steine mit den Namen der Empfänger identifizieren: Jahwe oder Asasel. Genau das geschieht (V. 8). Der Bock für
Jahwe soll anscheinend sofort geopfert werden (V. 9). Die Doppelgleisigkeit der
Überlieferung führt dazu, daß die Anweisung zur Schlachtung noch einmal
wiederholt wird (V. 15). So war es auch mit dem Sühnopfer für den Hohenpriester gewesen (V. 6 und V. 11). Nur die Sündenbockverordnung geht von V. 10
relativ geradlinig auf V. 20b–22 über: Der für Asasel ausgeloste Bock muß
Jahwe präsentiert werden. „Vor Jahwe hinstellen" (V. 10aß) bedeutet eine
hochoffizielle Vorstellung (vgl. den gleichen Akt beim Genesenen, Lev 14,11;
bei der Mahlopferziege, Lev 3,7.11; der Gottesdienstgemeinde, Lev 9,5; den
Schuldigen, Num 5,16; dem Diebesgut, Jos 7,23 usw.). Gemeint ist die räumliche Nähe zur Gottheit, welche eine direkte Begutachtung durch sie zuläßt, wie
immer das unter den verschiedenen Vorstellungen von Heiligkeit und Unnah-

barkeit Gottes praktisch ausgesehen haben mag. Die älteste Praxis dieser Art ist
wohl in Ex 21,6 sichtbar. Auf die Frage, warum eine solche Vorstellung stattfinden müsse, wären die alten Überlieferer wohl in Verlegenheit geraten. Zwar
findet sich die Andeutung einer Antwort: „... um Sühne für ihn zu erwirken"
(V. 10aß), aber der Sinn bleibt unklar. Für wen wird eine Entsühnung vollzogen? Und mit welchem Ritus? Da der vorgestellte Sündenbock in die Wüste
geschickt werden soll, kommen Blutriten nicht in Frage. Wie sonst aber kann
der Priester „Sühne bewirken"? Die Zweckbestimmung der Vorführung bleibt
also offen. Wahrscheinlich stellt die Szene vor Jahwe eine sekundäre Verknüpfung eines uralten, eigenständigen Sühneritus mit dem Jahwefest dar. Nur so
konnte die Aufnahme eines „heidnischen" Brauches legitimiert werden.

Die Ausführung des Sündenbockritus (V. 20a–22) zeigt nun außer dem
Namen Aaron absolut nichts Israelitisches oder Jahwistisches. Es ist auch
keinerlei Deutewort zu dem kleinen Text hinzugefügt worden. Erstaunlich,
wenn man bedenkt, wie archaisch und dunkel der Brauch schon den Jahwegläubigen des 6. Jh.s v.Chr. gewesen sein mag. Der noch lebende, für Asasel ausgeloste Bock wird herangeführt. Wohin? Die Überlieferer meinten vielleicht, das sei
doch in V. 10 klar gesagt. Der Neueinsatz mit den typischen Vokabeln für die
Herbeischaffung der Opfermaterie, in Lev 1–9 dutzendfach benutzt, zeigt aber
eher, daß ein ursprünglich selbständiger Abschnitt vorliegt. Die Schuld Israels
wird feierlich auf das Tier übertragen. Die Zeremonie ist eindrucksvoll und
einzigartig im AT. Aaron soll beide Hände auf den Kopf des Bockes legen – in
den sonstigen Ritualen des Buches Leviticus genügt die Aufstemmung nur einer
Hand (Lev 1,4; 4,4ff. u. ö.). Hier, beim jährlichen Bußtag, müssen ausdrücklich
beide Hände aufgestützt werden. Offenbar muß die Sündenübertragung inten-
siviert werden. Wichtiger aber ist das Schuldbekenntnis, das zwar nicht wörtlich
zitiert ist, aber doch klar gefordert wird[4]. Hier sehen wir, daß die Riten nicht
wortlos vollzogen wurden (vgl. Lev 5,5. 26,40). Am Versöhnungstag muß der
Hohepriester „alle Sünden der Israeliten" aussprechen. Die verwendete Formel
ist allumfassend, sie enthält die drei gängigsten Wörter für „Verschuldung,
Verbrechen, Verfehlung", die es im alten Hebräisch gibt. Die drei Begriffe sind
schon stark abgeschliffen und haben kaum noch ein eigenes Profil[5]. Desto besser
sind sie für eine umgreifende Forderung geeignet: Wirklich alle Schuld müsse
genannt werden. Die Schuldbekenntnisse, die in historischen Büchern erhalten
sind, und einige Psalmen geben uns ein recht zutreffendes Bild von dem, was
inhaltlich gesagt worden sein kann (vgl. Esra 9; Neh 1,5–11; 9; Dan 9; Ps 106).
Israels aktuelle Schuld und die Verfehlungen der Väter wurden rezitiert. Durch
Gestus und Wort wird die Schuld auf den Bock „gegeben". Dann kann das Tier
stellvertretend „in die Wüste geschickt" werden (V. 21b). Es trägt die Schuld
Israels hinaus zu Asasel. Wer kann das sein? Der Name wird nur in V. 8 und 10

---

[4] V. 21a; spätere Vorschriften nehmen ein Gebet auf, vgl. Mischnatraktat *Joma* 3,8; 4,2; 6,2.

[5] Vgl. Rolf Knierim, Die Hauptbegriffe für Sünde im Alten Testament, Gütersloh 1965; *'awon*
umfaßt ursprünglich die Bedeutungen „Sünde, Schuld" (an seiner Stelle in V.16 *ṭum'ah*, „Unreinheit"), *päša'* „Untat, Verbrechen", *ḥaṭṭa't* „Fehltritt, Sünde" (in Lev 4ff. häufig = „Entsündigung,
Sündopfer").

genannt, in den folgenden Ritualanweisungen nicht mehr. Nur in der Nachschrift V. 26 ist noch einmal von ihm in einem sekundären Kontext die Rede. Auch im ganzen übrigen AT kommt er nicht vor. Was ist das für ein Wesen? Nach dem Sinnzusammenhang unseres Sühnekapitels muß es sich um einen Wüstendämon handeln. Die Bedeutung des Namens ist ungeklärt („Gottestrotzer"?). Und was hat dieser Dämon mit der Schuld Israels zu tun? Es ist schier unbegreiflich, daß die so jahwetreuen Theologen des 5. Jh.s v.Chr. eine derart „polytheistische" Idee durchgehen ließen. Auch der Wüstendämon Asasel muß besänftigt werden, nicht nur Jahwe, der alleinige Herr der Welt! Der Hohepriester lädt die Schuld einem Ziegenbock auf. Der entsorgt den „Sündenmüll", indem er ihn in die Wüste hinausschleppt. Sowohl die Entsühnungsadresse als auch der Entsühnungsmodus scheinen dem frühjüdischen Glauben diametral entgegenzustehen. Der Sündenbock muß in der Wüste bleiben, tot oder lebendig. Er darf auf keinen Fall in die menschliche Gemeinschaft zurückkehren, die ihn ausgeschickt hat (V. 22b). Spätere Generationen haben dafür gesorgt, daß der Sündenbock garantiert nicht mehr zurückkommen konnte. Sie ließen ihn möglichst von einem Nichtjuden in eine Schlucht stürzen, wobei er sich das Genick brach[6].

Ein vorisraelitischer Text kann den Bedeutungshorizont der Sündenbockzeremonie erweitern. Im hethitischen Kult wurde ein Sühnopferritus geübt, der andere Assoziationen erkennen läßt als der levitische. Ein „Mann aus Hapalla" namens Ashella, wohl ein Priester, empfiehlt im 13. Jh. v. Chr. ein Seuchenritual: Ein Widder pro Führungsoffizier wird mit verschiedenartigen Wollfäden und anderen Dingen präpariert und über Nacht im Heerlager, das von der Epidemie betroffen ist, angebunden. Eine geschmückte Frau wird vor das Königszelt gesetzt.

„Daraufhin legen die Herren des Heerlagers ihre Hände auf die Widder und sprechen folgendermaßen dabei: ‚Welche Gottheit diese tödliche Seuche bewirkt hat, siehe, jetzt stehen Widder (bereit), die sind an Eingeweiden, Herzen und am Glied gewaltig fett. So sei ihr [i. e. der Gottheit] nun das Fleisch der Menschen fortan zuwider, und künftig sei (du) besänftigt durch diese Widder!' Die Herren des Heerlagers verneigen sich hinter den Widdern her, und der König verneigt sich hinter der Frau her.

Daraufhin schaffen sie die Widder und die Frau, Brote und Bier mitten durch das Heerlager hindurch und treiben sie aufs freie Feld. Sie gehen, ins Gebiet des Feindes hinein lassen sie sie weglaufen, (so daß) sie nicht an einen Ort von uns gelangen. Dabei sprechen sie jeweils ebenso: ‚Siehe, was für ein Übel dieses Heerlager für Menschen, Rinder, Schafe, Pferde, Maultiere und für Esel, was für eines darin war, jetzt aus dem Heerlager haben es diese Widder und diese Frau weggebracht. Wer sie antrifft, jenes Land soll diese böse tödliche Seuche an sich nehmen!'"[7].

Das Ritual hat eine komplexe Bedeutung: Die Entsendung der Widder ist ein Ersatzopfer für die Götter (Widderfleisch statt Menschenfleisch!), gleichzeitig aber Reinigungshandlung (Entfernung des Bösen aus dem Lager) und Übertragungszeremonie (das Böse soll auf die Feinde gelegt werden). Ein Asasel-Dämon ist nicht in Sicht. Unmenschlich verschärft wird der Ritus durch die parallele Opferung einer Frau!

---

[6] Mischnatraktat *Joma* 6,6.
[7] Hans Martin Kümmel, TUAT II, 286f.

Zwei bedeutungsschwere Sühneriten stehen also im Zentrum des frühjüdischen Bußtages: Eine Blutzeremonie, die Priester, Volk und Heiligtum reinigen und in einen neuen Stand der Gnade versetzen soll, und die Aussendung eines Sündenbockes, welcher alle Verschuldung physisch-symbolisch wegträgt. Jeder Ritus für sich könnte wohl den Brennpunkt eines solchen Festes bilden. Zusammen machen sie ein eigentümliches Gespann von Riten aus, das aber wohl die lange Entstehungsgeschichte des Bußtages exemplarisch festgehalten hat. Die Analyse des Textes hat gezeigt, daß Spannungen vorhanden sind. Außerdem muß uns bewußt werden, wie eklektisch die Überlieferer vorgegangen sind. Lev 16 enthält beileibe nicht das komplette rituelle Geschehen des Versöhnungstages. Fragmente sind uns überliefert, und auch sie noch in oftmals falsch gekitteter Sequenz. Das Hauptanliegen dieses Bußtages ist jedoch klar: die jährliche Entsühnung der Gemeinde.

5.1.3 Randbestimmungen

Neben den zentralen Sühne- und Beschwichtigungsriten V. 12–22 nehmen sich die Anordnungen und Ermahnungen von V. 23–34 in jeder Hinsicht wie lockere Anmerkungen aus: eine Nachlese, verfaßt von Theologen und Kultdienern, die noch einige andere Aspekte des Festgeschehens gebührend beachtet wissen wollten. Das gilt sogar für das nachgetragene und sehr kurz abgetane Opfergeschehen von V. 24b–25. Man hat fast den Eindruck, die Überlieferer hätten es vergessen gehabt, daß die obligaten Brandopfer, zwei Widder, seit V. 3b und 5b bereitstehen. Im Vergleich zu Lev 1; 6,1–6; 8,18–21; 9,12–14, Abschnitte, die sämtlich vom Brandopfer handeln, ist unser Passus inhaltsarm und oberflächlich. Er erwähnt nicht einmal den Blutritus, der doch nach allen Vergleichstexten die Entsühnung „für ihn und das Volk" (V. 24bß) bewirkt. Also mag auch dieser Rest von Ritualvorschrift ein Nachtrag sein. Im Gesamtzusammenhang freilich wirkt das Brandopfer doch wie ein Schlußpunkt zum Festgeschehen.

Der Hauptnachdruck liegt in V. 23–28 jedoch auf verschiedenen anderen rituellen Maßnahmen, die bei der Beendigung des priesterlichen Dienstes am Bußtag beachtet sein wollen. Die Überlieferer haben sie für uns, die wir ihre Motive nicht kennen, etwas wahllos zusammengestellt. Zuerst geht es ihnen um die priesterliche Kleidung. Bei einer vollständigen Ritualanweisung hätte wohl – wie in Lev 8,6–9 – die Kleiderordnung zu den Vorbereitungen auf das gottesdienstliche Geschehen gehört. Jetzt wird in einem Nebensatz nachgetragen, daß der Kultdiener für die Handlungen im Allerheiligsten (V. 12–15) besondere Leinensachen angezogen hatte. Die Regelung entspricht in etwa dem Wortlaut von Lev 6,3f., nur wird nicht ganz klar, ob für den Gang ins Allerheiligste besonders geschneiderte Stücke anzulegen waren. Jedenfalls ist beim Opferdienst offenbar nicht die volle Amtstracht von Ex 28 und Lev 8,6–9 zu tragen, sie würde den amtierenden Blutsprenger auch zu sehr behindern. In Frage kommen einfachere Leinensachen, die nach Beendigung der Opferhandlungen – und das ist hier der eigentlich entscheidende Punkt – nicht aus dem Tempel

herausgebracht werden dürfen, nicht einmal bis zum Brandopferaltar (V. 23 f.).
Auch der aus dem innersten Heiligtum kommende Hohepriester muß ein Bad
nehmen, bevor er am Brandopferaltar vor dem Tempel die Widder in Rauch
aufgehen läßt (V. 24 a). Das bedeutet: Die übertragbare Heiligkeit, die im
Allerheiligsten auf Kleidung und Person des Hohenpriesters übergegangen ist
(vgl. das leuchtende Antlitz des Mose nach seiner direkten Begegnung mit
Jahwe: Ex 34,29–35), muß wieder abgewaschen werden, damit sie in der Sphäre
minderer Heiligkeit draußen vor dem Tempel (Begegnungszelt) keinen Schaden
anrichtet. Es geht also nach der Meinung der damaligen Theologen nicht nur
darum, das Heiligtum „inmitten der Unreinheit" vor einer Befleckung zu
schützen. Umgekehrt darf auch die angereicherte Heiligkeit nicht einfach auf
profanere Bereiche übergreifen. Zwar gab es auch die entgegengesetzte theologische Meinung: Etwas Heiliges habe im Unterschied zum „Unreinen" keine
„ansteckende" Kraft (Hag 2,12). In unseren priesterlichen Texten wird das
anders gesehen.
Das Problem der Übertragbarkeit von Unreinheit ist für die Tradenten noch
an zwei anderen Stellen akut. Einmal kommt derjenige, der den Sündenbock in
die Wüste hinausbringt, in ganz engen Kontakt zu diesem Tier und damit zu der
aufgehäuften Sündenlast, welche es trägt. Was geschieht mit diesem Menschen
nach seiner Rückkehr? Er muß sich vor dem Eintritt in die Siedlung gründlichen
Waschungen unterziehen (V. 26; vgl. Lev 14,8). In späteren Zeiten pflegte man
für die heikle Aufgabe, den Asasel-Bock wegzubringen, einen Nicht-Juden zu
gewinnen[8]. Auch seine Kleider wurden unrein, nachdem er seinen Auftrag
erledigt, d.h. den Bock in eine Schlucht zu Tode gestürzt hatte[9]. Das andere
offene Problem betrifft das lange zurückliegende Sündopfer. Die Kadaver des
Stieres und des für Jahwe ausgelosten Ziegenbockes müssen nach der Ordnung
von Lev 4,11 f. draußen vor dem Lager verbrannt und dürfen nicht – wie bei
normalen Sündopfern, vgl. Lev 6,19; 10,17–20 – für den Verzehr durch die
Priester freigegeben werden. Derjenige, der die Entsorgung übernimmt, verunreinigt sich an den Sündopfertieren – auch ihnen waren durch Handauflegung
Sünden übertragen worden, Lev 4,4.15 – und muß sich den verordneten Reinigungen unterziehen (V. 27–28).
Mit V. 29 wechselt der Redestil. Die bisherige, objektive Instruktion Jahwes
an Mose („Der Priester soll dies und jenes tun …") weicht der direkten Anrede
an die Gemeindeversammlung. An solchen Umschlägen (vgl. Lev 2) merkt man,
daß im Grunde die Vorlesesituation für alle Anweisungen gegeben ist. Manchmal vergessen die Tradenten eben die fiktive historische Szenerie, in der Jahwe
nur Mose anredet (V. 1 f.). In unserem Kap. ist – nach Mose – der nächste
Empfänger des Gotteswortes Aaron (V. 2) im Gegensatz zu der überwiegenden
Weiterleitung der Instruktionen an die Gemeinde (vgl. Lev 1,1 f. u. ö.). Diese
Stafette: Jahwe – Mose – Aaron in Lev 16, die bislang sehr sachgemäß dem Inhalt
des Rituals entsprochen hat, wird ohne jede neue Redeeinführung abrupt verän-

---

[8] Mischnatraktat *Joma* 6,3–6.
[9] Mischnatraktat *Joma* 6,6.

dert. In V. 29–34 redet jemand in ermahnendem Ton eine größere Zahl von Zuhörern an. Nicht nur die Form, auch der Inhalt des Gesagten lassen nur den einen Schluß zu: Hier ist ein Gemeindeleiter oder Prediger am Werk. Ist es einer von den Priestern, die in Schwerstarbeit geschlachtet und Blut gesprengt haben, – und jetzt ermahnt er abschließend die Gemeinde, die Festordnung einzuhalten? So verlockend diese Annahme sein mag, so sehr sprechen doch gewichtige Gründe gegen eine priesterliche Predigttätigkeit.

Der Redner greift, das ist nicht zu übersehen, die in Kap. 16 verordneten Sühnriten auf und unterstützt sie vorbehaltlos (V. 32–34). Die Art, wie er in diesem kleinen Schlußabschnitt seiner Predigt das priesterliche Handeln am Versöhnungstag resümiert, erinnert mehr an eine kontrollierende Instanz als an einen Interessenvertreter. Die Entsühnung darf nur durch einen ordentlich gesalbten Priester (ist damit der Hohepriester gemeint? vgl. Lev 8) vorgenommen werden (V. 32). Deutlich ist die zeitliche Entfernung vom Sinaigeschehen: Ein Nachkomme Aarons, der „an die Stelle seines Vaters" getreten ist, soll die Aufgabe ausführen. Ist sie Pflicht oder Privileg? Die Septuaginta scheint eine klare Antwort zu geben: „... der Priester, den sie gesalbt und dessen Hände sie gefüllt haben" (V. 32 a). Das weist doch auf die Einsetzung der Priester durch die Gemeinde. Aber wen meint der hebräische Text mit den singularischen Ausdrücken „er hat gesalbt" ... „gefüllt"? Mit ziemlicher Sicherheit beziehen diese Tradenten die Hoheitsakte der Einsetzung einer Priesterschaft auf Mose (Lev 8). Mose steht aber nach mehrfach vertretener Meinung für die nichtpriesterliche Gemeindeleitung. Also redet auch in der hebräischen Fassung jemand, der nicht selbst zu den Priestern zählt. So klingen auch die weiteren Auflagen für die amtierenden Priester: Sie sollen die Kleiderordnung einhalten (V. 32 b) und ihre Entsühnungsfunktion voll wahrnehmen (V. 33). Das alles ist zu niemandem ganz direkt gesagt, sondern vor dem in V. 31 und 34 angesprochenen Publikum und über die (nicht anwesenden?) bediensteten Funktionäre. Der Sündenbockritus wird nicht erwähnt, obwohl doch der Priester in der Handauflegungszeremonie eine wichtige Rolle spielt. Die Entsühnungsaufgaben dagegen sind sorgfältig und in der Zweiteilung „Heiligtum – Menschen" (V. 33: jede Gruppe ist mit dem Hauptstichwort versehen „er soll Entsühnung bewirken") aufgelistet. Der Schlußvers der Predigt faßt das ganze noch einmal in einem Satz zusammen: „Das ist für euch ewiges Gesetz zur Entsühnung der Israeliten von allen ihren Verfehlungen einmal im Jahr" (V. 34 a). Die Satzkonstruktion ist schwierig. Weil in der direkten Anrede „für euch" wieder wie in V. 29–31 die Gemeinde gemeint sein muß (von angeredeten Priestern ist weit und breit keine Spur vorhanden), kann sich der Infinitiv *l^ekapper*, „um zu entsühnen" weder voll auf die Gemeinde noch auf imaginäre Priester beziehen. Eine passivische Übersetzung ist darum angemessen.

Das stärkste Argument für die Gemeindebelehrung durch nichtpriesterliche Leitungskräfte aber in dem ersten Teil des Abschnitts V. 29–34. Er ist durch die eindringliche Formel „Gesetz für immer" eingerahmt (V. 29 a.31 b). Dieser Abschnitt allein weist konsequent den Anredestil in der 2. Pers. Plur. auf. Und er enthält die Ermahnungen, die wirklich die Gemeinde als ganze betreffen: Der jährliche Bußtag ist ein besonderer, herausragender Feiertag; er ist wie ein potenzierter Sabbat, an dem nicht nur Arbeitsruhe herrschen, sondern auch allgemeine Enthaltsamkeit eingehalten werden soll (V. 29b.31). Der Ausdruck *'innah 'ät näpäš*, den manche Übersetzungen einfach mit „fasten" wiedergeben, bedeutet in Wirklichkeit, „eine starke Selbstdisziplinierung üben" (V. 29b.31a). Er zeigt das an, was die Gemeinde am Versöhnungstag hauptsächlich zu tun hat: Bußriten durchführen, wörtlich übersetzt: „Sich selbst erniedrigen" (vgl. Num 30,14; Jes 58,3.5; Ps 35,13). Die wenigen echten Parallelstellen zeigen, daß es sich um „Selbstminderungsriten" im Gefolge einer bestimmten Bußpraxis handelt[10]. Die Hauptaussage unseres Abschnittes trifft sich genau mit der von Lev 23,27–31. Dort kommt das Stichwort: „Selbstdisziplin üben" dreimal vor. Obwohl auch andere Inhalte des Versöhnungstages genannt sind wie: sich versammeln, opfern, ruhen (Lev 23,27f.), liegt doch auf den Bußriten der größte Nachdruck (Lev 23,27.29.32). Die Sabbatruhe spielt eine ähnlich wichtige Rolle (Lev 23,28.30.31.32). Sie ist das Selbstverständliche für hohe, ernste Festtage. Die Bußriten dagegen sind das Besondere des Versöhnungstages. Sie werden auch in Num 29,7 vor der Sabbatruhe genannt. Dann erst kommen die Opfer (Num 29,8–11). Über die Bußriten möchten wir gerne mehr wissen. Leider führen die Festkalender nicht aus, wie die Selbsterniedrigung durchzuführen war. Wir können nur vermuten, daß man „in Sack und Asche" Buße getan hat wie Hiob und seine Freunde (Job 2,8.12f.), wie David (2 Sam 12,16), die Leute von Ninive (Jona 3,5–8) oder die Seeleute vor dem zerstörten Tyrus (Ez 27,28–31). Eventuell hat man sich auch geschlagen und Wunden zugefügt[11]. In den drei Festtagsordnungen, die das Versöhnungsfest erwähnen (ältere Kalender wie Ex 23,14–17; 34,18–24; Dtn 16,1–17 sagen kein Wort davon), scheint es allerdings am Bußtag sehr ruhig zuzugehen. Exzessive Bußriten waren der frühjüdischen Gemeinde in ihrer Gebotstreue sicherlich eher suspekt. – In jedem Fall eröffnen V.29–31 einen Ausblick auf die Gemeindesituation. Die Frage erhebt sich, in welcher Beziehung die Bußriten der Laienbevölkerung zu den Opfer- und Reinheitsvorschriften der Priester standen.

5.1.4 *Sühne und Sündenbock*

Was heißt eigentlich: „Sühne bewirken"? Das Stichwort hat im Buch Leviticus (und in anderen priesterlichen Stücken, die sich mit Opferdarbringungen beschäftigen, wie Ex 29,36–30,16; Num 8,5–22; 15,22–29; 17,9–15; Ez 43,18–27; 45,13–20) eine derart dominierende Stellung, daß man leicht auf ein durchgehendes Interesse einer Gruppe oder Überlieferungsschicht schließen kann. Genauer gesagt konzentrieren sich die Aussagen: „Der Priester bewirkt Sühne für …" im Buch Leviticus auf die ersten 16 Kap. Da zählt man 45 Sätze dieser Art;

---

[10] Ernst Kutsch, „Trauerbräuche" und „Selbstminderungsriten" im Alten Testament, ThST(B) 78, 1965.
[11] Vgl. Lev 19,28; 21,5; Dtn 14,1; Jer 41,5; 47,5; Mi 4,14; Ernst Kutsch, a.a.O. 26.

allein in unserem Bußtagsabschnitt kommt das Verbum *kippär*, „Sühne bewirken", 16 mal vor. Der ganze Rest von Leviticus hat nur noch vier Stellen mit *kippär* (Lev 17,11 [2 mal]; 19,22; 23,28). In nichtpriesterlichen Texten ist der Ausdruck nur sporadisch vertreten[12]. Diese Verteilung der Sühneaussagen ist außerordentlich bedeutungsvoll. Sie beweist, daß den letzten Sammlern der vielfältigen Opfervorschriften die „sühnende" oder „entsühnende" Wirkung aller Darbringungen das Allerwichtigste war. Für sie ging es im Tempelgottesdienst in erster Linie darum, daß Priester für ihre Klienten „Sühne erwirkten", ganz gleich, ob es sich um ein Brandopfer (Lev 1,4) oder eine Weihrauchgabe (Num 17,11 f.), um ein Sündopfer (Lev 4,20.26.31), ein Schuldopfer (Lev 5,18.26), ein Einsetzungsopfer (Lev 8,34) oder verschiedene Reinigungszeremonien (Lev 14,18 ff.; 15,15.30) handelte. Die Überlieferer sind von dem Gedanken beherrscht, es müsse bei jeder gottesdienstlichen Gelegenheit Sühnung gesucht werden. Aber was bedeutet das? Welches theologische und anthropologische Konzept steht dahinter? Haben sich die Verantwortlichen damals überhaupt Rechenschaft über ihr begriffliches System abgelegt, mit dem sie die Opfertraditionen Israels sammelten, sichteten und neu interpretierten?

Wir müssen uns bei dem Versuch, Antworten auf diese Fragen zu finden, über unsere eigene Position (aufgeklärte Rationalität, die sich scheinbar weit vom antiken Opferdenken entfernt hat), die Bruchstückhaftigkeit der Textüberlieferungen und die jahrhundertelange Traditionsgeschichte der Sühnevorstellungen im klaren sein. Besonders der letzte Punkt ist wichtig. Die priesterlichen Sammler und Redaktoren des Buches Leviticus haben viel älteres Material aufgegriffen und mit ihrer Sühnevorstellung überkleidet. Die alten Inhalte gehen nicht einfach verloren. Sie bleiben auch im neuen Gehäuse erhalten, so wie bei Umbauten von Gebäuden die alte Bausubstanz erhalten bleibt. Oder wie auch in unseren modernsten weltlichen und kirchlichen Ritualen die uralten Vorbilder immer wieder hervorlugen. (Ein Parademarsch hat etwas mit dem Imponiergehabe mancher Tiere zu tun. Und das Abendmahl steht auch in Verbindung mit den frühesten Opfermahlzeiten, von denen wir Kunde haben). Aus dieser Erkenntnis folgt: Die priesterlichen Verfasser der Bußtagsvorschriften Lev 16 besaßen zwar eine Leitvorstellung („Entsühnung") für das Festgeschehen, aber sie war vermutlich begrifflich nicht so rein und einlinig, wie wir das gerne möchten. Ältere Vorstellungen schwangen mit, und wir können nicht anders als eine geschichtliche Tiefenanalyse wagen, die wiederum auch von unseren eigenen Erwartungen und Vorurteilen geprägt ist.

Am Anfang stand vermutlich die einfache Opfergabe an die Gottheit. Dem übermächtigen und gefährlichen göttlichen Wesen gaben Menschen aller Religionen etwas von ihrem Eigenen, oder auch von dem, was rechtmäßig der Gottheit gehörte. Mit der Gabe stimmte man die Götter versöhnlich. Man erwartete sicher auch eine Gegenleistung[13] in Form von Schutz, Segen, Hilfe, Nahrung.

---

[12] Vgl. Bernd Janowski, 105–110.
[13] Vgl. Marcel Mauss.

Die besondere Sühnegabe setzt ein gestörtes Verhältnis zur Gottheit voraus. Gott ist über den Menschen erzürnt, ob zu Recht oder Unrecht, das ist nicht die Frage. Die Philister erschrecken, als die Lade Jahwes unter ihnen eine Pest auslöst. Ihre bange Frage ist sofort: Wie können wir den erzürnten Gott beschwichtigen (1 Sam 6,2–4)? Das Rezept der Experten ist: Goldene Nachbildungen der Geschwüre, die sie befallen haben, müßten ein wirksames Abwehrmittel sein. Wir spüren die magische Komponente in dieser Gabe. Ein anderes Beispiel: Hiob opfert vorbeugend für seine Söhne, damit Gott – falls er denn durch sie beleidigt werden würde – erst gar nicht zur Bestrafung ausholen könne (Hiob 1,5). Oder: Eine Heuschreckenplage kommt. Da muß ein allgemeines „Fasten" ausgerufen werden wie in Joel 1,2–2,17. Die Frage ist, ob zu den Selbstminderungsriten des Volkes „Fasten, Weinen, Klagen" (Joel 2,12) und dem „Weinen" der Priester (Joel 1,13; 2,17) auch Opfergaben gehören (vgl. Joel 1,9.13: Speisopfer und Trankopfer sind „abgeschnitten" vom Gotteshaus). Kurz: Trauer- und Bußriten wurden im Altertum bei allgemeinen Notständen angesetzt. Vielleicht ließ sich die Strafe der Gottheit abwenden oder beenden (vgl. Jon 3,9)[14].

Die regelmäßige Feier eines festgelegten Bußtages setzt eine straffere Organisation des gesamten Tempelbetriebes voraus. In den Großreichen des Alten Orients hatten sich über die Jahrtausende an den Wohntempeln der Götter feste Opfer- und Speiseregeln herausgebildet[15]. Die Götterbilder mußten wie lebende Personen gepflegt und versorgt werden. Diesem täglichen, sehr materiell verstandenen „Dienst an Gott" liegt das Bestreben zugrunde, Gottes Wohlwollen zu erhalten. War das Verhältnis zur Gottheit aus irgendeinem Grunde gestört, dann mußten besondere Anstrengungen unternommen werden, den göttlichen Herrn oder die göttliche Herrin wieder gnädig zu stimmen. Sondergottesdienste, spezielle Gaben und besondere Leistungen der Priesterschaft waren die geeigneten Mittel, die Gottheit zu versöhnen. Aus der Erkenntnis heraus, daß Zerwürfnisse zwischen Gott und Menschen genau so wahrscheinlich waren wie in der menschlichen Gesellschaft, mochten hier und da regelmäßige Versöhnungszeremonien zur Gewohnheit werden[16]. In Israel hat sich im Verlauf einiger Jahrhunderte ein Tempelsystem entfaltet, das eng an kanaanäische Lokaltraditionen anknüpfte und mehr und mehr den Jahwedienst, der an sich Sache einer Stämmegruppe und der Königshäuser war, in sich aufnahm. Von einigen Tempeln wissen wir, daß sie gut organisiert waren und unter der Leitung berühmter Priesterfamilien standen (z. B. Silo, Dan, Nob, Bethel). Von regelmäßigen Fasten- und Trauergottesdiensten hören wir allerdings erst nach dem Fall von Jerusalem im Jahre 587 v.Chr. (vgl. Jer 41,5; Sach 7,3–6; in V. 5 ist sogar von zwei Fastentagen, nämlich im fünften und siebten Monat, die Rede). Das Buch „Klagelieder des Jeremia" wird allgemein als ein Überrest aus den exilischen Trauerliturgien um die zerstörte Stadt Jerusalem gehalten.

---

[14] Vgl. die hethitischen Pestgebete: Cord Kühne, in: W. Beyerlin, ATD Erg. 1, 191–196; babylonische Bußpsalmen, Stephen Langdon, Babylonian Penitential Psalms, Paris 1927.
[15] Vgl. Helmer Ringgren, ATD Erg., 37 ff.; 143 ff.; 190 ff.
[16] Vgl. Peter Gerlitz, Fasten/Fasttage I, TRE XI, Berlin 1983, 42–45; das babylonische Neujahrsritual enthielt auch Bußzeremonien: Walter Farber, TUAT II, 212–223.

Nun sind Trauerfeiern aus historischem Anlaß, die in manchen Kulturen eine Rolle spielen[17], eine Sache und regelmäßige Entsühnungen eine andere. Denn bei der in Lev 16 thematisierten Sühnefeier am 10. Tischri ist von einem geschichtlichen Ereignis nicht die Rede. Vielmehr ist die sich im Laufe eines Jahres ansammelnde Unreinheit das besorgniserregende Faktum. Eine ausgefeilte, priesterlich-theologische Gedankenarbeit steht hinter einer solchen Wirklichkeitsanalyse: Jahwe will, daß alle, die mit ihm in Gemeinschaft leben wollen, an seiner Wesensart und Heiligkeit partizipieren (vgl. Ex 19,3–6; Lev 11,44 f.; 19,2). Zu einem jahwegefälligen Leben gehört aber nicht nur die Beachtung der rechtlichen und sozialen Gebote, sondern auch „der gute Ton" im Verhalten Gott gegenüber und die nötige Ehrerbietung vor seinem Heiligtum. Wie wir es als anstößig empfinden, unpünktlich und schmutzig zu einem Besuch zu erscheinen, so wollten die im Tempel amtierenden Priester alles vermieden wissen, was Jahwe erzürnen konnte. Alle Gedanken über Reinheit und Heiligkeit, Verschuldung und Entsühnung sind also vom Tempel her gedacht: Wie wird der hier wohnende Jahwe das Verhalten der Israeliten beurteilen? Die Priester bemühten sich, unstatthaftes Benehmen wie verunreinigende Substanzen fernzuhalten. Und sie fürchteten zugleich, daß kein Kraut gegen das menschliche Versagen gewachsen war. Immer wieder taten Menschen bewußt oder unbewußt Dinge, die Jahwe mißfallen mußten (vgl. Lev 5,14–26). Also bildete sich wie eine Giftwolke ständig neu eine zerstörerische, das Heilige bedrohende Substanz, die es regelmäßig zu beseitigen galt.

Das ist vielleicht der Punkt, der uns beim Verständnis der „Entsühnung" am meisten Schwierigkeiten macht: das dingliche Verständnis der „Sünde" oder „Unreinheit". Die Anthropologin Mary Douglas[18] hat viel zum Verständnis der levitischen Denkstrukturen beigetragen. Alle Menschen, antike und moderne, kennen streng getrennte Sphären, die sich nicht vermischen dürfen. Alle Menschen wissen um den Schmutzfilm, der sich unaufhörlich über uns legt und nur durch regelmäßige Reinigungen beseitigt werden kann. Alle Menschen tragen Ideale des Göttlichen und Perfekten in sich.

Damit sind die Elemente der priesterlichen Bußtheologie gegeben. Weit davon entfernt, die „ethische" Komponente im Gottesverhältnis auszuklammern (vgl. Lev 5,20–26; 19; 20; 25), konzentrieren die Überlieferer ihre Aufmerksamkeit in den vorhandenen Ritualtexten zum Versöhnungstag zunächst auf die Beseitigung des „Alltagsstaubes" (Lev 16,12–19; vgl. die Reinheitsvorschriften Lev 11–15), dann auf das große Sündenbekenntnis, das alle möglichen, auch in der Vergangenheit begangene Vergehen einschließt (V. 21; vgl. Lev 26,40), und schließlich auf die notwendigen Bußriten der Gemeinde (V. 29–31). Das jährliche geistliche Großreinemachen war ihnen aus ihrer Erfahrung und theologischen Erkenntnis heraus zum Bedürfnis geworden.

Lev 16 stellt das Zentrum und den Höhepunkt priesterlich-frühjüdischer

---

[17] Vgl. schon die alten sumerischen „Klagen um eine zerstörte Stadt", vgl. Harmut Schmökel, in: W. Beyerlin, ATD Erg. 1, 140–142; Samuel N. Kramer, ANET, 455–463; 611–619.
[18] A.a.O.: „Reinheit und Gefährdung".

Sühnepraxis dar, kein Wunder, daß sich hier die exegetischen Bemühungen um das Verständnis von Sünde und Sühnung in jener Zeit konzentrieren. Die Schwierigkeiten liegen auf der Hand. Die Sühnevorstellungen in Israel und im Alten Orient sind über Jahrhunderte gewachsen und ineinander verwoben, sie werden in unseren Texten weder reflektiert noch problematisiert, und unsere eigenen Denk- und Erfahrungsvoraussetzungen (die ebensowenig kritisch hinterfragt werden wie die alten Zeugnisse selbst im biblischen Traditionsprozeß) verzerren immer wieder das Bild, das in den Texten durchscheint. So entstehen leicht einseitige, wohl auch aus späterer jüdischer oder christlicher Sicht (Sühnetod Jesu!) geprägte Interpretationen, die der Vielschichtigkeit, der kultischen Tiefe und dem religiösen Mysterium der Sühne nicht gerecht werden. So versuchen etwa Klaus Koch, Hartmut Gese und Bernd Janowski[19] aus protestantischer Sicht, das göttliche Handeln im priesterlichen Sühnevollzug zu betonen. Jacob Milgrom und Menahem Haran[20] sind vor allem an den Zeremonien und ihrer spirituellen Dimension interessiert; theologisch denken sie stärker in Richtung auf die Kooperation, wie gering auch immer, oder die Interaktion des Menschen mit Gott. Aus nicht-theologischen Fachgebieten kommen oft notwendige Anregungen zum Verstehen der Sühnerituale. So hat der Literaturwissenschaftler René Girard aus seiner (natürlich anderweitig beschränkten) Sicht Interpretationshilfen gegeben: Der Nachahmungsdrang (Mimesis) in seinen verschiedenen, sämtlich ich-bezogenen Varianten führt in jeder menschlichen Gemeinschaft zu einem Stau von Aggressionen, die man vergeblich mit Verboten einzudämmen versucht. Diese Aggressionen können zu einem Kampf aller gegen alle ausarten. Aber die Religion schafft in der Gestalt des gewaltsam getöteten Opfers ein Ventil. Die Schuld aller entlädt sich auf das Tier; sein Tod reinigt die Atmosphäre und macht neue Gemeinschaft möglich[21].

5.1.5 Der Jom Kippur

Die wenigen dürren Regeln zur Entsühnung von Heiligtum, Priesterschaft und Volk, die in Lev 16 aufgezeichnet sind, können nie das ganze Fest ausgemacht haben. Die Andeutungen von Bußriten in V. 29 sind ja auch ein Hinweis auf weitergehende Aktivitäten. Aus Lev 23,27 erfahren wir noch, daß am Bußtag eine „heilige Versammlung" stattzufinden hatte. Ist damit eine zentrale Veranstaltung in Jerusalem gemeint? Gehört der Versöhnungstag zu den Wallfahrtsfesten wie Passa, Wochenfest, Laubhütten (Ex 23,14–17; Dtn 16,16)? Leider

---

[19] Klaus Koch, Sühne und Sündenvergebung um die Wende von der exilischen zur nachexilischen Zeit, EvTh 26, 1966; 217–239; Hartmut Gese, Die Sühne, in: ders., Zur biblischen Theologie, München 1977, 85–106; Bernd Janowski, Sühne.

[20] Jacob Milgrom, Cult; Menahem Haran, Tempels.

[21] R. Girard, Ende; ders. Sündenbock: Der Autor sieht in der freiwilligen Übernahme der Sündenbockfunktion durch den Gottesknecht (Jes 52,13–53,12) und Jesus von Nazareth die Kette der Gewalt potentiell durchbrochen. Leider wirken aber die alten Verhaltensmuster (Abwälzen der eigenen Schuld auf die anderen) überall nach, auch in den heutigen Kriegen, Verteilungskämpfen, Verfolgungen von Minderheiten usw.

wissen wir über den ursprünglichen Festverlauf rein gar nichts. Erst aus viel späteren Zeiten sind Andeutungen und Berichte erhalten. Sie stammen aber zum großen Teil aus der Zeit nach 70 n.Chr., als der Tempel schon nicht mehr existierte. Ohne den Tempel und die Sühneriten im Allerheiligsten mußte das Fest aber einen anderen Verlauf nehmen.

Der Mischnatraktat Joma behandelt ausschließlich den großen Versöhnungstag. Die Bestimmungen von Lev 16 werden in ihm mit Leben erfüllt; man kann mit Händen greifen, daß eine Weiterentwicklung der Riten stattgefunden hat. Aber im wesentlich beschränken sich die Ausführungen der Rabbinen auf die im biblischen Text vorgegebenen Handlungen. Von den Festtagsgebräuchen des Volkes erfahren wir ebenfalls kaum mehr, als in Lev 16,29 angedeutet ist. Es wird lediglich noch darüber gehandelt, wer vom strikten Eßverbot ausgenommen ist (Kinder, Schwangere, Kranke: Joma 8,4 f.) und was mit dem zu geschehen hat, der das Fastengebot übertritt (Joma 8,2.3.6). Der Schlußparagraph von Joma 8 ist allerdings sehr interessant. Er behandelt die Frage, ob der Bußtag für alle, die daran teilnehmen, automatisch Entsühnung bringt:

„Wenn ein Mann sagt: ‚Ich will sündigen und dann bereuen, und wieder sündigen und dann bereuen', dann bekommt er keine Gelegenheit zur Reue. Wenn er sagte: ‚Ich will sündigen, denn der Versöhnungstag wird Sühne bewirken', dann wird der Versöhnungstag keine Sühne bewirken. Für Übertretungen, die zwischen dem Menschen und Gott geschehen, bewirkt der Versöhnungstag Sühne, aber für Übertretungen, die zwischen Mensch und Mitmensch geschehen, bewirkt der Versöhnungstag nur dann Sühne, wenn der Übertreter seinem Mitmenschen Genugtuung leistet."[22]

Die theologische Reflexion über die Bedeutung des Bußtages für den einzelnen ist also weitergegangen. Die Riten und Strukturen des Festes sind gegenüber Lev 16 kaum verändert[23]. Der Handlungsort ist Jerusalem und der Tempel. Das mag authentische Tradition sein oder auch Rückprojektion, denn die Mischna ist erst im 2./3. Jh. n.Chr. fertiggestellt worden.

In der heutigen Zeit wird der Jom Kippur als reiner Buß- und Gebetstag begangen[24]. Die jüdischen Gemeinden verbringen viele Stunden in Gottesdiensten. Die Menschen tragen den „weißen Sterbekittel"[25]. Die Gebete sind auf Sündenbekenntnis, Reue und Bitte um Vergebung gestimmt. Die Schriftlesungen schließen Leviticus- und Prophetentexte ein. Der Bußtag ist ein Gemeindefest, das in jeder Synagoge gefeiert wird. Es hat ein sehr großes Gewicht. Der Versöhnungstag ist der wichtigste „ernste" Feiertag des Judentums. Er steht zwischen dem zivilen Jahresanfang (Rosch Haschanah am 1. Tischri) und dem Laubhüttenfest vom 15. bis 22. Tischri. Die christlichen Buß- und Bettage ähneln in ihrem Charakter stark dem jüdischen Jom Kippur.

Zurück zu Lev 16. Können wir trotz der kargen Informationen etwas über die soziale Bedeutung des Versöhnungstages im alten Israel sagen? Die Grund-

---

22 Vgl. Wolfgang Bunte (Hg.), Mischnatraktat *Joma* 8,9.

23 Es wird jetzt offen der Hohepriester als Hauptakteur genannt: *Joma* 1,1 u.ö.; die Gemeindeältesten treten als Hüter der Tradition auf: *Joma* 1,3–5; die minderen Altardienste werden unter den Priestern ausgelost und sind sehr begehrt: *Joma* 2,1–4 usw.

24 Vgl. Georg Fohrer, Glaube, 130–140.

25 G. Fohrer, a.a.O. 132.

struktur der damaligen Gesellschaft ist in der Analyse des Textes sichtbar geworden: Die amtierende Priesterschaft ist für die Durchführung des Festes verantwortlich. Die Gemeinde hat die Reinheitsregeln einzuhalten und sich den Fastenriten zu unterziehen.

Mehrere Beobachtungen und Überlegungen sprechen dafür, daß auch in der stark priesterzentrierten Darstellung des Versöhnungsfestes die Gemeinde Jahwes die eigentliche Bezugsgröße ist: Die Entsühnung der Priesterschaft und des Heiligtums geschieht zum besten der Gemeinde. Opfer für „das Volk" sind von Anfang an vorgesehen (V. 5.24). Der Sündenbockritus ist eine symbolträchtige, aus der Volksreligion stammende kollektive Zeremonie, die ausdrücklich ein Bußgebet für alle Gläubigen einschließt (V. 21f.). Und die zweite Hälfte des Kapitels wendet sich mehr und mehr der Gemeinde zu (V. 23–34), so daß am Ende zu Recht zusammenfassend von der „jährlichen Entsündigung Israels" die Rede ist (V. 34a).

Lev 16 wurde überall in den jüdischen Gemeinden am Versöhnungstag gelesen und meditiert, sogar in der von Jerusalem abgespaltenen Gemeinschaft von Qumran[26]. In diesen Situationen hatte der hohepriesterliche Sühneakt im Tempel nur Symbolfunktion – bis heute. Die Gemeinde hat sich die priesterlichen Funktionen einverleibt: Bußgebete treten an die Stelle der Sühneopfer, wie sie auch monarchische Symbole weitergebraucht hat, um ihre eigenen Glaubensvorstellungen auszudrücken. Das kommt am deutlichsten im großen Zusatzgebet (Musaf Tefilla) zum Morgengottesdienst zum Ausdruck:

Wir nahen uns dir, Gebet auszugießen,   Merk auf das Schreien aus deiner Wohnung,
Erbarmen und Vergebung zu suchen.   du Gnädiger, nach deiner Barmherzigkeit
Ewiger, höre! Ewiger, vergib!   Größe! Hab Mitleid, Gott, mit deinem Volk!

Pflanze uns ein am Berg unserer Heimat,   Handle doch nach deinem Erbarmen
Ewiger, Gott, du unsere Hoffnung!   an ihnen, die sich dir entgegenrichten.
Vergib Sünden und Vergehen!   Gott! Entsühne dein Volk Israel![27]

Dasselbe Gebet enthält „die Beschreibung des Tempeldienstes am Jom Kippur mit allen seinen feierlichen Bräuchen, dem Blutsprengen im Allerheiligsten, dem Sündenbekenntnis des Hohenpriesters mit dem Aussprechen des göttlichen Namens – wobei der im Gebet ungewöhnliche Ausdruck *haššem* ‚der Name' verwendet wird und die Gemeinde mit dem Antlitz zur Erde niederfällt –, bis zur Beschreibung des herrlichen und freudigen Aussehens des Hohenpriesters beim glücklichen Verlassen des Allerheiligsten"[28]. Die geschichtliche Opferpraxis und das gegenwärtige Gebet sind so zu einer Einheit verklammert. Am Ende heißt es in der Liturgie des Schlußgottesdienstes:

Zur frühen Morgenzeit begonnen, bis zum Sinken der Sonne
harren wir auf das Angesicht des Königs.
Da sich wendet der Tag, rüsten wir das vierte Gebet vor dem König.
Wir fallen nieder in Flehen vor dem Schöpfer der Seele,
den die Engel preisen, dem König:

---

[26] Vgl. Johann Maier, Kol. 25,10–27,10, S. 37f.
[27] Nach E. Schubert-Christaller, bei Georg Fohrer, Glaube 135f.
[28] Georg Fohrer, Glaube, 135.

Zur Zeit der Abendschatten sei unser Gebet dir süß
wie Geruch des Abendopfers, o König.[29]

In der christlichen Theologie galt schon recht früh Jesus, der Gottessohn, als das
wahre Opferlamm, das für alle Menschen dahingegeben wird (Joh 1,29.36; Apg 8,32;
1 Petr 1,18f.; vgl. auch Röm 4,25; 8,32) oder auch als der Hohepriester, welcher die
endgültige Entsühnung vollzogen hat (Hebr 3–10)[30].

5.2 Das Opferblut (Lev 17)

Die Regeln für einige Opfervorgänge wären für Lev 1 wichtig gewesen. Sie
scheinen hier nachgetragen zu sein, da sich eine spezielle Beziehung zum Versöhnungsfest nicht nachweisen läßt. Die aus Kap. 16 so bekannte erklärende
Wendung „um für euch Entsühnung zu schaffen ..." (V. 11) ist deutlich als
Zutat erkennbar. Der ganze sonstige Textzusammenhang handelt von anderen
Dingen als der Entsühnung. Und die formelhafte Erklärung unterbricht stilistisch (2. Pers. Plur.) und sachlich den unmittelbaren Zusammenhang.

5.2.1 Übersetzung

1) Jahwe redete zu Mose: 2) Rede mit Aaron, seinen Söhnen und allen Israeliten
und sage ihnen: Das Folgende hat Jahwe angeordnet. 3) Wenn irgendein Israelit
ein Rind, einen Widder oder eine Ziege im Lager oder außerhalb des Lagers
schlachtet, 4) ohne das Tier zum Eingang des Begegnungszeltes gebracht zu
haben, um es vor der Wohnung Jahwes als Gabe für Jahwe vorzustellen, dann
soll das diesem Mann als Blutschuld angelastet werden. Er hat Blut vergossen
und muß aus seinem Volk ausgerottet werden. 5) Die Israeliten sollen nämlich
ihre Schlachtopfer, die sie [jetzt?] auf dem freien Feld durchführen, zu Jahwe,
d.h. zu dem Priester vor dem Eingang des Begegnungszeltes bringen. Sie sollen
sie als Mahlopfer für Jahwe schlachten. 6) Der Priester sprenge das Blut an den
Altar Jahwes vor dem Eingang zum Begegnungszelt. Er lasse das Fett zum
beschwichtigenden Geruch vor Jahwe in Rauch aufgehen. 7) Sie dürfen ihre
Schlachtopfer nicht mehr den Dämonen bringen, hinter denen sie herlaufen.
Das soll bei ihnen für alle Generationen Gültigkeit haben.

8) Sage zu ihnen: Wenn ein Israelit oder ein Fremder, der bei ihnen wohnt, ein
Brandopfer oder Schlachtopfer bringt 9) und das Tier nicht am Eingang des
Begegnungszeltes vorführt, um es Jahwe zu übereignen, dann wird der Mann
aus seinem Volk ausgerottet.

10) Wenn ein Israelit oder ein Fremder, der bei ihnen wohnt, irgendwie Blut
zu sich nimmt, dann wende ich mich gegen den Betreffenden, der Blut genossen
hat, und rotte ihn aus seinem Volke aus. 11) Denn das Leben des Körpers sitzt

---

29 Nach Georg Fohrer, Glaube, 140.
30 Vgl. die Auslegungen der angeführten Stellen in den entsprechenden Bänden des NTD; Adrian
Schenker, Versöhnung und Sühne, Freiburg (Schweiz) 1981.

im Blut, und ich habe es euch für den Altar gegeben. Ihr sollt damit für euch Sühne schaffen, denn das Blut entsühnt durch die Lebenskraft. 12) Darum habe ich den Israeliten gesagt: Niemand von euch soll Blut zu sich nehmen. Auch der Fremde, der bei euch wohnt, darf kein Blut genießen.

13) Wenn ein Israelit oder ein Fremder, der bei ihnen wohnt, auf der Jagd ein Wild oder einen eßbaren Vogel erlegt, so soll er das Blut auslaufen lassen und es mit Erde bedecken. 14) Denn das Leben jedes Körpers ist sein Blut, [es ist in seinem Leben?]. Ich habe zu den Israeliten gesagt: Das Blut keines Lebewesens dürft ihr zu euch nehmen. Denn das Leben jedes [belebten] Körpers ist sein Blut. Jeder, der es genießt, wird ausgerottet. 15) Jeder, der ein verendetes oder gerissenes Tier gegessen hat, sei er Einheimischer oder Fremder, muß seine Kleider waschen und sich selbst mit Wasser abspülen. Er wird unrein bis zum Abend und ist dann rein. 16) Wenn er nicht wäscht und sich nicht abspült, dann muß er seine Schuld auf sich nehmen.

5.2.2 Opferregeln

Über den Hergang bei der Opferung von Tieren erfahren wir sporadisch dies und jenes (vgl. Ex 23,18.19 b). Lev 17 faßt nur Regeln zusammen, die den späten Überlieferern wichtig waren. Viele selbstverständliche Bräuche werden nirgends geschildert. Ein Anthropologe, der ein Opfer möglichst vollständig beschreibt, sieht und notiert sehr viel mehr und wertet die Vorgänge auch anders[31]. In unserem Abschnitt liegt das Hauptinteresse auf der Behandlung des Blutes. Auch der Ort, an dem eine Opferschlachtung stattfinden darf, ist wohl allein wegen der besonderen Bedeutung des Blutes zum Problem geworden.

Lev 17 hat zwei, wenn auch unterschiedliche Redeeinleitungen: V. 1–2a und V. 8. Der letzte Sammler der Opferregeln wird diese zweimalige Anrede Jahwes an Mose zur Gliederung des Stoffes benutzt haben. Älter als diese letzte Einteilung des Textes sind wahrscheinlich die vier Paragraphen, die jeweils mit „Wenn jemand …" beginnen (V. 3.8.10.13). Sie sind in der Länge sehr verschieden, zeigen auch nicht durchgehend den objektiven Stil von kultrechtlichen Gesetzen (in V. 10–14 ist stilwidrig gelegentlich die 1. Pers. Jahwes und die 2.Pers. Plur. für die angeredete Gemeinschaft gebraucht!), aber die stereotype Eingangsformel „Wenn irgendjemand …", im Hebräischen durch die Wendung „ein Mann, ein Mann, der …" ausgedrückt, dürfte auf älteres Überlieferungsgut schließen lassen. Sie kommt vorwiegend in kultisch-ermahnenden Zusammenhängen vor, z.B. Lev 15,2; 18,6; 20,2.9; 22,4.18; 24,15 (darüberhinaus nur noch in Ex 36,4; fünfmal in Num und zweimal in Ez). Die Eingangsformel ist aus einer einfacheren Rechtssatzeröffnung entwickelt und hat vielleicht auch im Vorfeld von Lev 17 ganz knappe Tatbestände eingeleitet:

---

[31] Vgl. Edward E. Evans-Pritchard, 197–230: Präsentation und Weihe des Opfertieres, Gebet und Schlachtung werden genau beschrieben.

Jeder, der sein Opfertier an einem ungeeigneten Ort schlachtet,
wird ausgerottet (Lev 17,3–7)

Jeder, der ein Brandopfer am falschen Ort bringt,
wird ausgerottet (Lev 17,8–9)

Jeder, der das Blut eines Opfertieres zu sich nimmt,
wird ausgerottet (Lev 17,10–12)

Jeder, der das Blut eines erlegten Wildes genießt,
wird ausgerottet (Lev 17,13–14)

Eventuell liegt hinter der etwas abweichenden Formulierung von V.15–16
noch eine weitere alte Grundregel:

Jeder, der verendetes oder gerissenes Wild ißt,
wird bestraft (Lev 17,15–16; vgl. 11,24.39f.; Ex 22,30; Dtn 14,21).

Der Hauptinhalt der vier oder fünf Paragraphen in unserem Kap. wäre mit
diesen kurzen Opferregeln erfaßt. Der vorhandene Text zeigt aber überdeutlich,
wie eine so rekonstruierte Urform durch die Überlieferer ausgeweitet, mit
thematisch verwandten Motiven angereichert und den eigenen Absichten
dienstbar gemacht worden ist. Analysieren wir nacheinander die vorliegenden
Abschnitte.

V. 3–7: Vordergründig geht es um den Ort, an dem Opferschlachtungen
erlaubt sind. Seit unvordenklicher Zeit taugte nicht jede beliebige Stelle als
Opferplatz. Die Gottheit mußte anwesend, der Ort für eine Schlachtung eigens
geheiligt sein. Jakob erkennt im Traum, daß Bethel ein Gottesort ist. Er weiht
darum den Stein, an dem er geschlafen hat, mit Öl (Gen 28,10–22). Bethel wird
zu einem der bedeutendsten Heiligtümer Israels (1 Kön 12,28f.; Am 7,13).
Manoa bringt am Ort einer Gotteserscheinung ein Opfer dar (Ri 13,15–20). Nur
an besonders ausgezeichneten Stellen darf man opfern. Als im Lauf der Glaubensgeschichte Israels das Opfer nur noch an einem einzigen Ort, nämlich im
Tempel zu Jerusalem, erlaubt wurde (vgl. Dtn 12; 2 Kön 23), mußten die
Israeliten sich gründlich umstellen. Vor der sogenannten „josianischen Reform"
hatte man wahrscheinlich bei jeder Siedlung eine Opferstätte gehabt. Jetzt
wurden die Entfernungen zum zentralen Tempel zu einer ernsthaften Behinde-
rung des regionalen und familiären Opferdienstes. Am Zentraltempel konnten
regelmäßig auch nur zentrale Opfer gebracht werden. Darum sah der Gesetzgeber jetzt die Möglichkeit profaner Schlachtungen vor, die nur der Nahrungsge-
winnung, nicht mehr der Opferdarbringung dienten (Dtn 12,13–15). Eine
solche Unterscheidung zwischen „Opfer" und „profaner Schlachtung" war für
antike Menschen ein Unding. Wie konnte man ein Tier töten, ohne es gleichzeitig der Gottheit zu weihen[32]? Auch Paulus redet, wenn er das „Götzenopfer-
fleisch" erwähnt, von den Tieren, die einer Gottheit geopfert oder geweiht und
dann auf dem Markt verkauft werden (1 Kor 10,20–28). Dtn 12 setzt sich rigoros
über die selbstverständlichen Gebräuche hinweg und erlaubt die Profanschlach-

---

32 Vgl. Walter Burkert.

tung unter der einzigen Bedingung, daß das Blut gesondert behandelt wird (V. 16.23–25). Diese Vorkehrung erinnert nun wieder sehr stark an Lev 17.

Unser Text spricht nun mit keiner Silbe von der Möglichkeit einer profanen Schlachtung. Er scheint sie sogar kompromißlos zu verdammen. Gleichzeitig setzt er aber den Brauch, Tiere auf freiem Feld den „Dämonen" zum Opfer zu bringen, voraus (V. 7). In welcher Zeit sollen derartige Zustände geherrscht haben? Wenden sich die Überlieferer von Lev 17 gar gegen die profane Schlachtung von Dtn 12? Warum ist das Schlachten ohne die Vorführung des Opfertieres vor dem Begegnungszelt (bzw. vor dem Tempel) ein derartig schweres Verbrechen, daß dem Täter die Todesstrafe droht? Wie sollte bei einer solchen Interpretation die Versorgung der Bevölkerung außerhalb Jerusalems mit Fleisch gesichert werden?

Die Fragen sind nicht leicht zu beantworten. Im Lichte von V. 13, der die Jagd erlaubt, ist schwer einzusehen, warum das Schlachten von Haustieren zu Ernährungszwecken, d.h. das Blutvergießen außerhalb Jerusalems, völlig geächtet gewesen sein soll. Die Überlieferer haben möglicherweise mit der in den Texten beschworenen Wüstensituation gerechnet: Damals, auf der Wanderung nach Kanaan, durfte nur in Verbindung mit dem Priester am Begegnungszelt geschlachtet werden. Jetzt aber – so müßte man den Gedanken weiterspinnen – gilt, was in Dtn 12 festgelegt ist. Die Überlieferer hätten einfach die bestehende Ordnung vorausgesetzt. Sie hätten weiter das Dämonenmotiv als ein historisches, zu ihrer eigenen Zeit kaum noch aktuelles Thema eingeführt. Die „Feldgeister" (Luther), die „Bocksgestaltigen" (so die wörtliche Übersetzung) gehören nun einmal in die Wüste. Der Abfall zu ihnen war damals für Israel eine Versuchung, nicht aber in der persischen Zeit. Lev 16 hatte ja ebenfalls von einem sogar namentlich genannten Dämon gesprochen (V. 8.10) und mit einer „Bocks"entsendung auf die Gefahr reagiert (V. 20b–22). Für das 5. Jh. v.Chr. jedoch wirkt das Verbot, den Wüstendämonen Opfer zu bringen (Lev 17,7a), anachronistisch. Das Jahweopfer in V. 6 dagegen ist ganz nach den priesterlichen Regeln der nachexilischen Zeit geordnet: Der Blutritus und die Fettverbrennung gebühren dem Priester (vgl. Lev 3,2–5).

Der zweite Paragraph (V. 8–9) gibt sich im jetzigen Zusammenhang als Resümee des ersten, umfangreicheren. Weil aber die erneute Redeeinleitung ungewöhnlich ist und weil das neue Stichwort „Brandopfer" auftaucht (V.8), kann man vermuten, daß in einem ursprünglichen, kurzen Vorschriftenkatalog nur von diesem letzteren die Rede war. Jegliche Beschreibung des Opfervorgangs fehlt. Auch das spricht für eine ursprüngliche Selbständigkeit der vier Opferregeln, die wohl einmal auf ein „der wird ausgerottet" (hebr.: *karat*, niph) hinausgelaufen sind. Die Schwere der Bestrafung bleibt ein Rätsel. Formal ist das Strafurteil mit der Wendung vergleichbar: „... der muß sterben" (*mot jumat*) (vgl. Ex 21,15–17; 22,18). Wie dort und in Lev 20 handelt es sich um die Androhung einer göttlichen Maximalstrafe, die nicht gerichtlich vollstreckt, sondern dem Ermessen Gottes anheimgestellt wurde, vgl. Gen 3,4.23.

Das eigentlich Charakteristische des Kapitels liegt in den beiden Abschnitten, die sich direkt dem Blut der geschlachteten oder erjagten Tiere widmen (V.

10–16). Neben den Drohregeln, die den Blutgenuß verhindern wollen, fallen sofort die argumentierenden und erklärenden, auch definierenden Sätze auf. Der Abschnitt gerät zu einem echten Lehrstück. Es wird gesagt, was zu unterlassen ist, und die recht umständlichen Begründungen werden mitgeliefert. Da es sich um eindringliche, sehr ernstgemeinte Unterweisung handelt, ist die Verwendung der direkten Anrede an die Gemeinde und der ersten Person Jahwes, der vom Sprecher zitiert wird, nur zu gut zu verstehen.

V. 10–12: Der Paragraph beginnt mit der objektiven Tatbestandsfeststellung: „Wenn jemand … ißt" (V.10a), fährt dann aber abrupt als Jahwerede fort: „Ich wende mich gegen ihn …" und „ich rotte aus …" (V. 10b). Es folgt, ebenfalls als Jahwerede, die Begründung des Verbotes, Blut zu genießen (V. 11), und dann noch einmal das Verbot selbst, diesmal in anderer Formulierung: „Keiner von euch darf Blut genießen. Der Fremde, der bei euch wohnt, darf kein Blut genießen" (V. 12). Das Verbot ist noch mit einem „Darum habe ich den Israeliten gesagt …" eingeleitet, so, als ob Jahwe sich selbst aus einem anderen Zusammenhang zitiere. Ein Bezugstext ist aber schwer zu finden. Könnte Dtn 12,16.23 gemeint sein? Oder gar Gen 9,4? Steht hinter 1 Sam 14,32–34 ein entsprechendes, wohlbekanntes Verbot? Merkwürdig ist sicher, daß in dem großen Komplex der Sinai-Gesetzgebung (Ex 19 – Num 10) sonst nicht in ähnlich prägnanter Form ein Verbot des Blutgenusses ausgesprochen wird (vgl. Ex 23,18; 34,25). Die stilistischen, sprachlichen und theologischen Eigenarten von V. 10b–12 machen jedenfalls deutlich, daß dieser Teil des Textes freie Ausgestaltung des anfänglichen objektiven Rechtssatzes über den Blutgenuss ist. Die Strafbestimmung wird wie in den beiden vorhergehenden Paragraphen gelautet haben: „… der wird ausgerottet." Hinzugekommen sind an ihrer Stelle außerordentlich wichtige Erläuterungen über das Blut und seine Bedeutung (s. u. 5.2.3).

V. 13–14: Der Paragraph beginnt mit einer sehr sachlichen Anweisung, wie mit dem Blut gejagter Tiere zu verfahren ist (V. 13). In diesem Vers ist noch keine 1. oder 2. Pers. der direkten Rede und Anrede zu finden. Das Zudecken der Blutes mit Erde ist sicher uralte Sitte; unbedecktes Blut „schreit zu Gott" (Gen 4,10). Es ruft nach Sühnung (Dtn 21,7–9). Das gilt nach unserem Text auch für Tierblut (vgl. V. 3f.). Die Wildtiere gehören außerhalb Israels einer Gottheit, das ist in vielen Religionen erkennbar[33]. Also darf man sie nicht ungestraft töten. Aber die Vernichtung von Leben ist auch ohne irgendwelche Eigentumsvorbehalte gefährlich und strafwürdig. Das Vergießen von Blut setzt unkontrollierbare Mächte frei oder wirkt auf sie ein.

Die Anordnung, das Blut zu verscharren, ist wahrscheinlich ein Stück der vorgegebenen Tradition. Denn in V. 14 kommen die Überlieferer des jetzigen Textes zu ihrem Anliegen: Auch das Blut des Wildes darf bei Todesstrafe nicht genossen werden. Blut ist Blut, ob von Haustier oder Wildtier, das ist gleichgültig. Darum werden die Erklärungen und Anweisungen von V. 11f. – wenn auch verkürzt – z.T. wortgetreu wiederholt (V. 14: durch einen Abschreibefehler ist

---

[33] Vgl. Walter Burkert.

das Wort „in seinem Leben" in den Text hineingekommen und verdunkelt nun
den Sinn). Auch das direkte Verbot „Ihr dürft keinerlei Blut essen" findet sich
wieder (V. 14 aß).

V. 15–16: Die Vorschriften über verendete und gerissene, also nicht vom
Menschen getötete Tiere sind entweder späte Zutat oder ursprünglicher Bestandteil einer Liste von insgesamt fünf Regeln. Sachlich sind sie weder dem
Thema „Opfer" (und Opferstelle) noch dem Thema „Blut" (und Behandlung
des Blutes) zuzuordnen. Der verbindende Gedanke ist: Wie behandelt man tote,
eßbare Tiere? Für Völker, die stark von der Jagdbeute abhängig sind, bilden
frisch gerissene Tiere oft eine willkommene Bereicherung des Speisezettels[34].
Notschlachtungen von kranken Haustieren sind auch in unseren Breiten üblich.
Erstaunlich ist allerdings im hiesigen Kontext, daß vom Blut überhaupt nicht die
Rede ist. Die mögliche Verunreinigung durch den Kadaver ist doch als Totenverunreinigung einzustufen, nicht als Befleckung mit möglichen Blutresten im
Tierkörper. Kurz: Sachlich besteht kein Grund, V. 15 f. an die ersten vier
Paragraphen anzuhängen. Die Überlieferer halten sich mit stilistischen Umfor-
mungen, inhaltlichen Erklärungen und kultischen Ermahnungen zum Genuß
der Tierkadaver außergewöhnlich zurück. Auch die Reinigungsvorschriften (V.
15 b) erscheinen im Licht der rigorosen Ausrottungsbefehle vorher erstaunlich
leicht und oberflächlich. Das führt zu dem Schluß: In V. 15 f. ist womöglich das
fünfte und am wenigsten umgeformte Glied einer alten Kette von Opferregeln
erhalten geblieben, weil es einfach zu dem Katalog gehörte. Dagegen spricht
auch nicht das strikte Verbot des Aasgenusses in Dtn 14,21. Denn die priesterlichen Tradenten sind an diesem Punkt sorgloser, wie Lev 7,24 und Ez 44,31
beweisen: Sie schärfen Vorsicht beim Umgang mit „gefundenem" Fleisch ein,
sprechen aber kein generelles Eßverbot für jedermann aus.

Wenn in V. 15 f. ein Satz des Gebotskatalogs in ursprünglicherer Gestalt
vorliegt, als das bei den Kernsätzen von Lev 17,3–14 der Fall ist, dann könnte
man versuchen, die ganze Liste der fünf Vorschriften vom Ende her zu rekonstruieren. Vielleicht liefe das auf eine Kleinsammlung von Verhaltensregeln
hinaus, die bei der Beschaffung von Fleischnahrung zu beachten waren. Aber
die Urform eines solchen „Halbdekalogs" läßt sich nicht mehr zuverlässig
erkennen. Die einmal vorhandenen, kurzen Normsätze sind im Laufe der Zeit
vielfach überarbeitet und ergänzt worden. Was wir jetzt vor uns haben, ist eine
immer stärker in gemeindliche Ermahnung übergehende Rede. Sie will am
Beispiel der Opferpraxis in der Wüste (die gelegentlich rundweg abgestritten
wird: Am 5,25) vor Abgötterei warnen und den richtigen Umgang mit dem
Opfertier und Opferblut einprägen.

---

[34] Vgl. Marjorie Shostak, Nisa 51 f.

5.2.3 Das Blut

Das Hauptanliegen mindestens der zweiten Kapitelhälfte ist die Behandlung des Blutes bei der Opferung. Die Tradenten bemühen sich sogar um eine rationale Erklärung des aus weiter geschichtlicher Ferne überkommenen Bluttabus. Allein diese Tatsache ist schon auffällig, denn Definitionen und Begründungen von kultischen Gebräuchen sind sonst ganz unüblich. Man vollzieht Riten, weil sie „immer schon" durchgeführt worden sind. Religiöse Bräuche und Verhaltensweisen werden in der Regel nicht analysiert und bedürfen darum keiner begrifflichen Klärung. Das ist hier seltsam anders: Fragen müssen im Hintergrund stehen. Ohne Anlaß könnte nicht dreimal nachdrücklich betont werden: „Das Leben eines Körpers ist im Blut" (V. 11) bzw. „Das Leben jedes Körpers ist sein Blut" (zweimal in V. 14). Und nicht umsonst folgt in V. 11 nach der kurzen Definition noch eine umständliche, feierliche Erklärung über Ursprung und Ziel der Blutgabe am Altar: „Ich habe es euch für den Altar gegeben, damit es für euer Leben Sühne bewirkt. Es ist [doch] das Blut; durch das Leben bewirkt es Sühne." Das alles sind theologische Aussagen von ungewöhnlicher Dichte, Reflektiertheit und Eindringlichkeit. Selten werden heilige Dinge im AT so bewußt interpretiert. Die Tatsache, daß es hier geschieht, läßt auf einen hohen Grad theologischer Reflexion und gemeindlicher Diskussion schließen (vgl. die Diskussion um das Heilige in Hag 2,11–14).

Verstehen läßt sich das Verbot des Blutgenusses nur im Zusammenhang mit allgemeinmenschlicher Vorsicht im Umgang mit Blut. Daß Blut „ein besonderer Saft" ist, gehört zur Grunderfahrung aller Menschen. Evans-Pritchard berichtet:

„Das menschliche Blut hat für die Nuer einen besonderen, psychischen Wert. Wenn Sippenmitglieder und Nachbarn sich streiten, dann gebrauchen sie Knüppel, nicht Speere. ... sollte dennoch ein Mann dabei getötet werden, dann läßt sich die Sache leichter bereinigen, weil keine Tötungsabsicht vorlag. Aber es mag noch einen anderen, mindestens zusätzlichen Grund dafür geben: Vielleicht fühlt man sich weniger verantwortlich, wenn das Lebensblut nicht ausfließt wie bei einer tödlichen Speerwunde. Der Täter hat dann in einem gewissen Sinne dem anderen nicht das Leben genommen; der Tod ist von selbst eingetreten, wie die Nuer sagen würden. ... Das Blut eines Mannes, der mit dem Speer getötet wurde, dringt – so stellt man sich weiter vor – in den Totschläger ein. Ihm muß sofort durch einen Leopardenfell-Priester der Arm geöffnet werden, damit es wieder heraus kann. Das muß bedeuten: Das Blut hat eine eigene Mächtigkeit. Die Initiationsriten müssen darum auch auf einem Wohngelände vollzogen werden, damit das Blut des Einzuweihenden nicht draußen vergossen wird. Man deckt es sorgfältig in den Löchern, in die es fließt, zu, daß die Hunde es nicht fressen können."[35]

Verlust des Blutes führt zum Tod. Also ist im Blut die Lebenskraft enthalten. Wenn das so ist, dann muß man mit dieser Lebenskraft behutsam umgehen. Und man muß sich mit denen abstimmen, denen das Leben gehört: den Gottheiten und Beschützerinnen des Lebens. Das führt dazu, daß Blutverwendung und Blutriten

---

[35] Edward E. Evans-Pritchard, 213.

meist in ein kultisch-religiöses System eingebettet sind. Es gibt zahllose Weisen, das Blut als Mittel der Stärkung und des Zaubers zu gebrauchen[36].

Im AT sind verschiedene Vorstellungen von der Macht des Blutes überliefert. Das vergossene Menschenblut schreit nach Sühne und Rache und wirkt als Fluch (Gen 4,10–12; Dtn 21,7–9; Klgl 4,13–15). Es dient aber auch als Schutzmittel vor Dämonen (Ex 4,24–26; 12,7.13). Die priesterlichen Tradenten haben allerdings aus den ihnen vorgegebenen Überzeugungen und Riten eine ganz spezifische Blut-Sühne-Theologie entwickelt. Ihr Augenmerk war auf das Problem der Schuld und Unreinheit fixiert. Sie sahen ihre Hauptaufgabe in der Entsühnung und Reinigung der Gemeinde. Also kam ihnen das Brauchtum um das Blut gerade zu Paß. In allen Opfergesetzen legen sie den Hauptnachdruck auf die Sühnewirkung. Damit rücken die Blutriten in den Mittelpunkt (vgl. Lev 1,5; 3,2; 4,5–7). Bei Großveranstaltungen der Gemeinde wie der Weihe von Tempel und Priesterschaft (Lev 8) und dem Versöhnungstag (Lev 16) ist das Blutstreichen und Blutsprengen das Entscheidende. Eigenartig ist nur wieder, daß im Buche Leviticus nach Kap. 20 das Blut in keiner Weise mehr erwähnt wird. Selbst bei den großen Jahresfesten und ihren vielfältigen Ritualen scheint es keine Rolle mehr zu spielen (vgl. Lev 23; 25) in dem Maße, wie die Priesterschaft in Kap. 23 ein Schattendasein fristet und in Kap. 25 überhaupt nicht in Erscheinung tritt.

Wie aber soll die Entsühnung durch das Blut vor sich gehen? Bei der Fettverbrennung, die nach priesterlicher Ansicht ebenfalls lösende Wirkung hat, wurde jeweils deutlich gesagt, der Brandgeruch sei für Jahwe „beschwichtigend" (vgl. Lev 1,9.13.17 u.ö.). Man kann sich vorstellen, wie der göttliche Empfänger des Opfers milde gestimmt wird, wenn man das Tierfett mit den alten Herdenbesitzern als das Kostbarste an einem Mahl einschätzt (vgl. 1 Sam 9,24). Bei den Blutriten liegen anscheinend rechtliche Vorstellungen zugrunde. Durch Schuld verwirktes Leben, das des Opferers, wird durch die Darbringung eines anderen Lebens von der verdienten Strafe freigekauft. „Durch das Leben bewirkt es Sühne" (V. 11 b) wäre der genaueste Ausdruck dieser Lehre. Allerdings darf man nicht meinen, mit der rechtlichen Erklärung schon alles gesagt zu haben. Denn sicher schwingen auch beim späten Zusammensteller der Opfervorschriften sehr altertümliche, ja magische Vorstellungen von der Wirksamkeit des Blutes noch mit. Noch einmal Evans-Pritchard:

> „Die meisten Opfer geschehen in der Absicht zu versöhnen. Sie werden in Notzeiten dargebracht und das Ziel ist in der Regel das eine: vom Übel oder vom drohenden Unheil freizukommen. Dazu bietet man der Gottheit ein Tier an, dessen Tod das Übel wegnimmt. … Nimmt Gott die Gabe an, dann tritt er damit in eine Verpflichtung ein, den Geber zu beschützen oder ihm sonstwie zu helfen. Durch das Opfer schließt der Mensch eine Art Handel mit Gott ab"[37].

---

[36] Vgl. Hans Wissmann, TRE VI, 1980, 727–729; Franz Rüsche, Blut, Leben und Seele. Ihr Verhältnis nach Auffassung der griechischen und hellenistischen Antike der Bibel und der alexandrinischen Theologen, Paderborn 1930.

[37] Edward E. Evans-Pritchard, 220f.

Das zeigt sich auch an dem strikten Verbot jedes Blutgenusses für die Mitglieder der Gemeinde wie für die von ihr abhängigen Fremden. „Keiner von euch darf Blut genießen" (V. 11 aß), heißt es lapidar und gleich noch einmal: „Kein Fremder unter euch darf Blut genießen" (V. 11 b). Die zunächst unpersönliche und dann in die Jahwerede übergehende Strafbestimmung V. 10 unterstreicht das absolute Verbot. Und es wird noch einmal als direktes Zitat wiederholt (V. 14 aß). Wahrlich ein starkes Aufgebot an Verbotssätzen! Warum ist die Aufnahme von Tierblut in den eigenen Körper so verpönt, wo doch „das Leben im Blut" gerade eine heilsame, versöhnende Macht hat? Bei vielen Völkern gilt ja auch das Trinken des Blutes als kraftmehrend. Rational ist die abwehrende Haltung gegen den Blutgenuß in Altisrael nicht zu begreifen. Sie scheint auch nicht Erfindung der priesterlichen Kreise gewesen zu sein, denn ältere Texte zeigen schon eine deutliche Reserve gegenüber dem Opferblut (vgl. Ex 23,18; 34,25; Dtn 12,16.23; 15,23; 1 Sam 14,32–34; Ez 33,25). Was das an den beiden Exodusstellen überlieferte Verbot genau sagen will, ist schwer zu erkennen: „Du sollst nicht darbringen über dem ungesäuerten Brot das Blut meines Schlachtopfers", so die wörtliche Übersetzung (Ex 23,18 a; 24,24 a). Vom Blutgenuß ist nicht die Rede, wohl aber von einer Vermischung der Opfergaben. Die übrigen zitierten Stellen verbieten den Blutgenuß im selben Wortlaut wie Lev 17,12 ff. Da muß eine Verbindung zwischen den Texten bestehen. Wahrscheinlich gehen sie sämtlich auf die gemeindliche Tradition des 6. und 5. Jh.s zurück. Woher dieses strikte Verbot kommt, wissen wir nicht. Wir können vermuten: Es ist zufällig in Israel entstanden, vielleicht aus dem Bewußtsein heraus, daß es dem Menschen nicht zusteht, den Gott gehörenden, eigentlichen Lebensstoff für sich selbst zu gebrauchen. Aber auch das ist eine Rationalisierung, die der numinosen Scheu vor dem Blut nicht genügend Rechnung trägt.

Und was geschieht mit dem, der dennoch Blut genießt? War überhaupt eine Versuchung in Israel vorhanden, das Tabu zu durchbrechen? Wir hören in den erzählenden Teilen des ATs nichts von echten „Blutsäufern". Die Menschen, die heißhungrig rohes, nicht voll ausgeblutetes Fleisch essen (1 Sam 14,32; Ez 33,25), haben es wohl nicht direkt auf das Blut des Tieres abgesehen. Und die schlimmsten Anklagen gegen Übeltäter schließen selten den Vorwurf des vampirhaften Bluttrinkens ein (vgl. Jes 65,4: „... essen Schweinefleisch, haben unreine Brühe in ihren Töpfen"). Das „Trinken" des Blutes ist selten erwähnt, und dann anscheinend immer in übertragener und symbolhafter Bedeutung (vgl. Num 23,24; Sach 9,15; Ps 50,13). Von daher ist das Verbot des Blutgenusses (in den priesterlichen Texten immer mit dem Verb „essen" und nicht „trinken" ausgedrückt) vielleicht nur theoretischer Art und nur im Zusammenhang mit den Regeln für den Fleischgenuß zu sehen. Wer auf diese Weise mit dem Fleisch Blut zu sich nimmt, hat bereits etwas Ungeheuerliches getan und muß dafür büßen (V. 10). Er hat sich mit einer fremden, unverträglichen Kraft infiziert, die sein Leben zunichte macht.

Das Verbot, Blut zu sich zu nehmen, hat bis heute eine starke Wirkung in den Traditionen, die sich auf die hebräische Bibel berufen. Im jüdischen Glauben ist es neben der Pflicht, unreine Tiere zu meiden (vgl. Lev 11), ein Hauptmotiv für die besondere Vorsorge bei der Auswahl und Zubereitung der Speisen. „Koschere" (vom hebräischen kašer, „tauglich, gebrauchsfähig") Schlachtereien, Lebensmittelbetriebe und Gaststätten sorgen auch dafür, daß das Blut der Schlachttiere nach den Regeln von Lev 17 und den entsprechenden talmudischen Auslegungen behandelt wird. Das bedeutet vor allem: Das Tier muß durch Öffnung der Halsschlagader getötet werden und eine festgesetzte Zeit ausbluten. Das Blut darf in keiner Weise in Nahrungsmitteln verarbeitet werden. Fleisch darf nicht mit Milchprodukten in Berührung kommen (vgl. Ex 23,19b). In orthodoxen Haushalten gibt es darum zweierlei strikt getrennt zu haltendes Geschirr. – Die christliche Tradition hat den Glauben an die sühnende Kraft des Blutes in die Christologie aufgenommen. Sein Blut „macht uns rein von aller Sünde" (1 Joh 1,7). Jesus Christus „hat Gott für den Glauben hingestellt in seinem Blut als Sühnopfer" (Röm 3,25). Wir sind „jetzt durch sein Blut gerecht geworden" (Röm 5,9). Biblische Aussagen spiegeln sich im Gesangbuch. Jesus ist das „recht Osterlamm"; sein „Blut zeichnet unsre Tür"[38]. „Dein Kreuz ist unser Trost, die Wunden unser Heil, dein Blut das Lösegeld, der armen Sünder Teil"[39]. „Die Schuld ist allzumal bezahlt durch Christi teures Blut"[40]. Das Blut des Gottessohnes wird metaphysisch zu einer fast eigenständigen Größe: „O Herr, mein Heil, an dessen Blut ich glaube ..."[41]; Leib und Blut Christi bestimmen die Abendmahlsfrömmigkeit. – Unter den Nachwirkungen alttestamentlichen Blut-Glaubens ist auch die Konsequenz zu diskutieren, welche die „Zeugen Jehovas" aus den Verboten von Lev 17 gezogen haben. Sie lehnen nicht nur den Genuß tierischen Blutes ab, sondern auch jegliche Bluttransfusion von Mensch zu Mensch. Ihrer Meinung nach darf ein Leben nicht mit einem anderen vermischt werden. Darum könne man Kranke auch nicht mit der Zuführung von fremdem Blut retten, sondern nur zu ihrem Unheil beeinflussen.

---

[38] Martin Luther, Evangelisches Kirchengesangbuch = EKG 76 Vers 5.
[39] Adam Thebesius, EKG 66 Vers 3.
[40] Justus Gesenius, EKG 61 Vers 3.
[41] Christian Fürchtegott Gellert, EKG 71 Vers 6.

6 Lebensregeln (Lev 18–20)

Die drei Kap. haben nur ausnahmsweise mit kultischen Dingen zu tun. Ganz überwiegend handeln sie vom Alltagsleben der Menschen in ihren natürlichen Gruppierungen, der Familie und örtlichen Wohngemeinschaft. Allerdings steht zu vermuten, daß diese natürlichen Gruppen zur Zeit der Endredaktion schon in die religiöse Gemeinschaft der nachexilischen Zeit integriert sind. Denn besonders in Lev 19 ist die Heiligkeit des Volkes bzw. der Gemeinde Jahwes sehr stark betont. Die Kap. 18 und 20 stehen in einem fast spiegelbildlichen Verhältnis zueinander. Sie enthalten vergleichbares Material in verschiedener Ausformung.

6.1 Geschlechtliche Tabus (Lev 18)

6.1.1 Übersetzung

1) Jahwe redete zu Mose: 2) Rede mit den Israeliten und sage ihnen: Ich bin Jahwe, euer Gott. 3) Die Sitten des Landes Ägypten, wo ihr gewohnt habt, dürft ihr nicht befolgen. Auch die Sitten des Landes Kanaan, wohin ich euch führe, dürft ihr nicht befolgen. Nach ihren Gesetzen dürft ihr nicht leben. 4) Meine Gebote sollt ihr halten, meine Gesetze befolgen und danach leben. Ich bin Jahwe, euer Gott! 5) Achtet auf meine Gesetze und Gebote. Der Mensch, der sie befolgt, wird durch sie am Leben bleiben. Ich bin Jahwe.
6) Keiner von euch soll sich einer Blutsverwandten nähern, um ihre Scham zu entblößen[1]. Ich bin Jahwe. 7) Die Scham deines Vaters und die Scham deiner Mutter darfst du nicht aufdecken. Sie ist doch deine Mutter, du darfst ihre Scham nicht entblößen. 8) Die Scham der Frau deines Vaters darfst du nicht entblößen. Es ist doch die Scham deines Vaters. 9) Die Scham deiner Schwester, der Tochter deines Vaters oder der Tochter deiner Mutter, ob sie in der Familie oder außerhalb geboren ist, darfst du nicht entblößen. 10) Die Scham der Tochter deines Sohnes oder der Tochter deiner Tochter – ihre Scham sollst du nicht entblößen. Es ist ja deine eigene Scham. 11) Die Scham der Tochter der Frau deines Vaters, die von deinem Vater gezeugt ist,- sie ist deine Schwester – ihre Scham sollst du nicht entblößen. 12) Die Scham der Schwester deines Vaters darfst du nicht entblößen. Sie ist blutsverwandt mit deinem Vater. 13) Die

---

[1] Der hebräische Ausdruck *gillah ʿärwah* nennt die verbotene Handlung „Aufdeckung der Schamgegend", impliziert aber hier sexuelle Aktivität (vgl. Ez 23,10.18; Rut 3,4.7).

Scham der Schwester deiner Mutter darfst du nicht entblößen. Sie ist blutsverwandt mit deiner Mutter. 14) Die Scham des Bruders deines Vaters darfst du nicht entblößen. Nähere dich nicht seiner Frau, sie ist deine Tante. 15) Die Scham deiner Schwiegertochter darfst du nicht entblößen. Sie ist die Frau deines Sohnes. Du darfst ihre Scham nicht entblößen. 16) Die Scham der Frau deines Bruders darfst du nicht entblößen. Es ist die Scham deines Bruders. 17) Die Scham einer Frau und ihrer Tochter darfst du nicht entblößen. Die Tochter ihres Sohnes oder die Tochter ihrer Tochter sollst du nicht nehmen, um ihre Scham zu entblößen. Sie sind blutsverwandt mit ihr; es wäre eine Schandtat. 18) Eine Frau zusätzlich zu ihrer Schwester sollst du nicht nehmen, um Ärgernis zu erregen. Du darfst ihre Scham nicht entblößen, solange [die Frau] lebt.

19) Du sollst dich nicht einer Frau während ihrer Menstruation nähern, um ihre Scham zu entblößen. 20) Du sollst nicht mit der Frau deines Nächsten schlafen; du würdest dich an ihr verunreinigen. 21) Von deinen Kindern sollst du keines als Opfer darbringen. Entweihe nicht den Namen deines Gottes: Ich bin Jahwe. 22) Du sollst nicht bei einem Mann liegen wie bei einer Frau, das ist ein Greuel. 23) Mit irgendeinem Tier sollst du nicht Geschlechtsverkehr haben; du würdest dich damit verunreinigen. Eine Frau soll sich nicht vor ein Tier hinstellen und sich begatten lassen, das ist abscheulich.

24) Verunreinigt euch nicht durch irgendetwas Derartiges. Die Völker, die ich vor euch vertreiben will, haben sich so verunreinigt. 25) Darum wurde das Land unrein, und ich habe seine Schuld an ihm heimgesucht. Das Land hat seine Bewohner ausgespien. 26) Ihr sollt meine Vorschriften und Gebote halten und nichts von diesen Greueln tun, weder Einheimische noch Fremde, die bei euch wohnen. 27) Denn alle diese Greuel verübten die Männer, die vor euch in dem Lande gewohnt haben. Da wurde das Land unrein. 28) Das Land soll nicht auch euch ausspeien, wenn ihr es verunreinigt, so, wie es das Volk ausgespuckt hat, das vor euch da war. 29) Jeder, der irgendeins dieser Greuel tut, ja, alle, die so etwas tun, werden ausgerottet aus ihrem Volk. 30) Haltet meine Vorschriften, richtet euch nicht nach den greulichen Sitten, die man vor euch befolgt hat, damit ihr euch nicht dadurch verunreinigt. Ich bin Jahwe, euer Gott.

6.1.2 Schichtung und Komposition

Das Kap. ist zweifellos zu einer geschlossenen Einheit zusammenkomponiert worden. Die Gottesrede, die dem Volk weitergegeben werden soll, wird gerahmt von der feierlichen Selbstvorstellungsformel: „Ich bin Jahwe, euer Gott!" (V. 2b.30b; noch einmal verstärkend wiederholt in V. 4b). Alles, was gesagt wird, steht unter diesem Vorzeichen. Jahwe selbst spricht durch Mose eine größere Zahl von Zuhörern, idealerweise alle Israeliten (V. 2a) an. Gott betont seine Zugehörigkeit zu diesem Volk und zu der hörenden Gottesdienstgemeinde. Er teilt sich durch Mose, d. h. wohl, durch die Schriftrollen, mit, die später auch dessen Namen tragen sollten. Gott spricht zu der Zuhörerschaft in direkter, plur.er Anrede bis V. 6. Dann fällt der Text in die singularische Du-Anrede

(V. 7–23) und kehrt am Schluß wieder zum Plur. zurück (V. 24–30). Das Gegenüber von Jahwe und Gemeinde wird in V. 5 und 6 durch die Kurzform der Selbstvorstellung „Ich bin Jahwe" unterstrichen. Dieselbe Formel erscheint einmal im sing.en Abschnitt (V. 21b). Sie ist bisher im Buche Leviticus nur selten gebraucht (vgl. Lev 11,44f.), spielt aber in Lev 19 eine überragende Rolle.

Weitere Gliederungselemente sind a) der Ausdruck: „Die Scham ... darfst du nicht entblößen" (V. 7–17). Meistens ist damit der Geschlechtsverkehr gemeint, einigemale aber zusätzlich (oder lediglich?) der Anblick der Nacktheit eines Menschen, der immer entehrend für ihn selbst bzw. auch – falls eine Frau betroffen ist – für deren Vater oder Ehemann ist (vgl. Gen 9,22; 2 Sam 10,4f.; Ez 16,36f.). b) Die dreifache Feststellung: „Das ist eine Schande, ein Greuel, eine Widerwärtigkeit" am Ende von V. 17.22.23. Sie ähnelt formal und inhaltlich den Erklärungen, die der Priester abgibt: „Es ist rein/unrein" bzw. „schlimme Hautkrankheit" (vgl. Lev 13,3aß.8b.17b u.ö.). Auch die bei den Speisegeboten gebrauchte Wendung: „Es ist ekelhaft" (Lev 11,10ff.) ist nahe verwandt. Immer handelt es sich um diagnostische Erklärungen, die vom Fachmann ausgesprochen werden müssen und die darüber entscheiden, ob ein Ding oder eine Handlung als gefährlich anzusehen sind. Die deklaratorischen Formeln beschränken sich in unserem Kap. auf den Abschnitt V. 17–23, wobei die Verwendung dreier verschiedener, synonymer Begriffe auffällt.

Was können uns die formalen Beobachtungen lehren? Das Kap. besteht aus mehreren (mindestens drei) Textblöcken, die zusammengeschweißt worden sind. Die gesonderte Betrachtung dieser Blöcke läßt uns verschiedene Ausgangssituationen und Verwendungszwecke der Texteinheiten erkennen. Dadurch gewinnt die ganze Tradition eine geschichtliche Tiefe, die dem uneingeweihten Auge verborgen bleibt. Der Glaube Israels hat sich durch viele Stadien entfaltet, bis er zu dem wurde, was die Überlieferer des jetzt vorhandenen Textes meinten. Und der Glaube der nachfolgenden Generationen, die immer wieder auf den Bibeltext zurückgriffen, hat sich weiter verändert. Wir stehen immer am Ende einer langen Kette von Interpretationen und müssen in eigener Verantwortung, aber in kritischer Auseinandersetzung mit der vorliegenden Tradition, unsere neuen, heute gültigen Glaubensentscheidungen treffen.

Zwei sehr konkrete Verbotssammlungen bilden den Kern des Kap.s: V. 7–17 und 18–23. In beiden geht es um Tabuisierungen gewisser geschlechtlicher Beziehungen. Ganz überwiegend ist der erwachsene (oder der in die Pubertät kommende?) Mann angesprochen, und zwar als Einzelmensch. Er ist verantwortlich für sein Geschlechtsleben; bestimmte geschlechtliche Beziehungen und Aktivitäten sind unmöglich. „Man tut so etwas nicht", und darüber gibt es eigentlich keine Diskussion. Die umfangreichere Liste V. 7–17 umfaßt lauter direkte Verbote, mit Frauen aus der nächsten Umgebung Geschlechtsverkehr zu haben. Sprache, Satzbau, Inhalte sind monoton. Der Horizont ist die Großfamilie oder Sippe. Der zweite Katalog (V. 18–23) ist nicht ganz so uniform. Er ist in allen Formalien (Wortwahl, Formelgut, Satzbau) deutlich von der ersten Liste unterschieden. Doch untersagen die acht Einzelverbote („Du sollst/darfst nicht …") ebenfalls bestimmte geschlechtliche Verhaltensweisen (eine Ausnahme macht nur V. 21), jedoch ohne Rücksicht auf die Sippenverhältnisse.

Der beide Verbotskataloge umschließende Rahmen (V. 1–6; 24–30) hat sprachlich wie sachlich einen anderen Charakter. Er redet in plur.er Form eine größere Anzahl von Menschen an; er verbietet nicht einfach bestimmte Einzelhandlungen, sondern predigt, wirbt, droht in allgemeiner Mahnrede. Die Sprecher versuchen anscheinend, eine Gemeinde zu formen und zu beeinflussen. Es liegt auf der Hand: Die Gemeindeprediger, die im Rahmenstück zu Wort kommen, haben zwei Verbotslisten mit sexuellen Verhaltensregeln für Männer in ihre Mahnrede aufgenommen und ihren Zwecken dienstbar gemacht. Ein ähnlicher Vorgang läßt sich in Lev 20 beobachten: Eine Sammlung von Straftatbeständen, die inhaltlich oft mit den in Lev 18 genannten Verboten übereinstimmen, wird zu einer ermahnenden Predigt umgestaltet (vgl. besonders Lev 20,22–26). Die beiden so nahe verwandten Kap. haben sich im Prozeß der Überlieferung, des Kopiertwerdens, sicherlich gegenseitig beeinflußt.

6.1.3 Tabu-Personen (V. 7–17)

Der in V. 7–17 genannte Personenkreis deckt sich weitgehend mit der Gruppe von Verwandten, die im Alten Israel normalerweise in einem Haushalt zusammenlebt. Es sind in gerader Abstammungslinie Großeltern, Eltern, Geschwister, Söhne und Töchter des Angeredeten genannt, dazu einige angeheiratete und zweitgradige Verwandte[2]. Diese Gemeinschaft läßt sich kaum unter dem Oberbegriff „Blutsverwandte" des zu Ermahnenden (so in V.6! Später, in V. 12.13.17 hat der Begriff eine andere Bezugsperson) zusammenfassen. Der V. 6 – ohnehin durch seine plur.e Anrede abgesetzt – wird damit als ein Interpretament der Tabuliste erkennbar. Dem Verfasser dieser (späteren) „Überschrift" zum Verbotskatalog geht es um die Verhinderung von „Blutschande" im weitesten Sinn. Die ursprüngliche Absicht der Sammlung von zehn oder zwölf Verboten ist offensichtlich, die Promiskuität der Geschlechterbeziehungen innerhalb der Großfamilie zu verhindern[3]. Die Sippen haben seit Jahrtausenden gelernt, daß innere Konflikte nach Möglichkeit vermieden werden müssen. Sie führen zur Selbstzerstörung der natürlich gewachsenen Gemeinschaft. Der Sexualtrieb ist ein unheimlich starker Motor von Begehrlichkeit und Besitzansprüchen. Also muß er innerhalb einer Familie so reguliert werden, daß er keinen Schaden anrichten kann. Die zugrundeliegende Regel heißt: Jeder Mann darf nur mit der Frau bzw. den Frauen Geschlechtsverkehr haben, die ihm nach geltender Sitte als Ehefrauen zugeteilt (oder: zugefallen) sind (vgl. die Patriarchenehen in Gen 12–50). Alle nicht als Ehefrauen anerkannten weiblichen Wesen der eigenen

---

[2] Vgl. Ludwig Köhler, Mensch; Erhard S.Gerstenberger und Wolfgang Schrage, Frau und Mann, Stuttgart 1980.
[3] Karl Elliger, 238–240; ders., Das Gesetz Leviticus 18, ZAW 67,1955, 1–25 (abgedruckt in: ders., Kleine Schriften zum AT, München 1966, 232–259).

Sippe sind tabu! Mit ihnen schläft man nicht! Das ist natürlich aus der Sicht der
Männer gedacht, denen man in einer patriarchalen Zeit überwiegend oder
ausschließlich sexuelle Bedürfnisse zugestand[4]. So weit die sehr rationale, funk-
tionale Erklärung der Tabu-Liste.

Anthropologische Vergleiche führen uns weiter in das Geheimnis der Inzestverbote
hinein. Die nächsten, verwandtschaftlich verbundenen Mitmenschen sollen nicht nur
nach dem Willen alttestamentlicher Zeugen geschlechtlichen Abstand wahren. Das
Inzestverbot ist in fast allen Kulturen, die wir überblicken, so weit verbreitet, daß es
eine anthropologische Konstante darstellt[5].

Wir stoßen in V. 7–17 also auf ein Urgestein menschlicher Verhaltensnormen.
Sie haben noch gar nichts mit dem Jahweglauben zu tun. Die ursprünglichen
Begründungen für die Tabuisierung der weiblichen Personen in der eigenen
Familie beziehen sich auf das verwandtschaftliche und familiäre Verhältnis. „Sie
ist deine Mutter" (V. 7b), und mit der Mutter darf ein Mann keine geschlechtli-
chen Beziehungen unterhalten. So etwas tut man nicht! In der griechischen
Mythologie ist der Fluch, der ein solches Verhältnis herbeiführt und den es
wiederum weiter verstärkt, breit ausgeführt (vgl. das Ödipus-Thema in Mytho-
logie und Dramaturgie). Weiterer Grund für die Verbote ist der Schutz der
Mannesehre. Wer eine in einer definierten Beziehung zu einem Mann stehende
Frau anrührt, der tastet damit gleichzeitig die Ehre des (übergeordneten) Mannes an, sei er Vater, Ehemann, Bruder oder der Übeltäter selbst (V. 10!). Bei der
mitbetroffenen Frau ist eine solche Schändung der Ehre nur eben angedeutet[6].
Im Vordergrund steht groß die Ehre des Mannes, die unter dem unerlaubten
Geschlechtsverkehr der ihm „anvertrauten" Frau leidet. (Man vergleiche die
starken emotionalen Wertungen und Reaktionen von islamischen Familien-
oberhäuptern in derartigen Konfliktfällen! Oft kann nur das Blut des Übertreters und der Tod der inkriminierten Frau die Schande abwaschen). In patriarchalen Gesellschaftssystemen ist der Mann der Wächter über die sexuelle Integrität der ihm zugeordneten Frauen. Übergriffe auf die Frau schädigen ihn
unmittelbar. Sie sind genau so schwerwiegend wie Verletzungen seiner eigenen
Intimsphäre. So ist die Entblößung der Genitalien eine außerordentlich schwere
Beeinträchtigung der Mannesehre (vgl. Gen 9,21–25). Weil seinen Gesandten
die Kleider „bis zum Gürtel" abgeschnitten werden (dazu die Bärte zur Hälfte),
erklärt David den Ammonitern den Krieg. Die „Männer waren sehr geschändet" (2 Sam 10,4f.) und mit ihnen die ganze Nation. Ehebrecherinnen wurden
möglicherweise nackt an den Pranger gestellt (vgl. Ez 16,36f.; Jer 13,22; Jes
47,2f.; Nah 3,5).
    Wir sehen an allen diesen Beispielen, daß die Sexualität – auch und gerade im

---

[4] Ausnahmen: Gen 18,12; 38,13ff.; Hoheslied usw.; vgl. Erhard S. Gerstenberger, Jahwe.
[5] Claude Levi-Strauss, Die elementaren Strukturen der Verwandtschaft 1949, Frankfurt 1981, 57:
„Als eine Regel, die das umfaßt, was ihr in der Gesellschaft am fremdesten ist, doch zugleich als eine
gesellschaftliche Regel, die von der Natur das zurückhält, was geeignet ist, über sie hinauszugehen,
ist das Inzestverbot gleichzeitig an der Schwelle der Kultur, in der Kultur und, in gewissem Sinne
…, die Kultur selbst." Das Inzestverbot markiert für Levi-Strauss den Beginn der Menschwerdung.
[6] V. 13; vgl. Clemens Locher, Die Ehre einer Frau in Israel, Göttingen 1986.

engsten Familienkreis – eine bedrohliche, unberechenbare Macht ist, die es zu kontrollieren gilt. So sehr aber auch rationelle Motive und handfeste Erfahrungen hinter den Tabu-Regeln stehen mögen: Die Unheimlichkeit der Kraft, die Leben schafft und zerstört, läßt sich nicht verrechnen. Es bleibt ein „numinoser" Rest. Ihm muß man mit strikten Verhaltensregeln Rechnung tragen. „Du darfst nicht …": So wird es den jungen Männern von Anfang ihres bewußten Lebens an eingeprägt. Prohibitive Unterweisung kommt aus dem Erziehungsprozeß und ist heute noch üblich. „Nein, tu das nicht!" sagt man Kindern. Warum? „Das tut man nicht!" Jede Gemeinschaft stellt derartige Verbote auf, mit denen sie sich selbst konstituiert und schützt. Sie gehören zum eisernen Bestand der Gruppe und der Gesellschaft (vgl. Lev 19).

Im Codex Hammurapi sind Tochter, Schwiegertochter, Mutter und Stiefmutter eines erwachsenen Mannes für diesen Tabupersonen[7]. Die Strafandrohungen für den Übertretungsfall sind verschieden: Der Vater, der seine Tochter mißbraucht, wird aus der Stadt verjagt[8]. Hat der Vater Geschlechtsverkehr mit der Schwiegertochter, wird er ertränkt[9]. Vergeht er sich vor dem Ehevollzug seines Sohnes, kommt er mit einer Geldbuße davon[10]. Schläft ein Sohn mit seiner verwitweten Mutter, werden beide verbrannt[11]. Ist die Partnerin die Stiefmutter, wird er aus dem Vaterhaus verstoßen[12]. Die Einschätzung der Schwere eines jeden Falles ist mit den alttestamentlichen Regeln vergleichbar (vgl. unten 6.3.4)

6.1.4 Verbotene Laster (V. 18–23)

Aus dem Abschnitt V. 7–17 kann man sich leicht selbst eine Liste von stereotypen und knappen Verboten zusammenstellen: „Mit der … darfst du nicht schlafen." Im zweiten Überlieferungsblock V. 18–23 fällt das wegen der unklaren Satzgefüge schwerer. Vielleicht hat der ursprüngliche Verbotskatalog so ausgesehen:

Eine Frau zu ihrer Schwester hinzu darfst du nicht nehmen (V. 18 a).
Einer Frau in ihrem Blutfluß darfst du dich nicht nähern (V. 19).
Mit einer Frau deines Nachbarn darfst du nicht schlafen (V. 20).
Deine Kinder darfst du nicht (dem Molek) opfern (V. 21 a).
Du darfst den Namen deines Gottes nicht entweihen (V. 21 b).
Mit einem Mann darfst du nicht liegen wie mit einer Frau (V. 22).
Mit irgendeinem Tier darfst du nicht schlafen (V. 23 a).
Eine Frau darf sich von einem Tier nicht begatten lassen (V. 23 b).

Auch in der Reduzierung auf möglichst einfache Verbote ist das Bild dieser Verbotstafel viel bunter als im vorigen Fall. Die strikte Untersagung bestimmter

---

[7] § 154–158; Rykle Borger in TUAT I, 61f.
[8] Codex Hammurapi § 154.
[9] Codex Hammurapi § 155.
[10] Codex Hammurapi § 156.
[11] Codex Hammurapi § 157.
[12] Codex Hammurapi § 158.

Handlungsweisen, die keinerlei Begründung oder Argumentation bedarf, ist durchweg auch hier feststellbar. Überall ist der erwachsene Mann als Individuum direkt angeredet – nur im letzten Satz nicht. Da erscheint die Frau in der 3. Pers. als handelnde Person. Anscheinend ist diese Abseitsstellung wieder eine Folge ihrer religiösen Unmündigkeit. Der für sie verantwortliche Mann hat darüber zu wachen, daß sie keine „Sodomie" begeht. (Die Stadt Sodom ist über die Andeutung von Homosexualität hinaus – Gen 19,5 – auch für den Geschlechtsverkehr mit Tieren berüchtigt geworden: vgl. Ez 16,46–50; Weish 10,8; 19,8; Sir 16,8; 1 Kor 6,9f.; 1 Tim 1,9f.). Übrigens war „Tierschande" bis 1969 auch in der damaligen Bundesrepublik strafbar[13]. Weiter: Obwohl die „Du-darfst-nicht"-Form absolut überwiegt, sind doch unterschiedliche Verben verwendet. In der Reihenfolge der Verbote sind es: „nehmen – sich nähern – schlafen mit (wörtlich: ‚dein Beilager geben zur Besamung') – zur Opferung geben – entweihen – liegen [wie] beim Beilager einer Frau – schlafen mit – sich begatten lassen (wörtlich: ‚stehen vor ... zur Begattung')." Einige Formulierungen wiederholen sich annähernd (vgl. V.20a.23a). Auch das Wort „geben" kommt mehrmals, wenn auch in verschiedenen Wendungen vor. Aber eine Einheitlichkeit des Ausdrucks ist nicht zu erkennen. Hinzu kommt die Diversität der Inhalte. In der Mehrzahl sind zwar sexuelle Vergehen angesprochen. Jedoch fallen das Opferverbot und das Verbot, Gottes Namen zu entweihen (V.21), aus dieser Schablone heraus. Außerdem sind auch die übrigen sechs Untersagungen auf recht unterschiedliche Situationen hin gesprochen. Es ist also schwierig, einen geschlossenen, älteren Verbotskatalog zusammenzustellen. Von ihm erwartet man eine gewisse Kohärenz der Gedanken und eine gewisse formale Ausgewogenheit. Daß jedoch Teile des Verbotskataloges, etwa die Verdammung von (männlicher) Homosexualität und (für beide Geschlechter) des Verkehrs mit Tieren (V.22f.) eine ursprüngliche Trias gebildet haben, ist gut denkbar. Die Behandlung der wichtigsten Verbote von V.18–23 in Kap. 20,14(?).18.10.13.15.16 – in dieser Reihenfolge! – ist ein weiteres Indiz für ihren lockeren, in der oben angegebenen Dreiergruppierung stabileren Zusammenhang.

Über die einzelnen Verbote ließe sich sehr viel sagen. Hier nur das Notwendigste in Kurzform:

V. 18 verbietet die Ehe mit zwei Schwestern. Das ist merkwürdig, denn in der Jakobsgeschichte ist diese Eheform ganz unanstößig (Gen 29f.). Ob die Überlieferer im Blick auf die Auseinandersetzungen in der Familie des Erzvaters die Erläuterung „zum Ärgernis" (V.18b) hinzugesetzt haben? Andererseits gibt es nicht nur bei Schwesternheirat Streit unter den Frauen eines Mannes (vgl. Gen 16,4ff.; 1 Sam 1,6ff.). Ist es da nicht naheliegender, mit Lev 20,14 und Am 2,7 an Personen aus aufeinanderfolgenden Generationen zu denken, denen der Geschlechtsverkehr mit einem Mann bzw. einer Frau untersagt ist? Dann wäre die „Schwester" durch ein Mißverständnis in den Text hineingekommen. Jedenfalls ist das Verbot, Mutter und Tochter zur Ehe zu nehmen, bezeugt (V.17; vgl. auch Am 2,7).

---

[13] StGB § 175b: Der Absatz wurde 1969 ersatzlos gestrichen.

Der Geschlechtsverkehr mit einer Menstruierenden (V.19) ist im Licht von Lev 15,19–24 verständlich. Die Scheu vor dem Blut der Frau ist besonders unter Männern in allen Kulturen verbreitet; sie wirkt bis heute nach. Allerdings bleibt das bloße Verbot in Lev 18,19 ganz undefiniert hinsichtlich Dauer und Folgen der Enthaltsamkeit. Die kultische Reinheit interessiert erst den Sammler und Kommentator (V. 19a: „in der Unreinheit ihres Flusses"). Er spielt vielleicht gezielt auf Kap. 15 an. Im originalen Verbot ist nur die Gefahr beschworen, die dem Mann durch das Menstruationsblut und dessen unheilvolle Kräfte droht.

Die Ehefrau des Nachbarn oder Stammesgenossen[14] ist, wie in anderen Kulturen auch, selbstverständlich besonders geschützt (V. 20). Ehebruch ist im Dekalog verboten (Ex 20,14) und wird in den altorientalischen Gesetzessammlungen unter schwere Strafe gestellt[15]. Umso erstaunlicher ist es, daß der alte Kommentator nur eine „Verunreinigung" nicht weiter bezeichneter Schwere in dem Verstoß gegen das Ehebruchsverbot sah (V. 20b). Die Parallelstelle Lev 20,10, die ein ganz anderes Vokabular benutzt, verhängt rigoros die Todesstrafe für Mann und Frau, die illegitime Geschlechtsbeziehungen hatten. Bei unserer Stelle kommt es von dem ursprünglichen Verbot her nicht auf eine Straffestsetzung, sondern – im Erziehungsprozeß! – nur auf die Untersagung an.

Das Kinderopfer in V. 21a gibt manche Fragen auf. Hat es wirklich einen Gott „Moloch" gegeben, der bis in die modernen westlichen Sprachen als kinderfressendes Ungeheuer sprichwörtlich geworden ist (vgl. fast alle Übersetzungen: Laß dein Kind nicht durchs Feuer gehen „für den Moloch")? Archäologische Funde von punischen und phönizischen Opferinschriften haben bewiesen, daß hinter *lammoläk* ein einfacher Opfterminus steht: „zum Dank-, Gelübdeopfer bringen." Kinderknochen an Opferstätten belegen den Brauch, Säuglinge zu opfern[16]. Allerdings ist der Ausdruck sehr früh schon mißverstanden worden, als sei von einem besonderen Gott „Moloch" die Rede (vgl. zu Lev 20,5). Nachklänge von Kinderopfern gibt es im AT nicht selten (vgl. Ex 22,28b; Gen 22; Ri 11,30–40). Dieses Opfer wird in der Spätzeit energisch abgelehnt und als unvereinbar mit dem Jahweglauben erklärt (vgl. Dtn 12,31; 18,10; 2 Kön 23,10; Jer 7,31; 19,5; 32,35: sämtliche Stellen gehören zur exilischen, „deuteronomistischen" Traditionsschicht). – Die zweite Vershälfte (V.21b) kann als eigenständiges Verbot oder als Absichtssatz aufgefaßt werden (Lutherübersetzung: „... damit du nicht entheiligst"). Im ersteren Fall wäre eine konkrete Handlung, ein Namensmißbrauch (vgl. Ex 20,7; Lev 19,12) gemeint, im zweiten wäre die Entweihung des Jahwenamens die Folge irgendeiner schweren Verfehlung (vgl. Lev 20,3; 21,6; 22,2.32; Ez 20,39; 36,20–23). Den priesterlichen Überlieferern geht es immer in erster Linie um die Ehre und Heiligkeit Gottes (V. 21b). In den deuteronomistischen Schichten fehlen solche Aussagen. Dafür

---

[14] An den acht Stellen im Buche Leviticus, wo das gekünstelte, von ʿam, Volk, abgeleitete Wort ʿamit vorkommt (sonst nur noch in Sach 13,7), bedeutet es geradezu „Mitglied der Religionsgemeinschaft" (vgl. zu Lev 19,11.17.): Karl Elliger, 241.

[15] Vgl. Dtn 22,23–27; Codex Hammurapi § 129–132.

[16] Hans-Peter Müller, ThWAT IV, 957–968; Otto Kaiser, Den Erstgeborenen deiner Söhne sollst du mir geben, FS Ratschow, Berlin 1976, 24–48.

schärfen sie ständig die ausschließliche Verehrung Jahwes und seine exklusive Bemühung um Israel ein (vgl. Dtn 4–6). In diesen Zusammenhang gehört auch das Verbot des Kinderopfers (V. 21a). Wir finden also in dem einen V. 21 Hauptanliegen der deuteronomistischen und der priesterlichen Tradition vereinigt. Der Vers wirkt wegen seiner Konzentration auf Jahwe wie ein Einschub in die Liste von sexuellen Verboten. Der Eindruck verstärkt sich durch das abschließende, feierliche „Ich bin Jahwe."

Homosexualität des Mannes ist das Thema von V.22 (vgl. Lev 20,13). Die gleichgeschlechtliche Beziehung wird von manchen Religionen geduldet. In der biblischen Tradition ist sie bis heute mit wechselnder Schärfe verurteilt worden. Im Ursprung ging es dabei wohl um eine durch numinose Furcht inspirierte Ausgrenzung „anormalen" Verhaltens. Jede Gemeinschaft schafft sich eine Reihe von konstitutiven Normen. Sie werden im Sozialisationsprozeß der Heranwachsenden durch Prohibitive (vgl. zu Lev 19) indirekt definiert. Homosexualität ist den altisraelitischen Sippen und ihren kanaanäischen oder ursemitischen Vorläufern – quer zu den Verboten der Vermischung polarer Kräfte! Vgl. Lev 19,19 – als gefährlich erschienen. Vermutlich waren dämonistische Ängste im Spiel. Alle späteren, rationaleren Begründungen der Homosexualität (Unnatürlichkeit; Widergöttlichkeit; Fortpflanzungszwang) sind wohl sekundär[17]. Die in Lev 18,22 hinzugefügte Verdammungsformel „Ein Greuel ist es" geht über die Sippengrenzen hinaus. Sie signalisiert gesellschaftliche Ächtung und Verfolgung der Homosexuellen (vgl. Dtn 17,4f.; 18,9–12; 20,16–18; 22,5; 23,19). Erst in neuester Zeit beginnen Kirchen, das Problem aufzuarbeiten; weiteres zu Lev 20,13[18]. – Das Doppelverbot der „Tierschande" (V.23) beschließt den Katalog. Es hat im AT ältere Vorläufer (Ex 22,18; Dtn 27,21) und vermutlich ebenfalls dämonistische Ängste zu seinem Hintergrund.

Über die Praxis des Geschlechtsverkehrs mit Tieren, und hier wird ausnahmsweise von Mann und Frau geredet, wissen wir aus dem Alten Orient sonst nichts. Nur die klassischen Satiriker wie Lukian und Apulejus haben sich darüber lustig gemacht. Geschlechtsverkehr mit Tieren galt in der Zeit der priesterlichen Überlieferer als schlimmes, todeswürdiges Vergehen (vgl. Lev 20,15f.). Thomas von Aquin stufte ihn im Vergleich zu homosexuellen Handlungen als noch verwerflicher ein[19]. Diese Bewertung, die bis in unsere Zeit nachwirkt, gründet auf einer ausgefeilten Unterscheidung von dem, was „natürlich" (= gottgewollt) und „widernatürlich" (= von Gott verworfen) ist. Dahinter steht bei Thomas auch ein platonischer Dualismus von Geist und Materie, der den alttestamentlichen Zeugen noch völlig fremd war.

---

[17] Vgl. D. Shervin Bailey, Homosexuality and the Western Christian Tradition, London 1955.
[18] Vgl. die Handreichung der Rheinischen Landessynode: „Homosexuelle Liebe und Segnung gleichgeschlechtlicher Paare" (Jan. 1992); Herbert Maag und Katharina Elliger, Stört nicht die Liebe, Olten 1986; Hans-Georg Wiedemann, Homosexuelle Liebe, Stuttgart, ²1989.
[19] Thomas von Aquin, Summa theologica II/2 q 152–154.

6.1.5 Abgrenzung von den Völkern

Die beiden bisher besprochenen Teile des Kap. 18 galten in ihrer ursprünglichen Gestalt der inneren Ordnung von Familie, Sippe und Volksgemeinschaft. Beide sind eingearbeitet worden in den größeren Zusammenenhang einer Ansprache, die Israel im Kontext einer bedrohlichen Völkerwelt sieht. Diese neue Dimension ist besonders in V. 24–30 sichtbar. Die Völker: Das sind ganz in der historischen Perspektive vor allem die vorisraelitischen Bewohner Palästinas. An anderen Stellen (deuteronomistischer Herkunft) sind sie in stereotypen Listen aufgezählt: Amoriter, Kanaanäer, Hethiter, Peresiter, Hewiter, Jebusiter (Ex 34,11; vgl. Jos 11,3; Ri 3,5). Hier fehlen diese Namen, aber sie sind offensichtlich mit den „Männern dieses Landes" (V. 27) und den „Völkern, die vor euch da waren" (V. 28) gemeint. In der predigtartigen Einleitung des Kapitels werden konkret die Ägypter genannt, denen Israel entkommen ist, und das Land Kanaan, dessen Sitten Jahwes Volk nicht nachahmen soll (V. 3). Die Verbotskataloge V. 7–23 sind also in den neuen Rahmen eingespannt und empfangen von ihm einen anderen Sinn. Die rahmenden Stücke geben selbst keinerlei neue Verbote mehr kund. Sie reden vielmehr in ermahnendem Ton und ergehen sich in allgemeinen Anweisungen. Die Verbotslisten dienen jetzt der Illustration der für Israel verbotenen fremden Sitten. Die Rahmung der Verbote macht die Prohibitive zu Beispielen der Abscheulichkeiten und Unreinheiten, die Jahwe nicht ausstehen kann (V.24–30).

Das, was Jahwe dagegen von seiner Gemeinde erwartet, ist ganz allgemein als ein „Halten der Gebote" beschrieben (V. 4f..30). Den ohnehin selbstverständlichen sexuellen Tabus werden keine konkreten positiven Verhaltensweisen auf diesem gefährlichen Gebiet der zwischenmenschlichen Beziehungen entgegengesetzt. Nicht eine Spur von Andeutung einer erstrebenswerten Sexualmoral findet sich, stattdessen die wiederholte und aus der biblisch-jüdisch-christlichen Predigtliteratur aller Zeiten genügend bekannte Ermahnung: „Tut, was ich sage!", „Haltet meine Gebote!" Das setzt voraus, daß Gottes Willenskundgebung bekannt und unzweideutig ist. Mi 6,6–8 läßt den Zweifel zu Wort kommen, wie aus der Fülle göttlicher Verordnungen die richtigen befolgt werden können. Der Prophetentext versucht eine bündige Zusammenfassung, ähnlich der, die Jesus zugeschrieben wird (vgl. Mt 22,34–40). Grundsätzlich aber bezieht er sich wie der Rahmen in Lev 18 auf die geschrieben vorliegenden Gottesgebote. „Der Mensch, der sie tut, wird durch sie leben" (V. 5aß). Die Tora als Lebensquelle ist in der Gemeinde vorhanden, obwohl sie nicht direkt mit ihrem Gesamtnamen, sondern lediglich in ihren Einzelteilen („Gebote, Gesetze, Anordnungen" o.ä.) benannt wird. Nur in dieser heiligen Quelle göttlicher Kundgabe sind die Ich-Rede Jahwes und die feierlichen Formeln der Selbstbestätigung möglich, die den Rahmen des Kapitels auszeichnen.

Die ganze Rahmenrede ist von einem Abgrenzungswillen gegenüber den anderen Völkern durchdrungen, den man im Buch Leviticus sonst kaum, in den deuteronomistischen Schriften dagegen umso massiver antrifft. In Lev 11–15 war viel von der Vermeidung des Unreinen die Rede. Aber die andersgläubigen

Menschen wurden nicht erwähnt. Lev 19–27 enthält zahlreiche Verbote, Gebote, Mahnungen für die Gemeinde der Jahwegläubigen. Aber eine Grenzziehung
zu den „Anderen" kommt in dieser Deutlichkeit nicht mehr vor. Der Einwand,
es handele sich in Lev 18 um eine rein historische Schilderung bzw. Fiktion,
sticht nicht. Hinter der bedingungslosen Ausgrenzung der Sitten Ägyptens und
Kanaans und der Vertreibung der ursprünglichen Landesbewohner stehen ganz
sicher die jüdischen Idealvorstellungen der Perserzeit. Das heilige, von Jahwe
für Israel ausgewählte Land müßte eigentlich ganz rein von Fremdem sein. Es
dürften dort nur die Gesetze des Gottes Israels gelten. Darum die seltsame,
mythologische Bildsprache in V. 25–28: Das Land ist von den „Fremden"
(wahrscheinlich wagt man es nicht, offen „Babylonier" und „Perser", „Edomiter" und „Phönizier", „Moabiter" und „Syrer" zu sagen) verunreinigt worden.
Die späten Legenden über die Zeit der Landnahme, z. B. Jos 1–12, behaupten,
Jahwe habe Palästina durch sein Volk von allen anderen Völkerschaften reinfe-
gen lassen, daß kein Fremder drinnen blieb. Unser Text nimmt den Traum auf
und wünscht sich dabei seine Realisierung in der Gegenwart und Zukunft:
Jahwe ließ es den Fremden nicht durchgehen, sein Land kultisch zu beschmutzen. Er griff strafend ein, und das Land selbst wehrte sich. Es spuckte die
Urbewohner aus (V. 25). So, wie der personifizierte Erdboden das Blut Abels
schluckt (Gen 4,11) oder in einer Kette der Klagenden und Erhörten steht (Hos
2,23 f.); so, wie ein Land zur Hure (Lev 19,29) oder zur abgemagerten Frau (Hos
4,3) werden kann, so rebelliert es gegen die Unreinen. Es hat die Kanaanäer
bereits (Wechsel der Zeitperspektive!) ausgespuckt, und es behält die Kraft,
auch Israel wegen seiner Unreinheit von sich fortzutreiben. Der kundige Hörer
wird wissen: Im Exil ist das ja auch schon geschehen! Dieses „Ausgespucktwer-
den" – im AT außer Lev 20,22 sonst nicht mehr vom „Land" gebraucht – droht
weiter dem Volk und allen Gemeindegliedern, die sich verunreinigen (V. 28).
Die parallele Predigt vom Land, das die Unreinen ausspuckt und denen, die sich
tatsächlich von allem nicht Jahwegemäßen absondern lassen, findet sich in Lev
20,22–26. Diese Mahnrede benutzt viermal den priesterlichen terminus technicus für die jüdische Glaubensordnung: „Absondern" (Lev 20,24 b–26).

In dem zusammengesetzten Text bekommen die Sexualtabus zusätzlich einen
anderen Sinn. Sie werden Beispiele für die Sitten der früheren Landesbewohner,
unter der Hand natürlich der Völker, mit denen Israel es in der Perserzeit zu tun
hat. Die Jahwegläubigen sollen nicht „solche Abscheulichkeiten" tun, wie die
anderen ethnisch-religiösen Gruppen. Was können wir zu dieser Art der Absonderung sagen? Erstens gibt es keinerlei Beweise dafür, daß die Nachbarvölker Israels in ihrer Sexualmoral sich von den Israeliten grundlegend unterschieden. Nach allem, was wir aus dem Alten Orient des 1. Jt.s v. Chr. wissen, und das
ist dank zahlreicher Tontafel- und Inschriftenfunde in Altägypten, Syrien,
Kleinasien und Mesopotamien nicht wenig, war das Sexualethos überall vom
Verbot des Inzests und des Ehebruchs bestimmt. Über Homosexualität und
Geschlechtsverkehr mit Tieren haben wir wenig Nachrichten (vgl. unten
Nr. 6.3.4). Kinderopfer wurden wahrscheinlich in der vorexilischen Zeit je und
dann auch in Israel gebracht. Das bedeutet: Die Sexualmoral der Israeliten war

höchstens in Randbereichen von den „Sitten der Völker" unterschieden. Der Eindruck, der im jetzigen Textzusammenhang von Lev 18 entsteht, als ob die Umwelt Israels ein höllischer Sündenpfuhl nach Art Sodoms (Gen 19) gewesen sei, ist historisch gesehen falsch.

Es gilt jedoch, die Ursachen und Bedingungen der frühjüdischen Abgrenzungsstrategie zu verstehen. Nach dem Verlust der staatlichen Eigenständigkeit im Gefolge der babylonischen Okkupation und der Deportation wichtiger Bevölkerungsteile hatte die Jahwegemeinschaft sich notgedrungen auf ihre religiöse und sittliche Identität zurückgezogen, wie das in der Geschichte der Menschheit häufig der Fall ist. Und die allgemein-menschliche Tendenz, die eigenen Lebensmuster für die allein richtigen zu halten, alle anderen Gruppen gegenüber der eigenen abzuwerten[20], führte im Verein mit der Pflege der Glaubensidentität zu einem überhöhten Schutzwall von Vorschriften, Bräuchen, Geboten, die dem doppelten Ziel dienen, die eigene Gemeinschaft zu stabilisieren und Nachbargemeinschaften auszugrenzen und zu diskreditieren. Abgrenzung der eigenen Gruppe von den anderen ist ein soziologisches Gesetz, das alle Menschen instinktiv befolgen. Die Distanzierung von den „anderen" erfolgt sehr oft im Bereich der Sexualmoral mit den meist haltlosen Unterstellungen, die „anderen" seien pervers. In der jüdisch-christlichen Tradition hat man besonders den Ketzern immer wieder sexuelle Abartigkeiten vorgeworfen, und die ausgesonderten Gruppen haben sich nicht selten mit ähnlichen Verleumdungen revanchiert.

6.1.6 Von der Familie zur Gemeinde

Lev 18 bietet wegen seiner klar erkennbaren literarischen Schichten eine einzigartige Gelegenheit, die zugehörigen Gesellschaftsformationen zu bestimmen. Die oft „apodiktisch" genannten Verbote im „Du darfst nicht"-Stil sind charakteristisch für die Familie und Sippe und ihre Erziehungs- und Sozialisationsprozesse. Ein Heranwachsender (es handelt sich in der erhaltenen Literatur leider nur um männliche Familienmitglieder; ähnliche Instruktionen für Mädchen haben sicher auch existiert, sind aber nicht schriftlich überliefert worden) wurde vom Vater und anderen Männern der eigenständigen Gemeinschaft in die Regeln des Zusammenlebens eingeführt. Schließlich mußte jeder junge Mann um die Zeit seiner Pubertät über die Pflichten und Rechte eines Volljährigen informiert sein. Ähnliche Prozesse spielen sich noch heute in Primärgruppen ab. Die geltenden Normen des Zusammenlebens müssen internalisiert werden. Das geschieht überwiegend durch die Einprägung von Prohibitiven, die kurz und knapp angeben, was „man nicht tun darf", wenn man im Schutz der Gruppe leben will[21]. Wer sich

---

[20] Vgl. Peter R. Hofstätter, Gruppendynamik, Hamburg 1957; Jakob J. Petuchowski, Die „Bräuche der Völker", Judaica 38, 1982, 141–149.

[21] Vgl. George C. Homans, Theorie der sozialen Gruppe, Opladen, ⁶1974.

nicht an die Regeln hält, wird ausgestoßen. Lev 18,7–17 stellt in der Urform einen in der Sippe geltenden Verbotskatalog dar.

Die Prohibitive des zweiten Abschnittes (V. 18–23) setzen einen größeren Geltungsbereich voraus. Das Verbot, die Ehefrau eines Nachbarn zu vergewaltigen oder die Bestimmungen gegen Homosexualität und Tierverkehr sind nicht nur im Bereich einer Sippe gültig. Sie gehören in eine größere Gemeinschaft. Dem entspricht, daß bald schon Strafandrohungen hinzukommen.

Schließlich sind die ethischen Verbote in der Konfessionsgemeinschaft gültig geworden. Dort stehen sie nicht mehr allein, sondern sind in den ganzen Apparat religiöser Normen eingebettet. Die ursprünglichen Prohibitive der säkularen Gruppen werden kaum verändert, eher ausgewählt und neu zusammengestellt. Sie gelten jetzt für eine Gemeinschaft, für die sie nicht „gemacht" worden sind. Kontrollmöglichkeiten und Mechanismen der Durchsetzung fehlen einer Gemeinde, sofern es sich um Verbote für die Intimsphäre handelt. Da muß die Gemeindeleitung den einzelnen in die Pflicht nehmen und zur Einhaltung der Normen ermahnen. Der predigtartige Rahmen hat also durchaus seinen sachlichen Sinn.

Das Verbot des Geschlechtsverkehrs zwischen unverheirateten männlichen und weiblichen Personen eines Haushalts (Großfamilie!) wurde in der Folgezeit nach Einführung strikter Monogamie mehr und mehr als Verbot der Eheschließung, als „Ehehindernis" interpretiert[22].

6.2 Gemeinde und Alltag (Lev 19)

Das nun folgende Kap. ist einzigartig im AT. Es gibt viele Sammlungen von ethischen Normen (vgl. Ex 20; Ez 18), aber keine, die eine so bunte Vielfalt aufweist und die so starke soziale und religiöse Akzente gesetzt hat.

6.2.1 Übersetzung

1) Jahwe redete zu Mose: 2) Sage zu der ganzen Gemeinde der Israeliten: Ihr sollt heilig sein, denn ich, Jahwe, euer Gott, bin heilig. 3) Jedermann ehre Mutter und Vater. Meine Sabbate sollt ihr einhalten. Ich bin Jahwe, euer Gott. 4) Wendet euch nicht den „Nichtsen" zu. Macht euch keine Götzenbilder. Ich bin Jahwe, euer Gott.

5) Wenn ihr Jahwe ein Mahlopfer darbringt, dann sollt ihr es so opfern, daß es euch Wohlwollen einbringt. 6) Am Tage der Schlachtung soll es gegessen werden und am Tage danach. Was bis zum dritten Tag übrigbleibt, muß im Feuer verbrannt werden. 7) Wenn am dritten Tag davon gegessen wird, dann verunreinigt es. Es bewirkt kein Wohlwollen. 8) Wer davon ißt, der muß seine

---

[22] Vgl. Joseph Wenner, Ehehindernisse, Lexikon für Theologie und Kirche III, Freiburg 1959, 702–706; derselbe, Blutsverwandtschaft, ebenda II, Freiburg 1958, 547 f.

Schuld tragen; er hat das entweiht, was Jahwe geheiligt ist. Er wird aus seiner Gemeinschaft[23]ausgerottet.

9) Wenn ihr die Ernte eures Landes einbringt, dann sollt ihr das Feld nicht bis zum Rand abernten. Die Nachlese deiner Ernte sollst du nicht einsammeln. 10) In deinem Weinberg sollst du nicht nachlesen. Die abgefallenen Beeren sollst du nicht auflesen. Du sollst sie dem Fremden und dem Armen überlassen. Ich bin Jahwe, euer Gott.

11) Ihr sollt nicht stehlen. Ihr sollt nicht lügen. Ihr sollt einer den anderen nicht betrügen. 12) Ihr sollt nicht in meinem Namen falsch schwören und so den Namen deines Gottes entweihen. Ich bin Jahwe.

13) Du sollst deinen Stammesgenossen nicht unterdrücken. Du sollst nicht rauben. Du sollst die Entlohnung deines Tagelöhners nicht auf den folgenden Tag verschieben. 14) Du sollst den Tauben nicht verfluchen. Vor einem Blinden sollst du kein Hindernis aufbauen. Fürchte dich vor deinem Gott; ich bin Jahwe.

15) Ihr dürft im Rechtsverfahren nichts Unrechtes tun. Du darfst weder den Armen bevorzugen, noch dem Angesehenen huldigen. Gerecht sollst du deinen Mitmenschen beurteilen. 16) Du sollst keinen in deiner Gemeinde verleumden; du sollst deinem Mitmenschen nicht nach dem Leben trachten. Ich bin Jahwe. 17) Du sollst deinen Bruder nicht in deinem Herzen hassen. Zurechtweisen sollst du deinen Glaubensbruder. Du sollst ihm nicht Verfehlungen aufhalsen. 18) Räche dich nicht; sei nicht zornig auf die Angehörigen deines Volkes. Liebe deinen Nächsten wie dich selbst. Ich bin Jahwe.

19) Haltet meine Anordnungen. Zweierlei Tierarten sollst du nicht paaren. Deinen Acker darfst du nicht mit Zweierlei bepflanzen. Du sollst keine aus zweierlei Garn gewebte Kleidung anziehen.

20) Wenn jemand mit einer Frau schläft, und sie ist eine Sklavin, die mit einem Mann verlobt, aber weder freigekauft noch freigelassen ist, so liegt Schadenersatzpflicht vor. Die beiden sollen nicht sterben, denn sie war noch nicht freigelassen. 21) Er soll sein Schuldopfer zu Jahwe vor den Eingang des Begegnungszeltes bringen, einen Schuldopferwidder. 22) Der Priester wird für ihn durch den Schuldopferwidder vor Jahwe Sühne bewirken, für das Vergehen, das er begangen hat. Dann wird ihm sein Vergehen, das er begangen hat, vergeben.

23) Wenn ihr in das Land kommt und Fruchtbäume anpflanzt, dann sollt ihr ihre Vorhaut, [das heißt] ihre Früchte stehenlassen. Drei Jahre lang sollen sie euch „unbeschnitten" bleiben. Sie dürfen nicht gegessen werden. 24) Im vierten Jahr soll ihre Frucht heilig und eine Jubelweihgabe für Jahwe sein. 25) [Erst] im fünften Jahr dürft ihr die Früchte essen; ihr könnt den Ertrag für euch selbst einsammeln. Ich bin Jahwe, euer Gott.

26) Ihr dürft nichts mit Blut essen. Ihr dürft keine Wahrsagerei treiben. Ihr dürft keine Zeichen deuten. 27) Ihr dürft euch nicht das Haar ringsherum abschneiden. Du sollst dir nicht den Bart stutzen. 28) Wegen eines Toten sollt

---

[23] Die sozialen Begriffe haben ein breites Bedeutungsspektrum und sind darum unterschiedlich wiedergegeben: ʿam (V.8.16.18) = Sippe; Gemeinschaft; Gemeinde; Volk; ʿamit (V.11.15.17; vgl. Lev 18,20 und die Auslegung in 6.1.4) = Mitglied der Gemeinschaft; Glaubensbruder; re^{ac} (V.13.16.18) = Stammesgenosse; Mitmensch; Nächster.

ihr euch keine Einschnitte an eurem Körper machen. Ihr sollt euch keine Tätowierungen anbringen lassen. Ich bin Jahwe. 29) Entweihe nicht deine Tochter, indem du sie zur Hurerei anstiftest. Sonst hurt das [ganze] Land, es füllt sich das Land mit Schande.

30) Ihr sollt meine Sabbate einhalten. Mein Heiligtum sollt ihr ehren. Ich bin Jahwe. 31) Wendet euch nicht den Totengeistern und den Wahrsagern zu. Sucht nicht ihren Rat, sonst verunreinigt ihr euch. Ich bin Jahwe, euer Gott. 32) Vor Grauhaarigen sollst du aufstehen; ehre den alten Menschen. Fürchte dich vor deinem Gott. Ich bin Jahwe.

33) Wenn in eurem Land ein Fremder bei dir wohnt, dann darfst du ihn nicht unterdrücken. 34) Der ansässige Fremde, der bei euch ist, soll euch wie ein Einheimischer sein. Du sollst ihn lieben wie dich selbst, denn ihr seid Fremde in Ägypten gewesen. Ich bin Jahwe, euer Gott. 35) Tut kein Unrecht weder in der Gerichtsverhandlung noch mit Maß, Gewicht oder Menge. 36) Genaue Waage, richtige Gewichtsteine, ehrliche Scheffel und geeichte Becher[24] sollt ihr haben. Ich bin Jahwe, euer Gott, der euch aus Ägypten herausgebracht hat. 37) Haltet alle meine Ordnungen und Vorschriften und lebt danach. Ich bin Jahwe.

6.2.2 Ein Katechismus

Welche Textsorte haben wir in Lev 19 vor uns? Die Frage ist nicht leicht zu beantworten; es existieren mancherlei Theorien über Entstehung und Sitz im Leben dieses Bibelabschnittes, der mit seiner Heiligkeitsforderung und seinem Gebot der Nächstenliebe denen, die sich im biblischen Traditionsstrom befanden und befinden, gewaltige Anstöße für das verantwortliche Leben in der Welt gegeben hat.

Betrachten wir zunächst die formalen Eigenarten des Kap.s. Als Gliederungselement wird häufiger als irgendwo sonst im AT die „Selbstvorstellungsformel" Gottes verwendet: „Ich bin Jahwe, (euer Gott)." Alle wichtigen Unterabschnitte sind so gekennzeichnet und voneinander abgesetzt. Offensichtlich sollen die in Lev 19 vereinigten Verbote und Gebote in ganze besonderer Weise als Willensäußerungen Jahwes hervorgehoben werden. Diese Absicht entspricht ganz dem einleitenden Satz: „Ihr sollt heilig sein, denn ich bin heilig" (V.2). Er steht wie eine Hauptüberschrift über der ganzen Sammlung von Normen. Die Vermittlung durch Mose, die in V.1–2a nach dem Schema der vorhergehenden Kap. suggeriert wird, ist eigentlich deplaziert. Gott redet im ganzen Text nur direkt zu den Gemeindegliedern und ermahnt sie folglich auch am Ende persönlich zur Einhaltung der Gebote (V. 37). Das Kap. hat also eine gewisse Eigenständigkeit innerhalb des größeren Kontextes.

Die einzelnen Anordnungen Jahwes sind unterschiedlich formuliert. Es fallen einmal die im Sing. oder im Plur. gehaltenen Verbotsreihen auf. Gruppen von

---

[24] Die vier Adjektive sind im Hebräischen allesamt durch ein Wort ṣädäq, Grundbedeutungen „richtig; gerecht; treu; heilvoll" ausgedrückt.

thematisch und formal verwandten Prohibitiven werden in der Regel durch ein
„Ich bin Jahwe" markiert und aneinandergereiht. Es sind V. 9–10: zur Einbringung der Ernte (4 Verbote, 1 Gebot; sing. formuliert); V. 11–12: zum Verhalten
dem Nächsten und Gott gegenüber (4 Verbote; plur.); V. 13–14: zum sozialen
Verhalten (5 Verbote und 1 Gebot der Jahwefurcht; sing.); V. 15–16: zum
Rechtsverfahren (5 Verbote, 1 Gebot; sing.); V. 17–18: zum innergemeindli-
chen Verhalten (4 Verbote, 2 Gebote; sing.); V. 19 (nach der plur.en Ermahnung): ein Vermischungstabu (3 Verbote; sing.); V. 26–28: religiöse Verhaltensregeln (7 Verbote; plur.); V. 29: zur Prostitution (1 Verbot; sing.); V. 31:
religiöse Verhaltensregeln (2 Verbote; plur.); V. 32: zum Thema Ehrfurcht (3
Gebote; sing.); V. 33–34: zum Verhalten gegenüber ortsansässigen Fremden (1
Verbot, 1 Gebot; plur. und sing.); V. 35–36: zur Ehrlichkeit in der Wirtschaft (1
Verbot, 1 Gebot; plur.).

Schon diese erste ins Auge fallende Gattung bietet eine verwirrende Fülle von
meist negativ formulierten Verhaltensanweisungen. In jedem einzelnen Fall läßt
sich wahrscheinlich ein recht kurzer, prägnanter Prohibitiv von den späteren
Erweiterungen, Begründungen und Kommentierungen unterscheiden. Auch
die abschließende Formel „Ich bin Jahwe" ist deutlich als Weiterung zu erkennen. Sie tritt in vergleichbaren Verbotssätzen des ATs nicht auf. Als Beispiele
seien nur die sachlich analogen Abschnitte Lev 19,11–12 und Ex 20,15–17 oder
Lev 19,15–16 und Ex 23,1–3.6–9 genannt. Die Schlußformel „Ich bin Jahwe"
fehlt in den Exodus-Texten. Die Folgerung dürfte sein: Die Überlieferer der
Leviticus-Sammlung haben kurze Ver- und Gebotsreihen vorgefunden, zusammengestellt und mit ihrer eigenen, theologisch sehr wichtigen Abschlußformel
voneinander abgesetzt[25]. Die Schlußformel wird als feierliche Unterstreichung
der mitgeteilten Normen verwendet.

Wie schon in Lev 18 beobachtet, stellen die sing. Verbote (konzentriert in V.
9–18) eine eigene Kategorie dar. Sie reden eine männliche Einzelperson an, und
zwar im Rahmen ihrer Sippen- und Wohngemeinschaft. Die Prohibitive wollen
interne Gefahren bannen, die von dämonischen Kräften, zerstörerischem und
kriminellem Verhalten drohen. Die individuellen Verbote sind Mittel, den
inneren Zusammenhalt der Gruppe abzusichern und zu stärken. Sie gehören
ursprünglich in den Sozialisationsprozeß, den heranwachsende Jugendliche in
ihren Familien und Sippen durchmachten. – Die plur.en Verbote (vor allem V.
11 f.; 26–28; 30 f.) stimmen inhaltlich erstaunlich weit mit den sing.en überein.
Dennoch kommen sie aus einem anderen Lebenszusammenhang. Die plur.e
Anrede setzt eine Zuhörerschaft voraus, nicht die Einzelunterweisung im Rahmen der Familie. Eine solche angeredete Gruppe kann nach Lage der Dinge nur
die jüdische Religionsgemeinschaft der Perserzeit sein. Die Redeeinleitungen im
Buch Leviticus (vgl. zu Lev 1,1 f.) weisen selbst immer wieder darauf hin, daß die
Gottesdienstgemeinde angesprochen ist. Wenn wir die plur.en Verbote näher
untersuchen, entdecken wir die Ansichten und Motivationen der priesterlichen

---

[25] Erhard S. Gerstenberger, Wesen und Herkunft des „apodiktischen Rechts", WMANT 20,
Neukirchen-Vluyn 1965, 77–81.

Redaktoren. Es liegt ihnen doch stark an der rituellen Korrektheit der Gemeindeglieder. In V. 12 und V. 26–28 sind typische Anliegen der Überlieferer aus der Tradition aufgenommen oder älteren Verbotslisten hinzugefügt worden. Die „Ihr-sollt“-Gebote sind also Gemeindebelehrung. Sie schließen in Lev 19 direkt an die einleitende und dem ganze Kap. übergeordnete Kette von Ermahnungen an (V. 2–4). In diesem grundsätzlichen Vorspruch wird genau gesagt, was das Ziel der Gebotssammlung ist: die Heiligung der Gemeinde Israel.

Formal und inhaltlich läßt sich also erkennen: Die letzten Überlieferer haben mit ihren plur.en Mahnungen, Verboten und zunehmend auch Geboten eine Versammlung von Jahwegläubigen vor Augen. Die direkte, fordernde und warnende Rede an eine Zuhörerschaft ist das Kennzeichen des Gemeindekatechismus. Die gesamte Gruppe ist Empfängerin des göttlichen Gebotes. Der Plur. individualisiert aber gleichzeitig die Forderung. Jeder einzelne ist verantwortlich: „Ihr sollt ein jeder Mutter und Vater ehren“ (V. 3a), heißt es einmal exemplarisch. Die in der Einzahl gehaltene Lehrrede, die lange vor der Gemeindebelehrung in der Familie gebräuchlich war, kann aufgenommen und voll in die mahnende Predigt integriert werden. Denn die Verbote, obwohl an die gesamte Gemeinde gerichtet, sind nur persönlich umzusetzen, gerade weil sie die internen Beziehungen zu den Mitmenschen betreffen. Wir finden ein ähnliches Verhältnis zwischen „Ihr“-Anrede und „Du sollst“-Geboten im Deuteronomium. Die Rahmenstücke, z.B. Dtn 11 f.; 29, benutzen gerne die plur.e Anrede. Die Vorschriften und Gesetze (vgl. besonders Dtn 22–25) sind im Sing. gehalten, weil sie wirklich den einzelnen in seiner Verantwortlichkeit meinen. Die Tatsache, daß auch das Volk sing. angeredet wird (vgl. Dtn 6,3–15; 30,1–16), darf uns nicht verwirren. Es handelt sich um eine sekundäre Personifizierung Israels in der allgemeinen Mahnrede. Sie enthält zwar grundsätzliche Forderungen, Jahwe zu verehren und ihm allein die Treue zu halten, seine Gebote zu achten und Abgötterei zu meiden, aber eben nicht die alten, sozialen Prohibitive, die den inneren Zusammenhalt der Gemeinschaft gewährleisten sollen. Also ist die Unterscheidung von sing.en und plur.en Verbotslisten, wie sie in Lev 19 im „Gemeindekatechismus“ verwendet sind, durch den deuteronomischen Sprachgebrauch nicht berührt.

Welche anderen Materialien außer den Verbots- und Gebotslisten sind in den Katechismus eingearbeitet worden? Drei Abschnitte fallen durch ihre sogenannte „kasuistische“ Formulierung auf: Sie gehen von einem Fall oder einer Situation aus (konditionaler Vordersatz: „Wenn …“) und bestimmen dann, was unter den gegebenen Umständen zu tun ist („dann …“). In allen altorientalischen Gesetzessammlungen seit der sumerisch-akkadischen Frühzeit[26] sind die Fallbestimmungen für die Gerichtspraxis objektiv, in der 3. Pers. des Täters, gehalten. Die Rechtsfolge („dann“-Satz) ist ebenfalls objektiv und möglichst präzise formuliert. Sie enthält entweder Strafbestimmungen oder zivilrechtliche Vorschriften. In unserem Text kommt ein Abschnitt dem normalen Rechtssatz

---

[26] Vgl. Rykle Borger, Heiner Lutzman, Willem H.Ph. Römer, Einar von Schuler, TUAT I, 17–123.

nahe: V. 20. Ein Mann hat Geschlechtsverkehr mit einer verlobten, unfreien
Frau. Was ist zu tun? Die Sache ist strafwürdig, weil der Verlobte der Frau
geschädigt wurde. Aber die beiden „sollen nicht sterben", wie das etwa in Dtn
22,22–24 bei ähnlich gelagerten Vergehen vorgesehen ist. Der Katechismus
scheint also ein typisches Vergehen (warum nur dieses eine?) aus dem israelitischen Strafrecht zu zitieren (vgl. Ex 21,7–11). Bei näherem Hinsehen erscheint
die Umschreibung der „unfreien Frau" (V. 20 a) reichlich umständlich, und die
Tatfolgebestimmung („das ist schadensersatzpflichtig") ungewöhnlich unpräzi-
se und milde. Das verwendete hebräische Wort wird sonst im AT nicht mehr
gebraucht; in den gesetzlichen Schadensregulierungen kommt auch keine annähernd vage Bestimmung vor (vgl. Ex 21,18–22,15). Wir müssen also vermuten,
daß der Straftatbestand der Vergewaltigung (?) einer verlobten Unfreien im
jetzigen Zusammenhang aus der Sicht der späten Redaktoren umformuliert und
der eigenen Zielsetzung angepaßt worden ist. Dieser Gedanke wird durch die
Fortsetzung V. 21–22 bestätigt. Die späten Sammler sind an der zivilrechtlichen
Schadensregulierung überhaupt nicht interessiert. Sie wollen nur festhalten, daß
ein derartiges Vergehen in der Wohn- und Familiengemeinschaft (Ex 21,7–11!)
auch kultische Folgen hat. Es bedarf der Entsühnung durch ein Schuldopfer
(vgl. Lev 5,14–26).
  Die beiden übrigen konditional gestalteten Abschnitte zeigen ihr gemeindli-
ches und priesterliches Interesse noch deutlicher. Sie sind im mahnenden „Ihr"-
Stil verfaßt, reden also wie die plur. Gebote die ganze Gemeinde, die aus vielen
Individuen zusammengesetzt ist, an. Beide Abschnitte haben zudem spezifisch
religiöses und kultisches Verhalten zum Inhalt. Im ersten (V. 5–8) geht es um die
Verwendbarkeit des Opferfleisches am zweiten und dritten Tag nach der Opferung, im zweiten (V. 23–25) ist die Genießbarkeit von Früchten aus dem
Obstgarten das Thema. Die Kernfrage ist an beiden Stellen, wie weit die Belange
Jahwes und seine Heiligkeit durch das Verhalten seiner Gläubigen berührt
werden. Eine direkte Verbindung mit den Interessen der Tempelpriesterschaft
läßt sich nur in dem erstgenannten Textteil feststellen.

Exkurs: Die israelitischen Rechtstraditionen

In der alttestamentlichen Wissenschaft des 20. Jh.s sind die Rechtsüberlieferungen Israels
in doppelter Weise verkannt und vergewaltigt worden. Einmal hat man versucht, die
Texte nach Analogie sonst bekannter antiker und moderner Gesetzessammlungen zu
verstehen, und hat dabei ihren ermahnenden, erzieherischen Ton übersehen. Und man
hat die Prohibitive den „Gesetzen" einfach an die Seite gestellt. Ethische Normen
wurden so zu „Rechtssätzen" erklärt und zwei grundverschiedene Lebensbereiche vermischt. Aus dieser Fehleinschätzung der Quellen entstand die nicht sachgemäße Einteilung der alttestamentlichen Vorschriften in „kasuistisches" und „apodiktisches" Recht.
Im 19. Jh. hatten die Forscher wenigstens drei verschiedene Normierungsbereiche unterschieden: Prozeßrecht, Kultsatzung und Ethos. Die Verengung auf zwei Gattungen und
die irrige Meinung, das „apodiktische Recht" sei einmalig in der Menschheitsgeschichte,

führte zu manchen grandiosen theologischen Fehlurteilen[27]. In Wirklichkeit haben die
israelitischen Überlieferer im 6. und 5. Jh. v.Chr. aus vielerlei Rinnsalen geschöpft, als sie
ihre Sammlungen von Lebensregeln (Katechismen)[28] für die Jahwe-Konfessionsgemein-
schaft zur Gemeindebelehrung zusammenstellten[29].

Alles in allem ergibt der erste, mehr formale Überblick: Die späten Sammler
alter bis uralter Verhaltensregeln haben vor allem soziale Verbote aus Primärgruppen zusammengestellt, überarbeitet, durch ermahnende Vorschriften an
die ganze Gemeinde und einige Vorsichtsregeln im Blick auf die Heiligkeit
Gottes erweitert. So entstand ein umfangreicher, wenn auch kein umfassender
Katechismus von religiösen Lebensregeln für die frühjüdische Gemeinschaft. Er
ist klar unter das Motto von der „Heiligung" des ganzen Lebens in der Verantwortung gestellt (V. 2).

6.2.3 Das erste Hauptstück (V. 3–18)

Jedes einzelne Ver- und Gebot aus Lev 19 bedürfte langer Untersuchungen und
Erläuterungen. Die Bedeutung der ganzen Sammlung für die Ethik von Juden,
Christen und sonst Betroffenen ist kaum zu unterschätzen. Hier sollen die im
Text durch „Ich bin Jahwe" markierten Verbotsgruppen möglichst knapp be-
sprochen werden.

Die ersten konkreten Anordnungen (V. 3–4) sind in plur.er Anrede gefaßt
und recht stark vom gemeindlichen Interesse bestimmt. Die elterliche und die
göttliche Autorität sind unantastbar. An der doppelten Ehrfurchtsforderung
erkennen wir die Gemeindestruktur: Die staatliche (königliche) Gewalt fehlt.
Die Gemeinschaft gründet auf der Familie und dem Gottesglauben (über dessen
Vermittler allerdings an dieser Stelle nichts gesagt wird). Darum werden diese
Säulen der Gemeinde gerade am Anfang der Zusammenstellung so fest verankert. Auffällig ist, daß die Ehrfurcht vor der Mutter an allererster Stelle steht.
Sonst wird immer der Vater vorneweg genannt (vgl. Ex 20,12; Prov 6,20; 23,22;
28,24). Aber bei der religiösen Sozialisation des Kindes spielt die Mutter eine
entscheidende Rolle. Darum ist sie die Stütze der Konfessionsgemeinschaft; sie
verdient den Ehrenplatz. Sabbatgebot (V. 3aß) und Götzenverbot (V. 4a)
schärfen die alleinige Jahweverehrung ein. Der Sabbat ist erst im babylonischen
Exil zu einem Bekenntniszeichen ersten Ranges geworden (vgl. Lev 23,3). Das
Verbot jeglichen Götzenkontaktes ist ebenfalls eine späte Erscheinung im AT.
Dabei sind „Abwendung" von den „Nichtsen" oder „Götzchen" und Verbot
von Gußbildern ganz und gar parallele, wenn nicht identische Forderungen. –
Form und Inhalt des Ver/Gebotsblockes deuten auf späte Entstehung; die erste

---

[27] Vgl. E.S. Gerstenberger, Wesen; Gerhard Liedke, Gestalt und Bezeichnung alttestamentlicher
Rechtssätze, WMANT 39, Neukirchen-Vluyn 1971.
[28] So auch Frank Crüsemann, Die Tora. Theologie und Sozialgeschichte des alttestamentlichen
Gesetzes, München 1992.
[29] Vgl. Hans Jochen Boecker, Recht und Gesetz im Alten Testament und im Alten Orient,
Neukirchen-Vluyn, ²1984.

Stelle unter den kleinen Gebotsabschnitten gibt den vier Grundforderungen Jahwes eine ganz beträchtliche Vorrangstellung.

Der nächste Abschnitt (V. 5–8) ist eine fast wörtliche Wiederholung dessen, was bereits Lev 7,16–18 im Zusammenhang des Mahlopfers gesagt ist. Kleine Veränderungen im Text beweisen, daß nicht einfach eine Wiederholung eines bekannten Textes vorliegt. In der neuformulierten Einleitung ist das Verbot auf alle Arten von Mahlopfern ausgeweitet und mit der grundsätzlichen Ermahnung versehen, beim Opfern auf die „Akzeptanz" der Gabe vor Jahwe zu achten (V. 5). Nach den identischen Aussagen in V. 6–8 a, die nur im Gegensatz zu Lev 7,16–18 in der 2. Pers. Plur. gehalten sind, folgen im Rest von V. 8 über Lev 7,16ff. hinaus eine Begründung und eine Strafansage. Das Essen des Opferfleisches am dritten Tag wird nun eindeutig als ein Majestätsverbrechen hingestellt. Es „entweiht das Heiligtum" Jahwes, und darauf steht die Todesstrafe (vgl. Lev 20). Warum ist die Regel über den Genuß des Opferfleisches in den Katechismus von Lev 19 aufgenommen? Warum fehlen Dutzende von anderen Vorschriften zur Behandlung des Opfertieres und zum Verhalten beim heiligen Mahl? Möglicherweise haben die Sammler der Normen nur ein Beispiel für die richtige Gestaltung der Mahlfeier geben wollen. Vielleicht erschien ihnen auch dieser eine Punkt: die zeitliche Begrenzung des Fleischgenusses, so wichtig, daß er unbedingt in der Sammlung von ethischen Normen erscheinen mußte.

Ein uralter Brauch ist in V. 9–10 angesprochen (vgl. Lev 23,22; Dtn 24,19–22). Das kultivierte Land soll nicht restlos abgeerntet, der Ertrag nicht bis in die hinterste Ecke gesammelt und der menschlichen Nutzung zugeführt werden. Ein Rest muß stehenbleiben – in alten Zeiten war damit sicher eine Dankesgabe oder ein Tribut an die Gottheit gemeint, welcher das Feld oder der Weinberg gehörte[30]. Im jetzigen Zusammenhang erscheint die Sitte modifiziert und uminterpretiert. Nicht nur soll ein „Rand" des Getreidefeldes stehenbleiben, auch die Ähren, die abgeschnitten, aber aus Versehen nicht mit in die Garbe gebunden werden, dürfen nicht „nachgelesen" werden. Beide Überbleibsel sollen den Armen und Fremdstämmigen – Marginalgruppen ohne Landbesitz und darum ohne feste Versorgung – zugutekommen (vgl. Rut 2). Beim Weinberg ist offenbar ebenfalls eine doppelte Aussparung gemeint (V. 10a). Daß bewußt ein Rest der Ernte auf dem Feld oder am Weinstock gelassen werden muß, stammt aus dem vorisraelitischen Brauchtum (so auch Lev 23,22, einer identischen Vorschrift). In Dtn 24,19–22 dagegen ist ausschließlich an die zufällig übriggebliebenen Ähren und Früchte gedacht (der Ölbaum, charakteristische und lebenswichtige Kulturpflanze Palästinas, ist eingeschlossen; er fehlt seltsamerweise in Lev 19,9f.). Waren V. 2–8 vor allem mit religiösen Pflichten befaßt, so richtet sich in V. 9f. der Blick auf den inneren Zusammenhalt der Gemeinschaft. Die in ihr vorhandenen unterprivilegierten Gruppen sind ohne die Fürsorge der Bessergestellten nicht überlebensfähig. Aber Sozialfürsorge entspringt nach dem Verständnis des Katechismus nicht dem Selbsterhaltungs-

---

[30] Über Zeremonien beim Maisanbau berichtet z. B. der Hopi Indianer Sun Chief, vgl. Leo W. Simmons.

trieb der Gruppe, sie steht voll unter dem Anspruch Gottes. Sie ist religiös motiviert: „Ich bin Jahwe, euer Gott" (V. 10 bß). Für unser Verständnis setzt sich das alttestamentliche Ethos aus zwei Komponenten zusammen, den Pflichten gegenüber Gott und der sozialen Verantwortung unter den Menschen. Im Alten Israel war beides eine untrennbare Einheit. Das machen auch die Zehn Gebote deutlich. Die Rabbinen und auch Jesus haben immer wieder die Gleichwertigkeit beider Blickrichtungen eingeprägt (vgl. Mt 22,34–40). Sie ist auch für den Katechismus Lev 19 grundlegend.

Das zeigt sich überdeutlich in der vierten Lehreinheit (V. 11–12). Die uneinheitliche Formulierung beider Verse läßt vermuten, daß Verbote und Gebote aus verschiedenen älteren Quellen zusammengestellt sind. Eine genau erkennbaren Absicht steht dahinter. Die plur.e, ermahnende Anrede nimmt eine ganze Gruppe von Zuhörern je einzeln in die Pflicht; der Nachsatz V. 12 b nimmt diese Gemeinde als Einheit und stellt ihr drohend die Konsequenzen eines Fehlverhaltens vor Augen. „Entweihung des Namens" Gottes ist mehr als eine tiefe, persönliche Beleidigung Jahwes. Sie schließt eine physisch zu nennende Verletzung der göttlichen Sphäre ein[31]. In der jetzigen Form sind alle Verbote der Gruppe durch diesen Nachsatz qualifiziert, auch die ersten drei (V. 11), die nach außen hin „nur" die Unversehrtheit des Eigentums sichern wollen. Diebstahl, Lüge und Betrug sind Grundübel in einer Gemeinschaft. Sie zerstören von innen heraus das notwendige Vertrauen und die gegenseitige Solidarität. Lev 5,21–24 handelt ausführlicher von diesen Verbrechen. Und im ganzen AT wird, wo immer die inneren Gefahren für die Gemeinschaft zur Debatte stehen, das strenge Verbot dieser unsolidarischen Verhaltensweisen wiederholt oder vorausgesetzt (zum Letzteren vgl. Hos 4,2; Jer 7,9). Im Prozeß der Unterweisung und Erziehung sind die Prohibitive in der 2. Pers. Sing. mask. deutlich an die Adresse des einzelnen Heranwachsenden gerichtet (vgl. Ex 20,15–17; Ez 18,7 f..12 f.; Prov 22,22; 24,28).

Das „Schwören" in Jahwes Namen und zum persönlichen Schaden des Gemeindemitglieds (V. 12 a) hat ursprünglich wohl nicht zu der vorhergehenden Dreiergruppe der Prohibitive gehört, sonst wäre die Personenbeschreibung „einer den anderen" am Schluß von V. 11 nicht dazwischengerutscht. Die Sammler haben den Fall des Meineids (im Gerichtsverfahren? bei Vertragsabschlüssen?) mit Schadensfolge wie in Lev 5,22.24 als eine den älteren Verbrechen gleichwertige Gefahr angefügt und die ganze neue Viererliste von Verboten in ihren Katechismus aufgenommen.

Das fünfte Lehrstück (V. 13 f.) enthält fünf Prohibitive und eine positive Schlußermahnung. Mittelpunkt ist der Mitmensch, der im gleichen Gemeinschaftsverband lebt. Er wird zuerst allgemein benannt (V. 13 a) und tritt dann als der lohnabhängige Arbeiter (V. 13 b) oder als Behinderter (Tauber und Blinder: V. 14 a) ins Blickfeld. In der Familie würden diese gesellschaftlich Schwachen in der Regel ohne Gewissensschärfung schonend behandelt. Lohnarbeit ist zudem innerhalb der Familie eher die Ausnahme (vgl. Gen 31,6 f.). Also stammen die

---

[31] Vgl. Fritz Maass, „entweihen", THAT I, 570–575.

fünf Verbote wohl aus einem größeren sozialen Kontext. Sie scheinen eine Schichtung in Reiche und Arme vorauszusetzen. Denn sie untersagen dem Mächtigeren die wirtschaftliche Ausnutzung des Glaubensgenossen. „Unterdrückung" und „Raub" (V. 13 a) sind im jetzigen Zusammenhang wirtschaftliche und soziale, und nicht etwa einfache Gewaltdelikte (vgl. Dtn 28,29; Jer 21,12; 22,3), so sehr besonders das an zweiter Stelle verwendete Verb auch in manchen Texten den brutalen Raubüberfall meinen kann (möglicherweise in Ez 18,18; 22,29; Ps 62,11). „Du sollst nicht berauben" ist durch keinerlei Ergänzungen präzisiert; es steht dem Verbot der „Unterdrückung" parallel[32]. Der Tagelöhner hat Anrecht auf seinen täglichen Lohn. Auch er ist in der sozialen Hierarchie „unten" angesiedelt; auch er genießt den besonderen Schutz durch ethische Normen, die im Buch Leviticus durch göttliche Sanktionen abgesichert sind. Auffällig ist der Wortreichtum dieses Verbotes (V. 13 b): Der Sachverhalt hätte sich wie bei den anderen Prohibitiven wohl kürzer ausdrücken lassen (etwa: Gib dem Tagelöhner jeden Abend seinen Lohn; vgl. Mt 20,1–16). Die Schutzgebote im Blick auf den Tauben und Blinden (V. 14 a) sind stilgerecht sehr kompakt. Sie enthalten nur das persönlich ausgerichtete Verbot und die zu schützende Person. Beide Sätze sind im Hebräischen gegenständig (chiastisch) angeordnet: Sie gehören wohl in der Tradition eng zusammen. Der Taube könnte den Fluch – wohl in der damaligen Zeit eine beliebte Waffe gegen persönliche und familiäre Feinde – nicht hören und keinerlei Gegenmaßnahmen ergreifen. Er wäre bei einem Streit, in dem er verbal verflucht würde, völlig schutzlos seinem Widersacher ausgeliefert. Ebenso kann ein Blinder durch Barrikaden und Fallgruben erheblich geschädigt werden. – Der Schutz der Mitmenschen in der Gemeinde ist ganz und gar das innerste Anliegen Jahwes. Wer Gott fürchtet oder verehrt, der darf sich nicht heimtückisch und brutal an seinen Mitmenschen vergehen. Alle Menschen seiner näheren Umgebung gehören der Gemeindefamilie an, die wiederum durch den einen Gott konstituiert und geschützt wird.

Die Verse 15 und 16 bilden eine Einheit, die stark an Ex 23,1–8 erinnert: In der Gerichtsverhandlung soll alles mit rechten Dingen zugehen, damit das Recht nicht aus irgendeinem Eigeninteresse heraus gebeugt wird. Weil nicht besondere Funktionäre, sondern alle Gemeindeglieder angesprochen sind, sollte man annehmen, daß die Urteilsfindung in Zivil- und Strafsachen Aufgabe der erwachsenen, männlichen Bürger war. Im Buch Rut ist die Konstituierung und Arbeitsweise eines solchen Laienrichterkollegiums auch bezeugt (Rut 4,1–12). Wir wissen nur nicht, ob in der frühjüdischen Gemeinde des 5. Jh.s das Gericht noch ausschließlich aus Familienchefs bestand oder ob die geistliche Leitung, die mit der Wahrung der Tora beauftragt war, ihren Einfluß in der Verhandlung geltend machte. Das Gottesgericht, welches in Lev 24,11 f. und Num 5,15–28 geschildert wird, läßt jedenfalls keinen Raum für Zeugenaussagen oder Richterbeeinflussung. Da ergeht der Gottesspruch direkt an den Rechtsmittler. Anders gesagt: Das Laiengericht sucht eine Gremienentscheidung über einen gegebenen

---

Fall, das Gottesgericht (welches aber nie als *mišpaṭ*, Richterkollegium – so V.
15 a –, angesprochen wird) braucht die Orakelentscheidung. In unserem Katechismusstück sind wir ganz in der kollegialen Rechtsfindung. Das erste der fünf
Verbote mag einen Überschriftscharakter haben (V. 15 a). Es will jede Rechtsverdrehung ausschließen. Dann kommen (mehr oder weniger notorische?) Verstöße gegen die Verfahrensordnung zur Sprache: die Bevorzugung des sozial
Niedrigstehenden und die Begünstigung des Hochstehenden (V. 15 aß). Beides
widerspricht der Gerechtigkeit, die in der Gemeinde herrschen soll (V. 15 b).
Die gleiche Unparteilichkeit fordert Ex 23,2.3.6: Der Gerichtshof darf sich nicht
von der Menge (der Zuschauer) in seiner Rechtsfindung beeinflussen lassen. Er
darf den „Geringen" nicht begünstigen, aber den „Armen" auch nicht übervorteilen. Ob der Text im Buche Exodus einmal den Gegensatz „hoch" – „niedrig"
gemeint hat (durch Abschreibefehler wäre „hoch" zu „gering" verfälscht worden) und wie er mit dem Leviticus zusammenhängt, braucht uns nicht zu
beschäftigen. Fest steht, daß beide Verbotspaare das Richterkollegium zur
Überparteilichkeit verpflichten wollen. Warum auch die Begünstigung des sozial Schwachen – in der Praxis wenig wahrscheinlich, weil Gerichte normalerweise von Wohlsituierten gestellt werden – ausdrücklich untersagt wird, bleibt
ein Geheimnis. Soll dem abstrakten, formalen Gleichheitsprinzip zum Durchbruch verholfen werden? Besteht die Gefahr, daß im Richterkollegium Vertreter der unteren Schichten die Mehrheit haben? Manche Aussagen der Psalmen
(vgl. Ps 9/10; 37; 49; 73) bezeugen eine tiefe Kluft zwischen den sozialen
Gruppierungen im nachexilischen Israel. Auch Neh 5 spricht von den sozial
Abgestiegenen und den Ausbeutern im eigenen Volk. Weil die Jahwegemeinde
beide Schichten integriert, ist eine Majorisierung der „Hochgestellten" in der
frühen jüdischen Gemeinde denkbar. Die beiden Verbote von V. 16 gehören
anscheinend in den gerichtlichen Zusammenhang. „Du sollst nicht als Verleum-
der umhergehen" (so wörtlich V. 16 a) ist ein ungewöhnlicher Ausdruck (vgl. Ez
22,9). Gedacht ist wohl an die böse Nachrede, die zur Anklage und Verurteilung
eines „Gemeindegliedes" führen kann. „Nach dem Blut trachten" (so genauer in
V. 16 aß) wird dann die bis zum Äußersten entschlossene Verfolgung des
Nächsten meinen. Skrupellose Menschen bedienten sich auch damals schon der
Gerichte, um einen gehaßten Nebenbuhler ein für allemal auszuschalten (vgl. 1
Kön 21,8–13).
    Die beiden letzten Verse des ersten Hauptstücks sind ein krönender Abschluß
alles dessen, was zum Wohl des Mitmenschen in der Gemeinschaft gesagt
worden ist. Ganz zu Recht hat allein dieser Abschnitt im Judentum und Christentum das Nachdenken kräftig stimuliert[33]. Die vier Verbote und zwei Gebote
beschreiben keine konkreten Einzelhandlungen mehr wie in V. 11–16. Sie zielen
vielmehr auf grundsätzliche Einstellungen gegenüber dem anderen Menschen.
Sie bieten keine Handlungsnormen, sondern predigen eine bestimmte Gesin-

---

[33] Vgl. Hans-Peter Mathys, Liebe deinen Nächsten wie dich selbst, Göttingen, ²1990; Hermann
Cohen, Der Nächste, Berlin 1935; Andreas Nissen, Gott und der Nächste im antiken Judentum,
Tübingen 1974; Michael Ebersohn, Das Nächstenliebegebot in der synoptischen Tradition, Diss.
Marburg 1992.

nung, die nicht von tiefsitzendem, tödlichen Haß (V. 17 a), sondern von der „Liebe" oder Solidarität (V. 18 aß) getragen sein soll. Alles, was in dem kleinen Abschnitt zur Sprache kommt, ist von dieser polaren Bestimmung „nicht hassen – sondern lieben" umfangen. Diese Kürzestfassung einer ethischen Richtlinie für das Zusammenleben von Menschen ist sicher Frucht mancher Denkanstrengung und vieler Gespräche. Vergleichbare Sentenzen finden sich in anderen Schichten des ATs wie in manchen Kulturen und Religionen.

Siehe, wie fein und lieblich ist's,
wenn Brüder einträchtig beieinander wohnen! (Ps 133,1)

Die erzählende Literatur hat allerlei von diesem Wunsch und Idealbild Abweichendes festgehalten (vgl. Gen 4,1–8; 37; Ri 11,1–3; 2 Sam 13–14). Und in der Weisheitsliteratur begegnet die traurige Erfahrung mitmenschlichen Zerwürfnisses wie die heilsame Wirkung mitmenschlicher Solidarität:

Haß erregt Hader;
aber Liebe deckt alle Übertretungen zu. (Prov 10,12)

Oder:

Besser ein trockener Bissen mit Frieden
als ein Haus voll Geschlachtetem mit Streit. (Prov 17,1).

Lebenserfahrungen und Reflexionen dieser Art finden sich in vielen Literaturen. Sie spiegeln grundlegende menschliche Erkenntnisse über das Zusammenleben und sind in unserem Text zu einer außerordentlich folgereichen ethischen Vorschrift verdichtet, die bis heute nachwirkt und oft als Sprengstoff wirkt. Denn wenn nur die „Liebe" bzw. Solidarität mit dem nächsten Mitmenschen den Frieden und das Wohlergehen sichern kann, dann drängt sich von selbst die Frage nach den Außenbeziehungen einer Gruppe auf: Wie weit reicht das „Liebes"gebot? Bezieht es etwa den fernen und fernsten Nächsten mit ein (vgl. Mt 5,43–48; Lk 10,25–37)?

Im einzelnen ist das Gebot der Nächstenliebe durch mehrere aus der Alltagserfahrung gewonnene Regeln konkretisiert. Dem „Nicht-hassen" entspricht zunächst die positive Ermahnung, den anderen „zur Rede zu stellen" (V. 17b). Der verwendete Ausdruck stammt aus der weisheitlichen oder erzieherischen und der juridischen Sprache. Kinder werden von den Erziehungsberechtigten zurechtgewiesen (Prov 3,12; 28,23). Bei einem ernsthaften Streit geschieht die Zurechtweisung eventuell in Rede und Gegenrede (Hiob 13,17–22; Ps 50,7.16–21). Unser Text meint also die in der Gemeinde zu pflegende Streitkultur, wenn er dem unterdrückten Haß die offene Aussprache gegenüberstellt. Haß baut sich bis zur Explosion auf; Zurechtweisung klärt die Verhältnisse. Bei dem nachfolgenden Satz (V. 17bß) ist nicht klar, ob er ein eigenständiges Verbot darstellt oder sich final auf das Gebot der Zurechtweisung bezieht. Im ersten, wahrscheinlicheren Fall ist es untersagt, „Sünde auf den Mitmenschen zu häufen", zugestandenermaßen eine etwas dunkle und ungewöhnliche Ausdrucksweise (doch vgl. Prov 25,22). Im zweiten Fall ginge es darum zu verhindern,

„seinetwegen Sünde auf sich selbst zu laden." Damit würde der Prohibitiv zu einem erklärenden Nebensatz, der sich auf den gesamten Vers zurückbezieht. Nun sind aber die Verbote des Kontextes immer eigenständig und durch einfaches „und" nebeneinandergestellt. Ein nachträglicher Kommentar würde eher mit einer unterordnenden Konjunktion eingeleitet. Wenn die beiden Prohibitive in V. 17 ursprünglich einmal ohne den positiven Einschub V. 17 b überliefert worden sind, dann ergibt sich im Hebräischen eine lautmalerische Parallelität[34]. Und der Sinn des Doppelverbotes könnte gewesen sein: „Hasse nicht im Herzen deinen Bruder; bürde ihm nicht (fälschlich) Schuld auf." Was allerdings genau mit dem „Aufladen" von Schuld auf einen anderen gemeint ist, wissen wir nicht. Denn der Ausdruck ist selten im AT (vgl. Lev 22,9).

Die noch übrigen zwei Prohibitive der Gruppe bilden ein festes Paar (V. 18 b), beide Sätze beziehen sich sogar auf ein einziges Objekt: „die Angehörigen deines Volkes." Der Rahmen ist also recht weit gespannt; er geht über die eigene Sippe hinaus. Blutrache war (und ist in vielen Ländern heute noch) die heilige Pflicht der Familienangehörigen. Im AT lesen wir eine ganze Reihe von diesbezüglichen Geschichten: Joab tötet den Mörder seines Bruders (2 Sam 3,22–27). Die weise Frau aus Tekoa bringt durch eine Beispielgeschichte, welche die selbstzerstörerische Gewalt der Blutrache deutlich macht, David dazu, den Brudermörder Absalom zu begnadigen (2 Sam 14,4–11). Rache und Zorn sind auch Nah 1,2 nebeneinander genannt. Die essenische Gemeinschaft im zweiten Jh. v.Chr. bezieht sich ausdrücklich auf das Liebesgebot in Lev 19,17 f. In einem streng nach den Geboten Gottes organisierten Gemeinwesen müssen Blutrache und aufgestaute Wut gegen den Bruder tödlich wirken[35]. So werden Selbstjustiz und der berechtigte Zorn, der zu eigenmächtigen Handlungen gegen Übeltäter treibt, auch in unserem Abschnitt als gemeinschaftsgefährdend verboten. Man vergleiche die Warnungen vor dem Jähzornigen und Aufbrausenden in der altorientalischen Weisheit.[36]

Der Abschnitt läuft dann im positiven Liebesgebot und in der kurzen Selbstvorstellungsformel „Ich bin Jahwe" aus. Was ist aber mit dem bis heute weltweit bekannten und zitierten Satz „Liebe deinen Nächsten wie dich selbst" gemeint? Soll er das Selbstwertgefühl stärken? Nimmt er ironisch den Egoismus des Menschen als gegeben an und fordert einen utopischen, nie zu verwirklichenden Altruismus? Will er lediglich die Gleichwertigkeit der Mitmenschen konstatieren und von daher eine gewisse Solidaritätsverpflichtung einschärfen? Das Wort „lieben" darf sicher nicht romantisch oder karitativ mißverstanden werden. Es ist im nahöstlichen Altertum durchaus ein gemeinschaftsbezogener und darum „politischer"[37], nicht aber ein individualistischer Begriff. Er benennt auf dem Hintergrund der Familiensolidarität die Zusammengehörigkeit und gegenseitige Verantwortung von Menschen, die in einer Glaubensgemeinschaft leben.

---

[34] lo' tisna' 'ät 'aḥika … wᵉlo' tissa' 'alaw ḥeṭ'.

[35] Vgl. Damaskusschrift [CD], 6,20–7,3; 8,5–6; 9,2–8; z.B. nach Eduard Lohse, Die Texte aus Qumran, Darmstadt 1964.

[36] Vgl. Helmut Brunner, Das hörende Herz, Göttingen 1988.

[37] Vgl. J. Bergman, Alfred O. Haldar, Gerhard Wallis, ThWAT I, 105–128.

Daß Lev 19,34 auch der in der Gemeinde lebende Ausländer voll mit einbezogen wird, zeigt die neue Dimension des alten Familienethos.

6.2.4 Das zweite Hauptstück (V. 19–37)

Trotz ihrer Vielschichtigkeit und Farbigkeit ist die zweite Kapitelhälfte eine Einheit: Sie wird durch die Ermahnung „Ihr sollt meine Gebote halten" (V. 19, Anfang) eingeleitet und die erweiterte Wiederholung abgeschlossen (V. 37). Vielleicht ist das Textstück einmal selbständig überliefert worden. Im jetzigen Zusammenhang wird sich allerdings die Schlußermahnung auf das ganze Kap. Lev 19 beziehen. – Vom Inhalt her fällt auf, daß unser zweites Katechismusstück nicht so sehr die sozialen Verhältnisse in der Gemeinde anspricht, sondern mehr auf rituelle und kultische Verpflichtungen eingeht. Auch der Dekalog kennnt eine derartige Zweiteilung der Gebote. Jedoch sind die religiösen Auflagen dort nur am Anfang der Sammlung zu finden (Ex 20,3–11; vgl. Lev 19,4–8).

Bei näherer Betrachtung zeigt sich, daß der Sammler des Textes Lebens- und Kultregeln aus verschiedenen Bereichen und vermutlich von sehr unterschiedlichem Alter zusammengebracht und bearbeitet hat. Gleich die erste Gruppe von Verboten (V. 19) scheint auf einen uralten Dämonenglauben zurückzugehen. Gegenstände und Wesen verschiedener Art dürfen nicht beliebig vermischt werden, weil sie jeweils eine gewisse Autonomie und unverletzliche Mächtigkeit besitzen. Durch Vermischung würde die Eigenart jedes Teils zerstört, würden die zugehörigen Dämonen oder Gottheiten beleidigt, verletzt, in ihrer Existenz bedroht. Es müßte zu einem gefährlichen Konflikt zwischen den Wesenheiten kommen, der sich nur nachteilig auf die Verursacher der Konfusion und ihre Gemeinschaft auswirken könne. Also ist es um der Erhaltung des Friedens willen dringend geboten, Viecharten nicht zu kreuzen, Felder nicht gleichzeitig mit zweierlei Saatgut einzusäen und bei der Textilherstellung jede Mischung von Fäden zu vermeiden. Eine ähnliche Aufzählung von unerlaubten Verbindungen verbietet außerdem den Austausch von Frauen- und Männerkleidern und das Pflügen mit einem Gespann aus Rind und Esel (Dtn 22,5.9–11). Sollen wir über derlei „Aberglauben" lächeln oder den Kopf schütteln? Die britische Anthropologin Mary Douglas hat vor moderner Überheblichkeit gewarnt. Nach ihrer Ansicht steckt die gleiche irrationale Furcht vor Grenzverwischungen und der Auflösung von festen Ordnungen auch in den heute Lebenden. Nur kommt sie – entsprechend heute vorherrschenden halb- und ganzwissenschaftlichen Überzeugungen – an anderen Stellen zum Ausdruck. In der westlichen Welt besteht trotz aller Mischfreudigkeit eine Abscheu vor der Marmelade im Schlafzimmer, dem Kot auf dem Gehsteig, der Fliege in der Suppe. Dieser Abscheu ist durchaus mit dem Horror der Alten bei gewissen anderen Mischungen zu vergleichen. Kriminell und gefährlich kann es werden, wenn einerseits die moderne Mischfreudigkeit zu unkontrollierten Genmanipulationen führt und andererseits die Vermischungsangst in rassistischen Theorien und entsprechenden politischen Verhältnissen und Verfassungen endet. Was sollen wir von den alttestamentli-

chen Mischverboten halten? Die Sammler haben offensichtlich uralten Volks-
glauben aufgegriffen und durch den Jahweglauben sanktioniert. Daß erst ab V.
25 wieder das Gliederungselement „Ich bin Jahwe" auftaucht, dürfte Zufall sein.
Man kann das Fehlen der Formel nach V. 19 und 22 kaum als eine Distanzierung
gegenüber dem „Aberglauben" werten. Die Gründe für die Aufnahme von
Mischverboten in den Gemeindekatechismus (und die Gesetzessammlung des
Deuteronomiums) mögen einfach in den allgemeinen Vorurteilen der Zeit gelegen haben. Oder priesterliche Kreise wollten durch die Aufnahme von volks-
tümlichen Überzeugungen die eigenen Vorstellungen über Artentrennung und
soziale Privilegien festigen (vgl. Gen 1,3–13; 6,19; 7,1–9). Es kommt also für
uns darauf an, Trennungs- und Mischungsverbote aller Art in unserer Situation
neu zu durchdenken.

Über die Vergewaltigung einer verlobten Nichtfreien (V. 20–22) ist oben
schon einiges gesagt. Im jetzigen Zusammenhang ist der Fall nicht von seiner
strafrechtlichen Seite her interessant. Der Paragraph wurde nur wegen seiner
kultischen Konsequenzen – vielleicht als typisches Beispiel für ein Schuldopfer –
eingefügt: V. 21–22 entsprechen dem, was in Lev 4–5 über die Sühne von
bewußten und unwissentlichen Verfehlungen gesagt ist; sie sind anscheinend
dort abgeschrieben (vgl. besonders Lev 5,15 f..25 f.) und adaptiert worden.
Damit ergibt sich ein enger Zusammenhang unseres Abschnittes mit den Opfervorschriften. Aus unserer Sicht der Dinge ist allerdings die kavaliersmäßige
Behandlung der Vergewaltigung einer unfreien Frau unerträglich. Die Gewalt-
anwendung des Mannes ist deshalb nicht todeswürdig – wie in Dtn 22,22–27 bei
der Vergewaltigung einer Freien –, weil die Frau noch nicht losgekauft war (V.
20 b)! Man höre und staune! Männliche Arroganz und bürgerliche Überheblichkeit gegenüber Sklavinnen feiern Triumphe. Die Sicherheit, mit der dem Verge-
waltiger Gottes „Vergebung" zugesprochen wird (V. 22), erinnert an verständ-
nisvolle Urteile von neuzeitlichen Gerichten gegen männliche Täter[38]. Der
Paragraph fällt weit hinter die sonst im alttestamentlichen Recht überlieferten
Schutzbestimmungen für sozial Minderberechtigte zurück. Er setzt anscheinend grundsätzlich ein volles Verfügungsrecht des Herrn über seine Sklavin
voraus (vgl. Ex 21,7–11). Das ist nicht erst aus der heutigen Perspektive ein
Skandal. Und es erinnert uns daran, wie menschlich begrenzt und fehlsam auch
die biblischen Väter dachten.

Der Passus über die Verwendbarkeit von Baumfrüchten (V. 23–25) beweist
denselben ehrfurchtsvollen Umgang mit den Pflanzungen, wie wir ihn in V. 9f.
feststellten. Vermutlich handelt es sich um uralte, vorjahwistische Sitten: In den
ersten drei Jahren dürfen die Früchte überhaupt nicht berührt werden. Sie
gehören den Baumgottheiten oder Feldgeistern. Die vierte Ernte wird jetzt
festlich Jahwe geweiht, so, als ob es sich um eine Erstlingsfrucht[39] handele –
Zeichen der israelitischen Überformung der alten Kulturlandgebräuche. Erst

---

[38] Vgl. Phillis Trible, Mein Gott, warum hast du mich vergessen!, Gütersloh, ²1990; Peter
Sichrowski und Peter Scheer, Liebe, Haß und Gleichgültigkeit, Hamburg 1991; Sigrid Metz-Göckel
und Ursula Müller, Der Mann, Weinheim 1986.
[39] Karl Elliger, 260 f.

vom fünften Jahr an steht der Ertrag den Menschen zur Verfügung. Die priesterliche Bearbeitung des ganzen Abschnittes zeigt sich außer in der Weihebestim-
mung von V. 24 vor allem an der seltsam symbolträchtigen Sprache. Die
Baumfrucht wird – im theologischen Fachjargon – mit der Vorhaut des Knaben
verglichen (V. 23). Erst wenn der Baum im vierten Jahr „beschnitten" und damit
Jahwe geweiht worden ist, wird er in das Wirtschaftsleben integriert.

Im folgenden treten verstärkt plur. formulierte Verbote und Gebote auf, die
jedoch wieder durch die Selbstvorstellungsformel in Gruppen zusammengefaßt
sind. V. 26–28 enthalten sieben (plur.) Prohibitive. Sie sind untereinander
wiederum formal und inhaltlich mehr oder weniger nahe verwandt. Das erste
Verbot erinnert an Lev 17: Es nimmt das Verbot jeden Blutgenusses auf (V. 26 a;
vgl. Lev 17,10.12.14; 1 Sam 14,32–34). Die griechische Überlieferung hat anscheinend in der hebräischen Vorlage ein leicht verändertes Wort[40] vorgefunden. Das Resultat ist ein anderes Verbot: „Ihr sollt nicht auf den Bergen essen!"
Es hat seine Parallelen in Ez 18,6.11.15; 22,9; 33,25 und warnt vor den Höhenheiligtümern außerhalb Jerusalems. Sie sind sämtlich illegal, auch wenn sie zum
Jahwedienst hergerichtet sein sollten. Beide Versionen passen in ihrer Art in das
Gesamtbild des Abschnittes V. 26–28. – Der zweite Halbsatz V. 26 b bringt zwei
absolut formulierte Verbote. Sie berühren sich sachlich mit den Warnungen vor
Toten- und Wahrsagegeistern in V.31. Grammatisch sind weder Objekte noch
Ergänzungen vorhanden wie in Ex 20,13–15 und ursprünglich in Lev 19,11. Die
absolute Formulierung „Du sollst nicht ..." setzt immer voraus, daß der Sachverhalt und der Bezugsrahmen des Verbotes in der Ursprungssituation sich von
selbst verstehen. Für uns Nachgeborene ist es erheblich schwieriger, die Sätze
richtig einzuordnen. Was steckt hinter der Wahrsagerei und Zeichendeuterei (V.
26 b) und den Toten- und Wahrsagegeistern (V. 31)? Mantische Praktiken sind
aus dem Alten Orient in großer Fülle bekanntgeworden. Die Vorzeichenkunde
war im Zweistromland eine blühende Wissenschaft und ein einträgliches Ge-
schäft. Die Experten – gut ausgebildete Priester oder Freiberufliche – benutzten
ganz verschiedene Techniken der Zukunftsentschlüsselung: den Öltropfen im
Wasserglas, die Leber- und Eingeweideschau von Opfertieren, die Beobachtung
des Vogelflugs und der Sterne, die Deutung besonderer Vorkommnisse. Die
Israeliten müssen mantische Praktiken in der einen oder anderen Form gekannt
haben (vgl. 1 Kön 14,1–3; 2 Kön 1,2). Die lebendige Schilderung einer Totenbe-
fragung, aus der Umwelt Israels weniger stark belegbar, haben wir in 1 Sam 28.
Jede Art von Wahrsagerei ist in der Spätzeit Israels verpönt: Sie widerspricht
dem nun geltenden strengen Glauben an den einen, ausschließlichen und eifer-
süchtigen Gott (vgl. Dtn 18,9–19: Der Abschnitt enthält eine Aufschlüsselung
in verschiedene Weissagungsmethoden und stellt ihnen den beglaubigten Jah-
wepropheten gegenüber). In der vorexilischen Zeit sahen die Dinge wohl anders
aus: Samuel war als Seher bekannt, der gegen Entgelt Verborgenes aufdecken
konnte (1 Sam 9,6–11). Joseph soll die Becherweissagung geübt haben (Gen
44,5). Die Totenbeschwörung ist angeblich erst unter Saul verboten worden (1

---

[40] Nämlich *harim*, Berge, an Stelle von *haddam*, das Blut.

Sam 28,3 b.7), aber unter der Hand überall bis kurz vor der babylonischen Verbannung in Übung geblieben (2 Kön 21,6; 23,24). Kurz: Wir gehen nicht fehl, wenn wir uns die mantischen Praktiken im Alten Israel vor dem Zusammenbruch nach altorientalischem Muster recht bunt vorstellen[41]. Die nachdrücklichen Verbote aller Formen der magischen Zukunftsdeutung in der exilisch-nachexilischen Periode wären ja auch kaum notwendig gewesen, wenn diese Praktiken zu der Zeit schon überwunden gewesen wären. In Lev 19 sind jedenfalls alle an irgendwelche Gottheiten oder Dämonen gerichteten Anfragen ein Affront für Jahwe, die alleinige Gottheit der Konfessionsgemeinschaft Israel. Die sehr knappen Bezeichnungen für das unerlaubte Tun (V. 16 b) und die Täter (V. 31 a; vgl. 20,6; Jes 8,19; 19,3; 29,4: Totengeister und Beschwörer) sind bereits abgeschliffen. Aus allen angegebenen Texten erfahren wir lediglich, daß die Totengeister aus der Erde, dem Grab heraus wispern und zischeln. Mit welchen Mitteln sie gezwungen wurden, den Lebenden zu erscheinen und ihre Kenntnis der Zukunft preiszugeben, verrät uns nicht einmal die anschauliche Erzählung von der Beschwörerin in Endor (1 Sam 28).

Die noch ausstehenden vier Prohibitive des Abschnittes V. 26–27 kreisen um Trauerriten. Warum werden den Israeliten bestimmte Gebräuche untersagt? Wie sollten sie denn ihre Toten begraben? Die nächstliegende Antwort ist: Bestimmte Trauerriten galten in der frühjüdischen Gemeinde als „heidnisch", d. h. typisch für Fremdkulte. Bei der Wertschätzung, die im Alten Orient fast überall gewisse Unterweltsgottheiten genossen, und angesichts der Tatsache, daß Jahwe nur Gott des Lebens und der Lebendigen, nicht aber der Verstorbenen war (vgl. Ps 6; 88), ist die Ausgrenzung bestimmter, religiös geprägter Sitten verständlich. Die Bestattung Verstorbener ist bis heute besonders in Afrika und Asien ein „Schwach"punkt, an dem die mühsam aufgeprägte Christlichkeit oft zerbricht. Unser Katechismus verbietet das Abscheren der Haare und jede Einritzung oder Tätowierung der Haut. Ob und welche andere(n) Völker solche Totenbräuche übten, wissen wir nicht. Darum ist in Erwägung zu ziehen, ob die frühjüdische Gemeinde das Haarscheren und die Hautmißhandlung nicht an sich als verunreinigend verabscheute, ohne an die Abgrenzung gegenüber Nachbarn zu denken. Das Haar hatte nämlich in Israel eine besondere rituelle Bedeutung (vgl. Lev 14,8 f.; Num 6,5; Jes 22,12; Ez 5,1 f.; Am 8,10; Mi 1,16), und auch das „Wundritzen" gehörte einmal zu den israelitischen Trauerriten (Jer 16,6; vgl. 48,37). Aus einem nicht mehr erkennbaren Grund wären diese speziellen Riten bei den Trauerfeierlichkeiten der Spätzeit gemieden worden. Sie paßten nicht mehr zu den Gewohnheiten der Zeit. Wie hielten sie es dann mit der Trauer? Weinen und Klagen waren geboten (vgl. Gen 50,1–3), auch der Vortrag von Trauer- und Gedächtnisliedern (vgl. 2 Sam 1,19–27), das Zerreißen der Kleider und das „Gehen in Sack und Asche" (2 Sam 3,31; Ps 35,13 f.). Aus den bruchstückhaften Informationen läßt sich erkennen, daß es in Israel Trauerfeierlichkeiten zum Begräbnis und für die Trauerarbeit danach gegeben hat. Genaue rituelle Abläufe sind uns nicht bekannt. Jedes Volk, jede kulturelle

---

[41] Vgl. Bruno Meißner, Babylonien und Assyrien II, Heidelberg 1925, 242–282.

Gruppierung bildet eigene Bräuche aus. Die vergleichende Religionswissenschaft sagt uns, daß Trauerriten im wesentlichen um drei Dinge kreisen: die Angst vor dem Toten(geist); die Sorge um das Wohl und Wehe des Verstorbenen in der jenseitigen Welt; den Schmerz und die Zukunft der Hinterbliebenen. Den Verfassern des Katechismus ging es nicht um diese zentralen Anliegen. Vermutlich fanden die Beerdigungen nach festem Ritus statt und wurden von niemandem in Frage gestellt. Aber aus irgendeinem Grund wurden die Haarrasur und das Hautritzen in der Spätzeit als unvereinbar mit dem Jahweglauben (oder nur als veraltet, unästhetisch o. ä.?) angesehen. Die Verfasser des Katechismus wollen auch die Trauerbräuche reformieren und ihren Vorstellungen von „rein" und „gottgemäß" anpassen (vgl. Lev 21,5f..10; Num 6,5; Dtn 14,1).

Die folgende Untereinheit (V. 29–30) ist thematisch kaum auf einen Nenner zu bringen. Nicht zufällig steht der erste Vers im Sing., der zweite im Plur.. Ein mixtum compositum also, rein zufälliger Art? Zuerst wird der Vater ermahnt, seine Tochter nicht durch „Huren" „entweihen" zu lassen (V. 29a). Eine höchst religiöse Ausdrucksweise, die noch unterstrichen wird durch den Konsekutivsatz V. 29b: „daß nicht das Land hure und voll Unflats werde." Das „Entweihen" ist eine ständige Sorge besonders der Überlieferer, die Lev 18–22 (14 Vorkommen des Wortes) und Ez 7–36 (20 Vorkommen) zusammengestellt haben. Entweihung ist nämlich Zerstörung oder Wegnahme der Heiligkeit, die Jahwe fordert. Das Land – gemeint ist doch wohl Israels Land – könnte ans „Huren" kommen und sich mit kultischer Unreinheit anfüllen. Drei mögliche Deutungen sind im Gespräch: Ein Vater darf auf keinen Fall dem vorehelichen Geschlechtsverkehr seiner Tochter Vorschub leisten. Das Vergehen würde das ganze Land belasten. – Ein Vater darf seine Tochter nicht an kanaanäischen Pubertätsriten wie der Entjungferung am Heiligtum teilnehmen lassen. – Der Vers ist metaphorische Rede, ähnlich wie Ez 16 und 23: Wie ein Vater seine Tochter nicht zur Hure werden lassen soll, so soll Israel nach dem Willen Jahwes auch nicht zur Hure werden und von ihm abfallen. Überwiegend wird die zweite Deutung vertreten. Aber auch sie hat ihre Schwächen. Wir wissen nichts über die angeblich sexual-orgiastischen Kulte der Kanaanäer. Es könnte sein, daß sie in das Reich der Phantasie gehören und daß schon antike Historiker vom Rang eines Herodot oder Flavius Josephus allerlei Legenden aufgesessen sind. Hos 1–3 reichen nicht aus, um kanaanäische Initiationsriten der gedachten Art zu beweisen. Und die manchmal sehr drastische Ehe- und Sexualsprache, mit der das Verhältnis Jahwes zu Israel geschildert wird (vgl. bes. Ez 16; 23; aber auch Hos 2,16–19; 4,12–14; 5,3f.; Jer 2,32f.; 3,6–10.20; Jes 62,1–5), stammt eher aus israelitischer, durch den (maskulinen) Monotheismus geschürter Vorstellungskraft als aus kanaanäischen Quellen. Kurz: V. 29 ist vermutlich eine eigene Bildung der späten Sammler, eine hintergründige Ermahnung, treu zu Jahwe zu halten. Ein alter Prohibitiv aus dem Sippenethos ist nicht darin zu entdecken.

Obwohl thematisch ganz anders gelagert, wird auch V. 30 aus der Feder der späten Überlieferer stammen. Das Gebot, die Sabbate (Plur.!) Gottes einzuhalten, ist in V. 3aß schon einmal vorgekommen, und es wird in Lev 26,2 wiederholt (vgl. Ez 20,20). Das genaue Gegenstück dazu ist die Anklage: „Sie haben meine Sabbate entweiht" (Ez 20,13.16.21.24; 22,8; 23,38). Möglicherweise meint der Plur. „Sabbate" bereits die Kette der wöchentlichen Gottesdiensttage. Denn die Respektierung eines leeren Tabutages (wie in früher Zeit, vgl. 2 Kön 4,23) wäre wohl anders ausgedrückt worden. Die verwendeten positiven Verben sind „(den Sabbat) halten bzw. heiligen." Das klingt stark nach „(das Gesetz) halten" und „(die Versammlung) heiligen" (Lev 23,2 f.). Im gleichen Atemzug heißt es in V. 30 weiter: „Mein Heiligtum sollt ihr fürchten" bzw. „verehren". Hier taucht im Katechismus Lev 19 zum erstenmal der Tempel auf. Nicht einmal in den Opferregeln V. 5–8 war er ausdrücklich genannt worden. Die Verehrung des Heiligtums in Jerusalem hatte ihren guten Sinn für alle Deportierten und Emigranten. Ortsansässige wären wohl eher auf die Ehrfurcht gegenüber Gott und die Freude an den Gottesdiensten angesprochen worden. Aber gerade im Verein mit dem vorhergehenden Sabbatgebot bedeutet die Tempelverehrung: Ihr, die ihr an euren Wohnorten am Sabbat zusammenkommt (Lev 23,3), sollt auch das allen Jahwegläubigen gemeinsame Heiligtum in Jerusalem verehren, denn es ist das Symbol eurer Einheit (vgl. Lev 26,2).

Die Befragung von Beschwörern und Prognostikern (V. 31) ist bereits zusammen mit V. 26 b besprochen worden. Die Ehrfurcht vor dem ergrauten Mann ist ein Grundgebot einer größeren Sekundärgesellschaft. Im Familienkreis wäre ein derartiges Gebot unnötig und unmöglich. Die älteren Männer einer israelitischen Großfamilie nahmen ganz selbstverständlich die obersten Plätze der Rangordnung ein. Großvater, Vater und eventuell die Brüder des Vaters hatten die Macht in der Hand. Dagegen mußte dem jungen Menschen die Ehrfurcht vor anderen „Graubärten", mit denen er nicht direkt zusammenlebte, erst eingeschärft werden. Wie leicht mochten sich Lausebengel über den Alten von nebenan oder aus dem Nachbardorf lustig machen (vgl. 2 Kön 2,23). Aufstehen soll der Junge vor dem Alten: Das mag sich auf ein Treffen der Männer im Stadttor beziehen oder auf Versammlungen der Gemeinde oder auf gemeinsame Mahlzeiten. In jedem Fall gebührt dem Grauhaarigen der Ehrensitz. Minderrangige stehen vor dem Höherrangigen und erwarten Belehrung oder Anweisung von ihm (Ex 18,13; 1 Kön 22,19). „Ehre geben" entspricht dem „Fürchten" und „Ehren", das ein Sohn den Eltern schuldig ist (V. 3; Ex 20,12); die zweite Weisung in V. 32 ist eine Steigerung gegenüber der ersten. Sie wird noch überboten durch das dritte Gebot, Jahwe zu fürchten (V. 32 b), das als Begründung und Abschluß dieser Reihe dient (vgl. dieselbe Formulierung in V. 14; Lev 25,17.36.43). In dem älteren „Bundesbuch" (Ex 21–23) findet sich eine inhaltlich sehr ähnliche Vorschrift, die Autorität der Stammesführer und Gottes zu achten, nur ist sie als Prohibitiv gefaßt:

Gott darfst du nicht fluchen,
einen Stammesführer deines Volkes darfst du nicht verwünschen. (Ex 22,27)

Der Vergleich dieser beiden Anweisungen zeigt, daß die Autoritätsstrukturen seit den Tagen der Stammesverfassung gleichgeblieben sind. Doch ist im Katechismus Lev 19 der „Älteste" an die Stelle des Stammesführers getreten, und die Ermahnung ergeht jetzt in predigt- und lehrhaftem Ton.

Der Absatz über den bei Israeliten wohnenden Ausländer (V. 33 f.) klingt wie eine Ergänzung zu V. 17 f. Von Lev 16 bis 25 taucht immer wieder einmal die Frage auf, welche Stellung der ansässige Fremde in der Gemeinde habe und wie weit ihn, der möglicherweise nicht Anhänger Jahwes ist, die Gebote des Gottes Israel betreffen (vgl. Lev 16,29; 17,8 ff.; 20,2; 24,16; 25,23 ff.). An unserer Stelle wird die Frage ganz grundsätzlich abgehandelt. Der ansässige Ausländer soll erstens nicht „bedrückt" und ausgenutzt werden (V. 33). Damit ist die Schutzbestimmung von Ex 22,20 fast wörtlich aufgegriffen, man vergleiche auch die speziell auf den Tagelöhner abgestimmte Vorschrift Dtn 24,17. Aber der bloße Schutz vor Ausbeutung, den der Ausländer zusammen mit den Randgruppen der israelitischen Gesellschaft genießt, reicht nicht aus. Der Ausländer soll dem Einheimischen völlig gleichgestellt sein und in die Solidaritätsverpflichtung der Gemeinde, die „Liebe" von V. 18 also, mit eingeschlossen werden (V. 34 a). Daß hier sehr grundsätzlich geredet wird und viele heikle Fragen des Zusammenlebens nicht berührt oder gar gelöst werden (vgl. das Problem der Teilnahme an Kultfeiern: in Ex 12,48 ist die Beschneidung, d. h. der Übertritt zur Glaubensgemeinschaft, dafür Voraussetzung), schmälert nicht die Bedeutung der Aussagen. Wie weit bleiben die Nationalstaaten von heute in der Regel hinter einer solchen Grundsatzerklärung zurück! Der im Lande wohnende Ausländer ist dem Einheimischen gleichgestellt. Du, Einheimischer, sollst ihn „lieben"! Die Begründung von V. 34 aß, Israel sei doch auch „Fremdling in Ägypten" gewesen, kenne also das Schicksal von Unterdrückten aus eigener Erfahrung, ist ein typischer Satz frühjüdischer Ethik (vgl. Ex 22,20; 23,9; Dtn 10,19). Im letzten Text ist der Standardbegründung ein rein theologischer Grund vorgeschaltet:

> Denn Jahwe, euer Gott, ist der Gott aller Götter und der Herr über alle Herren, der große Gott, der Mächtige und der Schreckliche, der die Person nicht ansieht und kein Geschenk nimmt und schafft Recht den Waisen und Witwen und hat die Fremdlinge lieb, daß er ihnen Speise und Kleider gibt. Darum sollt ihr auch die Fremdlinge lieben; denn ihr seid auch Fremdlinge gewesen in Ägypten. (Dtn 10,17–19)

Der stereotype Erfahrungssatz folgt trotz des massiven Hinweises auf Jahwes Vorliebe für die sozial Ausgegrenzten. Er war mithin traditionell ganz stark im Bewußtsein verankert. Es ist ein Ruhmesblatt der frühjüdischen Gemeindetheologie sondergleichen, daß sich gegen alle Abgrenzungs- und Reinheitstendenzen (vgl. Esra 10; Neh 13) die Integrationsanweisungen mit der geschichtlichen Begründung durchgehalten haben. Daß im Zusammenleben verschiedener Bevölkerungsgruppen dennoch Spannungen auftraten, zeigen Passagen wie Lev 22,18; 25,47!

Eine letzte konkrete, auf das Wirtschaftsleben bezogene Verbotsreihe beschließt das zweite Hauptstück (V. 35 f.). Eingeleitet wird sie mit der Wiederholung des plur.en Verbots V. 15 a. Ob diese Doppelung aus einem Abschreibefehler entstanden ist oder dem Willen entspringt, die Fairneß beim Gerichtsverfahren noch einmal ins Gedächtnis zu rufen, bleibe dahingestellt. Der Hauptnachdruck liegt jedenfalls auf der Ehrlichkeit bei Handelsgeschäften. Der Paralleltext Dtn 25,13–16 konzentriert sich auf das Verbot, den Käufer zu übervorteilen, weitet aber in einem Nachsatz Gottes Mißfallen auf alle Übeltäter aus (Dtn 25,16 b). In Lev 19,35 b–36 a sind falsches Längenmaß, Gewicht und Hohlmaß ganz summarisch verboten. Die entsprechende Ächtung gezinkter Meßgeräte – reduziert auf zwei: Gewicht und Hohlmaß – fällt in Dtn 25,13 f. wortreicher aus. In beiden Texten aber schließt sich die positive Bestimmung an: Die Meßgeräte müssen „gerecht" sein, sie dürfen den Käufer nicht benachteiligen. Genannt sind in V. 36 a: Waage, Gewichtsteine, Epha (als Hohlmaß für trockene Substanzen wie Getreide oder Mehl; vgl. Lev 5,11; 6,13; 1 Sam 1,24, ca. 40 Liter), Hin (als Hohlmaß für Flüssigkeiten; vgl. Lev 23,13; Num 15,4 ff., ca. 6 Liter). Das vorher angekündigte Längenmaß, etwa zur Abmessung von Stoffen, fehlt in V. 36 genau wie in Dtn 25,13 f. Die betrügerische Bereicherung auf dem Marktplatz oder im Basar gilt also den Verfassern und Benutzern des Katechismus als eine Verletzung göttlicher Gebote. Jahwe wacht über die Ehrlichkeit von Geschäftsabschlüssen.

Die ausführlichste Selbstvorstellungsformel des ganzen Kap.s rundet den Abschnitt ab (V. 36 b) und leitet zur redaktionellen Rahmennotiz über, die Lev 19 als ganzes beschließt (V. 37 a). Sie ist ihrerseits noch einmal mit der kürzesten „Ich-bin-Jahwe"-Formel hervorgehoben.

6.2.5 Heiligkeit und Nächstenliebe

Die vielfarbigen Vorschriften für das tägliche und kultische Leben sind in Lev 19 ganz streng auf einen übergeordneten Leitgedanken ausgerichtet und durch ihn eben zu einer Glaubenslehre für die Gemeinde zusammengefaßt: „Ihr sollt heilig sein, denn ich, Jahwe, euer Gott, bin heilig" (V. 2). Die Zuordnung der Gemeinde zu ihrem Gott ist das alles durchdringende Motiv. Während der Begriff „heilig" in seiner doppelten Ausrichtung auf Gott und die Angeredeten nur in dieser Überschrift ausgesprochen wird, durchzieht der alles entscheidende Hinweis auf Jahwe das Kap. wie ein roter Faden. Die „Selbstvorstellungsformel" wächst damit aus ihrer ursprünglichen Funktion, jemanden einzuführen, der noch nicht bekannt ist, heraus. Sie wird zu einer „Heiligungsformel", denn die Namensnennung Gottes nach jedem eingearbeiteten Gebotsabschnitt ruft die Forderung von V. 2 ins Gedächtnis. Die Gemeinde soll „heilig sein" oder „heilig werden"! Davon ist mehrmals in den „priesterlichen" Schichten des Pentateuch mit wechselnden Nuancierungen die Rede (vgl. Lev 11,44 f.; 20,7.26; Num 15,40; siehe auch Num 16,3). Das „Heiligsein" oder „Heiligwerden" wird von den Zuhörern verlangt. Sie sollen kultische Verunreinigungen vermeiden, Jahwes Gebote halten, kurz, ausschließlich seine Partner sein. Die Heiligkeitsforderung verlangt Treue zu Jahwe und Unterwerfung unter seinen Willen. Begründet wird dieses spezielle und intime Gottesverhältnis in verschiedenen jungen Schichten des Pentateuch mit der Erwählung Israels zum heiligen Bundesvolk Jahwes:

Ihr habt gesehen, was ich mit den Ägyptern getan habe und wie ich euch getragen habe auf Adlerflügeln und euch zu mir gebracht. Werdet ihr nun meiner Stimme gehorchen und meinen Bund halten, so sollt ihr mein Eigentum sein vor allen Völkern; denn die ganze Erde ist mein. Und ihr sollt mir ein Königreich von Priestern und ein heiliges Volk sein. (Ex 19,4–6)

Ebenso deutlich spricht das Deuteronomium von der Sonderstellung Israels:

Denn du bist Jahwe, deinem Gott, ein heiliges Volk. Dich hat Jahwe, dein Gott erwählt zum Volk des Eigentums aus allen Völkern, die auf Erden sind. Nicht hat euch Jahwe angenommen und erwählt, weil ihr größer wäret als alle Völker – denn du bist das kleinste unter allen Völkern –, sondern weil er euch geliebt hat und damit er seinen Eid hielte, den er euren Vätern geschworen hat. (Dtn 7,6–8 a)

Ähnlich ist der Glaube an heiligende Berufung durch Jahwe noch öfter formuliert; es handelt sich um eine fundamentale, die Gemeinde der exilisch-nachexilischen Zeit konstituierende Glaubenswahrheit (vgl. Ex 6,4–8; Dtn 29–30; Jos 24: Alle diese geschichtlichen Bundesschlüsse sind Rückprojektionen aus der Gründungsphase der frühjüdischen Gemeinde). Was aber wollen die Zeugen im Kern sagen, wenn sie die Gemeinde zum Eigentum Jahwes und zum heiligen Volk ausrufen? Wir müssen die theologischen und die soziologischen Aspekte beachten, die freilich beide eng miteinander verflochten sind.

Heiligkeit, so sagten wir, ist eine Gott eigene Macht- und Reinheitssphäre. Jahwes Person und seine unmittelbare Umgebung, folglich auch sein „Haus", in dem er wohnt, sind in höchstem Grade energiegefüllt. Jeder menschliche Übergriff, jedes unbefugte Eindringen in die heilige Sphäre muß sofort den Tod des Übertreters zur Folge haben. „Sie sollen das Heilige selbst nicht anrühren, daß sie nicht sterben", heißt es von den minderberechtigten Tempeldienern, den Leviten (Num 4,7). Ältere Erzählungen illustrieren bereits diese priesterliche Grundüberzeugung (2 Sam 6,6f.; Ex 33,18–23). Und nun sollen die Israeliten sich plötzlich der Heiligkeit Jahwes annähern, so werden wie Gott selbst ist? Eine unerhörte Zumutung! Man ist an die Einflüsterungen der Schlange in der Paradiesesgeschichte erinnert, die den großen Ungehorsam der Menschen in Gang setzen (Gen 3,5).

Die Heiligkeitsforderungen im Buch Leviticus, die eindeutig an die ganze Gemeinde der Jahwegläubigen gerichtet sind, sollen sicher nicht die priesterlichen Vorstellungen von der in Jahwe konzentrierten Machtsphäre außer Kraft setzen. Auch der Gemeindekatechismus von Lev 19 hat nicht die Absicht, allen Israeliten einfach den Zugang zum Allerheiligsten zu öffnen, das nach Lev 16 nur einmal im Jahr durch eine einzige Person, den Hohenpriester, betreten werden darf. Im Zusammenhang der Gemeindebelehrung bedeutet „heilig sein" die angemessene Einstellung, Vorbereitung und Lebensweise, die zum Kontakt mit dem heiligen Gott befähigen. Häufig ist in den späteren Schichten des ATs von der gebührenden rituellen Vorbereitung auf Gottesdienste und Feiern die Rede. Das Volk muß „sich heiligen" (Ex 19,10f..22; Num 11,18; Jos 3,5; 7,13; 2 Chr 30,15–20). Traditionsgemäß gehören Waschungen, Enthaltsamkeitsriten, Opfer zu der kultischen Vorbereitung. Sie erstrecken sich oft über eine bestimmte Zeit, oft drei Tage (vgl. 1 Sam 21,5 f.; Ex 19,10 f.). Im Katechismus Lev 19 nun ist die „Heiligung" in einen anderen Kontext hineingestellt. Die spezielle Opferfeier oder auch der konkrete kultische Anlaß überhaupt sind aus dem Blickfeld verschwunden. Es geht um das Alltagsleben schlechthin, das gemäß der Heiligkeit Jahwes eingerichtet sein soll. Man könnte sagen: So, wie der Gläubige sich zur Vorbereitung auf die Begegnung mit Jahwe im Kult einer „Heiligung" unterziehen, d. h. Schadensmächte von sich fernhalten muß, so soll in Lev 19 „das ganze Leben seiner Gläubigen" aus gottgefälligen und das Böse abweisenden Handlungen bestehen. Diese Sicht der Dinge schließt das sittliche, soziale, rechtliche Verhalten, das vielleicht auch in der rituellen Heiligung eine Rolle spielt, betont mit ein.

Die gelegentlich im AT überlieferten und auch aus anderen Kulturkreisen bekannten Zulassungsbedingungen für Tempelbesucher lassen nämlich keinen Zweifel daran, daß äußere Waschungen allein die Begegnung mit der Gottheit nicht gefahrlos machen würden.

> Du bist kein Gott, dem Unrecht gefiele,
> Schlechtigkeiten läßt du nicht durchgehen.
> Verbrecher dürfen dir nicht unter die Augen treten,
> du verabscheust jeden Übeltäter.
> Du vernichtest die Lügner;
> blutdürstige Menschen und Betrüger verachtet Jahwe.[42]

Darum wird vor dem Eintritt in den heiligen Bezirk die Warntafel errichtet, wie an ägyptischen Tempeln. Oder die Pilger müssen fragen:

> Wer hat Zutritt zum Berge Jahwes,
> wer darf stehen am heiligen Ort?

Und die Priester antworten aus dem Heiligtum:

> Der reine Hände hat und ein lauteres Herz,
> der nicht heuchelt und nicht betrügerisch schwört.[43]

Die Heiligkeitsforderung in Lev 19 steht inhaltlich solchen Tempeleinlaßbedingungen nahe. Menschen, die in ihrer Gemeinschaft gegen Recht und Sitte verstoßen, dürfen am Gottesdienst nicht teilnehmen, es sei denn, sie hätten ihre Verfehlung gesühnt (vgl. Mt 5,23 f.). Nur: Unser Katechismus setzt anscheinend die Anwesenheit Gottes überall und zu jeder Zeit voraus. Untaten jeder Art verstoßen gegen die ganzheitlich für die Gemeinde geltende Heiligkeitsforderung.

Daraus ergibt sich ganz von selbst die Frage nach der Gemeinschaft, der die Lehren von Lev 19 gelten. Bloße Begriffsanalysen bleiben weit vor dem Ziel stecken: Wir müssen die im Text erscheinenden Vorstellungen auf die tatsächlichen Sozialstrukturen hin befragen. Erst durch die Erkenntnis der Lebenswirk-

---

[42] Ps 5,5–7; Übersetzung nach E.S.Gerstenberger u. a., Zu Hilfe mein Gott, Neukirchen-Vluyn, ⁴1989, 19.

[43] Ps 24,3 f.; a. a. O. 45; vgl. Ps 15; Jes 33,14–16.

lichkeit, in der die Forderungen nach ganzer Heiligung und voller Nächstenliebe erhoben werden, finden auch die Begriffe ihren Grund und Sinn. Lev 19 sagt in sozialer Hinsicht sehr viel aus.

Die unterschiedlichen Anredeformen – 2. Pers. Sing. und Plur. – signalisieren übereinstimmend, daß es um das Verhalten des einzelnen in seiner Glaubensgemeinschaft geht. Immer wieder wird dem in alter Unterweisungsmanier (Sippenethos!) direkt Angeredeten die Entscheidung gegen das gemeinschaftszerstörende und von Jahwe trennende Verhalten eingeprägt. Wer redet? Nach dem Wortlaut zu urteilen: Mose (V. 1f.). Hinter dieser Symbolfigur verbergen sich die schriftlich vorliegenden Worte des Mose und derjenigen, die seine Worte von Amts wegen pflegen und vermitteln. Sie treten nicht oft ins Licht der Tradition. Esra ist ein Vertreter der mosaischen Wortverkündiger. Sein Beruf ist nicht der eines Priesters, er ist „Schreiber" oder „Schriftgelehrter"[44]. Ihm sind Leviten zugeordnet, die das Gelesene in die damalige Umgangssprache, das Aramäische, übersetzen und übersetzend interpretieren (Neh 8,7f.). Die Priester mögen am Rande mit dem Gesetz des Mose zu tun gehabt haben. In der legendären Auffindungsgeschichte des angeblich lange verschollenen Werkes spielen jedenfalls die Funktionäre des Tempels eine sehr untergeordnete Rolle: Aktiv mit dem Buch befaßt sind der König, die Schreiber des Königs, die Prophetin Hulda. Leider wird nicht gesagt, wer das Gesetz dem Volk vorlesen durfte; es waren weder Priester, noch Propheten, noch Älteste (Dtn 22,8–23,3; vor allem 23,2). Ist der König selbst der Vorleser? Er wäre nur fiktiver Platzhalter für einen in exilischer Zeit amtierenden Liturgen nach der Art Esras. – Auch in Jer 36 wird eine Schriftrolle verlesen. Es ist nicht das Mosegesetz, sondern eine Prophetenrolle, wie sie wohl bald nach dem Exil neben der Tora im Gottesdienst vorgetragen wurde. Baruch, der Schreiber Jeremias, liest zweimal aus dem Schriftstück; einmal liest Judi, ein Palastbeamter (Jer 36,4–26). – Ezechiel muß eine Schriftrolle verschlingen und ihre Botschaft weitersagen (Ez 3,1–11). Er gilt als Prophet, sein Buch hat aber viel mit Lehre und Unterweisung zu tun. Kurz: Die Schriftzeugnisse von der frühen Vermittlung des Mosegesetzes zeigen eine erstaunliche Ausklammerung der Tempelpriesterschaft – das Buch wird ja auch an vielen Orten und kaum am heiligen Ort verlesen, vgl. noch Dtn 31,9–13 – und eine starke Beteiligung des Schreiberstandes (was bei einem wahrscheinlich geringen Alphabetisierungsgrad nicht verwunderlich ist). Wir hatten schon früher festgestellt (s. o. zu Lev 8f.), daß auch Mose in der Regel nicht die Priesterschaft repräsentiert, sondern eher einen übergeordneten Gemeindeleiter.

Wer ist der in Lev 19 angeredete einzelne Israelit? Er wird verschieden benannt: Bruder ('aḥ; 1 mal), Sippengenosse (re^a', 3 mal), Glaubensbruder ('amit, 3 mal). Diese Beziehungsbegriffe sind allesamt im Abschnitt V. 11–18 konzentriert. Ihre Übersetzung im hiesigen Zusammenhang ist unklar. Die beiden ersten Ausdrücke kommen in guter Streuung in verschiedenen Schichten des ATs vor. Sie stammen aus dem Verwandtschaftsvokabular, haben aber eine

---

[44] Neh 8,1–8; vgl. Hans Heinrich Schaeder, Esra der Schreiber, Tübingen 1930.

breitere Bedeutung für solidarische, mitmenschliche Beziehungen angenommen. Besonders in ethischen und ermahnenden Texten kommen „Bruder" und „Sippengenosse" vor, häufig im Buche Deuteronomium. Die dritte Bezeichnung ist – mit Ausnahme von Sach 13,7 – auf bestimmte Stücke des Buches Leviticus beschränkt (Lev 5,21; 18,20; 19,11–17; 24,19; 25,14–17). Weil auch in anderen semitischen Sprachen keine vergleichbare Bildung des Wortes bezeugt ist, sieht es wie eine eigene, reichlich künstliche Schöpfung einiger „priesterlicher" Überlieferer aus (s. zu Lev 18,20). Es könnte gezielt den Mann bezeichnen, der Mitglied im Glaubensvolk Jahwes ist. Im übrigen aber liegen alle drei Ausdrücke für den nächsten Mitmenschen auf dieser Linie. Das wird deutlich, wenn man sie mit den Ausdrücken vergleicht, die das Ganze benennen, in das der einzelne eingebettet ist. Die Menschen, auf die der einzelne verwiesen wird, heißen: „seine *'ammim*", d. h. Volks- und Glaubensgenossen (V. 8b); „deine *'ammim*" (V. 16a). Der Plur. kann nur verwandtschaftlich oder sonst durch enge Beziehungen verbundene Männer meinen. Die einleitende Auftragsformel präzisiert die Bindung der Vielen als eine geistliche und konfessionelle: Die Katechismuslehre zielt auf „die ganze Gemeinde der Israeliten" (V. 2a). Damit ist die frühjüdische Religionsgemeinschaft gemeint (vgl. Lev 8,3f.). Die Benennung von Randgruppen, für die sich die Gemeinschaft verantwortlich wissen soll, bestärkt diese Interpretation. Arme, Ausländer mit Wohnrecht, Tagelöhner, sozial Schwache, Behinderte (Taube; Blinde) sind nur in einer engen Lebensgemeinschaft schützbar. Die Familie kommt als verantwortliche Gruppe nicht in Frage. In ihr gibt es nicht all jene genannten Kategorien von Menschen. Antike Staaten beziehen sich in ihrem Recht auf einige dieser Marginalisierten, aber nur, um sie vor konkreter Ausbeutung und Rechtsverdrehung zu schützen (vgl. die Sozialgesetzgebung in Mesopotamien von Urukagina von Lagasch bis zu Hammurapi). Ein Liebesgebot ist in Staatsgesetzen nicht zu erwarten. Die Fürsorge für alle Menschen, die sich „Bruder" und „Glaubensgenosse" nennen, ist in einer engen Gemeinschaft hingegen lebensnotwendig. Sie läuft in unserem Katechismus auf eine respektvolle Gleichbehandlung aller in der Gemeinde Zusammengebundenen hinaus (V. 18; 34: „lieben wie dich selbst") und realisiert damit die von Gott verlangte Heiligkeit. Solidarität mit dem nächsten Mitmenschen und dem nicht blutsmäßig Verwandten, lehrhaft vorgetragen und als höchste sittliche Verpflichtung gefordert, kann es nur in religiösen Gemeinschaften geben, die sich als Gottesfamilie verstehen (vgl. die Gemeinschaftsschriften von Qumran, den Koran usw.). Blutgemeinschaft und Volk sind in der Gemeinde aufgehoben.

Die Gemeinde, für die der Katechismus geschrieben ist, besitzt eine innere Struktur. Der heilige Gott ist die oberste Autorität. Er macht sich durch seine Selbstvorstellungs- und Heiligungsformel mit großem Nachdruck bemerkbar. Im Schatten dieses „Ich bin Jahwe" stehen alle diejenigen, die sein Wort weitergeben, durch Lesung der Schrift, Überlieferung der geheiligten Rollen, Ausrichtung der Versammlungen und Gottesdienste. Sie werden nicht direkt genannt, wir können sie aber hinter der Mosefigur erahnen. Offen angesprochen aber ist die Autorität der Eltern, und zwar in der Reihenfolge: Mutter – Vater und der

alten Gemeindeglieder (V. 3.32). Das bedeutet: In der Gemeinde steht die
religiöse Sozialisation, welche der Familienverband durch die Eltern (vgl. Prov
1,8; 4,3; 6,20) bietet, in hohem Ansehen. Der Jahweglaube wird dort eingeübt
(vgl. Ex 12,26; Dtn 6,7.20) und durch die Gemeinde gestärkt. Nach dem
Verständnis des Katechismus spricht Jahwe alle seine Anhänger direkt an, legt
ihnen die Heiligkeitsforderung vor, macht alle (männlichen) Gemeindeglieder
gottunmittelbar, verweist die Priesterschaft in eine dienende Rolle, wie sie
hinter V. 5–8 und 20–22 zu erahnen ist. Die Gemeinde ist die Gesamtheit aller
Haushalte, die offiziell patrilinear ausgerichtet sind, inoffiziell aber der Haus-
mutter eine wichtige religiöse Lehrfunktion geben. Die ganze Gemeinschaft
definiert und konstituiert sich nicht mehr über Landbesitz, Volkszugehörigkeit,
Monarchie, sondern ausschließlich über den Gott Israels, Jahwe. Im Vorderen
Orient ist Israel die erste bekannte (nichtstaatliche) Konfessionsgemeinschaft.
In Indien, China oder Altpersien mag es früher schon Ansätze zu solchen
Vereinigungen gegeben haben. Israel bekennt sich zu seinem Gott, und es hat
keine andere Möglichkeit mehr, seine Identität zu wahren:

> Alle Völker leben [politisch], ein jedes im Namen seines Gottes;
> Wir aber existieren im Namen Jahwes, unseres Gottes,
> immer und ewig. (Mi 4,5)

6.3 Strafbare Handlungen (Lev 20)

6.3.1 Übersetzung

1) Jahwe redete zu Mose: 2) Zu den Israeliten sollst du sagen: Jeder, Israelit oder
Ausländer in Israel, der eins von seinen Kindern dem Molek gibt, muß sterben.
Das Volk dieses Landes (= die Gemeinde)[45] soll ihn steinigen. 3) Ich selbst will
mich gegen diesen Menschen wenden und ihn aus seinem Volk ausrotten, denn
er hat eins von seinen Kindern dem Molek gegeben, um mein Heiligtum zu
verunreinigen und meinen heiligen Namen zu entweihen. 4) Falls aber das Volk
dieses Landes darüber hinwegsieht, daß der Mann eins von seinen Kindern dem
Molek gibt, und ihn nicht tötet, 5) dann will ich selbst mich gegen ihn und seine
Sippe wenden und ihn sowie alle, die ihm nachhuren und damit hinter Molek her
huren, aus ihrem Volk ausrotten. 6) Gegen jeden, der sich an Totengeister und
Wahrsager wendet und so hinter ihnen her hurt, will ich mich selbst wenden und
ihn aus seinem Volk ausrotten. 7) Heiligt euch und seid heilig, denn ich, Jahwe,
bin euer Gott. 8) Haltet meine Gesetze und befolgt sie; ich, Jahwe, heilige euch.
9) Jeder, der seinen Vater und seine Mutter verflucht, muß sterben. Er hat
Vater und Mutter verflucht, auf ihm liegt Blutschuld. 10) Jeder, der mit der Frau
[ja, jeder Mann, der mit der Frau] seines Nachbarn schläft, muß sterben. Das gilt

---

[45] 'am ha'aräṣ ist in Lev „die Gesamtheit der jüdischen Gemeinde" und „Wechselbegriff zu qahal
und 'edah ... und 'am ...“ (Karl Elliger, 73).

für den Ehebrecher und die Ehebrecherin. 11) Jeder, der mit der Frau seines Vaters schläft, der deckt die Scham seines Vaters auf: Beide müssen sterben. Ihre Blutschuld ist auf ihnen. 12) Jeder, der mit seiner Schwiegertochter schläft: Beide müssen sterben. Sie haben eine Schandtat getan, ihre Blutschuld ist auf ihnen. 13) Jeder, der mit einem Mann schläft wie mit einer Frau: Abscheuliches haben die beiden getan; sie müssen sterben, ihre Blutschuld ist auf ihnen. 14) Jeder, der sich eine Frau und ihre Mutter nimmt: Scheußlich ist das; man soll ihn und die beiden Frauen verbrennen, damit unter euch keine Scheußlichkeit bleibe. 15) Jeder, der mit einem Tier schläft, muß sterben. Das Tier soll man töten. 16) Eine Frau, die sich einem Tier nähert und sich von ihm begatten läßt: Du sollst die Frau und das Tier töten. Sie müssen sterben, ihre Blutschuld ist auf ihnen. 17) Jeder, der seine Schwester, die Tochter seines Vaters oder die Tochter seiner Mutter nimmt und ihre Scham sieht, und sie sieht seine Scham: Das ist eine Schande. Sie werden vor den Augen ihres Volkes ausgerottet. Er hat die Scham seiner Schwester aufgedeckt, er muß seine Schuld tragen. 18) Jeder, der mit einer menstruierenden Frau schläft und ihre Scham, ihren Blutquell bloßgelegt hat, und sie hat die Quelle ihres Blutes aufgedeckt: Die beiden werden aus ihrem Volk ausgerottet.

19) Die Scham der Schwester deiner Mutter und der Schwester deines Vaters darfst du nicht aufdecken. Das bedeutete, sein oder ihr Fleisch entblößen. Sie müssen ihre Schuld tragen. 20) Jeder, der mit seiner Tante schläft, hat die Scham seines Onkels aufgedeckt. Sie müssen ihre Sünde tragen. Sie werden kinderlos sterben. 21) Jeder, der die Frau seines Bruders nimmt: Das ist eine Unreinigkeit. Er hat die Scham seines Bruders aufgedeckt; sie bleiben kinderlos.

22) Haltet alle meine Gesetze und Rechte und befolgt sie, damit euch das Land, in das ich euch bringe, wo ihr wohnen sollt, nicht ausspucke. 23) Lebt nicht nach den Gesetzen des Volkes, das ich vor euch vertreiben werde. Sie haben solches alles getan, und ich habe mich vor ihnen geekelt. 24) Ich habe euch darum gesagt: Nehmt ihr Land in Besitz; ich will es euch zur Einnahme freigeben. Es ist ein Land, das vor Milch und Honig trieft. Ich, Jahwe, bin euer Gott, der euch von den Völkern abgesondert hat. 25) So unterscheidet nun zwischen reinem und unreinem Vieh und zwischen unreinem und reinem Geflügel. Verunreinigt euch nicht an Vieh oder Geflügel oder an irgendetwas, was auf der Erde kriecht. Ich habe es von euch als unrein abgesondert. 26) Seid mir heilig, denn ich, Jahwe, bin heilig. Ich habe euch von den Völkern abgesondert, damit ihr mir gehört. 27) Frau oder Mann, die einen Toten- oder Wahrsagegeist haben, müssen sterben. Man soll sie steinigen, ihre Blutschuld ist auf ihnen.

6.3.2 Verhältnis zu Lev 18

Die inhaltliche Nähe zu den Vorschriften von Lev 18 springt sofort in die Augen. Einige Sätze scheinen direkt abgeschrieben zu sein; die meisten stimmen ihrem Gehalt nach mit den Verboten des früheren Kap.s überein, sind aber in eine andere, unpersönlichere Form gegossen. Die große Schlußermahnung V. 22–26 kann man neben die gleichgestimmte Passage Lev 18,24–30 legen: Beide Fassungen gleichen sich manchmal bis in den Wortlaut, durchweg aber in der eindringlichen, an eine größere Zuhörerschaft gerichteten Aussage. Wie ist diese außerordentlich Übereinstimmung zweier dicht beieinander stehender Kap. zu erklären? Was ist das eigene Anliegen des Kap.s Lev 20?

Man könnte überlegen, ob zwei parallele Traditionen einfach nebeneinander aufgeschrieben worden sind. Die synoptischen Evangelien sind das bekannteste Beispiel einer in getrennten Schriften festgehaltenen Mehrfachüberlieferung. Im AT wäre auf die zweifache Schöpfungsgeschichte (Gen 1–2) oder die – allerdings mehr ineinander verschränkte – vierfache Überlieferung von der Erhebung Sauls zum König (1 Sam 9–11) zu verweisen. Doch bestehen teilweise so wörtliche Übereinstimmungen zwischen Lev 18 und 20, daß eine völlig getrennte Überlieferung kaum denkbar erscheint. In Lev 18,7–23 werden 17 Verbote ausgesprochen, davon sind 10 bis 12 als geschlechtliche Tabus innerhalb der Großfamilie zu verstehen, vier betreffen allgemein verpönte Sexualpraktiken, eins bezieht sich auf das „Molekopfer" (Lev 18,21). Die in Lev 20 genannten vierzehn Straftatbestände greifen überwiegend auf die Verbotssätze in Lev 18 zurück. Das Verbot des Molekopfers (20,2) macht den Anfang. Ihm folgen, allerdings in einer ganz anderen Reihenfolge als in Lev 18, die Rechtsbestimmungen über Ehebruch (20,10; vgl. 18,20) sowie den Geschlechtsverkehr mit der Frau des Vaters (20,11; vgl. 18,8) und der Schwiegertochter (20,12; vgl. 18,15), über männliche Homosexualität (20,13; vgl. 18,22) und den geschlechtlichen Umgang zugleich mit Mutter und Tochter (20,14; vgl. 18,17). „Tierschande" ist in Lev 20,15 f. unter Strafe gestellt (vgl. 18,23), und sexuelle Beziehungen zur Schwester (20,17; vgl. 18,9), Menstruierenden (20,18; vgl. 18,19), blutsverwandten Tante (20,19; vgl. 18,12 f.) und Schwägerin (20,21; vgl. 18,16) sind in beiden Texten untersagt. Allein die angeheiratete Tante (20,20) findet in Lev 18 keine ausdrückliche Entsprechung.

Eine derartig breite thematische Übereinstimmung ist mit ziemlicher Sicherheit dadurch zustandegekommen, daß die Überlieferer eines Kap.s das andere kannten. Nimmt man hinzu, daß Lev 20 sich anscheinend auch auf andere Kap. bezieht, z.B. 20,6.27 auf 19,26; 20,9 auf 19,2; 20,25 auf 11,4ff..13ff..41ff.; 20,3 auf 17,10 usw., dann drängt sich die Vermutung auf: Die Verfasser von Lev 20 haben die vorhergehenden Texte benutzt, um aus ihnen schon behandelte Themen unter neuen Gesichtspunkten der Gemeinde darzubieten.

6.3.3 Aufbau und Intention

Wie andere Texteinheiten im Buche Leviticus auch, beginnt Kap. 20 mit der Formel: Jahwe redete zu Mose (V. 1). Die Selbstmitteilung Jahwes soll unter allen Umständen garantiert sein, d.h., die folgenden Rechtssätze und Mahnungen sind durch den Gott Israels sanktioniert. Und die Vermittlung erfolgt über Mose, d.h. über das Tora-Lehramt, unter Ausschluß der Priesterschaft und

direkt an das Volk (V. 2; vgl. Lev 1,2; 4,2; 12,2 und als Gegenstück 6,2; 9,2).
Dann folgen in langer Reihe, mehr oder weniger stark mit Erklärungen, Begründungen, Wertungen umwoben, die meist mit dem Tod zu bestrafenden Vergehen. Sie haben dem Text die fragwürdige Ehre eingebracht, Hauptbeispiel für
ein altisraelitisches, sogenannten „Todes"recht zu sein[46]. In V. 9–16 ist die Liste
der todeswürdigen Verbrechen am kompaktesten. Siebenmal wird mit unerbitt-
licher Monotonie festgehalten: „Wer das und das tut, der muß sterben." Die
hebräische Formulierung mag auf Tod durch Steinigung hinweisen (vgl. Lev
24,16), ist aber nicht eindeutig. Nur einmal ist als Strafe genauer die Verbrennung vorgesehen (V. 14). Die Betroffenen sind der „Bigamist", der Mutter und
Tochter zu Frauen nimmt, und die beiden Frauen selbst (Vgl. Lev 18,17; in V. 18
ist stattdessen von zwei Schwestern die Rede!). Mit Ausnahme dieser Bestimmung scheinen die vorherrschenden Sätze mit Androhung der Todesstrafe zu
einer Überlieferung gehört zu haben, die der Bearbeiter aufgreift und in seine
Gottesrede einbaut. Weil ganz ähnliche und z.T. außerordentlich kompakte
„Rechtssätze" auch in anderen Zusammenhängen vorkommen (vgl. Ex
21,12.15f..17; 31,14f.; Num 35,16–21; Ez 18,13), ist die Schlußfolgerung nahe-
liegend: Wir haben es mit einer in Israel verbreiteten Gattung zu tun. (Über eine
andere, heute zunehmend diskutierte Hypothese vgl. u. Nr. 5). Der Bearbeiter
von Lev 20 hat sie anscheinend für seine Zwecke umgeformt oder weitergebil-
det. Die Grundform der Bestimmungen läßt sich noch leicht erkennen: „Jemand, der Vater oder Mutter flucht, muß sterben" (V. 9a). „Jemand, der mit der
Frau seines Nachbarn schläft, muß sterben" (V. 10*). „Jemand, der mit der Frau
seines Vaters schläft, muß sterben" (V. 11*) usw. Alles, was über diese harte und
konzentrierte Formulierung hinausgeht, ist wahrscheinlich interpretierende
Zutat des Bearbeiters. Er hat begründen wollen, warum die Todesstrafe gefordert ist, und manchmal wiederholt er in seinem Eifer nur den schon bekannten
Sachverhalt (vgl. V. 9.10): Der Täter hat doch „die Scham seines Vaters ent-
blößt" (V. 11aß; vgl. Lev 18,8ff.); er hat „Blutschuld auf sich geladen", d.h. er
hat ein Kapitalverbrechen begangen, das dem Mord nicht nachsteht (vgl. V.
9.11.12.13.16). Die Täter – alle Pluralformen sind höchstwahrscheinlich auch
auf die Bearbeiter zurückzuführen; in den alten Strafbestimmungen war wohl
nur ein Schuldiger anvisiert – haben „eine Schandtat begangen" (V. 12.14).
Außerdem wollen die Bearbeiter die Leser und Hörer warnen, die „Schandtat in
ihrer Mitte" nicht zu dulden (V. 14bß). Kurz: Der oder die Bearbeiter erweisen
sich als Interpreten älterer Traditionen. Es lag ihnen z.B. eine recht geschlossene
Reihe von gesellschaftlich geächteten Verhaltensweisen vor, die mit einer Todesdrohung versehen waren. Aus dieser selben Überlieferung scheinen auch V.
2 und 27 zu stammen, zwei Sätze, die mit der gleichen Formulierung „der muß
sterben" kultische Abweichungen von der allein verbindlichen Jahweverehrung
geißeln. Nur ist die erste Warnung gegen das „Molekopfer" (V. 2) in V. 3–5
weitläufig kommentiert, besonders für den Fall, daß die „Bewohner des Landes" die Strafe nicht ausführen, den Täter also schonen. Dann übernimmt Jahwe

---

[46] Vgl. Hermann Schulz, Das Todesrecht im Alten Testament, BZAW 114, Berlin 1969.

selbst die Initiative und „rottet" den Schuldigen „aus" (V. 5 b; vgl. 3 a!). Mit dem
Stichwort „ausrotten" (1. Pers. Jahwes bzw. Passiv) schließen sich nun andere
Strafvorschriften an: V. 6, eine Warnung vor mantischen Praktiken, die sachlich
ganz mit V. 27 übereinstimmt, nur eben in der Formulierung starke Ähnlichkeit
mit dem vorhergehenden Kommentar zum Molekdienst aufweist (vgl. V. 6 b mit
3 a). Dann taucht in den Strafdrohungen von V. 17–18 das Verb „ausrotten" auf.
Es wird in V. 19–21 abgelöst durch wieder andere Termini, die jedoch ähnliche
Funktion und Aussagekraft haben: „Schuld tragen" (V. 19 b.20 b; vgl. V. 17 b),
„kinderlos sterben" (V. 20 b.21 b), „das ist eine Unreinigkeit" (V. 21 a). Man
kann fragen, ob die Überlieferer auch in diesen Sätzen älteres Material bearbeitet
haben, das sich durch stereotype Straffolgebestimmungen, etwa: „... der muß
ausgerottet werden", auszeichnete. Die Möglichkeit besteht. Nur kennen wir
keine biblischen oder außerbiblischen Listen dieser Art. Und die direkt auf
Jahwe bezogenen Ausrottungsdrohungen ebenso wie die überwiegend plur.en
Strafdrohungen (bei meist sing. Vordersätzen!) legen die Vermutung nahe, daß
die Bearbeiter in V. 3–6 und 17–21 eher selbständig tätig geworden sind. Sie
haben aus unerfindlichen Gründen einige der in V. 9–16 verhandelten ähnlichen
Fälle aus anderen Zusammenhängen als Lev 18 übernommen und bis auf V. 2
und 27 unter Zuhilfenahme eigenen Vokabulars abgehandelt. Die Bearbeitung
kann durchaus in verschiedenen Schüben erfolgt sein.

Darauf verweisen auch die Schlußermahnungen, die in V. 7 f. und V. 22–26
die Aussagen bündeln wollen. Solche Abschlußstücke sollten immer sorgfältig
untersucht werden; in ihnen kommen die Absichten der Redaktoren oft ganz
deutlich zur Sprache. Die erste Schlußnotiz besteht aus Heiligkeitsforderung
mit Selbstvorstellung Jahwes (V. 7) sowie einer Gebotsvermahnung (V. 8 a) mit
ergänzter Selbstvorstellungsformel: „Ich bin Jahwe, der euch heilig macht" (V.
8 b). Dieselben Elemente kehren V. 22 a.26 in anderer Anordnung und leicht
veränderter Gestalt wieder: Gebotsvermahnung – Heiligkeitsforderung – erweiterte Selbstvorstellung! Zwischen Gebotsvermahnung V. 22 a und Heiligkeitsforderung V. 26 a macht sich aber eine lange Rede über Israels Verhältnis zu
den anderen Völkern breit. Den Gesetzen Jahwes treten die Gesetze der umlie-
genden Nationen gegenüber (vgl. V. 22 a mit V. 23 a; parallel dazu: Lev
18,24–30: dort fehlt die Heiligkeitsforderung). Die Urbewohner Kanaans haben sich durch ihr falsches Verhalten das Wohnrecht im Lande verscherzt.
Jahwe hat sich vor ihnen „geekelt" und sie austreiben lassen, damit Israel sein
Gebiet finde (V. 22–24 a). Dann kommt ein neuer Gedanke, der in Lev 18,24–30
fehlt: Jahwe will Israel nicht nur ein eigenes Wohngebiet geben, sondern er
befiehlt auch die strikte Absonderung seines „heiligen" Volkes von den Nachbarn (V. 24 b–26). Statt des Nachsatzes: „Ich bin Jahwe, der euch heilig macht"
(V. 8 b) heißt es nun: „Ich, Jahwe, bin euer Gott, der euch von den Völkern
abgesondert hat" (V. 24 b) und noch einmal im selben Ton: „Seid mir heilig,
denn ich, Jahwe, bin heilig. Ich habe euch von den Völkern abgesondert, damit
ihr mir gehört" (V. 25). Dabei werden offensichtlich die Speisegebote von Lev
11 bemüht: Sie sollen die „Absonderung" konkretisieren. Die spezifische Botschaft der Bearbeiter wird also durch die Auswahl und Umgestaltung des älteren

Textmaterials und durch seine eigene Ausgestaltung des Kap.s besonders in den Rahmenstücken deutlich sichtbar. Er beschwört die Gemeinde unter massiver Androhung der Todesstrafe, gewisse Grundregeln des religiösen und sexuellen Verhaltens zu beachten. Er begründet diesen Anspruch mit dem Hinweis auf die Heiligkeitsforderung, wie das auch in Lev 11,44 f. und 19,2 bereits geschehen ist. Heiligkeit soll die Gemeinde jetzt aber in zweierlei Weise praktizieren: durch die Einhaltung der religiösen Vorschriften und durch eine strikte Absonderung von den Andersgläubigen. Der Hinweis auf die Speisegebote mag ganz handfest besagen: Wer die von Jahwe erlassenen Tabus hinsichtlich der unreinen Tiere einhalten will, kann selbstredend nicht mehr mit Andersgläubigen Kontakte unterhalten und z. B. mit ihnen an einem Tisch sitzen. Die anbefohlene Reinheit zerschneidet die Gemeinschaft mit Menschen, die sich nicht an dasselbe Gottesgebot halten. Von der Reinheit der Israeliten hängt aber direkt ihr Landbesitz ab. Nicht nur Jahwe, nein, auch das Land kann „Unreinheit" nicht ertragen. Reinheit und Absonderung von den anderen sind also Wege zu dem Hauptziel: Ins Land zu kommen und darin zu bleiben. In die gleiche Richtung zielen die Warnungen vor jeglichem Götzendienst in V. 2–7. Kinderopfer an „den Molek" verunreinigen das Heiligtum Jahwes, führen zur Ausrottung des Täters, denn sie machen – so können wir ergänzen – das Land unbewohnbar.

6.3.4 Die Straftaten

Welches sind nun aber die mit der Todesstrafe bedrohten Handlungen? Warum sind sie ausgewählt bzw. direkt aus Lev 18 übernommen und mit einer ausdrücklichen Todesdrohung versehen worden?

An der Spitze steht das aus Lev 18,21 bekannte Verbot des „Molek"opfers (V. 2–5). Außerhalb der priesterlichen Überlieferung ist es in deuteronomistischen Texten anzutreffen, z. B. 2 Kön 23,10; Jer 32,35. Der Ausdruck: „den Sohn durchs Feuer gehen lassen" deutet auch ohne Nennung des „Molek" auf dieselbe Sitte des Kinderopfers hin (vgl. Dtn 18,10; 2 Kön 16,3; 17,31). Die „Molek"-gabe war ursprünglich – wie oben zu Lev 18,21 dargelegt – ein Weihe- oder Gelübdeopfer, bei dem im äußersten Fall ein Kind getötet wurde (vgl. Ri 11,30–36; 2 Kön 3,27). Die späten Überlieferer Israels haben aus der Opferbezeichnung willentlich oder unwissentlich einen Gottesnamen herausgehört. Lev 20,5 beweist die Uminterpretation: Man kann nur hinter einer Gottheit „herhuren", nicht hinter einer Opferart. Bedeutet das im Klartext, daß die Tradenten den Brauch des Kinderopfers nur noch vom Hörensagen kannten? Denkbar ist auch eine bewußte Neuinterpretation der nach spätisraelitischem Verständnis horrenden Sitte (vgl. Gen 22). Gerade weil in der Frühzeit Israels das Kinderopfer im Namen Jahwes je und dann, wenn nicht regelmäßig (vgl. Ex 22,28 b), geübt worden ist und die Auslösung des Erstgeborenen wohl erst nach und nach üblich wurde (vgl. Ex 13,11–13), mußten die späteren Theologen Jahwe von dem Verdacht reinigen, er habe je eine derartige Abscheulichkeit verlangt. Sie erfanden den Schandgott „Molek", dessen Name im Konsonantenbestand „König" und in den verwendeten Vokalen „Schande" signalisiert[47]. Nur ein solches Scheusal, ein Monster in Gottesgestalt, konnte sich an geschlachteten oder verbrannten Kindern gütlich tun. Eine uralte Tradition, die unter anderem auch in der griechischen Mythologie ihre Spuren hinterlassen hat (vgl. das Iphigenie-Motiv), wird also in der nachexilischen Gemeinde abgestoßen und durch eine theologische Projektion einer fremden, wenn auch fiktiven Gottheit und z. T. (was viel bedenklicher ist) den heidnischen Nachbarn angelastet (vgl. Lev 18,24; 20,23).

Die Überlieferer gehen im Fall des Molekopfers weit über die Androhung der Todesstrafe – sie ist erst ab V. 9 ausreichende Tatfolgebeschreibung – und die Festlegung ihrer Ausführung (V. 2b: Steinigung; vgl. Lev 24,14) hinaus. Jahwe selbst wird aktiv, sei es, daß er sofort die Exekution des Täters übernimmt (V. 3a) oder erst nach einer Strafverschonung durch die Kultgemeinde persönlich eingreift (V. 5). Zwei leicht divergierende Traditionen oder Interpretationen sind in unserem Text zusammengeflossen. In beiden besteht Einmütigkeit darüber, daß eine so gravierende Untat wie ein Kinderopfer ganz hart gesühnt werden muß. Es verletzt ja den Gott Israels, nicht nur als unfreundlicher Akt gegen dessen erklärten Willen, sondern als eine objektive, ekelerregende (vgl. V. 23b) Verunreinigung des Landes und des Tempels (V. 3b). Darum „wendet Jahwe sein Gesicht gegen" den Täter, das bedeutet schlimmstes Unheil für den Schuldigen (vgl. Lev 26,17; Ez 14,8; 15,7). Er wird mitsamt seiner Sippe ausgerottet (das Gegenstück ist die freundliche Zuwendung des Antlitzes, vgl. Num 6,24–26). Die Vernichtung des Übeltäters und seiner Verwandtschaft ist den Alten oft der einzige Ausweg aus einer sonst für die ganze Gemeinschaft hoffnungslosen Situation. Die Achangeschichte (Jos 7) ist eine erschütternde Illustration dieses Glaubens. Nur geht es in unserem Text nicht um Diebstahl oder Unterschlagung gottgeweihten Gutes, sondern um Abgötterei. Die Abwendung von Jahwe und der Kultdienst jeder Art für andere Gottheiten ist in der frühjüdischen Gemeinde das schlimmste Verbrechen. Denn der oberste Bekenntnisgrundsatz heißt: „Jahwe allein ist unser Gott" (Dtn 6,4). Und das Hauptgebot: „Du sollst keine anderen Götter haben neben mir" (Dtn 5,7). Jede andere Gottesbeziehung ist „Abgötterei", „sträfliche Untreue", so wie der „Verrat" der Frau an ihrem Ehepartner ebenfalls Unrecht ist und Strafe findet (vgl. Num 5,12ff.; Dtn 22,22). Darum wird der Abfall von Jahwe oft mit dem Bildwort „weghuren von" oder „jemandem nachhuren" beschrieben (vgl. Ez 16; 23).

Wir haben es bei alledem mit deuteronomistischem Gedankengut zu tun. Die Nähe zum Deuteronomium selbst wird auch daran deutlich, daß der oben zitierte Passus vom Molekdienst die Dämonen und Wahrsager mit einschließt (Dtn 18,10–14). Genau dasselbe geschieht in unserem Leviticusabschnitt. Die Überlieferer brandmarken zuerst das Kinderopfer als völlig unvereinbar mit dem Status Israels vor Jahwe, dann dehnen sie die Warnung mit gleichlautenden Formulierungen auf die mantische Befragung von Wahrsagern oder Totengei-

---

[47] „König" heißt *mäläk; bošät* ist die „Schande".

stern aus (V. 6). Die hochtönende Verurteilung des „Nachhurens" hinter Wahrsagegeistern her und die feierliche Exekution durch Jahwe persönlich wollen
nicht recht zu dem nach unserer Meinung relativ harmlosen Fall passen, daß
jemand bei Wahrsagerinnen seine Sorge um die Zukunft klären lassen möchte
(vgl. 1 Sam 28; 2 Kön 1,2–4). Sollte dieses Vergehen genau so viel wiegen wie ein
Kinderopfer? Wir fragen so von unserem heutigen Bewußtseinsstand her. Den
priesterlichen Überlieferern galt jede Abweichung von der kultischen Norm als
todeswürdig. Man sollte das angedrohte Todesurteil von V. 6 nicht mit der
scheinbaren Milde im Fall des Geschlechtsverkehrs mit der Schwägerin (V. 21)
vergleichen wollen. Die Maßstäbe der Alten im Blick auf Todesurteil wie auf
Milde sind für uns kaum exakt nachvollziehbar. Jedenfalls scheinen die Vergehen, die irgendwie mit der Hinwendung an andere Gottheiten zu tun haben, als
Schwerverbrechen an den Anfang der Sammlung gestellt worden zu sein. Jahwe
wird „sein Antlitz gegen" den Täter wenden (V. 3.5.6), das ist wohl schlimmer
als die Abwendung Gottes im Zorn (vgl. Ps 22,2; 44,25). Denn in unserem Text
sucht Gott aktiv die Vernichtung des Sünders (V. 3.5.6). Die sonst angewendete
Todesdrohung ist also weit überzogen. Außerdem findet der erste Abschnitt V.
2–6 in V. 7 f. einen volltönenden Abschluß. (Andere Ausleger sehen in V. 7 f.
eine Überleitung oder Einleitung zum folgenden Korpus von Strafbestimmungen.) Es ist, als sollten die Warnungen gegen die Abwendung von Jahwe ganz
besonders eingeschärft werden. Die Mahnung „Haltet meine Gesetze und befolgt sie!" (V. 8 a) gehört zu den Standardworten der Überlieferer (vgl. Lev
18,4.30; 19,19.37; 20,22; 22,31). Sie konkurriert mit anderen Formeln (oder
ergänzt sie) wie: „Das ist eine ewige Ordnung für euch" (Lev 3,17; 16,14) oder
das noch einfachere „Das ist das Gesetz" (Lev 7,37; 11,46; 26,46; 27,34). Alle
Rahmensätze jedoch scheinen dem mündlichen Vortrag zu entstammen oder zu
dienen; die Zuhörer sind oft in der Mehrzahl direkt und zusammenfassend
angeredet.

Im zweiten großen Abschnitt (V. 9–16) werden die todeswürdigen Vergehen
sehr viel konzentrierter aufgezählt. Neben der Hauptaussage, daß der Übeltäter
jeweils mit dem Tode zu bestrafen sei, wird nun häufig die „Blutschuld" (d. h.
ein erklärender Zusatz, es handele sich um ein Kapitalverbrechen) ins Feld
geführt (V. 9.11.12.13). Im einzelnen scheinen wiederum zwei besonders gravierende Taten, der Fluch gegen die Eltern und der Ehebruch, an den Anfang
gestellt zu sein (V. 9 f.). Was die Elternverwünschung angeht, so ist sie in Rechts-
und Weisheitstexten gelegentlich Gegenstand des Nachdenkens. „Wer Vater
oder Mutter schlägt, der muß sterben" (Ex 22,15). „Wer Vater oder Mutter
flucht, der muß sterben" (Ex 22,17). Das sind harte Rechtsforderungen, die
sicher auf uralte Familiengewohnheiten zurückgehen. Sie werden als Volksgut
belegt durch zahlreiche Sprichwörter:

> Ein Auge, das den Vater verspottet, und verachtet, der Mutter zu gehorchen,
> das müssen die Raben am Bach aushacken und die jungen Adler fressen.
> (Prov 30,17; vgl. 20,20; 30,11)

Beide Elternteile werden gleichermaßen mit einer Schutzaura umgeben, der positiv die Elterngebote (vgl. Ex 20,12; Lev 19,2; Prov 1,8) entsprechen. Sie haben gleichsam göttlichen Rang. Wenn die eigenen Kinder ihre Würde und Autorität antasten sollten, werden sie mit dem Bannspruch Gottes belegt. Der „widerspenstige" Sohn soll von den Ältesten verurteilt und durch die Gemeinde gesteinigt werden (Dtn 21,18–21). Die „normale" Züchtigung darf freilich nicht den Tod zur Folge haben (Prov 19,18). In der älteren Zeit wird die Wahrung des Respekts vor den Eltern eine in der ganzen Gesellschaft geübte, aber familieninterne Angelegenheit gewesen sein. In unseren Texten hat sich die spätere Gemeinde der Elternehre angenommen, in der Erkenntnis, daß die Familie die eigentliche Trägerin des Jahweglaubens ist. Der Rückschluß auf die Gemeindestruktur muß erlaubt sein: In der exilisch-nachexilischen Zeit war oder wurde die (Klein?)Familie die Kernzelle der Gemeinde. Außer Vater und Mutter gibt es für den jungen Menschen keine direkt verbindliche Autorität mehr, wie es ehedem Vatersbrüder oder Großeltern gewesen waren. – Ehebruch ist ein Delikt, das nur in der Gemeinschaft geahndet werden kann. Familienintern gibt es Taburegeln, wie im Kernabschnitt von Lev 18: Mit einer anderen als der eigenen Frau darf der Mann in seiner Sippe keinen Geschlechtsverkehr haben, weil es „abscheulich" ist und „man so etwas nicht tut." Nur außerhalb der Verwandtschaftsgrenzen gibt es das Phänomen des (durch ein ordentliches Gerichtsverfahren abzuhandelnden?) „Ehebruchs" (V. 10; der Parallelsatz in Lev 18,20 ist ganz anders formuliert und hat nur die kultische Verunreinigung, nicht die Rechtsfolgen im Auge). Der spezielle Ausdruck „ehebrechen" (*na'ap*) scheint aus dem Dekalog (Ex 20,14; Dtn 5,18) zu stammen und ist in der priesterlichen Überlieferung singulär. Dagegen kommt er einigemale bei Hosea, Jeremia und Ezechiel vor. Davids berühmter Ehebruch mit Batseba wird mit anderen, ganz wertneutralen Vokabeln bezeichnet (2 Sam 11,4; 12,9). Das Wort *na'ap* ist also ein terminus technicus, der den Straftatbestand genau trifft: Ein Mann beschläft die Frau eines anderen Mannes. Das ist ein schwerer Eingriff in die Rechte und die Familiensphäre des anderen (Dtn 22,22). Daß auch die Frau entehrt wird, spielt nur bei Unverlobten eine Rolle. Für sie wird die Schande konstatiert (Dtn 22,13–21; 2 Sam 13). Bei Verheirateten ist dem Gesetzgeber die Rechtslage wichtig, nicht der Schaden, den die Vergewaltigte nimmt. In unserem Text scheint obendrein das Einverständnis der Frau vorausgesetzt, sonst ließe sich die schnelle Verurteilung beider Beteiligten (V. 10b) nicht erklären. Wie immer: Der Einbruch in die Sexual- und Familiensphäre des Mitmenschen (Nachbarn) ist ein Kapitalverbrechen. Nur eine größere, über die Sippengrenzen hinausreichende, eng aufeinander angewiesene und dicht zusammenwohnende Gruppe hat Anlaß, derartige Abweichungen von der Norm so rigoros zu bestrafen. Die nachexilische Gemeinde, die um ihr Überleben kämpft, bietet einen sehr plausiblen Hintergrund für die Todesdrohungen. Ob die Ausführung der Todesstrafe sich so einfach darstellt, wie die Drohtexte es suggerieren wollen, ist jedoch fraglich (s. u. Nr. 5).

Genau diese Frage stellt sich auch bei den alten Anweisungen/Bedrohungen von V. 11–16. Der Sache nach handelt es sich um familieninterne Taburegeln.

Was gehen sie die größere Gemeinschaft an, die mit der Todesstrafe droht? Offensichtlich halten die priesterlichen Überlieferer die sexuellen Verstöße gegen alte Verwandtschaftstabus und den Umgang mit Tieren für kultisch belastend. Darum sind sie bemüht, die Todesstrafe in allen Tonarten verständlich zu machen. Eindringlich klingt ihre freilich nicht mehr rechtlich oder kultisch untermauerte Behauptung, es handele sich eben um „Blutschuld" (V. 11.12.13.16). Sechs solcher todeswürdigen Vergehen sind zusammengestellt. Sie kommen thematisch auch in Lev 18 vor, nur in anderer Reihenfolge. Der Geschlechtsverkehr mit „der Frau des Vaters" – es ist wohl nicht die eigene Mutter gemeint wie in Lev 18,7 –, mit der Schwiegertochter, einem Mann, zwei nahe verwandten Frauen und mit Tieren wird in Lev 18 in folgender Reihenfolge abgehandelt: Frau des Vaters (18,8); Schwiegertochter (18,15); männliche Homosexualität (18,22); Mutter und Tochter (18,17); Tierschande des Mannes (18,23a); Tierschande der Frau (18,23b). Man mag darüber spekulieren, ob beide Listen vollständig sind. Das Fehlen der eigenen Tochter ist in beiden Texten auffällig; in Lev 20,11–16 sind gegenüber Lev 18,6–18 die Schwestern von Vater, Mutter und die Frauen von Onkel und Bruder nicht erwähnt. Vielleicht deutet das auf eine Schrumpfung der ehemaligen Großfamilie[48]. Die fehlenden Verwandtschaftsgrade sind z.T. in Lev 20,17–21 mit anderem Vokabular nachgetragen. Andererseits ist der Verkehr mit Tieren in Lev 18 in einem anderen Kontext dem Abschnitt über die verbotenen Verwandtschaftsgrade nachgestellt (18,23). Auf diese Einzelheiten kommt es aber nicht an. Worum geht es in der Substanz dieser Verurteilungen?

Gemeinsam ist allen Sätzen außer gewissen Formelementen die Ausrichtung auf bestimmte Abweichungen vom „normalen" Sexualverhalten. Jede kulturelle Gruppierung normiert auch die Intimsphäre. Was „man" tun darf und was nicht, unterliegt einer Art öffentlicher Meinungskontrolle, obwohl das wirkliche Verhalten der einzelnen nicht überprüfbar ist. Die Meinung darüber, was sich sexuell schickt und was als „abartig" auszugrenzen ist, deckt sich nicht mit den tatsächlichen Verhaltensmustern. Das ist nicht erst Erkenntnis der modernen Sexualforschung. Die erste kompakte Liste der todeswürdigen Vergehen in Lev 20,11–16 bannt den Geschlechtsverkehr zwischen nahen Verwandten wie in Lev 18,6ff. Außerdem darf kein Israelit Frau und Tochter gleichzeitig heiraten (V.14). Diese Bestimmung entspricht den Vorschriften Lev 18,17f., fällt aber durch ihre Formulierung so stark aus dem Rahmen, daß man sich fragen muß, ob nicht eine Ergänzung vorliegt: Die übliche „Todesdrohung" ist durch einen Exekutionsbefehl („man soll ihn ... verbrennen", vgl. Gen 38,24) ersetzt. Das Verbrennen signalisiert eine Reinigungszeremonie. Manche Opfer (vgl. Lev 1; 4,1–21) werden ganz verbrannt, damit die auf ihnen angesammelte Unheilskraft vernichtet wird. So soll es auch mit den drei Personen geschehen, die in eine unerlaubte Geschlechtsgemeinschaft eingetreten sind und damit unheimliche Schadensmächte freigesetzt haben.

---

[48] Karl Elliger, 239f.

Von katastrophaler Wirkung ist die Todesdrohung gegen männliche Homosexuelle (V. 13; vgl. zu Lev 18,22) gewesen. Sexuelle Handlungen zwischen Gleichgeschlechtlichen sind in der westlichen Rechtstradition z.T. bis heute Straftatbestände. Die biblische Verdammung der Homosexualität hat in der Kirchengeschichte zu einer gnadenlosen Verfolgung oder Ächtung der gleichgeschlechtlich Veranlagten oder Geneigten geführt. Alle Gewaltmaßnahmen konnten freilich die (im alten Griechenland sehr beliebte und respektierte) Männerliebe nicht auslöschen. Auch hier treffen wir auf die Diskrepanz von öffentlicher und kirchlich sanktionierter Meinung und tatsächlicher Sexualpraxis. Und nicht nur an dieser Stelle. Wir müssen doch fragen, warum im AT nur die männliche Homosexualität ausgegrenzt wird. Hat es im orientalischen Altertum keine „Lesben" gegeben wie nach griechischer Sage auf der Insel Lesbos? Das ist sehr unwahrscheinlich. Wurde die Liebe von Frauen untereinander für unschädlich oder gar förderlich gehalten? Auch das will nicht einleuchten (vgl. Röm 1,26f., wo allerdings das „unnatürliche" Sexualverhalten der Frauen nicht näher erklärt wird). Die Antwort dürfte banaler sein: Männer machten die Vorschriften über das Sexualleben und waren die einzigen, selbsternannten Fachleute und Richter. Vielleicht wußten sie nichts oder zu wenig über lesbische Aktivitäten ihrer Mütter, Frauen, Töchter und Sklavinnen. Das absolute Fehlen jeder Stellungnahme zur „Frauenliebe" ist ein deutliches Zeichen für den tiefen Graben zwischen öffentlicher, von Männern geprägter Idealvorstellung über sexuelles Wohlverhalten und der Lebenswirklichkeit in alttestamentlicher Zeit. Es ist auch ein Zeichen für männliche Ignoranz und Arroganz, die sich an diesem speziellen Punkt nur zufällig zugunsten der Frauen auswirkt. Denn männlichen Homosexuellen wird unerbittlich der Tod angedroht. Wo die eigentlichen Wurzeln dieser brutalen Ablehnung der Homosexualität liegen, ist unerfindlich. Vermutlich sind, wie bei vielen Tabu-Vorschriften, Dämonenängste im Spiel. Der Geschlechtsverkehr zwischen Männern mag nach Ansicht von orientalischen „Weisen" noch mehr als die Vermischung der weiblich-männlichen Ausflüsse und Sphären (vgl. Lev 15) eine gefährliche Störung des übersinnlichen Kräftehaushaltes gewesen sein. Also mußte die härteste Strafe die Balance der Mächte wiederherstellen.

Doch scheint die Homosexualität in Israel nicht immer so radikal verurteilt worden zu sein. David hatte nach den Berichten im ersten Samuelbuch einen Freund, Jonatan, den Sohn Sauls (1 Sam 18,1–4). Dessen „Liebe" war ihm „mehr wert als Frauenliebe" (2 Sam 1,26). Die Hervorhebung des Stichwortes „Liebe" in der Überlieferung von David und Jonatan ist bemerkenswert, auch wenn das Wortfeld des hebräischen Ausdruckes über die geschlechtliche Komponente hinausgeht. Denn immerhin werden im Klagelied Davids um seinen Freund Männerliebe und Frauenliebe ausdrücklich miteinander verglichen und mit recht eindeutigen Attributen wie „große Freude und Wonne" versehen. Bei der kasernierten oder kämpfenden Truppe ergeben sich ja auch Gelegenheiten zu homosexuellen Handlungen. Es könnte also sein, daß David außer seinen intensiven Beziehungen zu acht Hauptfrauen in seinem Leben auch eine Männerfreundschaft gepflegt hat. Sie wäre in der Tradition anerkannt gewesen und hätte ihre Spuren unverwischbar in den Erzählungen hinterlassen. Dann aber müßte die totale Ächtung der männlichen Homosexualität eine Späterscheinung, d.h. ein Charakterzug der frühjüdischen Gemeinde sein.

Ein Blick auf die altorientalischen Quellen hilft nur wenig weiter, weil nicht ganz deutlich wird, wie weit Homosexualität als ein öffentliches Vergehen angesehen wurde. Im großen Unschuldsbekenntnis des ägyptischen Totenbuchs kommt auch der Satz vor: „Ich habe keine sexuellen Beziehungen zu einem Jungen gehabt"[49]. Die Knabenliebe war mithin verpönt, ob sie auch strafbar war, ist aus dem Text nicht zu erkennen, kann aber vermutet werden. Allein die mittelassyrischen Gesetze sind deutlicher:

Wenn ein Mann seinem Genossen beiwohnt, man es ihm beweist und ihn überführt, so soll man ihm beiwohnen und ihn zu einem Verschnittenen machen.[50]

Unklar bleibt, warum nur ein Mann verurteilt wird. Aber das öffentliche Gerichtsverfahren wird erkennbar. Aus dem vorhergehenden Paragraphen ist zu schließen, daß Homosexualität angezeigt werden konnte und derjenige, welcher böswillig seinen Mitmenschen verleumdete, mit der gleichen Strafe rechnen mußte wie der überführte Homosexuelle, nämlich Kastration. – Die anderen bisher bekannten Gesetzessammlungen aus dem mesopotamischen Raum bringen jedoch keine Vorschriften gegen Homosexualität.

Für Israel ist, so viel als Zwischenbilanz, zu vermuten, daß – ähnlich wie bei anderen ethischen Normen auch – die Ächtung der Homosexualität unter bestimmten sozialgeschichtlichen und kulturellen Bedingungen kodifiziert worden ist. Sie ist keinesfalls ein unveränderliches, dem Menschen von Natur eingepflanztes Gesetz.

Diese Erkenntnis hat sich langsam – zu langsam – selbst in christlichen Gesellschaften durchgesetzt. Wenigstens ist die Todesstrafe seit geraumer Zeit nicht mehr verhängt worden. Im Strafgesetzbuch der Bundesrepublik Deutschland ist § 175 a (früher: Widernatürliche Unzucht zwischen Männern) seit 1969 abgemildert zu einer Strafandrohung für die Verführung Jugendlicher: Ein über 18 jähriger Mann, der an einem unter 18-Jährigen sexuelle Handlungen vornimmt, muß, statt mit der ursprünglichen Todesdrohung, mit einer Gefängnisstrafe bis zu fünf Jahren oder einer Geldstrafe rechnen. Lesbische Liebe bleibt wie eh und je – und im AT vorgegeben – unberücksichtigt. – Die Handreichung der Evangelischen Kirche im Rheinland für den Umgang mit Homosexuellen vom Januar 1992 deckt in sehr verdienstvoller Weise die Zeitbedingtheit der biblischen Vorurteile gegen die Männerliebe auf und stellt die heutige Erkenntnis (5–10% der Bevölkerung sind gleichbleibend homosexuell geprägt) dagegen. Irreführend ist in dieser Studie nur der ständige Hinweis, die biblischen Zeugen hätten die homosexuelle Praxis abgelehnt, „weil sie Teil des Kultes fremder Götter" war. Das trifft nur für die späteste, rationalisierende Betrachtung zu. In Wirklichkeit wächst das alttestamentliche Verdammungsurteil aus Ängsten und Tabuvorstellungen, die seit Jahrhunderten als überwunden gelten und endlich auch in der Kirche von unverkrampften, menschenfreundlichen Einstellungen abgelöst werden.[51]

Ähnliches gilt für die „Tierschande". Nach heute vorherrschenden Rechtsauffassungen fällt der Umgang mit Haustieren in die Privatsphäre, die keinerlei rechtlicher Reglementierung bedarf, es sei denn zum Schutz des Tieres vor

---

[49] John A. Wilson, ANET 34f.
[50] Rykle Borger, TUAT I, 83 = Tafel A § 20.
[51] Vgl. die Literaturangaben zu Lev 18,22 oben 6.1.4.

Mißhandlung. Die Menschen der Antike hegten allerlei dämonistische Ängste (vgl. zu Lev 18,23), sicher befürchteten sie auch unkontrollierbare Chimärenbildung. (Sind wir im Blick auf die Gentechnik in ähnlicher Lage?) So finden sich in den hethitischen Gesetzen scharfe Bestimmungen gegen den Geschlechtsverkehr mit Tieren:

> Wenn ein Mann mit einem Rind sündigt, (ist es) eine Missetat.
> Er wird hingerichtet. . . . .
> Wenn ein Mann mit einem Schaf sündigt, (ist es) eine Missetat.
> Er wird hingerichtet. . . . .
> Wenn jemand mit einem Schwein (oder) mit einem Hund sündigt,
> wird er hingerichtet. . . . .
> Wenn ein Mann mit einem Pferd oder mit einem Maultier sündigt,
> (ist es) kein Ärgernis. . . . [52].

Also ist die Sodomie nach der Ansicht der Alten keine Privatsache. Sie berührt unmittelbar das Wohl der Gemeinschaft, sei es, daß Gottheiten erzürnt werden oder daß monströse Mischwesen entstehen. Folglich muß der „Gesetzgeber" eingreifen. Bis 1969 war Sodomie auch im deutschen Recht ein Straftatbestand. Bei der Strafrechtsreform wurde dann der entsprechende § 175 b StGB ersatzlos gestrichen.

Der Abschnit Lev 20,17–21 bringt die Liste der damals unerlaubten und z. T. bis heute mit öffentlicher Abscheu bedachten Geschlechtsbeziehungen fast auf den Stand von Lev 18. Die gegenüber V. 11–16 veränderte Ausdrucksweise führt zu der Vermutung, der oder die Verfasser hätten in diesem zweiten Block von Todesdrohungen auf anderes Material zurückgegriffen. Natürlich kann man auch annehmen, sie hätten in diesem Abschnitt die festen Formeln von V. 11–16 durch eigene Formulierungen („ausgerottet werden"; „Schuld tragen") ersetzt.

Der Geschlechtsverkehr mit der leiblichen Schwester oder Halbschwester, sowohl über die väterliche wie über die mütterliche Linie, ist in Leviticus mit dem Tod bedroht, in unseren westlichen Eherechten ein Ehehindernis und oft ein Straftatbestand. Die Tabuisierung der Geschwisterbeziehung ist tief im Bewußtsein der Menschen verankert, aber es hat Kulturen gegeben, z. B. die altägyptische, in denen die Verbindung von Geschwistern nicht anstößig war. An der Vorschrift Lev 20,17 ist nicht nur das andere Formelgut auffällig, sondern auch die eigenartige Umschreibung des Geschlechtsverkehrs als „gegenseitig die Scham des anderen sehen" (V. 17a). Die gleich darauf folgende Einstufung als „Schandtat" sollte nicht, wie in vielen Übersetzungen üblich, als „Blutschande" deklariert werden. Das Wort weckt falsche biologische und rassistische Assoziationen (Inzest als Hauptursache von Dekadenz), die im hebräischen ḥäsäd II[53], das überhaupt nur zweimal im AT vorkommt, sicher nicht angelegt sind. – Über den Beischlaf zur Zeit der Menstruation (V. 18) ist

---

[52] Einar von Schuler, TUAT I, 121 und 123 = Tafel II § 187, 188, 199, 200.

[53] ḥäsäd I, Treue, Solidarität (245 mal im AT), ist etymologisch von ḥäsäd II, Schande, zu unterscheiden (vgl. Prov 14,34), wenn nicht im zweiten Fall Schreibfehler vorliegen.

schon im Zusammenhang mit Lev 18,19 gehandelt. Die Formulierungen sind
hier weitschweifiger, sogar unerklärlich redundant, und die Ausrottungsklausel
ist hinzugefügt.

> Nach heutigen Befragungen löst die Menstruation immer noch bei einem Teil der
> Männer und Frauen Ekel- und Furchtempfindungen aus, aber die Sexualpraxis ist sehr
> unterschiedlich. Der Koran enthält eine Warnung ohne Strafandrohung: „Und man
> fragt dich nach der Menstruation. Sag: Sie ist eine Plage. Darum haltet euch während
> der Menstruation von den Frauen fern, und kommt ihnen nicht nahe, bis sie (wieder)
> rein sind! Wenn sie sich dann gereinigt haben, dann geht zu ihnen, so wie Gott es euch
> befohlen hat!"[54].

Tanten väter- und mütterlicherseits und die Schwägerinnen (Frauen der
Brüder) sind für den israelitischen Mann tabu (V. 19–21): Die Regel gilt weithin
auch heute noch. Es fällt allerdings auf, daß in diesem Schlußabschnitt jede
ausdrückliche Todesdrohung fehlt. Das Abscheulichkeitsurteil klingt einmal an
(V. 21a), die Drohformel „sie sollen ihre Schuld tragen" ist zweimal vorhanden
(V. 19b.20b). Aber sie schließt das Todesurteil nicht ein, denn die eigentliche
Strafe für diese spezielle Art des Inzestes ist die Kinderlosigkeit (V.20b.21b).
Welch ein Unterschied zu den analogen Bestimmungen in V. 11–18! Ist es nur
unser modernes Unverständnis, das hier eine gravierende Rechtsungleichheit
sieht? Müssen wir eine fundamental andere Einstellung am Werk sehen? Oder
stellt der Schlußabschnitt die Ernsthaftigkeit der vorher so übermäßig gebrauchten Todesformeln in Frage?
Die Mahnrede V. 22–26 gibt, wie schon gesagt, den Rahmen für die Todesdrohungen ab. Der dann noch folgende V. 27 wirkt versprengt: Er gehört mit
Todesformel, Exekutionsforderung und Schuldbeschwörung nahe an V. 11–16
heran. V.6 hatte schon unter Verwendung der Ausrottungsformel das Problem
der Toten- und Wahrsagegeister angesprochen. In Lev 18 hat dieses Gesetz
keine Parallele, aber es ist in Lev 19,26b.31 gleich zweimal vertreten. Hat ein
späterer Bearbeiter V. 27 noch angefügt, weil ihm trotz dreimaliger Erwähnung
des Vergehens seit Lev 19,26b das Schicksal der Wahrsager und Wahrsagerinnen
immer noch nicht geklärt schien? In der Tat sind ja in Lev 19 nur die Verbote
derartiger Praktiken ausgesprochen. Und Lev 20,6 bedroht die Klienten der
Mantiker mit der Ausrottung. Jetzt aber soll deutlich gesagt werden, wenn auch
nach Abschluß der Texteinheit, daß die Berufswahrsager, die über einen Geist
gebieten (er ist „in ihnen": V. 27a), selbstverständlich mit der Todesstrafe
rechnen müssen. Der Bearbeiter hätte diese Bestimmung doch nach V. 6 oder
nach V. 16 sachgemäßer plazieren können! Im Deuteronomium gehört die
Warnung vor mantischen Praktiken außerhalb des Jahwekultes auch zu den
zentralen Anliegen (vgl. Dtn 18,9–12). Eines ist sicher: Für den Bearbeiter von
Lev 20 war der Nachtrag nicht weniger bedeutend als die vorhergehenden
Todeswarnungen. Vielleicht meinte er ihn durch die Endstellung noch besonders hervorzuheben.
Wahrsagerei gibt wie jede Art von Magie Macht über Menschen. Wer die

---

[54] Sure 2,222 nach der Übersetzung von Rudi Paret, Stuttgart 1979, 34.

Zukunft sicher voraussagen kann, ist fähig, sie zu manipulieren. Wahrsage- und Totengeister sind darum nicht zu unterschätzende Verbündete (vgl. 1 Sam 28). Wo immer sie zum Schaden für die eigene Gruppe benutzt werden, sind Verbote und Bestrafungen am Platz. Die Gesellschaft muß sich gegen nicht autorisierte und nicht akzeptierte Praktiker der „schwarzen Kunst" schützen. Darum gibt es Abwehrmaßnahmen wie die in Lev 19f. Auch andere altorientalische Gesetzessammlungen nehmen gelegentlich auf schädliche magische Handlungen Bezug, so die mittelassyrische Sammlung:

> Wenn ein Bürger oder eine Frau Zauberei verübt und dabei auf frischer Tat ertappt wird, (wenn) man es ihnen beweist und sie überführt, so soll man den Veruber von Zauberei töten. ...[55].

In vielen Stammeskulturen sind heute noch die hellseherischen und magischen Kräfte sehr gefragt und für das Überleben der Menschen wichtig[56]. Gleichzeitig ist die Furcht vor dem Schadenszauber in der eigenen Gruppe groß.

6.3.5 Weltliches und geistliches Recht

Die Untersuchungen und Überlegungen zum „Todesrecht" in Lev 20 werfen viele Fragen auf. Wie sollen wir uns die Anwendung der sexuellen und kultischen Regeln in der Praxis vorstellen? Gab es besondere Gerichte, die derart delikate Probleme der Intimsphäre und des Glaubenslebens verhandeln konnten? Welche gesellschaftliche Wirklichkeit steht hinter den Vorschriften? Sind nur die priesterlichen Kreise an der Verfolgung der genannten Vergehen interessiert gewesen? Wir tun gut daran, uns in groben Umrissen die Rechtstraditionen Israels vor Augen zu führen. Dann mag eine Antwort auf die akuten Fragen gelingen.

Exkurs: Rechtsprechung

Wir können im AT mit einiger Sicherheit drei spezifische Institutionen erkennen, die sich mit der Wahrung von Recht und Sitte befaßten. Da ist einmal die Versammlung freier Vollbürger, vertreten durch die Chefs der Familien oder Sippenverbände, im Tordurchgang einer Stadt. Rut 4,1–2 vermittelt einen lebendigen Eindruck davon, wie in einer Zivilsache der Betroffene zehn Männer heranholt und sie zu Richtern und Zeugen in seiner Sache macht. Einen Kriminalfall beschreibt Dtn 21,1–9. In einem solchen Gremium, das wohl zu den ältesten und stabilsten Einrichtungen der israelitischen (und der altorientalischen) Kultur gehört, mußten Rechtsfälle entschieden werden. Die angemessene Rechtstradition, die zur Urteilsfindung diente, waren Sammlungen von (verallgemeinerten) Präzedenzfällen. „Wenn ein Mann/eine Frau dies oder jenes tut/erfährt/hat, dann soll das und das als Rechtsfolge eintreten." Zahlreiche Beispiele eines solchen „Kasus-Rechts" oder „kasuistischen" Rechts sind uns aus dem Alten Orient und dem AT

---

55 Rykle Borger, TUAT I, 90 = Tafel A, § 47.
56 Vgl. Reo F. Fortune, Sorcerers of Dobu, New York, ²1963.

bekannt (vgl. Ex 21,18–22,16). Es ist bis heute die Grundform der juridischen Überlieferung geblieben. Zwar greifen Richter und Verteidiger in ihren Plädoyers auch auf anders formulierte Traditionen, die Rechtsanschauungen und sittliche Normen zum Ausdruck bringen, zurück, aber grundlegend für ihre Entscheidungen sind die Kasusbestimmungen der Gesetzesbücher. Allein diese Fallsammlungen werden darum in der juridischen Tradition ausgebildet und gepflegt. Sie sind charakteristisch für die Rechtspflege.[57]

Das Recht will die gesellschaftlichen Normen in bestimmten Fällen zur Geltung bringen. Die Normen selbst sind immer vorgegeben; sie gehören in ganz andere gesellschaftliche Institutionen. Im Alten Israel wurde das, was als gut und richtig galt, zu allererst in der Familie, in zweiter Linie auch in Schreiber und Tempelschulen gelehrt. Die gültigen Verhaltensmuster wurden in Form von Beispielerzählungen (vgl. die Josefsgeschichte), Sprichwörtern (vgl. die Proverbiensammlungen Prov 10–30), Liedgut (vgl. das Hohelied), Mahnreden (vgl. Prov 1–9) und vor allem durch direkte Verbotssätze: „Dies und jenes darfst du nicht tun!" an die nachwachsende Generation weitergegeben. Diesen „Prohibitiven", die der Sozialisation des jungen Mannes dienten, sind wir in Lev 18 und 19 begegnet. Die zweite Dekaloghälfte ist das besser bekannte Beispiel von ethischen, das Gemeinschaftsleben regelnden Verboten. Ursprünglich war allein die Familien-, Sippen- und Wohngemeinschaft für die Vermittlung dieser grundlegenden Lebensregeln verantwortlich. Der informelle Prozeß der Unterweisung des Heranwachsenden durch Vater und Mutter ist der eigentliche Entstehungsort der sozialen Verbote.

Es gab noch eine dritte Institution in Israel, die sich mit Normenvermittlung befaßte, das war die Tempelpriesterschaft. Sie war verantwortlich für die Sakralsphäre und den Opferdienst und mußte über das richtige Verhalten gegenüber der Gottheit wachen, wie Eli am Tempel zu Silo (1 Sam 1,12–14: „Betrunken darf man sich Gott nicht nähern!"). Typisch sind auch die sogenannten „Tempeleinlaßliturgien", welche die Einhaltung bestimmter Verhaltensvorschriften und Enthaltsamkeitsregeln zur Vorbedingung für den Opferkult oder die Berührung mit dem Heiligen machen (vgl. Ps 15; 24; Jes 33,14–16; 1 Sam 21,5). Priester sind in besonderem Maß für alle Regeln zuständig, die die Opferdarbringung an heiliger Stätte (vgl. Lev 1–7) und die allgemeine Kultfähigkeit, sprich „Reinheit" der Kultteilnehmer umgeben. Hinzu kommt traditionell noch die Mitwirkung der Priester in sonst unaufklärbaren Rechtsfällen, die durch Gottesurteil (Ordal) entschieden werden mußten (vgl. Num 5,11–28; Dtn 17,8–13). Kurz, die Geistlichen der damaligen Zeit scheinen mit einer großen Palette von Verhaltensregeln befaßt gewesen zu sein.

Uns interessiert natürlich primär die Frage, wie die Vorschriften von Lev 20 mit ihren Todesandrohungen einzuordnen sind. Handelt es sich um Sakral- oder Profanrecht? Sind die Todesforderungen für bestimmte sexuelle und kultische Vergehen unmittelbar aus ethischen Prohibitiven heraus entwickelt? Für welche Gemeinschaft sind die Todessätze bestimmt? – Keine der drei genannten Institutionen scheint für derartige Strafandrohungen prädestiniert gewesen zu sein. Aus dem Familienmilieu stammen nur die Inzestverbote (vgl. Lev 18). Pauschale, radikale Aburteilungen würden der Familiengemeinschaft nicht weiterhelfen. Auch das Richterkollegium der Ältesten war nach Ausweis der kasuistischen Sammlungen sehr auf Schlichtung und Schadensausgleich bedacht und überdies an rein kultischen Vergehen nicht gerade stark interessiert. Reihenweise und rasche Todesurteile sind in diesem Gremium schwer vorstellbar. Die

---

[57] Vgl. Hermann Niehr, Rechtsprechung in Israel, Stuttgart 1987.

Rechtsfälle wurden differenziert untersucht und bei schweren Vergehen die Schuld eines Angeklagten sorgfältiger abgewogen, als das nach den Todessätzen von Lev 20, die jeweils nur eine Untat konstatieren, der Fall sein konnte. Aber auch priesterliche Kreise kommen kaum für die Administration einer solchen Vorschriftensammlung in Frage. Die Beziehungen zum sakralen Raum und zu sakralen Handlungen sind zumindest nicht ersichtlich. Die Todesdrohungen gelten unabhängig von bestimmten kultischen Vorgängen; sie betreffen den Menschen in seinem Alltag, sie sind einer umfassenden Heiligkeitsforderung untergeordnet. Woher kommen also die tödlichen Warnungen?

Sie sind vermutlich dort entstanden und verkündet worden, wo die verschiedenen oben genannten Traditionen der israelitischen Normenüberwachung zusammenflossen: in der frühjüdischen Gemeinde. Hier war der Ort, den Gemeindegliedern ein gottwohlgefälliges Leben einzuschärfen und sie zur Einhaltung aller durch Jahwe sanktionierten Lebensregeln anzuhalten. Die Todesandrohung mag kultischen und nicht rechtlichen Charakter haben. Zu sehr gehäuft sind die Tatfolgebestimmungen (Exekutionsbefehl; Todesandrohung; Ausrottungsbeschluß; Blutschulderklärung; Abscheuäußerung), zu drastisch und stereotyp die Strafmaße, zu emotional der Ton, zu ungleich die Strafzumessungen, zu verborgen die Tatbestände, als daß dieses „Gesetz" als Grundlage für alle Rechtsprechung hätte dienen können. Nein, es wurde im Gottesdienst den versammelten Gläubigen als Wille Jahwes verlesen mit dem Ziel, das Ethos der Konfessionsgemeinschaft zu vereinheitlichen und zu stärken. So wie Jahrtausende hindurch christliche Prediger den Gemeinden Höllenstrafen ankündigten, falls gewisse (mit Vorliebe sexuelle und lehrmäßige) Normen übertreten würden, so wird in Lev 20 die Todesdrohung auch für intime Vergehen im sexuellen und religiösen („abergläubischen") Bereich gepredigt worden sein.

Die Absicht der Gemeindeleitung war die Konsolidierung und Absicherung der Konfessionsgemeinschaft. Dazu dient auch die Abgrenzung nach außen. Den „anderen" Völkern und Glaubensgemeinschaften werden alle die verbotenen und ekelerregenden Verhaltensweisen nachgesagt (Lev 20,23; vgl. 18,24f.). Solche Vorwürfe nach außen mögen subjektiv ehrlich sein. Sie halten jedoch objektiver Nachprüfung nicht stand. Die Völker des Alten Orients waren nicht „perverser" als Israel selbst. Sie kannten und achteten (oder verletzten) Tabuvorschriften ähnlicher Art, wenn auch möglicherweise in eigener, durch die eigene Kultur entwickelter Zusammensetzung. Der Dämonen- und Totenglaube wurde in den Nachbarkulturen vielleicht ungehinderter gelebt, aber er war in Israel trotz aller Todesdrohungen immer virulent (vgl. 1 Sam 28). Die Projektion des Verbotenen und Verpönten auf die „anderen" ist psychologisch gesehen nur ein Mittel, das eigene Unrechtbewußtsein abzuspalten und im „anderen" zu bekämpfen. Sie ist ein allgemein menschliches Phänomen, das wir weder als anthropologische noch als theologische Wahrheit hinnehmen dürfen.

In diesem Zusammenhang fügt sich gut eine neuere Theorie über die Entstehung der Todesdrohungen[58]. Danach wären die im AT vorkommenden Todes-

---

[58] Vgl. Ludger Schwienhorst-Schönberger, Das Bundesbuch, Münster 1989.

sätze Kompositionen der späten Redaktoren. Sie hätten zwar eine auch im Alten Orient anzutreffende Formulierung („… der muß sterben" oder: „… der wird getötet") aufgegriffen, aber jeweils eigene Listen von todeswürdigen Verbrechen zusammengestellt. Das trifft am ehesten auf Lev 20 mit seiner predigthaften Rhetorik und seiner Anlehnung an schon vorhandene heilige Texte zu.

7 Priesterangelegenheiten (Lev 21–22)

Im vorangegangenen Textblock ist die Gemeinde die eigentliche Bezugsgröße gewesen. Lev 21–22 scheinen völlig auf die Priester konzentriert zu sein, darin vergleichbar mit der Ausrichtung von Lev 8–10. Es geht nicht mehr um die Heiligkeit des Gottesvolkes, sondern um die speziellen Anforderungen an die amtierenden Priester. Doch sollten uns einige Beobachtungen warnen, vorschnell von einer esoterischen Priesterbelehrung zu reden. Wie könnten denn ganz und gar berufsständisch orientierte Regeln in einem für die Gemeinde gedachten Schriftwerk überliefert sein? Und werden nicht auch der ganzen Gemeinschaft Israel gelegentlich priesterliche Funktionen und Qualitäten zugeschrieben (vgl. Ex 19,6; Jes 61,6; vgl. Dtn 7,6), so daß die Priesterbelehrung mittelbar für alle Gemeindeglieder Bedeutung gewinnt?

7.1 Persönliche Qualifikation (Lev 21)

7.1.1 Übersetzung

1) Jahwe sagte zu Mose: Sprich zu den Priestern, den Aaronsöhnen, sage ihnen: Keiner darf sich an einem Verstorbenen aus seinem Volk verunreinigen, 2) es sei denn an einem nahen Verwandten, an Mutter oder Vater, an Sohn, Tochter und Brüdern. 3) Auch an seiner unverheirateten Schwester, die ihm nahesteht und die noch keinem Mann gehört hatte, darf er sich verunreinigen. 4) Er darf sich nicht an einem Menschen in seinem Volk verunreinigen und sich so entweihen.

5) Sie dürfen sich keine Glatze scheren, sie dürfen ihren Bart nicht stutzen, sie dürfen sich an ihrem Körper keine Einschnitte beibringen. 6) Sie sollen ihrem Gott heilig sein und den Namen ihres Gottes nicht entweihen. Denn sie bringen das Opfer für Jahwe, die Gottesspeise, dar. Also müssen sie heilig sein. 7) Eine Prostituierte oder eine Vergewaltigte dürfen sie nicht heiraten. Auch eine Frau, die von ihrem Mann verstoßen worden ist, dürfen sie nicht heiraten. Heilig soll jeder für seinen Gott sein. 8) Du sollst ihn heilig halten, denn er bringt die Speise deines Gottes dar. Er soll dir heilig sein, denn ich, Jahwe, bin heilig, und ich heilige euch. 9) Wenn die Tochter eines Priesters sich durch Prostitution entweiht, dann entweiht sie ihren Vater. Sie muß verbrannt werden.

10) Der Hohepriester [wörtlich: „Der Priester, der höher ist als seine Brüder"], auf dessen Haupt das Salböl geflossen und in dessen Hand die [heilige] Kleidung gegeben ist, darf sein Haar nicht frei hängen lassen und seine Kleidung nicht zerreißen. 11) Einer Leiche darf er sich nicht nähern, auch an Vater oder

Mutter darf er sich nicht verunreinigen. 12) Er darf nie aus dem Heiligtum herausgehen; er darf das Heiligtum seines Gottes nicht entweihen, denn das Salböl seines Gottes ist auf ihm. Ich bin Jahwe. 13) Er soll eine unberührte Frau heiraten. 14) Eine Witwe, Geschiedene, Vergewaltigte oder Hure darf er nicht heiraten, vielmehr muß er eine Jungfrau aus seiner Sippe zur Frau nehmen. 15) Er darf seine Nachkommen in seinem Sippenverband nicht entweihen. Ich bin Jahwe, der ihn heiligt.

16) Jahwe redete mit Mose: 17) Sprich folgendermaßen zu Aaron: Wenn jemand aus deiner Nachkommenschaft auf Generationen hin einen körperlichen Fehler hat, darf er nicht herantreten, um die Speise seines Gottes darzubringen. 18) Denn keiner, an dem ein Makel ist, darf sich nähern, kein Blinder, Lahmer, Spaltlippiger oder Verkrüppelter. 19) Keiner, der ein gebrochenes Bein oder eine gebrochene Hand hat. 20) Kein Buckliger oder Magersüchtiger, keiner mit weißen Flecken im Auge, keiner, der mit Krätze oder Flechte behaftet ist oder zerquetschte Hoden hat. 21) Keiner aus der Nachkommenschaft des Priesters Aaron, an dem ein Makel ist, darf herantreten, um die Opfer Jahwes darzubringen. Es ist ein Makel an ihm, und er darf sich nicht nähern, um das Brot seines Gottes darzubringen. 22) Die Speise seines Gottes ist hochheilig. Doch essen darf er vom Heiligen. 23) Nur soll er nicht zum Vorhang gehen, und dem Altar darf er sich nicht nähern, denn es ist ein Makel an ihm. Er darf mein Heiligtum nicht entweihen, denn ich, Jahwe, heilige sie. 24) Mose sagte es Aaron und seinen Söhnen und allen Israeliten.

7.1.2 Vom Umgang mit dem Heiligen

Seitdem Menschen die Beziehung zur Gottheit suchen, wissen sie um die Gefahren, die vom Heiligen ausgehen. Je näher man der Gottheit kommt, desto vorsichtiger muß man sein. Wer von Berufs wegen in die Nähe der göttlichen Wohnung und der dort konzentrierten Gotteskraft kommt, der muß ganz besondere Sorgfalt walten lassen. In unserer Welt entspricht die Scheu vor dem Heiligen etwa dem Risiko im Umgang mit harten Strahlen und radioaktiven Substanzen. Ein Röntgenarzt ist weit mehr gefährdet als der Patient. Also müssen für diejenigen, die unmittelbar am Gefahrenherd arbeiten, die Vorsichtsmaßregeln erhöht werden.

> Das gilt auch für die Priester der Antike, und für sie wiederum mit Abstufungen, die den Dienstverpflichtungen und dem Grad ihrer Annäherung an Gott entsprechen. Ein Beispiel sind die Dienstvorschriften für Priester, die in der alten Hauptstadt des Hethiterreiches, Hattusa, beim heutigen türkischen Dorf Boghazköy (150 km östlich von Ankara) gefunden worden sind:
>
> „Ferner sollen die, welche die täglichen (Opfer)brote zubereiten, rein sein. Gebadet und rasiert sollen sie sein, ihr (Körper?)haar und ihre Näg[el] sollen abgeschnitten sein. Reine Kleider sollen sie anhaben. [In unreinem Zustand(?)] sollen sie nicht zubereiten. (Nur) die, welche den Göttern, ihrem Sinn und Körper, [wohlgefällig]

sind, sollen diese (Brote) zubereiten! ... Ist das Empfinden von Menschen und von Göttern etwa verschieden geartet? ... Wenn ein Diener seinen Herrn irgend erzürnt, so wird man ihn entweder hinrichten oder seine Nase, seine Augen, seine Ohren verderben oder [man wird] ihn, seine Frau, seine Kinder, seinen Bruder, seine Schwester, seine angeheirateten Verwandten, seine Sippe, es sei Sklave oder Sklavin, [ergreifen] und ‚hinüberrufen‘ oder man wird ihm überhaupt nichts tun. Wenn er stirbt, stirbt er nicht allein, sondern seine Sippe geh[t] mit ihm. Wenn [jemand] aber das Gemüt eines Gottes erzürnt, s[uch]t der Gott das etwa an jenem [all]ein heim? [Su]cht er es nicht auch an seiner Frau, [seinen Kindern], seiner [Nachko]mmenschaft, seiner Sippe, seinen Sklaven und Mägden, seinem Vieh, seinen Schafen und an seinen Feldfrüchten he[im], um ihn auf diese Weise gänzlich zugrunde zu richten? So seid nun in Sachen eines Gottes zu eurem eigenen Guten sehr sorgfältig!"[1]

Kultische Sauberkeit wird vom Priester verlangt, und die von menschlich-höfischen Zuständen her projizierende Begründung liefert einen Schlüssel für das Verständnis der Reinheitsforderungen. Der Priester ist Diener seines Gottes und darf seine Herrschaft nicht erzürnen. Das ist eine stark rationalisierende Interpretation, die uralte magische Ängste übergeht, aber sie ist für ein gewisses aufgeklärtes, höfisches Publikum sicher charakteristisch.

Aber auch in Stammesgesellschaften wird von denen, die sich an heiligen Zeremonien beteiligen, Reinheit verlangt. Der Hopi-Indianer Sun-Chief erzählt: „Louis, Walter, Clarena und ich versprachen uns gegenseitig, aufeinander aufzupassen und während dieser Zeit rein zu bleiben. Wenn einer von uns die Enthaltsamkeitsregeln gebrochen hätte, wären möglicherweise Stürme, kaltes Wetter und Trockenheit über uns alle gekommen."[2]

In Israel war professionelles Priestertum sehr früh bekannt, wahrscheinlich hatte man es von den kanaanäischen Ureinwohnern übernommen. Sämtliche heiligen Stätten, die im AT noch eine Rolle spielen, sind älter als das Volk Israel: Dan, Karmel, Tabor, Silo, Gilgal, Bethel, Beerseba, Hebron und auch Jerusalem (vgl. Gen 14,18–20). Für Priesterschaften jedes Heiligtums galten besondere Reinheits- und Enthaltsamkeitsvorschriften (wie sie natürlich auch auf den Familienchef oder Stammesältesten angewendet wurden, der für seine Gruppe priesterliche Funktionen erfüllte). Der „Öffentlichkeit" war das Verhalten der Priester nicht gleichgültig. Pflichtvergessene Diener Gottes kamen zumindest ins Gerede, wie die Söhne Elis in Silo (1 Sam 2,12–17). Ihnen werden Verstöße gegen die rituellen Gepflogenheiten, gegen die Lohnvereinbarungen und gewisse Sexualtabus (letzteres V. 22) nachgesagt. Die Propheten klagen die Priesterklasse recht häufig an: Hos 4,4–11; Jer 20,1–6; Mal 1,6–13. Dabei kommen kultische Verfehlungen, soziale Verbrechen und eine gewisse prophetische Abneigung gegen die etablierten Funktionäre des Heiligtums zur Sprache. – Die Vorbereitungen auf den heiligen Dienst werden im AT selten geschildert (vgl. Lev 8,1–13: Einkleidung und Ordination), weil sie als selbstverständlich galten. Erst in der Spätzeit wird das „Sich-Heiligen" der Tempeldiener vor dem Opferfest zum offen diskutierten Problem (vgl. 2 Chr 29,34; 35,1–6). Mangelnde

---

[1] Nach Cord Kühne, in: Walter Beyerlin, ATD Erg. 1, 201 f. und Albrecht Götze, ANET 207.
[2] Leo W. Simmons, 148.

oder fehlerhafte Reinigung oder Heiligung kann Katastrophen für die ganze
Gemeinschaft heraufbeschwören.

In unserem Kapitel fällt die Staffelung der Vorschriften gemäß einer in alten
Zeiten unbekannten Hierarchie auf. Zuerst werden die Regeln für den einfachen
Opferpriester (V. 1), danach für den Oberpriester (V. 10) genannt. Zwar ist der
später geläufige Titel „Hoherpriester" noch nicht präzise verwendet. Darin mag
das Geschichtsbewußtsein der nachexilischen Sammler zum Ausdruck kom-
men: Sie wußten, daß der Titel eine nachexilische Neuschöpfung war (vgl.
Num 35,25.28; Sach 3,1.8; 6,11; Neh 3,1.20) und behandelten darum in der
Regel Aaron persönlich im Unterschied zu seinen Söhnen als den Prototyp des
Hohenpriesters. Doch lassen sie in ihrer umständlichen Formulierung V. 10
sehr deutlich die Bezeichnung „Hoherpriester" durchscheinen. Und die wortreiche Beschreibung der Salbung und speziellen Einkleidung V. 10a sagt im
Unterschied zu der schlichten Benennung des „Priesters" in V. 1 genug über den
Rangunterschied aus. Also bestand zur Zeit, als Lev 21 endgültig formuliert
wurde, bereits innerhalb der jerusalemer Priesterschaft eine hierarchische Ordnung. Sie war in der Anlage des Tempels und den darauf abgestimmten Ritualen
vorgebildet. Das innerste Wohngemach des Heiligtums durfte nur ein einziges
Mal im Jahr ausschließlich der Oberpriester betreten (vgl. Lev 16,32). Er allein
sollte berechtigt und verpflichtet sein, die konzentrierte Gegenwart Gottes im
Allerheiligsten auszuhalten und für das ganze Volk dort Sühneriten zu vollziehen. Aus dieser besonderen Nähe zu Gott leiten sich die gesteigerten Reinheitsbestimmungen von V. 11–15 ab. Sie sind allerdings noch so wenig von den
allgemeinen Anforderungen an die Priesterschaft differenziert, daß wir es mit
einem Frühstadium der hohenpriesterlichen Amtsführung zu tun haben müssen. In späteren Jh.en tut sich die Kluft zwischen den Oberpriestern und den
„Leutepriestern" immer mehr auf, vgl. Flavius Josephus, Antiquitates XIII,
2,2 ff.; 4,9; 5,4 usw. Seltsamerweise erscheinen nur die beiden Priesterschichten
in unserem Kap. Von den Leviten fehlt wieder, wie auch sonst im Buche
Leviticus, jede Spur. In Dtn 18 sind sie als untergeordnete Tempeldiener präsent, auch in Num 3 f. verrichten sie niedere Dienste, eine Aufwertung erfahren
sie in den Chronikbüchern. Warum aber haben sie im Buch Leviticus überhaupt
keinen Platz? Daß die Laien bei der Behandlung von berufsspezifischen Fragen
nicht auftauchen, ist noch eher zu verstehen; vielleicht sind sie indirekt mit
angesprochen. – Drei für die Qualifikation des Priesters besonders wichtige
Themenkreise stehen in Lev 21 im Mittelpunkt: die von Toten ausgehende und
die im Sexuellen lauernde Unreinheit sowie körperliche Gebrechen.

7.1.3 Verunreinigung an Toten (V. 1–6.10–11)

Daß die Todessphäre besondere Vorsichtsmaßnahmen verlangt, ist nur zu
verständlich. Die Menschen haben immer die Unheimlichkeit des Nicht-mehr-
Lebens empfunden und sich vor dem Tod gefürchtet. Ein altmesopotamisches
Epos erzählt, wie der Urzeitheld Gilgamesch unter vielen Gefahren die Pflanze

des Lebens sucht, sie aber auf dem Rückweg aus dem Land des Schreckens wieder verliert: Eine Schlange stiehlt ihm das Lebenskraut. Also geht den Menschen das ewige Leben verloren, sie müssen weiter sterben (vgl. Gen 3,1–5). In der altorientalischen Mythologie spielt der Abstieg einer Göttin in die Unterwelt und die Auseinandersetzung mit dem Totengott eine wichtige Rolle[3]. Der Umgang mit Verstorbenen ist in den meisten Kulturen und Religionen ein Problem. Der Tote gehört nicht mehr zur Welt der Lebendigen. Er ist offensichtlich der Gewalt jener anderen Macht unterworfen, die ihn „hinweggeholt" hat (vgl. Jes 14,4–21). Darum muß es für Lebende gefährlich sein, mit Toten in Berührung zu kommen. Wie leicht kann der Tod weiterfressen und noch mehr Menschen verschlingen. Die Bestattungssitten (Verbrennen oder Fesseln des Leichnams, Abwehrriten usw.) bezeugen die Angst vor dem Toten und der Todesmacht. Manchmal werden die Wohnstätten, in denen ein Mensch gestorben ist, vernichtet oder verlassen. In jedem Fall gelten für alle Hinterbliebenen erhöhte Vorsichtsregeln. Sie sind für die israelitische Gemeinde z.B. in Num 19,10b–22 festgehalten. Wer einen Leichnam berührt, der ist eine gewisse Zeit unrein und muß sich dringend Reinigungsriten unterziehen:

> Ein reiner Mann soll Ysop nehmen und ins Wasser tauchen und das Zelt [Anm.: in dem jemand gestorben ist] besprengen und alle Gefäße und alle Leute, die darin sind; ebenso auch den, der eines Toten Gebein oder einen Erschlagenen oder Gestorbenen oder ein Grab berührt hat. Es soll aber der Reine den Unreinen am dritten Tage und am siebenten Tage besprengen und ihn am siebenten Tage entsündigen, und der soll seine Kleider waschen und sich mit Wasser abwaschen, so wird er am Abend rein. (Num 19,18f.)

Wenn das für den normalen Menschen gilt, wieviel mehr muß die Verunreinigung an Toten für den Priester, der in ständigem Kontakt mit Gott lebt, eine Gefahrenquelle sein. Denn der Priester setzt nicht nur sein eigenes Leben aufs Spiel, sondern kann dadurch, daß er die Gottheit erzürnt – sie läßt sich eine auch nur indirekte Berührung mit der Todesmacht nicht gefallen – , die ganze Gemeinschaft in eine schlimme Lage bringen.

Eine solche Angst vor dem Toten ist vielschichtig und läßt sich nicht durch eine rationalisierende Deutung verständlich machen. Bei den Überlieferern schwingt offensichtlich die Furcht mit, daß sich derjenige, der mit einem Leichnam in Berührung kommt, aus dem Machtbereich Jahwes entfernt, sich anderen Gottheiten oder Mächten unterwirft und gegen seinen Willen zum Abtrünnigen wird. Aber andere, auch vorisraelitische, dämonistische Vorstellungen mischen sich in diese theologisch reflektierte Angst hinein. Der Tote ist in einen anderen Zustand übergegangen. Er ist zum Totengeist geworden, den besonders Begabte beschwören, befragen und eventuell für sich gebrauchen können (vgl. 1 Sam 28). Folglich darf sich der Priester dem Totendämon nicht aussetzen; er würde unter dem Einfluß eines solchen Geistes für den Jahwedienst untauglich. Aber auch diese dämonistische Deutung ist eine sekundäre Rationalisierung eines ur-

---

[3] Vgl. Anats Kampf gegen Mut, den Totengott: Karl-Heinz Bernhardt, in: Walter Beyerlin, ATD Erg., 235f.

menschlichen Gefühls der Unheimlichkeit gegenüber dem Toten. Weil wir
Menschen das Leben denkend und fühlend begreifen, ist uns der Todeszustand
schlechterdings unfaßbar. Der eigene Lebenswille lehnt sich gegen den Tod auf
und versucht, ihn zu verdrängen. Der Tote wird in der Regel in die Zone des
Furchtbaren abgeschoben. Nur selten können Hinterbliebene mit einem Leichnam unbefangen umgehen, Trauer und Entsetzen überwinden und zu dem
Verstorbenen – auch zu seinem Geist – ein normales Verhältnis behalten oder
herstellen[4].

Trotz der großen Gefährdung darf der einfache Priester seine allerengsten
Verwandten selbst bestatten. Dazu gehören Mutter, Vater, eigene Kinder und
Geschwister (V. 2–3). Nur dem Hohenpriester sind in äußerster Verschärfung
der Vorsichtsmaßnahmen die Bestattungspflichten verwehrt (V. 11). Warum ist
der Kreis der Ausnahmen so eng auf die unmittelbare Blutsverwandtschaft
begrenzt? Wie kann das Begräbnis der eigenen Frau aus der Verpflichtung
herausgenommen sein (vgl. Ez 24,15–24; Gen 23)? Widerspricht die Teilerlaub-
nis, sich um Tote zu kümmern, nicht grundsätzlich dem Verunreinigungsver-
bot? Wie wird die entstandene Unreinheit des Opferpriesters wieder beseitigt?
Wieder provoziert der Text mehr Fragen, als er uns Antworten gibt. Vermutlich
ist in menschlichen Gesellschaften mit absoluten Verboten nie eine praktikable
Ordnung zu gewährleisten. Es muß Ausnahmen und Sonderregelungen geben,
das Leben erzwingt sie. Die Nichtbestattung eines Toten wäre sicher ein größeres Übel (vgl. Dtn 21,22 f.) als die Verunreinigung eines Priesters. Das ganze
Land wäre geschändet, und der soziale Status des untätigen Priesters vielleicht
grundlegend erschüttert. Die eigene Frau mag nicht erwähnt sein, weil sie im
letzten Sinne zur Sippe ihrer Eltern gehört und weil notfalls auch ihre eigenen
Kinder eine starke Verpflichtung tragen, die Bestattung zu übernehmen. Die
durch das Begräbnis entstandene Unreinheit schließlich, die als das kleinere
Übel hingenommen werden mußte, hatte der Priester analog zu anderen Verun-
reinigungen durch sachgemäße Waschungen und Reinigungsriten zu tilgen (vgl.
Num 6,9–12; 19,12.17–22). Die Ausnahmeregelung gilt allerdings nicht für den
Hohenpriester. Er würde sich auch durch die Berührung nächster verstorbener
Anverwandter auf Dauer amtsunfähig machen (V. 11). Wenn zwei verschieden
eingestufte Kultbeamte das gleiche tun, ist es noch lange nicht dasselbe! Die
Differenzierung der Tat nach Rangstufe verrät aber ein ausgeprägtes hierarchi-
sches Bewußtsein und eine kritische Gedankenarbeit, die sich nicht mehr primär
an der Ursache der Unreinheit orientiert, sondern die feinen Verästelungen
einer einmal erkannten Gefahrenquelle verfolgt.

In der rabbinischen Literatur gewinnt das Studium der Unreinheit, ihrer möglichen
Übertragung und angemessenen Beseitigung an Bedeutung. Die sechste und letzte
Abteilung der Mischna trägt die Überschrift: Tehorot, „Reinheiten", und behandelt
vor allem im zweiten Traktat Oholot, „Zelte", unter anderem die aus einer Totenberührung resultierende Unreinheit und ihre Folgen. Der synagogalen, nicht mehr auf

---

[4] Vgl. Louis-Vincent Thomas, Funeral Rites, EncRel, Bd. V, S. 450–459, Ernst Kutsch, Trauerbräuche.

den Tempeldienst fixierten jüdischen Gemeinschaft entsprechend sind die mischnaischen Überlegungen in keiner Weise auf die Priester abgestellt. Sie handeln allgemein von jedermann, d.h. den religionsmündigen Mitgliedern der Gemeinde. Eine derartig breite Anlage der Vorsichtsregeln für die Totenberührung läßt sich auch für die Qumrangemeinschaft des 2./1. Jh.s v.Chr. feststellen[5]. Im Anschluß an die Reinheitsvorstellungen des Wüstenlagers (Num 5,2–4) und die allgemeinen Bestattungsbräuche (Num 19,11–22) regelt die Gemeinschaft die Behandlung von Totenunreinheit. Die frühen Christen haben übrigens – wohl infolge ihrer starken Hoffnung auf leibliche Auferstehung – die Furcht vor Verunreinigung an Toten nur unterschwellig übernommen. Auch sie legten Friedhöfe vor den Toren der Stadt an, forderten aber von Bestattern und Priestern keine besonderen Zeremonien, die sie in einen verlorenen Zustand der Reinheit hätten zurückversetzen sollen.

Mit der Verunreinigung an Toten eng verbunden und doch gesondert zu behandeln ist das Verbot für die Priester, sich an Trauerriten zu beteiligen (V. 5.10b). Die Vorschriften scheinen für Tempelpriester und Hohenpriester erheblich auseinanderzugehen: Die ersteren dürfen sich keine Glatze scheren, den Bart nicht stutzen und keine Hauteinschnitte beibringen (V. 5). Der Hohepriester wird lediglich angewiesen, sein Haar nicht aufgelöst flattern zu lassen und seine Kleidung nicht zu zerreißen (V. 10b). In Wirklichkeit sind beide Anweisungen wohl kumulativ zu verstehen. Gewisse (kanaanäische?) Trauerbräuche, die den eigenen Körper verändern, sind Lev 19,27f. bereits für die ganze Gemeinde abgeschafft. Daran muß sich auch der Hohepriester halten. Für ihn kommt hinzu (aber warum sollte dieses Verbot nicht auch für den gemeinen Priester und den Israeliten überhaupt gelten?) die aus der Tradition bekannte Untersagung, Kopfhaar und Kleidung zur Demonstration von Trauer zu gebrauchen (vgl. Lev 10,6; 13,45). Diese letzteren Verbote sind bei genauerem Hinsehen wohl zu unterscheiden. Ez 44,20 gebietet den Priestern allgemein und ganz unabhängig von ihrer Beteiligung an der Bestattung (Ez 44,25–27), einen stets gepflegten Haarschnitt zu tragen. Denn das frei wachsende Haupthaar ist Zeichen für einen Gottgeweihten und hat nichts mit der möglichen Totenverunreinigung zu tun (Num 6,5f.). Andererseits wird an manchen Stellen des ATs unbefangen davon berichtet, daß Menschen in Bestürzung und Trauer ihre Kleidung einreißen (2 Sam 1,11; 3,31; 2 Kön 22,11.19; Jer 41,5; Joel 2,12f.; Hiob 1,20; Esra 9,3.5; 2 Chr 24,19). Die weite textliche Bezeugung bis in die Spätzeit des ATs hinein und die Aussage, daß selbst der Schreiber und Priester Esra die Symbolik des Kleidereinreißens übt, lassen das Verbot von V. 10b recht eigenartig aussehen. Zwar ist das Vokabular ein anderes, doch der Gestus[6] mag trotz der verschiedenen Ausdrucksweisen der gleiche sein. Die Wortwahl im Leviticus verrät indessen ein gewisses Sonderinteresse an einer nicht statthaften Handlung. Möglicherweise

---

[5] Vgl. Johann Maier, Kol. 48,8–14; 49,5 - 50,19.

[6] Außerhalb Lev wird das Verb *qara'*, „einreißen" verwendet. Die drei oben genannten Stellen benutzen ein sonst unbekanntes Verb *param*, das zudem noch in einem für uns undurchschaubaren Wortspiel mit *para'*, „wirr hängen lassen" (V. 10b; ebenso Lev 10,6; 13,45) auftritt.

ist V. 10b nur aufgrund von Lev 10,6 zustandegekommen: Der Redaktor unseres Kap.s wollte die dort erstmalig und punktuell ergehende Anweisung für alle Zeiten festschreiben.

Wie immer man im einzelnen die Vorsichtsmaßregeln von V. 1–6 und 10–11 liest: Die mögliche Verunreinigung an Toten und durch gewisse Totenbräuche steht bei den Priesteranweisungen von Lev 21 an vorderster Stelle. Das ist einigermaßen verwunderlich, denn andere Abschnitte der Tora legen größeren Nachdruck auf die Besudelung durch Götzen- oder Bilderdienst (vgl. Lev 20,2ff.; 26,1), Mißachtung der Sabbate (Lev 19,3; 26,2), Verstöße gegen die Gebote Jahwes überhaupt (Lev 18,3–5), falsche Opferpraxis (vgl. Mal 1,6–13; Lev 22,17–25), Korruptheit im Amt und Machtmißbrauch (vgl. 1 Sam 2,12–17; Hos 4,4–11). Kaum ein Wort von diesen großen Gefahren der Priesterexistenz! Aus dem Fehlen dieser Themen müssen wir folgern: Lev 21f. stellen keine vollständige, höchstens eine außerordentlich fragmentarische Priesteranweisung dar. Die Kap. beschränken sich auf einige vordringliche Themen. In Lev 21 kommen nach der Totenverunreinigung sexuelle Beschränkungen zur Sprache.

7.1.4 Die Priester und die Frauen (V. 7–9.13–15)

Nach den ausführlichen Bestimmungen über die verunreinigenden Ausflüsse (Lev 15) nimmt es nicht wunder, daß auch bei den Priesterregeln das Verhältnis zu den Frauen thematisiert wird. Zu unserem Erstaunen sind es aber nicht die Fragen um Menstruation und Geschlechtsverkehr, die den Tradenten wichtig erscheinen, sondern allgemeine Eheregeln. Müssen denn im Lichte von Lev 15 nicht besonders für den amtierenden Priester Vorsichtsmaßnahmen für seinen Verkehr mit der Ehefrau getroffen werden? Die Karenztage der Menstruierenden sind sicherlich mit besonderer Sorgfalt von dem einzuhalten, der den Altardienst versieht. Darüberhinaus wären nach Ex 19,15 und 1 Sam 21,5 sexuelle Abstinenzzeiten vor dem Opferdienst zu erwarten. Wenn schon der Kultteilnehmer bzw. die Gemeinde vor der Begegnung mit Jahwe im Opfermahl sexuelle Enthaltsamkeit geübt haben muß, wieviel mehr ist diese Reinheit vom amtierenden Priester zu verlangen! Aber darüber sagen unsere Texte nichts aus. Setzen sie die befristete Abstinenz als selbstverständlich voraus?

„Nach einer jahrhundertelangen Zölibatsphase sind die Protestanten im 16. Jh. zur alttestamentlichen Praxis zurückgekehrt und haben ihren Geistlichen die Eheschließung mit einer unbescholtenen Jungfrau dringend nahegelegt."[7]. Die im Christentum virulente Scheu vor sexueller Unreinheit (Kirchenvater Hieronymus: „Jeder Geschlechtsverkehr ist unrein." „Wer zum Altar hintritt, darf die Nacht zuvor die Freuden der Venus nicht genossen haben") ist freilich auch im Protestantismus nicht überwunden[8].

---

[7] Johannes Döller, 201.
[8] Vgl. Edward Schillebeeckx, Das kirchliche Amt, Düsseldorf 1981, 132–144, die Zitate in der Klammer: ebenda 136; 135.

Die Eheanweisungen für Priester und Hohenpriester sind in der Sache identisch, für den letzteren nur wortreicher formuliert und unter ausdrücklicher
Nennung der Witwe (V. 14). Der Sinn ist: Priester haben unter allen Umständen
eine noch unberührte Frau zu ehelichen. Das wird im Normalfall auch von
jedem Israeliten erwartet (vgl. Dtn 22,13–21), aber die Heirat mit einer Witwe
oder Geschiedenen war doch nicht grundsätzlich ausgeschlossen (Dtn 24,2;
25,5). Nur die wiederholte Ehe einer Geschiedenen mit ihrem ersten Mann –
nach einer zwischenzeitlichen zweiten Eheschließung – wird mit ähnlichen
Worten wie in unserem Text als verunreinigende und unheilbringende Verfehlung verboten (Dtn 24,4). Was steckt also hinter der Priesteranweisung, nur eine
Jungfrau zu heiraten? Offensichtlich birgt der Geschlechtsverkehr, den die Frau
mit einem anderen Mann gehabt hat, Gefahren für die Amtsführung des Priesters in sich. Die Frau ist wie mit einer fremden Kraft infiziert, von der man nicht
weiß, ob sie mit der Heiligkeit des Jahwetempels verträglich ist. Die andere
Möglichkeit, daß dem Priester aus dem Geschlechtsverkehr mit einer noch
unberührten Frau besondere Kraft zufließt[9], scheint mir weniger wahrscheinlich.

Die Ängste, die von urtümlichen Vorstellungen einer Machtkonfusion mit den gegen-
geschlechtlichen Kräften ausgehen, sind bis heute nicht überwunden. Zwar wird die
Zölibatspflicht in der katholischen Kirche vor allem mit der neutestamentlichen
Höherbewertung der Ehelosigkeit begründet (1 Kor 7,25–40; Mt 19,10–12), unterschwellig jedoch spielen die magischen Ängste vor der Macht des anderen Geschlechts
eine wichtige Rolle[10]. Der Leviticustext versucht, die Störungen des priesterlichen
Altardienstes von seiten der weiblichen Sexualkräfte durch Heiratsbeschränkungen –
temporäre Enthaltungen vom Geschlechtsverkehr sind vermutlich vorausgesetzt –
auszuschalten. Die katholische Tradition hat die Totenverunreinigung als Gefahrenquelle überwunden, ist aber sensibler für die sexuelle Überfremdung: Sie hat seit dem
10. Jh. n.Chr. ein immer strikteres Verbot der Priesterheirat durchgesetzt, um jede nur
mögliche Beeinflussung des priesterlichen Dienstes durch die dämonische Gewalt der
weiblichen Sexualität zu bannen. Die parallel dazu immer wieder kirchenamtlich
betonte Unfähigkeit der Frau zum Priesterdienst hat dieselbe Wurzel in einem unein-
gestandenen, magischen Kultverständnis. Die Ausgrenzung des Weiblichen in der
jüdisch-christlichen Tradition hat verheerende Folgen für Theologie und Kirche
gehabt[11].

Nach unserem Priesterspiegel sind jedoch Frauen nicht nur über den geschlechtlichen Kontakt mit der Amtsperson, sondern auch durch ihr sonstiges
sexuelles Verhalten gefährlich. Die Tochter des Priesters könnte zur Prostitu-
ierten werden, und das würde nicht minder den Vater betreffen. Wie die
Beispielgeschichten von Eli, dem Priester von Silo, und Samuel, dem Wander-
propheten von Rama, und gar Aaron, dem Urbild der Priesterschaft, zeigen,
haben nicht selten Söhne die Sippe in Verruf gebracht (1 Sam 2,12–17.22–36;

---

[9] Karl Elliger.
[10] Vgl. Eugen Drewermann, Kleriker, Freiburg 1989.
[11] Vgl. Ida Raming, Der Ausschluß der Frau vom priesterlichen Amt, Köln 1973; Erhard S.
Gerstenberger, Jahwe.

8,1–3; Lev 10,1–7). Im Zusammenhang mit den Priesterregeln spricht Lev 21,9 nur von den Töchtern. Warum? Natürlich wird ein Familienvater „entehrt", wenn seine Tochter von der sexuellen Norm abweicht, sogar dann, wenn sie vergewaltigt wird (Gen 34,2.5.31). Im Fall der Priestertochter jedoch steht auch die Amtsführung des Kultdieners auf dem Spiel. Darum soll die straffällig gewordene Tochter ohne Wenn und Aber, vor allem ohne die sonst gegebene Möglichkeit zur Zwangsheirat (vgl. Dtn 22,28f.) dem Feuertod verfallen (vgl. Gen 38,34; Steinigung: Dtn 22,24). Die Wahl ausschließlich des töchterlichen Fehlverhaltens zur Demonstration der Gefährdung beweist ein priesterliches Vorurteil gegen die Frauen. Der männliche Kultus wird eben vor allem durch weibliches Wesen und Verhalten bedroht. Im deuteronomistischen Geschichtswerk wird die Frau (besonders die ausländische Ehefrau) auf dieser Denklinie oft in die Rolle der Verführerin zu Fremdkulten gedrängt (vgl. 1 Kön 11,1–6).

7.1.5 Heiligkeit und Residenzpflicht (V. 8.12)

Die erste Kapitelhälfte (V. 1–15) kreiste um die beiden Quellen möglicher Unreinheit: das verstorbene Familienmitglied und die Frau des Priesters. In diesem Abschnitt finden sich aber noch einige Elemente, die sich nicht einfach mit den Priesterbeschränkungen verrechnen lassen. V. 6 ist als Begründung der Verbote verständlich: Er schärft zusammenfassend die allgemeine Heiligkeitsforderung ein und leitet sie aus dem Altardienst ab. Weil der Priester die „Gottesspeise" – eine im ganzen Alten Orient gebrauchte Bezeichnung für das Opfer[12]– darbringt, darum muß er makellos, d. h. heilig sein! Aber gilt diese Forderung im Buche Leviticus nicht der ganzen Gemeinde (Lev 11,44f.; 19,2)? Auffälliger noch wird die besondere Heiligkeit der Priester in V. 8. Hier schlägt die bis dahin objektive Rede in der 3.Pers. in eine persönliche Ermahnung an die Gemeinde um: „Halte ihn heilig, denn er bringt die Speise deines Gottes dar; er soll dir als heilig gelten, denn ich, Jahwe, heilige euch." Wie schon früher (vgl. Lev 2; 6,14ff.; 7,23ff.) läßt der Text die eigentlichen Adressaten erkennen. Die von Jahwe geheiligten Gemeindemitglieder sollen die Heiligkeit der Priester achten und fördern. Der Hohepriester erfährt keine besondere Ehrung, er ist an dieser Stelle in der Priesterschaft mitgedacht. Die Heiligkeitsaussagen im Blick auf die Priester weisen aber auch keine spezifischen Steigerungsformen gegenüber den Prädikationen auf, welche die Gemeinde erfährt. Das alles läßt sich wohl nur so verstehen, daß die Priester nicht qualitativ anders gestellt sind als die Gemeinde, ihnen eignet kein besonderes Wesen, am wenigsten ein *character indelebilis*, eine unauslöschliche, durch die Weihe verliehene Priesterqualität. Sie haben in ihrer Tätigkeit lediglich verstärkt die auch der Gemeinde auferlegten Reinheits- und Heiligkeitsforderungen zu beachten. Sie sind ferner der Gemeinde anvertraut, für die sie den Opferdienst tun.

Ist von der besonderen Amtsverpflichtung des Hohenpriesters her seine

---

[12] Vgl. Helmer Ringgren, ATD Erg. 38, 139–143f.

ständige Anwesenheit im Tempel (V. 12) erforderlich? Viele Ausleger wollen so
weit nicht gehen. Sie sehen die Vorschrift: „Er darf nicht aus dem Heiligtum
herausgehen ..." als eine durch den Kontext bedingte Anweisung: Wenn ein
Trauerfall in der Familie eintritt, darf der Hohepriester den Tempel nicht
verlassen. Doch wäre eine solche Aussage nach V. 11 recht überflüssig. Dort ist
doch bereits das „Hingehen" zu verstorbenen Angehörigen untersagt. Und V. 12
klingt gerade auch im Vergleich zu dem auffallenden Parallelsatz Lev 10,7 sehr
viel grundsätzlicher als ein Ausgangsverbot für die Zeit der Beerdigung. „...
damit er das Heiligtum seines Gottes nicht entheilige, denn er ist durch das Salböl
seines Gottes geweiht; ich bin Jahwe." Anscheinend hat der Redaktor, der auch
die Mahnung von V. 6 hinzufügte, eine Vision von der ständigen Präsenz des
Hohenpriesters im Tempel. Sie mußte nicht der Realität entsprechen, stellte aber
wohl eine ideale Forderung dar. Schon in Lev 8,33; 10,12f..18 ist eine begrenzte
Anwesenheit der Priester nach der Opferung zwingend geboten. Diese Vorschriften klingen in den Bestimmungen der Kirchenordnungen und Pfarrer-
dienstgesetze nach, welche die Residenzpflicht des heutigen Gemeindepfarrers in
der Ortsgemeinde regeln.

7.1.6 Körperliche Gebrechen (V. 16–23)

Der Priesterdienst ist nicht nur von außen durch Verunreinigungen bedroht. Er
wird auch durch körperliche (und geistige?) Gebrechen eines Anwärters ernsthaft in Frage gestellt. Denn vor Gott kann nur der unversehrte Mensch aufwarten,
so wie das auch von Königshöfen bekannt ist (vgl. Dan 1,3 f.: adlige Herkunft;
jung; keine Gebrechen; schön; begabt; weise; klug; verständig. 1 Sam 16,18:
Saitenspieler; tapfer; tüchtig; verständig; schön; gottgefällig). Das Auge des
Souveräns darf nicht durch verunstaltete Menschen beleidigt, das ihnen anhaftende Unheil nicht in die Hofhaltung eingeschleust werden. Wir fragen von unserem
theologischen Verständnis her: Dürfen antike Priester und Schreiber einfach die
Maßstäbe des Höfischen auf Gott anwenden? Sind im AT die Zeugnisse für das
Anderssein Gottes und seine besondere Nähe zu den Verlorenen und Behinderten nicht klar genug (vgl. Lev 19,14), daß eine Priesterauslese nach Prinzipien
der Gesundheit und körperlichen Makellosigkeit stattfinden kann?
    Welche Mängel sind ausdrücklich benannt? V. 18 f. stellt eine Liste von 12
körperlichen Anomalitäten zusammen[13]. Geistige und seelische Defekte kommen nicht vor. Dennoch haben wir die ausführlichste alttestamentliche Zusammenstellung von menschlichen Behinderungen vor uns. Sie ist einmalig und
gerade deshalb in den Detailangaben so schwer verständlich. Offensichtlich
handelt es sich generell um sichtbare Entstellungen, die am Körper von Geburt an
oder durch schlecht verheilte Unfälle (Knochenbrüche) entstanden sind. Hinzu
kommen gravierende Haut- und Augenkrankheiten.

---

[13] „Die Rabbinen haben 142 daraus gemacht", Karl Elliger, HAT I,4, 291; vgl. Mischna, Traktat
Bechorot 7,1–7.

Kern der vom Priesteramt ausschließenden Gebrechen scheinen Blindheit und Lahmheit zu sein. Sie sind in V. 18 b vorangestellt und treten vielfach im AT als charakteristische körperliche Defekte auf (vgl. Dtn 15,21; Hiob 29,15; Jer 31,8). Diese Behinderungen sind sprichwörtlich (2 Sam 5,6.8). Gelegentlich treten Taubheit oder Stummheit hinzu (Lev 19,14; Jes 35,5f.). Blindheit und Lähmung sind wahrscheinlich weitverbreitete Beeinträchtigungen gewesen. Noch heute grassieren im Orient mannigfache Augenkrankheiten, und Mißbildungen oder Verstümmelungen der Beine sind außerordentlich häufig. Die in V. 18 noch folgenden Makel bleiben unklar (Spaltnasigkeit = Hasenscharte? Deformation von Gliedmaßen?). Knochenbrüche (V. 19) kamen wohl nur in Betracht, wenn sie nicht glatt verheilt waren. Die Reihe der Gebrechen, immer wieder mit einfachem „oder" angefügt, setzt sich in V. 20 fort: Buckel; Zwergwuchs; Augenfleck; Aussatz[14]; Flechte; zerquetschte Hoden. Die fließende Aufzählung bestätigt, daß die Reihe weitergehen kann. Die zwölf ausgewählten Beeinträchtigungen sind nur Beispiele. Die Liste ist ja mehrfach durch die umfassende Anweisung umrahmt: „Keiner, der einen (körperlichen) Makel an sich hat, darf vor Gott hintreten" (vgl. V. 17b.18a.21a). Das Stichwort „Makel" (*mum*) ist sehr allgemein und bedarf im Zweifelsfall der Konkretion (vgl. 2 Sam 14,25; Hl 4,7; Dan 1,4); es wird gerade auch in Opferzusammenhängen verwendet, um nicht näher definierte Beanstandungen an den Opfertieren zu bezeichnen (Lev 22,20f.; Num 19,2; Dtn 15,21; 17,1). Die Anwendung des Kriteriums „körperliche Makellosigkeit" auf die Priester hängt sicher mit den Vorstellungen von der fehlerlosen Opfergabe zusammen.

Alle männlichen Personen einer Priesterfamilie – wie alle Berufe war auch das Priesteramt in der Antike in der Regel erblich –, die eine derartige Verunstaltung aufwiesen, konnten den Priesterdienst nicht antreten (V. 21). Die Formulierung am Anfang des Satzes zeigt, daß die Aufzählung der konkreten Merkmale nur Beispielcharakter hat. Wer über die Zulassung zum Priesterdienst zu befinden hatte, wird nicht gesagt. Jedenfalls wurden die Zurückgewiesenen zu Frührentnern: Sie lebten weiter mit der Priesterfamilie von den Opferanteilen, dem eigentlichen Priestergehalt (V. 22). Für die Ablehnung eines Behinderten oder Kranken gelten keine abgestuften Kriterien. Wer „einen Makel" aufweist, der ist weder zum Hohenpriester- noch zum einfachen Priesteramt geeignet (V. 23). Jede körperliche Entstellung würde „das Heiligtum entweihen."

Auch aus babylonischen Quellen ist eine ähnliche Restriktion bekannt:

Ein Wahrsager-Sohn (aber) von nicht edler Abstammung und selbst an Wuchs und Körpermaßen nicht vollkommen, schieläugig, zahnlückig, mit verstümmeltem Finger … voll von Aussatz … nicht (darf ein solcher) die Gebote des Schamasch und Hadad bewahren[15].

Ob eine solche Beschränkung des Priesteramtes auf gesunde und schöne Männer damals gerechtfertigt war, ist in sich schon zweifelhaft. Heute wäre diese Berufsbe-

---

[14] Der hebräische Ausdruck *garab* ist anders als das Ausschlagsvokabular von Lev 13f.; er kommt nur noch Lev 22,22 und Dtn 28,27 vor.

[15] Heinrich Zimmern, Beiträge zur Kenntnis der babylonischen Religion, Leipzig 1901, 119.

schränkung unverantwortbar. Dennoch hat sie in der Kirchengeschichte Spuren hinterlassen. Auch heute noch wird Menschen mit „unzumutbaren" Krankheiten oder Behinderungen der Weg ins Pfarramt erschwert[16].

Die weiterwirkende, in unserem Text als selbstverständlich vorausgesetzte Beschränkung des Priesterdienstes auf die männlichen Nachkommen der Priestersippen verdient eine ausführliche Diskussion. Sie ist punktuell, an den meisten Heiligtümern, im ganzen Alten Orient und in der griechisch-römischen Welt vorgegeben. Nur ausgewählte Opfer- und Orakelstätten hatten einen weiblichen Klerus[17]. In der Religionsgeschichte sind Kulturkreise mit vorwiegend weiblichen Kultfunktionären selten anzutreffen (vgl. die keltische Religion im vorangelsächsischen England). Israel hat allerdings in seiner besonderen, wohl erst im Exilsjahrhundert zum Abschluß gekommenen Entwicklung die weibliche Religiosität auf allen Ebenen unterdrückt und ganz ausschließlich den männlichen Priesterdienst gestattet. Spuren einer älteren Praxis sind nur noch mikroskopisch zu finden: Frauen „dienten" einmal vor dem Begegnungszelt (Ex 38,8; 1 Sam 2,22), Zippora vollzieht den blutigen Beschneidungsritus (Ex 4,25). So bedenklich der Ausschluß der Behinderten vom Priesteramt ist, die Ausgrenzung der Frauen war (ist) ein noch größeres Übel[18].

7.1.7 Priesterheiligkeit?

Rückblickend müssen wir noch einmal den gesamten Abschnitt ins Auge fassen: Um welche Textsorte handelt es sich, wozu dienten die Priestervorschriften? Ein vollständiges „Priestergesetz", wie in vielen Bibelübersetzungen angegeben, oder eine komplette „Dienstanweisung", wie in den hethitischen Paralleltexten, liegt sicher nicht vor. Dazu ist Lev 21 viel zu fragmentarisch. Zentral wichtige Bereiche des priesterlichen Wirkens sind nicht berücksichtigt, unabdingbare Qualifikationen und schwerste Gefahrenherde für die priesterliche Tätigkeit bleiben unerwähnt. Sollen wir darum lieber vom Fragment oder von einer Auswahl eines Reinheitskodex für Priester sprechen? Aber zu welchem Zweck hätten die Überlieferer den Torso bzw. das Florilegium weitergegeben? Etwa, damit ein weiterer Kreis von Interessierten diese speziellen Reinheitsregeln zur Kenntnis nehmen kann? Die in Lev 21 gesammelten Vorschriften sind aber, wie wir gesehen haben, in keiner Weise charakteristisch für Priester. Sie fügen sich lückenlos, wenn auch mit gewissen quantitativen Steigerungen, in das Bild der „heiligen" Gemeinde und die ihr auferlegten Reinheitsforderungen. Die drei herausgestellten Hauptthemen: Verunreinigung an Toten – Gefährdungen durch sexuellen Verkehr – Ausschluß vom Kult wegen körperlicher Defekte, sind sämtlich auch auf der Gemeindeebene akut, besonders im Buche Leviticus.

[16] Vgl. Ulrich Bach, Volmarsteiner Rasier-Texte, Neukirchen-Vluyn ²1981.
[17] Vgl. Judith Ochshorn, The Female Experience and the Nature of the Divine, Bloomington 1981.
[18] Vgl. Urs Winter, Frau und Göttin. Exegetische und ikonographische Studien zum weiblichen Gottesbild im Alten Israel und in dessen Umwelt, Göttingen 1983; Elisabeth Schüssler-Fiorenza, Brot statt Steine. Die Herausforderung einer feministischen Interpretation der Bibel, Freiburg/ Schweiz 1988; Erhard S. Gerstenberger, Jahwe.

Das läßt sich im einzelnen leicht nachweisen. Totenberührung verunreinigt jedermann (Num 19,10b–22). Ein Erschlagener oder Hingerichteter macht seine Umgebung (Dtn 21,8f..22f.) oder den Tempel (Ez 9,6f.) unrein. Wer einen Verstorbenen bestattet hat, darf nicht unmittelbar danach das Passa feiern (Num 9,6–14). Die Totenunreinheit verbreitet sich auch mittelbar über Gegenstände, die mit dem Leichnam in Berührung gekommen sind (Hag 2,11–13). Schließlich ist sogar der tierische Kadaver Quelle von Unreinheit (Lev 11,24–40). Alle zufälligen oder unvermeidlichen Kontakte mit Totem machen kultunfähig und erfordern Reinigungszeremonien und Karenzzeiten. Die besonderen Vorschriften für Priester beschränken sich auf erhöhte Vorsicht und die Einschränkung der Bestattungspflichten. – Die sexuellen Einschränkungen erscheinen für den Laien eher schärfer: Nur in den Gemeinderegeln ist der Beischlaf restriktiv geordnet (Lev 15,24; 18,5ff). Freilich werden diese Sexualtabus auch für Priester gelten. Das beweist aber nur die allgemeine Einbettung der Priestervorschriften in das Gemeindeethos. Denn Lev 21 schärft zusätzlich nur die begrenzte Wahl der Ehefrau ein. – Körperliche Gebrechen schließen z.T. auch von der Gemeinde oder von der Kultteilnahme aus (Dtn 23,2; dagegen: Jes 56,3f.). Nach uralter Anschauung können körperliche Anomalitäten Anzeichen für die Ungnade Gottes oder böse Vorzeichen sein. In den babylonischen Geburtsomina kommt die letztere Sinngebung sehr deutlich zum Ausdruck: Mißgeburten bei Tier oder Mensch künden schwere Heimsuchungen an. Die babylonischen Wahrsager hatten eine ganze Liste – eine Art Handbuch – von Mißgeburten bei Tier und Mensch und ihre Bedeutungen zusammengestellt; sie trug (nach dem Textanfang) den Titel *šumma izbu*, „wenn eine Mißgeburt"[19]. Vielleicht hat auch das Sprichwort: „Laß keinen Blinden oder Lahmen ins Haus!" (2 Sam 5,8) geisterabwehrende und kultische Bedeutung. Wiederum müssen die allgemein im Kultvollzug hinderlichen Defekte für den Priester besonders bedenklich sein.

In V. 8 wird die Verquickung der priesterlichen Heiligkeit mit der gemeindlichen in Form einer Ermahnung deutlich ausgesprochen. Von diesem Schlüsselsatz her muß das ganze Kap. als eine Instruktion für die Gesamtgemeinde gesehen werden. Alle Jahwegläubigen sollen wissen, wie sie vor ihrem Gott zu leben haben. Die Gesamtgemeinde soll „heilig", d.h. kultisch rein sein (Lev 19,2). Das Priesteramt verlangt besondere Vorsichtsmaßnahmen, damit die Heiligkeit der Gemeinde nicht verletzt und immer wieder erlangt wird (vgl. Lev 19,2). Die Gesamtgemeinde ist mit für den Gottesdienst und die kultische Integrität der Priester verantwortlich. Nur so ist die Verbreitung der zusätzlichen Priesterregeln erklärlich.

Über die Motivationen zur kultischen Reinhaltung dürfen wir uns keine falschen Vorstellungen machen. Die z.B. in Lev 18,2–5 gepredigte Abgrenzung von den verderblichen Sitten der Völker liegt in der Tendenz gewisser exilisch-nachexilischer Theologen (vgl. Ex 34,10–22; Dtn 18,9–13), die durch die Ab-

---

[19] W. v. Soden, Zur Wiederherstellung der Geburtsomen-Serie *šumma izbu*, Zeitschrift für Assyrologie 50, Berlin 1952, 182–191.

wehr von Fremdkulten die eigene religiöse Identität festigen wollten. Unser Text zeigt keine Spur von Abgrenzungsbestreben, und wir sollten es nicht künstlich in die Bestimmungen eintragen. Vielmehr sind bei nüchterner Betrachtung die kultischen Sitten Israels so stark von altorientalischen Vorbildern geprägt, daß man mit Recht fragen kann, wo die Unterschiede liegen sollen. Unreinheits- und Opferbestimmungen wie in Lev 21 f. sind eben nicht typisch jahwistisch, sondern gemein-altorientalisch. Dann aber dürfen wir diese Tatsache dankbar zur Kenntnis nehmen: Israels Gottesdienstpraxis gehört ganz in den Rahmen der Gottesdienste der Völker hinein, ihr gebürt keine Sonderstellung. Die kritische Auseinandersetzung mit dieser Gottesdienstpraxis hat noch zu erfolgen, und zwar im Licht der prophetischen und evangelischen Lebensart und in vollem Bewußtsein der heutigen, widerspruchsvollen Gegebenheiten (vgl. Am 5,21–24, Jes 1,10–17; z.B. auch Mt 15, 1–28; Apg 10, 9–16).

7.2 Vom rechten Gebrauch des Opfers (Lev 22)

Thematisch schließt sich Lev 22 recht eng an den vorhergehenden Abschnitt an. Es geht noch einmal um die Priesterschaft und ihre Rechte. Gleichzeitig ist eine gewisse Eigenständigkeit des neuen Kap.s nicht nur durch andere inhaltliche Akzente, sondern auch in der Strukturierung des Textes angedeutet. Lev 21 hat in V.24 eine eigene Schlußformulierung; Lev 22 setzt insgesamt dreimal mit neuen Redeeinsätzen an und endet V. 31–33 mit einer Schlußermahnung, welche im Stil von Lev 18,30; 19,37; 20,22 zusammenfassend der Gemeinde ins Gewissen redet. Während die Einleitungsformeln V. 1 und 17 formal nur die Priester im Blick haben, geht schon ab V. 18 die Aufmerksamkeit auf die Laien über. Ab V. 26 fehlt dann auch jeder formale Bezug auf die Priester.

7.2.1 Übersetzung

1) Jahwe redete zu Mose: 2) Sprich zu Aaron und seinen Söhnen: Sie sollen vorsichtig mit den heiligen Gaben der Israeliten umgehen, die sie mir weihen; sie dürfen meinen heiligen Namen nicht schänden. Ich bin Jahwe. 3) Sage zu ihnen: Wenn einer von euren Nachkommen in eurer Geschlechterfolge an die heiligen Gaben herantritt, welche die Israeliten Jahwe weihen, und er ist mit einer Unreinheit behaftet, dann wird derjenige vor mir ausgerottet. Ich bin Jahwe. 4) Hat jemand von den Nachkommen Aarons einen Hautausschlag oder Ausfluß, dann darf er erst vom Heiligen essen, wenn er wieder rein ist. Hat er irgendetwas berührt, was durch eine Leiche verunreinigt ist, oder hat jemand einen Samenerguß gehabt 5) oder hat einer Ungeziefer berührt und sich daran verunreinigt oder einen Menschen, der ihn irgendwie unrein gemacht hat, 6) dann soll dieser Betreffende, der [Unreines] berührt hat, bis zum Abend unrein sein. Er darf nicht vom Heiligen essen, es sei denn, er habe sich mit Wasser gewaschen. 7) Wenn die Sonne untergeht, wird er rein. Dann darf er vom Heiligen essen, denn

es ist sein Lebensunterhalt. 8) Verendete oder gerissene Tiere darf er nicht essen und sich so an ihnen verunreinigen. Ich bin Jahwe. 9) Sie sollen die Verpflichtung mir gegenüber einhalten; sie sollen nicht dagegen verstoßen, sonst sterben sie daran, weil sie sie verletzt haben. Ich bin Jahwe, der sie heiligt.

10) Kein Nichtpriester darf vom Heiligen essen. Ein Pächter des Priesters oder ein Lohnarbeiter darf nicht vom Heiligen essen. 11) Hat aber ein Priester jemanden mit Geld erworben, dann darf der davon essen. Das gilt auch von den in seinem Haus geborenen Sklaven. Sie dürfen von seiner Speise essen. 12) Die Tochter eines Priesters, die einen Nichtpriester geheiratet hat, darf nicht vom Priesteranteil am Heiligen essen. 13) Wird eine Priestertochter aber Witwe oder wird sie verstoßen und hat keine Kinder, ist sie dann in ihr Vaterhaus zurückgekehrt wie in ihrer Jugend, dann darf sie von der Speise ihres Vaters essen. Kein Nichtpriester darf davon essen. 14) Wer irrtümlich etwas vom Heiligen ißt, der soll ein Fünftel hinzutun und das Heilige dem Priester zurückgeben. 15) Sie dürfen das Heilige, das die Israeliten Jahwe darbringen, nicht entweihen. 16) Sie häufen schwere Schuld auf sie [die Gemeinde], wenn sie [= Unbefugte] von ihren heiligen Gaben essen, denn ich bin Jahwe, der sie heiligt.

17) Jahwe redete zu Mose: 18) Sprich mit Aaron, seinen Söhnen und allen Israeliten. Sage ihnen: Jeder Israelit und jeder seßhafte Ausländer kann seine Gabe, gehe sie nun auf ein Gelübde zurück oder sei sie spontan gegeben, als Brandopfer zu Jahwe bringen. 19) Soll sie euch nützen, dann muß es ein fehlerloses männliches Tier aus der Rinder–, Schaf- oder Ziegenherde sein. 20) Ein Tier, an dem irgendein Makel ist, dürft ihr nicht darbringen; es würde euch kein Wohlwollen einbringen. 21) Wenn jemand ein Gemeinschaftsopfer vor Jahwe bringt, sei es um ein Gelübde zu erfüllen oder spontan, sei es von der Rinder- oder Kleinviehherde, dann muß es, um angenommen zu werden, fehlerlos sein. Keinerlei Makel darf ihm anhaften. 22) Ein blindes, lahmes, verstümmeltes, verunstaltetes, räudiges oder grindiges Tier dürft ihr nicht zu Jahwe bringen. Von solchen Tieren dürft ihr keins Jahwe auf den Altar legen. 23) Ein nicht voll entwickeltes oder mißgebildetes Rind oder Schaf ist als spontanes Opfer geeignet, nicht aber als Gelübdeopfer. 24) Ein Tier mit zerquetschten, ausgeschnittenen, abgerissenen oder sonstwie entfernten Hoden dürft ihr keinesfalls zu Jahwe bringen. In eurem Land dürft ihr so etwas nicht tun. 25) Auch von Ausländern dürft ihr derartige Tiere nicht als Speise für euren Gott [nehmen und] darbringen. Sie haben Fehler an sich, es haften ihnen Makel an, sie bringen euch kein Wohlwollen ein.

26) Jahwe redete zu Mose: 27) Ein neugeborenes Stierkalb oder Schaf- beziehungsweise Ziegenlamm soll sieben Tage bei seiner Mutter bleiben. Vom achten Tag an ist es als Opfergabe für Jahwe annehmbar. 28) Ihr dürft Rind oder Schaf und ihr Junges nicht am selben Tag schlachten. 29) Wenn ihr ein Dankopfer für Jahwe schlachtet und es soll euch Wohlwollen einbringen, 30) dann müßt ihr es am gleichen Tage essen. Ihr dürft nichts von ihm bis zum Morgen übriglassen. Ich bin Jahwe.

31) Haltet meine Gebote, führt sie aus. Ich bin Jahwe. 32) Entweiht nur nicht meinen heiligen Namen. Ich habe mich inmitten der Israeliten geheiligt: Ich bin

Jahwe, der euch heiligt. 33) Ich habe euch aus Ägypten herausgeführt, um euch Gott zu sein. Ich bin Jahwe.

7.2.2 Aufbau

Das Kap. besteht aus mindestens drei Textblöcken, die durch eigene Einleitungssätze voneinander abgesetzt sind. Nur der erste Teil (V. 1–16) ist formal und inhaltlich noch Priesterinstruktion, wenngleich schon unter dem auffallenden Aspekt, Vorsicht gegenüber den heiligen Opfergaben der „Israeliten" walten zu lassen (V. 2). Dieser selbe Einleitungsvers enthält zusammengedrängt die ganze folgende Ermahnung. In V. 3 wird dann nachklappend die eigentliche Überleitung zur Instruktion geschaffen, die sich auf ferne Generationen erstrecken soll, d. h. im Klartext: Sie hat die exilisch – nachexilischen Verhältnisse im Blick. An der umständlichen Gestalt dieser Einleitung erkennt man ihren Nachtragscharakter. Er wird bestätigt durch die Sache, um die es geht: Der Augenblick des Opfermahles ist ins Auge gefaßt. Dabei stehen die persönliche Qualifikation der Priester für die Mahlteilnahme und der sonst noch zugelassene Personenkreis zur Debatte. Es scheint, als wollten die Überlieferer gerade im Blick auf die Verwendung der heiligen Gaben, die aus der Gemeinde kommen, eine wirksame Kontrolle ausüben und möglicherweise noch einige zusätzliche, in Lev 21 vermißte Anforderungen an die priesterliche Reinheit überhaupt stellen. Also spricht auch der verhandelte Inhalt dafür, daß Lev 22,1–16 als Ergänzung zu den vorhergehenden Priestervorschriften zugewachsen ist.

Wenn aber schon vom Genuß der Opfergaben die Rede ist, muß auch noch einiges über die Qualität der Opfertiere gesagt werden (V. 17–25). Seltsamerweise fehlen Hinweise auf opferbare Vögel und vegetabilische Gaben, wie sie in den Opfergesetzen Lev 1–7 doch hier und da in Erscheinung treten. Formal gesehen wenden sich die Bestimmungen jetzt eindeutig an die ganze Gemeinde (V. 18a), und es herrscht der direkte Anredestil in der 2. Pers. Plur. vor. Eigentümlicherweise besteht auch eine enge Beziehung zwischen den Schilderungen körperlicher Mängel beim Priesterpersonal (Lev 21,18–20) und bei den Opfertieren (Lev 22,22.24). Die allgemeine Redeweise über das „Makellossein" ist in beiden Kap.n ohnehin identisch. Daraus folgt für die Struktur des Textes: Auch in V. 17–25 wird der Faden weitergesponnen. Die Überlieferer fügen ausführlicher als in den Opfergesetzen Lev 1–7 Angaben über die Qualität der Schlachttiere hinzu. Beide, Priester und Gemeinde, müssen wissen, welche Gaben für Jahwe akzeptabel sind, also „Wohlwollen" schaffen, sonst wird der ganze Opferkult sinnlos. Es zeigt sich ganz deutlich: Es gibt im Buch Leviticus keine internen Priesterlehren, keine nur für die Eingeweihten gedachten Berufshandbücher über den Opferkult. Alles Bedenkenswerte wird auch oder gar zuerst der Gemeinde mitgeteilt.

Im dritten Block (V. 26–30) werden lediglich nach einer nicht mehr gruppenorientierten Einleitung (V.26) einige wichtige Opferregeln nachgetragen, wobei in V.29f. wieder die Anrede an die Gemeinde zum Zuge kommt. Der Schlußabschnitt endet mit der schon erwähnten Ermahnung, die Gebote zu halten und Jahwes Heiligkeit zu leben (V. 31–33). Die Priester kommen in ihm weder dem Wortlaut noch der Idee nach vor (in V. 17–25 waren sie ungenannt noch präsent, vgl. V. 18.25). Die Heiligkeit der Priester ist Bestandteil der dem Gottesvolk zugesprochenen Heiligkeit.

7.2.3 Vom Verzehr der Opfergaben (V. 3–16)

Vor Einführung der Geldwirtschaft – abzuwiegendes Edelmetall wird in Israel etwa seit dem 10./9. Jh. v.Chr. gehandelt – war die Entlohnung aller Dienstleistungen durch Naturalgaben die Regel. Auch nach Einführung der Silberstücke hielt man aus praktischen oder ideologischen Gründen gern an der alten Zahlweise fest; die Mischung der Handelsformen ist in Lev 5,14–16 deutlich zu erkennen. Das Priestergehalt bestand ursprünglich ganz, später teilweise aus Anteilen an den Opfergaben der Gemeindeglieder. Die Opfergesetze sprechen mehrfach von dem, was der Priester beanspruchen kann (vgl. Lev 2,3.10; 6,9–11 usw.). Es wird als „Hochheiliges" oder „Heiliges" bezeichnet und mit besonderen Schutzvorkehrungen umgeben. So wie die geweihte Hostie nach der Eucharistie mit Sorgfalt behandelt werden muß, so war damals der Teil der Opfergabe, welcher nicht für Jahwe verbrannt wurde, strengen Benutzungsregeln unterworfen, handelte es sich doch um die Reste der Gottesspeise. Was Jahwe von seinem eigenen Tisch beiseitestellt und den Menschen zum Verzehr läßt, hat Teil an seiner Heiligkeit und muß mit äußerster Ehrfurcht behandelt werden. Je nach Opferart und Darbringungsanlaß können die Opferherren und ihre Familien oder aber die Priester und ihre Sippen jene bestimmten Anteile verzehren. Wehe aber, wenn Unbefugte oder Unreine das Heilige/Hochheilige auch nur berühren! Die Todesstrafe kann die Folge sein, mindestens aber droht zeitweise Verunreinigung (Lev 6,19–23; 7,6.19–21; 10,12–15).

Der Abschnitt Lev 22,1–16 behandelt also ein Thema, das in der Opfergesetzgebung bereits vielfach angerührt worden ist. Aber die Überlieferer setzen doch ihre eigenen Akzente dadurch, daß sie unter einem doppelten Gesichtspunkt die bekannten Vorschriften präzisieren. Es geht ihnen um eine genauere Bestimmung der Unreinheit, welche vom Mahl ausschließt, und um die genaue Fixierung des zugelassenen Personenkreises. Sie greifen auf zahlreiche relevante Bestimmungen der Überlieferung zurück, z.B. Lev 11; 13–15; Ex 12,43–49, und verwenden sie in eigener Verantwortung.

V. 3 formuliert zunächst die Grundregel: Ein unreiner Priester muß sich – unter Androhung der Todesstrafe – von den heiligen Gaben der Gemeinde fernhalten. Das stimmt voll mit der allgemeinen Reinheitsforderung an die Teilnehmer von Kultmahlzeiten überein (vgl. Lev 7,19–21). Damit werden aber indirekt die Reinheitsanforderungen für Priester (Lev 21,1–15), was den Umfang der Unreinheit und die Strafandrohung betrifft, erheblich radikalisiert. Primär hat der Grundsatz allerdings nicht den Opfervorgang, d.h. die zentrale priesterliche Amtshandlung, sondern die Mahlzeit im Visier. Alle Arten von

Abgaben des Volkes an den Tempel sind in diesem Sinne „heilig", die Priester
leben von den ihnen vorbehaltenen Anteilen (Num 18,8–19). Wenn aber diese
Gaben ihre Lebensgrundlage darstellen und Unreinheit vom Genuß des Heiligen ausschließt, müssen die Anteilsberechtigten im Fall einer Verunreinigung
darben oder eventuell gar verhungern? V. 3 hält unerbittlich die Unvereinbarkeit von Unreinem und Heiligen fest und besiegelt das Verdikt mit der Autorität
des heiligen Gottes: „Ich bin Jahwe" (V. 3; vgl. die Abschlüsse von Lev
21,12.15.23; 22,2.8.9.16.30.33: eine stereotype, Widerspruch bannende Schlußformel). Doch wie kann die Alltagspraxis aussehen? Die Priesterfamilie ist auf
das Einkommen über die Tempelabgaben und Opferanteile angewiesen. In
lockerer Folge werden exemplarische Fälle aufgezählt, zunächst zwei schwerwiegende (V. 4a): Leidet ein Priester bzw. Familienmitglied nach Lev 13f. an
einer verunreinigenden Hautkrankheit, dann ist er bis zu seiner Heilung (im
schlimmsten Fall lebenslang) vom Verzehr des Heiligen ausgeschlossen. Bei
körperlichen Ausflüssen nach Lev 15 verhält es sich ebenso. Wovon sollen die
Unreinen leben? Möglicherweise von eigenem Anbau oder von der Mildtätig-
keit der Wohngemeinschaft. Der Gesetzgeber kümmert sich hier nicht um diese
Frage. Ihn interessiert allein der sorgsame Umgang mit dem Heiligen. Für
mittellose Randgruppen ist anderswo gesorgt (vgl. Lev 19,9f.; 25,35ff.; Dtn
15,11). – Die übrigen vier Fälle sind leichterer Art und mit Reinigungszeremonien sowie eintägiger Karenzzeit zu bewältigen (V. 4b–6): Totenberührung
(erstaunlich: In Lev 21,1ff. war die Verunreinigung so dramatisch dargestellt,
und in Num 19,11f. sind sieben Karenztage vorgesehen!), Samenerguß (vgl. Lev
15,16–18), Kontakt mit Krabbelgetier (vgl. Lev 11,29ff.) oder unreinen Menschen (vgl. Lev 15,7ff..27). Die einfache Wasserwaschung ohne jede Opferhandlung genügt, um die Reinheit wiederherzustellen. Im Vergleich mit der
Todesdrohung von V. 3 konstatieren wir in der Lösung von V. 6 ein grobes
Mißverhältnis. Ob manche antiken Zeitgenossen ebenso empfunden haben (vgl.
Jesus: „Mücken seihen und Kamele verschlucken": Mt 23,24)? Jedenfalls liegt
den Überlieferern daran, auch die kleinen Unreinheiten beim Umgang mit den
heiligen Gaben restlos zu beseitigen. Sie setzen auch genau, in Übereinstimmung mit den genannten Reinheitsvorschriften, das Wirksamwerden der Reinigung fest. Die Sonne muß untergegangen sein (V. 7a), d.h. ein neuer Tag muß
die unreine Zeit abgelöst haben, dann darf der Betroffene wieder die Haupt-
mahlzeit des Tages (bis Sonnenuntergang ist ohnehin Arbeitszeit) zu sich nehmen. Rührend menschlich der Nachsatz: „Es ist ja seine Speise" (V. 7bß), er
muß doch von den heiligen Gaben leben! Wir hatten ihn nach V. 4b vermißt.
Die Tradenten fügen in einem gewissen sachlichen Anschlußverfahren noch
einen Satz über verendete oder von Raubwild gerissene Tiere hinzu (V. 8). Von
vielen Menschen wurden und werden derartige Kadaver als Bereicherung des
Speisezettels geschätzt. Lev 17,15 läßt das Fleisch mit gewissen Auflagen – einer
Wasserreinigung nach der Mahlzeit – für den Normalverbraucher zu. Nicht so
für den Priester. Er soll auch diese leichte Verunreinigung mit Rücksicht auf sein
Amt vermeiden. So ist es Gottes Wille: „Ich bin Jahwe" (V. 8b). Der nachfolgende V. 9 bringt die allgemeine Abschlußermahnung, den Willen Jahwes zu

erfüllen, und betont im Einklang mit V. 3 die Todeswürdigkeit jeder der
erwähnten Verunreinigungen.

Der zum Verzehr heiliger Gaben zugelassene Personenkreis ist das andere
wichtige Thema der ersten Kapitelhälfte (V. 10–16). Unbefugte Kultteilnehmer
werden in vielen Religionen als Gefahr angesehen, entweder, weil sie unkontrollierbare Unreinheiten einschleppen könnten, oder einfach fremde, inkompatible
Mächte repräsentieren und dadurch den Kultvollzug empfindlich stören würden.
In unserem Abschnitt geht es wie im vorhergehenden strikt um die Teilnahme an
der mit heiligen Gaben bestrittenen Mahlzeit. Wer darf daran teilhaben? In den
Opfergesetzen finden sich je nach Situation und Opferart verschiedene Antworten. Einmal sind die männlichen Angehörigen des Priesterhaushaltes, sofern sie
rein sind, eßberechtigt (Lev 6,11.22), im speziellen Fall wohl auch nur die gerade
amtierenden Kultdiener (Lev 8,31). Andererseits ist die ganze Priesterfamilie
zugelassen (Lev 7,19b; 10,14). In unserem Abschnitt ist die Berechtigung der
ganzen Priesterfamilie vorausgesetzt, sonst könnte der Fall der im Hause lebenden, dann verheirateten und wieder zurückkehrenden Tochter (V. 12f.) nicht in
der vorliegenden Weise abgehandelt werden. Wir sehen: Der Vorschriftenkatalog nimmt nur einige Problemfälle auf, gibt aber keine generelle positive Definition des Teilnehmerkreises.

Statt dessen ist die Generallinie mit dem Rahmensatz „ein Fremder darf nicht
vom Heiligen essen" (V. 10a.13b) klar festgelegt. Es geht um die Ausgrenzung
von Unberechtigten. Im Gegensatz zu manchen anderen alttestamentlichen
Texten, auch zur nächsten Parallele Ex 12,43ff., geht es hier nicht prinzipiell um
Ausländer. Der „Fremde" ist vielmehr denen gegenübergestellt, die durch Fami-
lienbande zum Haushalt gehören und darum versorgungsberechtigt sind, nämlich dem Vollsklaven (der nur aus einem anderen Volk stammen kann; V. 11; Lev
25,44–46) und der eigenen Tochter (V. 12f.). Dagegen sind „Pächter" und
„Lohnarbeiter", gleichgültig, ob sie Israeliten oder Ausländer sind, nicht teilnahmeberechtigt (V. 10). Also ist unter dem „Fremden" hier derjenige zu verstehen,
der nicht der priesterlichen Sippe angehört. Pächter und Lohnarbeiter des
Priesters (!) sind zwar von ihm wirtschaftlich abhängig, doch gehören sie nicht zu
seiner Sippe. Dagegen ist der gekaufte oder im Hause geborene Sklave nach allem,
was wir von der Gesellschaftsstruktur Israels in frühjüdischer Zeit wissen, fest in
die Religionsgemeinschaft und die Familie integriert. Daß dieser Ausländer (für
Israeliten kam nach Ex 21,1–11 nur begrenzte Schuldsklaverei in Frage) zum
förmlich-sakramentalen Zeichen der Bundeszugehörigkeit auch beschnitten
werden sollte, ist in Ex 12,44 und Gen 17,12f. ausdrücklich verlangt, in unserem
Abschnitt hingegen stillschweigend vorausgesetzt. Die Tochter schließlich – von
Frau, Söhnen und sonst im Hause lebenden Blutsverwandten braucht man nicht
zu reden, weil sie selbstverständlich zur Sippe gehören – ist oder wird wieder
teilnahmeberechtigt, solange und sobald sie unter der Vormundschaft des Vaters
lebt. Geht sie eine Ehe ein, dann ist sie aus dem Vaterhaus ausgeschieden und der
Vormundschaft des Mannes unterstellt. Damit verliert sie alle Versorgungsan-
sprüche im Hause des Vaters. Als kinderlose Verwitwete oder Verstoßene
gewinnt sie sofort die ruhenden Rechte einer Tochter zurück (vgl. Ri 19,2ff.).

Wie jemand „aus Versehen" von den heiligen Gaben essen kann, mag uns zunächst rätselhaft scheinen. Wenn aber in einem Priesterhaushalt diese qualifizierten Lebensmittel neben anderen verbraucht wurden, konnte ein Gast einmal zu Dingen greifen, die für ihn tabu waren. Seltsam mutet dann die Klärung dieser Situation an: Die Verletzung der Heiligkeitssphäre ist unwissentlich geschehen, wie in Lev 4f. ausgiebig verhandelt. Doch muß keines der dort vorgesehenen Sühneopfer gebracht werden. Auch treten die strengen Drohungen von V. 3 und 5 nicht in Kraft. Vielmehr reicht die Bußzahlung eines Fünftels des in Frage stehenden Sachwertes aus, die Verunreinigung aus der Welt zu schaffen. Und der Priester, dem die Aufsichtspflicht über die heiligen Gaben anvertraut ist, wird nicht zur Rechenschaft gezogen, sondern eher noch belohnt (sofern er wirklich nach V. 14b selbst der Empfänger des Bußgeldes ist)! Der Fall ist augenscheinlich nach Lev 5,14–16 konstruiert, nur fehlt ihm der Ernst eines wirklichen Vergehens. Dort ist ja von der irrtümlichen „Veruntreuung" eines heiligen Gegenstandes die Rede, was immer man sich darunter vorstellen mag. Die so stark variierende Gewichtung von Verstößen gegen das Heiligkeitsgebot muß uns die Tatsache ins Bewußtsein rufen, daß wir es mit unterschiedlichen Traditionen und Textüberlieferungen zu tun haben, in denen sich auch verschiedene Interessen und Theologien zu Wort melden. Die deutsche Rechtsprechung und Gesetzgebung eines Jh.s, etwa von 1877–1977, könnte uns zahlreiche Beispiele für die Veränderung von Rechtsnormen und Strafmaßen liefern. – Die ausklingenden Verse 15 und 16 schlagen noch einmal das Thema von V. 2 an. Die Priester sind für alle Jahwe geweihten Gaben der Gemeinde verantwortlich. Sie haben ihre falsche Verwendung durch Unbefugte und damit ihre Entweihung zu verhindern. Zum Mißbrauch gehört auch der Verzehr von Jahwe übereigneten Gaben durch die Geber. Ein solcher Verstoß kann unter Menschen, die ihrer Sinne mächtig sind, nur aus Versehen zustandekommen. Wer würde sich erdreisten, seinem Gastgeber ein Geschenk zu übergeben und es dann unter dessen Augen selbst zu verzehren oder in Gebrauch zu nehmen?

7.2.4 Die Qualität der Opfertiere (V. 17–25)

Dem Geben und Nehmen, dem vorgeldwirtschaftlichen Güteraustausch, liegen komplizierte Regeln zugrunde[20]. Einer der Grundsätze wird im alttestamentlichen Opferwesen stark beachtet:

> … wenn ihr ein blindes Tier opfert, so haltet ihr das nicht für böse; und wenn ihr ein lahmes oder krankes opfert, so haltet ihr das auch nicht für böse. Bring es doch deinem Fürsten! Meinst du, daß du ihm gefallen werdest oder daß er dich gnädig ansehen werde? spricht Jahwe Zebaot. (Mal 1,8; vgl. die hethitischen Regeln o. Nr. 7.1.2)

Eine minderwertige oder mit Fehlern behaftete Gabe ist eine Beleidigung für den Empfänger, sei er Mensch oder Gott. Sie bewirkt das Gegenteil: Sie schafft

---

[20] Marcel Mauss.

nicht Gunst und Wohlwollen, sondern harsche Ablehnung und Bestrafung. Darum muß nicht nur der Überbringer des Opfers, der Priester, sondern auch die Gabe selbst makellos sein. Nur das Allerbeste kann als Opfer dienen und Gott gebührend ehren. Dieser Glaube steht hinter dem auch in Israel geübten menschlichen, tierischen und pflanzlichen Erstgeburtsopfer (vgl. Ex 22,28f; 23,19; 13,11–16).

Die Einzelausführungen in V. 17–25 basieren auf der in den Opfergesetzen Lev 1–7 sattsam eingeschärften Regel, nur fehlerlose Tiere zum Opferaltar zu bringen. Weit ausholend spricht V. 18 vom Brandopfer (vgl. Lev 1; 6,1–6), das aus unterschiedlichem Anlaß (Gelübde; Bitte; Dank) von Israeliten oder fest ansässigen Fremden dargebracht wird. Der ortsansässige, eingebürgerte Ausländer ist vollberechtigtes Kultmitglied: „Ein und dasselbe Gesetz gelte für den Einheimischen und den Fremdling, der unter euch wohnt." (Ex 12,49). Dennoch wird an derartigen, sensiblen Stellen wie der Opferbelehrung noch zwischen beiden unterschieden, hoffentlich nur aus pädagogischem Übereifer. Leider steckt in solcher Unterscheidung immer der Keim zur Abwertung der einen oder anderen Gruppierung, sei es auf seiten der Gesellschaft, die eine Trennung praktiziert, oder auf seiten des Gesetzgebers, der sie legitimiert. Man ist an die neutestamentliche Differenzierung von Juden- und Heidenchristen oder an die auf der iberischen Halbinsel im Zeitalter der *reconquista* gebrauchte Gegenüberstellung von alten und neuen Christen (= zwangsweise bekehrten Juden) erinnert. Die Opfergesetze Lev 1–7 legen keinerlei Wert auf eine Scheidung von Israeliten und ansässigen Fremden. Die zweigeteilte Gemeinde tritt erst Lev 16,29 auf und zieht sich durch die Gemeindeordnungen: Lev 17,8–15; 18,26; 20,2; 24,16. Der Gesamtüberblick verrät, daß zumindest streckenweise die Integration der beiden Gemeindegruppen versucht wurde:

Es soll ein und dasselbe Recht unter euch sein, für den Ausländer wie für den Einheimischen; ich bin Jahwe, euer Gott. (Lev 24,22)
Wenn in eurem Land ein Fremder bei dir wohnt, dann darfst du ihn nicht unterdrükken. Der ansässige Fremde, der bei euch ist, soll euch wie ein Einheimischer sein. Du sollst ihn lieben wie dich selbst, denn ihr seid Fremde in Ägypten gewesen. Ich bin Jahwe, euer Gott. (Lev 19,33 f.)

Das Unterdrückungsverbot und das Liebesgebot wachsen aus dem Bestreben nach Integration, sie lassen aber die sozialen Spannungen durchscheinen, vgl. auch die Erklärung zu Lev 25,47.

Hauptpunkt im gegenwärtigen Zusammenhang ist jedoch die Qualität der Opfertiere. Sie sollen für das Brandopfer „vollkommen und männlich" sein (V. 19; vgl. Lev 1,3.10). Für das höchste Opfer sind nur männliche Tiere zugelassen. Wirft diese Bestimmung ein Licht auf den männlichen Gott, der die Speise von weiblichen Tieren verabscheut? Eher ist darin die Rangfolge der Geschlechter abgebildet: Das Höhere, Bessere, Stärkere ist das männliche Geschlecht. Darum kommen für das allerhöchste Opfer nur maskuline Tiere (und in der alten Zeit eben auch nur männliche Kinder!) in Frage. Der wirtschaftliche Nutzen von Muttertieren ist allerdings ungleich größer (Milch). Also opfert man gern das

prestigeträchtige männliche Tier und hält das nützliche weibliche für sich. –
Jeder Makel ist pauschal ausgeschlossen (V. 20; vgl. Dtn 15,21; 17,1). Nur Stiere
und Widder sind benannt; Tauben oder sonstiges Federvieh kommen entgegen
Lev 1,14 ff. nicht vor. Wichtig ist, daß nach der umständlichen Hinführung von
V. 18 a der Satz abbricht. V. 19 beginnt auf einer anderen Sprechebene als direkte
Anrede an eine Versammlung: „Soll es für euch Wohlwollen bewirken ..."
Diese predigtartige Ermahnung setzt sich in gleichbleibender Anredeform bis
V. 25 fort.

Das Gemeinschaftsopfer wird als zweite Gabenkategorie genannt, für die
fehlerlose Tiere gefordert sind. Warum unser Überlieferer nicht wie der deuto-
ronomische (Dtn 17,1) einfach von Opfern schlechthin spricht, bleibt unerfindlich (V. 21–25). Alles, was in diesem Abschnitt gesagt wird, bezieht sich auf das
Gemeinschaftsopfer (vgl. Lev 3; 7,11–34), das für die israelitische Familie die
wichtigste Opferart war (vgl. 1 Sam 1,3 f.; 20,6). In allen Fällen, in denen man
sich bittend oder dankend an Gott wenden wollte (Krankheit; Rettung; Gefahr), brachte man ein solches Opfer dar. In der zur Zeremonie gehörigen
sakralen Mahlzeit erfuhr man die Gegenwart Gottes. Für dieses Familienopfer,
das auf einem Gelübde beruhen kann (vgl. 2 Sam 15,8; Ps 22,26 f.; 66,13–15)
oder als spontane Äußerung von Dank und Bitte[21] geschieht, gibt unser Text
ausführliche und konkrete Anweisungen (V. 21 ff.). Hier scheint der Kern der
Qualitätsnormen vorzuliegen; die vorhergehenden Ausführungen zum Brandopfer sind im Vergleich vage, umständlich, repetitiv und stilistisch gebrochen.

Der Einleitungssatz V. 21 ist allerdings noch im objektiven Stil von V. 18
gehalten. Er enthält die Opferkategorie, bestimmt Anlaß des Opfers und zu
verwendende Tierarten und formuliert dann positiv wie negativ die Grundregel:
„Vollkommen muß es sein, um Wohlwollen zu schaffen, kein Makel darf ihm
anhaften" (V. 21 b). So weit bewegt sich der Text im Allgemeinen. Dann aber
springt er in die detaillierte, persönliche Ermahnung über, die schon V. 19
bestimmte (V. 22–25). Die Liste von sechs Mängeln (V. 22) geht in etwa den
Defekten am Menschen parallel, die zum Ausschluß vom Priesteramt führen
(Lev 21,18–20). Sie beginnt mit Blindheit und Knochenbruch und endet zunächst mit Flechte und Grind, um dann in V. 24 durch vier Arten von Kastration
weitergeführt zu werden. Verletzte, fehlende Hoden sind auch beim Menschen
Grund für den Ausschluß vom Priesterdienst (Lev 21,20 b; Dtn 23,2). Beim Tier
schlagen sie vierfach zu Buch, gemäß allerlei natürlichen oder künstlichen
Verletzungsmöglichkeiten. Die Kastration wird in einem angehängten Satz gar
generell untersagt (V. 24 b). Alles deutet auf eine gesteigerte Wertschätzung der
männlichen Geschlechtsorgane. Ohne intakte Hoden können weder Opfertier
noch Kultfunktionär noch Kultteilnehmer vor Gott angenehm sein. Das nach-
klappende: „In eurem Land dürft ihr (es) nicht tun" (V. 24 b) meint nach vielen
Auslegern ein absolutes Verbot der Kastration. Es kann sich aber auch um eine
bloße Wiederholung und Einschärfung des Hauptsatzes handeln: „[Kastriertes]

---

[21] Vgl. Ri 13,15; Jer 33,11; Erhard S. Gerstenberger und Wolfgang Schrage, Leiden, Stuttgart
1980, 105–108.

dürft ihr Jahwe nicht darbringen" (V. 24a). Wiederholendes „ihr sollt (nicht) tun" ist in der Mahnrede geläufig (vgl. Lev 18,5.30; 19,37; 20,8.22; 26,14). Es bringt keine grundlegend neuen Handlungen ins Spiel. Folglich ist ein Kastrationsverbot für Tiere in V. 24b eher unwahrscheinlich. Jes 56,3 rechnet jedenfalls mit kastrierten Israeliten: Sollte für Menschen nicht billig sein, was für Tiere recht wäre?

Auf der geschlechtlichen Integrität des Opfertieres liegt also der Ton. Damit gehen die Anweisungen über das bei Mal 1,8b herangezogene Parallelbeispiel des fürstlichen Wohlwollens hinaus. Denn an orientalischen Fürstenhöfen sind bis heute die Eunuchen als Diener sehr gefragt. Jahwe dagegen läßt nur männliche Opfertiere mit vollständigem Geschlechtsapparat als Opfertiere zu. Außerdem gelten die in V. 22 angezeigten Unversehrtheitsregeln. Sie sind gegenüber Lev 21,18–20 vereinfacht und reduziert. Augenerkrankungen kommen anscheinend (die hebräischen Ausdrücke sind auch hier oft einmalig und schwer zu deuten) überhaupt nicht vor. Zwischen V. 22 und 24 ist eine Ausnahmeregelung eingeschoben, die offensichtlich mit dem zweiten Paar von Gebrechen in Lev 21,18 zusammenhängt. Die verwendeten Bezeichnungen decken sich in einem Glied; an beiden Stellen ist jedoch ihre Bedeutung unsicher: Möglicherweise handelt es sich um von Geburt an unförmige Gliedmaßen. Menschen, die derartig mißgebildet sind, bleiben vom Priesterdienst ausgeschlossen. Tiere mit ähnlichen Defekten dürfen nicht für ein Gelübdeopfer verwendet werden (V. 23bß). Als spontane, freiwillige Opfergabe sind sie indessen zugelassen. Wir erkennen die Vielschichtigkeit der Opferpraxis. In der Not gelobte Opfer haben einen höheren Stellenwert als die ganz und gar freiwillige Gabe. Das Gelübdeopfer ist gleichsam in ein Tauschgeschäft eingebracht: Wenn Jahwe hilft, dann bekommt er ein gutes Opfertier (vgl. Gen 28,20f.; Ri 11,30f.). Bei einem solchen Austausch darf der Mensch natürlich kein minderwertiges „Gegengeschenk" offerieren (vgl. Lev 27,9f..32f.). Das freiwillige Opfer dagegen ist noch beliebig, auch wenn sich natürlich jeder Opferherr überlegen muß, was er mit ihm bezwecken will. – Es bleibt der eigenartige Zusatz V. 25: Hier ist nun vom nicht integrierten Ausländer die Rede, der selbst überhaupt nicht als Opferherr am israelitischen Heiligtum zugelassen sein kann. Dann bleibt nur die Möglichkeit, daß er als Viehhändler auftritt und eventuell minderwertige Tiere anbietet. Die Ausrede des Israeliten: „Der fremde Händler hat mir ein fehlerhaftes Exemplar verkauft!" gilt nicht. Makel ist Makel, auch bei Opfertieren, die nicht aus der eigenen Zucht stammen.

7.2.5 Schlußbestimmungen (V. 26–33)

Die drei Opferregeln V. 27–30 sind eine Nachlese von Geboten, die auch anderswo im Pentateuch begegnen. Sie sind noch einmal angefügt, weil sie dem Abschreiber beim Zusammenstellen der Vorschriften in den Sinn kamen oder weil sie der Gemeinde bei der Verlesung der Priester- und Opferbestimmungen in Erinnerung gerufen werden sollten.

Erst nach dem siebten Lebenstag ist ein Opfertier reif für die Schlachtung (V. 27). Vorher mag es noch als nicht voll ausgebildet gelten; wahrscheinlich weiß man auch aus Erfahrung, daß die sich ansammelnde Milch für das Muttertier problematisch sein kann. Das Junge bleibt eine volle Woche „unter seiner Mutter", säugt also und wird von der Mutter gesäubert, versorgt und dadurch zum ansehnlichen Wesen. Ganz offensichtlich spielt bei der Festsetzung der „Schonfrist" aber auch die Zahlensymbolik eine Rolle. Am achten Tag wird das männliche Kind beschnitten (Gen 17,12); sieben Tage währen manche Feste und kommen am achten Tag zu ihrem Höhepunkt (Ex 23,15; Lev 23,34–36). Das ganze Leben in Israel läuft im Siebentagerhythmus ab (Ex 23,12), und auch der Siebenwochen- und der Siebenjahreszyklus kommen vor (Dtn 15,1; 16,9; Lev 25,4.8 usw.). Kurz, die Sieben ist eine heilige Zahl, eine Ziffer der Vollkommenheit. Mit der Siebentagefrist ist dem Opfertier eine gewisse Vollkommenheit gewährleistet. Und da Lammfleisch schon in der Antike als Delikatesse galt, ergibt sich mit einer natürlichen Folgerichtigkeit, daß man ein „ausgereiftes", besonders das männliche, Lamm auch Gott anbieten kann. In anderen Zusammenhängen werden allerdings ein-, drei- oder siebenjährige Tiere für das Opfer ausgewählt (Lev 9,3; 12,6; 23,12; Ri 6,25). Das Opfergesetz Lev 1–7 nennt keinerlei Altersgrenzen für die Tiere. Dagegen hat das Bundesbuch in Ex 22,29 eine bindende Erstgeburtsregel: Das erste männliche Tier muß am achten Tag abgegeben werden, wahrscheinlich an den Tempel.

Auch das zweite Opferverbot (V. 28) hat eine Parallele: „Du sollst das Böckchen nicht in der Milch seiner Mutter kochen" (Ex 23,19b; 34,26b; Dtn 14,21b). Auch hier geht es um das Jungtier und seine Mutter: Aus geheimnisvoll-magischen Gründen besteht ein Vermischungstabu. Bei der Opferung des Jungen darf die Kraftsphäre der Alten nicht berührt werden. Wahrscheinlich ist auch hier der sexuelle Unterschied zwischen dem männlichen Kalb und der Mutter mit im Spiel. Ähnlich verhält es sich wohl mit dem Opferverbot für Muttertier und (männlichem) Jungen. Daß auch wirtschaftliche Gründe wirksam sein können, lehrt das Beispiel der Nuer[22]. Die Herden müssen geschont werden, soll die Familie überleben. Die Opferung von Jung- und Muttertier wäre ein selbstmörderisches Unterfangen.

Zum dritten schließlich wird an das Aufbewahrverbot für Opferfleisch erinnert, das in den Passa- und Mannageschichten zentral wichtig ist (V. 29f.; vgl. Ex 12,3–10; 16,13–21) und auch in den Opfergesetzen anklingt (Lev 7,15ff.). Die Gabe an Gott ist wie die von Gott gewährte Nahrung nur für den einen Tag gedacht. Die Mannageschichte theologisiert: Wer sich nicht auf die Gabe Gottes verläßt und aus Angst oder Gier für den folgenden Tag speichern will, der hat die Gottesnahrung nicht verdient (Ex 16). Eine so reflektierte Begründung ist für die urtümlichen Verbote nicht anzunehmen. Auch die uns sofort in den Sinn kommende Gefahr einer Fleischvergiftung am zweiten Tag entbehrt jeder realen Grundlage. Gebratenes oder gekochtes Fleisch ist auch in Palästina ohne Eiskühlung einen Tag nach der Zubereitung noch genießbar (vgl. Lev 7,16). Bei der

---

[22] E.E. Evans-Pritchard.

Festlegung der Fristen sind am ehesten uralte Bräuche und Ängste maßgebend gewesen. Das heilige Fleisch kann über Nacht verunreinigt werden. Es mag in die Gewalt von Dämonen fallen und dann bei späterem Verzehr Schaden statt Nutzen stiften. Das Opfer, von dem ausdrücklich die Rede ist, wird aus Dankbarkeit nach einer Genesung oder Errettung gebracht (vgl. Ps 22,27f.; 107; 116). Die nachfolgenden Feierlichkeiten zogen sich über mehrere Tage hin und tendierten – genau wie heutige Abitur-, Hochzeits- oder Geburtstagsfeiern – zur Völlerei. Vielleicht ist auch das an der hier verhandelten Stelle ein Grund, den Opferfleischgenuß auf einen Tag zu beschränken.

Die Schlußermahnung zum Halten der Gebote (V. 31) und der Aufruf zur Heiligung des Jahwenamens (V. 32) schließen den Textkomplex über die Opfernden und die Opfertiere ab, beziehen sich aber gleichzeitig auf die verschiedenen Mahnungen zur Heiligkeit (Lev 11,44f.; 19,2; 20,7) zurück. Die theologische Begründung V. 33 weist wie Lev 19,36 auf die Rettung aus Ägypten zurück. Dieser Rückverweis auf die Exodusereignisse tritt im Buch Leviticus sporadisch, aber immer mit großem Nachdruck auf: Lev 23,43; 25,38.42.55; 26,13.45; man vergleiche die priesterschriftlichen Stücke Ex 6,6f.; 12f. Das bedeutet: Einige Tradenten im „priesterlichen" Kreis haben die Verkoppelung der Kult- und Sozialvorschriften mit den Exodusereignissen sehr ernst genommen. Das läßt sich sicher nicht für die gesamte Ritualgesetzgebung behaupten. In Lev 1–17 ist kaum eine Spur von einer Erinnerung an die Rettung aus Ägypten festgehalten oder eingetragen. Erst von Lev 18,3 an tauchen Hinweise auf, die sich in Lev 25 aus gutem Grund häufen.

7.2.6 Soziale Strukturen

Eine sozialgeschichtliche Zwischenbilanz ist am Platze. Wie können wir uns das In- und Miteinander von Priestern, Leviten, Toralehrern, Laien, Städtern, Bauern, Frauen, Männern in der frühjüdischen Gemeinde vorstellen? Zu den indirekten Hinweisen auf die sozialen und „kirchlichen" Verhältnisse im Buch Leviticus müssen wir Aussagen der Geschichtswerke (besonders Esra, Nehemia) und der Psalmen mit heranziehen, um ein vollständiges Bild zu bekommen.

Die jahwegläubigen Israeliten haben sich in Palästina und in der Diaspora als konfessionelle Gemeinde organisiert. Die Familienstruktur ist unter dem politischen und wirtschaftlichen Druck (Fremdherrschaft: andere „herrschen über uns", Neh 9,37; Tribut- und Steuerzahlungen: Neh 5) geschwächt[23]. Der judäische Staat mit seinem Königtum ist ausgelöscht. Die Jahwegemeinde mit ihrer Torafrömmigkeit ist das einzige verbliebene Bezugssystem, das als Identitäts-

---

[23] Hans G. Kippenberg; Rainer Albertz, Religionsgeschichte Israels, 2 Bde., ATD Erg. 8, Göttingen 1992.

spender dienen kann. So hat sich sein Ethos der Brüderlichkeit und der Abgrenzung nach außen entwickelt[24].

In der Gemeinde spielen Gottesdienste, Feste (vgl. Lev 23) und bekenntnis-
hafte Riten (Beschneidung: Gen 17; Sabbat: Lev 19,3b; 23,3; 26,2) eine große
Rolle. Dafür – und für den traditionellen Tempeldienst – muß es in der Gemein-
de Experten gegeben haben. Die Überlieferung, Auslegung und Verlesung der
Tora war die Basis für Glauben und Leben der Gemeinde. Auch diese Tätigkeiten lagen in der Hand von Fachleuten (Neh 8). So war außer der in Psalmen (vgl.
Ps 37; 73) und Gesetzen (vgl. Dtn 15; Lev 25) sichtbaren sozialen Schichtung
auch eine geistliche Differenzierung gegeben. Aber der eigentliche Partner
Jahwes ist die Gesamtheit Israel, das ist die Glaubensgemeinschaft, die sich aus
Frauen, Männern, Kindern und zugehörigen Sklaven und ansässigen Auslän-
dern zusammensetzt (vgl. Neh 7,66; 8,1–3; Lev 24,22).

Die Priesterklasse genoß in der frühjüdischen Gemeinde ein besonders hohes
Ansehen. Vor dem Exil hatten Priester (neben Propheten verschiedener Art!) im
Zentrum des religiösen Lebens gestanden (vgl. 1 Sam 1f.). Ihre traditionellen
Aufgaben lebten mit der Wiedererrichtung des Tempels auf (Esra 6), aber die
veränderten Lebensbedingungen für die Gemeinde Jahwes erforderten auch
Anpassungen von den Priestern. Die Leviten traten in Konkurrenz zu den
Opferpriestern (vgl. 1/2 Chr; Num 16); Meditation, Schriftlesung und Schrift-
auslegung nahmen zumindest in der Diaspora eine zentrale Stellung ein. So sehr
Priester in Jerusalem von der ehrwürdigen Opfertradition zehren konnten, so
deutlich sind die gleichgewichtigen, anderen Funktionen, die sich an Tora und
Psalmengesang anschließen. Eine Monopolstellung hatten die Priester in der
frühjüdischen Gemeinde gewiß nicht. Sie wurden versorgt, aber das Moseamt
der Gesetzesvermittlung stand über ihnen. Alle Ämter aber waren eingebettet in
die Vision von der einen, umfassenden heiligen Gemeinschaft der Israeliten
untereinander und mit ihrem Gott[25].

---

[24] Max Weber; vgl. Lothar Perlitt, „Ein einzig Volk von Brüdern", in: D. Lührmann und
G. Strecker (Hg), Kirche, FS G. Bornkamm, Tübingen 1980, 27–52.
[25] Vgl. Erhard S. Gerstenberger, „Er soll dir heilig sein", in: F. Crüsemann u. a., Hg., Was ist der
Mensch …?, FS Hans-Walter Wolff, München 1992, 194–210.

8 Feste und Freijahre (Lev 23–25)

Nachdem in Lev 1–22 die großen Themen „Opfer", „kultische Reinheit" und „Priesteramt" in vielfacher Abwandlung zur Sprache gekommen sind, folgt jetzt ein Textblock, den man überschreiben könnte: „Die heiligen Zeiten". Jedenfalls trifft eine solche Bezeichnung auf Lev 23 und 25 zu. Beide Kap. handeln von regelmäßig wiederkehrenden Intervallen, in denen etwas ganz Besonderes geschieht. Die Unterscheidung zwischen dem normalen Alltag mit seinen Anforderungen und den herausgehobenen Festzeiten ist für viele, wenn nicht alle menschlichen Gesellschaften konstitutiv. Das Fest oder die heilige Zeit dient oft ganz bewußt dazu, Abstand vom bedrückenden Einerlei des Arbeitstages zu bekommen und durch besondere Veranstaltungen und Riten Kraft zu schöpfen, eine „andere" Welt zu erleben, eventuell gar die beschwerlichen Lebensumstände gründlich umzukrempeln. Für die antiken Menschen war das Fest immer die günstige Gelegenheit, göttlichen Segen und lebenserneuernde Macht zu erlangen und die angestammte Gemeinschaft im Bunde mit der Gottheit neu zu begründen.[1]

8.1 Der Festkalender (Lev 23)

8.1.1 Übersetzung

1) Jahwe redete zu Mose: 2) Sprich zu den Israeliten, sage ihnen: Die Feste Jahwes, die ihr als heilige Zeiten ausrufen sollt – dies sind sie, meine Feste. 3) Sechs Tage lang wird gearbeitet; am siebten Tag ist ein feierlicher Sabbat, eine heilige Zeit, da dürft ihr keinerlei Arbeit verrichten. Es ist ein Sabbat für Jahwe, [er gilt] in allen euren Ortschaften.

4) Dies sind die Feste Jahwes, heilige Zeiten, die ihr zum richtigen Zeitpunkt ausrufen sollt: 5) Im ersten Monat, an dessen vierzehntem Tag, in der Abenddämmerung, ist das Passa für Jahwe. 6) Am fünfzehnten Tag desselben Monats ist das Mazzenfest für Jahwe. Da sollt ihr sieben Tage lang Mazzen essen. 7) Der erste Tag ist für euch eine heilige Zeit, da sollt ihr keinerlei Arbeit für den Lebensunterhalt tun. 8) Dann sollt ihr Jahwe sieben Tage lang Opfergaben bringen. Der siebente Tag ist wieder eine heilige Zeit; keinerlei Arbeit für den Lebensunterhalt sollt ihr verrichten.

9) Jahwe redete zu Mose: 10) Sprich zu den Israeliten, sage ihnen: Wenn ihr in

---

[1] Vgl. Gerhard M. Martin, Fest und Alltag, Stuttgart 1973.

das Land kommt, das ich euch geben werde, und ihr dort die Ernte einbringt, dann sollt ihr die erste Garbe eurer Ernte zum Priester bringen. 11) Der schwingt die Garbe vor Jahwe hin und her, um euch Wohlwollen zu verschaffen. Am Tag nach dem Sabbat schwingt sie der Priester. 12) An dem Tag, an dem die Garbe für euch geschwungen wird, sollt ihr ein einjähriges, fehlerloses Lamm als Brandopfer für Jahwe zubereiten. 13) Das zugehörige Speiseopfer besteht aus zwei Zehntel Grieß, mit Öl angemacht, als Opfergabe zum Beschwichtigungs- duft für Jahwe, und aus einem Viertel Krug Wein als Trankopfer. 14) Brot, Röstkorn oder Jungkorn dürft ihr an eben diesem Tag solange nicht essen, wie ihr die Gabe für euren Gott noch nicht dargebracht habt. Das ist für alle eure Nachkommen ein unveränderliches Gesetz; [es gilt] in allen euren Ortschaften.

15) Dann sollt ihr vom Tag nach dem Sabbat an, das ist der Tag, an dem ihr die Schwinggarbe gebracht habt, sieben volle Sabbate zählen. 16) Ihr kommt bis zum Tag nach dem siebenten Sabbat; fünfzig Tage sollt ihr abzählen. Dann sollt ihr Jahwe wieder ein Speiseopfer bringen. 17) Aus euren Ortschaften sollt ihr zwei Schwingbrote bringen. Ihr sollt sie aus zwei Zehntel Grieß mit Sauerteig backen. Es sind Erstlingsgaben für Jahwe. 18) Zu dem Brot sollt ihr sieben fehlerlose, einjährige Widder, ein Stierkalb und zwei Böcke darbringen; sie sollen Brandopfer für Jahwe sein. Dazu gehören Speise- und Trankopfer als Opfergabe für Jahwe, zum Beschwichtigungsduft. 19) Ihr sollt auch einen Ziegenbock zum Sündopfer zubereiten sowie zwei einjährige Widder zum Mahlopfer. 20) Der Priester schwingt sie zum Erstlingsbrot vor Jahwe, auch zu den beiden Widdern. Sie sollen Jahwe geheiligt sein und dem Priester [zur Verfügung stehen]. 21) An demselben Tag sollt ihr eine heilige Zeit für euch ausrufen; keinerlei Arbeit für den Lebensunterhalt dürft ihr tun. Das ist für alle eure Nachkommen in allen euren Ortschaften unveränderliches Gesetz.

22) Wenn ihr die Ernte eures Landes einbringt, sollt ihr euer Feld nicht bis an den Rand abmähen. Auch Nachlese sollst du nicht halten. Die Reste sollst du dem Armen und Fremden überlassen, ich bin Jahwe, euer Gott.

23) Jahwe redete zu Mose: 24) Sprich zu den Israeliten: Im siebenten Monat, und zwar an seinem ersten Tag, soll bei euch ein feierlicher Sabbat mit Trompe- tenblasen stattfinden, eine heilige Zeit. 25) Irgendwelche Arbeit für den Lebens- unterhalt dürft ihr nicht tun. Ihr sollt Jahwe Opfergaben darbringen.

26) Jahwe redete zu Mose: 27) Ja, der zehnte Tag dieses siebenten Monats ist der Versöhnungstag, eine heilige Zeit für euch. Ihr sollt euch erniedrigen [bzw.: fasten] und Jahwe eine Opfergabe darbringen. 28) An eben diesem Tag dürft ihr keine Arbeit für den Lebensunterhalt tun, denn es ist der Versöhnungstag, an dem für euch Sühne geschaffen wird vor Jahwe, eurem Gott. 29) Jeder, der sich an diesem Tag nicht erniedrigt, wird aus seiner Sippe ausgerottet. 30) Und jeden, der an eben diesem Tag irgendwelche Arbeit [für den Lebensunterhalt] tut, vernichte ich mitten in seiner Sippe. 31) Keinerlei Arbeit [für den Lebensunter- halt] dürft ihr tun. Das ist für alle eure Nachkommen in allen Ortschaften eine unveränderliche Vorschrift. 32) Ein feierlicher Sabbat ist es für euch; ihr müßt euch erniedrigen. Vom neunten Tag abends an, von Abend zu Abend, sollt ihr diesen Sabbat halten.

33) Jahwe redete zu Mose: 34) Sprich zu den Israeliten: Am fünfzehnten Tag dieses siebten Monats beginnt das Laubhüttenfest – sieben Tage lang – für Jahwe. 35) Der erste Tag ist heilige Zeit. Irgendwelche Arbeit für den Lebensunterhalt darfst du nicht verrichten. 36) Sieben Tage lang sollt ihr Jahwe Opfergaben darbringen. Am achten Tag ist heilige Zeit für euch. Ihr sollt Jahwe Opfergaben bringen. Eine Festversammlung findet statt. Keinerlei Arbeit für den Lebensunterhalt dürft ihr verrichten.

37) Das sind die Festtage Jahwes, die ihr als heilige Zeiten ausrufen sollt, damit ihr Jahwe Opfergaben bringen könnt: Brandopfer, Speiseopfer, Mahlopfer, Trankopfer, je nach dem Tag. 38) Die Sabbat[opfer] Jahwes, eure [gewöhnlichen] Gaben, eure Gelübdeopfer, eure spontanen Opfer, die ihr Jahwe gebt, sind davon unberührt.

39) Ja, am fünfzehnten Tag des siebten Monats, wenn ihr den Fruchtertrag des Landes eingesammelt habt, sollt ihr das Jahwe-Fest feiern, sieben Tage lang. Am ersten Tag soll ein feierlicher Sabbat sein und am achten Tag soll ein feierlicher Sabbat sein. 40) Am ersten Tag sollt ihr euch üppige Früchte des Landes, Palmenwedel und Zweige von Laubbäumen und Bachweiden nehmen; ihr sollt sieben Tage lang fröhlich sein vor Jahwe. 41) Ihr sollt es als Fest für Jahwe sieben Tage pro Jahr feiern. Das ist für eure Nachkommen ein unveränderliches Gesetz. Im siebten Monat sollt ihr es feiern. 42) In Laubhütten sollt ihr wohnen, sieben Tage lang. Alle Einheimischen in Israel sollen in Laubhütten wohnen, 43) damit eure Nachkommen erfahren, daß ich die Israeliten in Laubhütten habe wohnen lassen, als ich sie aus Ägypten geführt habe. Ich bin Jahwe, euer Gott.

44) Mose teilte den Israeliten die Feste Jahwes mit.

8.1.2 Das „Kirchenjahr"

Gesellschaften, die ganz von der Agrarwirtschaft bestimmt sind, müssen den Ablauf der Jahreszeiten beachten. Aussaat, Pflege der Saat, Ernte haben ihre saisonal bestimmten Perioden. Zum Vergleich: Vorwiegend von der industriellen Produktion abhängige Gesellschaften vergessen leicht den Jahreskreislauf. Die Maschinen laufen wetterunabhängig; der Jahresrhythmus macht sich fast nur noch am wechselnden Wärmebedürfnis, also den Heizungskosten und Urlaubsplänen bemerkbar. Ganz anders im bäuerlichen Leben: Sonnenstand und Niederschlagsmengen sind unmittelbar wichtig für die Menschen. Alle wissen sich integriert in den Kreislauf der Natur. Man beobachtet das Wetter und begleitet das Arbeitsjahr mit religiösen Zeremonien, die gutes Gelingen für Saat und Tierzucht sichern sollen und nach der Ernte den Gottheiten Dank und Ehrerbietung bezeugen.

Das altorientalische Zeremonialwesen ruht auf der Grundlage des bäuerlichen Jahresablaufes. Eine Inschrift, die im Schutt der altisraelitischen Stadt Geser (heute: Tel Gezer), 11 km südlich von Lod gefunden wurde, teilt das Jahr nach den bäuerlichen Tätigkeiten ein:

„Zwei Monate: Einsammeln. Zwei Monate: Säen. Zwei Monate: Spätsaat. Ein Monat: Schneiden von Flachs. Ein Monat: Ernten von Gerste. Ein Monat: Ernten und Abmessen. Zwei Monate: Schneiden [von Weinstöcken?]. Ein Monat: Sommerfrucht."[2]

Alte Erntebezeichnungen klingen noch in den Namen der Feste Israels nach (Ex 23,16; vgl. die Umbenennungen Dtn 16,16). In den städtischen Kulturen des Alten Orients haben sich aus den bäuerlichen Jahresfesten genau geregelte Feiertagszyklen herausgebildet, die nicht nur den Ertrag des Ackerlandes und der Herden, sondern auch das Schicksal des Königshauses und der Völker, ja der ganzen geschaffenen Welt zum Inhalt hatten. Berühmt waren die Neujahrsfeiern in Babylonien. Sie dienten nach sommerlicher Dürre der Festlegung der Schicksalstafeln für das Volk und der Erneuerung der kosmischen Lebenskräfte[3].

Das Grundmuster von drei Erntefesten hat sich im Alten Israel festgesetzt und bestimmt bis heute – Ostern, Pfingsten und das Erntedankfest liegen ungefähr in dem alten Zeitrahmen – den Ablauf des christlichen Kirchenjahres. Ex 23,14–16 ist wahrscheinlich das älteste Zeugnis:

Dreimal im Jahr sollt ihr mir ein Fest feiern: Das Fest der ungesäuerten Brote … im Monat Abib … und das Fest der Schnitternte, der Erstlinge deiner Feldarbeit …, und das Fest der Lese am Jahresende … .

Die alten Hauptfeste fielen also in die Frühjahrs-, Sommer- und Frühherbstzeit etwa von April bis September. Die fünf oder sechs Herbst- und Wintermonate waren ohne festliche Höhepunkte. Der religiöse Jahresablauf legte allen Nachdruck auf die lebenswichtige Einbringung der Gersten-, Weizen- und Trauben- sowie Baumfruchternten. Ursprünglich waren die Festtage noch nicht präzise festgelegt. Man orientierte sich ungefähr an der Jahreszeit („im Monat Abib"; „am Jahresende"). Im übrigen wurde eben jede Ernte lokal dann gefeiert, wenn sie eingefahren war (vgl. Rut 3,1–7; Ri 21,19.21).

8.1.3 Der Aufbau des Festkalenders

Die im AT erhaltenen Listen der Hauptfeste – Ex 23,14–17; 34,18–23; Dtn 16; Lev 23; Ez 45,18–25 – entstammen verschiedenen Zeiten und je besonderen gesellschaftlichen und religiösen Situationen und Strukturen. Was ist das Eigenartige an unserem Text, sein ureigenstes Anliegen? Die Gliederung des Abschnittes und seine inhaltlichen Akzente lassen die Frage klar beantworten.
Das alte Dreigestirn von Erntefesten bildet den Kern auch von Lev 23. Das Mazzenfest (V. 6; vgl. Ex 12,3–20) ist bereits mit dem Passa verbunden (V. 5). Die Gerstenernte wird sieben Wochen danach gefeiert (V. 15–21), und der große Erntedank im Frühherbst heißt jetzt – wie schon in Dtn 16,13 – „Laub-

---

[2] Nach: Klaas A. D. Smelik, Historische Dokumente aus dem Alten Israel, Göttingen 1987, 26.
[3] Vgl. Samuel N. Kramer, The Sacred Marriage Rite, Bloomington 1969, besonders 107–133; Helmer Ringgren, ATD Erg., 123f.; 145–150.

hüttenfest" (V. 33–36.39–43). Das Grundgerüst des Bauernjahres ist erkennbar. Aber: Nicht nur sind die Festagenden in eigentümlicher Weise ausgemalt, die drei Hauptfeste sind auch mit allerlei zusätzlichen Ritualen und zusätzlichen Feiertagen umrankt. Es ist ein dichteres Netzwerk von jährlich (oder wöchentlich) zu haltenden Jahwetagen entstanden. Gerade dies ist die erste Besonderheit der priesterlichen Überlieferung: Die Feiertage sind kalendarisch fest im Jahreslauf fixiert. Es gibt keine ungefähren Zeitangaben mehr, keine Abhängigkeit von den Erntevorgängen. Selbst wenn in Dtn 16,9 eine Spanne von sieben Wochen zwischen die beiden ersten Feste gelegt wird, zeigt doch Dtn 16,13 noch deutlich die Anpassung an die jahreszeitlichen Arbeiten: „Laubhüttenfest, … wenn du eingesammelt hast von deiner Tenne und von deiner Kelter". Lev 23 hingegen gibt die unveränderlichen Monatstage für jedes einzelne Fest an und verrät damit die Ablösung vom bäuerlichen Jahreskreislauf.

Ein zweiter auffälliger Tatbestand ist: Die priesterlichen Überlieferer heben bestimmte Tage des liturgischen Jahres noch besonders hervor. Sie bezeichnen sie als „heilige Zeiten"[4] und verordnen strikte Arbeitsruhe (V. 3.7.8.21. 25.28.35.36). Es ist, als wollten die Verantwortlichen eine ganz bestimmte Reihe von Tagen in den Rang der „allerheiligsten" Zeiten erheben. Der absolute Höhepunkt – von der Einschärfung des Arbeitsverbotes her gesehen – ist der große Versöhnungstag, Jom Kippur, in V. 27–32. Da der heilige Sabbat von V. 3 nicht zu den im Jahreszyklus festgelegten, jährlichen Feiertagen gehört, bleiben für den Monatskalender V. 4–36 genau sieben allerheiligste Festtage übrig, gleichsam eine in die profane Zeit hineingestreute Jahwewoche, die dem ganzen Jahr das göttliche Rückgrat gibt.

Eine dritte, im Buche Leviticus zu erwartende Eigenart ist bemerkenswert: Neben dem Bemühen, sieben Tage des Jahres als „hochheilig" zu qualifizieren, steht das Bestreben, für jeden Feiertag die ordnungsgemäßen Zeremonien festzuschreiben. Das Passa-Mazzen-Fest geht relativ leer aus, vielleicht deshalb, weil in Ex 12f. ausführliche priesterliche Rituale mitgeteilt sind. Dann aber kommt die Abgabe einer Erstlingsgarbe vom frisch geernteten Getreide (Gerste; V. 11). Sie muß nach den Regeln mancher heiliger Abgaben, die für die Priester bestimmt sind, vor Jahwe „geschwungen" werden (vgl. Lev 7,30.34; 14,12f.). Verbunden mit der Erstfruchtabgabe sind Brand-, Speis- und Trankopfer (V. 12f.), eine weniger häufig bezeugte Kombination von Gaben (vgl. Ex 29,38–41; 30,9; Num 15,3–5.8–10.24; 28). Sie kommt im Buch Leviticus sonst nicht vor. Das von der ersten Erntegarbe an berechnete Wochenfest bringt eine Steigerung der eben erwähnten Darbringungen: Schwinggabe von Broten; Brand-, Speis-, Trank-, Sünd-, Mahlopfer in größerer Anzahl als beim Ernteanfang (V. 17–20). Sinngemäß und zuweilen wortwörtlich schließen sich die Bestimmungen an frühere Opfergesetze an; sie haben auch wieder nicht zuletzt das Wohl und die richtige Entlohnung der Priester im Blick (vgl. Lev 4,27–35; 6–7). – Fasten und völlige Arbeitsruhe am Versöhnungstag sind neu (V. 27–32), ansonsten bezie-

---

[4] Wörtlich: „heilige Ausrufung": So mit guten Gründen Ernst Kutsch, ZAW 65, 1953, 247ff.; Menahem Haran, 291.

hen sich die Anweisungen sicher unausgesprochen auf Lev 16. Die Opfervorschriften für das Laubhüttenfest sind sehr allgemein, als seien sie genügend
bekannt (V. 36; ist vielleicht Num 29,12–38, die ungewöhnlich umfassende,
tageweise fortschreitende Aufzählung der Opfer zum Laubhüttenfest, vorausgesetzt? Wegen ihrer oft identischen Terminologie gehört die Opferliste
Num 28f. jedenfalls eng zu Lev 23!). Dafür folgt in einer Art Anhang eine gar
nicht aufs Zeremonielle erpichte Beschreibung des Festgeschehens zum Erntedank (V. 39–43). Die Fröhlichkeit des Festes ist auch in Dtn 16,13–15 hervorgehoben. Das Wohnen in „Laubhütten" ist konstitutives, namengebendes Element des Festes; es kommt nur hier im AT vor und ist – wie das ganze
Festkapitel Lev 23 – für die jüdische Tradition bis heute normativ geblieben.

> Der hauptsächliche Festbrauch ist das Wohnen in Laubhütten, mit deren Bau sogleich
> nach Beendigung des vorangehenden Versöhnungstages begonnen werden soll. Ihre
> Besonderheit liegt in der Bauweise und in dem Material des Daches. Sie soll nämlich
> nicht mit Brettern oder Zeltplanen gedeckt werden, sondern mit Baumzweigen,
> Pflanzen, Blättern und Blumen, so daß das Dach nicht fest geschlossen ist, sondern
> Wind, Sternenlicht und sogar Regen durchdringen können. Während das Klima in
> Israel es gewöhnlich zuläßt, daß man in der Hütte wohnt, ißt und lernt, Besucher
> empfängt und auch ruht und schläft, ist dies im mitteleuropäischen Klima in der Regel
> ohne Gesundheitsschäden nicht möglich. Darum begnügt man sich in einem solchen
> Klima damit, in der Hütte die täglichen Mahlzeiten einzunehmen[5].

In der Tat haben die priesterlichen Texte mit ihren genauen Angaben zu
Zeitpunkt, Dauer und ritueller Ausgestaltung der Feste die jüdische und indirekt auch die christliche Tradition bestimmt.

8.1.4 Die großen Sabbate (V. 1–3)

Der Ursprung und eigentliche Sinn des Sabbattages liegen im Dunkel der
Geschichte verborgen. Wahrscheinlich war der im Siebenerrhythmus wiederkehrende Ruhetag vom Mondzyklus angeregt; jeder Sabbat galt als möglicher
Unheilstag (vgl. den Ausdruck: „Neumond und Sabbat", Am 8,5; Hos 2,13). In
der exilischen Zeit – und die allermeisten Texte, die den Sabbat erwähnen,
stammen aus dem 6./5. Jh.! – bekommt der Sabbat eine überragende Bedeutung.
Er wird für die Jahwegemeinde zum Identitätssymbol und besonders in der
Diaspora zum Versammlungstag (vgl. Jes 1,13; 66,23; s. weiter zu Lev 19,3.30;
26,2). In Jerusalem ruhte jeder Warenverkehr (Neh 13,15–22).
Unser gegenwärtiger Text bereichert die Sabbatfrage um ein weiteres Problem. Was ist denn mit der Steigerungsform *šabbat šabbaton*[6] (V. 3) gemeint?
Soll jeder Sabbattag überhöht und mit einem bis dahin unbekannten Glanz
versehen werden? Der Anfang von V. 3 klingt wie ein Zitat aus Ex 20,9 bzw. Dtn

---

[5] Georg Fohrer, 110.

[6] Das theologische Kunstwort *šabbaton* hebt einzelne Sabbate nach Ritus und Bedeutung hervor;
es kommt außer in Lev 23 nur noch in Ex 16,23; 31,15; 35,2; Lev 16,31; 25,4f., d.h. in der
priesterlichen Überlieferung, vor.

5,13: „Sechs Tage lang sollst du arbeiten …". In der Fortsetzung wird eine Wortverbindung verändert und mit einer Apposition versehen: „am siebten Tag ist ein *šabbat šabbaton*, eine heilige Zeit" anstatt schlicht „… ein Sabbat für Jahwe" (Ex 20,10; Dtn 5,14). In V. 24 taucht noch einmal die Apposition „heilige Zeit" als Ergänzung zu *šabbaton* auf. Anders in den grundsätzlicheren Regeln Ex 16,31; 31,12–17; 35,1–3: Jeder Sabbattag während der Wüstenwanderung hat für die priesterlichen Überlieferer die allerhöchste Qualität. Die volle Formel heißt: „ein *šabbat šabbaton*, heilig für Jahwe" (Ex 31,15) oder „ein heiliger *šabbat šabbaton* für Jahwe" (Ex 35,2). Die Jahre der Wüstenwanderung haben aber nach der priesterlichen Überlieferung Ausnahmecharakter; die für sie geltenden Aussagen können nicht ohne weiteres auf das spätere Leben im Land Israel übertragen werden.

So legt sich die engere Deutung des Sabbats in V. 1–3 (und V. 11 ff.) in Übereinstimmung mit den sieben besonderen „heiligen Feiertagen" nahe. V. 2–3 wollen nicht – das ist jedenfalls im Kontext nicht das primäre Anliegen – das allgemeine Sabbatgebot wiederholen. Das geschieht in Lev 19,3.30; 26,2 und an den schon zitierten anderen Stellen. Das Gebot, an sechs Tagen zu arbeiten (V. 3), paßt freilich schlecht in den Festzusammenhang, es wird nach den gängigen Sabbatgeboten mitzitiert oder nachgetragen worden sein (immerhin schreibt der Festkalender für die beiden siebentägigen Feste totale Arbeitsruhe nur den „Eck"sabbaten zu: V. 7 f..35 f..39). Dennoch: V. 2 f. meint nicht den normalen Sabbat. Vielmehr dienen die beiden Verse als eine Art Leitfaden zum Verständnis des Festkalenders: Im Laufe des Jahres gibt es herausgehobene, besonders heilige Tage. Es sind nach dem damaligen Kalender der 15. und 21. 1. (V. 7 f.), der sieben Wochen darauf folgende Weizenerntetag (V. 21; es fehlt die Monatsfixierung!), der 1., 10., 15. und 21. des 7. Monats (V. 23–32, vgl. V. 39). Allein um diese sieben hochheiligen Tage geht es: Sie bekommen die Bezeichnung „heilige Zeit", an ihnen darf unter gar keinen Umständen die tägliche Arbeit für den Lebensunterhalt geleistet werden (das neutrale Wort „Tätigkeit", *m^ela'kah*, ist durch die Beifügung „Tages-, Schwer-, Sklavenarbeit" qualifiziert: V. 7.8.21.25.35.36). Daß die „allerheiligsten Tage" des Jahres immer auf einen Sabbat fielen, wäre nur bei einem reinen Mondkalender gewährleistet gewesen, in dem jeder Monat 28 Tage dauert. Außerdem hätte das Wochenfest nicht der Beliebigkeit einer ersten Gerstengabe (V. 10) ausgesetzt werden dürfen. Wir wissen nicht, wie die damaligen Überlieferer die chronologischen Unstimmigkeiten gelöst haben. Fest steht: Sie kündigen einen Kalender der für die Gemeinde verpflichtenden Feiertage Jahwes an (V. 2). Diese mit Daten versehenen Festzeiten werden als „heilige Tage" ausgerufen (V. 2 bß). Das geschah wohl durch offizielle Boten, die von Jerusalem ausgeschickt wurden (vgl. 2 Chr 30,5.10). Unter den Festtagen ragen sieben ganz besonders heilige Sabbate (oder sabbatgleiche Ecktage) hervor (V. 3). Und es gibt eine letzte Steigerung: Der große Versöhnungstag am 10.7. des Jahres ist der höchste Gipfel der heiligen Zeit (V. 27–32). Das System gestaffelter Heiligkeit, das sich für Tempel und Lager feststellen läßt, hat also auch eine Entsprechung in den Vorstellungen über die graduell gestuften heiligen Zeiten.

8.1.5 Passa und Wochenfest (V. 4–21)

Passa und Mazzen mögen einmal eigenständige Frühlingsfeste gewesen sein: Das erstere ein Hirtenbrauch, bei dem Lämmer geschlachtet und ihr Blut in einem Schutzritus vor Antritt einer Wanderung in andere Weidegebiete an die Zeltstangen gestrichen wurde (vgl. Ex 12,21–23). Das andere eine bäuerliche Sitte, die auf altem Vermischungstabu beruhte: Das Getreide vom Vorjahr darf nicht mit frisch geernteter Gerste vermengt werden. Darum muß von den ersten Ähren ungesäuertes Brot gebacken werden. Sauerteig war ja zurückgehaltener, gesäuerter Teig jeweils vom vorherigen Backtag; der durfte auf keinen Fall in den neuen Teig hineinkommen. Es wären also, so die gängige, traditionelle Meinung, zwei Feste aus ganz unterschiedlichen Gesellschaften im seßhaft gewordenen Israel zusammengewachsen[7]. Neuere Theorien besagen, daß Passa und Mazzen immer schon als ein einziges Frühjahrsfest existiert haben – die Kleinviehherde und der Getreideanbau waren zwei Grundpfeiler der israelitischen Agrarwirtschaft – und daß sie, wohl erst im Exil, „historisiert", d. h. mit dem Erzählmotiv des Auszugs aus Ägypten verknüpft worden sind[8].

Über den Ritus des Passafestes sagt der Text rein gar nichts (V. 5). Ex 12 mag für die Überlieferer im Hintergrund stehen. Sie setzen lediglich den Zeitpunkt genau fest: Das ist der 14.1., ein Monat, der Ex 23,15 „Abib" heißt. In der Abenddämmerung werden Schlachtung und Mahl vollzogen, möglicherweise doch in den Privathaushalten und gänzlich ohne jeden Tempelbesuch. Erst das frühestens im 4./3. Jh. verfaßte chronistische Werk berichtet im Gefolge von Dtn 16,5–8 (Kultzentralisation!) von zentralen Passafeiern in Jerusalem (2 Chr 30; 35), wie sie dann zur Zeit Jesu üblich waren (Mk 14,1 f. u. ö.). Es wird keinerlei Opfer oder Abgabe vorgeschrieben, nicht einmal in dem begleitenden Opferkalender Num 28,16. Folglich ist das Passa im vorliegenden Überlieferungsstrang nur als Vorspiel zum Mazzenfest bedacht. Das wird ungleich stärker herausgestrichen (V. 6–8). Zwar fehlen auch hier die Opfervorschriften, sie sind aber ausführlich in Num 28,19–22 verzeichnet (täglich zwei Stiere, sieben Widder, sieben Böcke nebst Speisopfern als Brandopfer; dazu einen Sündopferbock). Diese Opfergaben sind auch pauschal in V. 8 angedeutet. Außerdem sind der erste und der siebente Tag des Mazzenfestes herausgehobene, heilige Zeiten, an denen jede Erwerbsarbeit ruht.

Es ist noch einmal darauf hinzuweisen, daß die im ganzen Kap. Lev 23 verwendeten Ausdrücke šabbat šabbaton und das noch häufigere miqra' qodäš, „heilige Zeit", nichts mit „Festversammlung" zu tun haben, wie in den meisten Übersetzungen behauptet wird. Die Wiedergabe von miqra' mit „Versammlung" ist weit hergeholt und entspricht eher dem Wunsch, schon in diesen Texten die gottesdienstlich feiernde Gemeinde vorgebildet zu finden. Eine unseren Vorstellungen gerecht werdende Festtagsgemeinde lesen wir gerne und schnell in den Kalender hinein. Den Überlieferern geht es aber zunächst um die zeitliche Fixierung der Feiertage, ihre richtige Staffelung

---

[7] Vgl. Leonhard Rost; Herbert Haag.

[8] Vgl. Eckart Otto; Rainer Schmitt, Exodus und Passah, ihr Zusammenhang im Alten Testament, Göttingen 1975.

im Rahmen der Heiligkeitsgrade und die Festschreibung der notwendigsten Riten. Außerdem ist die Priesterversorgung angesprochen. Falls die Tradenten doch überall, auch beim Passafest, an eine Wallfahrt zum jerusalemer Tempel denken sollten, dann verschweigen sie das geschickt.

Nach dem vorliegenden Text zu urteilen, liegt der Hauptnachdruck beim Frühjahrsfest auf den ungesäuerten Broten (Mazzen). Es beginnt in der Mitte des Monats: Nach dem lunaren Kalender wäre das ein Vollmondstag. Das Mazzenfest erstreckt sich über sieben volle Tage. Anfang und Schluß sind besonders geheiligt. Die zum Fest gehörigen Opfer (Num 28,19–22) werden am Tempel vollzogen. Das Mazzenessen selbst war Hauptinhalt der Feiertage; es kann wie das Passa in den Rahmen der Familie, Sippe oder Dorfgemeinschaft gehört haben. Sogar der sehr auf den zentralen Kultort eingeschworene Festkalender läßt die Israeliten nach dem Passamahl zum Mazzenessen in „die Zelte", nach Hause also, zurückkehren[9].

Die weiteren Bestimmungen für die Feiern, welche die Getreideernte begleiten, sind mit einem neuen Redeeinsatz eingeleitet (V. 9). Das ist ein Zeichen für die relative Selbständigkeit oder einen Zuwachs an Traditionen. Tatsächlich tut sich ein Bruch im Kalender auf. Man sollte einen glatten Anschluß an die Mazzenvorschriften erwarten. Aber die Getreideernte läßt sich nicht ein für allemal auf einen bestimmten Monatstag festlegen. Das einzige, was den Überlieferern gelingt, ist, die Übergabe der Erstlingsgarbe auf den einem Sabbat folgenden (Werk)Tag zu legen (V. 11b). So ist die Siebenwochenperiode genau eingegrenzt; das „Wochenfest" kann am „Tag nach dem siebenten Sabbat" oder am 50. Tag nach der Erstlingsgarbe gefeiert werden (V. 16). Vielleicht geht aber die Kalkulation der Überlieferer noch weiter. In V. 11b ist offensichtlich ein bestimmter Sabbat (im Hebr. durch den bestimmten Artikel ausgedrückt) gemeint. Und das dürfte im Zusammenhang der Kalenderbestimmungen der letzte „allerheiligste Tag" des Mazzenfestes sein (V. 8b). Die Gleichsetzung dieses Tages, „an dem keinerlei Arbeit" getan werden darf, mit dem Sabbat am 21.1. ist durch die Definitionen von V. 2f. und die Ansetzung des Festbeginns am 15.1. gesichert. Gewiß, die Überlieferer kämpfen mit der unberechenbaren Natur, die nicht kalendermäßig eingezwängt werden kann. Sie müssen den exakten Erntebeginn offenlassen, wie das auch in den anderen Feiertagskalendern der Fall ist (Ex 23,16; Dtn 16,9: „Sieben Wochen sollst du dir abzählen, vom Beginn des Getreideschnittes an sollst du sieben Wochen zählen"). Aber sie bestimmen durch einen nachgetragenen Satz V. 11b, der die alte, offene Regel von V. 10–11a ergänzt, den „Tag nach dem Sabbat" als Übergabetermin der Erstlingsgarbe – ganz unabhängig vom Beginn oder Stand der Erntearbeiten. In ihrer Berechnung des Wochenfestes können die Tradenten dann – wiederum losgelöst vom tatsächlichen Beginn der Gerstenernte – von „dem Sabbat", d.h. dem Ausgang des siebentägigen Mazzenfestes an zählen.

Von der Sache her gesehen ist die Darbringung der Erstlingsgarbe (V. 9–14)

---

[9] Dtn 16,7; die heutige Bedeutung des Festes schildert Barbara Suchy, Pessach – Fest der Befreiung, in: Uwe Schultz, Hg., Das Fest, München 1988, 25–37.

eng mit den Darbringungen des Wochenfestes (V. 15–21) verknüpft. Der Termin der Übergabe der ersten Kornähren an die Priester aber (V. 11 b) fällt mit dem Mazzenfest zusammen. Also werden wir es in V. 9–14 mit einer anderen Tradition des Mazzenfestes zu tun haben, die von den priesterlichen Überlieferern aufgegriffen, im Sinne der eigenen Einkommenssicherung ausgestaltet und mit den oben geschilderten Rechenkünsten an die Passa-Mazzen-Tradition von V. 5–8 angeknüpft worden ist. Die Priester nehmen in V. 10 f. das Heft in die Hand. Sie schwingen die „erste Garbe", die noch nicht quantifiziert ist, vor Jahwe (vgl. Lev 7,30.34; 14,12), bewirken dadurch [göttliches] „Wohlwollen" für die Gemeinde und verdienen sich ihr tägliches Brot. Im Zusammenhang mit dem Wochenfest wird das deutlich ausgesprochen: „... die Schwingegaben ... sind Jahwe heilig und gehören dem Priester" (V. 20). Die Überlieferer sorgen sich nicht nur um die Ähren-Schwingabgabe. Sie komplettieren die Auflagen für die Gläubigen durch genau bemessene Brand-, Speis- und Trankopfer (V. 12 f.; vgl. Num 28), die ihre gesteigerte Entsprechung im Ritual des Wochenfestes finden (V. 18–20). Für die priesterlichen Anordnungen hinsichtlich des Beginns der Getreideernte ist der abschließende V. 14 typisch. Er bestätigt auch die obige Interpretation von V. 11 b: Der Beginn der Gerstenernte ist als kalendarischer Fixpunkt abgelöst durch den Tag der Übergabe der ersten Garbe. Die Gemeinde darf nämlich bis zum Übergabetag nichts von den bereits eingebrachten Körnern genießen, weder in Form von Brot noch von Frischkörnern oder gerösteten Ähren. Das bedeutet eine arge Einschränkung für die Erntearbeiter, die doch an Ort und Stelle ihren Hunger stillen wollen[10]. Ob sie diese priesterliche Neuregelung befolgten, ist mehr als zweifelhaft (vgl. Rut 2,14). Die alte Regel war vermutlich, den Feldgeistern gleich nach dem Anschnitt ein Opfer zu bringen und danach die neue Ernte für den eigenen Bedarf zu nutzen (vgl. Lev 2,14). – Die Abschlußermahnung V. 14b verleiht den Bestimmungen für den Erntebeginn ein ungewöhnliches Gewicht; sie wird in V. 20b noch einmal für den Gesamtkomplex wiederholt. Wenn sie in V. 14b nicht einfach mechanisch von einem Abschreiber eingefügt worden ist, dann soll sie in der Tat die in dem vorhergehenden Abschnitt enthaltenen Neuerungen sanktionieren.

Die Ritualbestimmungen wiederholen sich für das Wochenfest, an dem die Einbringung der Weizenernte begangen wird. Der Name des Feiertages ist von dem Wort „sieben" abgeleitet: „Siebenereinheit, Woche". Er erinnert klanglich aber auch an das hebräische Wort „schwören", bzw. „Eid"[11]. Von daher legte sich die Feier des (beschworenen) Bundesschlusses am Wochenfest nahe[12]. Die sieben Wochen (= 49 Tage) werden in der Überlieferung von V. 15 f. zu einem festen „Innenmaß", so daß der Feiertag auf den 50. Tag fällt. Die griechische Übersetzung des ATs macht daraus den neuen Namen für diesen Feiertag: ἡ πεντηκοστή. Er hat sich in den westlichen Sprachen durchgesetzt (*pentecost; pentecôte;* Pfingsten). Nun stehen offenbar die beiden Zeitangaben in einer

---

[10]　Vgl. Rut 2,14; Gustaf Dalman III, 260 f.; 263 ff.

[11]　Das Wochenfest heißt hebräisch *ḥag šabu'ot* (Ex 34,22; Dtn 16,10), der „Schwur" *šᵉbu'ah* (vgl. Dtn 29,9–14).

[12]　Vgl. Peter Laaf, Das Wochenfest, in: Bausteine biblischer Theologie, Bonn 1977, 169–183.

gewissen Spannung zueinander und zu der Annahme, daß für die allerheiligsten
Tage jeweils ein Sabbat intendiert ist. Anscheinend will wenigstens ein Redaktor
das Wochenfest unbedingt auf den Tag nach dem Sabbat (des 8.3. oder 15.3.?)
verlegen. Er beginnt seine Zählung von sieben Wochen entsprechend und muß
mit 49 Tagen wieder auf den Tag nach dem Sabbat kommen. Zählt er 50 Tage,
dann gelangt er allerdings auf den zweiten Tag nach dem Sabbat, es sei denn, er
rechnet den Ausgangspunkt, die Überbringung der Erstlingsgarbe, als ersten
Tag mit. Wie immer die Rechnung gelaufen sein mag, erkennbar ist der Wille –
wohl mehrerer aufeinanderfolgender Experten –, ein festes Schema in den
kultischen Jahresablauf zu bekommen.

Die Anweisungen für Abgaben und Opfer sind weitaus klarer als die chronologischen Konstruktionen. Am Wochenfest soll jeder (jede Familie?) Jahwe ein
„neues Speisopfer", oder besser, eine „neue Gabe" bringen (V. 16b). Bezugge-
nommen wird eindeutig, trotz der unterschiedlichen Terminologie, auf die
Erstlingsähren von V. 10. Damit ist erneut, und jetzt vom Rituellen her, die
Verflechtung der beiden Festtage ersichtlich. Diese Verknüpfung erstreckt sich
aber Zug um Zug auf alle folgenden Anweisungen. Die Gabe wird aus genau
vorgegebenen Mengen Feingrieß mit Sauerteig schon zu Hause gebacken und zu
den Priestern gebracht. Die ganze Ernteperiode gilt also als Einheit. Nachdem
die Übergabe der ersten Ähren den Nutzungsbann gebrochen hat, kann Wochen später auch die Weizenernte ohne Umschweife zur Ernährung gebraucht
werden. Es gibt keine neue „Mazzen"phase, in der die Weizenbrotfladen ungesäuert bleiben müßten. Folglich muß auch die aus den Wohnorten mitzubrin-
gende Brotgabe im Gegensatz zu den früher beschriebenen „Speisopfern" ge-
säuert und fertig gebacken sein (vgl. Lev 2,11f.). Diese Gabe wird nach den
schon bekannten Regeln vom Priester vor Jahwe „hin- und hergeschwungen"
(das ist in V. 11.20 ausgeführt, in V. 17a durch den Ausdruck: „Brot zum
Schwingen" aufgenommen), wohl um die symbolische Übereignung an Jahwe
anzudeuten, und dann vom Priester mitsamt den im folgenden aufgezählten
Opferanteilen als Lebensmittel übernommen (vgl. Ez 44,29f.). Das Brot allein
erhält den Namen „Erstlingsgabe", *bikkurim* (V. 17b), obwohl doch in der
Mazzenzeremonie schon die erste Ährengarbe diese Funktion ausgefüllt hatte,
ohne allerdings so benannt zu werden. Hier wird eine gewisse Spannung sichtbar, die durch Ex 23,16.19; 34,22.26 Bestätigung findet. Die älteren Festkalender kennen die „Erstlingsgabe" ausschließlich im Zusammenhang des Wochenfestes und der Weizenernte, nicht aber als Ritual des Mazzenfestes. Die parallele
Bestimmung Dtn 16,10 stellt dem Bauern eine freiwillige Abgabe für Jahwe nach
eigenem Ermessen anheim.

Die Menge der vorgeschriebenen Opfertiere (V. 18) legt die Vermutung nahe,
daß es sich um Gesamtzahlen handelt, die für die ganze jerusalemer Gemeinde
gelten, nicht für Haushalte, die aus ihren Ortschaften kommen: Sieben Böcke,
ein Stier, zwei Widder werden allein als Brandopfer (im Paralleltext Num 28,27
ist das Zahlenverhältnis 7 – 2 – 1) angesetzt. Hinzu kommen ein Widder als
Sündopfer und zwei Schafböcke zum Mahlopfer (V. 19; Num 28,30 spricht nur
vom Sündopfer, fügt aber V. 31 ausdrücklich die täglichen Brandopfer hinzu).

Vom Brandopfer bleibt dem Priester höchstens das Fell des Tieres (Lev 1,6; 7,8). Das Sündopfer soll er fast ganz verzehren (Lev 6,19), während vom Mahlopfer bestimmte Anteile anfallen (Lev 7,14.32–34). Die begleitenden Speisopfer schließlich (von Trankopfern, die sicherlich ebenso interessant für die Priester waren, ist in den Opfergesetzen Lev 1–7 überhaupt nicht die Rede) fallen bis auf symbolische „Abhebungen" an die Priester (Lev 6,9). Alle Arten von Erstlings-gaben gehören ebenfalls dem Priester (Ez 44,30). Das Wochenfest war eine gute Einkunftsquelle für die jerusalemer Priesterschaft.

Als Erinnerung ist assoziativ eine Ernteregel angefügt (V. 22), die schon Lev 19,9f. – dort nur umfassender auch für die Obst- und Traubenernte formuliert – im Gemeindekatechismus wiedergegeben war (vgl. Dtn 24,19–22). An unserer Stelle liegt ein regelrechtes Zitat von Lev 19,9f. unter sehr sachgemäßer Auslas-sung von Lev 9,10a vor: Ein Rand des Feldes soll ungemäht stehenbleiben; die Ährennachlese nach dem Abernten hat zu unterbleiben. Ursprünglich war der Brauch wohl als Ehrbezeugung an die Felddämonen gedacht; in den Sozialge-setzen des AT ist er ausdrücklich eine Hilfsmaßnahme für die sozial Schwachen.

8.1.6 Der siebente Monat (V. 23–36.39–43)

Der später auch Tischri genannte siebte Monat vereinigte in sich die größte Konzentration von Feiertagen. Nach vorexilischer Tradition war er der letzte Monat im Jahr (Ex 23,16): Mit der Oliven-, Obst- und Weinernte war ein Naturkreislauf beendet. Die Sommerdürre hatte das Land ausgetrocknet; die Erde hatte den Menschen ihre Früchte überlassen und ihnen damit das Leben ermöglicht. Jetzt schien sie zu Tode erschöpft. Die altorientalischen Mythen spiegeln das Absterben der Natur in Tod und Höllenfahrt der Vegetationsgott-heiten[13]. In die Freude über eingebrachte Ernten (Ps 65,10–14) mischt sich der besorgte Blick in die Zukunft (Ps 104,10–30). Wird das neue Jahr wieder Regen und Segen bringen? Der siebte Monat, der im September/Oktober liegt, birgt darum den Keim des Neujahres in sich. Zwar richtete man sich in Israel seit dem Exil in politischen Dingen nach dem babylonischen Frühjahrsanfang (1. Monat = Nisan = März/April). Aber in religiösen Angelegenheiten setzte sich je länger desto deutlicher wieder der alte Herbstbeginn durch. Rosch-ha-schana, „An-fang des Jahres", das israelische Neujahrsfest (im AT noch nicht so benannt), wird bis heute am 1. Tischri gefeiert.

Der Feiertagskalender Lev 23 zählt für den siebten Monat drei große Feste auf: einen noch namenlosen Posaunensabbat am 1.7. (V. 24); den von Lev 16 her bekannten großen Versöhnungstag am 10.7. (V. 27); schließlich das Laubhüt-tenfest vom 15. – 21.7. (V. 34–36). Das Schwergewicht liegt bei dem alten „Lese"fest, das seine siebentägige Dauer mit der Frühjahrsmazzenfeier teilt.

---

[13] Vgl. die Mythen von Tammuz und Ischtar, Baal und Anat: Diana Wolkstein/Samuel Noah Kramer, Inanna, Queen of Heaven and Earth, London 1984; Karl-Heinz Bernhardt in: W. Beyerlin, Hg., Textbuch, 231–238.

Name und Brauch des „Wohnens in Laubhütten" sind seit Dtn 16,13–15 nachzuweisen, vgl. jedoch die älteren Nachrichten von einem Fest in den Weinbergen, bei dem der Tanz der unverheirateten Frauen wichtig war (Ri 21,19–21).

Das Laubhüttenfest scheint also für die Kalenderüberlieferung Ziel- und Höhepunkt der kultischen Veranstaltungen im „heiligen" siebten Monat zu sein. Von ihm handeln zwei, durch die jetzt deplazierte Schlußermahnung V. 37 f. getrennte, recht unterschiedliche Passagen (V. 33–36 und 39–43). Die erstere stellt (nach der Datierung des Festes) im stereotypen Stil der priesterlichen Tradenten die besondere Heiligkeit der Ecksabbate fest und verordnet die daraus resultierende absolute Arbeitsruhe (V. 35 f.; nahezu wortgleich mit V. 7 f.). Die Verpflichtung, an allen Festtagen Opfer darzubringen, ist allgemein gehalten und wird in Num 29,12–38 riesig ausgeweitet: In monotoner Wiederholung werden für jeden einzelnen Tag die Opfertiere und Begleitgaben aufgelistet. Zum Vergleich: Num 28,19–23 geben für das siebentägige Mazzenfest nur einmal die Opfermengen an und sagen dann pauschal: „Nach diesem Muster sollt ihr sieben Tage lang die Opfer zurichten" (Num 28,24). Die penible Aufzählung der Tagesopfer für das Laubhüttenfest beweist die einzigartige Wertschätzung, die es genoß. – Über die stereotypen Angaben zur Heiligkeit und Arbeitsenthaltung sowie die Opferausstattung der Feiertage hinaus verliert der erste Abschnitt V. 33–36 aber kein einziges Wort zu Sinn und Bedeutung des Laubhüttenfestes. Sicher, das Fest war den Hörerinnen und Hörern bekannt. Dennoch finden sich in den Ansprachen des Buches Leviticus gelegentlich Andeutungen von Sinngebung. Warum fehlt in V. 33–36 jeder Hinweis auf den Inhalt der Feiern – wie ja auch zum Passa und Mazzen (V. 5–8) und zum Wochenfest (V. 15–21) nichts derartiges verlautet? Lediglich beim Posaunenblasen und für den Versöhnungstag sind winzige Lichter gesteckt (s. u.).

Das Erklärungsdefizit wird nun beim Laubhüttenfest – und nur hier – durch den zweiten Abschnitt (V. 39–43) einigermaßen behoben. Stilistisch und gedanklich stammt dieser Text aus einer anderen Tradition, das ist bei der Lektüre sofort zu spüren. Aber die Überlieferer haben den Passus aufgenommen, sie haben ihn als Nachtrag angefügt, als das Kap. schon durch die Schlußbemerkungen V. 37 f. abgeschlossen war. Sie wollten dem Fest Konturen geben, die rituellen Anweisungen von V. 33–36 und Num 29,12–38 reichten ihnen nicht aus. So gewinnen wir einen unerwarteten Einblick in das Festgeschehen. Der Text setzt noch einmal mit der genauen Datumsangabe ein (die in Ex 23; 34; Dtn 16 noch fehlt), unterschlägt aber nicht den gleitenden Anfangstermin: „wenn ihr den Ertrag des Landes einbringt" (V. 39 a) und gebietet die siebentägige Zeremonie. Er nennt die ganze Veranstaltung interessanterweise „das Fest Jahwes", so, als ob es nur dieses eine gäbe oder als ob es bei weitem das wichtigste sei! Dann folgt die Charakterisierung der Ecksabbate mit der Bezeichnung *šabbaton* (V. 39 b). Haben die priesterlichen Überlieferer mindestens diesen V. 39 mit Datumsangabe und *šabbaton*-Dekret überarbeitet und damit bewußt ihrem Kalender einverleibt? Das Neue aber kommt in V. 40.42.43: Zum Fest gehören unbedingt Baumfrüchte, Palmwedel, Weidenzweige. Und es gehört dazu die

Festfreude, von der Dtn 16,11.14 nachdrücklich spricht. Was soll mit den Festutensilien gemacht werden? Die erste Erwähnung schweigt darüber, man kann spekulieren, daß die Zeichen des Erntedankes einfach im Gottesdienst oder bei einer Prozession anwesend waren (vgl. Ps 118,19.27). Sind übrigens Palme und Bachweide bzw. Pappel typische Bäume für das von Wassergräben durchzogene Exilsland Mesopotamien (vgl. Ps 137)? – Erst nach einer abermaligen Schlußnotiz V. 41 bringen die Überlieferer die Auflösung des Rätsels. Die Baumzweige sollen (auch?) zum Bau von provisorischen Hütten benutzt werden (V. 42). Die ausführlichste Erzählung von einer angeblich geschichtlichen Laubhüttenfeier steht Neh 8,13–18: Die jerusalemer Gemeinde bzw. die aus dem Exil Heimgekehrten bauen sich Hütten aus allen möglichen Zweigen und Ästen, und zwar überall, wo sich Platz bietet, auf den Straßen, Dächern, in den Höfen (Neh 8,15f.; vgl. Sach 14,16–19). Der Brauch, der sich unter orthodoxen Juden bis heute durchgehalten hat, soll die prekäre Unterbringung der Israeliten nach der Befreiung aus Ägypten symbolisieren. Seltsam: Das Passafest bekam keine „heilsgeschichtliche" Begründung. Jetzt, beim Laubhüttenfest, wird sie etwas krampfhaft und völlig anachronistisch nachgeliefert. Die Wanderungsgeschichten erwähnen keine Zweighütten. Es wäre auch widersinnig anzunehmen, daß die Wüste den Israeliten von Station zu Station (vgl. Num 33) genügend Baumzweige zur Verfügung gestellt hätte, damit tausende von Flüchtlingen sich eine provisorische Unterkunft hätten bauen können. Nein, die Begründung des Hüttenbaus mit der Auszugsgeschichte (V. 43) ist ein theologisches Motiv. Es will einfach das so lebenswichtige Laubhüttenfest, das nur als Erntedankfest und Jahresschluß galt, mit der Frühgeschichte Israels in Verbindung bringen. Die Volkwerdung in Ägypten soll ins Gedächtnis gebracht werden. Vielleicht will das „lärmende Gedenken" (V. 24b) etwas Ähnliches.

Bleiben die beiden dem Laubhüttenfest vorangehenden Feiertage. Sie haben im gegenwärtigen Zusammenhang vorbereitenden Charakter, obwohl der Versöhnungstag einen eigenen Akzent erhält. Da ist zunächst das Posaunenblasen ganz zu Anfang des Monats (V. 23–25). Es wird nicht direkt gesagt, welche Funktion ihm zukommen soll. Der Paralleltext Num 29,1 gibt ebensowenig nähere Auskunft. Die Hauptstichworte „Tag des Lärmens" und „Erinnerung", die sich aus den beiden Stellen gewinnen lassen, verknüpft mit den bekannten Anwendungsarten des „Posaunenblasens" (vgl. Num 10,1–10; 31,6; Lev 25,9; Jos 6,4f.; 2 Chr 15,14), lassen mehrere Deutungen zu. Der Posaunenschall kann bloßes Signal zur Kultversammlung sein, er kann den heiligen Monat „einläuten", er kann an die kriegerische Vergangenheit erinnern wollen, er kann die Sinaibegegnung nachahmen (Ex 19,19). Wir wissen nicht, was von alledem beabsichtigt war. Fest steht, daß die Überlieferer diesem ersten Monatstag eine große Bedeutung zumessen. Sie geben ihm die Qualität eines hochheiligen Sabbats, verordnen in Num 29,1–6 stattliche Opfer und verhängen totale Arbeitsruhe. Später ist aus dem „Posaunenblasen" der religiöse Neujahrstag geworden[14]. Das Lärmen hat sich bis in unsere Neujahrsbegrüßung in der Silve-

---

[14] Vgl. Mischna, Traktat *Rosch Haschana*.

sternacht erhalten. Für die Altisraeliten war das Neujahrsfest wahrscheinlich mit dem Erntedank „am Jahresausgang" verbunden gewesen. Die priesterliche Überlieferung verselbständigt den Monatsanfang (Neumondstag? Sabbat?) und macht ihn zum feierlichen Auftakt des „heiligen Monats". Anscheinend war dieser Tag zunächst nur eine Priesterangelegenheit: Die vorgeschriebenen Opfer mußten dargebracht werden, dazu war die Anwesenheit der Gemeinde nicht erforderlich. Später zog der Vorbereitungstag die Funktionen des Neujahrstages an sich und wurde auch zum Volksfest.

Der große Sühne- und Reinigungstag vom 10.7. (V. 26–32) hat nichts von der Fröhlichkeit des Erntedankes an sich. Er ähnelt vielmehr unseren Buß- und Bettagen. Für die priesterliche Überlieferung ist er von zentraler Bedeutung, das zeigt die Sonderbehandlung dieses Festes in Lev 16. Nur das Gründungspassa der Auszugslegende (Ex 12 f.) erfährt noch eine derartig intensive Beachtung in der späten Tradition. Im Festkalender Lev 23 – dem einzigen, der den *jom kippur* mit dieser Datierung und unter diesem Namen aufnimmt, denn Ez 45,18–20 spricht undeutlich von zwei Sühnetagen am 1.1. und 1.7. – bekommt der Sühnetag zunächst in den Formulierungen von V. 7 f..21.24 f..35 f. die Merkmale der „allerheiligsten Zeit" zugesprochen (V. 27 f.). Aber in die Standardsätze mischen sich einige im Kalender der Feiertage neue Töne. Die Gemeinde soll „sich erniedrigen", d. h. Trauer- und Fastenriten durchführen (V. 27 a), und die vorgeschriebene Feiertagsheiligung bekommt eine inhaltliche Begründung: „denn es ist der Sühnetag, der euch Sühne bringen soll vor Jahwe, eurem Gott" (V. 28 b). Auch der Einsatz des ganzen Gebotsabschnittes ist eigentümlich: Wie in V. 39 steht dort ein in den Übersetzungen meist ignoriertes, Aufmerksamkeit heischendes *'ak*, „Ja! Doch! Aber!" (V. 27, Anfang). Die Besonderheiten des Sühnetages werden dann in V. 29–32 nach einem weiteren begründenden Anschluß entfaltet. Ganz klar im Zentrum stehen die „Selbstminderungsriten"[15], die zwar nicht einzeln konkretisiert werden (in Sack und Asche gehen, Fasten, Heulen etc.), die aber mit dem gebräuchlichen Ausdruck „sich selbst erniedrigen" sachgemäß und umfassend bezeichnet sind. Das Verhalten von Büßenden und Trauernden – beide Riten sind identisch – ist mehrfach im AT beschrieben:

> Aber als sie krank waren, habe ich Trauerkleider getragen;
> ich habe mich fastend für sie erniedrigt
> und Gebete für sie gesprochen,
> als ob sie meine Verwandten, meine Brüder wären.
> Ich bin umhergegangen, als müßte ich um meine Mutter trauern,
> schwarz gekleidet und gebeugt. (Ps 35,13 f.)

Man gedenke auch der Davidgeschichte (2 Sam 12,16–20; 19,1), der Trauer Hiobs (Hiob 1,20 f.; 2,8), der Buße der Niniviten (Jona 3,5). Die Bußriten in unserem Text schließen genau an die Vorschriften von Lev 16,19–31 an. Die Opferliste von Num 28 f. greift die „Erniedrigung" des Volkes auf (Num 29,7). Damit ist die rituelle Beteiligung der ganzen Gemeinde stark betont. Sie konstituiert mit den großen Sühnetag des Jahres, den anscheinend die „priesterliche"

---

[15] Ernst Kutsch.

Tradition eingeführt hat (vgl. zu Lev 16). Die Bußriten sind den Tradenten so wichtig, daß sie für jede Verweigerung die Todesstrafe androhen (V. 29).

Das zweite eigentümliche Moment des Versöhnungstages ist die Strafandrohung für diejenigen, welche das Gebot der vollständigen Arbeitsruhe verletzen (V. 30f.). Für die übrigen hohen Feiertage wird nur das völlige Arbeitsverbot eingeschärft. Möglicherweise versteht sich eine harte Bestrafung aller Übertreter von selbst (vgl. zum „Todesrecht" in Lev 20). Aber auch dann müßte ein besonderer Grund vorliegen, die Strafandrohung ausgerechnet für den Sühnetag so deutlich auszusprechen. Vielleicht schließt sich diese Strafandrohung aber auch an das Bußgebot an. Wer die Erniedrigungsriten nicht einhält, wird ja ebenfalls mit dem Tod bedroht (V. 29). Durch die doppelte Einschüchterung bekommt der „Versöhnungs"tag seinen dunklen, drohenden Grundton, den auch die christlichen Bußtage durch die Jh.e bewahrt haben. Die Opfer und eigentlichen Sühnezeremonien, die wir von Lev 16 her kennen und die Num 29,8–11 in etwa rekapituliert werden, spielen für unseren Text kaum eine Rolle. Sie werden in V. 27b.28b nur eben mit zwölf Wörtern summarisch angedeutet. Der ganze übrige Wortschwall von V. 28–32 richtet sich auf Arbeitsruhe und Bußriten, ein Zeichen dafür, wie entscheidend wichtig das Verhalten der Gemeinde an einem solchen allerheiligsten Tag ist. Außer in den beiden Todesdrohungen – sie kleiden sich in eine mehr oder weniger juristische Sprache (V. 29f.) – ist die Gemeinde auch stets mahnend und fordernd direkt angeredet.

Die Schlußbelehrungen (V. 37f.) fallen nicht nur wegen ihrer jetzigen Fehlplazierung auf. Ihnen fehlt auch der zusammenfassende Satz: „Das ist eine immer gültige Ordnung für euch", der sich dafür viermal nach Einzelfeiertagen findet (V. 14.21.31.41; vgl. die weiträumig bündelnden Aussagen dieser Art in Lev 3,17; 7,37). Zweitens erweckt die Aufzählung der Opfer (V. 37b) den (falschen) Eindruck, als gehe es wie in Num 28f. um eine Liste der am Tempel darzubringenden offiziellen Gaben, von denen die regelmäßigen Sabbatopfer (vgl. Num 28,9f.), die verschiedenen spontanen Gaben von Gemeindemitgliedern betont ausgeschlossen sind (V. 38). Dabei liegt nun wirklich der Hauptnachdruck auf der Arbeitsruhe an den allerhöchsten Feiertagen und auf verschiedenen Gemeindeaktivitäten, sehen wir einmal von den Schwingopfern (V. 11.20) ab. Diejenigen, welche die Schlußzusammenfassung formulierten, waren also in Gedanken nicht nur bei dem vorliegenden Festkalender. Sie waren eher von den priesterlichen Anliegen und Aufgaben gefesselt, wie sie in Lev 16 und Num 28f. klar zu Tage treten. Ein anderer Schlußredaktor hingegen klammert die Priester ganz aus (V. 44). Er läßt Mose nur zu den Israeliten sprechen und ihnen einen Festkalender ungenannten Inhaltes mitteilen. War der so knapp wie jener aus Ex 23,14–17, oder so wenig sakrifiziell, dafür väterlich belehrend und ermahnend wie der von Dtn 16?

8.1.7 Soziologie und Theologie des Festkalenders

Es ist immer mißlich, aus begrenzten Textteilen, die außerdem noch in sich fragmentarisch sind, große Schlußfolgerungen ziehen zu wollen. Dennoch lassen sich einige Spuren verfolgen.

Lev 23 setzt die Tradition der Kalenderbildung fort, die in Ex 23 und Dtn 16 sichtbar wird. Der Kreislauf des Jahres war für die Menschen der Antike außerordentlich wichtig. Für den heurigen Segen war man dankbar; was würde das nächste Jahr bringen? In allen Kalenderbildungen ist das religiöse Bestreben zu erkennen, das Arbeitsjahr in seinen Hauptphasen zu begleiten, nehmend und gebend an ihm mitzuwirken. Stärker als in den älteren alttestamentlichen Kalendern ist in der priesterlichen Tradition der Wille spürbar, das Zeitgerüst des Jahres präziser zu bestimmen. Die Monatstage werden ein für allemal festgelegt. Die geeigneten Tage für Opfer und Feste waren immer wichtig. Eine Darbringung für Gott zur falschen Zeit konnte böse Folgen haben. Aber die priesterliche Festlegung der Feiertagsdaten geht so weit über die Wahl des richtigen Opfertermins hinaus, daß sie fast ins Gegenteil umschlägt. Das Datengerüst soll für alle Zukunft gelten, also ist die Bestimmung günstiger Tage von vornherein ausgeschlossen. Das gilt hinsichtlich der Bereitschaft Gottes, Opfer entgegenzunehmen genauso wie im Blick auf die saisonalen Arbeitsabläufe.

An dieser Stelle wird ein bedeutender Unterschied zu den älteren Zeiten deutlich: Die priesterliche Überlieferung hat sich von der bäuerlichen Gesellschaft emanzipiert. Sicher, die Landwirtschaft blieb für die frühjüdische Gemeinde die Existenzgrundlage. Viele Stadtbewohner und so gut wie alle, die auf dem Lande wohnten, lebten unmittelbar von Ackerbau und Viehzucht. Aber die Gemeinden hatten, unter Federführung der jerusalemer Zentrale, den bäuerlichen Lebensrhythmus aufgegeben. Mehr noch: Die Bürger-Tempel-Gemeinde[16] hatte der überwiegend landwirtschaftlich orientierten Bevölkerung ein liturgisches Jahr aufgestülpt, das z. B. auf die Erntearbeiten keine Rücksicht mehr nahm. Diese Tatsache allein läßt tief blicken. Die jüdische Religionsgemeinschaft wird entscheidend geprägt von stadtsässigen Bürgern, die natürlich ihre spezifischen Interessen vertreten, eventuell auch gegen die Landbevölkerung[17]. Wer Bauern mitten in der Erntezeit und eventuell unter Androhung der Todesstrafe arbeitsfreie Tage und Bußriten verordnet, verdient sein Brot nicht mehr in der Landwirtschaft, sondern bezieht seine Motivationen aus anderen gesellschaftlichen Strukturen.

Die Loslösung von der bäuerlichen Lebensweise ist noch an einem anderen Punkt nachweisbar. Der deuteronomische Festkalender hatte – vielleicht im Überschwang der Kultzentralisation! – die drei großen Erntefeste an das einzige, von Jahwe erwählte Heiligtum verlegt. Die alte Forderung, die (wenn sie je wörtlich gemeint war) für die Lokalheiligtümer gegolten hatte, blieb bestehen und verwandelte die Erntefeste in Wallfahrten: „Dreimal im Jahr soll alles, was

---

[16] Joel Weinberg.
[17] Max Weber.

männlich unter dir ist, vor Jahwe, deinem Gott erscheinen" (Dtn 16,16). Diese
Verpflichtung will und kann die priesterliche Überlieferung nicht aufrechterhalten. Denn erstens ist die Zahl der Jahresfeste angewachsen, und zweitens wäre es
völlig unrealistisch, die Landbevölkerung gerade in den Erntezeiten wochen-
lang von der Arbeit abzuhalten. Also bleibt die Frage, wo denn gefeiert werden
soll, in der Schwebe; sie wird in Lev 23 nicht einmal gestellt. So aberwitzig
konnten auch die Theologen in der Stadt nicht sein, daß sie sich durch den
Aufruf zu zahllosen Wallfahrten die eigene Lebensgrundlage, den guten Ertrag
von Feld und Weide, selbst hätten untergraben wollen. Wie sehr es für die
Priester auf die wirtschaftliche Leistungsfähigkeit der Bauernfamilien ankam,
zeigen die Abgaben und Opferlisten recht deutlich.

Wo also wurden dann die Festtage begangen? Einige Wendungen in unserem
Text deuten an, daß die Feste überwiegend in den Ortsgemeinden gehalten
wurden. Wer soll denn die hohen Feiertage „ausrufen" (V. 2.4.21.37: ein Leit-
wort   für   die   Handlungsanweisungen)?   Nach   den   Einführungen   V.
1f..9f..23f..33f. ist die ganze Gemeinde angesprochen. Das Kommunikations-
schema erwähnt die Priester nicht (vgl. dagegen Lev 21,1; 22,1f.); sie kommen
ausdrücklich als Handelnde nur im Zusammenhang mit dem Schwingeritus vor
(V. 10f..20). Und die Mahnrede an eine plur.e Zuhörerschaft macht diese
keineswegs zu bloßen Befehlsempfängern. Die Hörenden haben, so scheint es,
Verantwortung für die Durchführung der hohen Feiertage zu übernehmen. Wer
sind sie? Vielleicht die tonangebenden Laiengruppen in der jerusalemer Gemeinde? Oder in anderen Gemeinden? Sie tragen Sorge für die Einhaltung der
Termine („zählen" der Wochen und Tage: V. 15f.), die öffentliche Ausrufung
der Feste, das Heranschaffen der Opfertiere und Gaben etc. Es sind Leute, die
noch ernten oder ernten lassen (V. 22). Aufschlußreich sind die Possessivpronomina, die an vielen Wörtern erscheinen: Es geht um „euren Gott", „euren
Acker", „eure Opfer", „eure Nachkommen", „euren Status" (bei Gott), sogar
um „euer Schwingen" (V. 12a), ein Akt, der V. 11 von den Priestern ausgeführt
wird. Ganz auffällig ist auch die mehrfache Hervorhebung „eurer Ortschaften"
oder „Wohnsiedlungen" (V. 3.14.17.21.31). Gemeint sind die verstreuten
Wohnorte in Palästina und vielleicht auch (oder ausschließlich?) in der Diaspora. Dort wird allem Anschein nach gefeiert, während die Leitung der jerusalemer Gemeinde, in der sicherlich auch die Priester vertreten waren, für alle am
zentralen Kultort stattfindenden Riten verantwortlich ist.

Der Festkalender ist kein theologischer Traktat. Aber er will die Gemeinde
auch informieren und orientieren und braucht dazu ein Minimum an theologischen Aussagen. Theologisch ist die Welt fest geordnet. Der reguläre Kult im
Ablauf des Jahres sichert das Wohlwollen Gottes. Feiertage, Priesterschaft,
rituelle Verhaltensweisen der Gemeinde, soziale Verantwortung (V. 22), regelmäßige Sühnung der Vergehen, aber auch Festfreude, Erntearbeit und Op-
ferwille – alles muß zusammenstimmen, damit das Leben der Gemeinschaft
gedeihen kann. Der theologische Eifer schwankt zwischen den harten Auflagen,
nur ja die allerhöchsten Feiertage des Jahres mit absoluter Arbeitsruhe zu
heiligen – typische Einstellung der Gemeinden in der nachexilischen Zeit –, die

Bußriten des Versöhnungstages ordnungsgemäß zu vollziehen und der wenigstens im Nachtrag aufblitzenden Festfreude über den Segen Gottes. Wir sehen darin das theologische Bemühen, mit der Wirklichkeit einer Diasporasituation fertigzuwerden. Die Zwänge des politischen, wirtschaftlichen, kulturellen Lebens in einer Minderheitensituation machen sich bemerkbar. Identifikation mit der eigenen Tradition ist die Parole. Und die Tradition wird zu einem festen Stützkorsett weiterentwickelt, in dem man sich bergen kann. Aber die alten Festinhalte, Freude und Erinnerung an die Volksgeschichte – ja, diese Geschichte wird erst in der Erinnerung konstituiert! – sind nicht ausgeschieden.

8.2 Probleme der Kultordnung (Lev 24)

Die diversen Materialien von Lev 24 haben nach außen hin nichts mit dem Festkalender zu tun. Irgendjemand hat sie angefügt, weil die Schriftrolle einmal an dieser Stelle zu Ende war oder weil er aus uns unbekanntem Anlaß die Erwähnung des „ewigen Lichtes" im Tempel und der dort ständig frisch ausliegenden Gottesbrote für nötig befand. Die regulären, nicht vom Festritual diktierten Opfer sollen nach Num 28 f. nicht vergessen werden. Das ununterbrochene Licht und immer vorhandene Brot sind neben dem Feiertagsgeschehen zu beachten! – Der Abschnitt über den Gotteslästerer nebst Erweiterung (V. 10–23) liegt noch weiter von der liturgischen Ordnung entfernt. Er hebt sich auch formal und stilistisch von seiner Umgebung ab und dürfte ein zufälliger Einschub sein, möglicherweise aufgrund von Assoziationen mit den Todesdrohungen von Lev 20 und 23,29 f.

8.2.1 Übersetzung

1) Jahwe redete zu Mose: 2) Befiehl den Israeliten, reines, feines Olivenöl für den Leuchter zu dir zu bringen, damit eine ewige Lampe aufgestellt werde. 3) Aaron soll sie außen vor dem Vorhang des Zeugnisses, im Begegnungszelt einrichten; sie soll immer von abends bis morgens vor Jahwe [leuchten]. Das ist dauernd gültiges Gesetz für euch. 4) Auf dem reinen Leuchter soll er die Lampen anbringen, sie sollen ständig vor Jahwe [brennen].
  5) Nimm Feingrieß und verbacke ihn zu zwölf Ringbroten; jedes Brot soll zwei Zehntel […] schwer sein. 6) Lege sie in zwei Reihen auf den reinen Tisch vor Jahwe, je sechs in einer Reihe. 7) Streue weißen Weihrauch darüber. Die Brote sind Erinnerungsgaben, Opferdarbringungen für Jahwe. 8) An jedem Sabbat soll er sie ohne Unterbrechung vor Jahwe zurüsten, wegen des ewigen Bundes der Israeliten. 9) Die Brote gehören Aaron und seinen Nachkommen; an heiliger Stätte sollen sie sie essen. Sie sind hochheilig; von Jahwes Opfergaben sind sie für die Priester bestimmt. Das ist beständiges Gesetz.
  10) Der Sohn einer Israelitin und eines Ägypters mischte sich unter die Israeliten. Der Sohn der Israelitin stritt sich im Lager mit einem Israeliten. 11)

Da verletzte der Sohn der Israelitin den Namen [Gottes]; er fluchte. Man brachte ihn zu Mose. Der Name seiner Mutter war Schelomit, Tochter des Dibri, aus dem Stamm Dan. 12) Sie hielten ihn unter Bewachung, damit ihnen durch den Mund Jahwes Bescheid gegeben werden könnte. 13) Jahwe redete zu Mose: 14) Bringe den Flucher aus dem Lager hinaus. Alle Ohrenzeugen sollen ihm die Hände auf den Kopf legen, und die ganze Gemeinde soll ihn steinigen. 15) Zu den Israeliten sollst du sagen: Jeder, der seinem Gott flucht, muß seine Schuld tragen. 16) Wer den Namen Jahwes verunehrt, muß sterben. Die ganze Gemeinde soll ihn steinigen. Für den Fremden und Einheimischen gilt: Wenn jemand den Namen verunehrt, stirbt er. 17) Jeder, der einen Menschen totschlägt, muß sterben. 18) Wer ein Tier erschlägt, muß es ersetzen, Leben um Leben. 19) Jeder, der seinem Mitmenschen Schaden zufügt, wird so behandelt, wie er getan hat. 20) Verletzung um Verletzung, Auge um Auge, Zahn um Zahn: Der Schaden, den er jemandem zugefügt hat, wird an ihm vergolten. 21) Wer ein Stück Vieh tötet, muß es ersetzen. Wer einen Menschen erschlägt, stirbt. 22) Es gilt gleiches Recht unter euch, wie für den Fremden, so für den Einheimischen. Denn ich bin Jahwe, euer Gott. 23) Mose redete mit den Israeliten. Da brachten sie den Flucher hinaus vor das Lager und steinigten ihn. So führten die Israeliten aus, was Jahwe dem Mose aufgetragen hatte.

8.2.2 Licht und Brot (V. 1–9)

Das Leben kann ohne Licht nicht gedeihen. Als erste Voraussetzung für alles künftige Sein schafft Jahwe das Licht (Gen 1,3–5). Daß er es dem chaotischen Dunkel widergöttlicher Mächte abringen muß, ist Gen 1,2 noch angedeutet (vgl. Ps 104,2.19–22). Die Nacht bleibt mindestens ein Zeichen für die Gegenwart lebensfeindlicher Kräfte, Gott selbst kann seinem Wesen nach nur mit dem Licht verglichen werden (vgl. Ps 27,1; 36,10).

Vor diesem Hintergrund ist die Tempelbeleuchtung zu sehen. Die Beleuchtung vor dem Allerheiligsten hat keine praktische Bedeutung, sie wird nicht für eine Reinigungskolonne angezündet. Vielmehr soll die Lampe symbolisch die vom Tag in die Nacht und bis zum Morgen andauernde Lebenskraft Gottes symbolisieren. Gott verliert nichts von seiner Macht, auch wenn die Sonne „untergeht". Er setzt sich täglich gegen die Chaosmächte durch und schickt seine Sonne auf ihre heldenhafte Bahn (vgl. Ps 19,6). Die Lampe vor dem Allerheiligsten verlängert zeichenhaft das Tageslicht durch die Finsternis hindurch, signalisiert also das ungebrochene Leben Gottes und ist in diesem Sinn ein „ewiges Licht", wie es heute noch in jeder katholischen Kirche neben dem Sakramentshäuschen brennt.

Die priesterlichen Texte nehmen die Tempelbeleuchtung sehr ernst. Wie alle Einrichtungsgegenstände des späteren Tempelgebäudes ist auch der berühmte siebenarmige Leuchter, die $m^e norah$, nach Meinung der Überlieferer schon im Begegnungszelt der Wüstenzeit vorhanden. Ja, er findet zusammen mit der Lade und dem goldenen Tisch bevorzugte Behandlung. Sein Plan wird vor dem

Tempelaufriß mitgeteilt (Ex 25,31–39), die Ausführung des Auftrags erfolgt
nach Fertigstellung des Tempelmodells (Begegnungszelt: Ex 36,8–38) an dritter
Stelle. Zuerst stellen die Künstler vom Allerheiligsten aus nach außen fortschrei-
tend die Lade, dann den Tisch her (Ex 37,1–16). Danach ist schon der Leuchter
an der Reihe (Ex 37,17–24), der ja an der Südseite des unmittelbar vor dem
Allerheiligsten liegenden Tempelraumes stehen soll (Ex 40,24f.). Er ist durch
den großen Vorhang von der Lade und den Cherubenbildern abgetrennt (vgl.
Ex 36,35f.; Lev 16,15–17). Der große Leuchter ist aus Gold gefertigt; er hat
noch die Römer beeindruckt. Denn Titus ließ nach der Zerstörung Jerusalems
im Jahre 70 n.Chr. in seinem Triumphbogen die Plünderung des jüdischen
Tempels darstellen. Seine Soldaten schleppen unter anderem auch den großen
Leuchter davon. Der siebenarmige Leuchter ist in Israel und in der christlichen
Überlieferung bis heute das Symbol für den alttestamentlichen Tempel.

Die ersten vier Verse von Lev 24 sind der Tempelbeleuchtung gewidmet.
Bedenkt man die Abfolge der Ereignisse seit Ex 25 und Ex 40, kommt die
Erwähnung des Tempellichtes sehr spät. Hatte es in allem, was das Buch
Leviticus mitteilen will, gar keine Bedeutung gehabt? Die Opfer und Weihen
(Lev 1–9), waren sie ohne das Lichtsymbol (und ohne die Auslage der Jahwe-
brote) abgelaufen? Warum ist in den Priestervorschriften von Lev 21f. von
keinerlei Tempelinventar die Rede? Und jetzt, ausgerechnet zwischen Festkalender und Freijahr, erinnert sich jemand an Leuchter und Tisch. Zu allem
Überfluß geschieht das im Fall des Leuchters auf eine recht undurchsichtige
Weise. Nur V. 4 benutzt die Bezeichnung *menorah* und meint damit offensichtlich das oben genannte kostbare Lampengestell. Die V. 1–3 hingegen sind
wortgleich mit Ex 27,20f. Sie bilden eine in sich geschlossene Einheit mit der
bekannten Abschlußformulierung: „Das soll für eure Nachkommen immer
gültiges Gesetz sein". Gewiß, das Hauptaugenmerk liegt auf der Bereitstellung
des Öls; aber der Leuchter kommt in diesen Versen nicht vor, nur ein „immer-
während es Licht". Der Sing. macht stutzig, auch der andere Name für das
Gerät. Möglicherweise werden die sieben Lampen der *menorah* als Einheit
gesehen. Oder aber es liegt eine andere Überlieferung vor, die den siebenarmi-
gen Leuchter (noch) nicht kannte[18]. In beiden Fällen hätte ein Ergänzer in V. 4
die Sache zurechtgerückt. Er wollte klarstellen, daß die Beleuchtung im Tempel
nur von dem Hauptleuchter im Raum vor dem Allerheiligsten ausging.

Das Lampenöl steht allerdings im Mittelpunkt des Interesses. Da Erstellung
und Unterhaltung von kirchlichen Gebäuden selbst bei einem gut durchorgani-
sierten Steuersystem (die zehnprozentige Abgabe für den Tempel ist schon Dtn
12,6.11 vorgesehen, vgl. Neh 10,38–40; 13,5.12) große Belastungen für die
Gemeinde mit sich bringen, ist man gerade bei der Einrichtung von Sakralbau-
ten auf die Spendenfreudigkeit angewiesen. Aufrufe ergehen und werden im
Eifer des Anfangs reichlich befolgt. Dieses Muster legen die Verfasser der
priesterlichen Schicht – übrigens bewußt anachronistisch – auf die Stiftung des
Begegnungszeltes an. Der Spendenaufruf Ex 25,2–9 (Jahwe: „eine Gabe für

---

[18] Karl Elliger, 325; 327.

mich", V. 2 a), wiederholt in Ex 35,4–19, findet überreiche Resonanz, so daß ein Spendenstop ausgesprochen werden muß (Ex 36,4–7). Diese Version wird natürlich von den späten Überlieferern als leuchtendes Vorbild einer oft lässigen Gemeinde vorgehalten (vgl. Hag 1,2–6). Wichtig für uns ist: Das Öl für die Tempelbeleuchtung gehört mit zu den Materialien, die neben den regulären Steuern und Abgaben freiwillig bereitgestellt werden mußten (Ex 35,8.28). Das kommt in Lev 24,2 auch deutlich zum Ausdruck. Handelt es sich in Ex 35 vordergründig um die Ersteinrichtung des Tempels, so ist V. 2 Beweis dafür, daß gewisse freiwillige Leistungen kontinuierlich erwartet wurden. Ganz ähnlich sorgen die Frauenhilfen in evangelischen Gemeinden oft für die Altarparamente.

Bei den Broten (V. 5–9) handelt es sich ebenfalls um Dinge, die ständig vorrätig sein müssen. Sie werden an jedem Sabbat – die Bereitung der heiligen Brote ist keine Erwerbsarbeit! – hergestellt und frisch aufgeschichtet, eine symbolische Speisung der Gottheit, die aber den Priestern zugute kommt. Die schon erwähnte Geschichte von dem flüchtigen David ist hier interessant: Der Priester des Heiligtums von Nob kann dem Hungrigen nur geweihte Brote anbieten. Ihr Verzehr setzt körperliche Reinheit, d.h. einige Tage (?) sexueller Enthaltsamkeit voraus (1 Sam 21,5–7). Das speziell und nach Maß gebackene Ringbrot mag in besonderen Situationen auch einfachen Kultteilnehmern als eine Art Kommunionsspeise gedient haben (vgl. 2 Sam 6,18f.).

Im gegenwärtigen Zusammenhang soll das Brot dem schon in Ex 25,23–30 und 37,10–16 gefertigten goldenen Tisch seinen funktionalen Sinn geben. Zwar wurde schon Ex 25,30 pauschal angesagt, daß er ständig Brote für Jahwe tragen solle. Aber die Ausführung des Befehls war nirgends berichtet. Die heiligen Brote haben auch bei der Einrichtung des Begegnungszeltes und des Opferdienstes sonst keine zentrale Rolle gespielt. Das gemeine Wort für „Brot", das auch „Speise" bedeuten kann, kommt in den Opfergesetzen und Priestervorschriften des Buches Leviticus gelegentlich vor (vgl. Lev 7,13; 8,2.26.31f.; 21,8.17), immer in Zusammenhang mit den Unreinheitstabus. Das spezielle Ringbrot[19] wird nur selten erwähnt, vor allem als Opfergabe des Laien an den Tempel (Lev 2,4; 7,12f.; 8,26). Diese Gabe wird anscheinend von dem Tempelbesucher zu Hause vorbereitet. In unserem Text aber geht es um die Herstellung von Ringbroten an Ort und Stelle, durch den Priester, und um die Plazierung der Gottesspeise auf dem goldenen Tisch. Diese wichtige kultische Aufgabe ist in der ganzen, langen Verschriftung gottesdienstlicher Angelegenheiten seit Ex 25 noch nirgends geregelt. Sie wird jetzt nachgetragen. Auffällig dabei ist wiederum, daß verschiedene Akteure vorgesehen sind. Die Du-Anrede zielt offenbar auf das normale Gemeindeglied. Andererseits stößt die Laienaktivität aber auch mit den Priesterprivilegien und -pflichten zusammen. Der Laie soll „nehmen", „backen" und sogar – aber das ist doch unmöglich: er hat keinen Zugang zu den inneren Tempelräumen! – „auf den Tisch legen" (V. 5ff.). In diesen drei Anweisungen ist gleichmäßig ein einzelner Mann angesprochen. Ist etwa Aaron (V.

---

[19] Brot ist *lähäm*, Ringbrot *hallah* (vgl. 2 Sam 6,19).

3 f.) gemeint? Oder Mose (V. 1 f.)? Oder haben sich die Überlieferer selbst im Gewirr der verschiedenen Redeformen, die ihnen vorgegeben waren, verirrt und wissen nicht mehr, zu wem sie sprechen?

In der Tat dürften das Stilgemisch und die wechselnden Subjekte auf die unterschiedlichen Traditionsbildungen zurückzuführen sein, die in V. 1–9 zusammengeflossen sind. V. 5–7 bilden einen geschlossenen Block. Wahrscheinlich haben die Anweisungen Ex 25,30 und Lev 2,1–6 bei der Formulierung Pate gestanden. Das „Du" in den Vorlagen geht an Mose und das Gemeindeglied, das Opfer bringt. In unserem Fall ist eher die Gesamtgemeinde angeredet. Sie hat die Pflicht, auch für die „Schaubrote" zu sorgen. Das schließt die Herstellung und Niederlegung auf dem „Tisch" ein. Nur wird in diesem Überlieferungsstrang nicht über den Standort des „Tisches" nachgedacht (so wenig wie in Ps 23,5). Die Rahmenstücke V. 3 f..8 jedoch wollen die Verantwortung für die heiligen Brote dem Priester übertragen. Er „ordnet sie auf dem Tisch an" (V. 8), Sabbat für Sabbat, wobei das „Anordnen" mindestens die in V. 6 f. so sorgfältig aufgezählten Schritte einschließt. Die Spannung zwischen V. 5–7 und V. 8 ist also mit Händen zu greifen. Nach V. 8 ist es natürlich alleinige Kompetenz des Priesters, die Brote richtig aufzulegen und mit dem Weihrauchopfer abzudecken. Der ganze Text aber mutet an, als sei das Problem: Priester oder Laienaktivität überhaupt nicht aktuell, sondern einfach die Gemeinde die letztverantwortliche Instanz für die Bereitstellung der heiligen Brote. Möglicherweise ist der Text in Versammlungen fern vom Tempel entstanden, wo es lediglich darauf ankam, die Gemeinde an ihre Spendenverantwortung zu erinnern.

Welche Bedeutung haben die „heiligen" Brote? Sie symbolisieren die ständige Sorge für die Nahrungsversorgung der Gottheit. Überall im Alten Orient wurden die Götter und Göttinnen regelmäßig und ihrer Würde entsprechend physisch versorgt, die Gottesbilder gewaschen und gekleidet, es wurden die täglichen Mahlzeiten serviert[20]. Sollen wir aus unserer heutigen Sicht sagen, das sei ein unerträglicher Anthropomorphismus? Wer es ernst meint mit der Mahlgemeinschaft zwischen Gott und Menschen, kann so nicht argumentieren. Die priesterlichen Überlieferer jedenfalls haben die uralte Sitte der Gottesspeisung gerade auch im zweiten Tempel festgehalten und ausgebaut. Sie erlassen detaillierte Anweisungen über die Bereitstellung der Gottesbrote. Es sollen zwölf Brotlaibe sein, nach der Zahl der Stämme Israels. Jedes soll genau zwei Zehntel Epha (vgl. Lev 23,13.17), das ist ungefähr 8 l oder 8 bis 9 kg, schwer sein. Je sechs Brote werden zu Stapeln angeordnet: Die fiktive Teilung Israels oder der Opfergaben und die Gegenübersetzung der Hälften ist auch sonst eine rituelle Maßnahme, die die Ganzheit komplexer Größen symbolisieren soll (vgl. Dtn 27,11–13; Gen 15,10). Beide Brothaufen liegen auf dem goldenen Tisch. Obenauf kommt Weihrauch; er wird anscheinend bei jedem Brotwechsel als „Gedenkopfer" (V. 7; vgl. Lev 2,2.9.16; 5,12; 6,8) verbrannt, während das Brot selbst den Priestern zugutekommt (V. 9; vgl. Lev 6,9–11; 7,12–14). Man nimmt also die Gottesspeisung nicht wörtlich; es ist keine Nahrungszufuhr für die

---

[20] Helmer Ringgren, ATD Erg., 37–39; 138–150.

Gottheit (vgl. Ps 50,12f.). Aber die Priester essen das Hochheilige an reiner
Stätte stellvertretend für Gott und besiegeln so ihre – und Israels, vgl. Ex 24,11 –
Kommunion mit ihm. Unser Abendmahlsverständnis leitet sich in direkter
Linie von der priesterlichen und gemeindlichen Kommunion mit Jahwe in
frühjüdischer Zeit her.

Wie wichtig die Brote im Tempel waren, zeigen die mehrfachen Erwähnungen im chronistischen Geschichtswerk (2 Chr 2,3; 13,11; 29,18; Neh 10,34).
Eine Levitengruppe, die Sippe der Kehatiter, wird eigens für die heiligen Brote
verantwortlich gemacht (1 Chr 9,32; 23,29). Die Rabbinen präzisieren die Anweisungen noch weiter[21]. Die Form der Brote wird festgelegt – hochstehende
Eckzipfel, damit sie luftig übereinander gestapelt werden können –, und Hilfs-
konstruktionen für die großen und schweren Brotlaibe werden beschrieben.
Das alles zeigt, wie die gedankliche Arbeit an den Brotvorschriften weitergegangen ist, auch nachdem der Tempel zerstört war. Die Gottesbrote waren schon
sehr früh (vgl. 1 Sam 21,5; Am 4,5) ein wichtiges Symbol für die Gemeinschaft
mit Gott; sie sind es bis heute geblieben (vgl. zu Lev 2; Mk 14,22; Joh 6).

8.2.3 Gotteslästerung (V. 10–23)

Der Abschnitt fällt aus dem Rahmen der Kontexte heraus. Er beginnt wie eine
Erzählung und mündet in Rechtsvorschriften, besser: Todesdrohungen wegen
bestimmter Vergehen, die anscheinend gar nichts mit gottesdienstlichen Anliegen zu tun haben. Eingebettet in die Todesdrohungen ist eine Version des aus Ex
21,23–25 bekannten Talionsrechts („Auge um Auge").

Der Erzählstil ist an sich schon auffällig. Das ganze Buch Leviticus läßt sonst
monoton die Anweisungen Jahwes an Mose (und Aaron) ergehen, zur Weiter-
vermittlung an die Gemeinde. Jetzt aber scheint ein Geschichtenerzähler zu
Wort zu kommen. Er berichtet von einem Streit zwischen Männern, wie er in
der damaligen Gesellschaft wohl nur zu bekannt war. Mose soll einmal in eine
solche Rauferei eingegriffen und den Schuldigen zur Rede gestellt haben (Ex
2,13). Das Zivilrecht regelt den Fall der nicht tödlich verlaufenden Körperver-
letzung bei solchen Tätlichkeiten unter Volksgenossen (Ex 21,18f.). Dicht
danach steht die Verletzung einer Schwangeren zur Debatte, die sich wohl in
den Streit eingemischt hat und eine Fehlgeburt erleidet (Ex 21,22; eigentümlicherweise folgt auf diesen Fall die Talionsregel: V. 23f.). Auch im Deuteronomium sind zwei Gesetzesparagraphen mit dem Streit zwischen Männern befaßt
(Dtn 25,1–3.11f.; in der zweiten Passage wird der Frau, die sich einmischt und
den Gegner ihres Mannes an den Geschlechtsteilen ergreift, die grausame Hand-
abhackung angedroht). Man gewinnt fast den Eindruck, daß Prügeleien unter
Männern mit ihren möglichen Folgeerscheinungen die damaligen Gerichte in
Atem halten konnten. So spannend sich also die Einleitung zu unserem Abschnitt (V. 10) für die damaligen Hörerinnen anlassen mochte, so wenig wird die

---

[21] Mischna Traktat *Menachot* XI.

Anekdote entfaltet. Wir erfahren rein gar nichts über den Anlaß des Streites, noch etwas über die konkreten Personen. Der Hauptschuldige wird lediglich als „Sohn einer israelitischen Frau" und „eines ägyptischen Mannes" vorgestellt. Nachgetragen sind nur noch der Name und die Herkunft der Mutter (V. 11 b). Der allzu reduzierte Handlungsablauf („streiten – lästern – gefangengesetzt werden – steinigen") und die spärliche Konkretion der Handlungsträger verbieten es, den Abschnitt als „Erzählung" einzustufen. Er ist lediglich ein dem Gesetzestext vorgeordneter, stereotypisierter „Fall". In der Mosezeit, so die Argumentation, sind die Strafgesetze nach Präzedenzfällen von Jahwe erlassen worden. Ein genauer Paralleltext findet sich Num 15,32–36: Ein Mann übertritt das Sabbatgebot. Das ist bisher noch nicht vorgekommen, also nimmt die Gemeinde ihn in Gewahrsam, befragt Gott durch Mose, was mit dem Täter zu geschehen habe. Und Jahwe gibt durch Mose eine Antwort, die hinfort für ähnliche Fälle gelten soll.

Gegenüber Num 15,32 ff. sticht unser Text jedoch durch seine Hervorhebung des Elternpaares ab. Der Lästerer stammt aus einer „Mischehe" (vgl. Esra 10; Neh 13,23 ff.: es geht hier allerdings um ausländische Frauen!). Sein Vater ist Ägypter; er gilt an sich als einbürgerungsfähig (Dtn 23,8). Dennoch scheint dem Täter ein Makel anzuhaften, denn umsonst wird seine Abstammung nicht erwähnt. Als Illustration für den Folgesatz V. 22, der in anderen Zusammenhängen begegnet (Ex 12,49; Lev 19,34), kann das gemischte Elternpaar kaum dienen, da der Täter über seine Mutter mindestens potentieller Israelit ist (vgl. Dtn 23,9). Also scheint er den Überlieferern nicht einfach als „Schutzbürger" (*ger*) zu gelten, obwohl seine Sonderstellung unter den „vollblütigen Israeliten" stark betont ist (V. 10). Der Name der Mutter, die „Friedfertige", soll sie und damit die Israeliten anscheinend entlasten. Die Unbeherrschtheit muß vom Vater stammen. Was es mit der Danitensippe der Mutter auf sich hat, ist nicht zu erkennen. Der hoch im Norden Israels siedelnde Stamm Dan war manchen rechtgläubigen Theologen in Jerusalem allerdings suspekt[22].

Für die Rechtsverordnung wesentlich ist der Straftatbestand: Der die Händel provozierende Halbblütige läßt sich im Kampf hinreißen, „den Namen zu verletzen/zu durchbohren", d.h. zu „fluchen" (V. 11a). Die Erregung schlägt im Handgemenge hohe Wellen. Sie entlädt sich in Schimpfkanonaden gegen den Kontrahenten. In diesem Zusammenhang muß – so die Fantasie der Überlieferer – der Halbägypter seinen Gegner despektierlich als Jahweanhänger oder dergleichen tituliert haben. Oder will der Text andeuten, er habe versucht, Jahwe in einer magischen Weise direkt anzugreifen oder für sich gegen den „Israeliten" zu mobilisieren? Die doppelte, vielleicht auf zwei Interpreten zurückzuführende Beschreibung des Tatbestandes („Verletzung des Namens", „Fluch") spricht für irgendeine verbale Agression gegen Jahwe selbst. Und weil jeder derartige Ausfall als wirkungsmächtig angesehen wurde, stand er unter Strafandrohung. Flucher waren gefährliche Menschen. Sie brachten mit ihren Verwünschungen Unglück über die ganze Gemeinschaft, weil ihre bösen Worte sich entladen

---

[22] Vgl. Ri 17f.; Hermann Michael Niemann, Die Daniten, FRLANT 135, Göttingen 1985.

mußten, weil sie die Atmosphäre vergifteten und außerdem noch Gottheiten zu strafendem Eingreifen bewegen konnten. Lebendige Fluchszenen sind in der alten Literatur selten geschildert, weil man sich sogar scheute, die Fluchworte auch nur informativ wiederzugeben. Sie könnten noch durch die Erzählung Schaden stiften, vgl. Simeis Geschimpfe gegen den flüchtenden David („du Bluthund", „Verbrecher": 2 Sam 16,5–13). Der Fluch kann einzelne und ganze Völker vernichten (vgl. Ps 109,17–19; Num 22–24; Dtn 28,15–68). Ein Fluch gegen Gott persönlich ist ein Kapitalverbrechen (vgl. Ex 22,27; Jes 8,21), das nicht nur im AT mit der Todesstrafe bedroht wurde, vgl. Ex 21,17.

Der Text setzt voraus, daß eine solche Gotteslästerung in Israel noch nicht vorgekommen ist. Er deutet in keiner Weise an, es handele sich um den speziellen Fall eines fremden Gottesfluchers. Vielmehr ist noch nie ein unheilmächtiges Wort gegen Jahwe geschleudert worden (V. 12; vgl. Bileam: Num 22–24). Die Ohrenzeugen schleppen den Flucher also zu Mose, weil er in Rechtsfragen die oberste irdische Instanz ist (vgl. Ex 18). Auch er weiß keinen Rat, darum kommt der Täter in ein Gewahrsam, und Jahwe wird um Auskunft gebeten (V. 11f.). Hinter diesem Verfahren steht eine uralte und weitverbreitete Gerichtspraxis. Unklare Rechtsfälle mußten durch Gott selbst, d. h. durch eine geistliche Autorität, entschieden werden (Dtn 16,8–13), die Rechtsunsicherheit mochte sich an fehlenden Normen oder an mangelnden Schuldbeweisen (vgl. Num 5,11–28) entzünden. Eine Anfrage an Gott – in alten Zeiten etwa durch Losorakel, vgl. 1 Sam 23,8–13, oder Beschwörungsmittel, vgl. Num 5, 12–28, – war notwendig. Wie sie in der persischen Epoche gehandhabt wurde, wissen wir nicht. Vielleicht hatte der Amtsträger, Priester oder Prophet (hier prototypisch: Mose), genügend Vollmacht, derartige Fragen zu entscheiden und als Antwort „aus dem Mund Gottes" zu verkünden. Die Befragung Gottes und die einstweilige Sicherheitsverwahrung für den Übeltäter sind auch in Num 15,33f. in fast gleichem Wortlaut festgeschrieben: „… sie brachten ihn zu Mose, Aaron und der ganzen Gemeinde. Sie hielten ihn in Gewahrsam …". Dabei könnte an ein richtiges Gefängnis gedacht sein (vgl. Gen 40,2–4; 42,17), wie es in der Wüstensituation noch unbekannt sein mußte. Der Prophet Jeremia wird in Behelfsverließe gesteckt (Jer 37,11–38,6).

Von der Anfrage an Jahwe wird nichts berichtet; der „Erzähler" läßt Gott sofort nach der stereotypen Redeinleitung (V. 13) zu Wort kommen. Bei sämtlichen anderen Einleitungsformeln im Buch Leviticus liegt keine Frage–, sondern eine Offenbarungssituation zugrunde. Jahwe ruft Mose aus eigenem Antrieb zu. Hier reagiert er auf die unausgesprochene Bitte um Rechtsauskunft. Auch die Einleitungsformel selbst paßt eigentlich nicht in das Frage – Antwort Schema. Beides spricht für die Künstlichkeit der Beispiel„erzählung".

Die göttliche Antwort ist ein Exekutionsbescheid (V. 14). Juristisch gesehen fehlt das Urteil: „Der Täter ist schuldig. Er wird mit dem Tod durch Steinigung bestraft." Stattdessen erfolgt sogleich die Anweisung, ihn aus dem Lager zu bringen und draußen zu steinigen. Dem entspricht die Ausführung in V. 23, nur daß da die Zeremonie der Handaufstemmung nicht mehr erwähnt wird (vgl. V. 13). Die Steinigung eines zum Tode Verurteilten ist eine urtümliche Hinrichtungsart, vielleicht stammt sie aus der Zeit, in der Steinwerkzeuge und -waffen die menschliche Muskelkraft zu vervielfachen anfingen. Später kamen in Israel das Verbrennen, die Enthauptung und das Pfählen der Todeskandidaten hinzu (vgl. Gen 38,24; Dtn 21,22; 2 Sam 21,8f.; 1 Kön 2,29–34; Jer 26,23). Aber die Steinigung galt als besonders entwürdigende und feierliche Tötung (vgl. Ex 19,13; Jos 7,25; 2 Chr 24,21). Sie blieb bei verschiedenen Delikten besonders im deuteronomischen Gesetz die traditionelle und für die Jahwegemeinde charakteristische Hinrichtungsart (vgl. Dtn 13,11; 17,5; 21,21; 22,21; so auch 1 Kön 21,13f. nach dem Prozeß gegen Nabot wegen Gotteslästerung). Die Steinigung eines Gotteslästerers war also zumindest in gewissen Perioden der Glaubensgeschichte Israels ein normales Verfahren.

Die Handaufstemmung dagegen wird im Zusammenhang mit der Hinrichtung eines Verurteilten nur in unserem Leviticustext erwähnt. Das ist seltsam! Sollte hier ein Brauch, der eigentlich in den Bereich des Opferkultes gehört (vgl. Lev 1,4 u. ö.) und eine Sündenübertragung symbolisiert (vgl. Lev 16,21), einfach in die Exekutionspraxis übernommen worden sein? Aber es ist doch schwer vorstellbar, daß dem Todgeweihten eine Sündenbockrolle zugedacht war oder daß die Ohrenzeugen, die zur Handauflegung gerufen sind (V. 14), sich durch diesen Gestus einer (Mit)Schuld entledigen sollten. Die Handauflegung geschieht möglicherweise in Analogie zu den symbolischen Identifizierungen von Mensch und Opfertier, das stellvertretend Schuld für den Opfernden sühnt. Aber in unserem Kontext hat die Identifizierung eben nicht sühnende Bedeutung, sondern eher juristische. Der enge Kontakt mit dem Verurteilten soll die Zeugen an ihre Verantwortung für die Wahrheit ihrer Aussage gegen den Schuldiggesprochenen erinnern. Die „Ohrenzeugen" der Gottesverfluchung und Garanten für die Anklage übernehmen durch die Handauflegung auch das Risiko seines Todes. Der Lästerer stirbt unter dem Fluch, den er gegen Gott ausgestoßen hat. Sollte das Urteil aber auf Falschaussagen beruhen wie in 1 Kön 21, dann müßte nach Ansicht der Leviticus-Überlieferer der Fluch auch auf die meineidigen Zeugen zurückschlagen.

8.2.4 Gesetz und Recht

Die stark schematisierte Beispielgeschichte hat den erklärten Zweck, die Gesetzesvorschrift gegen Gotteslästerung (V. 15f.) zu begründen. Das ist nichts Besonderes; viele Rechtssysteme legen Präzedenzfällen eine hohe Bedeutung bei. Nur scheint in Lev 24,10–14 die „Erzählung" wegen ihrer Steifheit und Unkonkretheit eher aus dem Gesetz herausgewachsen zu sein als umgekehrt.

Wie ist das scheinbar aus dem konkreten Fall abgeleitete Gesetz über „Gottesverfluchung" formuliert? Überraschenderweise sind zwei parallele Versionen des Lästerungsparagraphen überliefert. Zunächst weist ein feierlicher Gottesbefehl Mose auf seine Mittlerpflicht hin (V. 15a). Der Satz schließt an den Exekutionsbefehl V. 14 an, liegt aber generell im Rahmen der gewohnten Redeanweisungen im Buch Leviticus (vgl. Lev 1,1f.). Dann folgt die erste, in der

Strafbemessung sehr allgemein gehaltene Gesetzesversion: „Jeder, der seinen Gott verflucht, muß seine Verfehlung auf sich nehmen." Das bleibt so unbestimmt, daß wir als Hintergrund eine religiös pluralistische Gesellschaft annehmen könnten. Die Rechtsfolge wird praktisch offengelassen. Soll etwa nur „geistlich" geredet werden: Der Lästerer wird der Bestrafung des von ihm verfluchten Gottes überlassen? Erst die zweite Formulierung setzt die Todesstrafe für denjenigen fest, der „den Namen Jahwes verletzt" (V. 16a; vgl. V. 11). Wir stellen also eine doppelte Ausfertigung des Gesetzes fest. Nur die zweite Version setzt die Höchststrafe an; sie gebietet auch sofort die Hinrichtungsart, die Steinigung, und schärft im Gefolge von Ex 12,49; Lev 16,29; 17,15; 18,26; 19,34 die Gleichverantwortung und Gleichbehandlung von Gastbürgern und Einheimischen ein (V. 16b). Die Gleichheitsregel wird sogar noch einmal eindringlich und fast im Wortlaut von Ex 12,49; Num 15,16 wiederholt. Die häufige Nennung des in Israel ansässigen Ausländers deutet auf soziale Probleme hin. Anscheinend gab es in der Perserzeit – ausgelöst durch die freie Bewegungsmöglichkeit im Großreich? Oder durch bestimmte Notsituationen? – eine signifikante Durchmischung der israelitischen Bevölkerung. Gegenüber sozialen und religiösen Abgrenzungstendenzen (vgl. Esra 10; Neh 13,15–22) muß immer wieder die grundsätzliche Gleichheit der im Lande wohnhaften Fremden betont werden (vgl. zu Lev 25,44–55).

Der reine Rechtssatz V. 16a aber erinnert in seiner Kürze und der formelhaften Straffolgebestimmung („der muß sterben") an die Bestimmungen bzw. „Drohungen" in Lev 20,9–18 und Ex 21,12–17. Worum geht es in dieser Auswertung der Beispielgeschichte? Es soll eine allgemeingültige „Moral aus der Geschichte" gezogen werden, das ist klar. Aber spricht so der Gesetzgeber oder der Prediger? Warum ist in dem Drohsatz so verklausuliert vom „Durchbohren des Namens Jahwes" die Rede? Warum heißt es nicht direkt: „Wer Gott verflucht, der muß sterben"? So direkt sind jedenfalls die vergleichbaren Sätze Ex 21,17; 22,27 formuliert. Sie scheuen das Verb *qll*, „verfluchen", nicht. Wenn irgendwo, dann wird in unserem Text deutlich: Hier spricht ein Prediger zu einer Gemeinde, und er bedient sich annähernd juristischer Redeweise. Denn die sehr knappe Zusammenfassung des Tathergangs mit einer ebenso komprimierten, harten Strafdrohung kommt gelegentlich auch in altorientalischen Rechtssammlungen vor, z.B. im mittelassyrischen Gesetz[23]. Die Regelformulierung aber kann ein solches Konzentrat eines Rechtsfalles für den Gebrauch im Strafprozeß nicht sein. Gerichtsverhandlungen auch vor einem ideologisch verhärteten Forum sind darauf angewiesen, Details und Differenzierungen eines Tatherganges zu untersuchen und mindestens theoretisch Abweichungen von der Monotonie der Todesstrafe zuzulassen. Zwar haben sich Inquisitions- und Revolutionsgerichte, Sonder-, Kriegs- und Standgerichtshöfe oft in beängstigender Weise mit der bloßen Schuldfeststellung begnügt und sind dann – wie im

---

[23] Vgl. Rykle Borger, TUAT I, 88: „Wer eine verhüllte Sklavin erblickt, soll sie festnehmen und sie zum Eingang des Palastes bringen. Man soll ihr die Ohren abschneiden." – In den altorientalischen Rechtstexten kommt eine direkte Anrede an Zuhörer allerdings nicht vor.

angeblichen „Todesrecht" des ATs vorgezeichnet – sofort zur Verhängung der
Höchststrafe fortgeschritten. Doch entspricht diese Hinrichtungspraxis weder
dem Rechtsgefühl der alttestamentlichen Zeugen (vgl. die Zeugenregel Dtn
17,6; 19,15–21; die Unbestechlichkeitsforderung Dtn 16,19; die Differenzierung der Fälle im Strafrecht Ex 21,18ff.) noch dem heutigen Rechtsempfinden.
Sollte es wirklich neben den Laiengerichten im Tor[24] eine kultische Gerichtsbarkeit gegeben haben, die ausschließlich Verbrechen gegen die Gottheit zu ahnden
hatte? Das wird vielfach angenommen und mit der Ordalpraxis (vgl.
Num 5,11–28; Dtn 17,8–13) begründet. Die Einholung eines Gottesbescheides
ist aber nicht mit dem regulären Prozeß im Tor zu vermischen. Nur wenn die
Schuldfrage nicht mit den Mitteln des normalen Gerichtsverfahrens geklärt
werden kann, muß ein Gottesurteil eingeholt werden. Unsere Perikope dehnt
diese Praxis (nur in der Fiktion?) auf den Fall aus, daß ein Strafmaß für die Tat
noch nicht bekannt ist. Das ist eine eigenartige Vorstellung: Die Gemeinde
Jahwes soll bereits Lästerung als schweres Vergehen gegen Gott erkannt haben.
Nur die Art seiner Ahndung habe von Jahwe erfragt werden müssen!

Dem Gesetz über die Lästerung ist ein Rechtssatz wegen Totschlags angeschlossen (V. 17). Beide Vergehen wiegen gleich schwer und erfordern die
Todesstrafe bzw. Todesdrohung. Es entsteht somit ein Doppelgebot, das enge
Beziehung zu Ex 21,12–17 zu haben scheint. Sachlich sind auch dort Lästerung
und „Schlagen" (oder „Erschlagen"?) dicht beieinander (Ex 21,15.17). Nur sind
die angegriffenen Personen nicht Gott, sondern – Vater und Mutter! Eine
umfassende Stellungnahme gibt Ex 22,17: Weder Gott persönlich noch die
höchste Stammesautorität darf verflucht werden. Sie sind für die Gemeinde die
allerhöchsten (und heiligen?) Instanzen.

In der Gesetzesreihe Ex 21,12–17 sind indessen zwei weitere Verbrechen, die
in die höchste Kategorie gehören, hinzugefügt, so daß eine Viererreihe entsteht.
Vorsätzlicher Mord (Ex 21,12) und Menschenraub (Ex 21,16) fallen unter die
Todesdrohung. Für die erstgenannte Tat gelten nun aber Ausnahmeregeln: Bei
nichtvorsätzlichem Totschlag kann der Täter die Asylbestimmungen in Anspruch nehmen (V. 13). Das ist wieder ein Zeichen für die Differenzierung von
Rechtsfällen je nach dem Grad der Schuldhaftigkeit.

8.2.5 Auge um Auge (V. 18–21)

Das im römischen Recht *jus talionis* genannte Vergeltungsprinzip bringt eine
ganz neue Note in unseren Text. Hier geht es nicht einfach um die Verhängung
der Todesstrafe für bestimmte, besonders schwerwiegende Vergehen. Die Tat
an sich – bzw. die Beleidigung der Gottheit – steht gar nicht im Mittelpunkt des
Interesses, sondern der Menschen zugefügte Schaden. Das ist mit allem Nachdruck, wohl unter bewußter Abgrenzung von den vorhergehenden „Todesdro-

---

[24] Vgl. Ludwig Köhler, Die hebräische Rechtsgemeinde, in: derselbe, Der hebräische Mensch,
Tübingen 1953, 143–171.

hungen", in V. 19 und 20b festgehalten. Offensichtlich möchte ein Redaktor dem Eindruck entgegenwirken, die Rechtsprechung in der frühjüdischen Gemeinde habe fortwährend die Todesstrafe zu verhängen. Im Gegenteil: Für den normalen Strafprozeß gelten die Regeln des Schadensausgleichs.

Das Problem entwickelt sich von Lev 24,18 an. Man kann förmlich hören, wie bei einem Redner oder Vorleser ein Gedanke zum anderen kommt. Für den Totschlag eines Menschen wird die Todesstrafe beschworen (V. 17). Was soll aber passieren, wenn jemand ein Tier aus einer fremden Herde erschlägt? Ein Fall von Diebstahl für den Eigengebrauch (Nahrung; Opfermaterie) also. Muß der Viehdieb auch hingerichtet werden? Nein, die einfache Erstattung des getöteten Tieres ist gefordert (V. 18). Das ist im Vergleich zu den Rechtsvorschriften des „Bundesbuches" eine außerordentlich milde Auflage, die überhaupt kein Strafelement enthält. In Ex 22,2b ist von „Ersatz" des gestohlenen Tieres die Rede, Ex 22,3 fordert zweifachen Ersatz und Ex 21,37 geht noch darüber hinaus:

> Wenn jemand ein Rind oder ein Schaf stiehlt und es schlachtet oder verkauft, dann soll er fünf Kühe für das (gestohlene) Rind geben und vier Kleintiere für das (gestohlene) Schaf.

Die Strafe ist deswegen hochgeschraubt, weil der Täter mit kriminellem Bedacht vorgeht. Er begeht weder einen Gelegenheitsdiebstahl noch Mundraub, er plant die Aktion und denkt auch an den Verkauf des gestohlenen Tieres. Das läßt auf „organisiertes" Verbrechen schließen. – Wie immer, ein Vergleich der sachlich eng verwandten Bestimmungen des Bundesbuches mit Lev 24,18 bringt uns zu Bewußtsein: Wir stehen vor gänzlich verschiedenen Texten aus sehr differenten Lebenssituationen: Dort das angewandte Recht, das den Fall nach verschiedenen Richtungen hin abwägt, hier (V. 18) andeutungsweise Erinnerung an die Rechtssphäre, ohne genauere Angaben über Tatumstände und Tatfolge, mit einer unrealistisch milden Ersatzregel: „Leben für Leben", d.h. ein Stück Vieh für das getötete Exemplar. So „gerichtsfremd" kann nur jemand sich äußern, der mit der Rechtsprechung nichts zu tun hat. Der Vers stammt also ganz deutlich (wie vermutlich alle vorhergehenden Verse auch) aus der Gemeindeversammlung, wo eben nicht Recht gesprochen, sondern geistlich-moralisch ermahnt wird.

Zu diesem Bild paßt die Fortsetzung V. 19 ganz hervorragend. Dem Sprecher in der Gemeindeversammlung (oder dem Redaktor des für die Gemeinde bestimmten Lesetextes) gibt das Stichwort „Leben für Leben", das Ex 21,23 als Überschrift für einen Katalog von „gleichwertigen Strafen" dient, den Blick für andere Schädigungen des Mitmenschen frei. Er formuliert zuerst eigenständig und allgemein, daß die Strafe den Täter in dem Maß und an dem Körperteil treffen müsse, wie und wodurch er Schaden verursacht habe (V. 19). Damit ist natürlich ein Sprung vollzogen: In V. 18 bedeutete „Leben für Leben" ganz eindeutig die wirtschaftliche Ersatzleistung, den Schadensausgleich. Die alten Strafregeln, die vielleicht aus der nomadisch-beduinischen Rachejustiz kommen, wollen durch völlig gleichwertige Bestrafung eine religiöse und psychosoziale Balance herstellen, die das Miteinanderleben von verfeindeten Gruppen ermöglicht. „Leben für Leben" heißt in diesem Zusammenhang: Wenn ein Mitglied einer Gruppe einen Menschen aus einer anderen Gruppe erschlägt, dann darf (und muß) zur Sühnung und Wiederherstellung des Friedens ein Mitglied der Tätergruppe getötet werden.

Der Grundsatz ist prinzipiell noch heute in manchen Gegenden, wo Blutrache geübt wird, in Geltung, wenn er auch oft – und wie im Lamechlied Gen 4,23f. bereits angezeigt – zu eskalierenden, ganze Sippen hinwegraffenden Ausrottungskriegen führt. Die Gesichtspunkte des Schadensausgleichs und der Bestrafung liegen also (wie immer und überall in der Strafjustiz) ganz dicht beieinander. Unser Sprecher führt die Hörer durch die umgedeutete Aufnahme des Grundsatzes „Leben um Leben" zu den uralten Grundregeln altorientalischer Rechtsprechung, die Gleichwertigkeit von angerichtetem Schaden und Strafzumesunng verlangen. So steht es schon in manchen Gesetzen des Codex Hammurapi:

„Wenn ein Bürger ein Auge eines (anderen) Bürgers zerstört, so soll man ihm ein Auge zerstören."
„Wenn er einen Knochen eines Bürgers bricht, so soll man ihm einen Knochen brechen."
„Wenn ein Bürger einem ihm ebenbürtigen Bürger einen Zahn ausschlägt, soll man ihm einen Zahn ausschlagen."[25]

Gehört der Geschädigte allerdings zu einer niedrigeren sozialen Schicht, tritt eine Geldbuße an die Stelle der Talion-Bestrafung[26]. Dieselbe Parallelität zwischen gleichwertiger Bestrafung des Täters und Schadensausgleich durch Geldzahlung ist etwa auch in den Gesetzen über die mangelhafte Ausführung eines Bauvorhabens seitens eines Unternehmers zu beobachten: Stürzt das neuerbaute Haus ein und tötet den Hausherrn, dann wird der Bauunternehmer getötet. Findet der Sohn des Hausbesitzers den Tod, muß der Sohn des Unternehmers sterben. Entsteht nur „Sach"schaden an Sklaven oder Mobiliar, muß der Unternehmer den Wert des Verlorenen erstatten. Sind lediglich Schäden am Mauerwerk zu beklagen, ist der Unternehmer zur Wiederherstellung des Bauwerkes verpflichtet[27].

Aus dem umfangreicheren Traditionsgut zur Talionspraxis zitiert der Überlieferer in unserem Text nur drei schlagwortartige Wendungen: Verletzung um Verletzung, Auge um Auge, Zahn um Zahn. Die beiden letzteren sind heute noch mindestens in westeuropäischen Sprachen geflügelte Worte. Alle drei benennen körperliche Verletzungen (auch Auge und Zahn stehen für „zerstörtes Auge; ausgeschlagener Zahn"), die durch gleichartige Verwundung des Täters ausgeglichen werden sollen. Die mehrfache Verwendung derartiger Schlagworte an verschiedenen Stellen des ATs (vgl. Ex 21,23–25; Dtn 19,21), des altorientalischen und des römischen Rechts[28] legt die Vermutung nahe, daß die Talionsregeln auf einer frühen Stufe der Rechtsprechung als Hilfsnormen (nicht als ausgeführte Gesetzestexte) bei Gerichtsverfahren verwendet wurden,

---

[25] Rykle Borger, TUAT I, 68 = § 196; 197; 200 des Codex Hammurapi.
[26] Codex Hammurapi § 198; 199; 201.
[27] Codex Hammurapi § 229–233.
[28] Vgl. F. Wieacker, Vom römischen Recht, Stuttgart, [2]1961.

und zwar sowohl zur Bestimmung des materiellen Schadensausgleichs wie zur
Festlegung der sühnenden, das innere Gleichgewicht wiederherstellenden Strafe. In unserem Kontext ist die Besinnung auf Grundregeln der Strafjustiz
deutlich dazu bestimmt, den Eindruck der Todesdrohungen von V. 16f. abzu-
mildern. V. 21 bestätigt dieses Verständnis ausdrücklich. Wird ein Tier von
einem Dieb erschlagen, greift die Schadensausgleichsregelung. Wird ein Mensch
getötet, gilt die göttliche Todesdrohung, die selbstverständlich im konkreten
Gerichtsverfahren wegen der Differenziertheit der Einzelfälle in verschiedene
Strafen ausmünden kann (vgl. Ex 21,12–14.18–22; Dtn 19,4–7). Eine mehr
theoretische, aber auch mit der Grundunterscheidung von „vorsätzlichem" und
„nicht-vorsätzlichem" arbeitende Bestimmung über den Totschlag findet sich in
Num 35,16–29. Die Unterschiede im Tötungswerkzeug (Eisen; Stein; Holz: V.
16–18) können rechtlich nicht so bedeutsam sein, und die sekundäre Einführung des Schuldprinzips (V. 20–24) stimmt mit den bedingungslosen Todesdrohungen von V. 16–18 nicht überein.

Nehmen wir die Talionsbestimmungen von Lev 24,20 in ihrer Kürze und
Prägnanz für sich, so stellt sich die Frage nach der ursprünglichen Lebenssituation derartiger Ausdrücke. In der Erzähl–, Alltags- und Kultsprache sind Wendungen sehr beliebt, die den Austausch von einander polar entgegengesetzten
Größen beschreiben: „Böses statt Gutes" o. ä. (Gen 44,4; 1 Sam 25,21; Ps 35,12;
38,21; Jes 3,24). Da, wo es um Haftung für eine Sache oder um ihren Ersatz geht,
steht häufig die Gleichwertigkeitsformel „Leben für Leben" o. ä. (1 Kön
20,39.42; Num 3,12.41; Jes 43,4). Kurz, der Redetyp „X für Y" oder „X für X"
ist weit verbreitet, er ist nicht rechtsspezifisch, sondern bezeichnet vielerlei
Austauschprozesse[29].

Das Talionsprinzip ist in der Rechtsgeschichte sehr einflußreich gewesen. Im islamischen Recht ist es heute noch ein zentral wichtiger Grundsatz, nach Möglichkeit
Gleiches mit Gleichem zu vergelten; wir müssen auch an das geflügelte Wort „Wie du
mir, so ich dir!" denken. In vielen Rechtssystemen ist allerdings die Talionsbestrafung
verpönt und von den Strafgrundsätzen der Sühne, Wiedergutmachung oder der
Rehabilitation verdrängt worden[30].

8.3 Freijahre (Lev 25)

Mit Lev 25 erreichen wir Feiertags- und Festvorschriften, die über den Jahreszy-
klus hinausgehen. Allein diese Tatsache ist bedeutsam, denn die normalen
Festkalender begnügen sich in der Regel mit den jährlich wiederkehrenden
„Hoch"zeiten. Es kommt hinzu, daß die in Lev 25 gesammelten Regeln über
Sabbat- und Erlaßjahr ein starkes soziales Engagement verraten, das in den sonst
erhaltenen Feiertagsvorschriften Ex 23; 34; Dtn 16; Lev 23 mindestens in dieser
Konzentration nicht anzutreffen ist.

---

[29] Vgl. Marcel Mauss.
[30] Vgl. Rolf-Peter Callies, Theorie der Strafe im demokratischen und sozialen Rechtsstaat,
Frankfurt 1973.

8.3.1 *Übersetzung*

1) Jahwe redete auf dem Berg Sinai zu Mose: 2) Sprich zu den Israeliten, sage ihnen: Wenn ihr in das Land hineinkommt, das ich euch geben will, dann soll das Land Jahwe einen Sabbat halten. 3) Sechs Jahre sollst du deinen Acker bestellen und sechs Jahre sollst du deinen Weinberg bewirtschaften und ihre Erträge einsammeln. 4) Im siebten Jahr soll das Land einen großen Sabbat haben, einen Sabbat für Jahwe. Du darfst deinen Acker nicht bestellen und deinen Weinberg nicht bewirtschaften. 5) Was nachwächst von deiner Ernte, darfst du nicht schneiden, was wildwächst an deinen Reben, darfst du nicht abnehmen, es ist ein heiliges Sabbatjahr für das Land. 6) Der Sabbatertrag des Landes (?) soll euch zur Nahrung dienen, dir, deinem Sklaven, deiner Sklavin, deinem Lohnarbeiter und deinem Pächter, die bei dir wohnen. 7) Deinem Vieh und dem Wild dient all sein Ertrag zur Speise.

8) Du sollst dir sieben Jahr-Sabbate abzählen, also siebenmal sieben Jahre, so daß aus den sieben Jahrwochen neunundvierzig Jahre werden. 9) Am zehnten Tag des siebten Monats, dem Versöhnungstag, sollst du das Widderhorn umhergehen lassen; ihr sollt das Widderhorn durch euer ganzes Land gehen lassen. 10) Ihr sollt das fünfzigste Jahr heiligen und für alle Bewohner im Lande einen Schuldenerlaß ausrufen. Es soll euch ein Befreiungsjahr[31] sein. Ihr sollt alle wieder zu eurem Besitz kommen, jeder von euch soll zu seiner Sippe zurückkehren. 11) Es ist ein Befreiungsjahr, das fünfzigste Jahr, das für euch kommt. Ihr dürft weder säen noch den Eigenwuchs ernten oder den Wildwuchs ablesen. 12) Denn es ist ein Befreiungsjahr, es soll euch heilig sein. Ihr dürft das essen, was auf dem Acker von selbst wächst.

13) In diesem Befreiungsjahr soll jeder von euch wieder zu seinem Eigentum kommen. 14) Wenn ihr dem Bruder etwas verkauft oder von ihm kauft, dann soll keiner den anderen übervorteilen. 15) Gemäß der Zahl der Jahre, die seit dem Befreiungsjahr vergangen sind, sollst du von deinem Nächsten kaufen. Gemäß der Zahl der Erntejahre soll er dir verkaufen. 16) Mit der Zahl der (noch offenen) Jahre kannst du den Kaufpreis erhöhen, mit geringeren Jahreszahlen verringern. Er verkauft dir ja eine (bestimmte) Anzahl von Ernten. 17) Ihr dürft den Nächsten nicht unterdrücken; du sollst dich vor deinem Gott fürchten, denn ich bin Jahwe, euer Gott. 18) Ihr sollt meine Vorschriften befolgen und meine Regeln einhalten und in die Tat umsetzen. Dann werdet ihr sicher im Lande wohnen. 19) Die Erde wird ihre Frucht geben und ihr werdet reichlich zu essen haben. Ihr werdet sicher im Lande wohnen.

20) Vielleicht denkt ihr: Was sollen wir im siebten Jahr essen? Wir säen nicht, also können wir auch nicht unsere Ernte einbringen! 21) Ich will im sechsten Jahr meinen (besonderen) Segen zu euch schicken, und er wird euch eine dreifache Ernte bringen. 22) Ihr werdet im achten Jahr säen und von dem Ertrag

---

[31] Wörtlich: „Jobel"- d.h. Widderhornjahr; es ist als Erlaßjahr definiert (V. 9ff.; vgl. noch Lev 27, 17f..23f.; Num 36,4 und das apokryphe „Buch der Jubiläen"). Von „Jobel" abgeleitet sind das lateinische „jubilare" und das deutsche „jubeln".

des Vorvorjahres leben können. Ihr eßt bis ins neunte Jahr, bis es seine Ernte bringt, von der des Vorvorjahres. 23) Grund und Boden darf nicht endgültig verkauft werden, denn mir gehört die Erde. Ihr seid nur [wie] Ausländer und Pächter auf meinem Besitz. 24) Bei allem eurem Erbland sollt ihr die Möglichkeit der Auslösung einräumen.

25) Wenn dein Bruder verarmt und (etwas) von seinem (Familien)besitz verkauft hat, dann soll der ihm nächstverwandte Löser kommen und das vom Bruder Veräußerte zurückkaufen. 26) Hat der Betreffende keinen Löser, kann aber selbst die Rückkaufsumme aufbringen, 27) dann soll er die Jahre seit dem Verkauf abziehen und dem Käufer den Betrag für die restliche Zeit erstatten. So kommt er wieder an seinen Besitz. 28) Kann er nicht soviel aufbringen, wie er zurückzahlen muß, dann bleibt das Verkaufte bis zum Befreiungsjahr in der Hand des Käufers. Im Befreiungsjahr wird es frei und kehrt in seinen Besitz zurück.

29) Wenn jemand ein Wohnhaus in einer ummauerten Stadt verkauft, dann soll bis zum Ende des Verkaufsjahres die Möglichkeit des Rückkaufes bestehen; das ist die Frist für die Auslösung. 30) Wird das Haus nicht vor Ablauf des Jahres ausgelöst, dann geht dieses Haus, das in einer ummauerten Stadt liegt, endgültig in den Besitz des Käufers und seiner Nachkommen über; es wird auch im Befreiungsjahr nicht frei. 31) Häuser in offenen Siedlungen, die keine Mauer haben, werden zum Landbesitz gezählt. Für sie gibt es Rückkaufsmöglichkeiten; im Befreiungsjahr werden sie frei. 32) Für die Levitenstädte und die Häuser in den Städten, die ihnen gehören, gilt Folgendes: Die Leviten haben immer Rückkaufsrecht. 33) Wenn das verkaufte Haus von einem Leviten nicht ausgelöst wird, dann kommt es in der Levitenstadt zum Befreiungsjahr frei, denn die Häuser in den Levitenstädten sind levitisches Eigentum mitten unter den Israeliten. 34) Das Weideland, das zu ihren Städten gehört, darf nicht verkauft werden, denn es gehört ihnen auf Dauer.

35) Wenn dein Bruder verarmt und neben dir den Halt verliert, dann sollst du ihn stützen, wie einen Ausländer oder Pächter (?), so daß er bei dir leben kann. 36) Du sollst von ihm weder Zinsen noch Aufschlag verlangen; fürchte dich vor deinem Gott, so daß dein Bruder bei dir leben kann. 37) Du sollst ihm dein Geld nicht gegen Zinsen leihen; du sollst ihm deine Nahrungsmittel nicht gegen Aufschlag geben. 38) Ich bin Jahwe, euer Gott, der euch aus Ägypten herausgeführt hat, um euch das Land Kanaan zu geben und um euer Gott zu werden.

39) Wenn dein Bruder bei dir verarmt und sich dir verkaufen muß, dann sollst du ihn nicht mit Sklavenarbeit belasten. 40) Er soll bei dir wie ein Tagelöhner oder Pächter sein; bis zum Befreiungsjahr soll er bei dir arbeiten. 41) Dann soll er von dir freikommen, er und seine Kinder mit ihm; er soll zu seiner Sippe und zum Besitz seiner Väter zurückkehren. 42) [Die Israeliten] sind ja meine Diener, die ich aus Ägypten hinausgeführt habe; sie dürfen nicht als Sklaven verkauft werden. 43) Du darfst sie nicht mit Gewalt beherrschen; du sollst dich vielmehr vor deinem Gott fürchten. 44) Was deinen Sklaven und deine Sklavin angeht, die du haben kannst: Von den Völkern rings um euch her könnt ihr Sklaven und Sklavinnen kaufen. 45) Auch von den ausländischen Pächtern, die bei euch sind

dürft ihr (Sklaven und Sklavinnen) kaufen und von ihren Sippen, die bei euch sind, die sie in eurem Land gezeugt haben: Die dürft ihr (auf Dauer) besitzen. 46) Ihr dürft sie euren Söhnen nach euch vererben, daß diese sie als dauerhaftes Eigentum übernehmen. Sie könnt ihr unbegrenzt als Sklaven arbeiten lassen. Aber eure Brüder, die Israeliten, dürft ihr gegenseitig nicht mit Gewalt beherrschen. 47) Wenn ein Ausländer oder Pächter es bei dir zu Wohlstand bringt und dein Bruder bei ihm verarmt und sich dem Ausländer oder Pächter – oder einem Abkömmling der ausländischen Sippe – verkaufen muß, 48) dann soll er nach dem Verkauf eine Auslösemöglichkeit haben. Einer von seinen Brüdern möge ihn zurückkaufen. 49) Auch sein Onkel oder sein Vetter kann ihn auslösen, oder sonst ein Sippenverwandter. Wenn er es schafft, mag er sich auch selbst freikaufen. 50) Er soll mit dem Käufer von dem Jahr des Verkaufs an bis zum Befreiungsjahr rechnen. Sein Rückkaufswert richtet sich nach der Zahl der Jahre, die er als Tagelöhner bei ihm zubringen würde. 51) Sind es noch viele Jahre, dann muß er seine Auslösesumme gegenüber dem (ursprünglichen) Kaufpreis entsprechend bemessen. 52) Wenn nur wenig Zeit bis zum Befreiungsjahr übrig ist, soll er es berechnen; nach der Anzahl der Jahre soll er den Rückkaufspreis erstatten. 53) Er soll (sonst) Jahr um Jahr wie ein Tagelöhner bei ihm leben. Er darf ihn nicht vor deinen Augen mit Gewalt beherrschen. 54) Wenn er nicht von jenen (Verwandten) ausgelöst wird, sollen er und seine Kinder im Befreiungsjahr loskommen. 55) Denn mir gehören die Israeliten als Diener, sie sind meine Sklaven, die ich aus Ägypten hinausgeführt habe. Ich bin Jahwe, euer Gott.

8.3.2 Stil und Inhalt

Das ausgedehnte und wortreiche Kap. ist mit erstaunlich konzentrierter, wörtlicher Anrede durchzogen. Man fühlt sich bei der Lektüre in einen Vortragssaal oder einen Gottesdienst versetzt. Die Redeformen bleiben aber nicht gleichmäßig in der 2. Pers. Plur. wie in Lev 24, sie fallen immer wieder in den Sing. oder treten hinter einer unpersönlich neutralen 3. Pers. ganz zurück. Nun ist der Wechsel zwischen Plur. und Sing. in der direkten Anrede nicht immer gleichbedeutend mit einer Veränderung des Schauplatzes, an dem die Rede ergeht. Auch wir sind gewohnt, kollektive Anreden im Sing. zu hören: Liebe Gemeinde! Verehrte Festversammlung! Innerhalb einer Predigt oder Ansprache kann dann durchaus die plur.e Redeform, die jeden einzelnen in der Menge meint, mit der sing.en, welche die Einzelperson herausgreift, wechseln. So auch in Lev 25. Der Text tritt zuerst (V. 2 aß) im Plur. vor die Hörer, wendet sich dann in einem meist distributiv zu verstehenden Sing. („jeder einzelne von euch") an die gesamte Gemeinde. Ein Musterbeispiel ist V. 17: Plur.es Verbot, sing.e Ermahnungen, plur.e Zusage folgen aufeinander und meinen doch immer die eine, gesamte Gemeinde (vgl. V. 14b.36.43; Lev 19,14.32). Immerhin beschreibt der Sing. je nach dem Sinnzusammenhang hier und da aber auch die Konturen eines bestimmten, aus der Menge herausgehobenen Einzelmenschen. „Wenn dein

Bruder neben dir verarmt …"(V. 25; 35; 39): Da ist ein konkreter Fall von Bankrott gemeint. „… und er sich dir verkaufen muß" (V. 39a): Das kann nicht alle Gemeindeglieder gleichmäßig betreffen; es gilt nur für einen, der Geld verliehen hat und den zahlungsunfähigen Schuldner zur Kasse bittet und in die Schuldknechtschaft zwingt.

Dennoch mag es nicht unerheblich sein, die sing.en und plur.en Partien des Textes für sich zu betrachten. Lesen wir z.B. die plur.en Stücke hintereinander (V. 2aß; 6a; 9b–13; [14a ist wohl in den Sing. zu verbessern]; 14b; 17a; 18–24; 38; 44b–46b; 55b), dann gewinnt man den Eindruck, einem Redner in seinen großen Linien zu folgen. Er setzt Ort und Zeit für das Inkrafttreten seiner Vorschriften fest (V. 2aß), markiert den Versöhnungstag als Termin für den Beginn des Befreiungsjahres (V. 9b: nachdem in V. 9a bereits eine weniger genaue Angabe in der 2. Pers. Sing. ergangen ist), erklärt den allgemeinen Sinn des Befreiungsjahres (V. 10f.;13; 23f.), regelt die Versorgungsfrage (V. 6a; 12; 19–22), verbietet Ausbeutung des sozial Schwachen (V. 14b; 17a), mahnt die Einhaltung aller Gebote an (V. 18), nimmt Stellung zum Besitz von Fremdsklaven (V. 44b–46b). Die Selbstvorstellungsformel Jahwes, die in manchen Passagen des 3. Buches Mose auftritt (vgl. Lev 19), schließt auch in unserem Kap. einige Abschnitte ab. Sie ist immer plur. formuliert (V. 17b; 38; 55b), d.h. an die ganze Versammlung mit allen ihren Einzelgliedern gerichtet. Die plur.en Stücke scheinen also das Grundsätzliche und einige, wenige Einzelpunkte im Auge zu haben, so das Datum des Versöhnungstages, den Zuspruch Jahwes an die Gemeinde, die Nahrungsmittelversorgung, den Sklavenbesitz.

Anders die längeren sing.en Abschnitte mit direkter Anrede (V. 3–9a; 14–16; 35–37; 39–44a; 47): Sie vereinzeln die Adressaten oder haben von Anfang an nur den konkreten Einzelfall, ganz abgesehen von der Gemeindeversammlung im Blick. Feldarbeit, Handelsgeschäfte, Zinsforderungen, Sklavenhaltung sind im konkreten Alltagsleben Sache einzelner Bürger. Bei V. 47ff. scheint dann jedoch die Gemeinde im Sing. angeredet zu sein. Dieser Abschnitt (V. 47–54), der nur im Anfangsvers und am Ende (V. 53b) den Anredestil aufweist, bringt uns die dritte Textschicht zu Bewußtsein: Sie regelt in objektiver Gesetzessprache Fälle von Landrückkauf (V. 25b–34) bzw. Sklavenrückkauf (V. 47–54) im Befreiungsjahr. Karl Elliger sieht zu Recht in den objektiv formulierten Stücken alte Rechtsvorschriften, die sukzessiv in vortragende Rede vor der Gemeindeversammlung aufgenommen worden sind.

Dem Inhalt des ganzen Kapitels nähern wir uns dadurch, daß wir die am häufigsten gebrauchten Vokabeln und die zugehörigen Wortfelder betrachten. Der Begriff „Land" kommt zwanzigmal im Text vor, es ist (fast) das erste und letzte Wort. Das Land wird bebaut, es soll ruhen, Ernten erbringen, es wird verkauft und ausgelöst, kurz: Grund und Boden sind die Lebensgrundlage der angeredeten Menschen. Häuser finden nur in einem Abschnitt Erwähnung (V. 29–33), Herden, die sich vom Land ernähren, sind nur ganz am Rande erwähnt (V. 34). Das Land – es wird geographisch nicht abgegrenzt, wie etwa in Jos 15ff. – ist das Urdatum schlechthin, von ihm hängt alles ab.

Die angeredeten Menschen stehen zum Boden, von dem sie leben, in einem sozial und wirtschaftlich definierten Verhältnis. Wörter des „Besitzens", „Verkaufens", „Einlösens" durchziehen wie ein Netzwerk das ganze Kap. Alle Vorgänge aber, die das Land zum Gegenstand haben, werden orientiert durch komplizierte Sozialstrukturen. Die weitesten Gegensätze tun sich auf zwischen dem „Bruder" und dem „Sklaven" (= verarmter Bruder) einerseits, dem „Bruder" und dem „Ausländer" bzw. dem ausländischen „Sklaven" auf der anderen Seite. Erstaunlich ist, daß nirgends die Gläubiger als Gruppe oder sonst personal gekennzeichnet sind, nicht einmal im Zinsparagraphen V. 36f. Die Rede ergeht auch dort nur an ein Du, das den bankrotten Bruder zu achten und zu stützen hat. Sind die Geldgeber hier im Gegensatz etwa zu Am 2,6–8; 4,1; 5,11f.; 8,4–6 mit der Gemeinde identisch? Der Text läßt jedenfalls gut eine soziale Schichtung und ein Geflecht von Verwandtschaftsverhältnissen erkennen, das gegen die wirtschaftliche Misere aufgeboten wird (vgl. V. 48f.).

Wir befinden uns mit Lev 25 in einem sozialökonomischen Kräftefeld, das in einen religiösen Bezugsrahmen eingespannt ist. Das im Namen des Gottes, der Israel aus Ägypten geführt hat, verkündigte „Befreiungs"-(=Jobel)Jahr greift tief in die gewachsenen Verhältnisse ein. Der Text breitet in übersichtlichen, aber nicht immer streng logisch zusammenhängenden Paragraphen die Botschaft von der „Rückkehr ins Eigentum" aus. Er ist eingeleitet durch die üblichen Wortvermittlungsformeln (V. 1–2a); auffällig ist allerdings die Lokalisierung der Szene „auf dem Berg Sinai". Das geschieht im Buche Leviticus ausdrücklich nur noch an drei weiteren Stellen: Lev 7,38; 26,46; 27,34 (vgl. Num 3,1). Massiert kommt der „Berg" (Gottes) als Ort der Beauftragung Moses in Ex 19; 24; 32; 34 zur Sprache. Möglicherweise sind die Eintragungen im 3. Buch Mose von diesen Stellen inspiriert worden.

8.3.3 Das Brachjahr (V. 2–7)

Wie es in Israel zu einer Ruhezeit für Acker und Weinberg in jedem siebten Jahr gekommen ist, wissen wir nicht. Möglicherweise liegt ein uralter Brauch vor. In anderen Gesetzessammlungen des ATs ist die siebenjährliche Brachzeit ebenfalls bezeugt, nur ist das Alter dieser Bestimmungen auch dort nicht eindeutig festzustellen (Ex 23,10f.; Dtn 24,19–22: beide Anweisungen in ermahnender Anrede statt objektiver Gesetzessprache). Außerdem sind Bestimmungen über das Stehenlassen eines Ernteretes (Lev 19,9f.; 23,22) und die alle sieben Jahre zu gewährende Entlassung aus der Schuldknechtschaft (Ex 21,2–11; Dtn 15,12–18) bzw. den Erlaß von Geldschulden (Dtn 15,1–10) überliefert. Aus allen diesen Elementen hat die priesterliche Überlieferung etwas Neues, das „Sabbatjahr" für den Acker und das ihm folgende „Befreiungsjahr" (Jobeljahr: V. 8ff.) gemacht.

Das Sabbatjahr für das bebaute Land wird wie schon in Lev 23 mit dem gesteigerten Ausdruck *šabbat šabbaton*, „großer, feierlicher, heiliger Sabbat" bezeichnet (V. 4f.), eine Wendung, die sonst nur noch Ex 16,23; 31,15; 35,2; Lev 16,31; 23 (vgl. o. 8.1) vorkommt. Überall ist ein aus dem wöchentlichen Ruhe-

und Anbetungstag entstandenes höheres kultisches Ereignis gemeint. Die große Sabbatruhe ist von manchen wunderbaren Zügen umgeben. Das Manna wird nicht faulig (Ex 16), es geschieht – nur einmal im Jahr! – die wichtigste Entsühnung (Lev 16; 23,32). Von solchen höchstwichtigen Tagen fällt dann gelegentlich Glanz zurück auf andere Sabbate (vgl. Ex 31,12–17; 35,2f.; Lev 23,3). In unserem Abschnitt ist die Sabbatvorschrift auf ein ganzes Jahr ausgedehnt, allerdings nur hinsichtlich der Ruhe, die das Ackerland genießen soll. Von irgendwelchen Implikationen im Blick auf das Alltagsleben außerhalb der Feldbestellung wird nichts gesagt.

Daß sich aber Komplikationen aus einer derartigen Konstruktion ergeben können, steht zu erwarten. Setzen wir voraus, es handele sich um eine normale Brache, wie sie in vielen Kulturen (einschließlich der germanischen) üblich war und ist, dann ist sie wohl nur ungebunden oder sukzessiv durchzuführen: Ein bestimmtes Feld wird nicht bestellt, während andere Äcker derselben Familie Nahrungsmittel produzieren. So allein sind Ex 23,10f. und Dtn 24,19–22 verständlich: Der Mittellose findet in der Gemarkung seines Wohnortes in jedem Jahr Felder, deren Wildwuchs ihm zur Verfügung steht. Nun ist aber in Lev 25,3–7 offenbar eine Vereinheitlichung des Sabbatjahres vorausgesetzt. Das Sabbatjahr soll für das ganze Land, das Wohngebiet Israels, gelten. Ganz deutlich wird diese Fixierung eines bestimmten „Sabbatjahres" in der kalendarischen Berechnung V. 8 und der theologischen Reflexion V. 20–22. Wie soll das Leben aber weitergehen, wenn im siebten Jahr keinerlei Feldbestellung stattfinden (V. 4), ja, wenn nicht einmal der Nachwuchs, d.h. das aus verstreuten Körnern der letzten Ernte hervorgegangene Getreide und die ohne Gehölzpflege angesetzte Baumfrucht verzehrt werden darf (V. 5)?

Die Ausweglosigkeit dieser Situation wird durchaus empfunden und durch zwei verschiedene Argumente abgewehrt. Einmal soll anscheinend der Wildwuchs von eßbaren Pflanzen auf dem nichtkultivierten Naturboden ausreichen, um Mensch und Tier zu ernähren (V. 6). Sicher ist diese Deutung nicht, denn der Vers spricht wortwörtlich nur vom „Sabbat des Landes, der euch zur Speise dienen soll" (V. 6a). Vielleicht ist ein präzisierendes Wort verlorengegangen. Die einzig mögliche Bedeutung dieses natürlichen „Sabbatertrages" ist jedoch der „Wildwuchs". Möglicherweise erinnert man sich an die Nahrungsmittelgarantie aus der Schöpfungsgeschichte: „Seht, ich habe euch gegeben alle Pflanzen, die Samen bringen, auf der ganzen Erde, und alle Bäume mit Früchten, die Samen bringen, zu eurer Speise" (Gen 1,29). Das hieße: „Gott wird schon für uns sorgen, wenn wir ihm den Ackerboden für ein Jahr weihen!" Daß diese theologische Auskunft die Menschen, die den Hunger fürchteten, nicht zufriedengestellt hat, ergibt sich aus dem Einwand von V. 20. Wie so oft in der Bibel kommt die Opposition direkt zu Wort: „Was sollen wir denn im siebten Jahr essen? Wenn wir nicht säen, können wir auch nicht ernten!" Der Hinweis auf das Wildgemüse und die wilde Baumfrucht ist den Unzufriedenen entweder nicht bekannt oder sie ignorieren ihn. Aber die Theologen haben eine neue Zusage Gottes bereit, diesmal denken sie nicht an die Schöpfungs-, sondern die Befreiungsgeschichte. So wie Jahwe am Anfang dem Volk in der Wüste reichlich

Nahrung verschaffte und für den Sabbattag auch die doppelte Ration an Manna, damit der Ruhetag nicht durch das Einsammeln entweiht werden mußte (vgl. Ex 16), so wird er seinem Volk auch für das siebte und sogar bis zur neuen Ernte im achten Jahr einen gehörigen Vorrat bereitstellen (V. 21 f.). Die kluge Vorratswirtschaft Josephs in Ägypten (Gen 41,47–57) mag als Illustration für das Denken der Überlieferer dienen. Die zeitliche Abfolge des Versorgungsplanes ist in unserem Text genau durchkalkuliert. In jedem sechsten Jahr will Jahwe den Ernteertrag durch seinen besonderen Segen verdreifachen (V. 21). Der antike Mensch hegte keinen Zweifel, daß dies (ohne chemische Intensivdüngung) möglich sei (vgl. Ps 65,10–14). Von diesem gottgeschenkten Vorrat könne man dann bequem im siebten Jahr (etwa Juni des 6. bis Oktober des 7. Jahres) und dann weiter das achte Jahr hindurch (November des 7. bis März des 8. Jahres) und ins neunte Jahr hinein (bis zur Ernte im April – Mai des 9. Jahres) leben (V. 22). Die etwas komplizierte Kalenderrechnung rührt daher, daß der „babylonische" Jahresanfang jeweils im April stattgefunden hat, während das Ackerjahr mit der späten Herbstlese im Weinberg und Olivenhain abschloß. Die beiden Jahreszählungen überlappen sich auch in unserem Text, so daß anscheinend nach der Vorstellung der Überlieferer zwei Aussaaten ausfallen: die Frühjahrssaat vor dem Beginn des siebten Jahres – denn die Ernte dürfte nicht eingebracht werden – und die Frühjahrssaat vor dem achten Jahr, denn sie fiele noch in das siebte Kalenderjahr und damit unter die Sabbatruhe.

Wie sollen wir diese Gedankenführung einschätzen? Sie erscheint uns – nicht nur aus heutiger, rationalistischer Betrachtung – reichlich wirklichkeitsfremd. Damals schon haben sich Widerspruch und Zweifel geregt, ob denn der Segen Gottes mit kalendarischer Regelmäßigkeit einkalkuliert werden dürfe. Nach unserer heutigen Einstellung ist es schlicht unmöglich, der Natur (und Gott) derartige Daumenschrauben anlegen zu wollen. Auch theologisch sind die Aussagen von V. 21 f. nicht zu halten: Gottes Dreifachsegen läßt sich nicht festlegen. Was dann? Wir können spekulieren, wie die priesterlichen Tradenten zu einer so abstrusen Regelung wie einem Sabbatjahr für das Ackerland gekommen sind und warum sie die Alltagswirklichkeit über ihrer theologischen Schreibtischarbeit so gründlich vergessen konnten. Denn die Vorschriften zur Ackerruhe sind ein abstraktes Gebäude, das entweder rein ideal zu verstehen ist – so müßte das Leben in Israel aussehen – oder das ebenso theoretisch einer Stadtgemeinde vorgesetzt wird, die selbst mit dem Ackerbau nichts mehr zu tun hat.

8.3.4 Das Jobel (Befreiungs-)Jahr (V. 8–55)

Das „Sabbatjahr" ist nur ein Vorspiel zu dem großen Entwurf eines allgemeinen Schuldenerlasses, der alle 50 Jahre stattfinden soll. Die Fünfzig-Jahr-Periode wirkt bis heute in den „heiligen Jahren" der katholischen Kirche nach. Der Freigabe von veräußerten oder verpfändeten Immobilien und dem möglichen Loskauf von Schuldsklaven gilt die ganze Aufmerksamkeit der Überlieferer. Einige wichtige, rechtliche Aspekte dieser Problematik werden nacheinander unter theologischem Vorzeichen zur Sprache gebracht. Es gibt jeweils präzise

Verhaltensrichtlinien für die angesprochenen Fälle im Stil von Geboten und Sollvorschriften.

8.3.4.1 Die Einrichtung des Befreiungsjahres (V. 8–12)

Im Stil eines Festkalenders, der wichtige Jahresdaten fest miteinander verbindet (vgl. Lev 23,15 f.; Dtn 16,9), soll der Zeitraum von 49 Jahren ausgezählt werden (V. 8). Die Basiseinheit von sieben Jahren, eine Jahrwoche, ist dabei wie eine Tageswoche behandelt. Die Wiederholung von Zahleneinheiten auf höherer Ebene ist ein in religiösen Texten beliebtes Kunstmittel. Es läßt ein heiliges Ordnungsprinzip für kleine und große Dinge durchscheinen. Die priesterliche Überlieferung hat es seit der Schöpfung (Gen 1,1–2,4 a) mit der Siebenzahl zu tun. Die Beschneidung am achten Tag (Gen 17,12), der siebentägige Passaritus (Ex 12,15 f.), eine Weiheperiode von sieben Tagen (Lev 8,33), die siebentägigen Reinigungszeiten (Lev 14,8 f. u. ö.), das siebenmalige Blutsprengen am Versöhnungstag (Lev 16,14.19) sind Indizien für die zentrale Bedeutung der Siebenzahl. Nun soll ein größerer Zeitraum nach der Zahl geordnet werden, welche den Alltag bestimmt und den göttlichen Ordnungswillen symbolisiert.

Der Beginn des Freilassungsjahres fällt auf den großen Versöhnungstag (vgl. Lev 16), und er wird durch ein landesweites Widderhornblasen eingeleitet (V. 9). Beide Merkmale bezeugen die außerordentliche Bedeutung des Befreiungsjahres. Die Jahresfeste wurden nach Lev 23 zwar auch „ausgerufen", doch wird das Widderhorn nicht erwähnt. Nur an wenigen, herausragenden Stellen dient das starke Lärminstrument als Signal für eine Kultfeier (vgl. Ex 19,16.19; Joel 2,1.15). In aller Regel gibt es im Krieg das Angriffs- oder Fluchtzeichen (vgl. Jos 6; Ri 7,8 ff.; Hos 5,8). Beim Befreiungsjahr hat es eine wichtige Eröffnungsfunktion, aber nicht nur das: Von dem Widder (jobel), dessen Horn (šopar) benutzt wird (beide Begriffe in einem Ausdruck: Jos 6,4 ff.), ist sogar der Name des Befreiungsjahres abgeleitet[32]. Und dieser Name klingt in unserem kleinen Abschnitt dreimal nachdrücklich an (V. 10b.11 a.12 a). Wahrhaftig, das Befreiungsjahr ist ein „Widderhorn"ereignis! Wie andere Festtage auch wird es „geheiligt" (V. 10 a; vgl. Ex 19,10; 20,8, aber sonst meist von Gegenständen und Personen gesagt), d. h. Jahwe zur besonderen Verfügung gestellt.

Der Zweck des Befreiungsjahres ist das andere Thema von V. 10. Ein „Erlaß", eine „Freilassung" für „alle Landesbewohner" soll „ausgerufen" werden. Der Ausdruck d^eror, „Freilassung", ist ein Lehnwort aus dem Akkadischen; er wird im AT, und zwar nur in jüngeren Texten, sowohl für Landrückgabe (vgl. noch Ez 46,17) wie für die Befreiung der Schuldsklaven (Jer 34; Jes 61,1) verwendet. Der Begriff hat offensichtlich in der exilischen Zeit die früher gebräuchlichen Ausdrücke (vgl. Ex 21,2–11; Dtn 15,1–10) verdrängt. In der Sache berührt sich die israelitische Institution des „Freijahres" mit jenen Amnestien und Schuldenerlassen, die in den Monarchien des Alten Orients gelegentlich – oft aus

---

[32] Vgl. Anm. 32.

Anlaß von Thronbesteigung oder Dankgelübden – von höchster Regierungs-
stelle verkündet wurden[33]. An diesem Brauch hat sich bis heute wenig geändert.
Neben den spontanen „Schuldenerlassen" hat es mindestens seit der Abfassung
des Codex Hammurapi im 17. Jh. v.Chr. auch die gesetzlich vorgeschriebenen
regelmäßigen Freilassungen gegeben. Um eine solche handelt es sich hier: Die
„Befreiung" soll umfassend sein: Die Rückgabe des Grundbesitzes und die
Entlassung aus der Schuldsklaverei sind inbegriffen. „Zurückkehren soll ein
jeder von euch zu seinem Besitz; ein jeder von euch soll zu seiner Sippe
zurückkehren." (V. 10 bß). Die beiden Aussagen ergänzen sich spiegelbildlich.
Die räumliche Trennung des Schuldners von den Seinen wird rückgängig gemacht, d.h., er kehrt von der Arbeitsstelle auf dem Gut des Gläubigers in den
Heimatort zurück.

Was das konkret bedeutet, können wir anhand von Neh 5 ermessen. Etwa in
der Mitte des 5. Jh.s herrschte eine schlimme Wirtschaftsmisere in Juda. Mißern-
ten hatten wahrscheinlich das Ihre dazu beigetragen, aber die Hauptursachen
waren wohl die mit den Persern voll aufgeblühte Geldwirtschaft, das strenge
Steuersystem der persischen Zentralregierung, die hohen Kapitalzinsen, die
Bodenspekulation. Die Bauernbevölkerung verarmt rasch. Man verpfändet seinen Familienbesitz, nimmt teure Kredite für die Lebenshaltung und zur Beglei-
chung der Steuerschuld auf, verkauft schließlich die eigenen Kinder und Grund
und Boden. Dann kommt der Zeitpunkt, wo es keine Lebenschancen mehr gibt
und Nehemia, der Sonderbevollmächtigte der Regierung, von den Gläubigern
einen vollen Schuldenerlaß fordert (Neh 5,10f.). Eigenartigerweise nimmt die
Episode in keiner Weise Bezug auf das Befreiungsjahr; ebensowenig finden sich
signifikante terminologische Übereinstimmungen zwischen Neh 5 und Lev 25.
Lediglich an dem einen Sachpunkt ergibt sich eine Berührung: Ein Schuldenerlaß findet in beiden Texten statt.

V. 11 f. greifen das Thema „Nahrungsmittelversorgung" auf, und zwar analog
zu den Sabbatjahrbestimmungen von V. 4 b–7. Das Befreiungsjahr soll entweder mit einem Sabbatjahr zusammenfallen (so die Rechnug: 7 mal 7 Jahre: V. 8)
oder als fünfzigstes Jahr (vgl. V. 10.11) wie ein Sabbatjahr behandelt werden.
Aussaat und Ernte sind verboten, selbst der natürliche Nachwuchs darf nicht
angerührt werden. Nur das, was auf dem freien, nicht kultivierten Grund
wächst, darf verzehrt werden. Die Bedenken gegen diese Überlebenstechnik
sind oben schon ausgesprochen worden. Sie verstärken sich für den Fall, daß ein
Überlieferer an eine zweijährige Brache aus Sabbatjahr und Befreiungsjahr
gedacht haben sollte.

Der erste Paragraph des Befreiungsjahr-„Gesetzes" bleibt bei Grundsatzfra-
gen stehen. Er will den korrekten Anfang des heiligen Jahres festsetzen, die
rituelle Ausrufung sichern und die sozialpolitische Generallinie bekanntgeben:
Im Befreiungsjahr kommen Verschuldete wieder zu ihrem angestammten Eigentum.

---

[33] Vgl. Fritz Rudolf Kraus, Ein Edikt des Königs Ammi-Ṣaduqa von Babylon, Leiden 1958.

8.3.4.2 Die Wirtschaftspraxis (V. 13–18.[19–22])

Der zweite Abschnitt dieses neuen Paragraphen (V. 19–22) gehört thematisch zu V. 5–7.11f. und ist etwas ungeschickt nachgetragen bzw. von den Bezugsversen durch V. 13–18 getrennt worden (s. o. 8.3.3). Eine wirklich das Befreiungsjahr betreffende Frage wird dagegen in V. 13–18 aufgegriffen: Wenn in dem bestimmten Zeitraum verkaufter oder verpfändeter Grund und Boden immer wieder an die Besitzerfamilie zurückfällt, wie soll man dann überhaupt zu Verkaufsgeschäften kommen? Wer wird so dumm sein, Geld in Immobilien zu investieren, wenn das erworbene Grundstück nicht in der Hand der eigenen Familie bleiben kann?

Der Abschnitt V. 13–18 ist eine in sich geschlossene Einheit. Er geht – unausgesprochen – von der Unverkäuflichkeit des Familien-Grundbesitzes (vgl. V. 23) und von der Tatsache der Notverkäufe (vgl. Neh 5) aus. Im eben festgelegten, halbjahrhundertlichen Befreiungsjahr „kehrt jeder von euch zu seinem Grundstück zurück" (V. 13; vgl. schon V. 10b). Was folgt daraus für die Verkaufspraxis? Wenn Immobilien den Besitzer wechseln, kann nur ein Zeitvertrag zustandekommen, der dem Käufer bis maximal zum nächsten Befreiungsjahr die Nutzung des Bodens garantiert. Der verkaufte Acker wird in keinem Fall zum erblichen Eigentum der Käufersippe. Darum ist der „Kauf" preis eher eine Art Pachtgeld, das je nach der Dauer der Nutzung berechnet wird. Im Grunde – so sagt V. 16b mit aller Deutlichkeit – erwirbt der Käufer nicht den Grund und Boden an sich, sondern die Ernten, die er erbringt. Und da ist es ganz logisch, daß der zu zahlende Preis von der Zahl der Ernten abhängt. Je weiter entfernt das Befreiungsjahr noch ist, desto mehr Geld muß der Käufer (anscheinend ist an Vorauszahlung, nicht aber an jährliches Pachtgeld gedacht) auf den Tisch legen (V. 15f.). Nutzungsverträge auf Zeit gibt es in vielen Wirtschaftsformen. Ebenso halten manche Gesellschaften an der Unveräußerlichkeit des Bodens fest. Die vorliegenden Regelungen haben ihre Besonderheit darin, daß Grund und Boden Privateigentum von Sippen ist und daß die Wirtschaftsordnung religiös begründet wird. Wenn man mit Rainer Albertz die älteren Gesetze berücksichtigt und von der Verschuldung der Kleinbauern ausgeht, dann liest sich unser Abschnitt wie ein großes Bodenreformprojekt:

Das faire Verhalten zwischen Kreditgeber und -nehmer soll sich nun nach Ansicht der Reformgesetzgeber darin ausdrücken, daß der Kreditgeber die Höhe der Schuld bzw. den Wert des dafür haftenden Grundstücks nicht ein für allemal festschreibt, sondern eine degressive Wert- und Schuldenminderung auf die ursprüngliche Summe zuläßt. Als Berechnungsgrundlage dient dabei die Jobeljahr-Periode, d.h. eine Schuld, die z.B. am Anfang dieser Periode 100% ausgemacht hatte, würde sich jährlich um 2% über die 50 Jahre bis auf null vermindern. Der verschuldete Kleinbauer hätte somit z.B. nach 25 Jahren nur noch die Hälfte der Summe zu zahlen, um sein Grundstück zurückzukaufen. Der Verlust, den der Kreditgeber durch diese Regelung in Kauf nehmen muß, wird nach Meinung der Gesetzgeber dadurch ausgeglichen, daß er in dieser Zeit von seinem Nutzungspfand Gewinn erhalten hat. ... Die degressive Schuldentilgung innerhalb der Jobeljahr-Periode ist also durchaus als ernstzunehmen-

der Versuch zu werten, die ökonomischen Gesetze so umzugestalten, daß ein Abglei-
ten der Kleinbauernschaft in eine immer tiefere Verschuldung verhindert wird.[34]

Die „degressive Schuldentilgung" liegt durchaus in der Logik der Verkaufsre-
geln. Nur macht sie der Text in keiner Weise explizit, er erwähnt auch noch
nicht die Möglichkeit des Loskaufs (vgl. V. 25 ff.). Wäre an unserer Stelle statt
von der allgemeinen Preiskalkulation von Schuldentilgung die Rede, dann müßten wir einen Vermerk folgender Art erwarten: „Der ‚Käufer' eines Grundstük-
kes darf den Acker so lange nutzen, bis die Schuld des Verkäufers getilgt ist."
Von der tatsächlichen Schuldsumme ist aber nicht die Rede. Auch wird man das
neutrale „Kaufen" und „Verkaufen" von V. 14 schwerlich als „Pfandnahme"
und „Pfandgabe" verstehen dürfen.

Die Vorschrift über die befristete Nutzung von Grundeigentum anderer
Familien wird gerahmt durch das Verbot: „Ihr dürft den Nächsten nicht ausbeuten" (V. 14 b.17 a). Das Verbot kommt auch in anderen Zusammenhängen
vor: Ex 22,20–23; Lev 19,33–34; Dtn 23,16–17; Jer 22,3; vgl. Ez 18,7 f..
12 f..16 f.; 22,7.29; 45,8; 46,16–18. Überblickt man alle diese Stellen, dann
werden einige Dinge klar. Das Verbot der Unterdrückung und Ausbeutung soll
in erster Linie die sozial Schwachen schützen, zu denen vor allem Ausländer,
Witwen, Waisen zählen. Es soll weiter jede Form der wirtschaftlichen Ausbeutung eindämmen, die aus dem Gefälle von reich und arm entsteht. Dazu gehört
die Absicherung des Familiengrundbesitzes. Und dieses umfassende Anliegen
sozialer Gerechtigkeit wird vorzugsweise in der Form strikter Verbote, wie sie
in ermahnender Rede oder Predigt wohl immer gebraucht worden ist, an die
Gemeinde vermittelt. Dieser „Sitz im Leben" bringt es überhaupt mit sich, daß
die speziellen Anweisungen zur Preisgestaltung bei Landverkauf in die Grundregel des „Nichtbedrückens" eingebettet werden können. Der rhetorische,
ideelle Rahmen ist eben die Gleichwertigkeit aller Gemeindeglieder vor Gott.
Da darf einer den anderen nicht übervorteilen (V. 14). In Wirklichkeit ist der
Paragraph auf Notverkäufe ausgerichtet[35], bei denen der Gläubiger am längeren
Hebel sitzt. Aber er soll sich auch in seiner Position an die soziale Grundregel
des Gottesvolkes erinnern: „Ihr dürft niemanden ausbeuten!" Gläubiger und
Schuldner sitzen womöglich nebeneinander im Gottesdienst, wenn dieser Satz
eingeschärft wird. Und der Vorleser und Ausleger des Gotteswortes will darauf
hinweisen, daß bei dem Notverkauf die Überlebensmöglichkeit derer auf dem
Spiel steht, die ihren Acker verkaufen. Sie müssen von dem Erlös Steuern und
Abgaben zahlen und auf Jahre hinaus leben (Neh 5).

Die Schlußformulierungen zu unserem Abschnitt (V. 17 aß-18) setzen in
dreifachem Ring einen so starken Akzent, daß man versucht ist, hier das Ende
des ganzen Freijahrkapitels zu sehen. Alle Wendungen entstammen der Predigt-
sprache. Die Gottesfurcht war schon in Lev 19,14.32 Begründung für soziales
Verhalten (vgl. Dtn 10,12 f.; 13,5). Die Selbstvorstellung Jahwes, sein persönli-

---

[34] Rainer Albertz, Der Mensch als Hüter seiner Welt, Stuttgart 1990, 53; vgl. Frank Crüsemann,
330–333.
[35] Karl Elliger, 353.

ches Siegel unter die Gebotsvermittlung, das „Ich bin Jahwe" durchzieht seit Lev 11,44 f. und 18,2 ff. die Texte. Die Schlußparänese, die Gebote zu halten, noch verstärkt durch die Zusage des „sicheren Wohnens im Lande" (V. 18), markiert in etlichen Stücken des Buches Leviticus das Ende einer Texteinheit (vgl. Lev 18,4 f..26; 19,19.37; 20,8.22). Weil Lev 25 nach den starken Endformeln von V. 17 f. keine zusammenfassende Ermahnung mehr enthält und auch am Schluß (V. 55) frei ausläuft, hat die Vermutung viel Wahrscheinlichkeit für sich, daß ein ursprünglicher Jobeljahrerlaß nur bis V. 18 gegangen ist. Er hätte dann die Schuldbefreiung nur sehr abstrakt und andeutungsweise – und eben in einem zurückhaltenden Predigtstil vorgetragen. Die gezielten Bestimmungen gegen die Verarmung gewisser Bevölkerungsteile (vgl. V. 25.35.39.47) wären dann erst nachträglich hinzugewachsen. – Nachtrag ist aber auch schon (s. o.) die Weiterführung der Brachjahrbestimmungen in V. 19–22.

8.3.4.3 „Verkauf" und Rückgabe (V. 23–28)

Die ersten beiden Verse sind eine Generalüberschrift für den ganzen Rest des Kap.s. Sie wiederholen wortreicher den Grundsatz des Befreiungsjahres von V. 10 b, allerdings aus einem anderen Blickwinkel und mit eigenem Akzent. Der Familienbesitz darf nicht „auf Dauer" veräußert werden, weil das ganze Land Jahwe gehört und seine Anhänger darum nur den Status von „Ausländern und Pächtern" haben können (V. 23). Die Argumentation ist neu und unerhört. Sie erinnert an Stammesverfassungen nomadisierender Völker, die jeden privaten Besitzanspruch auf Grund und Boden weit von sich weisen. So kennen z. B. die Navajos im Südwesten der USA wie ursprünglich die meisten Indianergesellschaften keinen privaten Grundbesitz, sondern nur Stammes- und individuelle Nutzungsrechte an dem von ihnen bewohnten Territorium. „Die Indianer müssen das private Eigentum einführen, wenn sie Menschen werden wollen!" – so lautet vielfach der Kommentar weißer Amerikaner. Lev 25,23 ff. scheint ebenfalls von einem absoluten Verbot partikularer Eigentumsansprüche auszugehen. Wir wissen aber aus vielen anderen Texten, daß der Familienbesitz Grundlage der altisraelitischen Gesellschaftsordnung gewesen ist (vgl. Jos 14,9; Ri 1,12–15; 1 Kön 21; Mi 4,4). Das Erbe der Väter ist geradezu der – theologisch verankerte – Inbegriff von Ansehen und sozialer Absicherung[36]. Selbst der programmatische V. 10 b spricht von der Rückkehr „zu Eigentum und Sippe", setzt also die private Verfügungsgewalt über Grund und Boden voraus. So gesehen ist die singuläre Aussage von V. 23 eine steile, theologische Forderung, die nicht der gesellschaftlichen Wirklichkeit entspricht. Im Gottesdienst können derartige überhöhte Sätze von der Pilgerschaft des Volkes Gottes auf Erden sinnvoll sein: „Wir sind Ausländer und Pächter vor dir, wie alle unsere Väter" (1 Chr 29,15), das ist eine liturgische Formel (vgl. Ps 39,13; Gen 23,4), die sich

---

[36] Vgl. Winfried Thiel, Die soziale Entwicklung Israels in vorstaatlicher Zeit, Neukirchen-Vluyn 1980, 92 - 101.

vielleicht von der Predigtermahnung „Denkt daran, ihr seid Fremde gewesen in
Ägypten" (Ex 22,20; 23,9; Lev 19,34; Dtn 10,19) herleitet. Es ist keinesfalls ein
rechtlicher Begriff, der den Israeliten das Privateigentum an Grund und Boden
absprechen könnte. Die Verfasser der Befreiungsbestimmungen wollen die
geistliche Wirklichkeit ins Gedächtnis rufen. Jahwe ist der übermächtige Retter
und Leiter seines Volkes. Ihm verdankt Israel alles, auch das Land, in dem es
wohnt. Sie sprechen wohl aus der Tradition des priesterlichen Standes, der
immer mit seinen Besitzansprüchen in Spannung zur „Laien"gemeinschaft
stand (vgl. Gen 49,5; Num 18, 20–32; Jos 13,14). Vielleicht sind auch Reformab-
sichten im Spiel: Die Erinnerung an den geistlichen Status vor Jahwe könnte die
Hörer geneigter machen, eingebürgerte Ansprüche aufzugeben (vgl. Neh 5), so
wie sich heute in politischen Reden Appelle an christliche Grundwerte und
menschliche Solidarität oft gut ausnehmen, auch wenn jedermann weiß, daß die
wirtschaftliche Realität eine ganz andere ist. Daß in unserem Text ein vergleichbarer Fall vorliegt, beweist schon V. 24: War den Israeliten gerade erst der
Anspruch auf Privatbesitz verwehrt worden, so soll jetzt grundsätzlich für alles
veräußerte Land das Recht auf Loskauf verankert werden[37]. Es geht kein Weg
daran vorbei: Die Verordnungen zum Befreiungsjahr finden im Raum der
Jahwegemeinde statt, in der theologisch argumentiert wird in der Hoffnung, daß
die sozialen Verhältnisse von seiten der Gemeinde beeinflußbar sind.

V. 25–28 schildern den ersten von einer Reihe möglicher Befreiungsfälle, für
die wir tunlichst insgesamt die anschaulich geschilderten Ereignisse von Neh 5
zu Rate ziehen sollten. Ein israelitischer Bauer kann infolge ungenannter Ein-
flüsse und Faktoren wirtschaftlich bankrott gehen, wörtlich: „schlapp machen",
„gering werden" (V. 25a). Der einleitende Bedingungssatz wiederholt sich in V.
35.39.47 und bildet somit das Gerüst für alle aufgezeichneten Befreiungsbestimmungen. Das Verb „bankrott gehen" (*muk*) kommt sonst im AT nur noch in
Lev 27,8 vor. Es handelt sich also um ein spezifisches Konzept dieses priesterlichen Überlieferungskreises. Derjenige, der in der seit der frühen Perserzeit voll
eingeführten Geldwirtschaft unter den Schulden (Steuern, Abgaben, eigene
Subsistenz) zusammengebrochen ist und seinen Grundbesitz schon teilweise
oder ganz dem Gläubiger überlassen mußte, bedarf der Hilfe. Was kann die
Gemeinde tun, um den Heruntergekommenen sozial aufzufangen? Drei Möglichkeiten sind denkbar: An erster Stelle hätte die Solidaritätspflicht der Sippe
einzusetzen. Das ist sicher alter Brauch, der sich seit Urtagen am anschaulich-
sten in der Blutrachepflicht geäußert hat (vgl. Gen 4). Auf die Unterstützung der
wirtschaftlich Schwachen ist die Hilfsbereitschaft der Sippe dann Zug um Zug
mit der Entwicklung der landwirtschaftlichen Eigentumsverhältnisse gelenkt
worden. Es erscheint wie ein Hohn, daß dem verarmten Bruder erst nach seinem
Notverkauf unter die Arme gegriffen werden soll. Nach V. 35–37 ist jedoch eine
frühere Hilfe ins Auge gefaßt. Jedenfalls ist nach dem Offenbarungseid zunächst

---

[37] Die Bezeichnung *'ahuzzah*, das „Erfaßte", bedeutet nicht zuletzt im Buch Leviticus den
erblichen Landbesitz (vgl. Lev 14,34; 27,16–24; oft in Lev 25), geradeso wie das Wort *naḥᵃlah*, das
„Erbteil", den Grund und Boden einschließt (vgl. Eduard Lipinski, ThWAT V, 342–360).

die Sippe für den Rückkauf des Familienbesitzes verantwortlich (V. 25 b). Der „Rückkauf" ließ sich sicherlich nur durch eine Kreditaufnahme durch die verwandten Familien des Verarmten bewerkstelligen. Er bestand wohl in der Tilgung der aufgelaufenen Schuld, die in etwa mit dem für den veräußerten Acker erreichten Preis identisch war.

Der Rückkauf durch die Sippe wird relativ schnell abgetan. Er ist Routine oder aber ziemlich unwahrscheinlich. Denn die wirtschaftlich potente Sippe wird sich vermutlich nicht erst nach dem Zusammenbruch der Existenz eines Bruders um den Gefährdeten gekümmert haben. Deswegen liegt der Schwerpunkt unseres Paragraphen bei den beiden folgenden Bestimmungen, bei denen „kein Löser" vorhanden ist. Man vergleiche die Rut-Geschichte: Darin halten sich potentiell zum Loskauf verpflichtete Sippenangehörige doch stark zurück. Sie müssen durch Rut selbst bzw. dann durch Boas an ihre Solidaritätspflicht erinnert werden (vgl. Rut 3 f.). Gibt es aber gar keinen, der zum Rückkauf des Ackers für seinen Verwandten motiviert werden kann, dann steht dem Verschuldeten selbst das Recht des „Lösens" zu. Er muß nur durch Lohnarbeit oder eventuell über andere Geldgeber die Summe an den Gläubiger zahlen, die dem Wert der Ernteerträge bis zum nächsten Befreiungsjahr entspricht (V. 26 f.): Ein klarer Fall von Rettung dadurch, daß man sich am eigenen Schopf hochzieht. Die traurige Wirklichkeit wird so ausgesehen haben, wie Neh 5 sie beschrieb:

> Es erhob sich ein großes Geschrei von Männern und ihren Frauen gegen ihre judäischen Brüder. Einige sagten: Wir haben unsere Söhne und Töchter ,verpfändet', um Getreide zu bekommen, etwas zu essen zu haben und zu überleben. Andere sagten: Wir haben unsere Äcker, Weinberge und Häuser verpfändet, damit wir Getreide in der Hungersnot bekommen. Andere sagten: Wir haben auf unsere Äcker und Weinberge Geld aufgenommen, um die Abgabe an den König [zu zahlen]. Nun ist aber unser Körper so viel [wert] wie der Körper unserer Brüder, ihre Söhne sind unseren Söhnen gleich. Aber wir haben unsere Söhne und Töchter in die Sklaverei geben müssen; schon sind einige unserer Töchter [zur Hochzeit] gezwungen worden. Wir können nichts dagegen machen, unsere Äcker und Weinberge gehören anderen. (Neh 5,1–5)

Ein Bauer, der damals in die Schuldabhängigkeit geriet und wahrscheinlich auf dem gepfändeten Feld Getreide für seinen Gläubiger anbauen mußte, wird – auch wenn er einigermaßen für seine Arbeit entlohnt wurde (V. 39 f.) – kaum die Möglichkeit gehabt haben, sich die Loskaufsumme selbst zusammenzusparen. So bleibt eigentlich nur die dritte Möglichkeit als die Regel übrig: Der Schuldner übergab dem Gläubiger sein Land (es ist ein Euphemismus, diese Transaktion „Verkauf" zu nennen), verdingte sich ihm als Tagelöhner, erwirtschaftete für ihn auf ehemals eigenem Boden die Ernteerträge, von denen ein karger Arbeitslohn ausgezahlt wurde. Ähnliche Lebensbedingungen blühten dem in Konkurs Gegangenen, wenn er nicht auf dem eigenen Feld weiterarbeitete, sondern sich einem anderen Bauern oder Unternehmer verdingte. Er selbst und seine Familie hatten in beiden Varianten bis zum Befreiungsjahr ihr Leben ohne eigenen Grundbesitz zu fristen, und das war allemal schwierig. Landlose Menschen waren ungeschützter und rechtloser als der kleinste Bauer auf eigener Scholle.

Nicht umsonst gehören sie zu den ausdrücklich in Predigt und Gesetz genannten fürsorgebedürftigen Gruppen (vgl. Ex 22,20–26; Lev 19,9f..13; Dtn 15,1–18), oder besser: Alle als sozial schwach geschützten Mitbürger sind Menschen ohne eigenen Landbesitz. Der Trost für die Familie eines Landlosen liegt dann allein darin, daß im Rhythmus der Befreiungsjahre, also zweimal in einem Jh., das verpfändete Familienland wieder zurückfällt – wenn diese Regel überhaupt je eingehalten wurde, dann hat mancher, der seinen Besitz abtreten mußte, die Rückgabe nicht erlebt.

8.3.4.4 Das Haus in der Stadt (V. 29–34)

Für städtische Immobilien gelten andere Gesetze als für bäuerliche Anwesen. Das ist höchst bemerkenswert; es ist sicheres Zeichen für die Existenz einer von der ländlichen abweichende Sozialstruktur. Der Unterschied zwischen Stadt und Land ist genau definiert: Ummauerte Siedlungen (V. 29a) nehmen als Verwaltungs- und Militärzentren eine besondere Stellung ein. Eine Ansammlung von Gehöften dagegen ohne schützenden Mauerring (V. 31a) gehört zum „platten Land". Die Unterscheidung der beiden Lebensräume läßt auf ein soziales Gefälle schließen. Worin bestehen aber die Ausnahmeregelungen für städtische Immobilien? Das Rückkaufrecht ist auf ein einziges Jahr nach der Verpfändung eingeschränkt (V. 29f.). Nach Ablauf dieser Frist sind Haus und Grundstück unwiederbringlich für den Schuldner (Verkäufer) verloren; sie werden Erbeigentum der Gläubiger-(Käufer)Sippe! Im Klartext: Die theologisch begründete Besitzordnung (V. 23!) hat in der Stadtkultur keine Bedeutung mehr. Privateigentum geht hier vor Jahwerecht. Im ländlichen Raum dagegen sollen die Regeln des Befreiungsjahres – Loskaufmöglichkeit und Rückgabe des Anwesens im fünfzigsten Jahr (V. 31b) – uneingeschränkt gültig sein.

Nun ist aber für die gelehrten und priesterlich gestimmten Überlieferer Stadt nicht gleich Stadt. Ihnen muß aus der Tradition die Einrichtung der Leviten- bzw. Asylstädte vertraut sein (vgl. Num 35,1–15; Jos 21,1–42). Das Verfahren, in ganz Israel aus den einzelnen Stammesgebieten nachträglich achtundvierzig Wohnstätten für Leviten auszusondern, von denen wiederum sechs als Asylstädte für flüchtige Totschläger dienen sollen, wirkt außerordentlich gekünstelt. Es wird sich um ein Wunschbild handeln, von dem vielleicht der besondere Schutz levitischen Hauseigentums der Wirklichkeit entsprochen hat. Jedenfalls gilt die große Ausnahme von der städtischen Ausnahmeregelung: Angehörigen des geistlichen Standes kann auch der Grundbesitz in einer ummauerten Stadt nicht abgekauft werden. Er muß spätestens im Befreiungsjahr an die rechtmäßige Besitzersippe zurückfallen (V. 32f.), ganz so, wie es das Jobeljahrgesetz von V. 25–28 vorsieht. Daß auch noch Weideland zum Stadthaus jeder Levitenfamilie hinzugehört (V. 34; vgl. Num 35,2–5.7; Jos 21,2f.), widerspricht eigentlich dem alten Verbot jedes Grundbesitzes (vgl. Gen 49,7; Dtn 18,1f.; Jos 13,14). Die spätere Tradition hat sich angesichts des sozialen und religiösen Aufstiegs der wandernden, versprengten Jahwediener über solche Restriktionen hinweggesetzt[38]. Wenn Priesterbesitz an Grund und Boden einmal zugelassen ist, wird das von ihnen verwaltete Eigentum recht schnell zum besonders heiligen und dem normalen Wirtschaftsbetrieb entzogenen Land (Ez 48,9–14).

8.3.4.5 Das Zinsverbot (V. 35–38)

Der Paragraph hat eine umfassende Bedeutung: Er ist weder streng auf das Befreiungsjahr hin formuliert noch voll in die Reihe der speziellen Hilfsgebote bei einem wirtschaftlichen Bankrott integrierbar. Vielmehr handelt es sich um ein generelles Gebot der Solidarhaftung nicht nur der Sippe, sondern der israelitischen Glaubensgemeinschaft insgesamt. Der „Bruder" ist wie in V. 25. 39. 47 nicht nur der Sippen-, sondern der Glaubensgenosse. Und der ganze erste Vers zeichnet die Situation des wirtschaftlichen Bankrotts, ganz im Sinne der anderen Paragraphen, nur noch wortreicher. Aber V. 36 f. geben allgemein gültige, vom Befreiungsjahr unabhängige Verhaltensregeln der Solidargemeinschaft wieder. Schon im Bundesbuch heißt es ähnlich:

> Wenn du Geld an einen verarmten Volksgenossen bei dir verleihst, dann sei ihm gegenüber kein Wucherer. Du darfst ihm keine Zinsen abverlangen. Wenn du den Mantel deines Nächsten pfändest, dann gib ihn bis Sonnenuntergang zurück. Denn der Mantel ist die einzige Decke für seinen Körper; wie könnte er sonst schlafen? Wenn er zu mir schreit, werde ich ihn erhören, denn ich habe Mitleid. (Ex 22,24–26)

Leider fehlt in diesem Zusammenhang die durch die Not bedingte Verpfändung des Ackers. Ob sie nicht durch eine ähnlich bedingungslose Rückgabeforderung begleitet worden wäre wie die zeitweise Übergabe des Mantels? Im Deuteronomium findet sich die dritte Gesetzesbestimmung über die Zinsnahme, ebenfalls abseits vom Erlaßjahr:

> Du darfst deinem Bruder keinen Zins auferlegen, weder bei Geld noch bei Nahrung noch bei irgendeiner Sache, für die man Zins verlangen kann. Den Ausländer kannst du mit Zinsen belegen, deinen Bruder nicht, damit dich Jahwe, dein Gott, in allem deinem Tun segne, wenn du in das Land kommst, das du einnehmen sollst. (Dtn 23,20 f.)

Aus allen Texten wird klar, daß die Zinsnahme eine Geldwirtschaft, wie sie im Alten Orient schon mehr als ein Jt. vor Israels Anfängen üblich war, voraussetzt. Die alttestamentlichen Texte werden frühestens in die Königszeit gehören. Sie wollen die Verschuldung israelitischer Bauern von Grund auf verhindern. Wo dem wirtschaftlich Schwachen Kapital und Nahrungsmittel unbefristet zinslos zur Verfügung gestellt werden, kann es nicht leicht zu Ackerpfändungen und Notverkäufen kommen. Die Notwendigkeit von Schuldenerlässen beweist aber im Gegenteil gerade die Nichtbefolgung einer so grundlegenden Forderung. Oder anders: In einer „kapitalistisch" organisierten Wirtschaft, in der jeder seinen eigenen Vorteil suchen muß (vgl. Am 2,6; 5,11; 8,4–6; Jes 5,8; Neh 5),

---

[38] Vgl. Antonius H.J. Gunneweg, Leviten, 126 ff.

nimmt sich das Zinsverbot wie eine hohle Utopie oder ein verzweifelter Auf-
schrei von Menschen aus, die die Verarmung zahlloser Glaubensgenossen aus
ihrer Verantwortung vor Gott nicht ertragen können. Es ist an unserer Stelle
ein anachronistischer Block inmitten von Freijahrbestimmungen, welche die
harten Wirtschaftspraktiken anerkennen und höchstens das Elend der durch
das soziale Netz Hindurchgerutschten mildern können. Das totale Zinsverbot
würde ja Verschuldung und Bankrotterklärungen gar nicht aufkommen lassen.
Im Kontext dieser Jobeljahrtexte, die sich um die Verarmten kümmern, klingt
das grundsätzliche Wucherverbot so weltfremd wie eine Predigt über die
Nächstenliebe in einem Handelsblatt. Es ist Predigtmotiv für eine Gemeinde,
in der die Einkommen ungleich verteilt sind (vgl. Ps 10; 37).

Das Hilfsgebot gegenüber dem wirtschaftlich schwachen Glaubensbruder ist aus
dem Sippenethos und seiner verwandtschaftlich begründeten Solidarität heraus entwickelt und auf das ganze Gottesvolk übertragen worden. Es erstreckt sich konkret
auf die Unterstützung mit Kapital und Nahrungsmitteln. Für beide Arten von Hilfeleistung konnte man in den altorientalischen Kulturen Rückzahlung mit z. T. erheblichen, zehn- bis sechzigprozentigen Aufschlägen erwarten.

In mesopotamischen Ruinenhügeln sind z. B. tausende von Wirtschaftsverträgen mit
Zinsklauseln gefunden worden, die uns das Ausmaß dieser kapitalistischen Geldwirtschaft ahnen lassen[39]. Entsprechend hoch müssen immer die durch die Zinswirt-
schaft verursachten Zusammenbrüche von bäuerlichen und städtischen Betrieben
gewesen sein. Die babylonischen Könige haben sich immer auch als Beschützer der
wirtschaftlich Gestrandeten verstanden. Je und dann wurden auch in Babylonien
Schuldenerlasse dekretiert. Sie sollten die durch die Geldwirtschaft entstandenen
sozialen Verwerfungen heilen. Bekannte Beispiele für derartige königliche Eingriffe
in das Wirtschaftsleben sind das „Edikt des Königs Ammi-Ṣaduqa" und in gewissem
Sinne auch der Codex des Hammurapi mit seinem sozial-fürsorgerischen Prolog und
etlichen Gesetzesbestimmungen, die Sklavenbefreiung betreffend. F.R. Kraus faßt
die Zielrichtung des ersten Dokuments so zusammen: „Den Kern der einmaligen ...
Maßnahmen bilden der Erlaß öffentlicher Abgaben und die Annullierung privater
Schulden, der erste auf Staatskosten, die zweite auf Kosten des privaten Kapitals."[40]

Die Wirtschaftsverhältnisse in der israelitischen Königszeit scheinen vergleichbar gewesen zu sein. David bildete aus „Verschuldeten" und „Heruntergekommenen" eine schlagkräftige Söldnertruppe (1 Sam 22,2). Mindestens einmal ist von einem – allerdings nur kurzfristigen – Schuldenerlaß durch den
König Zedekia die Rede (Jer 34,8–16). Das sind zwei kleine Hinweise auf die
wirtschaftliche und soziale Wirklichkeit, in die das gemeindliche Solidari-
tätsgebot, das sich im völligen Zinsverbot ausspricht, hineinwirken will. Dieses
Zinsverbot ist an unserer Stelle wegen seiner prinzipiellen Bedeutung durch
eine feierliche Schlußrede Jahwes (V. 38) abgerundet und hervorgehoben. Es

---

[39] Vgl. Horst Klengel, Handel und Händler im Alten Orient, Wien 1979; E. Klingenberg, Das
israelitische Zinsverbot in Tora, Misnah und Talmud, Wiesbaden 1977; M. Liverani, Antico
Oriente – Storia, societa, economia, Bari 1988.
[40] Vgl. Fritz Rudolf Kraus, Ein Edikt des Königs Ammi-Ṣaduqa von Babylon, Leiden 1958,
190.

ist eine der volltönenden Selbstvorstellungen des Gottes Israels im Buch Leviticus (vgl. Lev 19,36; 22,32b–33; 23,43; 25,42.55; 26,13.45).

Das Ziel des ganzen Abschnittes ist nicht nur die menschenwürdige Behandlung eines Verelendeten, sondern die Sicherung seiner elementaren Lebensbedingungen. Der sozial Schwache soll als Bruder „neben" den angeredeten Gemeindegliedern existieren können (V. 35b.36b). Er soll wirtschaftlich und sozial stabilisiert werden (V. 35b) und „wie ein Ausländer und Pächter" gehalten werden, nicht wie ein Sklave (V. 35b: dieser Zusatz ist wohl durch V. 39f. angeregt worden). Es geht um Integration des Heruntergekommenen und seiner Angehörigen in die Gemeinschaft. Sein Absinken in eine Unterschicht soll verhindert werden. Die oben angeführten erzählenden Texte beweisen allerdings, daß diese gute Absicht so wenig realisiert werden konnte wie in heutigen, industriellen Wirtschaftssystemen. Die „Gesetze des Marktes" sind andere als die von Theologen aller Zeiten ersehnte göttlich-menschliche Ordnung.

8.3.4.6 Zweierlei Sklaven (V. 39–46)

Der verschuldete Kleinbauer geriet stufenweise in immer tiefere Abhängigkeit von seinen Geldgebern. Wahrscheinlich verpfändete er in einem ersten Schritt seine Kinder an den Gläubiger[41]. Dann mochte er Teile seines Landbesitzes abgeben. Die Schuldsklaverei des bankrotten Bauern selbst ist ein weiterer Schritt über die Veräußerung des Eigentums hinaus. Insofern könnte der Abschnitt V. 39–43 direkt an V. 25–28 anschließen. Die älteren Vorschriften Ex 21,1–6 und Dtn 15,12–18 sehen eine lediglich sechsjährige Zwangsarbeit zur Abtragung der Verpflichtungen vor. Sie scheinen einen Frondienst ohne regelrechte Bezahlung vorauszusetzen. Unser Paragraph dagegen mißt die Zwangsverpflichtung grundsätzlich in halben Jh.en. Aber es ist eine reguläre Entlohnung des Zwangsarbeiters vorgesehen (V. 40a: „wie ein Tagelöhner"). Welches ist das bessere Los für den Betroffenen? Wie oben schon angedeutet, kann man sich dem Eindruck einer gewissen Schönfärberei nicht entziehen. Die Welt scheint so heil, auch für die, die im Höchstfall 49 Jahre lang ihre Schulden abarbeiten müssen. Sagt der Text nicht mehr alles, was wir über die Schuldknechtschaft wissen müßten, um ein Urteil wagen zu können? Waren neben dem „Befreiungsjahr" von Lev 25,8–55 auch noch der alle sieben Jahre stattfindende Schuldenerlaß und die Schuldsklavenbefreiung in Übung? Konnte sich ein israelitischer Zwangsarbeiter etwa doch nach einigen Dienstjahren, in denen er den Arbeitslohn ansammelte, selbst freikaufen (vgl. V. 49)? Die Bestimmung bleibt undeutlich. Sie klärt nicht einmal genau das Verhältnis von Ackerverpfändung und Fronarbeit. Eindeutig ist nur die Absicht, den zur Schuldsklaverei Verdammten möglichst gegen die Willkür seines Herrn und Aufsehers zu schützen. Der abgesunkene „Bruder" darf nicht auf dem freien Sklavenmarkt verkauft werden, insbesondere nicht ins Ausland. Dieses erste Warnsignal an die

---

[41] Neh 5,2; Ex 21,7–11; Hans G. Kippenberg, 61ff.

Adresse der Begüterten kommt sicher nicht von ungefähr. Der (sonst recht übliche: vgl. V.44f.) Verkauf von Kriegsgefangenen wird auch Feinden als ein großes Verbrechen vorgehalten (vgl. Ob 10–14). Die zweite Schutzvorschrift ist das Verbot, einen israelitischen Schuldknecht mit den lebenslänglichen Sklaven auf eine Ebene zu stellen (V. 43; vgl. V. 44–46). Diese Schlußermahnung liegt im Zuge der positiven Vorschrift von V. 40. Sie war auch in V. 39b schon deutlich ausgesprochen und wird in V. 43 noch einmal mit aller Schärfe eingeprägt. Das verwendete Vokabular, das in V. 46 und 53 erneut auftaucht, ist interessant: „nicht mit Gewalt beherrschen" (außer Lev 25 nur noch in Ex 1,13f.; Ez 34,4). Der Ausdruck meint die brutale Willkürherrschaft eines Herrn über seine rechtlosen Sklaven. Das Wort „beherrschen" (*radah*) allein zeigt schon kein zartfühlendes, vielmehr ein äußerst machtbewußtes Verhalten an („niedertreten", „in Botmäßigkeit halten", vgl. Gen 1,26.28; Lev 26,17; Ps 110,1f.; vgl. Ps 8,7). Ergänzt durch „mit Gewalt" (*bᵉpäräk*) meint es die Schreckensherrschaft. Die Gottesfurcht aber steht ihr strikt im Wege (V. 43b): Diese Begründung für das geforderte humane Verhalten ist uns schon früher aufgefallen (Lev 19,14.32; 25,17.36). Die Anerkennung Jahwes, des einen bewährten und vertrauenerweckenden Gottes, schließt die Anerkennung des Glaubensgenossen als gleichwertigen Mitmenschen sofort ein. Der andere steht nämlich auch als sozial Deklassierter in dem gleichen Glaubensverhältnis zu Jahwe wie der Mächtige. Also sind beide, der Arme und der Reiche, über Gott miteinander als Geschwister verbunden. Es ist nur merkwürdig, daß Jahwe nicht Vater genannt wird, wie z.B. in Jes 63,16; 64,7; Mal 1,6 [42]. Der Grundsatz der „Bruderschaft" hat in der jüdisch-christlichen Tradition die Versklavung von „Konfessionsverwandten" erschwert, aber leider nie ganz unmöglich gemacht [43].

Der Schutz der Glaubensbrüder ist eine verständliche und löbliche Sache. Umso erschreckender ist für uns die Schutzlosigkeit der Ausländer und ihrer Nachkommen, die in den folgenden Sätzen zu Tage kommt (V. 44–46). Sie sollen in vollem Umfang für die Sklavenarbeit zur Verfügung stehen. Diese echten Sklaven können von auswärts importiert, oder im Land Israel in die Leibeigenschaft geraten sein, etwa durch wirtschaftlichen Bankrott (V. 45). Für diese „im Land ansässigen Fremden" und für ihre Nachkommen (!) gelten die Gesetze des Befreiungsjahres nicht. Das ist erschütternd, wenn man die Grundregel von Lev 19,33f. danebenhält:

> Wenn ein Ausländer bei euch in eurem Lande wohnt, dann dürft ihr ihn nicht unterdrücken. Der bei euch seßhafte Fremde soll euch als Einheimischer gelten. Du sollst ihn lieben wie dich selbst, denn ihr seid auch Fremde in Ägypten gewesen. Ich bin Jahwe, euer Gott.

Noch unfaßbarer wird die Benachteiligung der ansässigen Ausländer in V. 45, wenn eine neuere Analyse[44] zutrifft: K. Elliger unterscheidet mehrere Wachstumsstufen. Zuerst sei nur die im Sing. formulierte Bestimmung V. 44a.46bß

---

[42] Vgl. E.S.Gerstenberger, Jahwe 17–27.
[43] Vgl. Klaus Schmidt, Religion, Versklavung und Befreiung, Stuttgart 1978.
[44] Karl Elliger, 341f.

dagewesen, und die lautete in vollem Widerspruch zur jetzigen Aussage: „Den Sklaven und die Sklavin, die du besitzt, darfst du nicht mit Gewalt beherrschen"! Durch das eingeschobene, plur.e Interpretament (V. 44 b–46 b), das sich auch grammatisch schlecht einfügt, sei die Versklavung von Nichtisraeliten, selbst von eingebürgerten Zuwanderern, legalisiert worden.

Angesichts der sonst in der priesterlichen Überlieferung sichtbaren Integrationsbemühungen (vgl. noch Ex 12,43–49; Lev 17,12–16; 18,26; 22,18–20; 24,16) ist die Freigabe der ansässigen Fremden für die lebenslängliche und vererbbare Sklaverei schlechterdings unverständlich. Wird der Grundsatz: „Es soll unter euch einerlei Recht gelten für den (ansässigen) Ausländer wie für den Einheimischen; ich bin Jahwe, euer Gott" (Lev 24,22; Ex 12,49; Num 15,16) an dieser Stelle völlig aus den Angeln gehoben? Wie ist ein derart eklatanter Widerspruch zu erklären? Soll den sklavenhaltenden Großgrundbesitzern, die aufgrund von V. 35–38 finanzielle Einbußen hinnehmen mußten, eine Konzession gemacht werden? Die ausdrückliche Unterscheidung der ausländischen Sklaven von den verarmten Einheimischen im jetzigen Wortlaut von V. 46 b („unter euch israelitischen Brüdern soll keiner über den anderen mit Gewalt herrschen") könnte darauf hinweisen. Oder ist nur rein zufällig durch die Unachtsamkeit eines Redaktors ein Stück widergöttlicher Praxis in das Befreiungsgesetz mit eingeflossen? Wie immer, der Unterabschnitt zum (Anti)Sklavengesetz verrät ein bedenkliches gruppenegoistisches Denken. Er zeigt, wie ambivalent Menschen auch dann sein können, wenn sie im Namen des einen Gottes reden, der eigentlich Schöpfer und Vater aller Menschen ist.

Man vergleiche die Begründung der Sklaverei unter den Puritanern des 17. und 18. Jh.s durch Hinweis auf die „Fremdgeburt" und „Kriegsgefangenschaft" der importierten Afrikaner und die nachträgliche Ausweitung auf die in den USA geborenen Kinder der Negersklaven[45]. Alles das geschah im bewußten Rückgriff auf alttestamentliche Konzepte und unter mancherlei – ebenfalls biblisch begründeten – Gewissensbissen hinsichtlich der verletzten Menschenwürde. Lev 25,44–46 hat als die einzige ausdrückliche Erlaubnis zur Sklavenhaltung der Bibel in der Wirkungsgeschichte eine verheerende Rolle gespielt.

8.3.4.7 Schuldknechtschaft bei Ausländern (V. 47–55)

Es mag ein Trost sein: Ausländischen Mitbürgern drohte in Israel nicht automatisch die Sklaverei; sie konnten auch zu Wohlstand kommen (V. 47a). Von Grundbesitz ist nicht die Rede. Doch konnte bereits in der exilisch-nachexilischen Zeit ein gutes Bankkonto Ansehen und Einfluß begründen. Wenn nun ein Israelit Darlehen von einem finanzkräftigen Fremden nahm und nicht zurückzahlen konnte, geriet er in dessen Abhängigkeit, mit den bekannten Folgen (V. 47b). Wiederum ist nicht die Verpfändung des Landes erwähnt: Der Grundbesitz wird für Ausländer immer umstritten gewesen sein. Aber die persönliche

---

[45] Klaus Schmidt, a. a. O. z. B. 87 f.

Haftung des Schuldners bis zum Selbstverkauf ist auch gegenüber dem fremd-
ländischen Kapitaleigner gültig. So kann der Israelit in dessen Schuldknechtschaft geraten (V. 47 b). Wir kennen keinen konkreten Fall aus der erzählenden
Literatur, doch die in Neh 5 geschilderte Situation könnte auch durch fremd-
stämmige Geldgeber verursacht worden sein. Und Leute wie Sanballat und
Tobia, der Ammoniter, Geschem, der Araber (vgl. Neh 4,1; 6,1 usw.) machten
ihren Einfluß in Juda nicht nur außen-, sondern eventuell auch innenpolitisch
fühlbar. Was ist in einem solchen Fall zu tun? Das Bewußtsein eines qualitativen
Unterschiedes zwischen „einheimischer" und „fremdstämmiger" Bevölkerung
(vgl. auch Dtn 23; Jes 56,6–8) macht es unmöglich, einfach die unter Israeliten
geltende Regelung von V. 39–43 anzuwenden oder den Paragraphen V. 47–55
wegzulassen. Nein, die Schuldknechtschaft eines Einheimischen bei einem
Fremden wird sorgfältig und über die Bestimmungen von V. 39–43 (und analog
auch V. 25–28) hinausgehend reglementiert, und zwar zugunsten des israelitischen Fronarbeiters und zu Lasten des ausländischen Gläubigers. Gegen V. 40
bekommt der in Dienstpflicht genommene Schuldner nun das Loskaufrecht:
Seine Verwandtschaft wird eindringlich zur „Lösung" aufgefordert; er selbst
kann mit eigenen Ersparnissen die vorzeitige Befreiung erwirken (V. 48 f.).
Diese Regelung ist analog auch bei der normalen Immobilienpfändung vorgesehen (V. 25 f.), wird im jetzigen Zusammenhang nur detaillierter dargeboten. Die
zur Lösung verpflichteten Verwandtschaftsgrade sind in absteigender Linie
aufgezählt: Bruder, Onkel, Vetter, sonstige Sippenverwandte (V. 49). Die Berechnung der Ablösesumme (V. 50–52) stimmt sachlich mit der generellen
Anweisung für die Preisgestaltung bei Immobilien (V. 15 f.; vgl. V. 27) überein.
Im jetzigen Kontext ist diese „degressive" Berechnung viel genauer und wortreicher geschildert. Es fällt auf, wie sorgfältig noch einmal die Lohnberechnung für
den Schuldsklaven nach den Tarifen für freie Tagelöhner vorgeschrieben wird
(V. 50 b; vgl. V. 40 a). Diese Lohngarantie kommt dann sogleich noch einmal vor
(V. 53 a). Die Untersagung jeder Ausbeutung des Fronarbeiters wird ebenfalls
wiederholt (V. 53 b), wobei den Israeliten gegenüber dem fremden Fronherren
eine Art Aufsichtspflicht zufällt („vor deinen Augen", V. 53 b). Erst wenn alle
Versuche der Auslösung scheitern, muß der israelitische Schuldsklave seine
volle Zeit bis zum nächsten Befreiungsjahr abarbeiten (V. 54). Interessanterweise ist anders als V. 41 nur die persönliche Freilassung, nicht die Rückgabe des
Landes erwähnt. Das ist wohl ein Beweis dafür, daß der fremde Kapitalverleiher
kein Recht hatte, das Erbland eines Israeliten auch nur zeitweise in Besitz zu
nehmen. Wie in V. 42 folgt zum Schluß noch eine feierliche Begründung (und
Folge?) des Unterdrückungsverbotes und des Freilassungsgebotes: Jahwe hat
die Israeliten durch seine Herausführung aus Ägypten für sich als Sklaven
gewonnen. Sie dürfen „keinen anderen Herren mehr dienen" (V. 55). Das ist
eine Art wirtschaftlicher Begründung des strengen Eingottglaubens! Einige
Grundgebote für Jahweanhänger schließen sich sachgemäß an (Lev 26,1–2).

8.3.5 Soziologie des Jobeljahres

Viele Fragen nach Entstehung, Sinn und Funktion der Lastenbefreiung in Israel bleiben unbeantwortet. So viel aber ist sicher: Wir müssen das alttestamentliche Jobeljahr vor dem sozialen und wirtschaftlichen Hintergrund des Alten Orients sehen.

Die alten Kulturen des Zweistromlandes hatten seit dem 3. Jt. v. Chr. stark differenzierte Großgesellschaften hervorgebracht. Die ursprünglichen Stadtstaaten waren Regionalherrschaften gewichen, die ein hohes Maß an innerer Organisation erforderlich machten. Die Gesellschaft wurde stärker arbeitsteilig, hierarchisch und ständisch gegliedert, den geistlichen und politischen Machtzentren unterworfen. Neben den seit alters geübten Tauschhandel trat in der Regel die Silberwährung. Der internationale Warenaustausch war zeitweise sehr bedeutend (Karawanenverkehr; Mittelmeer-Seefahrt). Die Wirtschaftsform läßt sich am besten als staatlich überwachte Marktwirtschaft bezeichnen[46].

Die auf Spezialisierung, freiem Warenverkehr und städtischen Wirtschaftszentren aufgebaute Gesellschaft war in hohem Maße krisenanfällig. Naturkatastrophen, politische und kriegerische Störungen, aber auch die zu vermutende Ausbeutung durch Machtzentren und Geldeliten (Rüstungsausgaben; Bauvorhaben; persönliche Bereicherung) produzierten je und dann Wirtschaftskatastrophen und Verelendung sozial schwacher Bevölkerungsgruppen[47]. In wirtschaftlichen Krisen haben nachweislich besonders die altbabylonischen Könige immer wieder durch Freilassungsedikte und Schuldenerlasse eingegriffen. Das gestörte wirtschaftliche und soziale Gleichgewicht sollte so wiederhergestellt werden. Derartige Aktionen[48] waren vermutlich ganz an der Wirtschaftslage orientiert oder mit bestimmten politischen Ereignissen (etwa: Regierungsantritt eines Königs) verbunden. Es gibt keine Hinweise in den keilschriftlichen Quellen, daß sie kalendarisch festgelegt waren und periodisch wiederkehrten. Gesetzlich geregelt war allerdings spätestens seit König Hammurapis Reformgesetzen (17. Jh. v. Chr.) die Schuldknechtschaft für Bürger des babylonischen Reiches. Nach drei Jahren Frondienst mußte der Schuldner entlassen werden[49].

Israel – seit 926 v. Chr. bestehend aus den Teilreichen Israel und Juda – hatte sich nach der Staatenbildung sehr schnell dem vorderorientalischen Wirtschafts- und Gesellschaftssystem angeglichen. Die Monarchen setzten sich über die Stammesinteressen hinweg, betrieben eine zentralistische Militär-, Festungs- und Handelspolitik. Intern entstand eine Klassengesellschaft, in der die hohen Beamten und Militärs des Königshofes den Ton angaben und Besitz anhäuften. Die Spitze der königlichen Tempelpriesterschaft gehörte nach Ausweis der Beamtenlisten Davids und Salomos (2 Sam 8,15–18; 20,23–26; 1 Kön 4,1–19) mit zur höchsten gesellschaftlichen Elite. Städtische Handwerker, Händler und die mittleren Ränge der Beamtenschaft machten den „Mittelstand" aus, während das Gros der Bauern sozial absank und am unteren Ende der Skala sich eine

---

[46] Vgl. Horst Klengel; M. Liverani (s. o. Anm. 40).
[47] Vgl. Horst Klengel, Handel 72 ff.; 89 ff.
[48] F. R. Kraus nennt sie nach dem am häufigsten gebrauchten babylonischen Ausdruck „Gerechtigkeits-Akte", die durch die „*mišarum*-Formel" gekennzeichnet sind, a. a. O. 183 ff.
[49] Codex Hammurapi § 117.

mehr oder weniger starke Schicht von Verarmten, aus der „Normal"gesellschaft Ausgeschiedenen bildete. Die Anklagen des Amos, Micha und Jesaja gegen die Ausbeutung und Mißhandlung der sozial Schwachen sind schon erwähnt. Das Deuteronomium versucht, die Randgruppen zu schützen. Anschaulich wird die königliche Sozialpolitik an Texten wie 1 Kön 9,15–23, der den ungeheuren Bedarf an Fronarbeit illustriert, oder 1 Kön 21, der die Gier nach Besitz und absoluter Macht belegt. Unter den Bedingungen der eigenstaatlichen, israelitisch-judäischen Monarchie entstand ein Landproletariat von verschuldeten und teilversklavten Bauern (vgl. 1 Sam 22,2).

Die Logik der wirtschaftlichen und sozialen Entwicklung in den Monarchien Israels machte es notwendig, daß auch hier der König sein Amt als Hüter der Gerechtigkeit und Schützer von Armen und Bedrängten wahrnahm (vgl. Ps 72). Leider hören wir nur ein einziges Mal von einem Freilassungsedikt eines Königs (Jer 34). Wir dürfen annehmen, daß dieses sozialökonomische Instrumentarium den Königen in Samaria und Jerusalem nicht unbekannt war. Auch von der normalen Praxis des Rückkaufes verpfändeten Eigentums erfahren wir selten etwas. Jeremia muß einmal – symbolhaft für die Hoffnung auf eine bessere Zukunft – ein Ackerstück „lösen" (Jer 32). Sonst sind wir leider für die Institution von festen und periodischen Erlaß- und Jobeljahren ganz auf Dtn 15 und Lev 25 angewiesen.

Welches Bild von der Gesellschaft gewinnen wir nun aus diesen wichtigen Texten? Ins Auge fällt sofort die religiöse Prägung von Sprache und angeredeter Gemeinschaft. Alle ohne Unterschied sind „Brüder" tituliert, in der priesterlichen Überlieferungsschicht ein untrügliches Zeichen nicht für Blutsverwandtschaft und Sippensolidarität, sondern für die umfassendere Glaubensbruderschaft der Kultgemeinde[50]. Das bedeutet: Die „Schwestern" spielen in der öffentlich-rechtlichen Diskussion keine Rolle; sie sind in die patrilinearen „Vaterhäuser" eingegliedert. Die Lösepflicht gilt immer in den männlichen Verwandtschaftslinien. Sie zeigt, daß unterhalb der religiös strukturierten Volksgemeinschaft, den „Nachkommen Israels" (V. 2a.33.46.55a), die traditionelle Clanstruktur existiert. Aber innerhalb dieses religiös-ethnischen, idealen Gesellschaftsgefüges bestehen deutliche Spannungen[51].

Der tiefste Gegensatz – er hat ja die Befreiungserlasse provoziert! – herrscht zwischen denen, die unangefochten Grundeigentum und Kapital besitzen und andere „Brüder" in ihre Abhängigkeit bringen konnten, und jenen Mittellosen, Verschuldeten, wirtschaftlich Geschwächten, die in die Schuldsklaverei abgestiegen sind. Neh 5,1–5 belegt genau diese sozio-ökonomische Aufspaltung der einen Gemeinde Jahwes: Das einfache „Volk und seine Frauen" beklagt sich vor dem Gouverneur Nehemia über „seine judäischen Brüder" (Neh 5,1). Im Verlauf der Verhandlung wird dann noch einmal entschieden auf die ethnische Verwandtschaft und Gleichwertigkeit der Schuldner und Gläubiger hingewie-

---

[50] Vgl. hinsichtlich der deuteronomisch/deuteronomistischen Überlieferung Lothar Perlitt, „Ein einzig Volk von Brüdern", in: D. Lührmann und G. Strecker, Hg., Kirche, FS G. Bornkamm Tübingen 1980, 27–52.

[51] Vgl. Hans Kippenberg.

sen (Neh 5,5 a). In der nachexilischen weisheitlichen und liturgischen Tradition fallen die beiden Gruppen der Besitzenden und der Abhängigen scharf in „Gottlose" und „Gerechte" auseinander, ohne daß die „Bruderschaft" verbindende Klammer bleibt (vgl. Ps 37: auch hier geht es um den Landbesitz – V. 9.22.29). Die Gemeinde in Lev 25 besteht also aus Land- und Kapitaleignern, die vermutlich großenteils in den ummauerten Städten zu suchen sind (vgl. V. 29–33 mit dem oben festgestellten Sonderinteresse der städtischen Herren), und der Mehrheit an Kleinbauern und Lohnabhängigen in der Provinz. Lev 25,6 stellt die Hauptschichten nebeneinander: „Du" = Eigentümer; auf ihn bezogen (Possessivpronomina) „Knecht, Magd" und „Tagelöhner, Pächter". Die Stufen der Abhängigkeit sind klar zu erkennen. „Knecht und Magd" sind die vererbbaren Dauersklaven (vgl. V. 44–46); sie bilden die unterste Schicht. Über ihnen stehen die auf Dauer Lohnabhängigen, Saisonarbeiter und Pächter, die sich vermutlich häufig oder ausschließlich aus fremdstämmigen Bürgern rekrutieren. Sie können leicht in den Sklavenstand absinken. Wieder eine Stufe höher befinden sich die gefährdeten oder verarmten „Vollbrüder", Kleinbauern, die unversehens in die temporäre Schuldknechtschaft geraten können (V. 25.35.39.47). Mehrere Dinge sind an dieser Aufgliederung der Unterschicht bemerkenswert: Die trotz gegenteiliger Anweisungen (Lev 19,33f. usw.; s.o. 8.3.4.6) beibehaltene religiös-ethnische Unterscheidung von Einheimischen und Fremden, die zu wirtschaftlicher und sozialer Diskriminierung führen kann; die Reservierung des Brudertitels für die einheimische Bevölkerung, trotz offensichtlicher integrativer Bemühungen (vgl. V. 23); die Möglichkeit wirtschaftlichen und sozialen Aufstiegs für die zweitunterste Gruppe (vgl. V. 47); das überragende Interesse, den sozial schwachen „Brüdern" den Abstieg in die volle Abhängigkeit, sprich: dauerhafte Sklaverei, zu ersparen. Der Status der Lohnabhängigen und Pächter gilt als die für „Brüder" noch eben erträgliche und mit der Jahwe-Kindschaft zu vereinbarende Lebensweise (V. 39f.).

Für dieses Ziel setzen sich die ungenannten und schwer zu greifenden Sprecher und Überlieferer des Textes ein. Sie reden aus einer gewissen Distanz und mit einer deutlichen religiösen Legitimation die Eigentümer und die Brudergemeinschaft insgesamt an. Das einschließende „uns" fehlt durchweg; Jahwe tritt der Gemeinde als „euer Gott" gegenüber (vgl. V. 38 u. ö.). Die Situationsvorgabe von V. 1f. ist also durchgehalten: Jahwe läßt seine direkte Ansprache an sein Volk durch Mose vermitteln. Hinter dem Sprecher Mose verbirgt sich mithin wie in allen Rahmentexten und späten redaktionellen Stücken des Buches Leviticus (vgl. oben z.B. Nr. 6.1.2; 6.3.3; 7.2.2; 8.1.3 usw.) die exilisch-nachexilische Vermittlungsinstanz. Wir können sie entweder in levitisch-priesterlichen Kreisen suchen oder aber – allgemeiner und zutreffender – in den Leitungsgruppen der früh-jüdischen Gemeinde. Denn die Spitzen der Religionsgemeinschaft waren nicht automatisch mit den levitischen und priesterlichen Familien identisch. Prophetisches und weisheitliches Erbe führte zu einer beträchtlichen Laienbeteiligung, wie das Beispiel Esras, des Schreibers, zeigt (er wurde erst später zusätzlich mit priesterlichen Attributen geschmückt).

8.3.6 Theologie des Jobeljahres

Es sollte uns nicht verwundern, daß auch und gerade in den späten Schichten des
ATs unterschiedliche theologische Erkenntnisse miteinander im Streit liegen.
Wir können auch jene formative Periode theologischen Denkens, in der manche
Weichen für langfristige Entwicklungen gestellt wurden, nicht mit der Erwartung ewiggültiger Aussagen überfordern. Nein, auch die Theologie jener wichtigen Epoche ist zeitgebunden. Aber in ihren Auseinandersetzungen zwischen
partikularer und universeller Gotteserfahrung sind uns die Zeugen unserer
biblischen Tradition notwendige Gesprächspartner.

Die Überlieferung von Lev 25 geschah im Rahmen der frühjüdischen Glaubensgemeinschaft. Aus den leidvollen Erfahrungen der Fremdbestimmung
durch babylonische und persische Siegermächte erwuchs unter versprengten
und in Palästina verbliebenen Israeliten der unbändige Wille zur Selbstbehaup-
tung. Die religiöse Autonomie, durch die Perser verbrieft, wurde das eigentliche
Feld, auf dem Israel als Gemeinschaft sui generis weiterbestehen konnte. Lev 25
zeigt aber in aller Kraßheit, daß der Glaube Israels sich nicht einfach in die
Innerlichkeit zurückziehen konnte. Jahwe hatte seit grauer Vorzeit Anweisungen für das ganze Leben seiner Anhänger gegeben. Der Gottesanspruch auf
ganze Hingabe mußte sich gerade in der fremdgesteuerten politischen Groß-
landschaft neu zu Wort melden und mit den bestehenden Verhältnissen in
Kollision geraten.

Die Überlieferer erkannten aufgrund bitterer Erfahrungen, daß Menschenwürde und gemeinschaftliche Selbstverwirklichung in starkem Maße von den
wirtschaftlichen Bedingungen abhingen. Darum redeten sie der Gemeinde Jahwes ins Gewissen, die Jahwegebote im Blick auf Gleichheit und Brüderlichkeit
eben auch im Wirtschaftsleben zu verwirklichen. Der reine Gottesstaat ließ sich
nicht einfach gegen Gewohnheiten und geltendes Recht realisieren. Aber die
Religionsgemeinschaft wollte ihren Einfluß auf die Wirtschaftsgemeinschaft
geltend machen[52]. Aus unserem heutigen Blickwinkel bedeutet das den Versuch, aus dem Glauben heraus die profane Wirklichkeit zu gestalten. Die
persische Regierung ließ solche Experimente offensichtlich solange zu, wie
Ruhe, Ordnung und regelmäßige Steuerzahlungen nicht gefährdet waren. An
ihre Grenzen stießen theologisch motivierte Reformvorhaben, wenn Interessen
von Nichtisraeliten betroffen wurden oder wenn – wie im Fall des Stadthauses
(V. 29–31) – die eigene Elite wirtschaftliche Sicherheit vor das Jahwegebot
stellte. Da galt es, Kompromisse mit dem erklärten Jahwewillen zu finden.

Auf welche theologischen Traditionen berufen sich die Überlieferer? Welches
Ziel schwebt ihnen vor? Es geht in Lev 25 in erster Linie um das Bodenrecht und
die Erhaltung des Familienbesitzes. Die eigene Scholle war in einer noch weithin
agrarisch geprägten Gesellschaft Garantie für ein menschenwürdiges, von Gott
gewolltes Dasein. In einer versippten und verschwägerten Gesellschaft mußte
das Bewußtsein für die Solidarhaftung für den Verwandten gefördert werden,

---

[52] Vgl. Max Weber.

um dieses Ziel zu erreichen. Darum die Betonung der Lösepflicht. Wie wenig
zwingend eine solche Sitte eingehalten wurde, lehrt die Geschichte von Boas,
Rut und Noemi (Rut 4). Schon manchem altisraelitischen Bauern war das Hemd
näher als der Rock, und er entzog sich so lange wie möglich verwandtschaftli-
chen Belastungen. – Verlor ein Israelit seinen Hof, dann war der Abstieg in die
Schuldsklaverei vorprogrammiert. Der Verlust der persönlichen Eigenständigkeit stellt den zweiten theologischen Krisenpunkt dar. Zwar waren die Israeliten
nach der Meinung der frühen Gemeindeleiter alle „Sklaven Jahwes", aber genau
deswegen durften sie keinem anderen Herrn verkauft werden (V. 42). Hier liegt
ein theologisches Gleichnis vor: Jahwe gebietet voll über jedes einzelne Gemeindeglied; er kann seine Souveränität nicht durch die Verfügungsgewalt eines
Sklavenbesitzers einschränken lassen. Der Verkauf eines Israeliten in die Dauer-
sklaverei würde einen schweren Eingriff in die Rechte Jahwes bedeuten, der sich
Besitzrechte an den Israeliten erworben hat. Denn Jahwe hat die in Ägypten
(und in Babylonien?) versklavten Israeliten befreit, losgekauft und zu seinem
Eigentum gemacht (V. 38; vgl. Ex 19,4–6; Dtn 7,6–10; 10,12–22; Jes 43,1–7).
Im Exiljahrhundert hat Israel die Erfahrung von Versklavung und Befreiung
gemacht und sich an die Exodusgeschichten erinnert (Ex 1–15). Unterdrückung
in Ägypten, Herausführung aus dem „Sklavenhaus" (Ex 20,2), wunderbare
Bewahrung in der Wüste und Rückkehr ins Gelobte Land sind nach und mit den
Erfahrungen des babylonischen Exils erzählt worden. Und jetzt dient das
Bekenntnis zum Befreiergott von Ägypten her dazu, die Versklavung eines
israelitischen Bruders zu verhindern. Denn der Gott, der alle befreit hat, will
nicht, daß sich auch nur einer der „Losgekauften" wieder der entmündigenden
Willkürherrschaft irgendeines Sklavenhalters unterwerfen muß. Gerade ein
Bruder soll nicht über den Bruder „mit Gewalt herrschen" (V. 43.46). Da wird
nicht individualistisch und optimistisch argumentiert: Ein Bruder wird schon
den Bruder wie einen Ebenbürtigen behandeln. Vielmehr ist die Sicht realistisch
und institutionell: Wo immer Menschen anderen Menschen (und seien es „Brüder") auf Gedeih und Verderb ausgeliefert sind, da geschieht „Gewaltherr-
schaft", d.h. Mißbrauch der Vormundschaft und Verfügungsgewalt. Diese
Erkenntnis ist tief in die jüdische, die christliche und die marxistische Sozial-
theorie eingegangen.

An ihre Grenzen stoßen die Bestimmungen zum Befreiungsjahr dort, wo trotz
gegenteiliger Bemühungen die Fremdstämmigen nicht gleichgestellt werden und sogar die eigenen, städtischen Machteliten eine Vorzugsstellung erhalten. An solchen
zeitgenössischen Beschränktheiten müssen wir im Blick auf die heutige globale Verflechtung und Verantwortung weiterdenken. Die einzige legitime Konsequenz aus
den Jobeljahrbestimmungen kann nur sein: Wenn es schon damals im Rahmen der
frühjüdischen Gemeinde um die wirtschaftliche Absicherung der Menschenwürde
ging, wieviel mehr müssen wir heute, nach den geschichtlichen Erfahrungen von
weiteren 2 1/2 tausend Jahren und nach Bewußtwerdung der erdumgreifenden, hauptsächlich durch die westlichen Zivilisationen verursachten Ungleichheiten unter den
Menschen sowie der selbstmörderischen Gefährdungen, die dadurch entstanden sind,
für eine grundlegende Veränderung des Weltwirtschaftssystems eintreten. Die Unter-

scheidung von Einheimischen und Fremden darf nicht mehr gelten. Bruder und
Schwester sind alle, die Menschenantlitz tragen. Die tatsächliche Vernetzung der
Ökonomien und die alte Erkenntnis des einen Gottes, der Vater (und Mutter) aller
Kreatur ist, zwingen zu diesen Schlußfolgerungen.

Eine theologische Frage ist noch nicht angeschnitten worden: In welchem
Maße ist das Modell des Befreiungsjahres in Lev 25 eine Utopie? Wie weit
können alle Vorstellungen und Forderungen im Blick auf eine gerechte Wirtschaftsordnung nur Träume und endzeitliche Hoffnungen sein? Die Wirklichkeit desillusioniert. Sozial Schwache, die auch durch ein sorgfältig geknüpftes
Auffangnetz hindurchfallen, wird es immer geben (vgl. Dtn 15,4.11). Also sind
Reformen im wirtschaftlichen und sozialen Bereich nur ganz begrenzt wirksam.
Sie eliminieren weder Sklaverei noch Ausbeutung. Die gerechte Gesellschaft
bleibt Utopie. Und – so manche Exegeten weiter – die priesterlichen Überlieferer haben das sehr wohl gewußt. Sie sprechen daher nur mehr hypothetisch von
einer Befreiung alle fünfzig Jahre! Wer will eine so langfristige Auflage kontrollieren, durchsetzen? Es gibt höchstens winzige Spuren einer Realisierung des
Jobeljahres im konkreten Geschichtsverlauf. Die Überlieferer haben sie auch
von Anfang an nur als ferne Zukunftsperspektive gedacht. Eschatologisch und
spirituell müsse man Lev 25 lesen, wie in Jes 61,1–2 angedeutet und in manchen
neutestamentlichen Zeugnissen ausgeführt (vgl. Lk 4,18f. und die darauf folgenden Machterweise Jesu). – Mir scheint, das Befreiungsjahr in Lev 25 ist nicht
eschatologisch zu interpretieren. Der Text stellt den Versuch dar, zeitgenössische Wirtschaftspraktiken, die zur Verelendung bedeutender Bevölkerungsteile
führten, im Rückgriff auf alte Familientraditionen zu modifizieren. Die Zeitspanne von 50 Jahren hat möglicherweise die Siebenjahrperiode der Freilassungen (vgl. Dtn 15) abgelöst und ist als ein Kompromiß mit den damaligen
Geldverleihern gedacht. Das wäre eine sehr bedenkliche Verwässerung des
Jahwewillens im Blick auf die soziale Gerechtigkeit in Israel. Eine Eschatologi-
sierung aber ist im Text von Lev 25 nicht zu entdecken.

9 Abschluß (Lev 26–27)

Sammlungen von „Worten", „Liedern" oder „Gesetzen" wurden im Alten Orient in der Regel mit einer Schlußnotiz versehen: „Zu Ende sind die Gebete Davids, des Sohnes Isais" (Ps 72,20); „Bis hierhin die Worte Jeremias" (Jer 51,64 b); „Das sind die Vorschriften, Rechte und Erlasse, die Jahwe zwischen sich und den Israeliten durch Mose auf dem Berg Sinai eingeführt hat" (Lev 26,46); „Das sind die Gebote, die Jahwe Mose für die Israeliten auf dem Berg Sinai gegeben hat" (Lev 27,34). Derartige Endformeln markieren zeitweilige Endpunkte der Überlieferung. Und später ist der Sammlungsprozeß weitergegangen; in Nachträgen wurden Sammlungen erweitert, kommentiert, korrigiert.

Das Buch Leviticus erreicht zögernd einen gewissen Abschluß. Worauf sich die doppelte Endnotiz in Lev 26,46 und 27,34 genau bezieht, ist nicht mehr auszumachen. Wahrscheinlich sind große Teile von Lev 1–25 in den Blick gefaßt. Im Vergleich zu den Zwischenunterschriften nach Teilsammlungen (vgl. Lev 7,37 f.; 14,54–57), welche die ergangenen Gesetze konkret benennen, sind die Schlußbemerkungen nach Lev 26 und 27 sehr allgemein gehalten, also umfassender gedacht.

Inhaltlich ist besonders das ganze Kap. Lev 26 als Schlußpunkt intendiert. Im Alten Orient wurden nämlich Gesetzessammlungen und Vertragswerke, aber auch urkundlich festgehaltene Privatabmachungen meistens mit Fluchformulierungen abgeschlossen. Sie sollten die Vereinbarungen unter die Oberhoheit der Götter stellen und einem Rechtsbruch vorbeugen. Derartige Vertragsflüche folgen dem Schema: „Die Götter mögen den strafen, der die Abmachungen verletzt"[1]. In unserem Fall ist ein kurzer Segensteil für den Fall vorgeschaltet, daß die göttlichen Vorschriften treu beachtet werden (vgl. Dtn 28).

9.1 Segen und Fluch (Lev 26)

9.1.1 Übersetzung

1) Ihr sollt euch nicht Götterbilder anfertigen oder Skulpturen und Steinmale aufstellen. Auch ein Steinrelief sollt ihr in eurem Land nicht zeigen. Ihr sollt das alles nicht anbeten, denn ich bin Jahwe, euer Gott. 2) Ihr sollt meine Sabbate einhalten und mein Heiligtum ehren; ich bin Jahwe.

---

[1] Vgl. Dennis McCarthy, Der Gottesbund im AT, Stuttgart 1966, revidierte Ausgabe: ders., Treaty and Covenant, Rom ²1978.

3) Wenn ihr nach meinen Vorschriften lebt und meine Gebote einhaltet und sie befolgt, 4) dann gebe ich euch euren Regen zur rechten Zeit. Die Erde wird ihren Ertrag bringen und die Feldbäume tragen ihre Frucht. 5) Die Dreschzeit geht für euch bis zur Weinlese, und die Weinlese dehnt sich bis zur Saatzeit. Ihr werdet reichlich Brot essen und in Frieden in eurem Land leben. 6) Ich gebe (euch) Frieden im Land; ihr könnt ruhig schlafen, niemand soll euch aufschrekken. Ich werde die wilden Tiere aus dem Land vertreiben, und das Schwert soll nicht in eurem Land umhergehen. 7) Ihr sollt eure Feinde verfolgen, sie werden eurem Schwert zum Opfer fallen. 8) Fünf von euch werden hundert jagen; hundert von euch schlagen zehntausend in die Flucht. Eure Feinde fallen euren Schwertern zum Opfer. 9) Ich wende mich euch zu; ich mache euch fruchtbar und vermehre euch. Ich halte meinen Bund mit euch aufrecht. 10) Ihr werdet vom alten, abgelagerten [Getreide] essen und bei der neuen Ernte das alte [Korn] wegwerfen. 11) Ich will Wohnung bei euch nehmen und euch nicht verabscheuen. 12) Ich will unter euch leben und euer Gott sein. Ihr aber sollt mein Volk sein. 13) Ich bin Jahwe, euer Gott, der ich euch aus Ägypten herausgeführt habe, so daß ihr nicht mehr ihre Sklaven sein mußtet. Ich habe eure Jochstange zerbrochen und euch aufrecht gehen lassen.

14) Wenn ihr aber nicht auf mich hört und alle diese Gebote nicht erfüllt, 15) wenn ihr meine Vorschriften verachtet und meine Gesetze verabscheut, so daß ihr meine Gebote nicht befolgt und meinen Bund brecht, 16) dann werde ich euch folgendes zufügen: Ich bringe Entsetzen über euch, Schwindsucht und Fieber, Blindheit und Auszehrung. Umsonst werdet ihr eure Saat ausbringen: Eure Feinde werden davon essen. 17) Ich wende mich gegen euch; ihr werdet von euren Feinden geschlagen. Die euch hassen, werden euch beherrschen. Ihr werdet fliehen, auch wenn keiner euch verfolgt.

18) Wenn ihr dann noch nicht auf mich hört, will ich euch siebenmal mehr züchtigen wegen eurer Sünden. 19) Ich breche eure stolze Anmaßung; ich mache euren Himmel zu Eisen und eure Erde zu Erz. 20) Eure Arbeit soll vergeblich sein, denn euer Acker wird nichts hergeben, und die Feldbäume werden keine Früchte tragen.

21) Wenn ihr euch mir weiter widersetzt und nicht auf mich hören wollt, so will ich euch siebenmal stärker schlagen wegen eurer Sünden. 22) Ich werde wilde Tiere zu euch schicken, die werden eure Kinder fressen, euer Vieh reißen und euch dezimieren; eure Straßen sollen veröden.

23) Wenn ihr auch dann noch nicht von mir belehrt seid und euch mir widersetzt, 24) dann will auch ich mich völlig gegen euch kehren und euch siebenmal stärker schlagen wegen eurer Sünden. 25) Ich werde das Racheschwert über euch bringen, das den Bund rächen soll. Wenn ihr euch dann in eure Städte begebt, dann schicke ich die Pest unter euch, und ihr werdet in die Hand der Feinde fallen. 26) Ich werde euch den Brotvorrat zerstören. Zehn Frauen werden euer Brot in einem Ofen backen; das Brot wird man euch rationieren, ihr werdet essen, aber nicht satt werden.

27) Wenn ihr trotz alledem nicht auf mich hört und euch mir widersetzt, 28) dann will ich mich wütend gegen euch kehren. Dann werde ich euch siebenmal

stärker züchtigen wegen eurer Sünden. 29) Ihr müßt das Fleisch eurer Söhne essen, ja, das Fleisch eurer Töchter werdet ihr essen. 30) Ich werde eure Höhenheiligtümer zerstören und eure Räucheraltäre zerschlagen. Ich werde eure Leichen auf eure toten Götzen werfen und euch verabscheuen. 31) Eure Städte mache ich zu Trümmerhaufen, eure Tempel zur Wüste. Den Beschwichtigungsduft [eurer Opfer] will ich nicht mehr riechen. 32) Ich mache das Land menschenleer, daß selbst eure Feinde, die darin wohnen werden, das Grauen packt. 33) Euch selbst zerstreue ich unter die Völker, mit gezücktem Schwert komme ich hinter euch her. Das Land soll menschenleer sein, und eure Städte sollen zu Trümmerhaufen werden.

34) Dann werden dem Land seine Sabbatjahre erstattet, während der Zeit der Verwüstung, wenn ihr im Land eurer Feinde seid. Dann darf das Land ruhen, und es bekommt seine Sabbatjahre wieder. 35) Die ganze Zeit, die es verwüstet liegt, ruht es, denn es konnte nicht ruhen, als eure Sabbatjahre anstanden, während ihr dort wohntet. 36) Denen, die von euch übrig sind, will ich in den Ländern ihrer Feinde Verzagtheit ins Herz geben. Das Rascheln eines verwehten Blattes wird sie aufscheuchen. Sie fliehen wie vor dem Schwert, sie fallen, und es ist nicht einmal ein Verfolger da. 37) Sie sinken hin, übereinander, wie vom Schwert erschlagen, aber es ist kein Verfolger da. Ihr könnt gegen eure Feinde nicht bestehen. 38) Unter den Völkern geht ihr zugrunde; die Erde in Feindesland wird euch verschlingen. 39) Die von euch Übrigen werden in den Feindesländern von ihrer Schuld aufgefressen; auch werden sie von der Schuld ihrer Väter gefressen.

40) Sie werden aber ihre Schuld und die Schuld ihrer Väter bekennen, die Treulosigkeit, die sie mir antaten und die Widersetzlichkeiten mir gegenüber. 41) Auch ich habe mich ihnen widersetzt und sie ins Feindesland gebracht. Oder sie werden dann ihr unbeschnittenes Herz demütigen und ihre Schuld abtragen. 42) Ich werde mich an meinen Bund mit Jakob erinnern; sowohl an meinen Bund mit Isaak als auch an meinen Bund mit Abraham werde ich denken, auch an das Land werde ich denken. 43) Das Land wird von ihnen verlassen sein und seine Sabbatjahre erstattet bekommen, während es verwüstet ist und sie nicht da sind; sie aber werden ihre Schuld abtragen. Denn wirklich, sie haben meine Gebote verachtet und meine Anweisungen verabscheut. 44) Doch auch wenn sie in Feindesland sind: Ich verachte sie nicht und verabscheue sie nicht, daß ich sie ausrotten oder meinen Bund mit ihnen aufheben möchte, denn ich bin Jahwe, ihr Gott. 45) Ich denke ihnen zugute an meinen Bund mit ihren Vorfahren, die ich vor den Augen der Völker aus Ägypten geführt habe, um für sie Gott zu sein. Ich bin Jahwe.

46) Das sind die Vorschriften, Gesetze und Anweisungen, die Jahwe durch Mose auf dem Berg Sinai für sein Verhältnis mit den Israeliten gegeben hat.

9.1.2 Grundsätzliche Gebote (V. 1–2)

Das Verbot der Götzenbilderverehrung und das Gebot der Sabbatheiligung haben keine leicht einsehbare Verbindung zum vorhergehenden oder nachfolgenden Text. Sie wirken eingeschoben, und dieser Eindruck verstärkt sich, wenn man Lev 19,3.4.30 zum Vergleich heranzieht. Der oder die Verfasser haben möglicherweise Teile aus Lev 19 benutzt oder abgewandelt, um vor dem großen Finale V. 3–33, welches ja das positive und negative Verhalten zu den Geboten thematisiert, noch einmal die Hauptanweisungen Jahwes *pars pro toto* ins Gedächtnis zu rufen. Gewiß sind andere Erklärungen möglich, etwa diese: V. 1–2 sind rein zufällige Einfügung einer Randbemerkung oder einer Zettelnotiz; sie stellen den Anfang eines Vorschriftenkapitels (etwa Lev 19) dar, dessen Hauptteil aus unerfindlichen Gründen verlorengegangen ist oder später anders plaziert wurde; sie sind der theologische Abschluß der Befreiungsbestimmungen von Lev 25 und unerläßlich für dessen Deutung. Doch ist eine bewußte Postierung von Grundforderungen des Glaubens vor der gewaltigen Schlußermahnung wahrscheinlicher.

Wie immer wir die Stellung der Verse im jetzigen Zusammenhang verstehen, sie enthalten eine wichtige Botschaft. „Neben dem Monotheismus sind die Heilighaltung des Sabbats und die Anhänglichkeit an den Tempel in Jerusalem die Hauptcharakteristika des sich entwickelnden Judentums"[2]. Wir haben es also mit fundamentalen Aussagen zu tun, die in ihrer Bedeutung an Dtn 5,6–10; 6,4f.; Ps 50,7 oder Mi 6,8 herankommen. Wie die zitierten Parallelstellen auch sind die insgesamt fünf Weisungen von V. 1–2 strikt in der 2. Pers. Plur. direkt an eine hörende Gemeinschaft gerichtet. Zweimal ist das Reflexivpronomen „für euch" verwendet, auch das Possessivpronomen „euer" (in Gestalt des Suffixes) erscheint zweimal. Das alles sind Zeichen eines Redestils, den wir nach den vermuteten Umständen der Gebotsmitteilung auch Lese- oder Predigtstil nennen können.

Das Bilderverbot ist außergewöhnlich breit ausgeführt (V. 1). Man merkt den Sätzen den Abscheu vor jedem „Götzendienst" an. „Ihr sollt euch keine Undinger machen!" Das hebräische Wort *'ᵉlilim*, „Götterbilder", erinnert einerseits an die normalen Bezeichnungen für die Gottheit *'el* und *'ᵉlohim*, andererseits aber steht es dem Lautbestand nach Worten wie *'ᵉwil*, „Dummkopf", oder *gillulim*, „Mistdinger", „Götzen" (vgl. V. 30) nahe. Das Jesajabuch ist stellenweise voll beißenden Spotts gegen die *'ᵉlilim*, die „Nichtse": „Auch ist ihr Land voller Götzen; sie beten an ihrer Hände Werk, das ihre Finger gemacht haben"[3]. Gerade die Tatsache, daß die Statuen der Fremdgötter von Menschenhand gemacht sind, fordert Kritik und Hohn heraus. Demgegenüber meinen die israelitischen Überlieferer, ihr Gott Jahwe sei der einzige, überlegene Gott der ganzen Welt, jedenfalls der souveräne Lenker der Geschicke Israels. Darum

---

[2] Karl Elliger, 373.
[3] Jes 2,8; vgl. Jes 2,18.20; 10,10f.; 19,1.3; 31,7; die Polemik gegen die fromme Handwerkskunst steigert sich in Jes 40,18–25; 44,9–20: Horst Dietrich Preuß, Verspottung fremder Religionen im AT, Stuttgart 1971.

dürfe und könne er nicht durch Statuen aus formbarem Material abgebildet werden (Dtn 5,8–9a). Der übermächtige Gott hat schließlich mit seinem Volk unsichtbar vom Berg Sinai herunter gesprochen (Dtn 4,12: „Jahwe redete mit euch mitten aus dem Feuer. Seine Worte hörtet ihr, aber ihr saht keine Gestalt, nur eine Stimme war da"). Dies ist eine spezielle Art der Offenbarung, die sich ständig im Gottesdienst, durch die Toralesung, wiederholt. Weit verbreitet war in und um Israel herum die Selbstmitteilung der Gottheit durch Traum, Vision, Zeichen, also eine sehr gestalthafte Kommunikation. Sie setzte sich fort in der Verehrung und physischen Pflege der Götterbilder, die wie Menschen versorgt werden[4]. Nicht so der Gott Israels, der das Überleben seines Volkes nach der großen Katastrophe von 587 v.Chr. ermöglicht. Er hat seine Gebote und Rechte als die Zeichen seiner Liebe und Fürsorge hinterlassen (Dtn 4,14).

> „So hütet euch nun wohl – denn ihr habt keine Gestalt gesehen am Tage, da Jahwe mit euch redete aus dem Feuer auf dem Berge Horeb – daß ihr euch nicht versündigt und euch irgendein Bildnis macht, das gleich sei einem Mann oder einer Frau, einem Tier auf dem Land oder einem Vogel unter dem Himmel, dem Gewürm auf der Erde oder einem Fisch im Wasser unter der Erde. Hebe auch nicht deine Augen auf gen Himmel, daß du die Sonne sehest und den Mond und die Sterne, das ganze Heer des Himmels, und fallest ab und betest sie an und dienest ihnen. Denn Jahwe, dein Gott, hat sie zugewiesen allen andern Völkern unter dem ganzen Himmel …" (Dtn 4,15–19).

Die Nichtachtung des Bilderverbotes wird dann auch schlimme Strafen nach sich ziehen, die Vertreibung aus dem guten Land, die Zerstreuung unter die Völker (Dtn 4,25–27). „Dort wirst du dienen den Göttern, die das Werk von Menschenhänden sind, aus Holz und Stein, die weder sehen noch hören noch essen noch riechen können" (Dtn 4,28; vgl. Ps 115,4–7). Dtn 4 ist ein einziger Kommentar zum Bilderverbot. Das Verbot will von den anderen Glaubensgemeinschaften abgrenzen, es will alle Aufmerksamkeit auf den eigenen und einzigen Gott Israels, der in seiner Tora spricht, konzentrieren.

Unser Verbotstext geht über andere, ähnliche Warnungen dadurch hinaus, daß er drei Arten von Standbildern nennt: das aus Holz oder Stein in Vollplastik gearbeitete Idol, die einfache Steinstele und die im Halbrelief auf Steinplatten eingemeißelte Götter- oder Göttinnengestalt (Es fehlen die im Metallgußverfahren hergestellten Statuen, vgl. Ex 32,2–4; Lev 19,4; 2 Kön 18,4. Natürliche Gottessymbole wie Natursteine oder Bäume finden wohl deshalb keine Erwähnung, weil der Ton ganz stark auf der Selbstanfertigung der Bilder liegt). Alle Formen der menschengemachten Darstellungen der Gottheit sind aus dem Alten Orient in großer Zahl bekannt; sie sind meist menschen- oder tiergestaltig. Das AT sagt sehr offen, daß es in der Frühzeit Israels auch im Volk Jahwes selbst Gottesbilder gegeben hat[5]. Ausgrabungsfunde bestätigen diese Angaben, z.B. sind in israelitischen Städten der Königszeit nicht nur zahlreiche Göttinnenfigurinen, sondern auch eine ganze Tempelanlage mit aufgestellten Steinma-

---

[4] Vgl. Helmer Ringgren, ATD Erg., 37–39; 138–150.
[5] Vgl. Ri 17f.; 2 Kön 18,4; Silvia Schroer, In Israel gab es Bilder. Nachrichten von darstellender Kunst im Alten Israel, Göttingen 1987.

len gefunden worden[6]. Die Bilderlosigkeit des israelitischen Gottesdienstes und die Konzentration auf Schriftlesung, Gebet und Meditation stammen also aus der Exils- und Nachexilszeit[7].

Angesichts der späten Ausformung des bildlosen Jahwekultes mag es befremden, daß neben der Sabbatheiligung auch die Ehrfurcht vor dem Tempel, der doch immer auch symbolische Vergegenwärtigungen Jahwes beherbergte[8], eingeschärft wird (V. 2). Der Tempel in Jerusalem ist aber in der nachexilischen Periode außer Tora, Beschneidung und Sabbat in eminentem Sinn zum Zeichen der konfessionellen Identität geworden. Die lokale Verehrung Jahwes fand nicht mehr gegenüber einem sichtbaren Abbild irgendeiner Art statt (vgl. die totale Unzugänglichkeit des Allerheiligsten für alle Jahweanhänger außer dem Hohenpriester, Lev 16,12–15.34). Der Tempel war für die in alle Welt zerstreute jüdische Gemeinde der feste Punkt, das Merkzeichen für die weiterbestehende Erwählung Israels. Gott wohnte in seinem Haus, das doch den unendlichen und unsichtbaren Herrn Himmels und der Erde gar nicht fassen konnte (1 Kön 8,27), man wallfahrtete schon früh und immer intensiver nach Jerusalem[9], brachte dort Opfer und feiertet vor allem die großen Jahresfeste. Mit Bilderkult und symbolischer Gottesdarstellung hat der Tempeldienst in jener Zeit nicht mehr viel zu tun, umso mehr aber mit der Zelebration der Einheit des verstreuten Volkes. Darum wird die Ehrfurcht vor dem Heiligtum eingeschärft. Es hatte eine Schlüsselfunktion für das gesamte Glaubensleben auch der weit entfernten jüdischen Kolonien[10]. Im Buch Leviticus ist die Benennung *miqdaš*, Heiligtum relativ selten: Sie erscheint in Zusammenhang mit dem Priesterdienst (Lev 16,33; 21,12.23) und dem Besuch des Laien am auserwählten Ort (Lev 12,4; 20,3). In der Regel ist der Begegnungsplatz mit Jahwe eben – der vorgestellten Wüstensituation wegen – das Zelt, das mindestens 44 mal genannt wird (vgl. nur Lev 1,1; 16,7.16.17.20.23.33). Und selbst das Begegnungszelt ist streng als Ort der Erscheinung eines gestaltlosen, sich in der Feuerwolke manifestierenden Gottes gedacht (vgl. Lev 9,23f.).

Das Heiligtum ist zentraler Inhalt eines positiven Gebotes auch in Lev 19,30. Und auch dort ist die Einhaltung des Sabbats vorgeschaltet. Das bedeutet: Die Ermahnung, Sabbat und Heiligtum als die Identitätssymbole Israels hochzuhalten, ist fest geprägter Bestandteil des Gemeindegottesdienstes. Warum hat der Sabbat diesen Rang? In Lev 23,3 ist er an die Spitze des Festkalenders gestellt. In Lev 25,2–4 dient er als Modell für das agrarische Sabbatjahr. Außerhalb des 3. Buches Mose findet der Sabbat konzentrierte Beachtung in späten Zutaten zum Buch Jeremia (vgl. Jer 17,19–27), bei Tritojesaja (Jes 56,1–8; 58,13f.), Ezechiel (Ez 20,10–26) und Nehemia (Neh 13,15–22). Damit ist der Zeitraum in

---

[6] Tempel von Arad; vgl. Volkmar Fritz, 41–175.

[7] Vgl. Erhard S.Gerstenberger.

[8] Cherubenthron, Ex 25,17–22; Schlange, 2 Kön 18,4; vgl. Silvia Schroer, Israel.

[9] Vgl. Shmuel Safrai, Die Wallfahrt im Zeitalter des Zweiten Tempels, Neukirchen-Vluyn 1981.

[10] Vgl. die Zeugnisse aus der Militärsiedlung Elefantine am oberen Nil, Arthur E. Cowley, Aramaic Papyri of the Fifth Century B.C., Oxford 1923; Emil G.H. Kraeling, Elephantine-Urkunden, RGG³, II, 415–418.

etwa abgesteckt, in dem das Sabbatgebot eine überragende Bedeutung bekam: Seit der babylonischen Gefangenschaft hielt die frühjüdische Gemeinde immer stärker an ihrem wöchentlichen Feiertag fest. Jeder siebte Tag wurde durch die Schöpfungsruhe Gottes (Gen 2,2 f.) ausgezeichnet. Der Ruhetag Jahwes reflektierte den Sabbat der Gemeinde. In dieser doppelten Beziehung wurde der Sabbat (der siebte Wochentag = Samstag) ein bis heute im Judentum geheiligtes Symbol der Glaubenseinheit: Jeder Jude ist gehalten, an seinem Ort die Tagesarbeit ruhen zu lassen und – ein Brauch, der sich langsam herausbildete – sich zu Gebet und Toralesung zu versammeln. Daher die Sabbatgottesdienste freitags abends, denn die alttestamentliche Tageszählung geht von Abend zu Abend.

9.1.3 Gesegnetes Leben (V. 3–13)

Die Sammlung der Lebensregeln für Gottesdienst und Alltag schließt mit einem kompakten Ausblick auf den Segen, welcher der gehorsamen Gemeinde blüht, und einer doppelt umfangreichen Androhung des Fluches für das unbotmäßige Volk (V. 14–33). Ganz ähnlich sind Ausrichtung und Einteilung der Schlußbemerkungen zur deuteronomischen Gesetzessammlung: Einem kurzen Abschnitt mit Segensverheißungen (Dtn 28,1–14) folgen tiefgestaffelte Fluchansagen (Dtn 28,15–68). Segen und Fluch am Ende von Verträgen und Rechtssammlungen sind im ganzen Alten Orient Mittel gewesen, die Verpflichtungen von Vertragsparteien einzuschärfen und abzusichern[11]. So ist auch der berühmte „Codex" (in Wirklichkeit Inschrift auf einer 2,30 m hohen Stele) des altbabylonischen Königs Hammurapi mit einem umfangreichen Epilog versehen. Er enthält unter anderem eine kurze Segensformel für „den Mann, der die auf der Stele verzeichneten Worte einhält, die Gesetze nicht abschafft, die Worte nicht verdreht, die Vorschriften nicht verändert" (vgl. Codex Hammurapi, Spalte XXVI, Z. 1–10). Dagegen werden gegen den potentiellen Übertreter der Rechtssätze die zwölf mächtigsten Götter des Himmels, der Erde und der Unterwelt aufgerufen: Sie mögen ihn mit schrecklichen Strafen vernichten (ebda, XXVI,19 – XXVIII,90).

Die direkten Segen- und Fluchformulierungen sind allerdings im Abschlußkapitel des Buches Leviticus zur persönlichen Jahwerede an die versammelte Gemeinde umgestaltet. Eine Vermittlungsformel fehlt seltsamerweise: Die letzten dieser redaktionellen und auf die Verlesung des Textes deutenden Rahmensätze findet sich in Lev 25,1 f. In Lev 27,1 f. folgt der nächste Satz zur Einführung des Gelübdenachtrages. Vielleicht ist das „Jahwe redete zu Mose ..." vor V. 3 durch die Grundgebote V. 1–2 verdrängt worden.

Die Verheißung an die treue, folgsame Jahwegemeinde (V. 3–13) liest sich wie die Schilderung des wahrhaft erfüllten Lebens. Alle Träume von Harmonie, Frieden und Wohlstand werden angesprochen. Zuerst die Sicherung der Lebensgrundlagen: Das gehorsame Gottesvolk soll genug zu essen haben (V. 4f.).

---

[11] Vgl. Dennis McCarthy, Gottesbund, (s. o. Anm. 1).

Voraussetzung ist in Palästina der ausreichende Regenfall zur rechten Zeit. Im Winter müssen Erde und Seen genügend Wasser ansammeln können, damit die Saat (ab Januar) aufgehen und gedeihen kann. Es braucht dann in der Wachstumsperiode gut dosierte Regengüsse. Zur Erntezeit (ab April) darf dann die Sommertrockenheit einsetzen[12]. Ausreichender Regenfall ist die Grundlage allen Segens. Viele alttestamentliche Zeugnisse bestätigen diese Erwartung. Perioden der Trockenheit galten und gelten als Unglück und Strafe Gottes (vgl. V. 19f.; 1 Kön 17,7–16; Jer 14). Wird dagegen der Bedarf an Niederschlägen gedeckt, dann ist der Jubel groß und Gott werden Dankeshymnen angestimmt (vgl. Ps 65,10–14). Dann sind Lebensmittelvorräte für das ganze Jahr und darüberhinaus vorhanden. „Du krönst das Jahr mit deinem Gut, und deine Fußtapfen triefen von Segen" (Ps 65,12). Acker und Baumpflanzen – für Palästina sind das hauptsächlich Oliven und Wein – bringen überreichen Ertrag (V. 4 b). Die Erntezeiten reihen sich ohne Pause aneinander an, so viel ist aus Feld und Pflanzungen einzubringen (V. 5 a). Arbeit gibt es in Fülle, aber sie lohnt sich, sie schafft Überfluß, so daß alle vertrauensvoll, ohne Nahrungssorgen, in dem Land leben können, das Gott ihnen gegeben hat (V. 5 b; vgl. V.10; Lev 25,19; Ez 34,26–29).

Die Vision vom fruchtbaren Land und seinem reichen Erntesegen liest sich wie ein Gegenstück zu dem Strafspruch Gen 3,17–19. Dort muß der Mensch „im Schweiße seines Angesichts" dem Land einen kargen Ertrag abringen. Hier hat er alle Hände voll zu tun, die Schätze der Natur, die Jahwe überreichlich spendet, einzufahren. Segenszeit bedeutet also zuerst, eine sichere Lebensgrundlage zu haben. Der Segen ist nach dieser Tradition an das Halten der Gebote Jahwes gebunden (V. 3). Wird damit die ganze Zusage utopisch? Haben die priesterlichen Überlieferer im Buch Leviticus nicht genügend zur Kenntnis gegeben, daß ein Leben ohne Übertretung der Gebote schlicht unvorstellbar ist? Sie legten doch in Lev 1–7 großen Wert auf die sühnende Wirkung der Opfer; sie brachten in Lev 8 und 16 Beispiele für die Notwendigkeit regelmäßiger Entsühnung. Sie drohten Übertretern mit dem Tod (Lev 20) und zeigten, wie es einzelnen Gesetzesverletzern erging (Lev 24,10–22). Ist das alles vergessen? Kaum, aber die theologische Vision heißt in ihrer reinen Form: Wer sich auf dem Weg der Vorschriften Jahwes hält, sich keiner Verstöße und Übertretungen schuldig macht, der lebt in der Segensfülle des Gottes Israels. Weil Menschen jedoch den richtigen Weg nicht genau einhalten können, ergeben sich Beschwernisse aller Art. Das wirkliche Leben besteht aus einer Mischung von Segen und Fluch. Die Ernte und die jubelnde Freude darüber sind Wirklichkeit (vgl. Rut 3) – ebenso wie die Disteln und Dornen, der manchmal drohende Hunger (vgl. Jer 14) und die Vergeblichkeit mancher ehrlicher Anstrengung (vgl. V. 20).

Die zweite Zusage bezieht sich auf das nächstwichtige Gut, den äußeren Frieden (V. 6–8). Er wird von zwei Seiten bedroht: von den wilden Tieren, welche die Herden dezimieren und auch vor Menschen nicht haltmachen, und von feindlichen Nachbarvölkern.

---

[12] Sehr ausführliche Schilderungen der bäuerlichen Tätigkeiten im Jahresverlauf – auf Beobachtungen im türkischen und englischen Palästina zurückgehend – finden sich bei Gustaf Dalman.

Bei den Tieren ist wahrscheinlich an Löwen und Bären gedacht; ob sie zur Zeit der letzten Redaktion noch eine echte oder möglicherweise nur mehr abstrakt vorgestellte Gefahr darstellten, ist nicht sicher zu entscheiden. Die Vertreibung und Vernichtung des räuberischen Großwildes mag – trotz V. 22 – schon abgeschlossen sein (V. 6b; vgl. Ez 34,25.28). Die Menschen haben sich zu allen Zeiten, wenn sie in direkte Konkurrenz mit Großwild traten, sehr unökologisch verhalten. Im Überlebenskampf hieß es für sie: Tier oder Mensch! Und sie glaubten sich trotz tiefer kultureller und religiöser Unterschiede in der Regel sogar von Gott her legitimiert, die tierischen Konkurrenten auszurotten. Den Raubtieren (und manchen anderen Arten, die aus anderen Gründen verfolgt wurden) halfen weder die feinste Schöpfungstheologie der Menschen mit Pflege- und Hegeaufträgen etwas noch auch die subtilsten Lebensphilosophien. Sie blieben überall auf der Strecke.

Die zweite, furchtbarere Bedrohung ging und geht von anderen Menschen aus, die zu Feinden werden. Das „Schwert" symbolisiert die äußere, agressive Macht, die einfach der Bedrohung durch Tiere parallel geht (V. 6b). Dem Volk Jahwes wird nicht ein oasenhaftes Glück, die Unberührtheit vom Krieg, versprochen. Das wäre ganz unrealistisch. Aber es soll – unter der Bedingung von V. 3 – die Kraft haben, den Feinden militärisch zu widerstehen (V. 7). Die Formulierung dieses Verses zeigt aber mit aller Deutlichkeit, wie schnell Defensivkriege in Attacke und Verfolgung umschlagen können. Die unglaubliche Überlegenheit Israels über die Feinde (V. 8: eins zu zwanzig, ja, eins zu hundert kämpfen die Israeliten erfolgreich) geht sicher auf sehr alte Überzeugungen vom direkten Eingreifen Jahwes für sein Volk zurück (vgl. Ri 5). Jahwe war in alter Zeit vorwiegend ein „Krieger", der für sein Volk eintrat (vgl. Ex 15,3.11ff.; Ps 18; 68; Jes 63,1–6: Mit der letzten Textstelle sind wir schon in die nachexilische Zeit gelangt). Die (späten!) Erzählungen von Wüstenwanderung und Eroberung des Landes Kanaan beschreiben die Auseinandersetzungen mit den Nachbarvölkern ganz im Sinne unseres Textes. So lange Israel in Übereinstimmung mit seinem Gott handelt, kann es auch die stärksten Gegner besiegen (vgl. Ex 17,8–13; Num 21,1–3.21–35; 31; Jos 1–12. Das Schema setzt sich unter Abwandlungen bis ins Richterbuch und die Samuel/Könige-Tradition fort und wird vom Chronisten wieder aufgegriffen: vgl. 2 Chr 20). Auch bei dem zugesagten Frieden und der dazu nötigen Verteidigungskapazität gilt also die Bindung an die von den Gottesgeboten vorgeschriebene Lebensführung.

Im dritten Abschnitt vom heilsamen Leben (V. 9–13) wirkt V. 10 deplaziert. Er greift auf Lev 25,20–22 zurück und bestätigt noch einmal im Sinn von V. 4–5, daß Jahwe das Land Israels überreichlich zu segnen verspricht. Das Wegwerfen übriggebliebener Vorräte – man fühlt sich an die EG-Agrarwirtschaft erinnert – gilt als ein besonderer Segensbeweis. Abgesehen von V. 10 ist der Abschnitt thematisch geschlossen. Er handelt von Gottes Beziehung zu seinem Volk, und sie kann – unter der Bedingung der rechten, vorgeschriebenen Lebensführung (V. 3) – zum wertvollsten Gut der Jahwegemeinde werden. Gott verspricht seinerseits die Einhaltung des Bundes. Hier taucht der Begriff zum ersten Mal im 3. Buch Mose in der präzisen Bedeutung „Vertragsordnung zwischen Jahwe und Israel" auf (Lev 2,13 und 24,8 sind zufällige Erwähnungen mit anderer Akzentsetzung). Die Vorstellung von einem engen Bundesverhältnis ist offensichtlich dem deuteronomisch-deuteronomistischen Traditionsstrom entnommen (vgl. Dtn 29–31); sie durchzieht das ganze Kap. Lev 26. Positiv ausgeführt heißt das: Wenn Israel sich zu Jahwe hält, ist er bereit, sich seinem Volk zur Verfügung zu stellen. Jahwe wird seine Zuwendung walten lassen und die Mehrungsverheißung (vgl. Gen 1,28; 9,1; 17,4–8) wahrmachen (V. 9). Er will seine Wohnung unter den Israeliten nehmen (V. 11) und bei ihnen leben (V. 12a). Die Zusage, auf Gegenseitigkeit Israels Gott sein zu wollen (V. 12), ist synonym zum Bundesgedanken. Das ganze Verhältnis Jahwes zu Israel beruht aber auf der Befreiungserfahrung von Ägypten her (V. 13; vgl. Lev 11,45; 18,3–5; 19,34; 22,31–33; 25,38.42.55).

Die Verheißung gesegneten Lebens geht also von den elementaren Bedürfnissen nach Nahrung und Frieden aus und gipfelt in der Zusage dauerhafter Partnerschaft Gottes mit Israel (V. 9.11–13). Dieses Thema „Bund" ist der kräftige Schlußpunkt des Segensabschnittes, es wird in einer erstaunlichen Steigerung nach den Fluchandrohungen aufgenommen (V. 42–45). Nach der priesterlichen Überlieferung kann Israel sich nur als Jahwevolk verstehen, wenn es überhaupt überleben will. Die Zugehörigkeit zu diesem durch ein geschichtlich, kultisch und ethisch begründetes Vertrauensverhältnis an sein Volk gebundenen Gott ist die einzige Daseinsberechtigung Israels, sein *raison d'etre*. Das gegenseitige Verhältnis Jahwes zu seinem Volk und der Jahwegemeinde zu ihrem Gott ist von der bewußten Übernahme der gottgewollten Normen abhängig. Satzungen und Gebote, wie sie seit der Ankunft Israels am Sinai (Ex 19) erlassen wurden – so die rückschauende Fiktion –, sind für Israel verbindlich. Das Buch Leviticus enthält einen Ausschnitt aus dieser Sinaigesetzgebung (V. 46; vgl. Lev 25,1). Die Ermahnungen zur Einhaltung der Gottesgebote begleiten die Einzelsammlungen und stellen sie in den Sinai-Rahmen. Die in Lev 26 gehäuft vorkommenden Ausdrücke für „Vorschrift", „Gebot" (*ḥuqqah; miṣwah; ḥoq*) sind im ganzen Buch noch weitere 38 mal zu finden (vgl. z.B. Lev 4,2.13.22.27; 10,9.11.13.14.15; 18,3.4.5.26.30; 23,14.21.31.41), nicht zu sprechen von verschiedenen Synonymen. Es ist deutlich: Die letzten Redaktoren haben die begriffliche Markierung der so unterschiedlichen Gebote vollzogen. Aber jetzt erst werden die vielen Einzelvorschriften und die Teilsammlungen ausdrücklich dem „Bund" zugeordnet – ein außerordentlich wichtiger Schritt auf dem Weg der Konstituierung einer Religionsgemeinschaft.

9.1.4 *Verfehlte Existenz (V. 14–33)*

Die Redeformen sind dieselben wie im vorangegangenen Abschnitt: Konstant wird eine Pluralität von Zuhörern angeredet. Das grammatisch maskuline Geschlecht der Verben in der 2. Pers. Plur. schließt wahrscheinlich die ganze Gemeinde, „Männer, Frauen und Kinder" (vgl. Neh 8,2f.; Esra 10,1) ein. Auch die Satzstruktur entspricht ganz dem Segensabschnitt. Dort bestand die Einleitung aus einem einzigen Bedingungssatz: „Wenn ihr meine Vorschriften einhaltet …" (V. 3 a). Es folgte die lange Kette der göttlichen Zusagen: „dann will ich …" (V. 4–12). Jetzt heißt es: „Wenn ihr nicht auf mich hört und nicht alle diese Gebote haltet" (V. 14). Auch hier ist die Reaktion Jahwes in persönlicher Rede gestaltet: „dann will ich …" (V. 16 f..18 f.21 f.24 f..28–33). Doch ist die negative Klausel noch viermal in leicht variierender Weise wiederholt (V. 18 a.21 a.23.27).

Die formale Übereinstimmung der beiden Schlußparagraphen zu den Gesetzessammlungen betrifft also nur die Grundstruktur. Bei näherer Betrachtung erkennt man, daß die Textstücke nicht nur ihrer verschiedenen Länge wegen eben nicht wie zwei Muschelschalen aufeinander passen. Sich genau entsprechende Partien müßten doch in Wortwahl, Feinaufbau und Inhalt besser aufeinander abgestimmt sein. Ein Beispiel weitreichender Kongruenz bieten Dtn 28,3–5 und Dtn 28,16–19, die – bei einer Versumstellung – spiegelbildlich angelegt sind: „Gesegnet wirst du sein in der Stadt, gesegnet auf dem Acker" (Dtn 28,3) – „Verflucht wirst du sein in der Stadt, verflucht auf dem Acker" (Dtn 28,16) usw. Der „Unheilsabschnitt" Lev 26,14–33 dagegen geht offensichtlich nicht auf die Segensverheißung V. 3–13 ein. Er entwickelt seine eigene Dynamik, die in fünffachem (!) Anlauf, gleichsam einer stufenweisen Abschreckung, die Gemeinde von der Übertretung und Nichtachtung der Gebote abhalten will. Anstatt Zug um Zug die bösen Folgen des Ungehorsams für die Ernährungslage, den Frieden und das Bundesverhältnis zu Jahwe darzustellen, vermischt unser Fluchteil die Anliegen bis zur Unkenntlichkeit (oder: er geht von ganz anderen Prämissen aus). Es ist unmöglich, die Segenszusagen und die Unheilsdrohungen sinnentsprechend in zwei Spalten nebeneinander aufzulisten. Selbst da, wo sachliche Entsprechungen vorliegen, sind die Formulierungen sehr unterschiedliche, man vergleiche nur die Zusage (V. 4 a) und die Verweigerung des Regens (V. 19 b); die Vernichtung (V. 6 b) und die Loslassung der Raubtiere (V. 22); den Schutz vor dem Schwert (V. 6 b) und die Sendung des Schwertes (V. 25 a). Außerdem gibt es im Drohteil eine Fülle von Formulierungen, Bildern und inhaltlichen Aussagen, die über den Segensabschnitt hinausschießen und in keiner Weise an die einzelnen Verheißungen anknüpfen. Der drohende und warnende Abschnitt V. 14–33 ist ein eigenständiger Text.

An dieser Feststellung ändert sich auch nichts, wenn wir mit sorgfältigen Analytikern wie Karl Elliger annehmen, daß gerade die Unheilsansage am Schluß der Gesetzessammlungen mehrere Überarbeitungen erfahren hat und in ihrem alten Kern viel kompakter gewesen ist. Elliger etwa sieht die vier Wiederholungen des Bedingungssatzes und manches konkreter und prosaischer ausgeführte Schreckensbild als Zutat und Umgestaltung des älteren Textes an. Er behält aus dem Abschnitt V. 14–38 nur dieses Grunddokument übrig:

15) Und falls ihr meine Satzungen verwerft,
    und falls eure Seele meine Entscheide verabscheut,
    Indem ihr alle meine Gebote nicht tut
    und meinen Bund brecht,
16) Dann werde ich meinerseits so mit euch verfahren:
    dann werde ich über euch Schrecken beordern.

Da werdet ihr umsonst eure Saat aussäen,
eure Feinde werden sie verzehren.

17) Dann werde ich mein Antlitz gegen euch richten,
daß ihr geschlagen werdet vor euren Feinden;
Eure Gegner werden euch niedertreten,
und ihr werdet fliehen, ohne daß jemand euch jagt.

19) Dann werde ich euren starken Stolz brechen;
Und euren Himmel werde ich wie Eisen machen
und euer Land wie Erz.

20) Dann wird umsonst sich eure Kraft erschöpfen.
Euer Land wird seinen Ertrag nicht geben,
und der Baum ‚des Feldes‘ wird seine Frucht nicht geben.

25) Dann werde ich das Schwert über euch kommen lassen,
das die Bundesrache übt.

30) Dann wird meine Seele euch verabscheuen,

31) und ich werde eure Städte in Trümmer legen,
Und ich werde eure Heiligtümer verwüsten
und euren Beruhigungsduft nicht riechen.

32) Dann werde ich selbst das Land verwüsten
daß sich eure Feinde darüber entsetzen,

33) Euch aber werde ich unter die Völker zerstreuen
und das Schwert hinter euch drein zücken.

37) Dann wird es für euch nicht geben
ein Standhalten vor euren Feinden.

38) Dann werdet ihr untergehen unter den Völkern,
und fressen wird euch das Land eurer Feinde.[13]

Die Rekonstruktion Elligers wirkt geschlossen; sie versucht, auch die rhyth-
mische Sprache des Originals wiederzugewinnen. Doch ist der Versuch mit
manchen Unsicherheiten und Zweifeln behaftet. Und ein sprachliches wie
sachliches Pendant zu V. 3–13 kann auch Elliger nicht herstellen. Wir konzentrieren uns auf den vorliegenden, durch die Redaktoren ausgeweiteten Text und
werfen gelegentlich einen Blick auf Elligers hypothetische Rekonstruktion der
älteren Vorlage.

Der erste der fünf Drohabschnitte (V. 14–17) beginnt mit einem sehr weit
ausholenden Bedingungssatzgefüge. Mit der negativen Voraussetzung, daß die
Gemeinde „nicht hört" und „nicht einhält" (V. 14), ist es nicht genug: Die
Überlieferer fügen – aus der alten Vorlage? – den Steckbrief der Vergehen hinzu.
„Wenn ihr … verachtet … verabscheut", warnen sie und erklären das Verhalten
der Partner Jahwes zum „Bundesbruch" (V. 15). Diese massive Einführung in
den Fall der Gebotsübertretung ist sicher für den ganzen fünfteiligen Drohtext
gedacht und wohl wegen der folgenden Untereinführungen (V. 18.21.23.27)
derart wuchtig ausgestaltet. Die Hauptmelodie ist damit angestimmt, sie wird in
den Unterabschnitten aufgenommen und variiert. Jahwe vergilt den Bundesbruch anscheinend mit gleicher Münze (V. 16, Anfang): Er hält sich nicht mehr
an die festgelegten Pflichten, er kündigt den Bund und damit seine Schutz- und

---

[13] Karl Elliger, 361 f.

Segenszusagen für Israel auf. Er schickt als erstes nicht Hungersnot, sondern
Krankheit (V. 16a). Das Wort „Schrecken", „Entsetzen", „Panik" ist hier
entweder Oberbegriff für schlimme Krankheiten oder selbst die Bezeichnung
für eine besonders gefürchtete Pest. Es kommt nur noch wenige Male im AT
vor: Jes 65,23; Jer 15,8; Ps 78,33. „Schwindsucht und Fieber" sind als spezifische, paarweise genannte (vgl. unsere Redewendung: „Pest und Cholera" o. ä.),
tödliche Infektionen bestimmbar. Sie kommen im gleichen Fluchzusammen-
hang Dtn 28,22 vor. Die Augen erlöschen, das Leben zerrinnt – eine poetische
Darstellung des Todesschicksals (vgl. 1 Sam 2,33). Krankheit in Form von
Epidemien und Tod, nicht Hunger, sind die Strafen für Gebotsübertreter, bzw.
für die treulose Gemeinde.

Die zweite Strafandrohung (V. 16f.) deckt sich in etwa mit dem Thema der
zweiten Segensansage (V. 6–8): Sogar das Motiv „Verfolgung", das dort breit
ausgeführt wird, taucht jetzt auf. Aber es sind die Jahweanhänger, die von den
Feinden gejagt werden (V. 17b). Die allgemeine militärische Unterlegenheit, die
völlige Verstörtheit und Hilflosigkeit vor jedem Gegner ist die direkte Folge der
Abwendung Jahwes, schlimmer noch: der Feindseligkeit Jahwes gegen das
eigene Volk (V. 17a: „Ich wende mich gegen euch"). Schon im vorhergehenden
Satz wird ein Feindeinfall zur Erntezeit mit dem Raub der lebenswichtigen
Bodenerträge angedeutet (V. 16b; vgl. Ri 6,3f.: „Immer, wenn Israel gesät hatte,
kamen die Midianiter und Amalekiter ... und vernichteten die Ernte ... und
ließen nichts übrig an Nahrung in Israel, weder Schafe noch Rinder noch Esel").
Das gehört zur Erfahrungs- und Vorstellungswelt von Krieg und Kriegsleiden,
die hier nicht chronologisch, sondern emotional aufgezählt sind. Die Feinde
vernichten die Lebensgrundlage und entreißen den Bauern die Früchte ihrer
Plackerei (vgl. Jes 1,7; Jer 5,17; 8,16; Ps 14,4; 79,6f.). Niederlage, Fremdherrschaft, Flucht, das sind weitere stereotype Bilder für die ausweglose Situation
der Gemeinde, die sich von ihrem Gott weggewendet hat und folglich seine
Strafe erleidet. Sicher wirken traditionelle Vorstellungen nach. In der frühen
persischen Zeit war Palästina weniger durch kriegerische Verwicklungen gefährdet als in der vorexilischen Periode relativer politischer Eigenständigkeit.
Doch die Erfahrung des Krieges steckt zumindest im Vorderen Orient tief in
allen Menschen. Darum sind die Schäden und Leiden, welche Völkerfeindschaf-
ten hervorrufen, immer als Drohung und Warnung verwendbar.

Die Aufzählung von schrecklichen Reaktionen Jahwes auf die Gebotsübertretung seiner Gemeinde wird im jetzigen Zusammenhang als stufenweiser
Züchtigungsprozeß interpretiert, der Israel zur Vernunft bringen soll. Gott
straft – aber seine Partner hören immer noch nicht! Das ist ein beliebtes Schema
in der nachexilischen Literatur. Es soll die Geschichte Israels bis zum babylonischen Exil verständlich machen. Immer wieder hat Jahwe eingegriffen, zur
Bundestreue aufgefordert, durch Strafen ins Gewissen geredet, es war umsonst.
Die Katastrophe mußte kommen. Eine Frühform dieses Interpretationsschemas
findet sich in Am 4,6–11 (wahrscheinlich ist der Text im Exil entstanden und im
Amosbuch nachgetragen). Gott sandte Hunger, „dennoch bekehrtet ihr euch
nicht zu mir" (Am 4,6). Er behielt den Regen ein, „dennoch bekehrtet ihr euch

nicht zu mir" (Am 4,8). Er schickte Schädlinge, „dennoch bekehrtet ihr euch
nicht zu mir" (Am 4,9). Er ließ die Pest und das Schwert wüten, „dennoch
bekehrtet ihr euch nicht zu mir" (Am 4,10). Er zerstörte Städte, „dennoch
bekehrtet ihr euch nicht zu mir" (Am 4,11). Es ist vielleicht kein Zufall, daß
auch in dieser Litanei fünf Etappen der Züchtigung, wenn auch nicht unbedingt in aufsteigender Tendenz, erscheinen und daß sich die Einzelmotive z. T.
in Lev 26,14–33 wiederfinden.

Das durchgängige Ordnungsprinzip der Strafenfolge ist die „siebenfältige"
Steigerung (V. 18.21.24.28), so daß am Ende – wollte man die Angabe wortwörtlich nehmen – eine gegenüber der ersten Strafstufe achtundzwanzigmal so
schwere Heimsuchung Israels herauskäme. Ein Blick auf den Inhalt der von
Gott geschickten Plagen genügt um zu beweisen, daß die mathematische Deutung der Steigerungsstufen am Wesentlichen vorbeigeht. Die Zahl sieben hat
offenbar in Strafzusammenhängen eine magische Drohkapazität. Gott stellt
demjenigen, der Kain antastet, siebenfältige Vergeltung in Aussicht (Gen 4,15),
und Lamech überhöht diese Sanktion in seinem furchtbaren Rachelied auf das
Siebenundsiebzigfache (Gen 4,24). Die fetten wie die mageren Jahre in der
Josephsgeschichte bilden je eine Siebenereinheit (Gen 41,53 f.). Die Zahl sieben
hat als Zaubermedium eine derart tiefe Bedeutung in Israel gehabt, daß sie
sprachlich für den Schwurvollzug eintreten konnte. Wir müßten das hebräische *nišba'* übersetzen mit „sich besiebenen", wenn wir diese etymologische
Beziehung nachahmen wollten (vgl. Beerscheba = Schwurbrunnen, Gen
26,32 f.). Im vorliegenden Abschnitt erscheint also jede neue Runde von Strafdrohungen durch das magisch-drohende „siebenfach" qualifiziert. Die einzelnen Drohstufen sind sprachlich und vielleicht rituell, aber nicht mathematisch
aufeinander bezogen. Und wenn wir Anlage, Umfang und Inhalt der einzelnen
Drohparagraphen betrachten, dann stellt sich schnell heraus: Sie sind in jeder
Hinsicht sehr unterschiedlich, sie waren möglicherweise einmal (und das ist
alternativ zu Elligers Annahme einer einheitlichen Vorlage gesagt) voneinander
unabhängig und sind erst nachträglich in dem Fünfstufenschema zusammengefaßt worden.

Im zweiten Drohparagraphen (V. 18–20), der in seiner Einleitung fast ganz
mit dem fünften übereinstimmt (V. 18 a = 27 a), ist die Sprache zunächst hoch-
theologisch. Es geht nicht mehr allein um die simple Ankündigung von göttlichen Maßnahmen gegen das ungehorsame Volk. Nein, schon in die Absichts-
erklärung „Ich will euch siebenfach mehr züchtigen" ist eine umfassende Deutung und Begründung der göttlichen Strafaktion einbezogen. Jahwe handelt
„aufgrund eurer Sünden" (V. 18 b). Diese theologische Zusammenfassung und
Etikettierung des Verhaltens Israels in der Vergangenheit fehlte im ersten
Strafparagraphen, taucht aber regelmäßig neben der Zahl „sieben" in allen
folgenden Abschnitten auf. Wir haben es folglich – angesichts der gravieren-
den Unterschiede der einzelnen Sanktionen – mit der vereinheitlichenden, redaktionellen Bearbeitung des Fluchtextes zu tun. Sünden sind summiert und werden der Gemeinde en bloc vorgehalten. So sprechen Bußprediger aller Zeiten
(vgl. Am 5,12; Jes 59,2; Jer 5,25; Ez 21,29; Jos 24,19). Wenn sich der Prediger

mit der Gemeinde zusammenschließt oder die Gemeinde den Vorwurf internalisiert hat, dann bekennen die Vielen:

> Siehe, jetzt sind wir Sklaven. Ja, auf dem Land, das du unseren Vätern gegeben hast,
> damit sie von seinen Früchten und Gütern leben konnten, sind wir versklavt. Es bringt
> den Herrschern reichen Ertrag, die du uns wegen unserer Sünden übergeordnet hast.
> Sie beherrschen uns und unser Vieh nach Belieben. Wir sind in großer Not. (Neh
> 9,36f.)

Die inhaltlichen Anklänge an V. 16 b−17 sind unverkennbar. Ähnliche
Schuldbekenntnisse, zum Teil ohne konkrete Bestimmungen, sind in späten
Texten nicht selten: Ez 33,10; Jes 59,12; 2 Chr 28,13; Ps 79,8f.; 1 Sam 12,19. Das
Bekenntnis kann Erhörung finden; dann spricht eventuell ein Liturg die Abso-
lution (vgl. Lev 16,30). Die Rede von den Sünden des ganzen Volkes ist in der
Spätzeit des ATs weit verbreitet. Sie stammt aus dem Gemeindegottesdienst und
geht auf die Erfahrungen des Exilsjahrhunderts, der völligen Niederlage und der
nicht mehr abzuschüttelnden Fremdherrschaft der Babylonier und Perser zurück. Die theologische Diagnose dieser Zeitgeschichte lautet immer wieder: Das
alles geschah um der Schuld Israels willen (vgl. 2 Kön 23,26f.; 24,2−4).

V. 19a läßt ein klein wenig erkennen, wie sich die Überlieferer die Sünde
Israels vorstellten. Im Kern ist es der „Hochmut der Kraft", der Jahwe erzürnt
hat. So oder ähnlich ist nur noch im Buch Ezechiel vom menschlichen Hochmut
die Rede (Ez 7,24; 24,21; 30,6.18; 33,28; vgl. 28,2−5). Dahinter stehen wohl
uralte Gedanken, die alles Übel dieser Welt auf die menschliche Tendenz
zurückführen, sich gegen Gott Machtbefugnisse anzumaßen, die dem Geschöpf
Gottes nicht gebühren. Herrschaftsaussagen wie Gen 1,28 und Ps 8,6−9 besin-
gen − vielleicht in festlicher Stimmung − die fast göttliche Verfügungsgewalt des
Menschen über die Tierwelt. Unsere Verfasser warnen aus ihrer Situation und
Gedankenwelt vor der Hybris des Menschen: Das sind zwei gleichermaßen
gültige und tief in der Wirklichkeit verankerte Stellungnahmen zum Wesen und
Schicksal der Spezies homo sapiens. Nur wer beiden Seiten des Menschen
gerecht wird, sieht sein wahres Gesicht. − Mit anderem Vokabular spricht Jesaja
von der Überheblichkeit (vgl. Jes 5,15; 10,12−15). Auch die Urgeschichte geht
auf den menschlichen Macht- oder sogar Allmachtswahn ein (Gen 11,1−9).
Demut gebührt dem Menschen, Einhaltung seiner geschöpflichen Grenzen,
aber er überschreitet seine Befugnisse und wird so schuldig.

Erst nach den theologischen Aussagen über die menschliche Verkehrtheit und
ihre Art kommt der Strafspruch zu den Maßnahmen, die Gott bei fortdauernder
Renitenz der Gemeinde ergreifen will. In einer poetischen, stark metaphori-
schen Sprache droht Jahwe eine Dürrekatastrophe an (V. 19b). Der Himmel soll
wie eine glühende Eisenplatte sein, die Erde wie aus Bronze. Der Ausfall des
Regens − die Ansage steht jetzt in Opposition zu V. 4! − bringt Hunger und Tod.
Das fehlende Wasser läßt die Welt oben und unten zur Hölle werden. Die
Eliageschichten 1 Sam 17f. spielen in einer von Jahwe verhängten Trockenzeit.
Jer 14,2−6 beschreibt die verzweifelte Lage von Mensch und Tier. Was in den
wärmeren Erdregionen immer schon lebendige Erfahrung war: Regenmangel,

starke Sonneneinstrahlung, das kann nun auch, dank menschengemachter Ozonlöcher, in den gemäßigten Zonen Wirklichkeit werden: ein glühender Himmel, eine verbrannte Erde und ein sprunghafter Anstieg von Hautkrebserkrankungen. Die alttestamentlichen Überlieferer erlebten in solchen Katastrophen den Fluch Gottes über böse menschliche Taten. Sie irrten sich in diesem Kausalzusammenhang. Für uns ist da kein Irrtum mehr möglich. – Der Vergleich von Himmel und Erde mit Metallplatten ist sicher in Altisrael sprichwörtlich gewesen. Auch Dtn 28,23 nutzt ihn, wenn auch in umgekehrter Zuordnung: „Dein Himmel über dir soll aus Bronze sein, die Erde unter dir eine Eisenplatte."

Wenn die Dürre so eindrücklich geschildert wird, erübrigt es sich eigentlich, die Konsequenzen für das Leben auszumalen. Die Überlieferung tut es dennoch (V 20). Das Entsetzliche wird wohl begreifbarer, wenn es nicht nur mit einem Glutofenbild angedeutet ist. Vielleicht liegt aber auch noch eine Nebentradition von der Vergeblichkeit der Arbeit (vgl. Gen 3,17b–19) vor. „Eure Mühe endet im Nichts", könnte man übersetzen (V. 20a). In der Tat, in der Dürrezeit läßt sich nichts mehr erwirtschaften, alle Arbeit ist völlig umsonst.

Die Menschen in den chronischen Trockengebieten Afrikas, Asiens und Lateinamerikas können ein Lied von solchen Katastrophen singen. Jorge Amado[14] beschreibt z.B. den grauenhaften Exodus aus den Hungerzonen des brasilianischen Nordostens in den dreißiger Jahren; die Nachrichten vom Sterben in Äthiopien oder Somalia kommen periodisch sogar auf die europäischen Bildschirme. In Israel hat man (wie in anderen Agrargesellschaften auch) immer gewußt, daß die Bodenerträge, hauptsächlich Getreide und verschiedene Baumfrüchte (vgl. oben zu V. 4f.), absolut lebensnotwendig waren. Die Abhängigkeit des Menschen von der (heute unsäglich mißhandelten) Natur werden wir erst wieder genauer lernen müssen.

Der dritte Abschnitt (V. 21f.) ist relativ kurz. Auf den schon genannten Schlußredaktor zurückzuführen ist die stereotype Wendung von der siebenfachen Heimsuchung um „eurer Sünden willen" (V. 21b). Neu hingegen ist die Formulierung des Bedingungssatzes: „Wenn ihr euch mir weiter widersetzt" (V. 21a)[15]. Man merkt, wie die Schlußredaktoren von Lev 26 – unzufrieden mit der üblichen Beschreibung der Gehorsamsverweigerung durch das „nicht hören wollen" V. 18a – die aktivere Beschreibung des schuldhaften Verhaltens einfügen und damit ihre neue Version des Fluchteils konstruieren. Die aktive Widersetzlichkeit des Volkes provoziert die weitere Bestrafung, die Züchtigung durch Jahwe (V. 21b). Nichtanerkennung der Züchtigung und weitere aktive Rebellion von seiten der Gemeinde führen zur gleichen Haltung Jahwes. Er wird sich nun Israel gegenüber „widersetzlich verhalten" (V. 23–24a). „Wenn ihr auch nach alledem nicht auf mich hört" (Aufnahme des Wortlauts von V. 18a) „und euch mir widersetzt" (Aufnahme von V. 21a), „dann will ich mich wütend gegen

---

14 „Rote Erde", 1936.
15 Das Hauptstichwort $q^e ri$, „feindlich begegnen" gibt es nur in Lev 26, hier allerdings massiert. Es erscheint gleich siebenmal (V. 21.23.24.27.28.40.41). Die Verfasser des Buches Ezechiel haben eine vergleichbare Vorliebe für das Synonym $m^e ri$, „Widerspenstigkeit" und das zugehörige Verb *marah*, „störrig sein" (vgl. Ez 2,5; 3,9.26f.; 5,6f. u.ö.).

euch kehren" (V. 27–28 a). In dieser redaktionellen Komposition liegen also Steigerungen, nicht im Inhalt der Strafsprüche, die wiederum aus unterschiedlichen Quellen zusammengestellt erscheinen.

Die angekündigte Strafe für die fortgesetzte Gebotsübertretung besteht nur in einer einzigen Maßnahme Gottes: Er wird Raubtiere zu einer Landplage werden lassen. Zwar verwenden die Überlieferer den allgemeinen Ausdruck: „Feldgetier, wilde Tiere"[16], doch ist aus dem Zusammenhang klar: Es muß sich um größeres Raubwild handeln. In Frage kämen für die damalige Zeit Löwen, Leoparden, Bären, Wölfe[17]. Auch Schlangen können in Mengen auftreten (vgl. Num 21,6). Historische Nachrichten über gefährliches Auftreten von Raubtieren besitzen wir kaum. Aber durch die Legenden und Mythen des Alten Orients geistert die Furcht vor derartigen Angriffen,- ganz zu Recht, denn die Bedrohung war real. Summarisch verwendet Ez 5,17 die Drohung mit dem Raubtiereinfall; ebenso summarisch stellt der Rückblick auf den Untergang des Nordreiches eine Löwenplage dar. Sie soll die Antwort Jahwes auf die assyrische Deportationspolitik gewesen sein (2 Kön 17,25f.). Eine schockierende, legendenhafte Episode wurde vom Propheten Elisa überliefert: Weil ein Haufe von Kindern ihn als „Glatzkopf" hänselt, „verflucht er sie im Namen Jahwes. Da kamen zwei Bären aus dem Wald und zerrissen zweiundvierzig von den Kindern" (2 Kön 2,24). Abgesehen von der pädagogischen und theologischen Gefühllosigkeit verrät uns dieses Geschichtchen, daß die Raubtiere in Israel die Funktion des „schwarzen Mannes" in unserer eigenen Tradition hatten. Die Kinder wurden eingeschüchtert: Wenn ihr nicht „brav" seid, holen euch die Bären! Und gegenüber den Erwachsenen gebraucht der Bußprediger dasselbe Argument. Wenn ihr nicht auf die Gebote Jahwes achtet, dann kommen die Raubtiere und fressen eure Kinder (V. 22 a). Nicht nur das, die Plage wird größer sein: Die blutdürstigen Räuber brechen in die Herden ein und vernichten den lebenswichtigen Haustierbestand; ja, sie dezimieren überhaupt die ganze Bevölkerung, sei es durch direkte Attacke oder mittelbar durch den sich ausbreitenden Hunger (V. 22 aß). Denn das ganze Land verödet unter der Übermacht der Raubtiere. Niemand traut sich mehr aufs Feld, die Herden draußen sind verloren – ein Gegenbild zu der Harmonie von Ps 104,20–23. Da regen sich die Raubtiere nur nachts, und tagsüber kann der Mensch unbehelligt seiner Arbeit nachgehen. Alle diese Texte lassen durchblicken, daß die Raubtiergefahr sehr real war. Es verwundert nur, daß sie nicht häufiger erwähnt wird. Unter den zehn ägyptischen Plagen sind die lästigen Frösche, Mücken, Fliegen und Heuschrecken, nicht aber die gefährlichen Raubtiere vertreten (Ex 7–10).

An vierter Stelle erscheint nach der ausführlichen, vom Redaktor gestalteten Einführung (V. 23f.) eine Dreiheit von Strafen, die in ähnlicher Weise auch in anderen Schriften des AT bekannt ist: Schwert, Pest und Hunger sollen über die unbotmäßige Gemeinde kommen (V. 25f.). Die ersten beiden Stichworte wer-

---

[16] Im Gegensatz zu den Haustieren; vgl. Bernd Janowski u.a. Hg., Gefährten und Feinde des Menschen, Neukirchen-Vluyn 1993; Othmar Keel u.a., Orte I, 100–180.

[17] Othmar Keel, a.a.O. 143–146.

den mit den entsprechenden Fachbegriffen benannt; der Hunger ist (in einem holprigen Satzanschluß) bildhaft beschrieben. Die Hungerschilderung (V. 26) gehörte sinngemäß eher in die Nähe von V. 20. Trotzdem scheint die Dreiheit der Plagen intendiert zu sein; sie findet sich in breiter Streuung und mit geringen formalen Variationen vor allem in den Büchern Jeremia und Ezechiel (z. B. Jer 14,12; 21,7.9; 24,10; Ez 5,12; 6,11 f.; 7,15; in Ez 5,17 und 14,21 sind zu der Trias noch die Raubtiere als vierte Drohung hinzugekommen). Wie sehr eine Plagendreiheit zum gängigen Vorstellungsgut gehörte, zeigt 2 Sam 24,12 f.: David, der gegen Jahwes Gebot verstoßen hat, bekommt durch den Propheten Gad die Strafen zur Auswahl vorgelegt. Drei Jahre Hunger, drei Monate Schwert (= Verfolgung durch Feinde), drei Tage Pest stehen bereit. Dauer und Härte der Heimsuchung sind umgekehrt proportional. Die Pest gilt offensichtlich als die von Gott eigenhändig (bzw. durch „Engel") vollzogene, darum allerschwerste Strafe, die beiden anderen werden durch Menschen ausgeführt (2 Sam 24,14).

Unsere Überlieferer lassen es nicht bei der bloßen Nennung der drei traditionellen Plagen bewenden. Sie setzen eigene Akzente. Das Schwert übt Rache für die Verletzung des Bundes (V. 25 a), das ist ein einzigartiger Ausdruck. Auch Jes 1,20.24 stimmt nicht voll mit dem hier Gesagten überein. Kriegerische, gegen Juda gerichtete Ereignisse sollen Gottes Rache am eigenen Volk darstellen? Und was ist eine „Bundesrache"? Vom Bund wird in V. 25 nach V. 9 und 15 zum drittenmal geredet. Aber Jahwes Rache richtet sich meistens gegen die Völker, die Israel verletzt oder unterdrückt haben, oder gegen die Gottheiten eben dieser anderen Völker (vgl. Ps 94; Jes 63,1–6). Jahwe kann gegen die Midianiter (Num 31,2 f.), Ammoniter (Ri 11,36), Babylonier (Jes 47,1–3; Jer 50,15 f..28; 51,6.11.36) und Edomiter (Jes 34,8–15; Ez 25,12–14; Ob) losschlagen. Tatkräftige Hilfe für Israel – das ist es, was die Jahwegläubigen erwarten. Zwar haben kritische Propheten angekündigt, daß sich Jahwes Fürsorge angesichts der Vergehen und Treulosigkeiten des Volkes in Feindschaft verwandeln kann (vgl. Am 3,1 f..13–15; Ez 24,6–8; Ps 89,39–46). Doch wird das Rachevokabular für diesen Fall der Bestrafung des eigenen Volkes nicht gebraucht. Rache setzt eine völlige Zerstörung der Beziehung voraus. Wer sich rächen muß, kann es nur auf die totale Zerstörung des anderen abgesehen haben. „Bundesrache" klingt außerdem so, als ob der Bund ein lebendes Wesen wäre, das geschändet wurde und selbst Genugtuung für sich in Anspruch nimmt. Der singuläre Ausdruck (meint er eventuell die im Bundesschluß vorgesehenen Strafmaßnahmen?) kommt erst in sehr später jüdischer Literatur wieder vor, so in der mit den Rechtgläubigen vom Toten Meer in Verbindung gebrachten Damaskusschrift[18]. Eine doppelt bemerkenswerte Aussage über den Gott des Bundes und sein Gericht!

Die zweite Strafdrohung folgt aus der ersten wie in einer zeitlichen Sequenz. Das Racheschwert wütet draußen im Land, da flieht jeder, der kann, in die ummauerten Städte (V. 25 aß). Das ist in der Antike üblich gewesen; erst die neuzeitlichen Kriege machten die Städte zu Todesfallen und ließen die Menschen ins offene Land flüchten. Aber die Festungsmauern werden, so der

---

[18] Vgl. CD I,17 f. bei: Eduard Lohse, Die Texte aus Qumran, Darmstadt 1964, 66 f.

Drohtext, keinerlei Schutz bieten können. Jahwe schickt als zweites – während der Belagerung? – die Pest und läßt dann auch noch die Stadt durch die Feinde einnehmen (V. 25 b). Beschreibungen von Pestepidemien haben wir nicht; diese „Gotteskrankheit" kommt im AT überwiegend in formelhaften Wendungen vor (vgl. Ex 9,15; Num 14,12; Jer 42,17.22; Ez 28,22f.). Ihre Gefährlichkeit wird aber deutlich genug, und es ist wohl anzunehmen, daß in belagerten Städten eine gesteigerte Seuchengefahr bestand.

Hungersnot als Folge einer Belagerung wird im AT mehrmals genannt; die ausführlichste Schilderung ist 2 Kön 6,24–30: In der eingekesselten Stadt Samaria kochen Frauen ihre eigenen Kinder, um zu überleben (vgl. auch V. 29; Dtn 28,53–57). Der Hunger ist auch in unserem Kontext (und im Gegensatz zu 2 Sam 24,13) die schlimmste Form der Bestrafung, allerdings wird sie exemplifiziert an der bedrohlichen Brotknappheit (V. 26). Der „Brotstab" (so wörtlich; vgl. Ez 4,16; 5,16; 14,13; Ps 105,16) soll „zerbrochen" werden; das ist der Stock, an dem die Ringbrote zum Schutz gegen Mäuse aufgehängt werden. Übertragen heißt das: Es gibt keinerlei Vorrat an Brot mehr. Und die meisten Backöfen liegen still. Wo sollte auch während der Belagerung das Brennholz herkommen? Zehn Frauen drängen sich um einen Ofen. Was sie zustandebringen, ist ohnehin jämmerlich. Das Mehl geht ihnen aus, das bißchen Backwerk muß streng abgewogen werden und reicht nicht mehr zum Leben. Ausführlich ist die Brot- und Wasserrationierung in Ez 4,9–17 dargestellt, dort nur im Rahmen einer symbolischen Handlung des Propheten. In Geschichtsberichten taucht der Hunger in belagerten Städten über 2 Kön 6,24–30 hinaus immer wieder als Thema auf (vgl. 2 Kön 18,27; 25,3: nach anderthalbjähriger Einkesselung Jerusalems „wurde der Hunger groß in der Stadt"). – Zusammengenommen sind Schwert, Pest und Hunger wie in 2 Sam 24,12 und an vielen Stellen der Prophetenbücher Jeremia (vgl. z.B. Jer 14,12; 21,9; 24,10; 27,8.13; 29,17f.; 32,24) und Ezechiel (vgl. z.B. Ez 5,12.17; 6,11f.; 7,15; 12,16; 14,12–23) stereotyp als Strafen Gottes angesagt, oft in der Dreierkombination. Die Trias ist ein Symbol für Kriegsleiden, die im Gefolge militärischer Aktionen entstehen. Die Kombination dieser Strafen wird gern von frühjüdischen Bußpredigern zur Warnung und Mahnung der Gemeinde gebraucht. So, wie es Jerusalem in seinem Endkampf gegen die Babylonier schlecht ergangen ist, weil Jahwe die Gebotsübertretung der Stadt strafen wollte, so muß auch die Gemeinde achtgeben, daß sie nicht erneut für ihre Sünden zur Rechenschaft gezogen wird und den (drei oder vier) Geißeln Gottes zum Opfer fällt. Ausgeführte Reden dieser Art finden sich mehrfach bei Ezechiel (Ez 4,9–17; 5,7–17; 14,12–20; 14,21–23) und Jeremia (vgl. Jer 21,4–10; 24,8–10; 34,17–22; 42,13–22; 44,11–14), aber andeutungsweise auch in deuteronomistischen Texten (Dtn 28,21–44; 1 Kön 8,37–40). Die drohende Strafe Jahwes in Geschichte und Gegenwart ist also ein Standardthema der frühjüdischen Predigt gewesen und von da in die Bücher der Propheten eingetragen worden, deren Tätigkeit sich um den Untergang Jerusalems im Jahre 587 v.Chr. abgespielt hat[19].

---

[19] Vgl. Ernest W. Nicholson, Preaching to the Exiles, Oxford 1970.

Die fünfte und letzte Strafandrohung ist am umfangreichsten und durch ihre Endposition sowie durch Wortwahl und Aussagekraft stark hervorgehoben (V. 27–33). In diesem Abschnitt kommen nicht Strafkataloge, sondern eher historische Erfahrungen zur Geltung. Zumindest scheinen die letzten drei Verse (V. 31–33) ganz auf die Niederlage vor den Babyloniern, die Verwüstung und Inbesitznahme des Landes durch die Feinde und die Deportationen und Auswanderungen von Israeliten seit dem Untergang des Staates Juda abgestellt zu sein. Sicherlich ist die Beschreibung der trostlosen Nachkriegszeit und der Zerstreuung Israels in die ganze Welt schon sehr schematisiert. Ähnliche Rückblicke finden sich – auch in vaticinia ex eventu, nachträglichen Prophezeiungen und in Wiederaufbausprüchen – wiederum häufig in späten Schriften, bei Ezechiel, in den Klageliedern des Jeremia, bei Jeremia und im zweiten Jesajabuch (vgl. Jes 44,26; 49,19; 52,9; auch 58,12)[20]. Die Folgen des verlorenen Krieges gegen Babylonien müssen also schrecklich gewesen sein. Trotz aller Schematisierung bleibt der Bezug zu den Ereignissen erkennbar. Es geht nicht um theologische Katalogisierung der Strafen Jahwes, sondern um konkrete Geschichtserfahrungen, die zur Warnung dienen sollen.

Die Einleitung zum letzten Warnspruch entspricht in ihrem Konditionalsatz (V. 27) den vorherigen Einsätzen; kleine sprachliche Variationen fallen nicht ins Gewicht. Aber die Ankündigung der Strafabsicht Gottes, die sonst ziemlich genau V. 24 nachgebildet ist, empfängt einen unerhörten Nachdruck. Jahwe will – so der Prediger – „wütend", in „vollem Zorn" vergelten (V. 28 a). Das ist die Steigerung, die einem antiken Menschen Grauen einflößt. „Strafe mich nicht in deinem Zorn", bitten die Psalmisten (vgl. Ps 6,2; 38,2). Sie möchten nicht der impulsiv verhängten, wenn auch gerechten Strafe ausgesetzt sein, sondern – sehr menschlich gedacht – darauf warten, daß Gott sich beruhigt und mildernde Umstände walten lassen kann. In unserem Text aber wird der volle Zorn Gottes losgelassen. Der erzwungene Kannibalismus der Belagerten (mit dem wir im Belagerungsbericht von Samaria, 2 Kön 6,28 f., und durch die Klage über das zerstörte Jerusalem, Klgl 2,20 f.; 4,10, so drastisch konfrontiert werden) stellt eine äußerste Erniedrigung dar (V. 28). Das Essen von Menschenfleisch war wohl im ganzen Alten Orient wie in der griechischen und römischen Antike außerordentlich verpönt[21]. Und daß der Hunger Menschen so weit bringen kann, ist dem Bußprediger eine willkommene, äußerste Drohung. Das Klagegebet allerdings wirft Gott vor, daß er so unbarmherzig sein kann. Angeredet ist die als Frau personifizierte Stadt Jerusalem, dann spricht sie Jahwe an:

Steh auf in der Nacht, schrei laut zu Beginn der Wachen,
Schütte dein Herz aus wie Wasser, ihm, dem Herrn gegenüber.
Hebe zu ihm hin die Hände auf, bitte für deine Kinder.

---

[20] Das Wortfeld „Trümmer; verwüstet; zerstört" = Ableitungen von den Wortstämmen *ḥarab*, öde, wüst sein und *šamam*, leer, verödet sein, ist in solchen Texten gerade wie in Lev 26,31–33 dominierend.

[21] In manchen anderen Kulturen gelten aufgrund anderer Lebensbedingungen und Wertvorstellungen positivere Einschätzungen, vgl. Hans Staden, Brasilien 1548–1555 [Marburg 1557], Neudruck Stuttgart 1984.

Sie sterben vor Hunger, auf allen Straßen und Plätzen.

Sieh, Jahwe, schau hin, wen du so zugerichtet hast!
Müssen Frauen ihre Leibesfrucht essen, ihre neugeborenen Kinder?
Müssen Priester und Prophet im Tempel erschlagen werden?

Draußen lagen sie erschlagen, Jüngling und Greis;
junge Frauen und Männer sind vom Schwert gefällt.
Du hast sie im Zorn getötet, erbarmungslos geschlachtet.

Du hast wie zum Fest meine Bedränger geladen.
Am Tag des Zornes Jahwes gab es keine Überlebenden.
Die ich trug und großzog, hat der Feind umgebracht. (Klgl 2,19–22)

Wir müssen den Zusammenhang zwischen Drohwort und Klage sehen: Gott wird wegen seiner Grausamkeit zur Rede gestellt!

Nach dem ersten Schock folgt ein zweiter. Fortgesetzter Ungehorsam zieht die Zerstörung von Heiligtümern und privaten Opfervorrichtungen nach sich (V. 30). Eine dezentralisierte, wahrscheinlich polytheistische Kultausübung in Israel ist vorausgesetzt. Wir erfahren von ihr nur pauschal und aus rückschauender Polemik (vgl. 1 Kön 3,2–4; 12,31f.; 13,2.33; 2 Kön 12,4; 15,4.35; 16,4; 17,9–17.29–32). Doch läßt sich die Wirklichkeit aus den Texten und archäologischen Funden rekonstruieren. Vor dem Exil gab es – weithin völlig unangefochten – zahlreiche lokale Heiligtümer, an denen Jahwe oder auch andere Gottheiten verehrt wurden[22]. Erst seit dem Exil hat sich der strenge Monotheismus in Israel durchgesetzt; die Vielgötterei und die regionalen Kultpraktiken wurden erst dann als Mißachtung des einen Gottes und des einzigen Tempels in Jerusalem gewertet. Der frühjüdische Prediger nutzt die in seiner Zeit entstandenen orthodoxen Grundsätze. Er tritt scharf gegen jeden nichtjahwistischen Kult an; ob er dabei auf zeitgenössische Abgötterei zurückgreifen kann oder lieber die festgeprägten Vorstellungen des Abfalls von Jahwe in der Geschichte benutzt, wissen wir nicht. Jedenfalls setzt er die religiöse Identifizierung des Volkes mit Lokalgottheiten und deren kultische Verehrung an Höhenheiligtümern (*bamot*) voraus. Jahwe wird auf dem Höhepunkt seiner Strafmaßnahmen im Zorn die populären heiligen Stätten, die es bei jeder Siedlung gab (vgl. 1 Sam 9,12), und die Räucherständer (vgl. Jes 17,8; 27,9; Ez 6,4–6: weitgehende Übereinstimmung mit Lev 26,30), die vielleicht auch ganz privaten Kulthandlungen dienten, vernichten. Damit greift der monotheistische Prediger die religiöse Identität seiner Zuhörer an. Er will sie auf ihre ausschließliche Treue zu Jahwe verpflichten. Mit der bloßen Zerstörung heiliger Stätten haben sich Eiferer jedoch nie begnügt. Kulteinrichtungen werden zerschlagen, und dann wird der Kultort zwecks gründlicher Beseitigung alles Heiligen geschändet. Weil alles Tote dem lebenschaffenden Kult am krassesten entgegengesetzt ist, eignen sich Kadaver jeder Art am besten zur Entsakralisierung. So spricht es der Prediger auch aus: Die Leichname der Getöteten (ist an V. 25 gedacht?) werden auf die heiligen Stätten geworfen (vgl. Ez 6,4–6; Jer 19,6–13). Grotesk ist, daß dort bereits die

---

[22] Vgl. Silvia Schroer, Israel; Erhard S. Gerstenberger.

„Leichname der Götzen" liegen. Die fälschlich angebeteten Gottheiten sind wohl nach Ansicht der rechtgläubigen Überlieferer von vornherein stumm und tot[23]. Der Gedanke der abscheulichen Verunreinigung von angeblich heiligen Stätten verbindet sich mit der Vorstellung von der absoluten Kraft- und Wertlosigkeit der Götzen. Jahwe selbst kann sich nur mit Schaudern abwenden (V. 30b).

Die Ansage einer totalen Zerstörung wiederholt sich (V. 31f.), jetzt aber nicht in dem traditionellen, der kultischen Vergangenheit zugewandten Sprachmuster, sondern ganz auf die Gegenwart bezogen. Städte und Heiligtümer[24] werden zerstört, der Opferdienst hört auf (V. 31). Die verwendeten Termini sind die der priesterlichen Vorschriftensammlung (vgl. Lev 1,9.13.17 u.ö.), nur daß erstaunlicherweise eine Mehrzahl von (legitimen?) Tempeln genannt ist. Gerade im priesterlichen Überlieferungskreis kommt die eine Stätte des Jahwegottesdienstes eben nur im Sing. vor (*miqdaš*: vgl. Lev 12,4; 16,33; 19,30; 20,3; 21,12; 26,2); so auch überwiegend im Buch Ezechiel, vgl. besonders Ez 44. Der Plur. ist selten: Lev 21,23 könnte das eine Jahweheiligtum mit seinen verschiedenen heiligen Stellen (Vorhang und Altar werden ausdrücklich erwähnt) meinen; ebenso könnten Jer 51,51; Ez 21,7 zu verstehen sein, falls nicht Abschreibefehler vorliegen. Eine Vielzahl von israelitischen Tempeln scheint nur in Ez 7,24 angesprochen zu sein – wenn eine kleine Korrektur der hebräischen Vokalisation[25] statthaft ist: Jahwe straft die Untaten Israels (Ez 7,1–22) und läßt die Feinde über die Hauptstadt und die dort wohnende Führungsschicht kommen (Ez 7,23–26). Die Wohnhäuser werden besetzt, die heiligen Stätten geschändet (Ez 7,24). Fazit: Möglicherweise wollen die Überlieferer in V. 31a den Polytheismus der herrschenden Gruppen anklagen (vgl. Ez 6,13). Die anderen Deutungen sind indessen nicht auszuschließen: Der Plur. kann ein Schreibversehen sein; er kann sich eventuell auch nur auf den einen Tempel beziehen.

Zuletzt konzentriert sich das Interesse auf das Schicksal des Landes Israel und der vertriebenen Israeliten (V. 32f.). Das Land wird nach einem Zornausbruch Jahwes gegen sein Volk – und so ist die Niederlage von 587 v.Chr. im Nachhinein meistens verstanden worden (Ausnahmen: Ps 44; 89) – von den Siegern besetzt. Selbst sie sind entsetzt über das Ausmaß der Zerstörung, welche der Krieg hinterlassen hat. Und sie müssen wohl einsehen, daß der Gott Israels seine Hand im Spiel gehabt hat. Er hat die Verwüstung gewollt (V. 32; vgl. Jer 25,11; 45,4; 51,20–23; Ez 6,6.14). Indirekt wollen die Überlieferer also auch die Feinde zu Zeugen der Autorität Jahwes machen.

Die Israeliten andererseits sind die von Jahwe Verfolgten. Noch nach den Deportationen (vgl. 2 Kön 24,14–17; 25,7.11; Jer 52,28–30) „zückt Jahwe das Schwert hinter ihnen her" (V. 33a). Das heißt: Die Deportierten haben keine

---

[23] Vgl. die Spottlieder Jes 44,9–20; Ps 115,4–8; Horst Dietrich Preuß, Verspottung fremder Religionen im AT, Stuttgart 1971.

[24] Hier nicht *bamont*, Höhenheiligtümer, sondern *miqdašim*, heilige Stätten, Tempel. Nur die letzten lagen innerhalb der Stadtmauern.

[25] In Ez 7,24 ist *m^eqadšehäm*, „die, welch sie geheiligt haben(?)" in *miqd^ešehäm*, „ihre Heiligtümer" zu verbessern (Walther Zimmerli, Ezechiel, Neukirchen-Vluyn 1964, 165).

Chance, in ihre Heimat zurückzukehren; sie bleiben in der unsicheren Situation von Flüchtlingen, die fremder Gewalt ausgeliefert sind. Die Wendung: „das Schwert hinter jemanden her zücken" ist in Strafankündigungen Jahwes gebräuchlich: Ez 5,2.12; 12,14; vgl. Ex 15,9.

9.1.5 Vom Fluch zur Drohpredigt

Im Alten Orient hatte sich schon im 2. Jt. v.Chr. die Sitte herausgebildet, vertragliche Abmachungen jeder Art unter die Schirmherrschaft von Gottheiten zu stellen. Dem Partner, der die ausgehandelten Bestimmungen verletzen würde, wurde der Fluch der Gottheit angedroht, bzw. beide Partner hatten die Gültigkeit des Vertrags sowie die Unverbrüchlichkeit der übernommenen Verpflichtungen zu beschwören. Ein Schwur war aber nichts anderes als die Anerkenntnis, daß im Falle einer Vertragsverletzung der Fluch Gottes über den Vertragsbrüchigen kommen würde (Letzte Spuren dieser Schwurpraxis sind noch in unserem Amts- und Zeugeneid erhalten). In altbabylonischen Rechtsurkunden heißt es gelegentlich: „Er schwor den Eid bei ..."[26], es folgen die Zeugen, namentlich und mit Siegelabdruck. Im AT ist das Grenzabkommen zwischen Laban und Jakob ein Musterbeispiel: Nach der einen Version dient ein Steinhaufe als Mahnmal, daß keiner zum anderen hin daran „vorüberzieht in böser Absicht" (Gen 31,52). Andererseits schützt das Abkommen die Labantöchter, die Jakob geheiratet hat und in seine Heimat mitnimmt (Gen 31,50). Bei beiden Vertragsarten werden die Götter als Garantiemächte angerufen: „Der Gott Abrahams und der Gott Nahors sei Richter zwischen uns!" (Gen 31,53a). Beide Gottheiten wachen über den Vertrag.

Aus dem Alten Orient sind Texte verschiedener Art bekannt, die Flüche gegen Rechtsbrecher enthalten. So beschriftete Grenzsteine (babylonisch *kudurru*) sollen das Grundeigentum absichern (vgl. Prov 22,28; 23,10; Dtn 19,14; 27,17). In politischen Verträgen sind Verwünschungen gegen die Seite ausgesprochen, die vertragsbrüchig wird. In dem Vertragsformular, mit dem der assyrische König Asarhaddon (680–669 v.Chr.) seine Vasallen auf den Thronfolger Assurbanipal festlegen wollte, heißt es in einer langen Liste von Unheilsandrohungen für Abtrünnige:

„Möge Anu, der König der Götter, auf all eure Häuser Krankheit, Erschöpfung, Kopfkrankheit, Schlaflosigkeit, Sorgen, Siechtum regnen lassen! Möge Sin, die Leuchte des Himmels und der Erde, euch mit Aussatz bedecken und so euren Eingang zu Gott und König verbieten; irrt (dann) gleich Wildesel oder Gazelle durch das Feld! Möge Schamasch, das Licht des Himmels und der Erde, euch billiges und gerechtes Gericht versagen, möge er euch das Augenlicht nehmen; wandelt (dann) in Finsternis! Möge Ninurta, Anführer der Götter, euch mit seinem grimmen Pfeil niederstrecken, das Feld mir euren Leichen füllen und euer Fleisch den Adlern und Geiern zum Fraß hinwerfen!"[27].

---

[26] Vgl. Jacob J. Finkelstein, ANET 543 ff.
[27] Hartmut Schmökel, in: W.Beyerlin, ATD Erg., 154.

Akkadische Gesetzessammlungen wurden in der Regel mit einem Aufgebot an Verwünschungen abgeschlossen, welche die Einhaltung der königlichen Statuten garantieren sollten. So sind im Epilog zum berühmten Codex des altbabylonischen Königs Hammurapi zwölf große Götter namentlich aufgerufen, gegen Gesetzesübertreter mit allerlei Unheil einzuschreiten, bevor ein Sammelappell an alle Himmelsgötter, die Annunaki, ergeht: Sie „mögen ihn, seine Nachkommen, sein Land, seine Soldaten, sein Volk, seine Nation mit einem üblen Fluch überziehen." Dann kommt noch ein Gott namentlich an die Reihe, Enlil, der eine Art Generalsekretär des Pantheons ist:

„Möge Enlil ihn durch sein unveränderbares Wort mit allen diesen Flüchen belegen; mögen sie schnell über ihn kommen!"[28].

Die Schwur- und Fluchtradition, d.h. das Bemühen, die Gottheiten zur Wahrung menschlicher Ordnungen einzusetzen, ist also uralt. Die Israeliten haben Jahwe als Garanten ihrer Ordnung verstanden, und die Sitte der Verfluchung potentieller Übeltäter hat ihre Spuren im AT hinterlassen. Der älteste Katalog von Verwünschungen ist wohl Dtn 27,15–26. In ganz kurzen Sätzen werden einzelne Normverletzer der göttlichen Rache ausgesetzt: der Götzendiener, der Elternschänder, der Grenzverrücker usw. Erst ganz am Schluß kommt ein Sammelfluch gegen jeden, der „nicht das ganze Gesetz einhält" (Dtn 27,26). Der kompakte und stereotyp durchformulierte Text umfaßt in der hebräischen Bibel kaum 13 Zeilen. Dagegen ist unser Leviticus-Fluchstück 26 Zeilen lang und sehr viel lockerer formuliert.

Ein noch viel umfangreicherer Fluchabschnitt ist den Segensverheißungen für gehorsame Jahwediener Dtn 28,1–14 angefügt. Die Verwünschungen reichen von Dtn 28,15 bis 28,68 über 73 hebräische Druckzeilen. Allerdings sieht man auf den ersten Blick, daß dieser gewaltige Drohtext nicht aus einem Guß ist. Die sechs kurzen Kernflüche stehen in Dtn 28,16–19. Sie reden den Schuldigen direkt an, weisen auf die Unausweichlichkeit der göttlichen Strafe hin und markieren eher probehalber ein paar Stellen, an denen Gottes Strafe sichtbar werden soll. Die Taten, die bestraft werden, sind mit keiner Silbe genannt; sie gehen aus dem Vorspann V. 15 („Ungehorsam") und dem größeren Zusammenhang (vgl. Dtn 28,1–14) hervor:

Verflucht seist du in der Stadt, verflucht seist du auf dem Land!
Verflucht sei dein Korb und dein Backtrog!
Verflucht sei die Frucht deines Leibes, der Ertrag deines Ackers,
der Wurf des Großviehs und der Nachwuchs des Kleinviehs!
Verflucht seist du, wenn du heimkommst, verflucht seist du, wenn du weggehst! (Dtn 28,16–19).

Nach diesem programmatischen Stück werden die Verwünschungen – immer mit direkter, sing. oder plur. Anrede! – rednerisch breit ausgemalt, und zwar in mehreren Gängen (Dtn 28,20–44; 28,45–57; 28,58–68). Die unmittelbare Verfluchung kommt in den drei Abschnitten nicht mehr vor, wohl der Rückbezug auf die ausgesprochenen Flüche (Dtn 28,45f.). Stattdessen ergehen die Ankündigungen der schlimmen Strafen Gottes über Ungehorsame als Drohungen und

---

[28] Codex Hammurapi rev. XXVIII, 70–90; nach Theophile J.Meek, in: ANET 180.

Warnungen. Sie sind in einem eindringlichen Stil gehalten und tragen alle
Merkmale der Predigt an sich: Direkte Ansprache; Bilderreichtum; z. T. langat-
mige, rhetorisch kunstvolle Sätze; Rückgriff auf mitgeteilte Gebote und Ver-
ordnungen; lebhafte Schilderung des Unheils; Aufzählungen; Wiederholungen;
Appelle an Emotionen, auch an die persönliche Angst („Jahwe wird dich schla-
gen mit Wahnsinn, Blindheit und Geistesverwirrung. Du wirst tappen am
Mittag, wie ein Blinder tappt im Dunkeln, und wirst auf deinem Wege kein
Glück haben und wirst Gewalt und Unrecht leiden müssen dein Leben lang, und
niemand wird dir helfen", Dtn 28,28 f.). Kurz, der lange, zusammengesetzte
Drohtext in Dtn 28 ist kein Fluchkatalog mehr, sondern eine Predigt über das
Thema: „Der Gebotsübertreter wird von Gott bestraft!"[29].

Wenn diese Textbestimmung zutrifft, dann gehört auch Lev 26,14–33 zusammen mit etlichen Reden aus Jer und Ez zur Gattung der Droh- oder Warnpre-
digt, wie sie in frühjüdischen Gemeinden zur Einschärfung des Gehorsam
gegenüber Jahwe üblich war. Diese Predigtart, die in der exilisch-nachexilischen
Zeit aufgekommen sein muß, hat in der christlichen Predigttradition bis heute
nachgewirkt. Neben den Predigten, die Einzelgebote behandeln, gilt immer
noch die allgemeine Ermahnung, Gott und seinen Willensäußerungen gegenüber gehorsam zu sein, ohne daß die Inhalte der Gebote auch nur erwähnt
würden. Diese Tradition, die ursprünglich aus der mesopotamischen Fluchtradition kommt, will die bestehende Ordnung sichern, möglichen Übergriffen
und Angriffen vorbeugen, die Unantastbarkeit von Schrift und Bund – und ihrer
Interpreten! – neu einprägen. Warn- und Drohreden dieser Art sind (bis heute)
eminent gemeinschafts- und fraktionsbildende Rhetorik.

9.1.6 Katastrophe und Neubeginn (V. 34–46)

Mit V. 34 verlassen die Prediger das ohnehin fiktive Schema der Unheilsansage
für Gebotsverletzer. Sie springen in eine andere Zeitkategorie, die durch wieder-
holtes „dann; da" (V. 34.41) angedeutet ist. „Wenn das Unheil eintritt" – und
jeder weiß, daß es mit dem Fall von Jerusalem eingetreten ist! Der ganze
Abschnitt handelt also von der Exilszeit, und zwar aus dem Blickwinkel derjenigen, die das schreckliche Ereignis schon verarbeitet und gedeutet haben. Anscheinend ist auch die persische Wende schon Vergangenheit, denn das göttliche
„An-den-Bund-Denken" (V. 42.45) klingt wie eine bereits durch die Heimkehr
erfüllte Tatsache (vgl. Esra 1 f.; Ps 106,44–46). Mit den abschließenden und das
ganze Kap. „Gesetzespredigt" krönenden Worten geschieht Vergangenheitsbe-
wältigung und Gegenwartsdeutung; der Ton liegt eindeutig auf der von Gott
gegebenen neuen Lebensmöglichkeit für die Gemeinde. Aus Strafe und Angst
rettet der barmherzige, mächtige Bundespartner, weil er trotz der Vergehen
Israels das Verhältnis zu seinem Volk nicht aufgekündigt hat.

---

[29] Gerhard von Rad, Henning Graf Reventlow u. a. haben schon lange generell auf den Predigt-
charakter des Buches Deuteronomium hingewiesen.

Die zurückprojizierte Gegenwartspredigt beginnt mit einer überraschenden Note: Das Land ist von den Babyloniern bis zur Unkenntlichkeit verwüstet worden. Hat nicht auch diese Zerstörung ihren göttlichen Sinn gehabt? Wollte Jahwe seinem Land etwa die von Israel während der Stammes- und Königszeit nicht eingeräumten Sabbatjahre nachträglich gewähren (V. 34f..43)? Eine makabere theologische Deutung, die das Leiden der Menschen gering achtet? Oder eine bissige Ironie, mit der Vertreter der Sabbattheorie ad absurdum geführt werden? Eins ist klar: Die Prediger greifen auf die Bestimmungen von Lev 25,1–4 (vgl. auch Ex 23,10f.), die siebenjährige Brache, zurück. Die theologische Spekulation hätte also das Exil mit der Sündenzeit Israels aufgerechnet. Weil dem heiligen Land Jahwes so viele Ruhejahre entgangen sind, mußte Gott es für eine Zeit von Menschen leerfegen und wüst liegen lassen. So konnte es die entgangenen Sabbatjahre in einem Zug nachholen. Daß sich derartige Vorstellungen zu Zahlenspekulationen eignen, zeigen einige andere zeitgenössische Texte. Jer 25,8–11 legt die Zeit, in der das Land wüst und leer bleiben soll, auf siebzig Jahre fest. Wenn damit reine Ruhejahre für das Land Israel gemeint sein sollten, entsprächen sie einer sabbatlosen Periode von 490 Jahren. Nun mag nach den Vorstellungen der alten Tradenten die israelitische Königszeit, die vom Deuteronomisten für die Niederlage verantwortlich gemacht wird, so lange gedauert haben (vom Tode Salomos 926 v.Chr. bis zur Einnahme Jerusalems 587 v.Chr. beträgt die Zeitspanne nur 339 Jahre; bei Berücksichtigung der vereinigten Monarchie Saul, Davids und Salomos mögen historisch gesehen rund 100 Jahre hinzukommen). Theologische Zeitrechnung geschieht in runden Summen, man vergleiche Mt 1,17 oder die Ansätze für die ägyptische Gefangenschaft (Gen 15,13; Ex 12,40). Sabbat, Sabbatjahr und Weltzeit spielen eine große Rolle im apokryphen Jubiläenbuch[30].

Das nächste Thema sind die „Übriggebliebenen", und damit ist nicht der „Rest" des Volkes im Lande Israel gemeint, sondern der Teil der Bevölkerung, der deportiert wurde. Welches Interesse haben die Überlieferer, die Verfolgung der Versprengten bis in die Verbannungsländer weitergehen zu lassen? Warum wird ihnen noch übertriebene Angst und Unsicherheit nachgesagt? Sie lassen sich von raschelndem Laub erschrecken (V. 36b), ja, sie vergehen vor Angst (V. 39 = zweimal: „sie verfaulen an ihrer Schuld", wie Ez 4,17; 24,23; 33,10). Kommt hier eine Animosität der Daheimgebliebenen gegen die Deportierten zum Ausdruck? Die Spaltung der judäischen Gesellschaft in diese beiden Gruppen ist in der Tat bezeugt. Nach der ersten Deportation von 597 v.Chr. werden die Verschleppten mit „guten, sehr guten Feigen" verglichen, die unter Zedekia Zurückbleibenden und die nach Ägypten Geflüchteten dagegen mit „sehr schlechten, ungenießbaren Feigen" (Jer 24,1–10). Nach derselben Melodie erheben die Rückkehrer aus der babylonischen Gefangenschaft Anspruch auf Landbesitz und Rechtgläubigkeit gegenüber den verwahrlosten, vom rechten Weg gewichenen Daheimgebliebenen (vgl. Ez 11,14–21; 33,23–29; Esra 10,7–17). Sollte unser Text eine Gegenattacke gegen die Deportierten sein und gerade

---

30 Klaus Berger, Das Jubiläenbuch, Gütersloh 1981.

ihnen, die sich ihrer Leidensfähigkeit und Glaubenstreue brüsten, feiges Versagen beweisen? Auffällig ist in jedem Fall, daß die Strafe Gottes gleichsam hinter den Verbannten her ist, wie in V. 33 schon einmal angedeutet (V. 36–39). Auffällig ist auch die sorgfältige, doppelte Identifizierung „Wer von euch übrig geblieben ist ... im Feindesland" – es hat den Anschein, als ob die Ortsbestimmung nachträglich und betont hinzugefügt worden ist. Schließlich ist die natürliche Wortbedeutung: Wer zurückbleibt, wenn ein Teil weggeht, der ist „Übriggebliebener", so 2 Kön 7,13; 10,17; 25,11 f.; Neh 1,2 f.; Jer 8,3; 21,7; 39,9; 52,15; Ez 17,11–21. Die in unserem Text angewendete Formel ist nur dann stimmig, wenn die in Juda Übriggebliebenen mit den im Feindesland Wohnenden identisch sind, d. h. wenn es keine „Zurückgebliebenen" (wie in 2 Kön 25; Jer 52) gibt. Diese Vorstellung erschwert die Auffindung von zwei Gruppen, die sich gegenüberstehen, macht sie aber nicht unmöglich (vgl. auch Jer 29). Denn eine negative Bewertung der Deportierten schimmert durchaus in manchen Zeugnissen durch, vgl. nur Jer 8,3; Ez 17,11–21. Und die Verurteilung der Judäer vor dem Fall Jerusalems in den relevanten Prophetensprüchen liegt offen auf der Hand. Auffällig ist schließlich, daß die Weggeführten so radikal als Feiglinge abgetan werden. Sie sterben vor Angst, auch wenn gar keine Gefahr droht (V. 36 f.). Ganz ähnlich in Dtn 28,65–67:

> Dazu wirst du unter jenen Völkern keine Ruhe haben, und deine Füße werden keine Ruhestatt finden. Denn Jahwe wird dir dort ein bebendes Herz geben und erlöschende Augen und eine verzagende Seele, und dein Leben wird immerdar in Gefahr schweben; Nacht und Tag wirst du dich fürchten und deines Lebens nicht sicher sein. Morgens wirst du sagen: Ach, daß es Abend wäre! und abends wirst du sagen: Ach, daß es Morgen wäre! vor Furcht deines Herzens, die dich schrecken wird, und vor dem, was du mit deinen Augen sehen wirst.

Das ist wahrlich eine psychologisch eindrucksvolle Rede. Bei Ezechiel ist manchmal das Moment der eigenen Verschuldung mehr in den Vordergrund gerückt: Die Exilierten erkennen schaudernd, wie sehr sie sich vergangen haben (Ez 6,8–10). Es gibt aber auch dort Beschreibungen der Angst und Verlorenheit (Ez 7,17 f.). Die Verschleppten und Geflüchteten sind also nicht einheitlich dargestellt. Wir können vermuten, daß aus der Sicht der in Palästina Verbliebenen die Gola (= alle Weggeführten) keinerlei Vorzug bei Gott besaß, während die Zurückgekehrten sich auf die besondere Geschichte Gottes mit ihnen, der geläuterten Schar der wahren Gläubigen, beriefen. Der Gegensatz schwelte lange Zeit in der jüdischen Gemeinde weiter[31].

Die Überlieferer setzen mit V. 40 neu ein: Das Schuldeingeständnis Israels und die Tatsache, daß Jahwe an seinem Volk festhält (V. 42), bewirken eine Wende. Der alte Bund mit Jahwe soll wiederaufleben; aber von einer Rückkehr aus der Verbannung ist nicht die Rede. Das ist ein Zeichen für die relative Eigenständigkeit des Abschnittes, denn über V. 41 hinaus hätte an die Situation „in Feindesland" angeknüpft werden müssen.

---

[31] Vgl. Morton Smith, Religiöse Parteien bei den Israeliten, in: Bernhard Lang (Hg.), Der einzige Gott, München 1981, 9–46.

Seit dem Exil müssen im antiken Israel in gesteigertem Maß Bußgottesdienste
gehalten worden sein. Beweise dafür sind die zahlreichen erhaltenen Gemeinde-
gebete, welche die eigene und die Schuld der Vorväter darstellen (vgl. Ps 78; 106;
Esra 9; Neh 9; Dan 9), aber auch die häufigen kollektiven Klagen, die Jahwe zur
Hilfe anspornen wollen (vgl. Klgl 1f.; 4f.). Schon kurz nach der Zerstörung des
Tempels wollten Jahwegläubige in Mizpa oder auf den Trümmern des Tempels
Opfer bringen[32]. Sie tun es mit allen Zeichen der Trauer und der Bußbereitschaft
(Jer 41,5). 100 Jahre später ist es fraglich, ob man „immer noch" die Fastentage
und -riten für den zerstörten Tempel einhalten müsse (Sach 7,2–6). Schuldbekenntnisse haben sich nach den Traumata der Niederlage und der Zerstreuung
in Israel – und danach in der jüdisch-christlichen Tradition – in stärkerem Maß
kultisch eingebürgert als in mancher anderen Religion. Im Buch Leviticus ist
indessen recht selten vom Bekenntnis der Schuld die Rede (V. 40; vgl. Lev 5,5;
16,21; Num 5,5–7). An allen Stellen wird nur eben der Akt des Sündenbekennt-
nisses erwähnt, ohne daß Gebete zitiert werden. Dort, wo dasselbe Vokabular
erscheint und Gebete im Wortlaut angeführt werden, gewinnen wir einen
tieferen Eindruck in das Schuldbekenntnis, z.B. in Neh 9: Die Gemeinde
versammelt sich in Sack und Asche, um einen Fastentag zu begehen. Man trennt
sich von allen „unreinen" Fremden und bekennt die Schuld. Dann erfolgt eine
lange Gesetzesverlesung und ein ausgedehntes, dreistündiges Sündenbekenntnis (Neh 9,1–3). Erst nach dieser summarischen Schilderung wird ein Gemein-
degebet zitiert (Neh 9,5–37). Es beginnt mit einem hymnischen Lobpreis für die
Treue Jahwes, die er Abraham und der Exodusgeneration in Ägypten und am
Sinai erwiesen hat (V. 5–15). Aber Israel hat sich der Ordnung der Gebote nicht
gefügt. Also bekennt Nehemia für die Gemeinde:

> Aber sie und unsere Väter wurden frech und halsstarrig; sie richteten sich nicht nach
> deinen Geboten. Sie wollten nicht hören und dachten nicht mehr an die Rettungstaten,
> die du für sie vollbracht hast. Sie wurden halsstarrig … (Neh 9,16–17a)

Jahwe aber läßt weiter Gnade vor Recht walten, versorgt sein Volk in der
Wüste, hilft ihm gegen Og von Basan, verleiht ihm das Gelobte Land mit seinen
paradiesischen Erträgen (Neh 9,17b–25).

> Aber sie wurden widerspenstig und lehnten sich gegen dich auf, sie verachteten deine
> Tora (wörtlich: warfen deine Tora hinter sich) und ermordeten deine Propheten, die
> ihnen gesagt hatten, sie müßten sich zu dir bekehren. Sie stießen grobe Lästerungen
> aus. (Neh 9,26)

Also folgen Strafe, Bekehrung, neuer Abfall, Strafe, Bekehrung in nicht mehr
differenzierter Abfolge (Neh 9,27–29; vgl. Ri 2,6–23; 2 Kön 17,7–23; Ps 78;
106). Das Ende aber, als die Langmut Jahwes sich erschöpft hat, ist die Zerstreuung unter die Völker und die drückende Fremdherrschaft, die das Land aus-
saugt. In der Hoffnung auf Erhörung, Vergebung und eine politische Wende
wird das gegenwärtige Leid des Volkes dargestellt (Neh 9,32–37). Zentral aber
bleibt auch da das Schuldbekenntnis:

---

[32] Vgl. Jer 41,1–10; Timo Veijola, Verheißung in der Krise, Helsinki 1982, 177ff.

Du bist gerecht bei allem, was über uns gekommen ist, denn du hast richtig gehandelt, wir sind böse gewesen. Unsere Könige, Fürsten, Priester und Väter haben deine Tora nicht befolgt, sie haben deine Gebote und Vorschriften, die du ihnen hast bezeugen lassen, nicht beachtet. (Neh 9,33f.)

Das ist das Musterbeispiel eines die Geschichte zusammenfassenden Schuldbekenntnisses. Es schematisiert und periodisiert die Vergangenheit unter dem Gesichtspunkt von Schuld – Strafe – Bekehrung, ganz so, wie es in der Drohpredigt von Lev 26 auch angedeutet ist. Und nach V. 40ff. hat eine derartige Bußpraxis Konsequenzen für das Verhalten Jahwes. Zwar ist der gegenwärtige Text ein wenig unübersichtlich geworden: In V. 41a (mit V. 40b?) schiebt ein Schreiber die sattsam bekannte Reaktion Jahwes auf den Ungehorsam seiner Gemeinde (vgl. V. 24a.28a) ein. Er will den Schlußabschnitt mit den Strafandrohungen verklammern. Ursprünglich las man wohl V. 40a und 41b unmittelbar hintereinander: „Sie bekennen ihre Schuld und die Schuld ihrer Väter, mit der sie sich gegen mich vergangen haben, und dann wird sich ihr unbeschnittenes Herz beugen, dann werden sie ihre Schuld abtragen." Im chronistischen Geschichtswerk ist das ein beliebter Gedanke und offenbar eine verbreitete gottesdienstliche Praxis: Sich mit einem Schuldbekenntnis demütigen (vgl. 2 Chr 7,14; 12,6f..12; 30,11; 32,26; 33,9–19 u.ö.). Das „unbeschnittene Herz" (die Abkapselung von Jahwe) ist noch Ez 44,7.9 bezeugt, aber der Ausdruck gilt nicht nur für Ausländer, sondern ist identisch mit der Widerspenstigkeit, die Israel seinem Gott entgegenbringt (vgl. das „steinerne Herz" in Ez 36,26).

Für uns ist das allerdings ein unerhörter Gedanke: Können Menschen ihre Schuld vor Gott von sich aus verringern? Das im Hebräischen relativ seltene Verb (*raṣah* II) wird auch von der Aufrechnung der Sabbatjahre (v. 34a. 43a) gebraucht. Es deutet die gegenseitige Abhängigkeit der Verhaltensweisen an: So wie Gott auf die Abtrünnigkeit seiner Gemeinde mit Strafmaßnahmen antwortet (V. 23f..27f.), so wird er auch auf Schuldbekenntnis und Unterwürfigkeit eingehen und das alte, nie ganz aufgehobene Bundesverhältnis wieder in Kraft setzen (V. 42–45). Der Bund reicht nach Ansicht der priesterlichen Überlieferer in die Frühzeit zurück, er ist die besondere Bindung Israels an Jahwe, eine Partnerschaft „des Anfangs" (V. 45a). Da mag es in der frühjüdischen Gemeinde unterschiedliche Meinungen gegeben haben, wo und wann genau dieses Gottesverhältnis begründet wurde. Die Sinaioffenbarung ist eigentlich konstitutiv für den Bund, denn sie brachte dem Volk die Willensverkündigung Gottes (vgl. Ex 24,3–14; 34; Dtn 29–31). Weil aber unser Text mitten in die Sinaiperikope hineingeschrieben ist, also literarisch im Kontext der Bundesverhandlungen steht, konnten die späten Überlieferer sich nicht auf den Bundesschluß unter Mose berufen. Sie wollten und mußten weiter zurückgreifen, um die Bindung Jahwes an sein Volk und umgekehrt zu belegen. Da ist der Bund mit dem Erzvater Jakob, der in „Israel" umbenannt wurde und manchen als der eigentliche Ahnvater des Volkes galt (V. 42a; vgl. Gen 28,10–22; 32,23–33; 35,1–15). Da sind weiter die Zusagen Jahwes an die Vorväter Isaak und Abraham (V. 42b; vgl. Gen 12–26: der Überlieferer geht tatsächlich rückwärts in die Heilsgeschichte, er fängt nicht, wie sonst üblich, mit Abraham an!). Diese aus der Perspektive des Exils als „Vorvergangenheit" zu verstehende Erzväterzeit will Jahwe aktivieren. „Gedenken" (*zakar*) ist nämlich ein ganz und gar handlungs-orientiertes Unterfangen, „ein tathaftes Eingehen der Gottheit auf den Menschen"[33]. Der „Bund" mit den drei Erzvätern, der offensichtlich (vgl. V. 43f.) suspendiert (nicht: „aufgehoben") war, soll wieder aufleben. Wir spüren das Bestreben der Überlieferer, das vertragsmäßig abgesicherte Gottesverhältnis weit in der Vergangenheit zu verankern. Tatsächlich war in der frühen Überlieferung wohl der Sinaibund (oder das „Schilfmeerereignis") das feste Ausgangsdatum. Die Erzväter mögen lediglich Empfänger von Verheißungen gewesen sein[34]. Dann hat man den Bundesschluß auf Abraham zurückverlegt[35]. Und unser Text möchte ihn eigentlich auf Jakob, den namentlichen Stammvater Israels, fixieren, obwohl die Überlieferungen auch an so wichtigen Stellen wie Gen 28 oder 35 von einem formalen Gottesbund nicht sprechen. Literarisch gesehen erweist sich, daß viele Tradenten an der Erzväterüberlieferung wie am ganzen Pentateuch kontinuierlich bis in die nachexilische Zeit gearbeitet haben. Einzelne Verfasser bzw. Sammler sind kaum noch zu erheben[36]. Theologisch gesehen ist die ausgebildete „Lehre" vom Bund Jahwes mit Israel, die sich auf die schriftgewordenen Gottesgebote und deren Verlesung im (Synagogen!)Gottesdienst (vgl. Dtn 29–31; Neh 8) stützt, ein Ergebnis der Gemeindegründungen im späten 6. Jh. v.Chr.[37]. Ganz klar wird das in V.45. Die Tradenten (oder Redaktoren?) verfallen plötzlich in die eigene, zeitgenössisch exilische Situation und blicken aus weiter Ferne auf „die Vorfahren, die Jahwe aus Ägypten herausführte" zurück. Unwillkürlich hat sich auch die Regelvorstellung eingeschlichen, daß die „Anfangszeiten" oder die „erste Generation", die den Bund mit Jahwe einging, eben aus den Israeliten in Ägypten bestand („Bund der Ersten", V. 45a). Die Spannung zu V. 42 liegt auf der Hand.

Worin bestand aber und wie funktionierte der Bund, der in der exilisch-nachexilischen Situation wieder aktiviert werden soll? In der Zusammenschau des ganzen Kap.s, besonders der Bundesaussagen V. 9.15.25.42–45, gewinnen wir einen ungefähren Eindruck von der Lage der frühjüdischen Gemeinde und ihren theologischen Erwartungen. Grundvoraussetzung für die Bundeserneuerung ist die Erfahrung des Exilsjahrhunderts: Jahwe hat Israel gestraft: das Volk büßt in gewisser Weise die Schuld ab, die es aus der Verachtung und Übertretung der Gebote aufgehäuft hatte (V. 43; vgl. V. 41b; Jes 40,2). Daß noch einmal die schwere Zeit als Chance für das Land beschrieben wird, seine Ruhejahre nachzuholen (V. 43a; vgl. V. 34f.), zeigt, wie wichtig dieser Gedanke für die Tradenten war. Entscheidend aber ist V. 44: Die Deportation signalisierte –

---

[33] Willy Schottroff, Gedenken im Alten Orient und im AT, WMANT 15, Neukirchen-Vluyn ²1966, 201.

[34] Vgl. Matthias Köckert, Vätergott und Väterverheißungen, Göttingen 1988.

[35] Gen 15; 17; vgl. Thomas Römer, Israels Väter, Freiburg/Göttingen 1990.

[36] Vgl. Erhard Blum, Die Komposition der Vätergeschichte, WMANT 57, Neukirchen-Vluyn 1984.

[37] Vgl. Lothar Perlitt, Bundestheologie im AT, WMANT 36, Neukirchen-Vluyn 1969.

gegen die Strafsprüche von V. 14–33 – nicht die endgültige Abwendung Jahwes von seinem Volk. Die beiden Verneinungen („Ich habe sie nicht verachtet, ich habe sie nicht verworfen", V. 44 a) widerrufen den Bruch, der sich im Gottesverhältnis Israels aufgetan hatte. Jahwe – so die Theologen der Zeit – vergilt doch nicht Gleiches mit Gleichem, wie in V. 21.23 f..27 f. scheinbar unwiderruflich festgeschrieben. Das Volk, ja, das mag die Abkehr vollzogen haben (vgl. V. 14 f.: Israel „verachtet" und „verwirft"). Jahwe enthält sich durch alle Strafsprüche hindurch und trotz der fürchterlichen Strafdrohungen dieser letzten Vergeltungsmaßnahme. In prophetischen Überlieferungen wird zwar gelegentlich auch von Jahwes Verachtung gegenüber seinem Volk gesprochen (vgl. Hos 4,6; Am 5,21; Jer 7,29; 14,19. Zurückgenommen wird das Verwerfungsurteil in Gen 8,21–9,11; Jer 31,37; 33,24–26). Im 3. Buch Mose hingegen ist das harte, endgültige Urteil bewußt vermieden und – wie in Lev 26 deutlich – durch Erziehungsmaßnahmen ersetzt, die den Bund nicht gefährden, ihn im Grunde erhalten wollen.

Der Inhalt und das Funktionieren des Bundes werden nicht groß erklärt. Es geht vor allem um seine Wiederinkraftsetzung. Gottes Bund mit Israel legte jeder Seite Verpflichtungen auf, das ist aus den polaren Verhaltensschilderungen in Lev 26 ohne weiteres ablesbar. „Wenn ihr meine Vorschriften beachtet" (V. 3), dann „werde ich meinen Bund mit euch halten" (V. 9). Nach diesem Schema, d.h. nach seiner Negativfolie, ist auch das Drama der fünffachen Strafandrohung gestaltet. Auf der menschlichen Seite ist also die Bundespflicht zu einem großen, schriftlich vorhandenen Dokument ausgearbeitet. Die Summe der Gebote, Erlasse, Gesetze Jahwes für das Leben seiner Anhänger – das ist der Inbegriff des Bundes. Im Gegenzug ist Jahwe verpflichtet, bei Einhaltung aller Auflagen durch die Gemeinde Schutz und Segen zu spenden, die Israel für sein Leben und Wohlergehen braucht (vgl. V. 3–13). Auch diese göttliche Pflicht ist mithin in der Tora schriftlich fixiert, sie kann auch eingeklagt werden (vgl. Ps 44; 89). Wie viele Male vorher im Buch Leviticus ist die Bundestreue Jahwes durch die Selbstvorstellungsformel „Ich bin Jahwe" (V. 44.45) unterstrichen. Ihrem Wesen nach ist die Gottheit zuverlässig; sie hält unter allen Umständen Wort. – Der ganze Abschnitt V. 34–45 ist stilistisch zweigeteilt. Auf die eindringliche direkte Gemeindeansprache (V. 34–39) folgt eine objektivere Abhandlung über den Bund (V. 40–45). Die Israeliten werden nur in der 3. Pers. Plur. erwähnt. Weil es gerade in diesem Stück um den für die frühjüdische Gemeinde konstitutiven Bund geht, die Aussagen also für die Spätzeit ungeheuer aktuell sind, mag diese „objektivere" Redeweise der etwas künstliche (und in V. 45 völlig mißglückte) Versuch sein, den Schein der Wüstenzeit zu wahren. „Sie, die Nachkommen, werden dereinst wieder Gnade finden!" Eine solche Stilisierung auf die bekannte, schon erlebte Zukunft hin wäre ein hervorragendes rhetorisches Mittel, die Vergangenheit transparent zu machen.

Der Schlußvermerk V. 46 faßt das Ergebnis zusammen. Die dreifache Bezeichnung der „Vorschriften, Rechtssätze und Anweisungen" will allumfassend nicht nur Lev 26 beschreiben, sondern über die vorhergehenden Kap. bis mindestens auf Lev 20 zurückgreifen. Denn Lev 19,37 findet sich die letzte

ähnlich großräumig abschließende Unterschrift, und davor höchstens noch Lev
7,37 f. Alle im Buch Leviticus vorkommenden Schlußklauseln bleiben indessen
hinter Lev 26,46 zurück. Nur hier erscheint die Dreifachformel (*ḥuqqim;
mišpaṭim; torot*), die in ähnlicher Weise wie die deuteronomistische Zweierwen-
dung „Vorschriften und Rechtssätze" (*ḥuqqim; mišpaṭim*) das Ganze der göttlichen Mitteilungen decken soll (vgl. Dtn 4,1.5.8.14; 5,1; 11,32; 12,1; 26,16). Am
nächsten kommt der Unterschrift Lev 26,46 die Wendung von Dtn 4,8: „Welches große Volk hat so gerechte Vorschriften und Rechtssätze wie dieses Gesetz,
das ich euch heute gebe?" Die drei Begriffe von V. 46 sind vorhanden, nur wird
torah (im Sing.) zum Oberbegriff über die beiden anderen. Die Fluchandrohungen von Dtn 28,15–68 schließen mit einer vergleichbaren Formel ab: „Dies sind
die Bundesworte, die Jahwe dem Mose aufgetragen hat; damit wollte er mit den
Israeliten im Lande Moab einen Bund schließen außer dem Bund, den er mit
ihnen am Horeb eingegangen war" (Dtn 28,69). In den letzten Kap.n von
Leviticus wird ausdrücklich der Sinai als Offenbarungsort genannt (Lev 25,1;
26,46; 27,34): Die Tradenten sind von der Stiftshüttentradition (vgl. Lev 1,1;
Num 12,4 f.) abgerückt und zum Berg des Mose zurückgekehrt (vgl. Ex 19).

9.1.7 Die nachexilische Gemeinde

Das Wesentliche ist gesagt, aber es gilt noch einmal festzuhalten: Die Aussagen
von Lev 26 sind für das ganze 3. Buch Mose außerordentlich wichtig. Vielleicht
müssen wir so weit gehen und sagen: Das Buch wird von seinem (vor)letzten
Kap. her zu einer Einheit. Welche Texte haben im Blickfeld der Prediger von
Lev 26 gelegen? Die Anweisungen zum Bau der Stiftshütte (Ex 25–31) geben
sich – trotz formaler Einkleidung im Sinne der Offenbarungsstafette: Jahwe –
Mose – nicht als Gebote an das Volk. Sie sind auch durch die Ausführungsberichte in Ex 35–40 schon abgegolten, also nicht länger als Forderungen wirksam.
Ex 34 wäre nach Struktur und Inhalt geeignet, zu den „Vorschriften, Rechtssätzen und Anweisungen" gezählt zu werden, die für Israel gegeben wurden. Das
gilt wohl auch für Ex 21–23 (man beachte die Nennung der „Rechtssätze"
[*mišpaṭim*] in Ex 21,1 und den von 21,13 an gelegentlich durchbrechenden
Predigtstil). Der Anfangspunkt für die durch Mose vermittelte Gottesrede wäre
in Ex 20,19 gegeben. Die Israeliten fliehen entsetzt vor Gottes mächtiger Stimme
und bitten Mose um seine guten Dienste. Daß gegen Ende des 3. Buches Mose
dreimal die Sinaiszene beschworen wird, könnte mit diesem Auftakt von Ex 20
zu tun haben. Andererseits beginnt in Lev 1,1 eine eigenständige Sammlung,
und der Segens- und Drohabschnitt von Lev 26 mag die Gesetzessammlung von
Lev 1–25 (oder ein Grundgerüst dieses Textes) abrunden. Blicken wir weiter bis
Num 10, dem Kap., das den Aufbruch der Israeliten vom Sinai meldet, dann
merken wir, daß Lev 26 ein geeigneter Schlußpunkt für eine Normensammlung
ist. Denn in Lev 27 – Num 10 folgt eine bunte Reihe von langfristigen Verhaltensregeln und sehr kurzfristigen, ins Erzählerische übergehenden Anweisungen, dazu Listen, Rituale, Genealogien etc. Es ist signifikant, daß die Unter-

schrift: „Dies ist das Gesetz" o. ä. nur noch in Lev 27,34; Num 5,29 und 6,13.21 sachgemäß verwendet wird. Die übrigen Texte lassen sich eben nicht als „immer geltende" Gebote verstehen.

Wenn aber das Buch Leviticus insgesamt eine Art Kompendium der kultischen und alltäglichen Lebensregeln der frühjüdischen Gemeinde darstellt, dann müssen wir diesen Teil des Pentateuch auch unter diesem Aspekt lesen. Er verrät uns indirekt sehr viel über die sozialen und kultischen Verhältnisse der Jahwe-Gemeinde in persischer Zeit. Und, wichtiger noch, wir erkennen, daß die in Leviticus gesammelten Einzeltexte und Textblöcke am Ende im jüdischen Gemeindeleben des 6. und 5. Jh.s v. Chr. verwurzelt waren und nur aus dieser Lebenssituation ihren authentischen Sinn empfangen. Beide Gesichtspunkte sind ineinander verschränkt. Die Rekonstruktion der Lebensverhältnisse und Institutionen in der Frühzeit des zweiten Tempels ist schwierig und steckt noch in den Anfängen. Wesentlich ist dabei zum Beispiel, die Anteile von Priesterinteressen und Laien- bzw. schriftgelehrter Aktivität richtig zu bestimmen. Leviticus ist – entgegen landläufigen Meinungen – nicht das einseitig priesterlich oder vom jerusalemer Tempel her geprägte Buch. – Die gesellschaftliche Schichtung und die Autoritätsskalen von Gruppen und Ämtern spielen eine große Rolle bei jeder Beurteilung religiöser Erscheinungen. Daß unter den Opfergesetzen Ausnahmeregelungen für Arme vorkommen, daß in Lev 25 ein (verzweifelter?) Versuch unternommen wird, der sozialen Desintegration zu wehren, daß in Lev 26 die Leiden des babylonischen Krieges noch so gegenwärtig sind, wirft Schlaglichter auf die prekäre wirtschaftliche Situation der Bevölkerung. Die Abgrenzung von den „Heiden" scheint nicht das zentrale Problem der frühen Juden gewesen zu sein. Eher waren es wirtschaftliche Bedrängnisse, wohl infolge der Steuerpolitik der herrschenden Großmacht (vgl. Neh 5) und interne Unsicherheiten im Blick auf die (von einzelnen Gruppen) geforderte Heiligkeit. Es entsteht so das Bild einer überwiegend mit sich selbst, ihrem Überleben und der eigenen Binnenstruktur beschäftigten Religionsgemeinschaft. War sie auf Schrift und äußere, gesetzte Kennzeichen gegründet (Sabbat; Beschneidung; Lev 12,3; 23,1–3), dann konnte sie Züge einer nicht ethnisch beschränkten Gruppierung annehmen, die sich durch persönliche Entscheidungen konstituiert (vgl. Jos 24) und sich für Außenstehende öffnen (vgl. Jes 56,1–8). Tatsächlich ist auch im Buch Leviticus vielfach das Problem des eingebürgerten Ausländers und seiner Beteiligung am Kult etc. angesprochen. Die herkömmlichen Familien- und Volksbindungen blieben allerdings stark (vgl. Esra 10). Die Sammlung von „Vorschriften, Rechtssätzen und Anweisungen" verschaffte der neu entstehenden Gemeinde die innere Struktur, die ihr Stabilität gab. Die alten Familien- und Sippenordnungen gingen in ihrer Bedeutung zurück oder wurden in das neue Gemeindeethos aufgenommen und mit neuen Akzenten eines (erneuerten?) Jahweglaubens versehen. Das Gesetz, das in Korrespondenz zum Wesen und Willen Jahwes Reinheit und Heiligkeit von jedem einzelnen Gemeindeglied verlangt, wurde Zentrum der neuen, nicht mehr staatlich und national organisierten Gemeinschaft. Dieses Gesetz liegt in einer bestimmten Wachstumsphase im Buch Leviticus vor. Durch seine uneingeschränkte Befolgung gewann die Gemeinschaft nicht nur ihre Identität, sondern überhaupt Lebensmöglichkeiten. Ohne die genaue Regelung des kultischen und privaten, d. h. aber des gemeindlichen Lebens hätte diese Gemeinde auseinanderbrechen müssen. Daß sich bestimmte Leitungsgruppen mit ihren besonderen Interessen (Priester; Leviten?; Torakundige?; Versammlungsleiter) hier und da bemerkbar machen, entspricht soziologischen Gesetzmäßigkeiten. Ohne Leitungsfunktionen gibt es keine Gemeinschaft[38]. Die einzig wichtige Frage ist nach unseren demokratischen Maßstäben, ob eine bestimmte Gesellschaft auch genügend Kontrollmechanismen für Amtsträger und Machtverwalter hervorbringt. Das scheint im Buche Leviticus der Fall zu sein. Kein einziges Gruppeninteresse gewinnt die völlige Überhand, obwohl die priesterlichen Ansprüche hier und da recht massiv zum Ausdruck kommen. Insgesamt verdanken die christlichen Kirchen dieser frühjüdischen Gemeinde grundlegende Muster in Theologie, Ethik, der Organisation und des Kultes[39].

9.2 Nachtrag und Übergang (Lev 27)

Form und Inhalt des Kap.s unterscheiden sich von den Regeln und Vorschriften, die in Lev 1–25 gesammelt sind. Hier haben wir eine Art Preistabelle für die Auslösung von Personen und Gegenständen vor uns, die Gott durch ein Gelübde versprochen worden sind. Es geht um religiöse Voten, darum sind Priester und Gemeinde mit der Abwicklung befaßt. Die Vielzahl der möglichen Fälle beweist, daß Gelübde und Ablösungsbegehren eine beträchtliche Rolle gespielt haben; außerdem lassen uns die genannten Tatbestände einen Blick in die sozialen Verhältnisse der Zeit tun.

9.2.1 Übersetzung

1) Jahwe redete zu Mose: 2) Sprich zu den Israeliten, sage ihnen: Wenn jemand Jahwe ein besonderes Gelübde ablegt, das sich auf den Schätzwert von Personen bezieht, 3) so soll der Wert eines 20–60jährigen Mannes 50 Schekel Silber nach dem Tempelgewicht betragen. 4) Eine Frau [gleichen Alters] ist 30 Schekel wert. 5) Der Gegenwert für einen Mann zwischen 5 und 20 Jahren ist 20 Schekel, für eine Frau 10 Schekel. 6) Sind sie zwischen 1 Monat und 5 Jahren alt, ist der Ablösewert eines Jungen 5 Schekel, eines Mädchens 3 Schekel. 7) Von 60 Jahren an aufwärts gelten 15 Schekel für den Mann, 10 Schekel für die Frau. 8) Wenn einer zu arm ist und die Ablösesumme nicht zahlen kann, soll er die [versprochene] Person dem Priester vorstellen. Der Priester schätzt sie ein; unter Berücksichtigung dessen, was der Gelobende aufbringen kann, soll er den Wert festlegen.

---

[38] Das ist sogar aus Christian Sigrist, Geregelte Anarchie, [1967], Frankfurt 1979 zu entnehmen.
[39] Vgl. Antonius H. J. Gunneweg, ATD Erg. 5, 92 ff.; oben Nr. 1.5.

9) Ist das Versprochene ein Jahwe opferbares Tier, wird alles, was man davon Jahwe übergibt, heilig. 10) Der Gelobende soll es nicht verändern oder austauschen, weder Gutes durch Schlechtes noch Schlechtes durch Gutes ersetzen. Wechselt er trotzdem das Tier für ein anderes aus, dann werden beide Stücke heilig. 11) Geht es um irgendein unreines Tier, von dem man Jahwe nichts geben darf, dann stelle er es dem Priester vor. 12) Der Priester schätzt es nach seiner Qualität [wörtlich: „zwischen gut und schlecht"] ein; die Schätzung des Priesters gilt. 13) Will der Eigentümer es auslösen, muß er ein Fünftel zum Schätzwert hinzutun.

14) Wenn jemand sein Haus Jahwe als heilige Gabe weiht, dann soll der Priester seine Qualität [wörtlich: zwischen gut und schlecht] abschätzen. Wie der Priester es einschätzt, soviel soll es wert sein. 15) Will derjenige, der sein Haus geweiht hat, es loskaufen, muß er ein Fünftel des Wertes hinzuzahlen, und es gehört ihm wieder.

16) Wenn jemand ein Stück Land von seinem Erbteil Jahwe weiht, so richtet sich der Schätzwert nach dem Saatgut: Je Homer [= 394 l] Gerste für eine Saat ist es 50 Schekel Silber wert. 17) Weiht er sein Feld vom Befreiungsjahr an, bleibt dieser Wert bestehen. 18) Weiht er es nach dem Befreiungsjahr, so berechnet der Priester ihm den Wert nach der bis zum [nächsten] Befreiungsjahr übrigen Zeit; er bringt [die verstrichenen Jahre] in Abrechnung. 19) Will derjenige, der das Feld heiligt, es loskaufen, dann muß er ein Fünftel des Wertes hinzuzahlen, und es gehört ihm wieder. 20) Wenn er es aber nicht auslöst und es wird an einen anderen verkauft, dann kann es nicht mehr zurückgekauft werden. 21) Das Stück Land verfällt zum Befreiungsjahr Jahwe wie ein gebannter Gegenstand; sein Erbbesitz gehört nun dem Priester.

22) Weiht jemand Jahwe ein Stück gekauftes, nicht zum Erbteil gehörendes Land, 23) dann berechnet ihm der Priester den genauen Wert bis zum Befreiungsjahr; er bezahlt das Geld am selben Tag, und es wird Jahwe heilig. 24) Im Befreiungsjahr kommt das Feld an den zurück, von dem es gekauft wurde und zu dessen Erbe es gehört. 25) Alle Werte sollen nach dem Tempelgewicht berechnet werden; zwanzig Gera machen einen Schekel.

26) Die Erstgeburt des Viehs ist [immer] Jahwe zu übergeben; niemand darf sie [durch ein Gelübde] weihen: Ob Rind oder Schaf, sie gehört Jahwe. 27) Handelt es sich um ein unreines Tier, kann man es gegen den Schätzwert auslösen und muß ein Fünftel hinzuzahlen. Wird es nicht ausgelöst, dann soll es zum Schätzwert verkauft werden.

28) Alles Gebannte, das jemand von seinem Besitz Jahwe durch Bannfluch übereignet hat, sei es Mensch, Tier oder Erbland, darf weder verkauft noch losgekauft werden. Alles Gebannte ist Jahwe hochheilig. 29) Menschen, die dem Bann verfallen sind, dürfen nicht freigekauft werden. Sie müssen sterben.

30) Alle Zehntabgaben des Landes – vom Getreide und von der Baumfrucht – gehören Jahwe und sind Jahwe heilig. 31) Wenn jemand etwas von seiner Zehntabgabe auslösen will, muß er ein Fünftel hinzuzahlen. 32) Was den Zehnten von der Rinder- oder Schafherde betrifft, so soll jedes zehnte Tier, das unter dem Hirtenstab durchgeht, Jahwe heilig sein. 33) Man soll es nicht auf

seine Qualität hin untersuchen [wörtlich: „zwischen gut und böse unterscheiden"], und es darf nicht ausgetauscht werden. Wechselt man es trotzdem aus,
werden beide Stücke heilig und können nicht ausgelöst werden.

34) Dies sind die Gebote, die Jahwe auf dem Berg Sinai Mose für die Israeliten
gegeben hat.

9.2.2 Gelübde (V. 2–25)

Katholischen Christen ist die Gelübdepraxis noch geläufiger als evangelischen:
Es ist eine uralte und religionsgeschichtlich breit nachweisbare Sitte, in besonderen Lebenslagen – sei es äußerste Not oder jubelnde Hochstimmung – der
hilfreichen und gnädigen Gottheit eine außergewöhnliche Gabe zu versprechen.
Eine solche gelobte Gabe kann aus einer eigenen Leistung oder einem Sachwert
bestehen, darunter fallen in der Antike auch abhängige Personen. Das AT
berichtet über einige Gelöbnisse. Sehr häufig muß das Versprechen eines Opfertieres, also eines Dankopfers, gewesen sein. Absalom, der Sohn Davids, gibt
noch vier Jahre nach seiner Rückkehr aus seinem selbstverschuldeten Exil an, er
schulde Jahwe ein Dankopfer für die Heimkehr – und man glaubt ihm (2 Sam
15,7–12). Zahlreich sind die Psalmenstellen, die auf ein derartiges Gelübde, in
der Notsituation abgelegt und in einem speziellen Gottesdienst, an dem Freunde und Gäste teilnehmen, „bezahlt", Bezug nehmen (vgl. Ps 107, der eindrücklich mehrere Gelübdesituationen – Verirrung in der Wüste; Gefangenschaft;
Krankheit; Schiffbruch – beschreibt, ohne den Begriff „geloben" zu nennen. Es
geht aber um die fälligen Dankopfer. Außerdem Ps 22,26f.; 50,14; 61,9; 65,2;
66,13; 116,14.18). – Jakob stellt sich in seinem Gelübde der Gottheit als Anhänger (Diener) zur Verfügung, falls sie ihn begleitet, schützt und versorgt (Gen
28,20–22). Die übrigen drei Erzählstücke sprechen davon, daß jemand seinem
Gott andere Menschen gelobt: die Israeliten opfern Jahwe ostjordanische Feinde durch den Bann, d.h. die völlige Vernichtung (Num 21,1–3: Namensetymo-
logie der Ortschaft „Horma", Bannung). Hanna übergibt ihren gerade ent-
wöhnten, etwa dreijährigen Sohn Samuel dem Heiligtum (1 Sam 1: „Um diesen
Jungen habe ich gebeten. Nun hat mir Jahwe meine Bitte erfüllt . . . . Darum gebe
ich ihn Jahwe auf Lebenszeit zurück, denn er ist von Jahwe erbeten" (V. 27f.).
Der dritte Text ist der grausamste: Jefta, der geistbegabte Anführer der Gileadi-
ter, gelobt ein Menschenopfer nach siegreichem Ausgang der Schlacht (Ri
11,30f.). Sein einziges Kind, eine Tochter, ist das Opfer und wird nach der
Überlieferung tatsächlich Jahwe dargebracht (Ri 11,34–39). Diese Geschichte
legt nahe, daß Kinderopfer im frühen Israel bekannt waren und wohl auch
vollzogen wurden (vgl. zu Lev 20,2–5). Einem Moabiterkönig wird ein Kindes-
opfer nachgesagt (2 Kön 3,27), und aus punischen Inschriften ist der Brauch
ebenfalls bekannt[40]. Wir können also nicht anders, als das Menschenopfer für
die Frühzeit Israels anzunehmen. Es ist dann freilich streng untersagt worden

---

[40] Vgl. Otto Kaiser, ThWAT V, 261–274, bes. 272.

(vgl. Gen 22, 1–13; Lev 20, 2–5), aber der alte Brauch wirkt noch lange nach. Unser Text rechnet nur noch mit dem symbolischen Opfer von (untergebenen?) Menschen. Die Auslösung durch eine Ersatzzahlung ist gang und gäbe und wird von vornherein einkalkuliert. Von der Weihung von Immobilienwerten hören wir im AT sonst nichts. Das wird Zufall sein, hat sich die Gelübdepraxis doch ungebrochen in die christlichen Gemeinden fortgesetzt (vgl. Apg 5,1–6: Diebstahl vom Gott geweihten Verkaufserlös).

Ist die Gelübdepraxis als ein Schachern oder ein äußerliches Tauschgeschäft mit Gott zu beurteilen? Ganz sicher nicht, denn alle Gelübdetexte verraten einen tiefen Ernst. Der Gelobende verwirklicht nach den Erkenntnissen und Wertmaßstäben seiner Zeit die Gottesgemeinschaft. Er bringt sich und alles, worüber er Verfügungsgewalt hat, in die Beziehung zu Gott ein. Ein Verdienstgedanke ist nicht erkennbar, wohl aber das persönliche Engagement. Daß auch dieser Einsatz mißbraucht werden konnte, nimmt nicht wunder. Welche Ordnung oder Sitte ist vor Mißbrauch geschützt?

9.2.3 Die Einzelbestimmungen (V. 2–25)

V. 2–8: Die Auslösungstarife an sich und die Formulierung der Einleitung V. 2b lassen vermuten, daß die Zeit der Menschenopfer lange zurückliegt. Alles ist darauf abgestellt, daß der Schätz- oder Gegenwert eines Menschen Jahwe, d.h. den Priestern seines Tempels übergeben wird. Wahrscheinlich wurde schon beim Gelübde an die ersatzweise Geldzahlung gedacht, so daß die Weihung einer Person nur noch die traditionelle Redeweise war. „Hilf, Jahwe, und ich gebe dir meinen Sohn!" hätte dann wohl das Gelübde lauten können. Aber jeder Votant wußte um die Auslösepraxis. Dann wäre die hier zu besprechende Liste mit den Ersatzzahlungen eine reine Formsache. Die Aufstellung ist für uns aber aus anderen Gründen höchst interessant. Sie verrät unwillentlich, welchen sozialen Status Menschen verschiedener Altersstufen und des einen oder anderen Geschlechts in der damaligen Gesellschaft hatten. Wie in einer patrilinearen oder patriarchalen Organisation nicht anders zu erwarten, gilt die männliche Person in allen Altersgruppen bis zu doppelt so viel wie die entsprechende weibliche. Das muß unser heutiges Gleichheitsgefühl verletzen, denn sachliche Gründe (Arbeitskraft? Schutzfunktion?) lassen sich für die unterschiedliche Bewertung ernsthaft nicht ins Feld führen (Die das weibliche Geschlecht diskriminierende Einschätzung ist heute noch in den ungleichen Entlohnungen von Frauen- und Männerarbeit bei gleichen Tätigkeiten wirksam). Carol Meyers hat vehement darauf hingewiesen, daß in einigermaßen ausgewogenen Stammesgesellschaften die Geschlechterbalance hinsichtlich der Verantwortlichkeiten (procreation = Hervorbringen und Aufzucht des Nachwuchses; protection = Schutz gegen äußere Unbilden; production = Nahrungsmittelproduktion) gleichmäßig und gleichgeachtet verteilt war[41]. Vom Nutzen für die wirtschaft-

---

[41] Carol Meyers, Procreation, Production and Protection, JAAR 51, 1983, 569–593.

lich autonome Sippengemeinschaft her gesehen wäre eine derart verschiedene
Bewertung der Geschlechter einfach unverständlich. Also müssen wir die vorliegende Tabelle in eine andere Gesellschaftsform hineindenken. Es kann sich
nur um eine verstädterte Sozietät handeln, in der die Aufgaben zwischen männlichen und weiblichen Angehörigen nicht mehr gleichgewichtig verteilt werden
können. Darum ist die Frau auf der sozialen Stufenleiter heruntergesetzt. Der
Mann wird der ökonomisch und rechtlich Höhergestellte[42].

Vielsagend ist auch die Bewertung der Altersstufen. Zwischen 20 und 60
Jahren sind die Menschen in ihrer leistungsfähigsten Phase und voll anerkannt.
Die Jugendzeit erstreckt sich von 5 bis 20 Lebensjahren; sie ist eine Periode der
Einübung in die sozialen und wirtschaftlichen Pflichten. Der junge Mann
erreicht einen höheren Wert als nach Vollendung des 60. Jahres, das Mädchen ist
ebenso viel wert wie die Greisin. Unter fünf Jahren haben Kinder erst den
Bruchteil des Wertes eines Erwachsenen, denn die Überlebenschancen waren
gerade in diesem Lebensabschnitt noch begrenzt. Insgesamt also ergeben sich
für die Lebenskurve ganz wie in modernen Zeiten stark variierende Einstellungen, die mit manchen anderen biblischen Aussagen gar nicht übereinstimmen.
Wie hoch werden doch Kinder bei der Geburt gepriesen und als Zukunftssiche-
rung verstanden (vgl. Ps 127,4f.; 128,3)! Wie wichtig sind Weisheit und Güte
des Alters (vgl. Lev 19,32; aber auch Ps 71,9ff.)! Das Kriterium der Preistabelle
ist folglich nicht die sonst übliche Wertschätzung der Altersstufen. Es ist aber
wohl auch nicht die reine Arbeitskraft der im Gelübde geweihten Person;
jährliche Silberzahlungen in der festgesetzten Höhe wären für den Normalbür-
ger kaum erschwinglich gewesen. Vielmehr handelt es sich wohl um Tarife, wie
sie bei Sklavenverkäufen üblich waren[43]. Das Bußgeld für einen durch ein
stößiges Rind getöteten Sklaven oder eine Sklavin betrug 30 Silberlinge (Ex
21,32); Judas empfing dieselbe Summe für seinen Verrat an Jesus (Mt 26,15). So
viel war ein einfacher, abhängiger Mann in seinen besten Jahren eben wert! Ein
freier Bürger dagegen mochte auf fünfzig Lot Silber eingeschätzt werden.

Nur der erste Abschnitt der Tabelle hat eine Armenregel (V. 8). Besondere
Bedingungen für wirtschaftlich Schwache sind im Buch Leviticus mehrfach
angeführt (vgl. Lev 1,14–17; 5,11–13; 14,21–32). Außer Lev 25,25.35.39.47 ist
unser Vers aber die einzige Stelle, die das Wort „schlapp werden", „verarmen"
(muk) zur Beschreibung des sozialen Abstiegs gebraucht. Man kann also mit
einem besonderen, sympathisierenden Interesse der Leviticus-Tradenten rechnen und eventuell auch mit auffälligen gesellschaftlichen Vorgängen in ihrer Zeit
(vgl. Neh 5). Armut war in der Antike dann ein besonderes Problem, wenn die
Sippenbindungen zerfielen, die Stadtflucht einsetzte, Fremdherrschaft und
Kriegsfolgen sich bemerkbar machten, Dürrekatastrophen die Inflation anheiz-
ten[44]. Im Fall der Leistungsunfähigkeit tritt der Priester in Aktion, wie später
(V. 11ff.) überall dann, wenn sich Unklarheiten in der Handhabung der Ersatz-

---

[42] Vgl. Erhard S.Gerstenberger, 98f.
[43] Otto Kaiser, a.a.O.
[44] Vgl. Hans Kippenberg.

regeln ergeben. Es ist indessen leicht zu erkennen, daß alle Zahlungen (V. 3–7) an das Heiligtum zu entrichten sind, auch wenn nicht ausdrücklich angegeben. Wozu sonst sollte das „Heiligtumsgewicht" als die verpflichtende Norm vorgeschrieben sein (V. 3; 1 Schekel entspricht etwa 12 g)? Der Priester kann nun ganz nach der Einkommenslage des Ersatzpflichtigen urteilen: eine sehr weitherzige Regel, die nicht einmal ein absolutes Minimum festlegt. – Merkwürdig ist, daß im AT kaum von verarmten Grundbesitzern erzählt wird. Ist Hiob ein passendes Beispiel (vgl. Hiob 1,13 ff.; 2; 19,6–22; 30)? Die Verarmung wird allerdings gelegentlich an Witwen demonstriert (vgl. Rut; 2 Kön 8,1–6). War Armut auch damals schon überwiegend Frauensache?

V. 9–13: Das Hab und Gut, über das ein Mann Verfügungsgewalt hat, teilt sich in ihm untergebene Personen, Tiere und Grundbesitz (Ex 20,17: „Haus"/ „Frau; Sklave; Sklavin"/„Rind; Esel"). Diese drei Kategorien erscheinen auch in der Preistabelle für Ersatzleistungen bei Gelübden. An zweiter Stelle sind mit einem Sammelausdruck „Tiere" genannt (V. 9). Eine Unterscheidung in Rinder und Schafe (Ziegen) ist an dieser Stelle nicht notwendig, es geht allein um opferbare und nichtopferbare (V. 11 a) größere Tiere, wobei sogar das Jagdwild eingeschlossen sein kann. Für das reine, d. h. opferbare Vieh gibt es keine Auslösemöglichkeit (V. 10). Nach Ansicht der damaligen Experten wurde durch das Gelübde, d. h. das Übergabeversprechen an Jahwe, ein in dieser Weise ausgesondertes Tier bereits „heilig", nämlich Gottes Eigentum (V. 9b). Es konnte nicht mehr ausgewechselt werden, nicht einmal gegen ein besseres, fehlerfreies Exemplar. Im Licht der Opferregeln Lev 1–7 mutet das seltsam an. Dort wird immer wieder betont, daß Gott durch eine fehlerhafte Gabe beleidigt werden könnte. In Mal 1,8 ist das gerade die prophetische Anklage: „Wenn ihr ein blindes Tier opfert, so haltet ihr das nicht für böse; und wenn ihr ein lahmes oder ein krankes opfert, so haltet ihr das auch nicht für böse. Bring es doch deinem Fürsten! Meinst du, daß du ihm gefallen werdest oder daß er dich gnädig ansehen werde? spricht Jahwe Zebaoth." An unserer Stelle ist diese verständliche Rücksicht außer Kraft gesetzt gegenüber dem anderen Gedanken: Die nachträgliche Änderung der versprochenen Gabe wäre ein noch unmöglicheres Verhalten gegenüber Gott, selbst wenn das geweihte Tier einen Fehler aufweisen sollte. Die Erfahrung mag mitspielen, daß in der Not eben die kühle Berechnung des eigenen Nutzens zurücktritt und in der Regel das wertvollste Besitzstück gelobt wird. Jeder mögliche Fehler am Opfertier wäre darum nicht untergemogelt, sondern zufällig. Daß beide Arten von möglichen Auswechselungen – ein gutes Stück für ein fehlerhaftes und ein fehlerhaftes für ein gutes (V. 10a) – aufgeführt sind, gibt der Sache einen arg theoretischen, gelehrten Anstrich. Wie könnte jemand auf die Idee kommen, im Nachhinein ein besseres Tier abzugeben? V. 10b setzt der ganzen Überlegung die Krone auf. Die Überlieferer rechnen mit dem Wunsch eines Austauschs. Sie blocken ihn grundsätzlich ab. In dem Fall würden beide Tiere, das ursprünglich gelobte wie das Austauschexemplar, dem Tempel verfallen (vgl. V. 33). Nehmen wir die Bestimmungen von V. 9f. für realistisch, dann verraten sie vielleicht etwas über die Gelübdepraxis. Das Gelübde selbst wurde nicht immer vor Zeugen ausgespro-

chen oder sogleich der nächsten Umgebung mitgeteilt. Der Votant konnte –
wenn ihm die Sache nachträglich zu kostspielig erschien – natürlich versuchen,
sein Versprechen zu verheimlichen oder den Verlust zu minimieren und ein
schlechteres Tier unterzuschieben. Die peinlich genauen Anweisungen sollen
davor warnen, Jahwe zu betrügen.

Bei nicht opferbaren Tieren, wie z. B. dem Kamel (Lev 11,4), tritt der Priester
wie in V. 8.14.18.22 als nicht appellierbare Schiedsinstanz auf (V. 11 f.). In allen
Dingen, die das Heiligtum betreffen, ist der amtierende Priester die unanfecht-
bare Autorität gewesen. Er hatte die Frage nach „rein" oder „unrein" zu
beantworten (vgl. Hag 2,11–13) und vor allem auch in unklaren Rechtsfällen die
Gottesantwort (das Ordal) zu vermitteln (vgl. Num 5,12ff.; Dtn 17,8–13). Im
jetzigen Kontext ist er für die Festsetzung der Ersatzzahlungen zuständig, und
niemand darf ihn kontrollieren. – Worauf bezieht sich V. 13? Beim opferbaren
Tier war Umtausch ausgeschlossen; soll jetzt, nach Einschub von V. 11 f., die
Auslösung gestattet werden? Oder ist der Loskauf uneigentlich zu verstehen:
Das unreine Tier wird abgeschätzt; jemand ficht den Schätzwert an und sagt:
„Ich will loskaufen!" Dann würde die um 20% erhöhte Loskaufsumme (vgl. V.
15.31) fällig – eine Abschreckung für alle, die gegen die Festsetzung der Priester
aufmucken möchten. Beide Deutungen sind anfechtbar. Am klarsten wäre der
Text, wenn wir V. 13 hinter V. 10 setzen dürften.

V. 14–25: Der Haus- und Grundbesitz bildet die dritte Kategorie von Eigentum, das Jahwe versprochen werden kann. Ist das überhaupt denkbar angesichts
der Tatsache, daß alles Land eigentlich Gott gehört (Lev 25,23) und daß dieses
vorrangige Besitzrecht bei erstgeborenen Tieren eine Gelübdeübergabe unmöglich macht (V. 26)? Die logische und rechtliche Spannung ist wohl auf die
Verschiedenheit der Überlieferungen zurückzuführen. Immobilien waren auch
in der Geschichte der christlichen Kirchen beliebte Votivobjekte, die Kirchen
und Klöstern übereignet wurden.

Zunächst geht es – anders als Lev 25,25–31 – um den reinen Hausbesitz (V.
14f.). Gemeint ist offenbar ein Stadthaus, denn das Wohngebäude auf dem
offenen Land ist nur mit den dazugehörigen Ackerflächen ein disponibles
Objekt (vgl. Lev 25,31). Das Stadthaus hingegen stellt eine Wirtschaftseinheit
dar. Es kann „Jahwe geheiligt" werden, und der Begriff „Heiligen" (= weihen,
hiqdiš) durchzieht den ganzen Passus (sechsmal in V. 14–19). Er bedeutet nichts
anderes als „Gott übereignen" (vgl. auch Lev 22,2f.). Wie aber konnte man ein
Haus Gott zur Verfügung stellen? Indem man es der Tempelpriesterschaft zur
Verwaltung übergab. Auf diese Weise müßte der Tempel in Jerusalem zum
größten Wohnungseigentümer der Hauptstadt geworden sein. Es wäre verständlich, wenn von seiten der Priester Ersatzzahlungen nicht ungern gesehen
wurden. Wohnungsverwaltung und Immobiliengeschäfte können lästig sein.
Wie aber ist die Auslösung gedacht? Zuerst wird der Grundwert eines Hauses
durch den Priester (unwiderruflich!) festgelegt (V.14). Dann erst folgt die
Auslöseklausel mit dem stereotypen Zuschlag von 20% des Schätzwertes (V.
15). Unsere Logik bleibt wieder ein wenig auf der Strecke: Wozu dient die
Abschätzung, wenn das Haus vom Tempel übernommen wird? Die Vorschrif-

ten für die Freigabe des Grundbesitzes (Lev 25,25–28) finden offensichtlich in Anlehnung an Lev 25,29f. keine Anwendung.

Den Überlieferern machte die Weihung eines Hauses anscheinend kein großes Kopfzerbrechen. Aber beim Ackerland ergeben sich mehrere Probleme. Wie soll im Blick auf die Freigabe im 50. Jahr sein Wert bemessen werden? Besteht ein Unterschied zwischen vererbbarem Sippenbesitz und hinzugekauftem Land? Generell muß das Land nach seiner Größe (aber unabhängig von seiner Qualität und vom zu erzielenden Ertrag?) eingeschätzt werden (V. 16a). Wo wir ein Flächenmaß erwarten, steht allerdings die Menge des erforderlichen Saatgutes (V. 16b). Ein Feld, für das man einen Sack Gerste braucht, ist, auf die Jobeljahrperiode gerechnet, 50 Schekel Silber wert, pro Jahr wird also ein Schekel angesetzt. Wird das Gelübde irgendwann zwischen den Freijahren ausgesprochen, kommen die bereits verflossenen Jahresanteile in Abzug (V. 17f.). Erst nach Feststellung des Wertes kommt die Ablösefrage zur Sprache (V. 19). Beim Loskauf hat der Besitzer ein Fünftel des Schätzwertes als Aufpreis zu zahlen. Die Auslösung von Menschen erforderte anscheinend keine Zuzahlung, bei Tieren und Immobilien ist sie Standardforderung (V. 13.15. 19. 27. 31). Diese Differenzierung signalisiert, daß Auslösung von Menschen wohl schon lange Tradition hat, während der Loskauf anderer Jahwe gelobter Werte noch frischeren Datums ist. Die Übergabe des versprochenen Stückes gilt als das Normale, die Bezahlung mit Silber als die außergewöhnliche, darum teurere Leistung.

Schwer verständlich ist der V. 20f. gesetzte Fall, daß jemand einen Jahwe geweihten Acker weder dem Tempel übereignet noch ihn vom Tempel zurückkauft, sondern ihn anderweitig veräußert. Erstens ist der freie Verkauf von Land (und dazu noch Erbbesitz!) nach Lev 25,23f. sehr eingeschränkt. Zweitens müßte doch die gegen das Gelübde verstoßende Verwendung des Ackers eine schwere Beleidigung Jahwes darstellen. Die Rechtsfolgen sind aber vergleichsweise sehr milde. Die Loskaufmöglichkeit erlischt, das Land verfällt im nächsten Jobeljahr der Priesterschaft (Jahwe). Haben wir hier eine Abmilderung sonst strenger Regelungen (vgl. V. 9–12; 14f.; 23f.) zugunsten von Immobilienhändlern oder Großgrundbesitzern vor uns, denen an der zeitweisen Nutzung von geweihtem Land gelegen war? Da in jener Zeit der Verkauf von Erbbesitz nur unter wirtschaftlichem Druck überhaupt in Frage kam (vgl. 2 Kön 21; Neh 5), handelt es sich beim „Verkaufen an einen anderen" (V. 20aß) vermutlich nicht um eine ganz freiwillige Transaktion. Es sieht so aus, als ob interessierte Kreise sich eine Möglichkeit offengehalten hätten, die Übergabe begehrten Landeigentums an den Tempel wenigstens zeitweise zu unterbinden. Erst im nächsten Freijahr – und das kann bis zu einem halben Jahrhundert fern sein – fällt das Jahwe gelobte Land an den Empfänger! In einer skandalträchtigen Gesellschaft wie der unseren taucht die Frage auf, ob der Erlaß einer solchen Umwegsregelung vielleicht auch Geld gekostet hat?

Eine weitere Schwierigkeit ist die bloße Erwähnung des „gebannten Landes" in V. 21aß. Während ein Jahwe versprochenes Opfertier sofort „heilig", d.h. Gottes Eigentum und für Menschen unantastbar wird (V. 9), verhält es sich mit dem durch Gelübde Gott übereigneten Land anders. Es kommt eventuell erst nach fünfzig Jahren in Jahwes ausschließlichen Besitz. Dagegen wird das durch *ḥäräm*, eine besondere Bannformel[45], Jahwe zugedachte Land offenbar ohne Umschweife ihm übereignet. Wir kennen den Akt des „Bannens" aus der exilisch-nachexilischen Lehre vom „heiligen Krieg" (vgl. Dtn 20,16f.; Jos 6,17–19; 1 Sam 15,3). Der Feind wird, mit allem was er hat, vernichtet und damit Jahwe übereignet. Von einem Bann normalen Ackerlandes hören wir sonst nichts. Hier ist nun vom Bann über „Mensch, Vieh oder Feld", ohne Bezug auf kriegerische Ereignisse die Rede. Der Bannspruch wird über das Erbeigentum geäußert (V. 28f.). Dieser Weihevorgang wirkt also schneller. Er würde auch einen Acker momentan in die Hand Jahwes übereignen. Schließlich ist alles Gebannte nicht im einfachen, sondern erhöhten Sinn „heilig", nämlich „hochheilig" (V. 28b). – Für den erworbenen Acker, der durch Gelübde an Jahwe versprochen ist, gelten die strikteren Regeln: Er kann nicht ausgelöst, die Schätzsumme muß – ohne Aufschlag – sofort beglichen werden. Im Freijahr fällt er an den ursprünglichen Eigentümer, der Erbrecht an ihm hat, zurück (V. 22–24).

Die Behandlung des Ackers im Gelübdefall ist also nicht ganz durchsichtig. Karl Elliger geht bei Haus- und Grundstücksübergabe an Jahwe davon aus, daß die Festsetzung eines Grundwertes durch den Priester und die Bezahlung dieser Summe durch den Gelobenden ein erster Akt (= Ablösesumme) ist, bei dem das Immobilienobjekt nominell im Besitz Jahwes bleibt. Davon zu unterscheiden wäre die Auslösung (= Zahlung der Ablösesumme plus ein Fünftel Aufschlag), durch die das Objekt in das volle Eigentum des Besitzers zurückgelangt. Er stellt die Bestimmungen in ihren vermuteten sozialgeschichtlichen Zusammenhang und überlegt, ob „hier nicht ein Weg gefunden [worden ist] ..., auf dem man sein Haus vor dem Zugriff des Gläubigers sichern konnte ...". „Anscheinend war oft genug die Weihung nur die Form, in der ein in Schulden geratener Mann vor seinem Gläubiger bei ‚der Kirche' Schutz fand. ... Wenn hier ... auch Weihung auf Zeit möglich war, so hatte das vermutlich den sehr realen Grund, daß damit zugleich ein Wall gegen die Strapazierung des Schuldrechtes durch unbarmherzige und gerissene Gläubiger aufgeworfen wurde, hinter dem ein Mann nun einfach auch aus ökonomischen Gründen Schutz suchen konnte." Das sind sehr interessante Perspektiven; ob allerdings die Ausnahmeregelung V. 20f. eine „verstärkte Schutzmaßnahme zur Erhaltung des angestammten Familienbesitzes"[46] darstellt, wage ich zu bezweifeln. – Die genaue Gewichtsangabe für die Silberzahlungen (1 Schekel etwa = 12 g) ist für den Zahlungsverkehr wichtig. Sie weist den Tempel als zentrales Währungsinstitut aus, auch wenn es noch keine Münzwirtschaft gegeben haben sollte.

---

[45] Das Verb *ḥaram* (hiph) bedeutet „durch Vernichtung Gott übergeben" (vgl. Num 21,2f.; Jos 11, 10–14; 1 Chr 4,41) und von daher „als Weihegabe bringen" (Num 18,14; Ez 44,29; vgl. Norbert Lohfink, ThWAT III, 192–213.

[46] Karl Elliger, 388f.

9.2.4 Sonstige Abgaben

V. 26–34: Wie die Preistabelle für Ersatzzahlungen ein Anhang an die vorhergehenden Vorschriftensammlungen ist, so geben sich die drei noch folgenden Passagen als Weiterführungen der Ersatztarife zu erkennen. Denn sie handeln noch von Übergabe und Auslösung bestimmter Gaben an den Tempel, aber das bisher geltende zentrale Motiv, die Gelübdeleistung und ihr jeweiliger Geldwert, fehlt fast ganz. Es geht zunächst um die Frage – und das wäre eine Art Nachtrag zu V. 9–13 –, ob erstgeborene Tiere als Gelübdeopfer in Frage kommen. Wer so fragt, muß die Erstgeburtsregeln (vgl. Ex 13,2.11–15; 22,28f.) vor Augen oder im Sinn haben. Die Antwort muß lauten: Natürlich nicht, denn die Erstgeburt gehört schon Jahwe, und niemand kann ihm etwas als spezielles Dank-, Lob- oder Bittopfer weihen, was ihm ohnehin schon gehört (V. 26). Absurd, jemandem etwas schenken zu wollen, das jener schon hat! Wir bemerkten schon, daß für den Landbesitz nicht so argumentiert wird. Dagegen wird die Frage auch bei den unreinen Tiere gestellt (V. 27). Gehören denn diese Geschöpfe nicht schon Jahwe (vgl. Ps 50,9–13)? Sicher, aber sie können ihm nicht geopfert werden! Also fehlt der Vollzug des Ritus; darum kann für unreine Tiere, die jemand im Eifer gelobt hat, eine Ablösesumme festgelegt werden, sicher – wie gehabt – nach Maßgabe des Priesters.

Die beiden restlichen Abschnitte haben mit der Gelübdesituation nichts mehr zu tun. Der Passus über das „Gebannte"[47] mutet archaisch an. Alles, was ein Mann besitzt oder worüber er ungeteilte Verfügungsgewalt hat, kann er – wie und wann? unter welchen Umständen? – Gott durch einen besonders mächtigen Weihespruch überstellen. Von einem „Gelübde" als Selbstverpflichtung ist nicht die Rede, eher von einem Fluch (einem gesteigerten Gelöbnis?). Saul stößt nach der Überlieferung ein solches Unheilswort aus (1 Sam 14,24): Er „legt es" und alle seine zerstörerische Kraft „auf das Volk." Sauls Soldaten haben es sehr schwer, Jonatan, der unwissentlich gegen die Auflage gehandelt hat, auszulösen (1 Sam 14,43–45). Unser Text erklärt in aller Schärfe, bei jedwedem so Gebannten sei Auslösung unmöglich, auf diese Art Geweihtes gehöre in die allerhöchste Kategorie der Heiligkeit, wie bestimmte Opfer (vgl. Lev 6,10.18.22; 7,1.6; 10,12.17), und dem Bann verfallene Menschen müßten sterben. Daß es sich bei so mit Unheil belegten Menschen nach Ex 22,19 um Jahweabtrünnige handeln müsse[48], ist nicht erkennbar. Die Jefta-Geschichte paßt in diesen Rahmen, nur wird der Übergabeakt als normales „Gelübde" bezeichnet (Ri 11,30ff.). Eine weitere Parallele bietet sicher auch die Bileamgeschichte Num 22–24. Der große Zauberer soll Israel verfluchen, aber Jahwe wandelt den Fluch in Segen. Wichtig ist: Die Übergabe eigenen Besitzes an Jahwe mittels einer *ḥäräm*-Formel oder -Zeremonie überhöht die Gelübdeleistung; sie steht in Analogie zu den Kriegsgebräuchen, die völlige Vernichtung der Feinde als Aufopferung an die siegrei-

---

[47] V. 28f.; ausführliche Diskussion des *ḥäräm* und Literaturangaben bei Norbert Lohfink, ThWAT III, 192–213.
[48] Norbert Lohfink, a.a.O. 127; 213.

che Gottheit vorsehen[49]. Derartige Bräuche sind weit verbreitet und auch aus der Nachbarschaft Altisraels bezeugt[50].

Zehntabgaben schließlich (V. 30–33) sind aus dem altorientalischen Raum in mancherlei Form bekannt. Sie wurden von religiösen oder politischen Autoritäten zur Finanzierung übergeordneter Institutionen erhoben. Abraham soll dem sagenhaften König Melchisedek von Salem einen 10%igen Anteil an der Kriegsbeute für den Gott El Eljon übergeben haben (Gen 14,18–24). Möglicherweise ist die nachexilische jerusalemer Tempelsteuer in diese Erzählung hineinprojiziert worden. Auch Gen 28,22 könnte der Nachhall einer Tempelabgabe an das nordisraelitische Heiligtum Bethel, sein. Das bedeutet: Authentische Nachrichten über die Erhebung des Zehnten von Ernteerträgen, Herdenbeständen, Handelsgewinnen, Beutestücken und jeder anderen Form von Einkünften sind in den vorexilischen Zeugnissen selten (vgl. Am 4,4). Umso deutlicher wird die Einrichtung von Abgaben zur Unterhaltung des rekonstruierten Tempels und seiner Priesterschaft nach 515 v.Chr. Auch die kräftigen deuteronomischen Bezeugungen gehören wohl in diese Spätzeit oder sind dann überarbeitet worden (vgl. Dtn 12,6.11.17; 14,22–29; 26,12–15). Während in diesen Texten der Bestimmungszweck der Abgabe schwankt (Tempel; Leviten; Sozialfürsorge), ist er an unserer Stelle eindeutig. Die Naturalsteuer wird für Jahwe, d.h. für Tempel und Priesterschaft erhoben (V. 30.32b). Abgabepflichtig sind alle Ernteerträge und die Herden; bei den letzteren wird vermutlich jährlich einmal der Bestand abgezählt und jedes zehnte Tier für Gott bestimmt; es darf nach dem Vorbild von V. 9f. nicht ausgewechselt werden, auch das Auslöserecht entfällt (V. 32f.). Dagegen gibt es bei den Ernteerträgen die Möglichkeit der Geld-Ersatzzahlung, wiederum mit dem 20%igen Aufschlag (V. 30f.). – Der Verwaltungsaufwand, der für Lagerhaltung und Buchführung notwendig war, muß erheblich gewesen sein. Kein Wunder, daß jedenfalls die zentralen Staats- und Stadttempel seit sumerischen Zeiten auch Wirtschaftszentren gewesen sind. – V. 34 ist eine gegenüber Lev 26,46 abgeschwächte Schlußformel.

---

[49] Norbert Lohfink: „Vernichtungsweihe", a.a.O. 203.
[50] Vgl. die Inschrift des Königs Mescha von Moab aus dem 9.Jh. v.Chr.: Edward Lipinski bei Walter Beyerlin, ATD Erg. 253–257.

Sachregister

(Stichwörter und Stellen in Auswahl zur Ergänzung des Inhaltsverzeichnisses)

Das Alte Testament Deutsch (ATD) – Gesamtwerk

Neues Göttinger Bibelwerk. Begründet von V. Herntrich und A. Weiser. Hrsg. von Otto Kaiser und Lothar Perlitt u.a. *Bei Subskription auf das Gesamtwerk 15 % Ermäßigung.*

Vandenhoeck & Ruprecht · Göttingen und Zürich